家族法

民法を学ぶ

第4版

窪田充見

著

有斐閣
yuhikaku

第4版はしがき

　思いのほか難産の末に生まれた『家族法──民法を学ぶ』（2011年）だったが，幸いにも，温かく迎えて頂き，多くの読者を得て，版を重ねることができた。

　2017年3月に刊行した第3版のはしがきで，「家族法の世界の動きは私が気楽に考えていたよりもずっと激しく」と書いたが，今回も，2018年の相続法改正，成年年齢の引下げに伴う改正，2019年の特別養子に関する改正，子の引渡しに関する民事執行法，ハーグ条約実施法の改正，戸籍法の改正等を取り込む必要があり，前回以上に大きな改訂となった。特に，相続法については，改正を承けて，章立ての変更を含めて，全面的に見直しを行った。こうした法改正に伴う改訂では，誤解や認識不足によるミスが生じることも少なくない。今回，これまでの改訂以上に細心の注意を払って作業に当たったつもりであるが，なおいくばくかの不安が残っていることは否定できない。ただ，自分自身の体験に照らしても，改正に関して数多く刊行されている解説書等とは別に，そうした改正内容を取り込んだ教科書は，利用者にとっては意義があるのではないかと思う。本書が，そうしたニーズに応えるものであることを願っている。

　今回の改訂作業では，上述のとおり，章立てを含めての見直しが必要となったが，その際には，神戸大学の同僚であり，敬愛する家族法研究者である浦野由紀子教授がいつも気軽に相談に乗ってくれた。同僚に恵まれているということを，今さらながら強く感じた今回の改訂作業であった。

　また，校正では，神戸大学大学院法学研究科博士課程の柳迫周平君が丁寧にチェックをしてくれた。そうした作業の中で，どのように説明したらよいのか等，同君と一緒になって考えたのは楽しい時間でもあった。そうした作業を経て，なお見落としが残っていたとすれば，それは全面的に筆者である私の責に帰すべきものであるが，同君のおかげで，当初の原稿よりもずっとよいものになったことは間違いない。

　さらに，特別講義については，第3版のはしがきで書いたとおり，かつての同僚であり，現在も大切な友人である慶應義塾大学の佐藤英明教授と本格的に飲み直し……，もとい検討の機会を持って，取り上げる材料についても見直しを行った。おまけ（2回の特別講義）の方が中身のキャラメ

ル（26 回の講義）より面白いというのは，筆者としては忸怩たるものがあるが，それを正面から受け止める度量を持って，さらに佐藤君と研鑽！を積むことにしたい。

　最後に，これまでの版と同様に本書を担当してくれた有斐閣書籍編集部の中野亜樹さんに，心から御礼を申し上げる。赤字での修正記録に溢れた改訂用のファイルを見た中野さんの絶望的な気持ちは，察するに余りある。これに関しては，心の中で詫びつつ，編集者として大きく成長することに貢献することができたということで，開き直ることにしたい。

2019 年 10 月 13 日

窪 田 充 見

初版はしがき

　本書は，2 年間（2008 年 4 月〜2010 年 3 月）にわたって法学教室に連載した「家族法──民法を学ぶ」を 1 冊にまとめたものである。もっとも，親族法と相続法についての基本的な教科書として利用してもらえるように，内容的にはかなり手を入れている。連載としての性質上，説明の重複や十分に取り上げることができなかった点も少なくなく，本書においては，そうした点を整理したり，補充している。特に，相続法は，法学教室での連載回数が，親族法に比べて少なかったこともあり，大幅な加筆をするとともに，全体の構成も変更している。連載中も毎回苦労したが，その連載を 1 冊の本にまとめるということが，これほど大変だとは思わなかったというのが，素直な実感である。

　なお，本書においては，法学教室に連載していた時期から現在までの判例の展開をフォローするとともに，現在まさしく進行中である親権法の改正（2011 年 3 月に「民法等の一部を改正する法律案」として閣議決定され，国会に提出されている）については，改正案をもとに改正の内容や方向について説明している（巻末の家族法と租税法に関する特別講義を含めて，2011 年 4 月 1 日を基準時として説明をしている）。

　著者にとって，本書は，『不法行為法──民法を学ぶ』（有斐閣，2007 年）に続く 2 冊目の教科書であるが，その執筆の方針は，両者において共通している。

　何より重視したのは，はじめて家族法を学ぶ読者にとって，親族法や相続法の基本的な制度やルールを理解してもらい，「わかった！」という実感を持ってもらうことであった。そのため，基本的な事柄については，かなり詳しく説明し，また，誤解しやすい部分については，なぜ間違えやすいのか，なぜ理解しにくいのかといったことを意識しながらの叙述となっている。その結果，場合によっては，やや冗長という印象を与えるかもしれないし，全体のボリュームもかなりのものになってしまった。ただ，入門書としての性格も有する基本的な教科書であるからこそ，読者に行間を読むことを求めるのではなく，丁寧に，言葉を尽くして説明するということは，やはり必要なのではないかと思う。

　また，本書の中では，生殖補助医療や 300 日問題等，まさしく今日的な問題を取り上げているが，これらは，こうした具体的な問題を通じて，家族法に関心を持ってもらうとともに，家族法の基本的なルールを踏まえた上で，これらの問題がどのように位置付けられるのかを考えてもらうということを企図したものである。これらの問題はいずれも基本的な価値判断にも関わる非常に難しい問題で，解釈論だけで機械的に結論を導くことができるものではない。しかし，どこまでが法の解釈として扱える問題なのか，その上で何が問題となっているのかを考えることを通じて，家族法の基本的なルールをより深く理解することができるので

はないかと思っている。

　同様に，学生向けの基本的な教科書であるという本書の性格から，大審院判決等は，ひらがなに変更して，濁点，句読点を追加し，必要に応じて，傍点を付している。また，参考文献については，原則として学生諸君が容易にアクセスできるものに限定している。本書においても，先行する数多くの業績に負っている以上，そのことが学問的な著作として適切であるかについては，異なる意見があることは十分に承知しているが，ご海容をいただければ幸いである。

　こうした著者の意図や目的が，実際に本書において成功しているかどうかは，読者の判断と評価を待つほかはない。家族法の世界において，本書が，小さくても，その占める場所を見いだすことができれば，著者にとっては望外の幸せである。

　本書は，多くの方のお力添えがあって，ようやく形となったものである。

　いくつかの研究会や審議会でご一緒した水野紀子教授（東北大学），大村敦志教授（東京大学）には，個別の問題についてさまざまな教えを受けたことだけではなく，目標とすべき家族法の研究者として，いつも身近に接してくれたことに，何より感謝している。また，法学教室の連載中から，原稿に自信がないときには，いつも神戸大学の同僚の浦野由紀子教授にご相談した。中には，恐ろしいほど初歩的な質問もあり，浦野教授も呆れられていたことと思うが，赤子をあやすように優しく対応してくださったことに，お礼申し上げたい。

　本書をまとめる段階でも，多くの方に助けていただいた。合田篤子准教授（金沢大学）は，本書の初校の原稿をチェックして，いくつもの大切な見落としを指摘してくださった。また，神戸大学法科大学院を 2010 年 3 月に修了した大矢佳奈さん，工藤拓人君，宍田拓也君，鈴木小夏さん，高木晶大君，大道若奈さん，利國隆君，中島百合恵さん，成瀬寛美さん，福田俊介君，水野晶子さん，山下（銭本）綾さん，分部りかさん，そして，飛び入りで参加してくれた学部時代のゼミ生で京都大学法科大学院の修了生の辺誠祐君は，分厚い法学教室の原稿に丁寧に目を通して，必要な論点が落ちていないか，説明が不適切ではないか等々のチェックにあたってくれた。学生の視点を持った彼らのチェックは大変に厳しく，著者としては時には暗く落ち込みそうなほどであったが，本書のよさがあるとすれば，その過半は，こうした彼らの作業によるものだと思っている。サポートチームのボランティアに快く手を挙げてくれた彼らが，2010 年の司法試験終了後，夏までに，本当に丁寧に作業をしてくれたにもかかわらず，本書の刊行にここまで時間がかかってしまったのは，ひとえに私の作業が遅かったためで，彼らには，心からのお礼とともに，お詫びを申し上げなければならない。

　1 冊の本を完成させる仕事というのは，編集者と執筆者との共同作業であることは言うまでもない。本書のもとになった連載を助けてくれた法学教室編集長の

渡辺真紀さん，いつも落ちそうで泣き言ばかりの連載の前半を担当してくれた大森響さん，泣き言も言わずに黙って落ちそうだった後半を担当してくれた五島圭司さん，そして，校正のたびに内容まで大幅に変わってしまう苦労の多い本書の編集を担当してくれた中野亜樹さんには，心からのお礼を申し上げたい。また，ジュリスト編集長の亀井聡さんは，法学教室の連載の機会を与えてくれただけではなく，途中，何度も落ちそうになるたびに，叱咤激励し，支えてくれた。元来不精者の私が，何とか本書をまとめることができたのは，これらの方々のおかげである。

　そして，本書の巻末，特別講義（法学教室の補講）を一緒にしてくださった佐藤英明教授（慶應義塾大学）にも，心からのお礼を申し上げなければならない。今年の３月まで神戸大学の同僚であった佐藤教授とは，学内のさまざまな仕事でも一緒に働いてきたが，いつも私が食い散らかしては，佐藤教授が丁寧に片付けて仕上げてくれるというパターンであった。その同じパターン（！）で，最後に少しでも学問的な仕事ができたのは，本当に嬉しかった。法学教室の連載の最終回，佐藤教授は，「窪田さんにとっては思い入れのある連載，その終わりがこれでいいんですか？」と心配してくれたが，私にとっては，佐藤君と飲みつぶれるという一番気に入った終わり方だった。同じ大学の同僚としては，最後の仕事になってしまったが，まぁ，家族法も租税法も関係なく，神戸であれ，東京であれ，佐藤教授とまた飲みに行こうと勝手に考えている。ちなみに，特別講義は，純粋に，原稿のやりとりで完成させたもので，その前後はともかく，実際に書いている間は一滴のアルコールも入っていない。世間に誤解と偏見が流布しているようなので，この点だけは，佐藤教授の名誉のためにも，はっきりと記しておきたい。

　私がもっぱら不法行為法の研究をしてきたこともあって，家族法関係のものを書くことに，少し意外な印象を持った方も少なくないだろうと思う。京都大学の大学院時代，私は，指導教授である前田達明先生のご指導を受けて，不法行為法の研究に携わるとともに，当時はすでに京都大学を退官されていた太田武男先生の仕事をお手伝いする機会にも恵まれた。その時以来，私の中には，いつか家族法の仕事をしたいという気持ちがあった。法学教室の連載をお引き受けしたのも，本書をまとめたのも，そうした私の潜在的な思いがひとつの形になったものである。その意味でも，本書は，昨年の５月に逝去された太田武男先生の御霊前に捧げるべきものと思う。ただ，正直なところ，困ったような顔をした太田先生に，「あんた，こんなん，あかんでぇ」と言われそうな気がして，少々怖くて，その決心がまだついていない……。

2011 年 4 月 7 日

窪 田 充 見

目　次

はしがき　i

学習にあたって（凡例・参考文献）　xix

第Ⅰ部　総　論

第1講　これから学ぶこと —— 家族法の意味と歴史など …………………1

Ⅰ　本書で扱う内容の概観……………………………………………………2
　1　家族法と親族法，相続法　2
　2　親族法の概観と本書で扱う内容　4
　3　相続法の概観　6

Ⅱ　家族法の意義と特殊性……………………………………………………7
　1　家族法と財産法 —— 家族法の特徴　7
　2　国家の制度としての家族法　8

Ⅲ　家族法の歴史………………………………………………………………9
　1　近代法典としての法典編纂の試み　10
　2　明治民法　10
　3　戦後の全面的な改正と現行法　11

第Ⅱ部　親　族

第2講　婚姻の成立⑴ —— 婚姻意思の合致と婚姻届をめぐる問題 ……15

Ⅰ　婚姻の成立・有効性に関する要件と民法典の規定……………………16
　1　婚姻の成立に関する要件　16
　2　婚姻の成立に関する民法の規定　17

Ⅱ　当事者の合意 —— 婚姻意思の合致 …………………………………19
　1　成立要件としての両当事者の婚姻意思の合致　19
　2　合意の意味 —— 婚姻意思をめぐる議論　20

Ⅲ　婚姻の届出 —— 婚姻成立の形式的要件 ……………………………27
　1　婚姻の届出　27
　2　婚姻の届出の方法等　27

3　婚姻届と婚姻意思 ── 婚姻意思の存在時期　30

第3講　婚姻の成立(2) ── 婚姻障害ほか……………………34

Ⅰ　婚姻障害の内容と婚姻障害が認められる場合の法律関係……………34

　1　婚姻適齢（民法731条）　34
　2　重婚の禁止（民法732条）　35
　3　再婚禁止期間（民法733条）　39
　4　近親婚の禁止（民法734条〜736条）　42

Ⅱ　婚姻の取消しと無効……………………………………………45

　1　婚姻の取消し　46
　2　婚姻の無効　49

第4講　婚姻の効力(1) ── 財産関係以外の婚姻の効力……………54

Ⅰ　婚姻の効力（民法750条以下）………………………………54

　1　夫婦の氏　54
　2　同居・協力・扶助義務　59
　3　夫婦間の契約の取消し　61

Ⅱ　貞操義務をめぐる問題 ── 婚姻の効力　番外編…………………62

　1　夫婦間の貞操義務の問題 ── 貞操義務違反の夫婦間での効果　63
　2　夫婦間の貞操義務と第三者 ── 不貞行為をめぐる第三者との関係　64

第5講　婚姻の効力(2) ── 婚姻における財産関係………………69

Ⅰ　法定夫婦財産制………………………………………………69

　1　夫婦別産制（民法762条）　70
　2　婚姻費用の分担（民法760条）　73
　3　日常家事債務についての連帯責任 ── 第三者との関係　75

Ⅱ　夫婦財産契約…………………………………………………85

　1　夫婦財産契約の仕組みと現状　85
　2　夫婦財産契約に関する将来像 ── 制度設計として考えられる方向　85

第6講　婚姻の解消(1) ── 離婚の成立……………………………88

Ⅰ　離婚に関する思想 ── 基本的な考え方……………………………88

　1　西欧における離婚の歴史　88

目　次　vii

2　わが国における離婚　89

Ⅱ　離婚に関する制度の基本構造‥‥‥‥‥‥‥‥‥‥‥‥‥‥‥‥‥‥‥‥91
　　1　民法の定める離婚の方式　91
　　2　実際の離婚の仕組み —— 離婚に関する手続の流れ　91

Ⅲ　協議離婚‥‥‥‥‥‥‥‥‥‥‥‥‥‥‥‥‥‥‥‥‥‥‥‥‥‥‥‥‥‥‥94
　　1　協議離婚の要件　94
　　2　協議離婚に関する個別の問題　95

Ⅳ　裁判離婚‥‥‥‥‥‥‥‥‥‥‥‥‥‥‥‥‥‥‥‥‥‥‥‥‥‥‥‥‥‥‥99
　　1　裁判離婚の要件　99
　　2　離婚原因　102
　　3　有責配偶者からの離婚請求 —— 消極的破綻主義をめぐる動向　108

第7講　婚姻の解消(2) —— 離婚の効果ほか ‥‥‥‥‥‥‥‥113

Ⅰ　離婚に伴うさまざまな効果 —— 婚姻の効果の解消としての側面‥‥‥‥113
Ⅱ　財産分与‥‥‥‥‥‥‥‥‥‥‥‥‥‥‥‥‥‥‥‥‥‥‥‥‥‥‥‥‥‥114
　　1　財産分与制度の概観　114
　　2　財産分与の機能と目的　116
　　3　慰謝料（損害賠償）　123

Ⅲ　離婚後の親子の関係‥‥‥‥‥‥‥‥‥‥‥‥‥‥‥‥‥‥‥‥‥‥‥‥‥128
　　1　親権者の決定　128
　　2　子の監護に関する事柄　129
　　3　子との面会交流をめぐる問題　130

Ⅳ　死亡による婚姻の解消と離婚‥‥‥‥‥‥‥‥‥‥‥‥‥‥‥‥‥‥‥‥‥133

第8講　婚姻外の婚姻みたいな（？）関係 —— 婚姻法外伝 ‥‥‥‥135

Ⅰ　内　縁 —— 内縁と準婚‥‥‥‥‥‥‥‥‥‥‥‥‥‥‥‥‥‥‥‥‥‥‥135
　　1　内縁の概念　135
　　2　内縁についての法律関係 —— 配偶者に準じて扱う特別法　136
　　3　内縁保護の法律構成　137
　　4　内縁関係の終了における当事者の保護　141

Ⅱ　当事者の積極的選択による婚姻外の関係 —— 婚姻外のパートナー関係‥‥144
　　1　婚姻外の関係の選択　144
　　2　さまざまな理由による非婚関係の選択 —— 婚姻の法律効果との関係　145
　　3　契約によるパートナー関係　146

Ⅲ　婚姻障害がある当事者の関係 ── 婚姻ができない当事者 ‥‥‥‥‥‥ 150

1　婚姻障害がある場合の内縁　151

2　同性間の関係　154

第9講　実親子関係 ── 親子関係をめぐる基本的な枠組み ‥‥‥‥‥ 158

Ⅰ　親子に関する基礎的な概念と民法の全体構造 ‥‥‥‥‥‥‥‥‥‥‥‥ 158

1　実親子と養親子　158

2　嫡出子と非嫡出子　160

Ⅱ　実親子関係に関する基本的なルール ‥‥‥‥‥‥‥‥‥‥‥‥‥‥‥‥ 164

1　実親子の意味 ── 定義の欠如　164

2　母子関係　165

3　父子関係をめぐる基本的な仕組み　167

第10講　嫡出推定制度の周辺 ── いわゆる300日問題も含めて ‥‥‥ 188

Ⅰ　推定されない嫡出子 ── 判例と実務による展開 ‥‥‥‥‥‥‥‥‥‥ 188

1　推定されない嫡出子の登場 ── 判例とそれを受けた実務の展開　189

2　推定されない嫡出子の法的地位 ── 親子関係不存在確認訴訟　191

Ⅱ　嫡出推定の及ばない子 ── 判例による展開 ‥‥‥‥‥‥‥‥‥‥‥‥ 193

1　基本的な出発点と全体の枠組み　194

2　嫡出推定の及ばない子の判断基準 ── DNA鑑定等をめぐる問題　196

3　嫡出推定の及ばない子とするための手続　201

Ⅲ　いわゆる300日問題 ── 嫡出推定制度の妥当性をめぐる問題 ‥‥‥‥ 204

1　300日問題を理解する前提　204

2　300日問題の背景と具体的問題　205

3　300日問題の解決のための方策 ── 各省庁等の対応　207

4　立法的な対応の可能性　211

第11講　生殖補助医療をめぐる問題 ── 親子関係をめぐる現代的な問題 ‥ 214

Ⅰ　AID ── 第三者提供の精子による人工授精 ‥‥‥‥‥‥‥‥‥‥‥‥ 215

1　前提となる状況と問題の所在　215

2　現行法を前提とする法律状態と課題　216

Ⅱ　代理母（代理懐胎） ‥‥‥‥‥‥‥‥‥‥‥‥‥‥‥‥‥‥‥‥‥‥‥ 221

1　前提となる状況と問題の所在　221

2　最高裁平成19年3月23日決定　222

3　平成 19 年決定の理解と課題　223

Ⅲ　凍結精子を用いた夫の死後の懐胎と出産‥‥‥‥‥‥‥‥‥‥‥‥‥229
　　1　前提となる状況と問題の所在　229
　　2　最高裁平成 18 年 9 月 4 日判決　230
　　3　平成 18 年判決が示す課題　231

第12講　養子制度の概観と普通養子‥‥‥‥‥‥‥‥‥‥‥‥234

Ⅰ　民法の用意する 2 つの養子制度と養子制度の意義‥‥‥‥‥‥‥‥234
　　1　普通養子（養子）　234
　　2　特別養子　235
　　3　養子制度の目的と機能　236
　　4　人為的な親子関係形成の意味　240

Ⅱ　普通養子の成立 ── 基本的な枠組み ‥‥‥‥‥‥‥‥‥‥‥‥‥242
　　1　縁組意思　243
　　2　縁組の届出　246
　　3　その他の要件　246

Ⅲ　普通養子の効果‥‥‥‥‥‥‥‥‥‥‥‥‥‥‥‥‥‥‥‥‥‥‥250
　　1　養親との関係　250
　　2　養親の血族との関係　250
　　3　実親等との関係　251
　　4　転縁組　251

Ⅳ　普通養子の解消‥‥‥‥‥‥‥‥‥‥‥‥‥‥‥‥‥‥‥‥‥‥‥252
　　1　縁組の無効と取消し　252
　　2　離　　縁　252
　　3　離縁の効果　254

第13講　未成年養子をめぐる問題 ── 特別養子等‥‥‥‥‥‥255

Ⅰ　未成年者を普通養子とする場合の特則‥‥‥‥‥‥‥‥‥‥‥‥‥255
　　1　未成年者を普通養子とする縁組の成立　255
　　2　未成年者の普通養子縁組の解消　259

Ⅱ　藁の上からの養子‥‥‥‥‥‥‥‥‥‥‥‥‥‥‥‥‥‥‥‥‥‥261
　　1　藁の上からの養子　261
　　2　法定代理人でない者による代諾　267

Ⅲ　特別養子‥‥‥‥‥‥‥‥‥‥‥‥‥‥‥‥‥‥‥‥‥‥‥‥‥‥271
　　1　制度の概観　271

2　特別養子の成立　273
  3　特別養子の効果　283
  4　特別養子の終了　286

第14講　親　権 —— 親権の複数の側面と個々のルール …………………… 287

Ⅰ　親権の意義 —— 親権の複数の側面 ……………………………………… 287
  1　親権の歴史的背景　288
  2　親権の義務としての側面　289
  3　親権の権利としての側面 —— 国家や社会との関係での親権　291
Ⅱ　親権の内容………………………………………………………………… 293
  1　身上監護権　293
  2　財産管理権　295
Ⅲ　親権の帰属と行使………………………………………………………… 304
  1　親権の帰属等　304
  2　父母の親権の共同行使　307

第15講　親と子をめぐる問題 —— 子の引渡し，親権濫用等による親権制限 … 311

Ⅰ　子の引渡しをめぐる問題………………………………………………… 311
  1　子の引渡しをめぐる問題の概観　311
  2　親権者から非親権者に対する子の引渡請求 —— 親権に基づく子の引渡請求　312
  3　親権者間の争い　315
  4　人身保護法による解決　317
  5　子の引渡しの具体的な執行方法　322
  6　その他の子の引渡しをめぐる問題　324
Ⅱ　親権の行使が困難または不適当である場合 —— 親権制限 …………… 324
  1　親権制限の仕組み　324
  2　民法上の制度の限界等　327

第16講　後見・保佐・補助と扶養 ………………………………………… 334

Ⅰ　未成年後見………………………………………………………………… 334
  1　未成年後見の開始　335
  2　未成年後見人　335
  3　未成年後見についての監督　337
Ⅱ　成年後見（後見・保佐・補助）………………………………………… 337

目　次　xi

1　成年後見　338

　　2　保　佐　339

　　3　補　助　340

Ⅲ　親族間の扶養をめぐる問題 ……………………………………………… 341

　　1　民法の定める内容　341

　　2　民法のその他の規定との関係　342

　　3　扶養の程度 —— 生活保持義務と生活扶助義務　344

　　4　扶養料の負担等をめぐる問題　346

　　5　公的扶助と私的扶養　347

第Ⅲ部　相　続

第17講　相続法の概観 ………………………………………………… 349

Ⅰ　法定相続における最終的な相続の実現 ………………………………… 350

　　1　誰が相続するのか？ —— 相続人の確定　350

　　2　どれだけの割合で相続するのか？　352

　　3　どうやって分けるのか？ —— 遺産分割　353

Ⅱ　遺　言 ……………………………………………………………………… 354

Ⅲ　遺留分 ……………………………………………………………………… 355

第18講　相続の基本的効果 …………………………………………… 360

Ⅰ　相続の基本的な効果 ……………………………………………………… 360

　　1　原　則 —— 包括的な権利義務の承継　360

　　2　例　外　360

Ⅱ　個別の検討 ………………………………………………………………… 362

　　1　物　権　362

　　2　債権・債務　363

　　3　無権代理，他人物売買と相続　365

　　4　死亡退職金・生命保険金　370

　　5　占有・占有権　371

　　6　遺骨・遺体　373

第 19 講　相続人をめぐる問題 —— 相続人の資格をめぐる規律と具体的問題 ‥374

Ⅰ　相続人の確定の前提となるルール………………………………………374
Ⅱ　相続人の確定に関する基本的なルール…………………………………375
Ⅲ　相続の承認と放棄…………………………………………………………378
1　単純承認　379
2　限定承認　381
3　相続放棄　383
Ⅳ　相続欠格と推定相続人の廃除……………………………………………386
1　相続欠格という制度　386
2　相続欠格をめぐる個別問題　388
3　推定相続人の廃除　394
Ⅴ　二重資格の相続人…………………………………………………………396
1　代襲者としての法的地位と子（養子）としての法的地位　397
2　配偶者としての法的地位と兄弟姉妹としての法的地位　397
3　子（養子）としての法的地位と兄弟姉妹としての法的地位　398
4　嫡出子としての法的地位と非嫡出子としての法的地位　399
Ⅵ　相続人がいない場合の扱い —— 特別縁故者と国庫帰属………………400
1　相続人の捜索と清算手続　401
2　残余財産の帰属　402

第 20 講　相続分をめぐる問題………………………………………………405

Ⅰ　相続分の意味………………………………………………………………405
Ⅱ　法定相続分と指定相続分…………………………………………………405
1　法定相続分　405
2　指定相続分　407
Ⅲ　具体的相続分………………………………………………………………409
1　具体的相続分の意味と位置付け　411
2　具体的相続分の算定に関する基本的な枠組み　412
3　特別受益　413
4　寄与分　427

第 21 講　遺　言 —— 残せるものと残せないもの………………………447

Ⅰ　法律上の遺言の対象………………………………………………………448

目　次　xiii

1 遺言で定めることができること　448
  2 遺言で定めることができないもの　449

Ⅱ　遺言についての基本的な約束事‥‥‥‥‥‥‥‥‥‥‥‥‥‥‥450
  1 遺言能力　450
  2 共同遺言の禁止　451
  3 遺言の撤回　453

Ⅲ　遺言の方式‥‥‥‥‥‥‥‥‥‥‥‥‥‥‥‥‥‥‥‥‥‥‥‥‥458
  1 普通方式の遺言　458
  2 特別方式の遺言　462
  3 遺言の方式をめぐる問題　463

Ⅳ　遺言の検認と執行‥‥‥‥‥‥‥‥‥‥‥‥‥‥‥‥‥‥‥‥‥470
  1 遺言の検認と確認　470
  2 遺言の執行　471

第22講　遺贈をめぐる問題‥‥‥‥‥‥‥‥‥‥‥‥‥‥‥‥‥478

Ⅰ　遺贈の意義と種類‥‥‥‥‥‥‥‥‥‥‥‥‥‥‥‥‥‥‥‥‥478
  1 遺贈の意義　478
  2 遺贈と条件等 —— 後継ぎ遺贈等をめぐる問題　480
  3 遺贈と死因贈与　485
  4 遺贈の要件と効果　487

Ⅱ　相続させる旨の遺言（特定財産承継遺言）‥‥‥‥‥‥‥‥‥491
  1 問題の所在　491
  2 特定遺贈と分割方法の指定の相違　492
  3 相続させる旨の遺言をめぐる判例　494

第23講　遺産分割‥‥‥‥‥‥‥‥‥‥‥‥‥‥‥‥‥‥‥‥‥‥499

Ⅰ　遺産分割前の状況‥‥‥‥‥‥‥‥‥‥‥‥‥‥‥‥‥‥‥‥‥500
  1 遺産分割前の遺産をめぐる法律関係 —— 遺産共有　500
  2 相続分の譲渡　503
  3 遺産分割の対象となる遺産をめぐる問題　503

Ⅱ　遺産分割の方法等‥‥‥‥‥‥‥‥‥‥‥‥‥‥‥‥‥‥‥‥‥507
  1 遺産分割協議　508
  2 調停・審判による分割　512
  3 遺産の一部分割　513
  4 遺産分割をなすべき時期　514

Ⅲ　遺産分割の効力 ……………………………………………………………… 515
　　1　遺産分割の効力 —— 宣言主義と移転主義　515
　　2　共同相続人の担保責任　516

第24講　権利・義務の承継と第三者との関係 ………………… 518

Ⅰ　相続と登記をめぐる問題 ………………………………………………… 518
　　1　被相続人による贈与・遺贈　518
　　2　遺産分割前の法定相続分を超えた譲渡と他の相続人の権利　520
　　3　法定相続分と異なる遺産分割と共有持分の処分　521
　　4　相続分の指定等（特定財産承継遺言を含む）　522
　　5　相続放棄と登記　526
Ⅱ　金銭債権の共同相続 ……………………………………………………… 528
　　1　可分債権についての基本原則　528
　　2　当然分割承継の原則の例外 —— 預貯金債権についての特則　530
Ⅲ　債務の共同相続 …………………………………………………………… 535
　　1　判例の立場 —— 債務の分割承継の原則　535
　　2　債務の分割承継の前提となる「相続分に応じて」の意味　537

第25講　配偶者に関する特則 ………………………………………… 542

Ⅰ　配偶者居住権 ……………………………………………………………… 542
　　1　配偶者居住権の概要と意義　542
　　2　配偶者居住権の成立要件　544
　　3　配偶者居住権の内容と効力　545
　　4　配偶者居住権の消滅　548
Ⅱ　配偶者短期居住権 ………………………………………………………… 549
　　1　配偶者短期居住権の概要と意義　549
　　2　配偶者短期居住権の成立要件　550
　　3　配偶者短期居住権の内容と効力　550
　　4　配偶者短期居住権の消滅　552
Ⅲ　特別受益としない旨の意思表示（いわゆる持戻しの免除の意思表示）の推定 …… 553

第26講　相続人の権利を守る仕組み —— 相続回復請求権と遺留分制度 … 557

Ⅰ　相続回復請求権 …………………………………………………………… 557
　　1　相続回復請求権の基本的なイメージ　557

目　次　xv

2　民法 884 条の規定する内容　558

　　3　共同相続人間の争いにおける相続回復請求権　561

　　4　第三者との関係　564

　　5　表見相続人や第三者の取得時効等　565

Ⅱ　遺留分制度…………………………………………………………………565

　　1　従来の遺留分制度と相続法改正　565

　　2　遺留分制度の意義と基本的な仕組み　568

　　3　遺留分と遺留分侵害額の計算　569

　　4　遺留分侵害額請求権の債務者　576

　　5　遺留分侵害額請求権の消滅時効等　578

　　6　遺留分の放棄　579

特別講義　家族法と租税法

第1回　財産分与と租税をめぐる問題…………………………………………582

　Ⅰ　今回の特別講義の趣旨と概要　582

　Ⅱ　財産分与と税金 —— 問題の提起　582

　Ⅲ　財産分与にかかる税金　585

　Ⅳ　財産分与にかかる税金についての個別的問題　588

　Ⅴ　離婚後の子の養育費をめぐる問題　594

　Ⅵ　授業の終わりに　598

第2回　遺産分割と租税をめぐる問題…………………………………………599

　Ⅰ　今回のテーマ　599

　Ⅱ　相続税の基本的な理解　600

　Ⅲ　遺産分割と租税　606

　Ⅳ　遺留分侵害がある場合の法律関係　613

　Ⅴ　授業の終わりに　615

【資料】平成 8 年改正要綱　617

事項索引　621

判例索引　632

条文索引　637

コラム目次

【第1講】
＊戸籍という制度　12

【第2講】
＊婚約と結納　15　　　＊婚姻の成立と契約の成立　19　　　＊戸籍事務管掌者の権限　28

【第3講】
＊再婚禁止期間についての制度設計　40　　　＊親族の概念　42　　　＊家族関係をめぐる
紛争の解決　47

【第4講】
＊選択的夫婦別姓をめぐる議論　56

【第5講】
＊昭和44年判決の読み方の難しさ　82

【第6講】
＊三行半と縁切寺　90　　　＊民法の規定と調停離婚等　94　　　＊方便としての○○　95
＊回復の見込みがない強度の精神病──裁量棄却が具体的に問題となる場面　106
＊有責主義と消極的破綻主義？　109　　　＊昭和27年判決と昭和62年判決──昭和62
年判決のその後　111

【第7講】
＊財産分与と詐害行為取消権等　117　　　＊過去の婚姻費用の清算　119　　　＊財産分与
と配偶者相続権　122

【第8講】
＊足入れ婚　138　　　＊契約の自由と法形式選択の自由　149

【第9講】
＊勘当──実親子関係の解消？　159　　　＊婚姻と親子──親子法の全体像をどのよう
に描くのか　163　　　＊母子関係が不明確な場合の法律関係　166　　　＊医学的証明と懐
胎時期の推定との関係　168　　　＊嫡出子の定義　170　　　＊血縁関係がない実親子──
嫡出推定と嫡出否認を支えるもの　175　　　＊子の氏をめぐる問題　185

【第10講】
＊昭和15年判決の理解のしかた──内縁≒婚姻？　191　　　＊嫡出推定の及ばない子の
概念の必要性　196　　　＊外観説の妥当性が問題となった平成26年7月17日の一連の最
高裁判決　199　　　＊いわゆる300日問題──狭義の300日問題といわゆる300日問題
205

【第11講】
＊生殖補助医療をめぐるさまざまな動き　214　　　＊代理懐胎をめぐる問題と自己決定　227
＊生きている夫の凍結精子を利用した出産　229　　　＊生殖補助医療を考える難しさと対応の必
要性　232

【第12講】
＊古代ローマと箕作家　239　　　＊婚養子と娘婿（女婿）など　242　　　＊親族内での養子　248

xvii

【第 13 講】

＊子の意思の把握——家事事件手続法における規定と位置付け 258 ＊菊田医師の事件と特別養子制度 272 ＊民法 817 条の 6 ただし書の適用の有無と同 817 条の 7 における特別養子の成否の判断 278 ＊戸籍制度の工夫とその他の問題 285

【第 14 講】

＊悪魔ちゃん事件 292 ＊養親の死亡や離婚と親権の帰属——説明のしかたと考え方 306

【第 15 講】

＊民法における能力と年齢 314 ＊問題を考える場合の基本的な視点——子の幸福の総合衡量と原状回復 321 ＊里親制度 330

【第 17 講】

＊相続法の悩ましさ 357

【第 19 講】

＊阿漕な取立てについて 381 ＊被相続人による不動産の処分と限定承認における相続債権者との関係 382 ＊事実上の相続放棄——相続分皆無証明書 384 ＊もうひとつの遺言書変造事件 390 ＊相続という制度の中でのさまざまなバランス 396 ＊共有と特別縁故者への相続財産の分与 403

【第 20 講】

＊相続分の指定がある場合の法定相続分の位置付け——法定相続分と指定相続分の関係 407 ＊生命保険と特別受益 415 ＊持戻しの二つの意味——遺贈について特別受益としない旨の意思表示があった場合の計算 420 ＊寄与度と寄与分 428

【第 21 講】

＊遺言と遺言 449 ＊共同遺言をめぐる問題 452 ＊自筆証書遺言の保管制度とその将来的な可能性 459 ＊カーボン紙って？ 464 ＊遺言の解釈——被相続人の真意の探求のあり方 468 ＊「全部を公共に寄与する」旨の遺言 471

【第 22 講】

＊包括遺贈と相続分の指定 480 ＊贈与と遺贈 490 ＊犬神佐兵衛翁の遺言 497

【第 23 講】

＊遺産に含まれる目的物の分け方 501 ＊遺産たる不動産についての賃料債権 505 ＊遺産分割協議と詐害行為取消権 510

【第 24 講】

＊債務の承継と被相続人による相続分の指定 538

【第 25 講】

＊特別受益としない旨の意思表示についての 3 つの気になる点 555

【第 26 講】

＊相続回復請求権の存在意義 560 ＊遺留分とは何か？ 567 ＊遺留分算定で加算される贈与の受贈者と遺留分侵害額請求権の債務者 572 ＊相続分の指定，特別受益としない旨の意思表示と遺留分 577

＊学習にあたって＊

凡 例

i 判例について

大判大正 12 年 11 月 29 日→大審院大正 12 年 11 月 29 日判決

最大判昭和 62 年 9 月 2 日→最高裁昭和 62 年 9 月 2 日大法廷判決

仙台高決昭和 56 年 8 月 24 日→仙台高裁昭和 56 年 8 月 24 日決定

東京家八王子支審平成 6 年 1 月 31 日→東京家裁八王子支部平成 6 年 1 月 31 日審判

　※判決年月日を「昭和 62・9・2」のように略記することもある。

　　　＊　　　＊　　　＊

民　集　　　大審院民事判例集，最高裁判所民事判例集

民　録　　　大審院民事判決録

刑　録　　　大審院刑事判決録

家　月　　　家庭裁判月報

裁　時　　　裁判所時報

新　聞　　　法律新聞

判　時　　　判例時報

判　タ　　　判例タイムズ

ii 文献略語

百選 I・II・III　　　　　民法判例百選 I（総則・物権）〔第 8 版〕・II（債権）〔第 8 版〕・III（親族・相続）〔第 2 版〕（有斐閣，2018 年）

　※なお，「〇〇百選」は「〇〇判例百選」を表し，最新版以外は版数を併記してある。

リマークス　　　　　　　私法判例リマークス（日本評論社）

窪田・不法行為法　　　　窪田充見『不法行為法——民法を学ぶ〔第 2 版〕』（有斐閣，2018 年）

iii 法令名

　本文中の括弧内で表記される法令名は，原則として有斐閣『六法全書』の略語例に依った。

参考文献

i 教科書・体系書

　家族法に関する教科書・体系書は数多いが，代表的なものとして，単著のものを中心に挙げると，次のようなものがあり，いずれも魅力的なテキストである。教科書を読んでいてわかりにくいところ，理解しにくいところは，別の教科書を見ることで，容易に理解することができる場合も少なくない。「読書百遍意自ずから通ず」というのは，一面の真理を含むものだとは思うが，しかし，本書が100回読むのに耐えうるものであるかは心許ない。本書で気になった部分，数回読んでも「よくわらかんぞ」という部分については，以下の文献に当たってもらいたい。

○ 親族法・相続法の両方についての教科書

　有地亨『家族法概論〔新版補訂版〕』（法律文化社，2005 年）

　内田貴『民法Ⅳ 親族・相続〔補訂版〕』（東京大学出版会，2004 年）

　近江幸治『民法講義Ⅶ 親族法・相続法〔第 2 版〕』（成文堂，2015 年）

　高橋朋子＝床谷文雄＝棚村政行『民法 7 親族・相続〔第 5 版〕』（有斐閣，2017 年）

　二宮周平『家族法〔第 5 版〕』（新世社，2019 年）

　深谷松男『現代家族法〔第 4 版〕』（青林書院，2001 年）

　前田陽一＝本山敦＝浦野由紀子『民法Ⅵ 親族・相続〔第 5 版〕』（有斐閣，2019 年）

　松川正毅『民法 親族・相続〔第 6 版〕』（有斐閣，2019 年）

　吉田邦彦『家族法（親族法・相続法）講義録』（信山社，2007 年）

○ 親族法に関する教科書

　大村敦志『家族法〔第 3 版〕』（有斐閣，2010 年）

　久貴忠彦『親族法』（日本評論社，1984 年）

　鈴木禄弥『親族法講義』（創文社，1988 年）

　中川善之助『新訂・親族法』（青林書院，1965 年）

　我妻栄『親族法』（有斐閣，1961 年）

○ 相続法に関する教科書

伊藤昌司『相続法』（有斐閣，2002 年）

潮見佳男『詳解 相続法』（弘文堂，2018 年）

鈴木禄弥『相続法講義〔改訂版〕』（創文社，1996 年）

高木多喜男『口述相続法』（成文堂，1988 年）

中川善之助 = 泉久雄『相続法〔第 4 版〕』（有斐閣，2000 年）

なお，相続法改正については，以下のものを含めて，多くの解説書が刊行されている。改正に関わる部分については，適宜参照してほしい。

大村敦志 = 窪田充見編『解説 民法(相続法)改正のポイント』（有斐閣，2019 年）

潮見佳男編著『民法(相続関係)改正法の概要』（金融財政事情研究会，2019 年）

潮見佳男ほか編著『Before/After 相続法改正』（弘文堂，2019 年）

堂薗幹一郎 = 野口宣大編著『一問一答 新しい相続法』（商事法務，2019 年）

堂薗幹一郎 = 神吉康二編著『概説 改正相続法』（金融財政事情研究会，2019 年）

ii 注釈書・講座等

教科書に書かれていることについて，より掘り下げて知りたいという場合，あるいは，ゼミの報告などのために調べようと思う場合には，以下の文献が手がかりになるだろう。

まず，条文ごとの解説（注釈書）としては，以下のものがある。

『注釈民法⒇〜㉖』（有斐閣，1966 年〜1973 年）

『新版注釈民法㉑㉕㉖㉗㉘』（有斐閣，1988 年〜1994 年）

『新注釈民法⒄⒆』（有斐閣，2017 年〜）

『新基本法コンメンタール 親族〔第 2 版〕』（日本評論社，2019 年）

『新基本法コンメンタール 相続』（日本評論社，2016 年）

また，重要なトピックを取り上げて，詳しい解説をしているものとしては，次のものがある。

『家族法大系Ⅰ～Ⅶ』（有斐閣，1959 年～1960 年）

『現代家族法大系Ⅰ～Ⅴ』（有斐閣，1979 年～1980 年）

『講座 現代家族法(1)～(6)』（日本評論社，1991 年～1992 年）

『新家族法実務大系(1)～(5)』（新日本法規，2008 年）

『民法講座(7) 親族・相続』（有斐閣，1984 年）

『民法典の百年Ⅳ』（有斐閣，1998 年）

第 I 部

総　論

第 1 講　これから学ぶこと
—— 家族法の意味と歴史など

　これから学んでいく家族法であるが，「家族法」という言葉は，担保法とか責任財産法という言葉に比べれば，全く法律学を勉強したことがない人にとっても，何となく身近な感じがする……と思う。その理由は，少なくとも2つ考えられる。

　第1に，家族が文字どおり身近なものであるということによる。もっとも，家族法は，家族そのものではない。諸君が辛いときに，家族法が慰めてくれるわけではないし，諸君の生き甲斐として存在してくれるわけでもない。……と，熱がこもり始めると長くなるのでやめる。

　第2に，家族が身近なものであることから，いままでの体験を通じて，家族に関する基本的な概念等を理解しているということもあるだろう。なるほど，家族法の基本的な概念である親子や婚姻，あるいは相続にしても，多くの人にとってはおそらく自明のものであり，すぐに一定のイメージを描くことができるだろう。これは，比較的多くの普通の人（初学者）にとって，転抵当とか，根保証とかといった言葉を聞いてもすぐには具体的なイメージが浮かばないのとは対照的である。このような基本的な概念の身近さは，家族法を学んでいく上でも重要である。実際に，家族法を学んでいく場合にも，大半の読者は，自分自身や周辺の人の家族をめぐる状況を想定しながら，具体的なルールを学んでいくことになる。

もっとも，第2の点は，家族法を学んでいく上での出発点とはなるが，そこで体験的に修得していた知識や理解は，法律のルールとしての家族法そのものではない，ということにも注意が必要である。家族法では，後述のように，かなり多くの細かいルールが提供されている。それらの法的なルールとしての家族法を学び，①家族関係をめぐってどのようなことが法的に求められるのか（婚姻や親子関係の成立のためにはいったい何が必要なのか），②家族をめぐる問題においてトラブルが生じた場合にそれはどのように解決されるのか（親子関係をめぐる争いや相続をめぐる紛争はどのように解決されるのか），といったことを学んでいくのが，家族法を勉強する目的だということになる。また，こうした作業を通じて，いままで体験的にこうだろうと思っていたことを法的に説明可能なものとして理解することもできるようになるかもしれない。

　なお，ここで強調しておきたいのは，家族法が法的なルールであるということである。家族（法）の身近さからつい誤解しがちであるが，家族法そのものは，れっきとした法的ルールであり，一定の準則を前提として考えていくという法的思考の点で，他の法と異なるものではない。個別的な事案において，さまざまな考量が必要になるとしても，それは，基本的にはあくまで法的思考の枠組みの中で解決されていくべき問題である。その意味でも，常に，六法を傍らに置いて，条文を確認しながら，本書を読んでほしいし，また，それが不可欠なのだということを確認しておきたい。

Ⅰ　本書で扱う内容の概観

　前置きが長くなってしまった。それでは，そうした法的ルールとしての家族法とは何なのだろうか。家族法の対象となる内容について，まず，そのおおざっぱなところをつかんでおくことにしよう。

1　家族法と親族法，相続法

　まず，家族法という言葉であるが，民法学の世界で家族法という場合，2つの使い方がある。ひとつは，民法典の第4編「親族」に相当する親族法と，第5編「相続」に相当する相続法の両方を含めて，家族法という呼

び方をする場合である。もうひとつは，この中の親族法のみをさして家族法と呼ぶ場合である。いわゆる親族・相続法だと思って買ったのに，親族法だけだったという場合もあるし，逆に，親族法の詳しい（ぶ厚い）教科書だと思ったら，親族・相続法の両方を含む概説書だったという場合もあるだろう。どちらの使い方が正しいということはない。『家族法』というタイトルの本を購入する際には，中身（目次）をちゃんと見なくてはならないというだけのことである。さて，本書においては，家族法という呼び方で，親族法（第Ⅱ部）と相続法（第Ⅲ部）の両方について説明を行う。最後に，いわば特別講義という形で，家族法と租税法の関係を取り上げている。

　なお，家族法や親族法という以外に，身分法という言葉が用いられる場合もある。身分法も，家族法と同様で，親族法が含まれることははっきりしているが，相続法を含むかどうかについてはその場の使い方で異なりうる。ただ，厳密に，身分法と家族法の関係を論ずるといったようなことはあまり生産的ではなく，両者は同じものと思ってよいだろう。現在では，以前に比べて身分法という言葉が使われる頻度は下がってきている。

　ところで，民法というのは改正が少ない比較的安定した法律であったが，このところ，家族法にも関わる改正が相次いでいる。2018年に成立した相続法の大規模な改正，成年年齢を引き下げる民法の改正のほか，2019年の通常国会では，特別養子に関する改正，戸籍法の改正，さらに子の引渡しに関わる部分を含む民事執行法の改正とそれに合わせた国際的な子の奪取の民事上の側面に関する条約の実施に関する法律（ハーグ条約実施法）の改正が成立した。これらについても，どのような点が変わったのかを含め，本書の中で説明していく。なお，こうした状況は，法改正に対する感覚を変えてきているようにも思われる。筆者が研究者になった頃は，「それは立法論だよ，クボタ君！」と言われると，解釈論として成り立たないんだから，もう議論は終わりだという趣旨だったのだと思う。最近では，私が，若い研究者に，「それは立法論だよ，タナカ君！」などと言うと，きっと，「じゃあ，改正しなくちゃなりませんね」ということになるのだろう。

第1講　これから学ぶこと　　3

2　親族法の概観と本書で扱う内容

さて，民法典の第4編「親族」は，総則，婚姻，親子，親権，後見，保佐および補助，扶養という7つの章から成っている。大きな固まり（問題群）が7つあるということになりそうだが，必ずしもそうではない。

まず，総則は，パンデクテン方式（19世紀ドイツ普通法の代表的な教科書——パンデクテン教科書——に由来する言葉であり，共通する準則を上位の総則として抽出して規定するシステムである。もっとも，言葉の由来となったローマ法の学説彙纂〔Digesta, Pandectae〕自体は，このような構成ではない）から出てくるものであるが，同じポジション（各編の最初の章に置かれた総則）にある債権総則などに比べると，規定されている内容はかなり少なく，その重要性も相対的には乏しい（債権編の総則として，399条〜520条の20が用意されているのに対して，親族編の総則は6か条である。もっとも，物権編の総則は，これよりもさらに少なく，たった5か条にすぎないが，そこでは物権変動に関する規定が含まれ，そこで示されたルールを理解するために膨大な知識の修得が求められる）。もちろん，親族編の総則が規定する親族の範囲や親族関係の発生・終了等は，それなりに重要であるが，いずれも婚姻や親子等についての検討を行う中で見ていく方が，より容易に理解できるだろう。

次に，婚姻と親子については，その言葉の意味自体は，あらためて詳しく取り上げる必要はないだろう。まず，諸君の常識的な理解を前提に考えて，そう大きな間違いはないはずである。この婚姻と親子が，親族編の規定の中でも，その中核をなすものであることは明らかである。

その後に並んでいる親権であるが，これは，ごくおおざっぱに言えば，親の子についての権利義務である。ちょっと待て，だったら，親子に規定すればよいではないか？と思うかもしれない。ご指摘のとおり，筆者もそう思う。親権だけだったら，やはり親子の中に規定してしまう方が，ずっとすっきりしている。

ただ，やっかいなのは，同種の問題は，親子関係がない場合にも生ずる，ということである。たとえば，未成年者に両親がいない場合，その子の利益を守るために，後見（未成年後見）という仕組みが用意されている→334頁以下。もっとも，未成年後見だけであれば，親子に準ずる関係として，

4　第Ⅰ部　総　論

親子の中にむりやり入れてしまうという方法もありえないわけではない。しかし，後見は，さらに成年後見という全く状況と性格の異なるものも含んでいる。そのため，後見は，やはり親子の外で規定するのが適切だということになる。そうやって後見が外に出てしまうと，その一部（未成年後見）に対応する親権も，親子の外に出ざるをえない。他方，成年後見等と並ぶ，制限行為能力者の保護の仕組みである保佐および補助は，後見の後ろにくっつくということになる。

なお，親族編のしっぽにくっついている扶養であるが，夫婦，親子（厳密には未成熟子と親）の関係においては，そうした法律関係によって基礎付けられる扶養を観念できるので，そこには含まれない，つまり夫婦間でも，親子関係でもない親族間の扶養が主たる対象となる→ *341頁以下* 。

さて，問題は，以上を前提として，本書で何を取り上げるかである。

提供できる情報量は限られている。ここでは，特に婚姻と親子にウェイトを置いて，説明をしていくことにしたい。それは，現在の民法典の前提とする家族が，婚姻と親子によって構成される家族（核家族。厳密に言えば，我々が現在有している民法典の中に，家族そのものの定義はない。明治民法の親族編は，総則に続けて，第 2 章「戸主及ヒ家族」という章を置き，732 条 1 項が，「戸主ノ親族ニシテ其家ニ在ル者及ヒ其配偶者ハ之ヲ家族トス」という規定を有していたが，現行民法典の第 2 章は婚姻，第 3 章は親子であり〔明治民法ではそれぞれ，第 3 章，第 4 章〕，家族という概念そのものは民法典の中に明示的には登場しない。逆に言えば，現行法は，婚姻と親子を通じて家族を規定しているのだと理解することができるかもしれない）であり，この 2 つの法律関係をきちんと理解した上で，家族法を学んでいくということが最も重要であると考えるからである。

他方，成年後見や保佐，補助については，基本的には行為能力の制限との関係で説明することが適切であり（民法典の第 4 編に規定された後見・保佐・補助に関する準則については，多くの大学では，民法総則の行為能力の説明をする中で扱われていると思うが，それもこうした理由による），また，必ずしも家族という枠組みと直結するものではない。そうした点も踏まえて，本書においては，後見・保佐・補助については，簡単な説明にとどめたい。

第 1 講　これから学ぶこと　5

3 相続法の概観

相続法は，民法典の第5編「相続」に規定された内容を扱うものである。もっとも，相続法を扱うのは，本書の後半である。ここでは，ごくおおざっぱにその中身を確認しておく。

相続というのは，人が死亡した場合に，その死亡した人（被相続人）の財産（遺産。不動産や預金などの積極財産のほか，債務などの消極財産も含む。民896条）をどのように扱うのかという問題である。ここでは，具体的に，①誰が相続するのか，②どれくらいの割合や価値を相続するのか，③誰が何を相続するのか，が問題となる。

上記のうち，①は相続人が誰かという問題である→*374頁以下*。また，②は相続分という言葉で多くの読者はすでに知っているところであろう。もっとも，2分の1とか，3分の2といった割合（法定相続分。民900条）だけで最終的な相続分が決まるわけではなく，特定の相続人が得た利益（特別受益）や貢献（寄与分）を考慮して，当該相続における各相続人の取り分が決められる（具体的相続分→*409頁以下*）。しかし，こうした割合や金額で示される相続分だけでは，具体的に「この家が誰のものになるのか」といったことはまだ明らかにならない。最終的に，個別的な財産の帰属を実現するためには，③の遺産分割が必要となる→*499頁以下*。

ところで，②③は，法律の規定やそれをふまえた相続人による遺産分割協議，協議が成立しない場合の審判のみによって決まるわけではない。被相続人が，このような相続による財産の帰属等について一定の判断を示すということも考えられるからである。これが，遺言である。つまり，相続法を学ぶ場合には，④被相続人は遺産の分配や帰属等について何を決めることができるのかということも問題となる→*447頁以下*。

さらに，上記の①〜④を通じて，常に問題なく最終的な財産の帰属が実現できるとは限らない。そこでは，⑤相続という観点からは適切ではない形で，現に財産が帰属しているような場合に，どのようにして調整や回復を図るのかも，問題となる。民法は，こうした不利益を受けた相続人の権利を実現するための仕組みとして，相続回復請求権や遺留分といった制度を用意している→*557頁以下*。

6　第I部　総　論

以上，①〜⑤を，本書の後半で学んでいくことになる。

Ⅱ　家族法の意義と特殊性

1　家族法と財産法 —— 家族法の特徴

　ところで，ある時期の家族法において比較的熱く議論されたテーマに，家族法と財産法との関係がある。これは，特に，《身分行為の独自性》を認めるのかといった形で議論された。身分行為などというと，それだけでちょっとびっくりするが，ここでの身分とは身分法（家族法）という言葉の意味での身分であり（士農工商ではない！），婚姻や離婚，養子縁組などの家族関係に関する法律行為のことである。法律行為である以上，民法総則の法律行為の規定（民90条〜137条）の対象となるはずであるが，身分行為の独自性という考え方は，こうした身分行為は，財産に関する法律行為とは基本的な性質を異にするものであり，民法総則の規定を排除するものとして主張された（こうした身分行為の独自性の主張をリードしたのが，中川善之助博士[1897-1975]である）。

　もっとも，こうした一律の身分行為概念の有用性は，今日では疑問視されている。実際，所与の上位概念として独自性を主張する意義は必ずしも明確ではない。独自性を主張する議論の中では身分行為における真意の重要性が強調されるが，家族法においても，外部的に示された行為を通じて，一定の法律関係が形成されていくのであり，内心そのものが当然に一定の法律効果を生み出すわけではない。さらに，法的な関係を考える前提としての真意とはいったい何なのかという点も，実はそれほどはっきりしているわけではない。

　家族関係における法律関係について，売買契約などと同じ形で処理することが適切ではない場面があるのは確かだろう。たとえば通常の契約と同じ意味で婚姻の相対性を認めることはできないし，取引の安全といった要素が基本的に考量要素とならないという点も指摘できる。また，能力についても，法律行為のルールに対するさまざまな修正が規定されている（ひとつは，遺言能力のように法律行為の能力とは異なる能力年齢を定めるもので

第1講　これから学ぶこと　　7

あり〔15 歳。民 961 条〕，もうひとつは法定代理人等の同意を要しないとするものである〔婚姻についての民 738 条，離婚についての同 764 条など〕）。その意味で，財産法におけるルールと異なる処理がなされる場面があること自体は否定できない。しかし，なぜこうした特殊性が認められるのかを考えることが必要であり，また，その理由に応じて，かつ問題とされる場面に即して適切に解釈していくことが求められるとしても，それは，当然に，身分行為という上位概念によって問題を解決することにつながるものではないだろう。また，法律行為法を排除するとしても，結局，受け皿となる身分行為概念とそのルールが明確なものとして用意されない以上，身分行為の独自性をいたずらに強調することは，問題の解決をかえって不透明にする危険性がある。さらに，若干の付言をすれば，身分行為の独自性という概念を手がかりとして展開された具体的帰結自体，必ずしも妥当なものではなかったのではないかという筆者自身の判断も，こうした消極的な見方の背景にはある。この点は，具体的な問題を扱う中で，あらためて説明することにしよう。

2　国家の制度としての家族法

ところで，身分行為の独自性という観点から家族法の特殊性を基礎付けることに対しては，上記のとおり，筆者は消極的だが，家族法の意義あるいは特殊性，独自性といったものは，やはり存在しているように思われる。それは，家族法が，家族という最もプライベートな部分を対象とするものでありながら，同時に，国家の制度としての性格を強く有しているという点である。

契約法との対比で，この点を考えてみよう。たとえば，債務者である誰かが結婚しようとする場合や結婚を躊躇している場合，債権者だからといって，「そんな男／女はやめときなはれ」と詐害行為取消権（民 424 条）を使ったり，「せっかくの玉の輿，乗ったらええがな」（あまりにも下品だ……）と債権者代位権（民 423 条）を行使する余地はない。その点では，個人の判断は，強く尊重されており，契約自由の原則の中，契約をするか否かの自由，相手方選択の自由に相当するものは，ほかよりもずっと強いと言える。「蓼食う虫も好きずき」は，家族法の基本理念なのである。し

かし，他方で，婚姻の成立の方式は厳格に定められており，また，婚姻の内容について示されているところも単なる雛型（任意規定）として定められていて，自由に決めることができるというわけではない。その点では，方式の自由も，内容形成の自由も，民法典の中で許された範囲（その範囲は非常に狭い）でしか存在していないということになる（このように家族法のルールが，強行法によって構成されるルールのセットであるということは，たとえば，婚姻の法律効果の一部を受け容れることができないという場合に，その状況に直面した当事者に困難をもたらすことになる。たとえば，ある婚姻の法律効果の一部——たとえば夫婦同姓——に対して強い抵抗を有する者にとっては，その抵抗感を無理に抑えて婚姻するか，それを受け容れることができない以上，婚姻しないというういずれかの選択肢しかないことになる→*56頁【選択的夫婦別姓をめぐる議論】*。もちろん，婚姻という制度に全く価値を認めないのであれば，この点を深刻に悩む必要はない。むしろ，当事者の自由意思の尊重ということを論ずる場合でも，多くの場合には，他方で制度としての婚姻それ自体の価値を肯定しているからこそ，深刻なジレンマが生ずることになる）。

　このことの説明は，さまざまな形で考えられるが，そのひとつの大きな理由は，家族法（特に親族法）が，国家の仕組みを構成している重要な要素であるという部分にあると考えられる。国家の仕組みというと，もっぱら国会とか，裁判所とか，そうした部分（統治機構）のみをイメージしがちであるが，家族，厳密に言えば，婚姻や親子といったものをどのように構成するのかというのは，その国のかたちを示すものである。もちろん，国家の仕組みとして，家族のあり方についても多様性を認めるという態度決定はありうるし，相対的にわが国の仕組みよりも緩やかな制度を用意している国もある。しかし，いずれにしても，そこで出発点となるのは，内容形成を含む契約自由の原則だったり，家族法に関する規定も任意規定であるといったような発想ではない。この点は，家族法を学んでいく場合に，一方で十分に頭に入れておかなければならない部分だと言える。

Ⅲ　家族法の歴史

　最後に，家族法の歴史について，ごく簡単に説明をしておく。この点を

第1講　これから学ぶこと　　9

確認しておくことは，現在の法制度がどのようなものとして組み立てられているのかを探る，少なくともひとつの手がかりとはなるだろう。

　家族法に関する法制度的な歴史は，大きく3つの時期に分けて整理することができるだろう。

1　近代法典としての法典編纂の試み

　明治維新後，近代的な法制度を整備するということは，近代日本が独立国家として対外的な関係を確立していく上でも喫緊の課題であった。特に，民法典は，国家の制度的な基盤であり，その制定が急がれた（この動きの中には，たとえば初代司法卿 —— 現在の法務大臣 —— 江藤新平 1834-1874 などを中心とする物語がある。司馬遼太郎『歳月』〔講談社文庫〕は，江藤新平の波乱に満ちた生涯を描くものであるが，その中では，法典編纂に伴うさまざまなエピソードも語られる）。

　これを受けて，近代法典たる民法として最初に完成したのが，いわゆるボワソナアド民法典（旧民法典）である。これは，編別自体が，現行法と大きく異なり，内容的にも，フランス法の影響を強く受けたものであった。もっとも，家族法に関する部分は，日本の各地における慣習なども考慮した上で，主として日本人の手によって起草されており，全く新しい西洋流のものを単純に導入したわけではなかった。

　しかし，ボワソナアド民法典は，帝国議会で成立したものの，それに対しては，「民法出テ忠孝亡フ」（非常に有名なコピーであるが，元になったのは，穂積八束による同名の論文〔法学新報5号（1891年）〕である。論文というより，アジ演説のビラに近い印象がある）といった激しい批判が加えられ，その施行は延期されることになる。この言葉からもわかるように，施行反対派の批判の少なくともひとつのポイントは，家族法にあった。

2　明治民法

　上記のとおり，ボワソナアド民法典は，全く日の目を見なかったわけではなく，厳密に言えば，単に施行が延期されたにすぎない。ただ，その延期の中で，施行されていないボワソナアド民法典についての全面的な改正がなされることになる。改正といっても，編別を含めて，全く新たな形態

であり，実質的には新しい立法であった（もっとも，内容的な連続性がどこまで断絶したのかについては議論がある）。ここでは，これを明治民法と呼んでおく。

さて，その明治民法であるが，編別は，現行法と同じで5つの編から成り，その第4編が「親族」，第5編が「相続」であり，これも現在と同じである。

明治民法の家族法の特殊性としては，家，戸主，家督相続といったキーワードが挙げられ，その前時代性が指摘される場合が多い。家というのは，いまの我々には理解しにくい概念であるが（読者の中に，戦前に教育を受けられた方がおられたら，ご容赦ください），戸主（家長）を中心に秩序付けられた親族集団であり，たとえば，戸籍も，この家を単位として編成されることになる（すでに触れたように，明治民法732条1項は，「戸主ノ親族ニシテ其家ニ在ル者及ヒ其配偶者ハ之ヲ家族トス」と規定していた）。このような家を基本とする明治民法の家族法は，現在の法制度にはない戸主権（家族の入籍・去家に関する同意権，家族の婚姻・養子縁組に関する同意権，家族の居所指定権等を内容とする）や家督相続（戸主権の相続）を制度の柱としていた（イエの概念や内容についての概観を得るためには，比較家族史学会編『事典・家族』〔弘文堂，1996年〕の「家」の項目ならびに関連項目を参照）。

もっとも，立法段階では，特に，保守的な制度を形成しようとしたわけではなく，こうした性格は，むしろその後の運用や学説・判例の展開によって形成されていった部分も少なくない。また，比較法的にも，こうした家に類似する概念（核家族に解消されない家族の概念）は，必ずしも日本固有のものであったわけではない点には注意を要する。

3　戦後の全面的な改正と現行法

第二次大戦後，新憲法が制定される。そのことは，憲法とは違った意味で，やはり国の制度を構成する民法典にも影響を及ぼすことになる。特に，第4編・第5編は全面的に改正され，条文の番号もすべて新たにふり直された。

具体的に問題となったのは，憲法13条（個人の尊重），14条（法の下の平等），24条（両性の本質的平等）との整合性であり，この点から，家の廃

止，戸主権の廃止，家督相続の廃止，妻の無能力規定の廃止，夫婦の完全平等，父母の平等（父母の共同親権），血族相続人の平等（共同相続）等が求められた。

　もっとも，このことから，明治民法典と現行民法典が完全に断絶されたものだと即断するのは，やや不正確であるように思われる。

　なるほど，戦後の家族法をめぐる議論は，新しい憲法の理念を踏まえて展開されたのは確かであり，戦前の家族法はそこでは批判の対象として持ち出された。その意味で，戦前と戦後の家族法学で一定の断絶があるというのは，確かだろう。

　ただ，法典というレベルで見ると，実は，現行の民法典は，意外なほどに，戦前の明治民法の規定を引きずっている。限られた時間の中で，上記のような憲法との整合性を実現するための作業がなされたということに照らせば当然なのかもしれないが，上記のとおり，新しい理念に適合しない部分は削除される一方，それ以外については明治民法の規定をそのまま利用しているという部分は少なくない。そのことは，最終的に，現行民法典の第4編・第5編が，立法技術的に見れば，多くの問題を抱えることにつながっているように思われる。

　戦後も，いくつもの改正が，第4編・第5編において加えられているが，こうした構造的な問題は必ずしも解消されないまま，現在に至っている。それぞれの問題点については，各テーマを取り上げる中で見ていきたいと考えているが，家族法全体を整備し直すということも，将来的には視野に入れられるべきであろう。

　……と，やたらに志の高い発言をしたところで，家族法のガイダンスを終わることにしよう。

（コラム）　*戸籍という制度*

　戸籍は，国民の身分関係を登録し，それを公証する仕組みである。現在は，ひとつの戸籍に夫婦ならびにそれと同氏の子が記載される。戸籍に記載される身分関係（婚姻，親子）は民法によって定まるものであり（こうした実体的な法律関係を規律するものを実体法と呼ぶ），戸籍や戸籍法それ自体は，身分関係の成否等を直接規律するものではない（形式法と呼ばれる）。こうした戸籍

という仕組みは，わが国に固有の制度であり（比較法的には，個人を単位として身分関係を公証する仕組みが一般的である），100 年を超える歴史があるとも言われる。

　もっとも，「戸籍」という仕組みが，明治維新以後の近代日本において存在してきたことは確かであるが，その性格や内容は，ずっと一貫したものだったわけではない。法制史の先生には叱られてしまいそうだが，ごく大雑把に説明することが許されるなら，以下のように，その基本的な性格は変遷してきた。

　まず，壬申戸籍と呼ばれる最初の戸籍（明治 5 年に編製された戸籍。壬申は，明治 5 年の干支である）は，まさしく建物（住居）としての「戸」についての情報を登録したものであった（その意味で，まさしく「戸籍」であった）。必ずしも全国的に統一された形ではなかったようであるが，ここでは登録された者の旧身分や職業のほか犯罪歴，場合によっては飼育されていた家畜まで記録されていたとされる（壬申戸籍がインターネット上で売買されていることが問題となり，それに関するニュースも流れたが，壬申戸籍がこうしたきわめて機微にわたる内容を有していたということが問題の背景にある。壬申戸籍は，各地の法務局等で厳重に保管されており，研究目的での閲覧もできない）。

　その後も数度の戸籍法の改正があるが，その中でも，明治 31 年，大正 4 年の改正による戸籍（明治・大正戸籍とひとまず呼ぶことにしよう）は，明治 31 年に成立した明治民法第 4 編を受けて，そこに規定された「家」についての情報を登録したものとなる。すなわち，この戸籍には，戸主とその家族（戸主ノ親族ニシテ其家ニ在ル者及ヒ其配偶者）が登録されていた。その意味では，この明治・大正戸籍は，「家籍」だと言えるだろう。

　そして，戦後の法改正で家制度が廃止され，現在の戸籍となる。現在の戸籍には，すでに述べたように，夫婦ならびにそれと同氏の子が記載されている。壬申戸籍（戸籍），明治・大正戸籍（家籍）に比べると，この現在の戸籍の性格を端的に説明することは難しい。夫婦と親子によって構成される核家族が前提となっているとしても，すでに触れたように，現行民法自体は，家族の概念について明確に規定しているわけではない。その点で，形式法とされる戸籍法であるが，その戸籍を民法との関係で説明することは，それほど簡単ではない。同氏親子同一戸籍の原則（同一戸籍には，夫婦と同氏の子のみが記載される）も，民法からは説明することができない→185 頁【子の氏をめぐる問題】。戸籍は，ある意味では非常に身近なものであり，それに対する思い入れが強い人々も少なくない（「戸籍感情」と呼ばれる）。ただ，民法との関係でのこうした戸籍の位置付けの難しさは，認識しておいてよいように思われる。

　なお，戸籍においては重要な意味を持つ本籍であるが，現在の本籍は，登録された者との関係での実質的な関連性は要件とされておらず，届出によって本籍が決まることになる（東京都千代田区千代田 1 番という本籍が多いとも言わ

第 1 講　これから学ぶこと　13

れる）。その意味では，本籍は，実質的にみれば，当該戸籍という情報が存在する場所という意味にとどまる。

さて，こうした現行の戸籍制度であるが，当初は，公示制度と公証制度としての2つの意義を有していたが，戸籍情報がプライバシー性の高い情報であり，閲覧制限が設けられたことにより（2007年改正），もっぱら公証制度として位置付けられるものとなっている。

なお，2019年の戸籍法の改正で，戸籍情報の電子情報化，戸籍事務処理などにおけるネットワーク化等が実現されることになった。この法改正自体は，基本的に，従前の戸籍の枠組み自体を変更するものではないが，こうした電子情報化とネットワーク化が進んだ場合，本籍といった概念が本当に維持される必要があるのか，物理的な紙に記載されることを前提とした同一戸籍という概念が維持されるのか等，将来的には，より大きな観点からの見直しがなされる契機となる可能性があるように思われる。

第Ⅱ部

親　族

第2講　婚姻の成立(1)
—— 婚姻意思の合致と婚姻届をめぐる問題

　第1講で簡単に説明したように，現在のわが国の親族法の基本的な骨組みを形成しているのは，婚姻と親子である。この中の婚姻について，以下では，「婚姻の成立」，「婚姻の効果」，「婚姻の解消」の順番で説明していく。第2講では婚姻の成立について，まず，婚姻意思と婚姻届に焦点をあてて説明していくことにしよう。

> **コラム**　*婚約と結納*
>
> 　婚姻の成立に先立っては，結納などが行われる場合が少なくない。また，婚約という言葉も身近なものである。これは，いったい何であり，法的にはどのような意味を有するものなのだろう。
>
> 　まず，婚約というのは，将来結婚するという約束である。これは，契約としての性格を有するものと理解される。もっとも，契約だとしても，契約違反があった場合に認められる効果が全面的に認められるわけではない。履行強制（婚約すると，もはや気持ちが変わっても，むりやり結婚させられる。婚姻意思の合致は，当事者の意思表示に代わる裁判で置き換えられる！）が認められないことについては，争いがない。他方，婚約の不当破棄と認められる場合には，損害賠償が認められることについても争いはない。なお，婚約自体は，不要式の契約であり，婚約指輪の交換や結納といったものがなくても，誠実な合意さえあれば，その有効性が認められる（最判昭和38・9・5民集17巻8号942頁→*百選Ⅲ 22事件［本沢巳代子］*）。
>
> 　次に，結納というのは，婚姻の成立を確認することを目的とする贈与であり，

伝統的に社会的な慣習として行われてきたものである（最判昭和39・9・4
民集18巻7号1394頁は，「婚約の成立を確証し，あわせて，婚姻が成立した
場合に当事者ないし当事者両家間の情宜を厚くする目的で授受される一種の贈
与」とする）。もっとも，上記のとおり，結納は婚約の成立にとって不可欠の
要件ではない。なお，婚約による贈与については，婚約が破棄され婚姻が成立
しなかった場合，贈与者の側から破棄した場合には贈与した金員の返還を求め
ることができず，受贈者の側から破棄した場合には受け取った金員を返還する
ほか，それと同額の金員を賠償として支払うといった慣習があるとされるが
（結納の倍返し），本当にそうした慣習があるのかという点を含めて，この点は
それほど明確なわけではない。

　ちなみに，結納に何を贈るか，どんな書面を交換するのか等，読者の身近に
比較的高齢の方がおられれば尋ねてみるといい。その答えは実にさまざまなは
ずである。いわゆる結納金の金額も，地域による差が大きいし，結納に際して
渡す物品の種類も実にさまざまである。ちなみに，京都では，男性が男性用の
扇子を女性に，女性が女性用の扇子を男性に渡す。他方，おとなりの大阪では，
この逆である。源氏物語に出てくるような場面を想定すれば，自分の持ってい
る扇子を渡すものだから，歴史的な経緯に忠実なのは，京都の慣習であろう。
もっとも，男性が女性用の扇子をもらったって使えないでしょ，と考えるのが，
大阪方式である。何というか，実に合理的（即物的）である。もっとも，この
ような地域差を持った慣習も，もはや消えつつあるのかもしれない（以上につ
いては，太田武男『結納の研究』〔一粒社，1985年〕参照）。

I　婚姻の成立・有効性に関する要件と民法典の規定

1　婚姻の成立に関する要件

　婚姻の成立に関しては，①実質的要件としての(i)婚姻意思の合致，(ii)
婚姻障害がないこと，②形式的要件としての届出が必要とされる，とい
うのが一般的な説明であり，いずれの教科書でも，扱う順番等には相違が
あるものの，おおむねこうした形で整理されている。ここでも，上記の順
番とは異なるが，婚姻意思の合致，婚姻の届出，婚姻障害の順番で，婚姻
の成立を説明する。

　なお，比較法的，歴史的に見れば，どのような場合に婚姻が成立するか
については，国家との関わりとの関係で，事実婚主義と法律婚主義とがあ

る。わが国の法制度は，国家の定めた方式によって婚姻が成立するという点で法律婚主義を採用している（その中でも，届出婚主義と呼ばれるものである）。

2　婚姻の成立に関する民法の規定

もっとも，民法の婚姻に関する条文は，必ずしも，上記のような形で整理されているわけではない。民法の第4編第2章「婚姻」の第1節「婚姻の成立」で規定されている内容は，単純に順番どおりに整理すると，以下のようになる。

①　**婚姻障害**　まず，第1款「婚姻の要件」は，婚姻に際しての年齢や近親婚の禁止などの条件を定めている（民731条〜738条。ただし，738条は，成年被後見人について，後見人の同意が不要であるということを規定するものであるから，実質的に婚姻障害として機能するのは，737条までである。なお，737条は，成年年齢に関する改正により削除される）。ここでは，基本的に，「婚姻をすることができない」，「〜（しなければ）ならない」という形で条文が規定されている。

②　**婚姻の届出等**　款は変わらないまま，以上の規定に，婚姻の届出等に関する規定が続く（民739条〜741条）。なお，民法739条は，届出によって「効力を生ずる」と規定する。

婚姻の届出が婚姻の成立要件か効力発生要件かという点については議論があるが→*27頁*，届出をしないと効力が発生しないということは明らかである。このように一定の法律効果を生じさせる届出を「創設的届出」と呼ぶ（婚姻の届出のほか，民法739条を準用する協議離婚の届出，縁組の届出等が，これにあたる）。なお，単に事実を報告する届出を「報告的届出」と呼ぶ（出生届や死亡届）。

③　**婚姻の無効**　次の第2款「婚姻の無効及び取消し」で最初に規定されるのは，婚姻の無効である（民742条）。そこでは，婚姻意思がない場合には婚姻が無効となるとされるほか，届出をしないときにも無効となると規定される。

④　**婚姻の取消し**　それに続けて，婚姻の取消しが規定されている

第2講　婚姻の成立(1)　　17

（民 743 条〜749 条）。そこでは取り消すことができる場合が限定されていることが示されるが，その一部（民 744 条〜746 条）は，①の婚姻障害の一部を受ける形になっている。すなわち，婚姻障害の一部は，取消原因とされるのである。

　以上が，民法典の中で，婚姻の成立に関して規定されていることを単純に列挙したものである。

　さて，いったい，婚姻の成立要件とは何なのだろうか。「婚姻の成立」の節の「婚姻の要件」という款に規定されている以上，そこに書かれていることが婚姻の成立要件だという説明は一応考えられる。そして，成立要件が欠ける以上，「婚姻は成立しない」というのが，おそらくは法律学（特に，民法総則の法律行為の部分）を学んだ者にとっては，素直に理解できるところである。

　しかし，である。①の婚姻障害の一部は，取消原因とされている。当事者の合意によって契約が成立したが（成立要件），詐欺を理由として取り消すことができる（取消原因）という場合との対比で考えると，どうも普通の意味での成立要件とは違うぞということになる（民法 96 条は，詐欺や強迫による意思表示を取り消すことができるとするが，これは詐欺強迫による契約が不成立だとしているわけではない。成立はするが，取り消すことができるとするのである。大して変わらないではないかと思われるかもしれないが，取消しという具体的な行為がないのであれば，契約は有効に存続していることになる）。

　また，婚姻の届出は，②でそれによって効力が生ずるとされる一方で，③では届出のない婚姻は無効だとされている。同じことではないかと思われるかもしれないが，通常は，こうした書き方の違いは立証責任が全く逆になることを示している（成立要件だとすれば，婚姻の効力を主張する者が届出を立証しなくてはならない。他方，無効原因だとすれば，婚姻の効力を否定する者が立証責任を負担する）。

　以上のことをまとめると，「婚姻の成立」という問題を考える上では，成立要件，有効要件といった区別を厳格に維持することはできず，婚姻に際して求められる行為や条件を整理し直し，また，それが欠ける場合の法

律効果をそれぞれについて説明するということが必要となりそうである。

> **コラム** *婚姻の成立と契約の成立*
>
> 　本文でも示したように，婚姻の成立と契約の成立は，その対比によって理解できる部分も多いが，同時に，法律行為をきちんと勉強してきた諸君ほど，そこでの成立要件がいったい何を意味するのかについて混乱するように思う。
>
> 　民法が「婚姻の成立」の冒頭（①）で婚姻障害を規定したのは，婚姻の成立に際して，当事者に何が求められるのかを示す意図があったからだと推測される。その点では，民法のルールをわかりやすく示すことを企図したものだったと考えられる。もっとも，①では，「婚姻をすることができない」，「〜（しなければ）ならない」といった形で当事者が何をすべきかのように書かれているが，それは同時に，戸籍事務管掌者（市区町村長）に対して，どのような婚姻届を受理することができるのかを示したものとしての性格も有している（民740条）。その意味では，①の部分も，いわばプロに向けた規定だということになる。その上で，④のようにそれに違反した効果が別に規定されているというのは，当事者にしてみれば，かえってわかりにくいようにも思われる。
>
> 　さらに，婚姻届を出さないと効力が生じない（②）というのと，婚姻届を出さないと無効だ（③）といった規定が，なぜ両方求められるのか，両方を規定することによっていったいどんなメリットがあるのかというと，合理的な説明はおよそ不可能だろう。
>
> 　このように見てくると，現行法の「婚姻の成立」に関する一連の規定は，立法としての問題を数多く抱えているように思われる。以下に見ていくように，個別の規定については，その妥当性や必要性が疑問視されているものも少なくないが，こうした個別的な規定について見直しをする機会があれば，その際に，これらの規定を再編して，整理し直すということが求められるのではないだろうか。

Ⅱ　当事者の合意 ── 婚姻意思の合致

1　成立要件としての両当事者の婚姻意思の合致

　まず，両当事者の意思（婚姻意思）の合致（合意）によって婚姻が成立するという意味で，当事者の意思は，最も基本的な婚姻の成立要件である。もっとも，これがどこに規定されているのかというと，それほど明確なわ

第2講　婚姻の成立(1)　19

けではない。条文上の手がかりを求めるとすれば，2つありそうである。

第1に，民法742条1号が，「人違いその他の事由によって当事者間に婚姻をする意思がないとき」に婚姻が無効となると規定している（もっとも，「人違いによって」が，具体的にどのような場合なのかは，よくわからない。佐藤さんと名乗る相手とお見合いをしたところ，相手のことを大変に気に入って結婚するに至った。しかし，実は，その相手は小林さんだったという場合でも，その「自称佐藤こと小林さん」と婚姻するという意思には，誤りはない。したがって，これを民法742条1号によって無効とする必要はない。名前を偽っていたのはけしからんと言っても，性状の錯誤は問題とならず —— よい人だと思ったのに，そうじゃなかったなどというのは，よくあることである ——，たかだか名前だけのことで，全面的な無効がもたらされるとは考えられない。従来も，この「人違いその他の事由によって」という部分は，具体的な状況としては考えにくいことが指摘され，立法論的には，単に「当事者間に婚姻をする意思がないとき」とすれば足りるとされている）。

なお，厳密に言えば，この条文自体は，無効とするとしているのであり，成立しないと規定しているわけではない。ただ，この点は，すでにIで述べたとおり，成立，有効・無効，取消しといった概念が，厳密に整理して使い分けられていないということで納得してもらうしかない。

第2の手がかりは，憲法24条1項の「婚姻は，両性の合意のみに基いて成立」するという規定である。憲法の私法上の効力については，議論の余地があるが，現在の法制度が，当事者の合意を婚姻成立の最も基本的な要件としていることは明らかであろう。

2　合意の意味 —— 婚姻意思をめぐる議論

⑴　実質的意思説と形式的意思説の対立

上記のとおり，その法律上の根拠を具体的にどこに求めるかはともかく，婚姻意思の合致が婚姻の成立要件として必要であるということについては争いがない。しかし，そこでの婚姻意思がいったい何を意味するのかについては，すでに戦前から実質的意思説と形式的意思説（届出意思説）の対立があった。現在は，こうした二元的な見解の対立ではなく，何らかの形で婚姻の法律効果に向けた理解をしようとする見解が主流となっているが，

そうした現在の考え方を理解するためにも，その前提として，この2つの見解の対立を見ておくことにしよう。

① **実質的意思説**　これは，婚姻意思を，社会通念上夫婦と認められる関係を形成する意思だと理解する考え方であり，戦前から中川善之助博士によって提唱されたものである。

② **形式的意思説**　他方，この見解は，婚姻意思を，婚姻届を提出する意思だと理解する。これは，戦前に谷口知平博士 1906-1989 によって提唱され，戦後に末川博博士 1892-1977 によって支持された。

この両者の基本的な相違は，実質的意思説が，社会通念という法的な評価とは切り離されたものを前提として婚姻意思を語るのに対して，形式的意思説が，（まさしく法的な）要式行為としての側面に着目して，婚姻意思を語っている点にある。

それでは，こうした基本的な立場の相違は，具体的な問題に際しては，どのように現れるのであろうか。以下の具体例に即して，考えていくことにしよう。

> **設例1**　Aは，Bに対して，何らの愛情も持たず，その人柄，人品あらゆる部分を嫌っていたが，Bの執拗な求婚と，Bがきわめて多くの資産を有しており，高齢であり，それほど長い婚姻生活にはならないであろうこと，自分の身体に触れないという約束をBがしたことを受けて，Bと結婚することにし，婚姻届を提出した。
>
> **設例2**　回復の見込みのない病気で入院しているCは，長年，自分の面倒を見てくれたDに対して，自分の財産を相続させたいと考えて，Dとの合意の上で，婚姻届に記入をして，その届出をなした。
>
> **設例3**　外国人Eが日本に労働目的で滞在するために，日本人であるFと婚姻し，その届出をした。Fは，その対価として10万円を受け取った。

これら3つの設例のいずれについても，婚姻の届出の意思という形式的意思説を前提とすれば，婚姻の成立が認められる。 **設例3** においても，動機や目的はどうであれ，婚姻届を提出するという外形的行為に対する意

第2講　婚姻の成立(1)　21

思は認められるからである。

　他方，社会通念を前提として夫婦を考える実質的意思説によれば，まず，設例3 については婚姻の成立は否定されるだろう。会ったこともなく，これからも会うことや共同生活を前提としていない場合について，「こんなものは婚姻ではない！」というのは，何となく常識的な感覚にも合致している。次に，設例1 は，ものすごく嫌な印象を受けるが，「社会通念上，そうした婚姻もあるでしょ」と考えるのであれば，婚姻の成立は認められることになりそうである。さらに，設例2 は，微妙な感じであるが，ここでは CD 間に共同生活も夫婦としての性的関係の可能性もないのだとすれば，単に，相続という法律効果をもたらす便法としてのものにすぎず（この「便法」という言葉がくせ者で，実際には，便法だからこうなるというのではなく，むしろ結論を決めた上でそれを説明するために便法という言葉が使われているにすぎないようにも見える→95頁【方便としての○○】），実質的な婚姻関係など成立していないということになりそうである。もっとも，この点は，社会通念としての夫婦をどのように考えるのかによって決まることになるというのが，実質的意思説を前提とした慎重な答え方ということになるだろう。

　特に，設例3 を念頭に置くと，形式的意思説はいかにも社会常識に外れているという印象を受けるかもしれない。実際，ある時期までは，形式的意思説のそうした側面が否定的に強調されてきた。

(2)　実質的意思説の硬直性

　しかし，実質的意思説も，以下の点で，基本的な問題を抱えており，現代の社会において，そのまま維持することは困難だと考えられる。

　第1は，実質的意思説のいう《社会通念上夫婦と認められる関係》を形成する意思とはそもそも何なのか，という問題である。実は，この点についてあまりはっきりとした答えがあるわけではない（理想的な婚姻は比較的容易に語りうるが，理想的ではないが最低ラインの婚姻ということになると，それほどはっきりしていない）。少なくとも，現代の社会において，「夫婦とはいかなる関係か」についての社会通念があるかどうか自体も疑わしい。つまり，実質的意思説は，社会常識に合致しているように見えて，実は，

基準として有効に機能しえないのではないかという点である。

　第2の問題点は，第1の問題点と表裏のものであるが，それは，婚姻が社会的な関係であり，法的な評価以前のものだという理解自体，もはや現代のわが国の社会通念とは，ずれているのではないかという点である。現在，婚姻届の提出が婚姻の成立にとって重要な意味を持っているということ，どのような関係を築いていても，婚姻届の提出がない関係が，法的な婚姻ではないという認識自体は，広く共有されているだろう。さまざまな形で婚姻届を提出しないパートナーの関係が存在するとしても，その多くは，あえて婚姻届を提出しないという選択をしているのであって，婚姻届という仕組みを知らずに，届出をしなかったというようなものではない。このような婚姻外の関係について法的にどのように扱うかという問題は別途検討するが→*135頁以下*，法的制度と切断して婚姻の社会通念を語ること自体，現在では，すでに共有されていないように思われる。

　2つの問題があると言ったが，すでに述べたように，この2つの問題は表裏の関係にある。実質的意思説をとる論者においては，「社会通念」や「社会観念」といった言葉を借りつつ，（法を離れて）一定の婚姻モデルを前提とし，それによって実質的意思を判断しているのではないかと思われる。実際，実質的意思の判断基準としては，共同生活や性的関係等，社会通念としての婚姻についてはいくつかの基準が挙げられる。しかし，その中のいくつか，あるいは全部がなくても（共同生活はしない，ベッドはともにしないという約束がある場合でも），真摯な婚姻の合意を否定する必要は必ずしもないように思われる（なお，婚姻意思が必要とされるのは，厳密には，婚姻の成立時点だけである。いったん成立した婚姻は，婚姻意思の喪失によって，将来に向けた無効がもたらされるわけではなく，離婚等，婚姻の解消の問題として扱われる）。現代社会においては，夫婦の間をどのような関係として構成していくのかについてもさまざまなバリエーションがあり，そうした多様性は否定されるべきではない。これは，仮に（第1の問題をクリアして）実質的意思説が明確に基準として機能するとしても（むしろ，機能する場合にこそ），それを採用することは妥当ではないという問題につながる。

第2講　婚姻の成立(1)　23

このように見てくると，実質的意思説は，形式的意思説とは違った意味で，ある種の硬直性を有するものだということになりそうである（価値観がそれほど多様化していなかった時代があったとすれば，そこで実質的婚姻意思を語ることができたという歴史的意義までをも否定するつもりはない）。

(3)　形式的意思説の抱える問題点

　もっとも，それでは当然に形式的意思説が支持されるべきかというと，形式的意思説を純粋に届出意思説と理解するのであれば，やはりそこには問題が残りそうである。

　特に問題となるのは，なぜ外形的な行為にすぎない届出の意思が婚姻意思なのかという基本的な部分である。外形的な行為をするという意思が法律行為についての意思だというのは，財産法における議論に照らしても，実は当然ではない。当事者が売買の意思表示をし，その意思表示に基づいて目的物の所有権移転の手続（移転登記等）をしたとしても，それが債権者の追及を免れるための財産隠匿のためのものであったり，脱税のためのものであったりする場合には，そうした外形的行為（虚偽の意思表示）によって有効な売買契約が認められるわけではない（民94条1項）。

　むしろ，一般的な意思表示についての理解と平仄を合わせるのであれば，婚姻意思の場合にも，婚姻という法律効果に向けた意思（効果意思）を考えることが，必要となりそうである。

　もっとも，そうした方向で考えるとしても，以下の問題がある。

　第1に，要式行為としての届出をする意思と，届出によって婚姻の法律効果が生ずるということに向けた意思を区別することが本当に可能なのかという問題である。形式的意思説が本当に法律効果を考慮せずに，形式的な届出のみに焦点をあてるものであったのかということ自体，必ずしも明確ではない。届出が婚姻の法律効果を発生させるものであるということを前提に，届出の意思を問題としていたのであれば，そこでは潜在的に婚姻の法律効果に向けた意思が前提とされていたと考える余地がある。

　第2に，婚姻に関する効果意思とは，そもそも何なのかという問題である。冒頭に述べたように，婚姻というのは，複数の法律効果をパッケージとしてまとめたものである。そのために，婚姻の効果のすべての意思が必

24　第Ⅱ部　親　族

要なのか，その一部があればよいのか，その一部はどのように決まるのか
という問題が出てくることになる。

以上のことを確認した上で，現在の議論状況を見ておくことにしよう。

(4) 婚姻意思についての現在の考え方
—— 婚姻の法律効果に注目したアプローチ（法律的定型説）

現在では，民法上の定型的な婚姻の効果に向けられた効果意思といった
ように，民法によって規定された法律効果に向けた意思として婚姻意思を
理解する見解が有力である。

これについては，意思を実質的なものとして論じるという意味では，実
質的意思説の系譜として位置付けることも可能かもしれないが，実質的意
思説の眼目が，社会通念を手がかりとして法規範とはある程度切断された
婚姻意思を語るという点にあったとすれば，法律的定型説はあくまで法律
上の婚姻を対象として論ずるものであり，それとは基本的なスタンスが異
なる。系譜を論じること自体は，あまり生産的ではないが，法律的定型説
が必ずしも本来の実質的意思説から当然に展開されるものではないこと，
形式的意思説が潜在的に企図していた（と考えられる）法律上の婚姻に向
けた意思を重視するという点では，形式的意思説の修正ないし補強という
見方もありうるのではないかという点は確認しておきたい。

ところで，そうは言っても，形式的意思説に関する説明の中で最後に触
れた部分（第2の点）は，依然，問題として残っている。すなわち，婚姻
の法律効果のうち，どの点に着目するかという点である。仮に，婚姻の法
律効果のうち，いずれが重要なものなのか，不可欠なものなのか等を検討
して，基準となる効果意思を抽出するといったアプローチをとるとすれば，
なおそうした法律効果の抽出作業のレベルで，社会通念等が機能する可能
性は残されている。

(5) 判例の立場

さて長々と理論的な説明をしてきたが，判例は，この婚姻意思をめぐる
問題について，どのような態度をとっているのであろうか。この点をどの
ように理解するかが，実に悩ましいのである。

第2講　婚姻の成立(1)　　25

判例は，実質的意思説の立場をとっているというのが一般的な説明である。すなわち，最判昭和 44 年 10 月 31 日（民集 23 巻 10 号 1894 頁→百選Ⅲ 1 事件［前田陽一］）は，子に嫡出性を与えるためになされた婚姻（婚姻関係にある夫婦の子は，嫡出子として扱われ，その法的地位に関する保護が図られているほか，相続分などでも非嫡出子とは相違があった。これについては，親子関係のところで説明する→160 頁以下）について，民法 742 条 1 号の「『当事者間に婚姻をする意思がないとき』とは，当事者間に真に社会観念上夫婦であると認められる関係の設定を欲する効果意思を有しない場合を指」し，「法律上の夫婦という身分関係を設定する意思はあったと認めうる場合であっても，それが，単に他の目的を達するための便法として仮託されたものにすぎないものであって，……真に夫婦関係の設定を欲する効果意思がなかった場合には，婚姻はその効力を生じない」として，婚姻の効力を否定した。なるほど，このような判決は，まさしく実質的意思説の立場を鮮明にしたものと考えられる。

　もっとも，他方で，設例 2 に相当する臨終婚の例では，特に婚姻意思を問題とせずにその有効性を承認している（最判昭和 45・4・21 判時 596 号 43 頁→百選Ⅲ 2 事件［滝沢昌彦］）。

　判例が実質的意思説をとっているという基本的な部分は，上記の昭和 44 年判決から導かれるかもしれないが，そこでの「真に社会観念上夫婦であると認められる関係の設定を欲する効果意思」についての理解は，臨終婚に関する一連の判例にも照らすのであれば，なおそれほど安定したものとは言えないだろう。

　さらに，離婚に関しては，単なる便法としての離婚について，その離婚の効力を認める一連の判例がある→95 頁。そこでは，離婚の実質的意思は問題とされていないと解する余地もある。

　以上のような判決を，どのように位置付けて，その違い等を説明するのか，全体をどのように整合的に位置付けるのかという点で苦労しているのが，現在の状況なのである。

Ⅲ　婚姻の届出 —— 婚姻成立の形式的要件

1　婚姻の届出

　すでに説明したとおり，婚姻の届出は，民法739条によれば，それによって効力を生ずるとされ，民法742条2号によれば，届出の欠如は無効原因とされている。

　このような婚姻の届出を，婚姻の成立という問題との関係でどのように位置付けるかに関しては，届出によって婚姻が成立すると考えるのか（成立要件），届出によってその効力が生ずるにすぎないと考えるのか（効力発生要件としての届出）について議論の余地がある。条文との関係では，効力発生要件という見方もありうるが（民739条），現在では，成立要件だとするのが一般的な見解である。

　すでに述べてきたところとの関係では，婚姻意思を民法上の婚姻という法律関係の成立に向けた意思であると理解し，婚姻の届出を，そうしたパッケージとしての婚姻を実現するための要式行為として位置付けるのであれば，婚姻の届出を成立要件であると理解することが一貫するだろう。

2　婚姻の届出の方法等

　ところで，婚姻届というのは，どんなもので，どこに，どのように提出するのだろうか。まず，どんなものかという点については，次頁に見本を挙げておく。

　さて，婚姻の届出は，当事者双方および成年の証人2人以上から，市区町村長に対してなされる。具体的には，（一般的には，役所に備えつけられた用紙を使って）当事者双方と証人が署名（民法上は，自署が要件となっているが，戸籍実務では，自署できない理由を記載した上で，氏名の代書をなすことを認めている）した書面を，市役所，区役所や町役場等の窓口に提出する。もっとも，この届出自体は，口頭でなすことも可能であり（民739条2項，戸37条。外国にいる日本人どうしの婚姻については，民741条），また，第三者に委託したり，郵送によって届け出ることも可能である。

　なお，提出された婚姻届について，戸籍事務管掌者は法令違反の有無を

確認しなければならない（民740条）。たとえば，婚姻障害事由が存在しないかについても，ここで確認がされ，その上で受理される。婚姻届が受理されると，その受付時点に遡って婚姻が成立する（婚姻届は，夜間など，役所の一般的な窓口の時間外でも提出が可能である。その婚姻届が受理された場合には，提出時〔受付時〕に遡って，婚姻が成立する）。もっとも，戸籍事務管掌者は，形式的審査権しか有さないから，当事者の合意が本当にあったのかどうか，本当に本人が自署しているのか等の確認はできない。そのために，仮装の届出がなされること，あるいは，勝手に婚姻届が提出されるという事態を回避することはできない（この点に対応するために，運転免許証やパスポートなどで本人確認をするとともに，それが確認できなかった場合や，本人以外の者が婚姻届，離婚届，縁組届，離縁届を提出した場合には，届出人に通知がなされる。戸27条の2。しかし，記載された住所地自体が虚偽のものである場合には，この方法は有効に機能しない）。

> **コラム** *戸籍事務管掌者の権限*
>
> 戸籍に関する事務は，地方自治法に基づく法定受託事務として，市町村長が

28　第Ⅱ部　親　族

これを管掌する。本文で示したように，こうした戸籍事務管掌者については，形式的審査権だけが認められるというのが一般的な説明である。もっとも，形式的審査権とされるものの範囲がどこまでなのか，実質的審査は全くなしえないものなのかといった点については，それほど明確ではない→*292頁【悪魔ちゃん事件】*。ここでは2つのことを確認しておくことにしよう。

　ひとつは，実体法上の要件を欠くにもかかわらず，誤ってなされた審判に基づく届出の受理についてである。最決平成26年4月14日（民集68巻4号279頁）は，前提となる親権者の変更の審判が誤った法令の解釈によってなされたものであることを認めつつ，審判の確定によって親権者変更の効力が生ずるとして，「戸籍事務管掌者は，戸籍の届出について法令違反の有無を審査する権限を有するが，法令上裁判所が判断すべきものとされている事項についての確定審判に基づく戸籍の届出の場合には，その審判に関する審査の範囲は，当該審判の無効をもたらす重大な法令違反の有無に限られる」として受理を命じた。ここでは，審判との関係ではあるが，それには劣後する戸籍事務管掌者の形式的審査という側面が強調されている。

　他方で，本文で説明したように，民法740条は，婚姻の届出について，「その婚姻が第731条から第737条まで及び前条第2項の規定その他の法令の規定に違反しないことを認めた後でなければ，受理することができない」と規定している（同様の規定として，離婚に関する765条，縁組の届出に関する800条，離縁の届出に関する813条）。ここで直接挙げられているのは，婚姻障害に関する規定であるが，仮に適法な婚姻か否かの判断に婚姻意思の有無等も含まれるということになると，戸籍事務管掌者には婚姻意思の有無を判断することが求められ，それはもはや形式的判断とはいえなくなる。もちろん，一般的には，市町村の窓口において，婚姻意思の有無について実質的判断をするという状況は考えにくく（「あんた，本気で，この人と結婚するつもりなの？」），また，そうした実質的審査権を一般に承認することについては否定的な見解が一般的だと思われるが，意思の有無が届出の受理で問題とされる場面もないわけではない。すでに説明したように，戸籍法27条の2は，本人によって届出がなされたことが確認できない場合には，届出人に通知して意思を確認するとともに（同条2項）→*28頁*，後述するように，届出の不受理申出を認めている→*33頁*。これらについては，婚姻意思等の有無によって届出を受理するか否かが決まるものだという理解もできる。また，少し細かい説明になるが，平成22年12月27日民一3200号民事局長通達は，「縁組意思のない養子縁組（以下「虚偽の養子縁組」という。）の届出により戸籍に不実の記載がされることを未然に防止するための措置」として，虚偽の養子縁組だと疑われる届出については管轄の法務局等に照会することを求めている。これは，氏を変更することでブラックリストから逃れること等を目的として成年どうしの養子縁組を繰り返してい

第2講　婚姻の成立(1)　　29

る事案に対応するためのものであり，そうした特殊な事案に対する対応の必要性については理解ができる。また，説明の上でも，戸籍の正確性の担保という観点から「虚偽の届出」に対応するものであり，直接的な実体的判断をなすという形式は回避されている。しかし，ここでは結局，そうした虚偽の養子縁組か否かは縁組意思の有無によって決まることになる。この通達それ自体は，限定的な場面を対象としたものであるが，ここに含まれる論理（縁組意思のない縁組→虚偽の縁組→届出不受理）自体は一般化が可能なものであり，婚姻意思や離婚意思にも及びうるものである。婚姻意思や縁組意思がそもそも何なのかという点について実体法上大きな問題があることにも照らせば→*20 頁以下, 243頁以下*，こうした枠組みについては慎重な対応が必要であり，上記のような運用がなされるとしても，何らかの限定が必要だろう（なお，改正された戸籍法において新設された 3 条 3 項，27 条の 3 は，管轄法務局長や市町村長による任意調査権を規定しているが，これは従来明確ではなかったものについて明確にするという趣旨であり，虚偽の養子縁組について限定的になされてきた運用を一般化する趣旨のものではない）。

3　婚姻届と婚姻意思 —— 婚姻意思の存在時期

すでに言及したとおり，現在の一般的な見解は，婚姻の届出を婚姻の形式的成立要件として位置付けている。婚姻届が，婚姻の成立要件なのか，効力発生要件なのかによって違いが生ずる可能性があるのは，婚姻意思の存在時期をめぐる問題との関係である。

第 1 に，婚姻届の作成時点で婚姻意思が必要だという点については，ほぼ争いがない。婚姻という法律効果を全く企図しないで作られた婚姻届という文書（たとえば，家族法の授業において，婚姻届の用紙を配布して，各自，自分のとなりの人と婚姻届に記入をしてみたという場合。なんという危ない授業！）が，婚姻の成立にとって全く意味を有さず，そうした文書が仮に提出されたとしても，婚姻が有効に成立しないのは当然である。この問題は，婚姻届が成立要件か効力発生要件かという問題には直結しない。

第 2 に，婚姻の届出時の婚姻意思の必要性の有無である。この前提となるのは，婚姻が成立する際には婚姻意思が必要だということである。婚姻届が婚姻の成立要件であるとすれば，届出の時に婚姻意思が存在しなければならない。他方，効力発生要件にすぎず，婚姻は（すでに合意によって）

成立しているのだとすれば，その成立の時点で婚姻意思があれば足り，届出の時点では婚姻意思がないということは問題にはならないということになりそうである。このような区別が，特に問題となるのは，以下の2つの場合である。

(1) 婚姻届提出時に意思能力を喪失していた場合

まず，この問題の典型例として挙げられてきたのは，婚姻届を作成後，その提出時点では，意思能力を失っていたという場合である。20頁の 設例2 のような場合において，末期の状況の中で，世話になったDに妻／夫として相続させてやりたいと考え，婚姻届を作成し，その提出を依頼したが，それが提出された時点では，すでに意思能力を失っていたという場合である。もちろん，提出がもう少し遅く，不幸にもCはすでに亡くなっていたという場合には，どの立場をとっても，婚姻の効力は生じない（もっとも郵送で提出された場合について，戸籍法47条1項は，「市町村長は，届出人がその生存中に郵便……によって発送した届書については，当該届出人の死亡後であっても，これを受理しなければならない」とし，同条2項は，「前項の規定によって届書が受理されたときは，届出人の死亡の時に届出があったものとみなす」と規定する。これは，戦時下の状況を背景にして設けられた特則である）。

最判昭和44年4月3日（民集23巻4号709頁）は，このような場合について，「作成当時婚姻意思を有していて，……事実上の夫婦共同生活関係が存続していたとすれば，その届書が当該係官に受理されるまでの間に同人が完全に昏睡状態に陥り，意識を失ったとしても，届書受理前に死亡した場合と異なり，届出書受理以前に翻意するなど婚姻の意思を失う特段の事情のないかぎり，右届書の受理によって，本件婚姻は，有効に成立」するとした（ほかに，前掲最判昭和45・4・21）。

この判決については，以下の2つの点を確認しておこう。

第1に，この判決自体は，婚姻届作成時にさえ婚姻意思があればよく，受理時に婚姻意思が不要だとしているわけではないという点である。むしろ，婚姻の届出が婚姻の成立要件であるという枠組みを維持しつつ，婚姻意思の喪失を示す特段の事情がない限り，婚姻意思が存続しているという

ことを基礎とする判断だと理解される。ここからは，判例が，①成立要件説をとっているということと，②成立時の婚姻意思の認定について臨終婚のような場合に一定の手当てをしているということが確認される。

第2に，この判決が言及する「事実上の夫婦共同生活関係」の存続や，昭和45年判決が言及する「将来婚姻することを目的に性的交渉を続けてきた」といった要件が，どの程度の重みを有するのかという点である。この点は，依然として，それほど明らかではない。ただ，婚姻意思の存在時期の問題というより，基本的に，婚姻意思をどのように理解するのかということによって決まってくるものと考えられる。

(2) 婚姻届作成後に翻意した場合

もうひとつの問題は，婚姻届は作成したものの，それを提出する前に気が変わったという場合である。もちろん，一番簡単な答えは，婚姻届を出さないというものであり，何だったら念のために，それを破ってしまえばよい。しかし，作成した婚姻届は相手が持っていて，それについて破棄を認めてくれない，あるいは，口では破棄すると言っているが信用できないという場合である。さて，どうしたらよいのだろうか。

この問題を考える場合には，以下の2つの点を確認しておく必要がある。

第1に，このように翻意したにもかかわらず，婚姻届が提出された場合の効果である。この場合，婚姻意思の欠如を理由として，婚姻は無効であると考えるべきであろう。この点については，いくつかの説明の方法が考えられるが，端的に，届出時に婚姻意思がないことを理由とすることで十分だと考えられる。それは，臨終婚に関しての前掲最判昭和44年4月3日に示された「届出書受理以前に翻意するなど婚姻の意思を失う特段の事情」がある場合の言及からも明らかであろう。

第2に，理論上の説明として，このように婚姻意思がないことを理由として婚姻が無効であるとしても，実際の紛争解決においては，そうした婚姻意思がなかったということを積極的に立証する必要がある。婚姻意思がもはやなかったとしても，戸籍事務管掌者にそれがわかるわけではなく，形式的な要件さえ整っていたら受理される。そして，婚姻届が受理されてしまうと，戸籍の訂正等には一定の手続が必要となる。

32　第Ⅱ部　親　族

そのため，婚姻の無効を主張するという場合には，相手方や戸籍事務管掌者に対して，翻意の意思表示を明確にしておくことが必要となる（離婚に関する事案であるが，市役所の戸籍係員に翻意が伝えられていた場合について，最判昭和 34・8・7 民集 13 巻 10 号 1251 頁→*百選Ⅲ 13 事件［森山浩江］*）。

さらに，婚姻届が提出され，受理されるという状況をあらかじめ阻止し，こうした紛争を回避するためのひとつの方法として，不受理申出制度がある。これは，自らを届出事件の本人とする縁組等の届出がされた場合でも，自らが市役所または町村役場に出頭して届け出たことを確認することができないときは当該縁組等の届出を受理しないよう申し出ることができるというものである（戸 27 条の 2 第 3 項）。この不受理申出がなされると，戸籍事務管掌者たる市町村長は，本人が届け出たものであることの確認（同条 1 項による確認）ができない場合には，届出を受理することができず（同条 4 項），申出をした者に対して，届出があったことを通知しなければならない（同条 5 項）。これは，従前，実務上の運用によってなされていたものであるが，平成 19 年の法改正によって，本人確認→*28 頁*とともに，戸籍法の中に規定されたものである。なお，婚姻，離婚のほか，認知，縁組，離縁についての届出が，この不受理申出の対象となる。

第3講　婚姻の成立(2)
── 婚姻障害ほか

第2講では，婚姻の成立要件に，①実質的要件としての(i)婚姻意思の合致と(ii)婚姻障害事由の不存在，②形式的要件としての婚姻の届出があることを説明した。第3講では，このうち，婚姻障害を中心に見ていくことにしよう。

Ⅰ　婚姻障害の内容と婚姻障害が認められる場合の法律関係

民法典は，一定の場合に，「婚姻できない」等と規定する。これが，婚姻障害と呼ばれるものである。他方で，民法744条以下は，一定の婚姻障害が存在する場合の婚姻の取消し等について規定している。

これを踏まえて，以下では，民法が規定する婚姻障害の具体的な内容を見ていくとともに，そのような婚姻障害が存在する場合に，どのような法律関係となるのかをあわせて説明していくことにしよう。

なお，ここでの取消しがどのような法律効果を有し，民法総則に規定される取消しとどのような関係に立つのかについては，本講の最後で，婚姻の無効とともに説明する。

1　婚姻適齢（民法731条）

(1)　婚姻障害の内容

現行法は，男性は18歳，女性は16歳に達していないと婚姻はできないとするが（民731条），成年年齢の引下げに伴い（2022年4月1日より施行），いずれも18歳が婚姻できる年齢となる。

なお，現行法は，未成年者が婚姻をする場合には，その父母の同意を得なければならないことを規定するが（民737条1項。ただし，一方の同意でも足りる。同条2項），こうした規定も改正により削除される。

また，現行法では，「未成年者が婚姻をしたときは，これによって成年

34　第Ⅱ部　親　族

に達したものとみなす」とされている（民753条）。成年擬制と呼ばれるものである。しかし，これも成年年齢と婚姻適齢が一致することにより不要となり，改正により削除される。

(2) 婚姻障害がある場合の法律関係

婚姻適齢に達しない者が婚姻した場合（何らかの手違いで婚姻届が受理された場合）であっても，その婚姻は当然に無効となるわけではなく，取消しの対象となるだけである（民744条1項）。

取消権者は，「各当事者，その親族又は検察官」であり，「その取消しを家庭裁判所に請求する」ことになる。つまり，裁判外の取消しの意思表示のみによって取消しがなされるわけではなく，そこでは，家庭裁判所における手続が必要だということになる。なお，当事者だけではなく，その親族や検察官にも取消権が認められているのは，この婚姻障害が単に当事者の保護に限定されない社会秩序等の公益に関わるものと考えられるからである。

もっとも，婚姻適齢に達しない者の婚姻についても，その不適齢者が適齢に達したときは，その取消しを請求することができないし（民745条1項），その後は，不適齢者自身に限って，婚姻適齢に達した後，なお3か月間に限って取消しを請求することができるにすぎない。この取消権も，不適齢者が，適齢に達した後，追認をした場合には，もはや認められない（同条2項）。

2　重婚の禁止（民法732条）

(1) 婚姻障害の内容

民法732条は，すでに配偶者のある者が重ねて婚姻をすることができないことを規定する（この場合の婚姻とは，法律上の婚姻であり，すでに内縁関係があるということは，ここでの婚姻障害には該当しない）。一夫一婦制の原則を示したものである。社会学的に見れば，こうした一夫一婦制の原則の根拠がどのように生まれたのかを含めて，興味深い考察の対象であるが，現在のわが国における法的規範として，これが確立していることについては争いがない（重婚は，刑法上も処罰の対象となる。刑184条）。

第3講　婚姻の成立(2)　35

⑵　婚姻障害がある場合の法律関係

仮にこのような重婚状態が生じた場合には，1の婚姻適齢の場合と同様に，当事者（重婚関係にある者），その親族または検察官による取消しが認められるとともに（民744条1項），当事者の配偶者（後婚の配偶者）または前配偶者（前婚の配偶者）による取消しも認められる（同条2項。ただし，すでに後婚について離婚が成立し，それによって後婚が解消している場合については，最判昭和57・9・28民集36巻8号1642頁→*百選Ⅲ4事件〔神谷遊〕*は，重婚を理由とする取消しは認められないとする。後述するように，婚姻の取消しの効果は離婚に準じ→*48頁*，法律上の利益がないというのが理由である）。なお，ここで取消しの対象となるのは，重婚状態をもたらすことになった後婚である。

さて，このような重婚の禁止であるが，通常の場合であれば，戸籍窓口でのチェックがなされるために，実際に，そうした重婚状態が生ずることはないはずである。

しかし，当事者自身が重婚ではないと思っていたのに，結果的に，重婚と同様の法律状態が生じてしまうという場面は考えられる。たとえば，協議離婚後に再婚したが，協議離婚が無効・取消しになった場合，失踪宣告（民30条）や認定死亡（戸89条）を受けて再婚したものの，前配偶者が生存していたという場合が考えられる。これらについて，少し補足しておく。

㋐　離婚の無効等

離婚後に再婚したが，その離婚が無効になったり，取り消されると，それによって，前婚が存続していることになり，後婚との二重状態が生ずることになる。この場合については，重婚となる後婚について，取消しがなされることになる。

㋑　失踪宣告後の再婚と失踪宣告の取消し

また，失踪宣告後，再婚したが，死亡によって解消したと考えられていた婚姻が，前配偶者の死亡自体が覆されることによって，やはり二重の婚姻状態が生ずることになる。

たとえば，AB夫婦において，Bが失踪宣告を受け（民30条・31条），

AがCと結婚したが，その後，Bが生存していることが明らかになり，B
の失踪宣告が取り消された（民32条）という場合である。

　この場合のAB間の婚姻関係とAC間の婚姻関係をどのように考えるの
かは，悩ましい問題であるが，基本的に，以下の2つの考え方がある。

　第1の考え方は，この問題を失踪宣告に関する民法32条1項の問題と
して扱うというものである。すなわち，同項は，失踪宣告の「取消しは，
失踪の宣告後その取消し前に善意でした行為の効力に影響を及ぼさない」
と規定しているのだから，それをそのまま適用して，後婚の当事者の一方
または双方が悪意であれば，前婚が復活すると考える。したがって，この
場合には，後婚は重婚となり，民法732条違反を理由とする取消しが認め
られることになる。

　第2の考え方は，この問題について，民法32条1項によって処理する
こと自体を排除して，適切な解決を求めていこうとするものである。同項
は，財産法に関する問題を前提とするものであり，この場面において適用
することは適切ではないという理解が出発点になっている。このアプロー
チを採用する見解では，具体的な結論としては，失踪宣告の取消しによっ
ても前婚は復活しないとして，後婚を優先する立場がとられている。

　もっとも，民法32条1項を適用しないという前提をとるとしても，こ
の具体的な結論がどのように基礎付けられるのかという点は，それほどは
っきりしているわけではない。

　ひとつの説明としては，婚姻については当事者の意思を尊重すべきであ
るといったことが挙げられるが，後婚の当事者の意思のみが尊重されると
いうのは，単に結論を繰り返しているだけだとも言える。

　この問題を考える上では，（できるだけ）当事者の意思に即した解決を導
くために，いずれの婚姻を優先させることがより制度として合理的なのか
（いずれの婚姻をデフォルト状態として処理することがより簡便なのか）という
点がポイントとなるように思われる。

　BとCの両方が，あるいは，その一方が，もはやAとの婚姻を望まない
というのであれば，問題はそれほど深刻ではない。問題となるのは，BC
の両方が，Aとの婚姻を望むという場合である。Aの意思がどうであるか
の場合分けに即して，それぞれ考えてみよう。

第3講　婚姻の成立(2)　　37

① **AがCとの婚姻の継続を望む場合**　この場合に，後婚が優先するとすれば，現状には何も変化がないままである（現状維持）。

他方，前婚が復活するとすれば，それを理由として，後婚がまずは取り消されることになる。そのうえで，AがCとの婚姻を望む場合，AはBとの婚姻関係を離婚によって解消し（悪意の遺棄や，その他婚姻を継続しがたい重大な事由を理由として〔民 770 条〕，それが認められる可能性はある），その上で，Cとの新たな婚姻をなすことが必要だということになる。つまり，AC → AB（失踪宣告の取消し・AC の婚姻の取消し）→ AC（回復した AB の婚姻の解消と AC の新たな婚姻）という経緯をたどることになる（一往復の処理）。

② **AがBとの婚姻の復活を望む場合**　この場合に，後婚が優先するとすれば，AB の婚姻を回復させるためには，AC 間の婚姻を離婚によって解消し，AB 間の婚姻を新たになす必要がある（片道の処理）。

他方，前婚が優先するとすれば，AC 間の婚姻が重婚として取り消され，AB 間の婚姻のみが残ることになる。

制度設計を考える場合に，Aの意思をひとつの基準とすること，問題をこのように単純に考えてよいかという点については，さまざまな異論も考えられそうであるが，①において一往復の処理が必要となるという点は，制度設計としては大きな欠点であるように思われる。

現在の状態（AC 間の婚姻関係）をデフォルトとする場合には，必要に応じて，②の AC → AB というプロセスが求められるだけであり，少なくともステップはひとつ減少する。それ以外にも，選択肢の衡量が困難な場合においては現状維持を原則として問題を解決するという「決定」の基本原則も，この視点を支えるものであるように思われる。

この問題が，深刻で悩ましいものであるからこそ，情緒的ではない視点からのルールの形成が求められるのではないかと考えるのであるが，どうだろうか。

ちなみに，1996 年の民法改正要綱は，失踪宣告の取消しによって前婚は復活しないとして，この問題に対応している。

38　**第Ⅱ部　親　族**

3 再婚禁止期間（民法733条）

(1) 婚姻障害の内容

民法は,「女は,前婚の解消又は取消しの日から起算して100日を経過した後でなければ,再婚をすることができない」(民733条1項)と規定する。ここで示された100日間というのが,再婚禁止期間(あるいは待婚期間)と呼ばれるものである。

後述するように→*168頁*,生まれた子の父子関係については,民法772条は,婚姻の成立から200日を経過した後,または,婚姻の解消・取消しから300日以内に生まれた子を,当該婚姻中に懐胎したものとし,当該婚姻の夫の子であると推定している。そのため,前婚の解消・取消し後,ただちに再婚した場合,後婚の成立後200日を経過したが,前婚の解消・取消しから300日以内に生まれた子については,前婚の夫と後婚の夫の両方について,嫡出推定が働くことになってしまう。こうした状況を避けるために設けられたのが,再婚禁止期間である。

なお,こうした再婚禁止期間について,かつての規定は,6か月間としていた。しかし,前婚解消後すぐに再婚した場合でも,前婚と後婚の嫡出推定が重複するのは,下の図のように,100日間だけであり(太い実線が,それぞれ前婚と後婚を意味し,点線が,それぞれの婚姻による嫡出推定が及ぶ期間を意味している。グレーの部分が,両方の推定が重なる部分である),100日間の再婚禁止期間を設ければ,十分である。

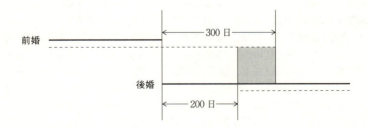

そうした理由から,1996年の民法改正要綱も,再婚禁止期間を100日間とする提案を行っていた。最大判平成27年12月16日(民集69巻8号2427頁)→*百選Ⅲ5事件［久保野恵美子］*は,改正前の民法733条1項の規定のうち

第3講　婚姻の成立(2)

100日を超えて再婚禁止期間を設ける部分は，憲法14条1項，24条2項に違反するとの判断を示した。この最高裁判決を受けて同条の改正がなされ，上述のとおり，再婚禁止期間は100日間に改められたのである。

なお，改正前の同条2項は，「女が前婚の解消又は取消しの前から懐胎していた場合には，その出産の日から，前項の規定を適用しない」としていたが，改正後の同項は，1項の適用除外の対象として，①女が前婚の解消または取消しの時に懐胎していなかった場合（同項1号），②女が前婚の解消または取消しの後に出産した場合（同項2号）の2つの場合を定めている。このうち，②は，再婚禁止期間中の出産を対象とするものであり，改正前の同条2項と実質的に同じことを定めるものである。しかし，①は，改正前には規定されていなかったものであり，この部分は，後述のように，民法772条の射程とも関わる意味を有している。

（コラム）**再婚禁止期間についての制度設計**

再婚禁止期間については，本文で説明したように，最高裁の違憲判決を受けて，法改正がなされた。もっとも，そこでは再婚禁止期間という制度自体は維持しつつ，その期間を合理的なものに限定するという形での対応がなされた。こうした再婚禁止をめぐる制度設計については，2つの観点からの検討の余地が残されていることについて触れておきたい。

第1に，再婚禁止期間に関する民法733条と嫡出推定に関する772条との関係についてである。嫡出推定は，後述するように→*170頁以下*，全体としては，単なる推定ではなく，嫡出否認によってのみ覆されるものという強固な制度として設計されている。ただ，772条2項に限れば，必ずしも明確ではない懐胎時期を推定しているだけであり，これは単なる「推定」にすぎない。だからこそ，300日問題でも，医師による「懐胎時期に関する証明書」によって懐胎時期が婚姻の解消後と認められる場合には，前婚の嫡出推定が及ばないとされたのである→*208頁*。また，現在までの実務においても，前婚による懐胎の可能性がない場合については（たとえば，夫の3年間の生死不明〔民770条1項3号〕を理由とする離婚が認められた場合等），再婚禁止期間の規定の適用が除外されてきた。その点も考慮すれば，前婚の解消後100日以内についても，一定の手当てをすることが必要となる。2016年の改正において追加された民法733条2項1号（「前婚の解消又は取消しの時に懐胎していなかった場合」）は，そうした状況にも一定の手がかりを与えるものだと評価することができる。もっとも，そこで前提とされているのは，民法772条2項の推定が，単なる事実

40　**第Ⅱ部　親　族**

の推定にすぎないものであるということである。その点では，むしろ嫡出推定自体の限定について（も），規定の見直しが考えられるべきだと思われる。

第2に，こうした再婚禁止期間という制度自体は維持しつつ，再婚禁止期間を合理的なものにするというアプローチとは別に，再婚禁止期間という制度自体を廃止すべきであるという見解も有力に主張されている。こうした立場においても，やはり嫡出推定との関係が問題となる。有力な考え方は，「妻が婚姻中に出産した子は，夫の子と推定する」というように，懐胎ではなく，出産を基準として嫡出推定を考えるというものである。この場合，そもそも再婚禁止期間という制度は必要がなくなる（厳密に言えば，出産主義をとりつつ，婚姻解消後について懐胎主義を併存するという制度設計もありうる。この場合には，懐胎主義による前婚の嫡出推定と出産主義による後婚の嫡出推定との関係が問題となる）。

上記の2つの視点は，基本的なスタンスが異なるものではあるが，いずれにしても，再婚禁止といった問題の背後には，嫡出推定をどのように考え，制度設計するのかという，より大きな問題が横たわっていることを示している。

(2) 婚姻障害がある場合の法律関係

再婚禁止期間中に婚姻届が提出され，何らかの事情で受理されたとしても，その婚姻は民法744条1項で，取消しが可能である。ただし，①前婚の解消もしくは取消しの日から100日を経過したとき，または，②女性が再婚後に出産したときは，もはやこの取消しは認められない（民746条）。

まず，②については，再婚禁止期間の100日の間の出産であるから，当然に，前婚の嫡出推定のみが及んでいる場合である。しかし，すでに出産した以上，その後は前婚と後婚の嫡出推定の重複は生じる余地がなく，後婚を取り消す必要はないという趣旨による。他方，①の前婚の解消・取消しから100日の経過は，従前の6か月とされていたものを，再婚禁止期間の改正に伴って変更したものである。もっとも，改正前の6か月間にしても，改正後の100日間にしても，そうした期間が経過することによって，それ以前の懐胎によって生じている嫡出推定の重複が解消されるわけではない（再婚禁止期間中の再婚により，嫡出推定の重複が生じる場合には，父を定める訴えによって父子関係が定められる。民773条）。その点では，再婚禁止という行為規制ルールに関する期間が経過したといったように別の観点からの説明をせざるをえないだろう。

第3講 婚姻の成立(2) 41

4 近親婚の禁止 (民法734条〜736条)

(1) 婚姻障害の内容

婚姻障害としては，さらに近親婚の禁止が挙げられる。近親婚の禁止といったことは，おおざっぱには比較的よく知られていると思うが，民法は，①直系血族または3親等内の傍系血族との婚姻 (民734条)，②直系姻族間の婚姻 (民735条)，③養親子間，養親子関係にあった者等の間での婚姻 (民736条) を禁止している。

(2) 婚姻障害がある場合の法律関係

これらの婚姻障害が存在する場合にも，婚姻の取消しが認められる (民744条1項)。

もっとも，近親婚の禁止については，さらに細かいルールも用意されており，補足的な説明も必要だと思われるので，それを少し丁寧に見ておくことにしよう。

> **コラム** *親族の概念*
>
> 民法725条は，6親等内の血族，配偶者，3親等内の姻族が，親族だとする。さて，配偶者はよいとして，「血族」と「姻族」という言葉，「親等」という言葉が出てきた。これは，以下の意味である。
>
> ① 血族とは，親子やきょうだいのように，本来，血縁関係にある者である (自然血族)。もっとも，(必ずしも血縁関係があるとは限らない) 養子と，養親およびその血族との間には (養子およびその血族と，養親等との間ではないので注意)，血族間と同一の親族関係が生ずるので (民727条)，これも血族に含まれる (法定血族)。なお，一方が他方の子孫にあたるような関係 (祖父と孫等) を直系血族と呼び，共通の始祖から分かれた関係を傍系血族と呼ぶ (たとえば共通の始祖である父母から分かれたきょうだいや，祖父母から分かれたいとこ等)。
>
> また，自己の父母や祖父母，それと同世代の傍系血族 (おじやおば) を尊属と呼び，子や孫，それと同世代の傍系血族 (甥や姪) を卑属と呼ぶ。
>
> 他方，姻族というのは，配偶者の血族 (たとえば夫／妻の両親)，または血族 (たとえば兄) の配偶者である。ここでは，自分 (A) を基準として考えてみよう (諸君の親戚等を具体的に思い浮かべながら読んでいってほしい)。まず，自分 (A) の配偶者B (まだ結婚していないとか，そんなことはここでは言わない!) の親 (C) やきょうだい (D) は，あなた (A) にとって姻族で

ある。また，あなた（A）のきょうだい（E）の配偶者（F）もやはり姻族である（血族の配偶者だからである。Fを基準にして，あなたはFの「配偶者の血族」だと言ってもよい。起点を逆にすることによって結論が変わるわけではない）。しかし，あなた（A）のきょうだい（E）の配偶者（F）の親やきょうだいは，あなたにとっての姻族ではない。いずれを起点としても，「配偶者の血族」や「血族の配偶者」ではないからである。

② さて，親等というのは，こうした親族関係において，その者との近さ，遠さを示すものである。この際，世代を単位として，計算をする（民726条）。

（ⅰ） まず，直系（祖父母―両親―自分―子―孫のように血統が縦につながった関係）の血族関係では，世代をそのまま計算することで何親等かが示される。自分から見て親または子は１親等であるし，祖父母または孫は２親等だということになる。

（ⅱ） 共通の先祖のどこかから分岐している関係の場合（傍系血族）には，その共通の祖先に遡って，また下りてくるといった計算をする。たとえば，いとこは，親（１）→祖父母（２）→おじ・おば（３）→いとこ（４）と計算するので，４親等となる。

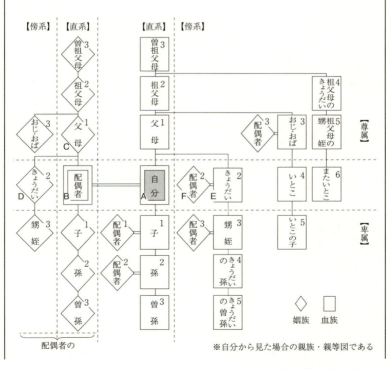

※自分から見た場合の親族・親等図である

第３講　婚姻の成立(2)

(iii)　姻族関係も基本的に同様に計算するが，この場合には，自分（基準となる者）を配偶者に置き換えて（配偶者との間には親等がない），計算する。したがって，配偶者の祖父は，配偶者の親（1）→配偶者の祖父（2）として，2親等の直系姻族ということになるし，配偶者のきょうだいは，2親等の傍系姻族だということになる。

　さて，以上で，あんまりピンとこない諸君は，前頁の図を見ながら，もう一度，説明を読み直してほしい。

(ｱ)　近親の血族間の婚姻の禁止

　民法734条は，直系血族または3親等内の傍系血族間の婚姻の禁止を規定する。したがって，何世代離れていようとも直系血族間での婚姻は認められないし，傍系血族であれば，3親等までが禁止されるものの（おじやおば，甥や姪との婚姻は認められない），4親等どうしの傍系血族の間の婚姻（いとことの結婚）は，婚姻障害にはあたらないということになる。

　もっとも，民法734条1項ただし書は，養子と養方の傍系血族との間では，同条本文の適用がないことを規定する。たとえば，Gの実子HとGの養子Iがこれに該当し，HとIの婚姻は可能である。

　また，養子縁組をした場合，実方との親族関係はそのまま残るのが原則だが，特別養子の場合には，例外的に実方との親族関係が終了する（民817条の9）。しかし，この場合でも，近親婚の禁止に関しては，従前どおりとすることを，民法734条2項が規定する。なお，実方との親族関係が消滅するとしつつ，近親婚の禁止を実現するためには，一定の手当てが必要だが，これについては，特別養子の説明の中であらためて触れることにしよう→*283頁以下*。

　このような近親婚の禁止については，優生学上の理由によるともされてきたが，自然科学の領域において，この点は，それほど明確なものとして確立しているわけではないようである。近親の血族間の婚姻の禁止についても，まずは社会的なタブーとして理解しておくことにしよう。

(ｲ)　直系姻族間の婚姻の禁止

　民法735条は，直系姻族間の婚姻の禁止を規定する。直系姻族関係が認められるのは，【夫／妻】と【妻／夫】の【母／父】や【祖母／祖父】な

どとの関係である。ここでは，優生学上の問題は当然には生じないので，社会的なタブーという側面からのみ，この禁止が基礎付けられる。

なお，離婚や配偶者の死亡後の生存配偶者の意思表示によって姻族関係が消滅した場合（民728条）や特別養子縁組によって親族関係が終了した場合（民817条の9）でも，この婚姻障害は残る（民735条後段）。

(ウ) 養親子間等の婚姻の禁止

民法736条は，ちょっと複雑だが，「養子若しくはその配偶者又は養子の直系卑属若しくはその配偶者と養親又はその直系尊属との間」での婚姻の禁止を定め，離縁によって親族関係が終了しても，この婚姻障害が残ることを規定する。したがって，養親子関係にあった者の間では，離縁後も婚姻ができないだけではなく，養子と養親の親，あるいは，養親と養子の配偶者との間等においても，離縁後の婚姻は認められないことになる。

ここでも，優生学上の問題は当然には生じないので，もっぱら社会的タブーという側面から理解される。

Ⅱ　婚姻の取消しと無効

婚姻の成立，有効・無効，取消しの関係が，やや混乱していることについては，すでに触れた→*18頁以下*。ただ，成立要件なのか，有効要件なのかという抽象的な議論を離れて，どの場合に取消しができ，どの場合に無効なのかと考えると，それほど複雑なわけではない。

すでに，婚姻意思が欠ける場合には無効になるといったことを説明してきたし，婚姻障害がある場合に取消しができるということについても触れてきた（これに対して，婚姻の届出は，それがなされない以上，そもそも婚姻が成立しないという意味で，無効や取消しを論ずるまでもないということになる）。

ここでは，こうした無効，取消しの意味を確認しておく。民法の規定の順番とは異なるが，せっかく本講の前半で婚姻障害について勉強したのだから，まずは，その婚姻障害の多くに関わる取消しの方から説明していくことにしよう。

第3講　婚姻の成立(2)　　45

1　婚姻の取消し

すでに一部については，説明をしてきているが，ここでは，婚姻の取消しについて，全体的なまとめをしておく。

(1)　取消原因

民法 743 条は，婚姻は，744 条から 747 条までの規定によらなければ取り消すことができないとして，取消原因を限定している。

第 1 に，このうち，744 条〜746 条は，すでに言及したとおり，婚姻障害に対応した規定である。ここでは，各当事者，その親族または検察官等に取消権が認められる。

いままでの説明の中でも触れてきたように，婚姻障害がないということは，婚姻の成立との関係では，2 段階で問題となる。まず，①婚姻障害があると婚姻届は受理されず（民 740 条），結果的に婚姻は成立しえない。次に，②仮に婚姻届が受理されたとしても，一定の条件の下で（各婚姻障害によって取消しに関する要件等に違いがある），そうした婚姻についての取消しが認められることになる（民 744 条以下）。

第 2 に，最後の民法 747 条は，詐欺または強迫を理由とする取消しに関する規定である。同条 1 項は，詐欺や強迫によって婚姻をした者が，当該婚姻の取消しを裁判所に求めることができることを規定している。ここでは，民法 744 条の婚姻の取消しと異なり取消権者が限定されているが，これはこの規定が，詐欺や強迫によって意思表示をした者を保護するための規定だからである。この取消権は，一定の時間（詐欺発見・強迫終了から 3 か月間）の経過または追認によって消滅する（同条 2 項）。なお，詐欺・強迫による法律行為の取消しについては，民法 96 条が規定しているところであり，民法 747 条は，この特則だということになる。

(2)　取消しの方法

通常の取消権は，相手方に対する意思表示によって行うことが求められるだけであり（民 123 条），特別の方式が必要なわけではない。しかし，ここで扱っている婚姻の取消しは，「家庭裁判所に請求することができる」

という形で定められている。

　それでは，家庭裁判所に請求するというのは，具体的に何を意味するのだろうか。これについては，人事訴訟法が定めており（人訴2条1号），婚姻取消訴訟によることになる。もっとも，「調停を行うことができる事件について訴えを提起しようとする者は，まず家庭裁判所に家事調停の申立てをしなければならない」という調停前置主義があるので（家事257条1項），実際の手順としては，まず調停に付され，調停が成立すれば，それを受けた合意に相当する審判（家事277条）によって（なお，その場合の親権者については，親権者を指定する必要があり，親権者の指定について合意が成立しないときは，合意に相当する審判をすることができない。家事282条），また，調停不成立の場合には，人事訴訟における判決によって取り消されることになる（人訴2条1号）。

コラム　*家族関係をめぐる紛争の解決*

　人事訴訟法とか家事事件手続法などというものが急に出てきたら，びっくりする。民事訴訟法が急に出てきても，ちょっと不安になるのに，もっと聞いたことがないような法律である。ここでは，とりあえずの理解のために前提となる程度の概略的な説明をしておくことにしたい。

　まず，家族関係をめぐる紛争を解決する手段（解決する場）としては，①家事調停，②家事審判，③人事訴訟がある。

　さて，以上の3つの紛争解決手段の縄張りというか，棲み分けについてはどうなっているのだろうか。

　まず，①家事調停は，家庭裁判所が関与して，当事者が合意によって紛争を解決するためのプロセスである。その対象となるのは，一部を除いて（公益性が高く，当事者の合意による処分になじまないもの —— 後述の別表第1に挙げられた事項 —— を除く），人事に関する訴訟事件その他一般に家庭に関する事件である。家族関係に関する多くの問題は，調停に付することができる。

　次に，②家事審判という仕組みは，裁判所が，具体的な解決を示すことに向けられたものであるが，訴訟とは異なり，原告と被告が対立するという図式（対審構造）を前提として作られているわけではなく，裁判所に対しては，単に中立的なジャッジとしての役割だけではなく，むしろ後見的な役割も果たすことが期待されている。家事審判の対象となるのは，家事事件手続法にかなり細かく定められているが，大きく2つ，別表第1と別表第2の2つの事項に分けられている。別表第1に挙げられた事項は，公益性があり，当事者の合意で

自由に決めさせることが適当ではないものである（たとえば，失踪宣告やその取消しが挙げられる。これは当事者がそれでよいと決めれば処理できる問題ではない）。他方，別表第2の事項は，紛争性の強いものである（婚姻費用の分担→73頁以下をめぐる問題など）。

最後に，③人事訴訟である。これはあくまで訴訟であり，対象となるのは，婚姻や親子に関する身分関係（本講でも扱っている婚姻の無効や取消しの訴えなど）である（人訴2条）。もっとも，訴訟とはいっても，通常の訴訟とは異なり，職権探知主義が採用されており（人訴20条），判決は第三者に対しても効力が及ぶ（人訴24条1項）。

ところで，問題はこれら相互の関係である。ここでは，本文でも述べた調停前置主義についてのみ確認しておくことにしよう。

調停前置主義というと，いかにも①が常に先行するという仕組みのように見えるが，①が先行するのは，③に対してのみである。婚姻取消訴訟それ自体は，本来人事訴訟で扱われるものであるから③に該当し，まずは，調停で話し合ってみなさいということになる。もっとも，調停前置主義も，調停が必ず成立することまでを求めているわけではなく（調停が成立したのであれば，訴訟によって解決する必要性はなくなったことになる），調停という手続がまずなされることが求められるだけである。

他方，①と②については，このような優先関係はない（したがって，調停を経ずに，最初から，家事審判の申立てをすることができる。もっとも，家庭裁判所は，調停を行うことができる事件については，家事事件手続法274条1項により，職権で調停に付することができるので，多くの事件では，まず調停が試みられる）。

(3) 取消しの効果

さて，説明がちょっと脇道にそれてしまった。婚姻の取消しに戻ろう。この婚姻の取消しの効果は，「将来に向かってのみその効力を生ずる」（民748条1項）。すなわち，通常の取消しの効果（民121条。「初めから無効であったものとみなす」）とは異なり，遡及効は認められないのである（ただし，当事者の死亡後に婚姻が取り消されたときは，死亡時に婚姻が取り消されたものとされる。これによって，その者についての配偶者相続権は消滅することになる）。

このように婚姻の取消しによって，将来に向けてのみ婚姻が解消されるのであるならば，それは離婚と大きく異ならないことになる。離婚の規定がここで準用されているのは（民749条），このような理由によるし，す

48　第II部　親　族

でに言及した重婚を理由とする取消しと後婚の離婚との関係も，こうした文脈の中で理解することができる。

なお，民法748条2項・3項は，婚姻の取消しについて，不当利得の法理に従って問題を解決することを規定しているが，上記のように婚姻の取消しが，実質的には離婚に近いものであることを考慮すると，むしろ，財産分与の問題→*114頁以下*として解決すべきであるという見解が有力である。

2 婚姻の無効

実は，婚姻の無効については，本書の中でも，当然のように，それに言及してきた。婚姻意思や婚姻届についても，それが欠ける場合には，婚姻は無効となると規定されていた（民742条）。したがって，婚姻意思や婚姻届が必要だという説明は，それが欠ければ無効となるという説明でもあったわけである（もっとも，婚姻届の提出については，届出を成立要件と理解すれば，届出をしないと成立しないだけであり，「婚姻は成立するが無効となる」というわけではない。結局，婚姻の成立のために求められる要件のうち，婚姻障害は取消原因となるだけだし，婚姻届が成立要件だとすると，無効原因となるのは婚姻意思の欠如だけだということになる）。それを前提として，少し補足的な説明をしておくことにしよう。

(1) 婚姻の無効の意味 —— 当然無効と形成無効

婚姻の無効の意味という点では，まず問題となるのが，無効となる上で，裁判所による判断（判決）が必要なのかという点である。これについては，2つの考え方が対立している。

① **当然無効説**　裁判等を要することなく，無効原因がある場合には，無効となる。

② **形成無効説**　裁判による無効の宣告を通じて，はじめて無効となると考える（判決を通じて，無効という新しい法律関係が形成されるという意味で，形成無効という）。

②の形成無効説によれば，無効という効果を実現するためには，裁判

第3講　婚姻の成立(2)　49

所の判断が必要だということになる。他方，①の当然無効説では，戸籍上記載されている婚姻であっても，当然に無効だということになる。その上で，無効であるにもかかわらず夫婦として記載されている戸籍訂正の問題として扱われる。また，人事訴訟法は婚姻無効の訴えについて規定しているが（人訴2条1号），この婚姻無効の訴えによって婚姻無効という法律関係が新たに形成されるというわけではなく，すでに無効であるということを判決によって確認するものだということになる。

②の見解も有力であるが，判例は，①の立場をとっている（最判昭和34・7・3民集13巻7号905頁）。

(2)　無効な婚姻の追認

婚姻の無効をめぐる問題のもうひとつが，無効な婚姻を追認によって有効とすることができるのかという問題である。

たとえば，AとBが，結婚を前提とせずに同居を始め，その後，AがBに無断で婚姻届を出したとする。そして，その後，Bがその事実を知ったが，特に，異議を申し立てるようなことがなく，そのまま同居生活が続けられてきたという場合，どうなるのだろうか。もちろん，このABの関係が良好に推移していれば，このこと自体が特に具体的な問題として現れることはない。問題が顕在化するのは，たとえば，Bが，その後に（たとえばAB間の関係が悪化して），AB間の婚姻無効を申し立てた場合である。

さて，このAB間の関係を考える場合，実は，2つの問題が存在している。ひとつは，①「Bの追認によって，婚姻意思の欠如を理由とする婚姻無効は治癒されるのか」という問題であり，もうひとつは，②「追認による治癒が認められるとすれば，いつから婚姻は有効となるのか」という問題である。

この問題を考える場合のひとつの手がかりは，民法119条である。同条は，無効な法律行為は追認によっても有効とならないことを規定する。したがって，この規定によれば，婚姻意思の欠如という無効原因は治癒されないことになる。

しかし，判例は，①について，追認による治癒を肯定し，かつ，②婚姻の効果は，届出の当初に遡って生ずるとの判断を示した（最判昭和47・

50　第Ⅱ部　親　族

7・25民集26巻6号1263頁→*百選Ⅲ3事件〔前田泰〕*）。ここでは，取消事由がある婚姻について追認を認める規定（民745条2項）が存在することとのバランスのほか，無権代理行為の追認の規定（民116条）の趣旨の類推適用が理由として挙げられている。

　上記の設例でも，Aが無断で婚姻届を提出したということをBが知りながら，それを追認したと評価される行為があった場合（単に同居を続けるということが重要なのではなく，婚姻意思の欠如という瑕疵を治癒するような事情——婚姻意思の存在——が存在したのでなければならない），それにもかかわらず，Bが現在の婚姻の無効を主張することは合理性に欠けると言えそうだし，また，第三者からの婚姻無効の主張についても，現時点で，AB双方に婚姻意思が備わっている以上，過去の婚姻届提出時の瑕疵を問題として，現在の婚姻関係の無効の主張を認めるべきではないと言えよう。これは，上記①に関する点である。

　他方，上記②については，なぜ婚姻届提出時に遡って瑕疵が治癒されるのかということについての理由付けは，それほど明確ではなく，この点を疑問視する見解もある。なるほど，民法116条は，追認による遡及効を認めているが，追認によって過去の単発的な取引を有効とするという場合と全く同視することができるかについては，疑問の余地が残される。その点では，Aによる無断の婚姻届提出後，Bによる認識と追認までの間については，婚姻無効の状態が治癒されるわけではないという解決もありえそうである。

　もっとも，これについては，以下の2つの点を確認しておく必要がある。

　第1に，最終的にさまざまな事情を踏まえて追認されたということを確認することができる場合であっても，いったいどの時点で追認されたのかを確認することは，必ずしも容易ではないという点である。その点では，婚姻という重要な法律関係の存否について，追認の時点を基準時とすることは，実際上の解決としては，それほど容易ではないのである。

　第2に，追認の時点を基準時とするという立場を仮に前提とするとしても，婚姻後，婚姻意思が出てきたり，消えたりしても，常に，その後の時点が基準時となるわけではないという点である。たとえば，届出時点で婚姻意思があった場合，もはやその後，婚姻意思を失っても，婚姻意思の欠

如による無効の問題は生じない（離婚の問題として扱われ，そこでは婚姻意思の欠如だけで離婚が認められるわけではない）。したがって，(a) 婚姻届提出時の婚姻意思の欠如（「知らない間に婚姻届が出されちゃった！」），→(b) 追認（「勝手に出されちゃった婚姻届だけど，それでもいいわ」）→(c) 婚姻意思の喪失（「やっぱりこの結婚続けられないわ，グスン……」）→(d) 再度の婚姻意思（「もう一度やってみましょう」）と推移した場合でも，追認の問題が生ずるのは，(b) だけで，(d) は，特別の意味を持つわけではない。このような状況に照らすと，(b) の時点のみを重視することの合理性も問題となりそうな気がするし，さらに，問題処理の簡明さも考慮するのであれば，かなり悩ましい問題である（さらに，掘り下げれば，(b) の「それでもいいわ」の意思が何を意味しているのか等も問題となりそうだが，きりがないので，やめる）。

(3) 婚姻の錯誤無効

ところで，錯誤無効に関する民法 95 条は，婚姻についても適用されるのだろうか。錯誤の中でも人違いについては，民法 742 条 1 号に規定されている（もっとも，この人違いの意味が明瞭ではないことについては，すでに触れた→20頁）。それでは，それ以外の錯誤は，どうなのだろうか。

世の中は，「こんなはずではなかった」という婚姻で溢れており（大げさか……），婚姻はそもそも誤解と錯覚（錯誤）の上に成り立っているという含蓄のある言葉もある。

民法 95 条の適用があるとし，同条についての現在の判例の立場などを踏まえると，「そうではなかった」（「もっと，優しい人だと思ったのに……」といったものは，惚気と裏表である場合が多いようだが，回復不能の病気にかかっていたとか，生殖能力がなかったというような事態になると，かなり深刻である）というのは，基本的にはいわゆる動機の錯誤であり（債権法改正による民法 95 条 1 項 2 号の錯誤），そうした動機が法律行為の基礎とされていることが表示されている場合に限り（同条 2 項），錯誤無効が認められるということになりそうである。

もっとも，そのように動機がかりに表示されている場合であっても，民法 95 条の適用を認めることに対して，大方の見方は否定的である。錯誤

の重大性に照らして判断するという考え方もあるが，民法 95 条を適用するとした上で，そのような重大性の判断をすることには困難が伴う。これらは，婚姻の解消（離婚）の問題（民法 770 条 1 項 5 号の婚姻を継続し難い重大な事由の有無をめぐる問題等）として処理するのが適切であろう。

第4講　婚姻の効力(1)
―― 財産関係以外の婚姻の効力

　婚姻の効力については，民法第4編第2章「婚姻」の中，第2節「婚姻の効力」と同第3節「夫婦財産制」が規定している。

　まず，第2節では，夫婦の氏（民750条・751条），同居義務等（民752条），夫婦間の契約の取消権（民754条）が，また，次講で取り上げる第3節では，夫婦における財産関係が規定されている。

　もっとも，婚姻の効力は，ここで規定されている内容に限定されるものではない。ほかにも，すでに本書の中でも言及した①婚姻による姻族関係の発生も婚姻の効力としてとらえることができるし→*42頁【親族の概念】*，また，②嫡出推定（民772条以下）も，婚姻の効力としての側面を有している。さらに，③配偶者相続権（民890条）も，婚姻の重要な効力として落とすことはできないものである。このうち，②については，婚姻に続いて説明する実親子関係の中で取り上げ→*168頁以下*，③については，相続の中で説明する→*375頁*。

Ⅰ　婚姻の効力（民法750条以下）

　民法750条以下は，「婚姻の効力」という表題のもとで，その効力に関するいくつかの規定を置いている。

1　夫婦の氏

(1)　夫婦同氏の原則（民法750条・751条）

　まず，民法750条は，「夫婦は，婚姻の際に定めるところに従い，夫又は妻の氏を称する」と規定する。

　氏をめぐっては，後述のように，どのような制度設計にするのかについて深刻な議論があるが，民法750条が示すのは，ルール自体としては単純で明確なものであり，それ自体としては，特に補足的な説明は不要だろう。

54　　第Ⅱ部　親　族

なお，「婚姻の際に定めるところに従い」とあるが，具体的には，婚姻届の書式の中に，婚姻後の夫婦の氏として，夫または妻の氏のいずれを使うかをチェックする欄があり（28頁の婚姻届を参照），それにチェックをした上で婚姻届を提出することになる。したがって，夫と妻の氏がたまたま同じ氏であっても，そのいずれを用いたのかがわかることになる。

(2) 夫婦の姓（氏）をめぐる制度設計 ── 選択的夫婦別姓をめぐる議論

さて，上記のような，わが国における婚姻に際しての氏の仕組みを，夫婦同氏（夫婦同姓）の原則と呼ぶ。もっとも，氏に関する制度設計としては，別のタイプのものも考えられる。

夫婦で別の氏を称しても構わないと考えるのであれば（夫婦別姓），夫と妻が，それぞれ従前の氏を用いるという制度もありうる。

さらに，このような夫婦別姓しか認められないとするのではなく，当事者の選択によって夫婦同姓にしてもよいし，夫婦別姓にしてもよいという仕組み（選択的夫婦別姓）も考えられる。1996年の民法改正要綱では，このような選択的夫婦別姓の導入が提案された。すなわち，要綱第3は，「夫婦は，婚姻の際に定めるところに従い，夫若しくは妻の氏を称し，又は各自の婚姻前の氏を称するものとする」とし，あわせて，夫婦別姓を選択した場合の子が称する氏について，婚姻の際に定めておくことも規定している。

わが国の制度は，こうした複数の可能性がある制度設計の中で，夫婦同氏のみを認めるものだということになる。

なお，こうした夫婦同氏原則を定める民法750条が違憲であるとの訴えに対して，最大判平成27年12月16日（民集69巻8号2586頁）→百選Ⅲ6事件［蟻川恒正］は，違憲ではないとの判断を示した。同じ日に出された大法廷判決で，再婚禁止期間について違憲判決が出されたのに対して→39頁，夫婦同氏原則が合憲とされたことについて，メディア等では批判的な論調も少なくなかったようである。ただ両者の違いは認識しておくべきだろう。再婚禁止期間については100日を超える部分は違憲で，無効だとすれば，一定の法律状態は実現できる。それに対して，夫婦同氏原則を定める民法750条については，違憲無効の判断によって，選択的夫婦別姓が実現され

るわけではない。単純に民法750条を無効だとすれば，夫婦同氏の根拠はなくなり，すべてが夫婦別姓ということになる（夫婦同氏が強制されるのと逆の状況になる）。また，民法790条1項によって，「父母の氏」を称するとされる子の氏の扱いも問題となるだろう。仮に違憲状態だという判断をするとしても，それを受け止める制度については，立法的な解決が必要となるのである。その点で，あるべき制度設計としての議論と，民法750条が合憲か違憲かという議論とは区別せざるをえないように思われる。

> **コラム** *選択的夫婦別姓をめぐる議論*
>
> 　本文で説明したように，民法改正要綱は選択的夫婦別姓を提案したが，これに関する法改正については，現時点では見通しが立っていない（本文で説明したように，最大判平成27・12・16は，夫婦同氏原則を定める民法750条が違憲ではないとの判断を示したが，他の制度設計の可能性があることを否定しているわけではない）。それでは，この問題は，どのように考えたらいいのだろうか。そこには，いくつかの視点があるように思われる。
>
> 　① 　同姓か別姓かという視点　　まず，議論の出発点となるのは，同姓と別姓について，それぞれを求める理由やニーズであろう。夫婦別姓に対するニーズとしては，氏が，各自のアイデンティティの一部を構成するものであるということ（氏名が人格権の対象となるということについて，最判昭和63・2・16民集42巻2号27頁），また，社会的にも氏の変更が少なからぬ不利益や障害をもたらすという事情がある。後者の不利益は，ある時期までは，それほど強く意識はされなかったかもしれない。しかし，それは制度的な問題として存在しなかったわけではなく，単に，結婚後も男性が従前どおり仕事をして，女性は結婚すれば家庭に入って，従前の社会とのつながりが切断されるというのが通常だったという，当時の社会の状況によって支えられていたにすぎない。社会の状況が変わり，結婚しても，夫婦の双方が従前どおり仕事をするということが当たり前になれば，氏の変更による不利益というのは，具体的な問題として顕在化してくることになる。
>
> 　他方，夫婦同姓の原則を支える考え方は，必ずしも，それほど整理して主張されているわけではない。ただ，このような夫婦同姓を支えている視点は，(i)現に，夫婦同姓であることに違和感を持たない者が多数であるということに加えて，(ii)選択的夫婦別姓の導入に反対する議論の中では，キーワード的に，「家族の絆」といったことが盛んに主張されていることに照らすと，夫婦同姓が家族の絆を支えるものだという考え方があるということになるだろう。

② **選択を認めるかどうかという視点**　もっとも，ここで問題となっているのは，夫婦同姓と夫婦別姓のいずれがよいのかではなく，選択的夫婦別姓を認めるか否かというものである。つまり，自分たちは夫婦同姓を選ぶとしても，他の人が夫婦別姓という別の選択をするということを許容するのかどうかが問題となっているのである。その点では，上記の(i)は，これに直接コミットするものではない。他方，(ii)は，選択的であったとしても，別姓という仕組みを導入することによって，家族の絆が破壊され，それを通じて，社会における家族という仕組みが機能不全に陥ったり，消滅していくということであれば，個々人や個々のカップルの選択に委ねられるべきものではないということになり，ここでの問題に関わってくることになる。

　さて，問題をできるだけ中立的，客観的に描いて，制度の基礎的な仕組みを理解してもらうというのが本書の基本姿勢だが（それにしては，すでにいままでも好き放題書いてきた），やはり，自分自身の考え方の道筋を示さないと，隔靴搔痒（かっかそうよう）という感じである。痒（かゆ）いのは嫌なので，書（か）く。

　筆者自身は，選択的夫婦別姓というのは，十分に考えられる合理的な方向だと考えている。そこには，３つのポイントがあると思う。

　第１に，通称の利用との関係である。選択的夫婦別姓に反対する論者からは，すでに通称の使用が認められており，そのニーズは大きくないという反論が予想される。もっとも，この点は，むしろ，逆の理由付けにもなるだろう。つまり，社会との関係で通称としての旧姓利用（実際上の夫婦別姓）が認められるのだとすれば，そこでなお戸籍上の別姓は認めないとすることが，どのように家族の絆に関わるのかが問題となるからである。

　第２に，すでに触れたように，氏が個人のアイデンティティとしての意味を有するという点である。実は，戦前の制度であれば，通称としては別姓を認めるとしても，戸籍においては同姓でなければならないという説明はありえた。なぜなら，明治民法の下では，氏というのは，「家（イエ）」の名称であり，「戸主及ヒ家族ハ其家ノ氏ヲ称ス」（明治民法746条）とされていたからである。そこでは，「婚姻ニ因リテ夫ノ家ニ入」（同788条１項）った妻が，外で活躍し，家の名称とは別の通称を使ったとしても，その女性についてのみ「家」の名称を変更することはできないという説明は考えられる。しかし，現行法は，こうした家（イエ）という考え方自体をもはや捨てている。したがって，氏というのは，その所属グループとしての家の名称なのではなく，単に，個人の名称の一部にすぎないのである。いや，法律（民750条）は，まさしく夫婦同氏の原則を定めているのであり，法秩序は個人に解消されない氏という考え方を維持しているではないかという反論もあるかもしれないが，家の名称という位置付けを維持できなくなったからこそ，このような規定が生まれたのであり，現在では，夫婦同

第４講　婚姻の効力(1)　　57

氏は，この規定によって支えられているにすぎないのである。

　第3に，夫婦同氏原則が事実上の婚姻障害として機能しているのではないかという点である。今日では，法律上の婚姻という仕組みを選択しないというのも，以前に言われたように法律婚についての知識が十分ではないといった事情によるものではなく，むしろ当事者の意識的な選択としてなされることも少なくない→*144頁以下*。そのような選択がなぜなされるのかの理由はさまざまだが，その中のひとつとして，夫婦同姓に対する抵抗があることが指摘されている。もちろん，当事者の意思をすべて婚姻という制度に反映させる必要はない。配偶者相続権が生ずることが嫌だからとか，同居・協力義務等を負担するつもりはないからという理由で婚姻という制度を選択しない場合，あえてそうした関係まで婚姻に取り込んだり，婚姻に準じて考えるという必要性はないだろう。しかし，社会的必要性や個人のアイデンティティという意識から，夫婦同氏を受け容れることができないという場合に，ただその一点のみから婚姻という制度を選択できないという状況は，果たして適切なのだろうか。ほかのすべての点で，婚姻の法律効果を望むという当事者において，事実上の婚姻障害として機能させるほどに，戸籍上の夫婦同氏という仕組みは重要であり，社会的に不可欠なものなのだろうか。仮に，十分なものとは言えない理由によって夫婦同氏の例外のない原則が維持され，婚姻という法制度によってカバーされない状況が拡張するとすれば，それは，逆に婚姻制度の崩壊をもたらすとも考えられる。婚姻という法制度を重視するからこそ，社会的に許容可能な範囲で，それを制度設計するという考え方もありうるのではないだろうか。

　特に，最後の点は，家族の一体性といったものを強調し，強固に夫婦同氏原則を維持することを主張する論者に尋ねてみたい点である。さて，諸君は，どのように考えるだろうか。

(3)　婚姻の解消と氏

　氏に関する説明の最後に，婚姻が解消された場合の氏の扱いについて触れておくことにしよう。民法は，その解消が死亡によるのか，離婚によるのかで扱いを区別している。

　①　死亡による解消の場合　　まず，民法751条1項は，「夫婦の一方が死亡したときは，生存配偶者は，婚姻前の氏に復することができる」と規定する。これは，配偶者の死亡によって，当然には婚姻前の氏に復する（復氏）わけではないことを前提として示すとともに，生存配偶者の決定によって復氏も可能であることを規定するものである。

② 離婚による解消の場合　他方，民法 767 条 1 項は，「婚姻によって氏を改めた夫又は妻は，協議上の離婚によって婚姻前の氏に復する」として，離婚の場合には，復氏が原則であることを規定する（裁判離婚の場合にも同条が準用される。民 771 条）。

もっとも，同条 2 項は，その場合でも，離婚後 3 か月以内の届出によって，「離婚の際に称していた氏」を称することができることを規定している（婚氏続称）。同条 2 項は，婚姻後の氏で社会生活を営んでいた時間が長かったような場合に，その氏を使えなくなることの不利益を考慮したものである。もっとも，厳密に言えば，離婚時の氏ではなく，「離婚の際に称していた氏」を使うことができるとしているのであり，この場合の氏は，個人の名称の一部にほかならないと言えるだろう。

2　同居・協力・扶助義務

夫婦の姓についての制度設計の問題で，少々熱くなってしまった。さて，このあたりで，少し冷ますことにしよう。筆者にとっては，「あなたは，ちゃんとそうしているの？」と尋ねられると，背中から冷や汗が出てくるくらい冷える，夫婦の「協力義務」等のはなしである。

さて，民法 752 条は，「夫婦は同居し，互いに協力し扶助しなければならない」と規定する。もっともな規定である。結婚式の披露宴等でも，「早く食べたいなぁ……」と思いながら，さんざん同種のことを聞かされた。もっとも，この披露宴のスピーチのような規定は，法的にどのような意味があるのだろうか。

法律というのは，規範的なルールを定めるものである。だから，「……しなければならない」といったことが中心になりそうな印象があるが，実際には，このようにストレートに，行為規範だけが書かれた規定というのは，それほど一般的なわけではない。刑法を見ても，「人を殺してはいけない」とは書いていない。そこでは，「人を殺した者は，死刑又は無期若しくは 5 年以上の懲役に処する」（刑 199 条）と書かれているのである。また，民法の不法行為でも，「他人を害してはいけない」などとは書かずに，「故意又は過失によって他人の権利又は法律上保護される利益を侵害した者は，これによって生じた損害を賠償する責任を負う」（民 709 条）

と書いてある。つまり，一定の行為規範が前提となるとしても，その行為規範だけを示して足りるわけではなく，その行為規範に反した場合の法律効果を示して，はじめて法秩序として適切な対応が可能となるのである。

　……と，はなしが横道にそれたが，法律家にとってやっかいなのは，民法752条のように，内容的にはもっともだが，その行為規範しか書いていないという規定である。もちろん，世の中の夫婦が，民法典に書いてあるということで，「ははぁ～」とひれ伏して，その行為規範どおりにすれば問題はないわけだが，そうではない場合，あるいは，少なくとも当事者（夫婦）の一方にはそうではないと感じられる場合に，どのような法律関係が生ずるのであろうか。以下では，その点を意識しながら，それぞれの義務を見ていくことにしよう。

(1) 同居義務

　民法752条が規定する同居義務であるが，以下のように説明される。

　まず，夫婦の一方が正当な理由なく同居しないような場合，他方は，同居の審判を要求することができる（家事・別表第2一。同居審判の合憲性について，最大決昭和40・6・30民集19巻4号1089頁→*百選Ⅲ7事件 [菱田雄郷]*）。民法752条で言いっぱなしというのではなく，ちゃんと家事事件手続法で受け止められていて，めでたしめでたし……という感じである。

　しかし，ちょっと待て。同居の審判が下されたら，どうなるのだろうか。別に，どうにもならない。同居は，その性質上，強制執行になじまないとして，同居義務を任意に履行しないからといって，その履行強制が認められているわけではないからである（大決昭和5・9・30民集9巻926頁）。……で，終わる。

　正当な理由がないまま別居しているような場合には，離婚原因としての，悪意の遺棄（民770条1項2号）に該当するともされる。もっとも，考えてみると，悪意の遺棄が離婚原因となることは，別途定められているわけであるし，同居義務を規定することでこの問題の判断が，それほど容易になるとも思われない（別居していても悪意の遺棄にあたらない場合もあれば，一応同居していても，悪意の遺棄にあたる場合があるかもしれない）。したがって，この点でも，さして意味があるわけではない。

他方，ちゃんとした理由がある場合には（たとえば，夫／妻の転勤が決まったが，子どもの教育のために妻／夫は現在の住まいにとどまるという場合），同居義務違反にはならないともされる。そりゃ，当たり前である。

このように見てくると，同居義務に関する規定は，どうも宣言（披露宴のスピーチ）以上の意味はなさそうだということになる。ひょっとしたら，将来，この規定を手がかりに，思いもよらない法理が展開される可能性はあるかもしれないが，さしあたり，この程度のものだということになる。

(2) 協力義務と扶助義務

さて，民法752条が，それに続けて規定する「協力義務」と「扶助義務」であるが，これについても，ほぼ同様の状況である。

まず，協力義務は，精神的・事実的な援助を意味し，扶助義務は，経済的な援助を意味するとされる。しかし，これについても，その実現に向けた具体的な仕組みが用意されているわけではない。

経済的な援助に関しては，別に，婚姻費用の分担の規定（民760条）があるが，それは民法760条の問題として扱えばよいのであり，やはり，民法752条で扶助義務を定めることによって具体的な帰結が変わったりするというタイプのものではないだろう（民法760条との関係についてはさらに細かい議論もあるが，ひとまず省略する）。

なお，扶助義務の概念については，扶養義務との関係で論じられることもあるが，これについては，あらためて説明する→*331頁以下*。

3 夫婦間の契約の取消し

民法754条は，「夫婦間でした契約は，婚姻中，いつでも，夫婦の一方からこれを取り消すことができる。ただし，第三者の権利を害することはできない」と規定する。履行後であっても，第三者の権利を害さない限り，取り消すことができるのである。

ヘンな規定である……と，あまり乱暴なことを書いたらまずいと思い，もう一度，読み直してみるが，でも，やっぱりヘンである。

規定の根拠としては，夫婦間の契約では真意の確保が困難である，法律上の強制は家庭の平和を害するといったことが挙げられるが，後者は，

「法は家庭に入らず」といった一般原理が認められていた時代はともかく，現在では，別にそれを否定すべき実質的な論拠はない。また，真意の確保が困難であるといっても，そこでの真意の意味自体，あまりはっきりしているわけではない。相手を溺愛していると断りにくいといっても，結局，溺愛しているから断らずにその契約をした以上，真意はあると言えばよいだけである。

　……というわけで，ヘンな規定だと思うわけである。なお，こうした印象は，筆者固有のものではなく，比較的広く共有されている（と思う）。ただ，各種教科書においては，このヘンな規定だということが，もう少し格調の高い表現で説明されている。

　なお，判例は，婚姻が破綻に瀕している場合の契約は取り消せないとして，本条の適用を排除しており（最判昭和33・3・6民集12巻3号414頁），また，本条の前提となる婚姻中とは，形式的にも，実質的にも婚姻が継続していることだとして（最判昭和42・2・2民集21巻1号88頁），この規定の適用範囲を限定している。

　また，1996年の民法改正要綱でも，本条の削除が提案されている（第5）。

Ⅱ　貞操義務をめぐる問題 —— 婚姻の効力　番外編

　さて，多くの教科書では，以上に説明してきたことと並んで，あるいは，その一部に組み込むような形で（同居・協力・扶助義務と成年擬制の間が多い），「貞操義務」について説明されている。それは，貞操義務をあえて性質付ければ，夫婦間の協力や扶助の問題に近いものだという理解に立つものであろうし，それ自体は感覚としてもよくわかる。

　ただ，そうしたやり方はありうるだろうということを確認した上で，ここでは，いわば婚姻の効力の場外乱闘編，もとい番外編として，この問題を考えてみたい。「考えてみたい」と書いたのは，答えを含めて，ここで問題となっていることがそもそも何なのかが，よくわからないからである。

1 夫婦間の貞操義務の問題 —— 貞操義務違反の夫婦間での効果

さて，夫婦間に，そもそも，（相手方に対する）貞操義務はあるのだろうか？……というのは，いかにも過激な印象を与える問題設定であるが，まず，ここから考えてみよう。

婚姻の効力についての民法750条以下は，貞操義務について特に規定していない。「じゃあ，ないのか？」というと，離婚原因に関する民法770条1項は，その第1号で，「配偶者に不貞な行為があったとき」と規定しており，貞操義務が前提となっているといった説明がなされる（ほかにも，説明としては，重婚の禁止や同居・協力・扶助義務が挙げられる）。

さて，ここまではいい。それでは，貞操義務に違反した場合に，どうなるのであろうか。

まず，離婚原因となることははっきりしている。でも，それについては，民法770条1項1号が定めており，婚姻の効力としての貞操義務を論じなくても得られる結論である。

それでは，離婚せずに，配偶者の不貞行為によって精神的に傷つけられたことを理由として，相手方配偶者に対して損害賠償を求めることができるのであろうか。実は，この部分がよくわからない。

離婚をした上で，その配偶者の不貞行為の相手方に賠償を求めつつ，配偶者に対しては賠償を求めないといったケースはあるが（これは，離婚慰謝料が認められることを前提としつつ，その免除で説明できる），離婚せずに配偶者に損害賠償請求した場合の法律関係（具体的には，損害賠償請求権の有無）は，あまりはっきりしていない。

債務不履行（婚姻関係に基づく貞操義務の不履行）によるのか，不法行為によるのか，夫婦間でも，精神的に傷つけられることがあった以上，賠償を認めることは差し支えないとも考えられるが，他方で，このような賠償請求が認められるということ自体を疑問視する見方もある。いずれにしても，この点についてはそれほど明確なわけではない。

さて，このことを長々と説明したのには理由がある。

貞操義務の問題の説明の中では，貞操義務が肯定されるという説明に続いて，不貞行為の相手方の損害賠償責任の説明に入るのが一般的である。

しかし，考えてみると，不貞行為の相手方の損害賠償責任を議論する上で，貞操義務を観念することは，少なくとも不可欠の前提ではない（後述のように，損害賠償請求事件の当事者ではない配偶者の貞操義務という概念を使わなくても検討することは可能である）。その点で，現在の「貞操義務」と「不貞行為の相手方の賠償責任」の問題は，その中間を飛ばしたまま，議論されているように思われてならないのである。

また，後述のとおり，不貞行為の相手方の損害賠償責任を考える場合にも，その前提として，他方配偶者に対する損害賠償請求権がそもそも存在するのかということが，問題の見方を大きく左右している。しかし，その点がそもそもはっきりしていないために，議論状況をきわめて不透明にしている。

以下では，貞操義務をめぐる典型的な論点とされる不貞行為の相手方の損害賠償責任の問題を取り上げるが，そこでの議論は，上記のとおり，かなり不安定なところに乗っかっているということをあらかじめ確認しておきたい。

2 夫婦間の貞操義務と第三者 ── 不貞行為をめぐる第三者との関係

さて，配偶者の一方と不貞行為をした第三者が，他方配偶者に対して損害賠償責任を負担するのかという問題は，よく知られた論点である。これについては，判例もあり，一定の方向は示されている。

(1) 判例の立場

まず，判例は，この問題について，民法709条に基づく損害賠償責任が成立することを肯定している。

すなわち，最判昭和54年3月30日（民集33巻2号303頁）は，「夫婦の一方の配偶者と肉体関係を持った第三者は，故意又は過失がある限り，右配偶者を誘惑するなどして肉体関係を持つに至らせたかどうか，両名の関係が自然の愛情によって生じたかどうかにかかわらず，他方の配偶者の夫又は妻としての権利を侵害し，その行為は違法性を帯び，右他方の配偶者の被った精神上の苦痛を慰謝すべき義務があるというべきである」とする。

その上で，最判平成 8 年 3 月 26 日（民集 50 巻 4 号 993 頁→*百選Ⅲ 11 事件〔窪田充見〕*）は，婚姻関係の実質的な状況を踏まえて判断することを示して，「甲の配偶者乙と第三者丙が肉体関係を持った場合において，甲と乙との婚姻関係がその当時既に破綻していたときは，特段の事情のない限り，丙は，甲に対して不法行為責任を負わないものと解するのが相当である」として，婚姻関係が破綻していた場合には，もはや不法行為は成立しないとした。つまり，判例は，「夫又は妻としての権利」の侵害を理由として，民法 709 条の損害賠償責任の成立を認めるとともに，婚姻関係の実際の状況を踏まえて，それが制約される場合があるとの立場をとっているのである。

なお，最判平成 31 年 2 月 19 日（民集 73 巻 2 号 187 頁）は，配偶者の一方が，離婚の後，他方配偶者の不貞行為の相手方に対して離婚慰謝料を請求した事件において，「離婚による婚姻の解消は，本来，当該夫婦の間で決められるべき事柄であ」り，「夫婦の一方と不貞行為に及んだ第三者は，これにより当該夫婦の婚姻関係が破綻して離婚するに至ったとしても，……直ちに，当該夫婦を離婚させたことを理由とする不法行為責任を負うことはない」とし，その不法行為責任が認められるのは，「当該夫婦を離婚させることを意図してその婚姻関係に対する不当な干渉をするなどして当該夫婦を離婚のやむなきに至らしめたものと評価すべき特段の事情があるときに限られる」ものとしている（離婚慰謝料が何を意味するのかについては，議論の余地がある→*123 頁以下*）。

(2) **この問題についての基本的な考え方**

さて，判例は，上記のとおりの方向を示しているが，学説においては，議論は必ずしも決着していない状況である。ここでの基本的な考え方を整理しておくと，以下のようなタイプのものがありそうである。

まず，①通常の不法行為と全く同様に考えるというものである。つまり，故意または過失によって，他方配偶者の権利を侵害した者は，損害賠償責任を負担するという考え方である。他方配偶者の権利というものが，他の不法行為法上保護される利益と同様のものであると考えるのであれば，他の不法行為と区別する理由はない。前掲最判昭和 54 年 3 月 30 日は，こ

のような立場だと理解される。

　次に，②相手方に配偶者がいることを知っていた場合に限って，つまり，他方配偶者の権利を侵害するという結果についての故意（認識と認容）が存在する場合に限って，不法行為が成立するという考え方も有力である。

　この考え方については，いくつかの説明の方法があろう。

　ひとつは，「故意で夫婦の貞操関係を侵害してはならない」という規範を前提とすることが考えられる。ではなぜ，故意の場合に限って，そうした規範が設定されるのかと言えば，そこには人と人との関係は，それ自体として自由なものであり，そうしたつきあいや結びつきにおいて，そもそも配偶者の有無を確認すべき義務を観念するということが適当ではないという判断があるからである。したがって，すでに何らかの理由で配偶者の存在を知っている場合に限って，不法行為責任を認めればよいということになる。

　もうひとつの説明は，債権侵害に準じて考えるというものである。本来，配偶者が貞操を求めることができるのは，他方配偶者に対してである（こうした配偶者の利益を，他方配偶者の側から見れば，自分自身の貞操義務だということになる）。したがって，配偶者の貞操に関する利益を侵害する直接の当事者は，他方配偶者にほかならない。これは，債権者と債務者との関係と同様であり，第三者によって，そうした利益が害されるとしても，それは間接的なものにすぎない。債権侵害の不法行為について，主観的要件の加重が認められるのと同様に，この場合にも，不法行為責任の成立を限定すべきだということになる。離婚慰謝料に限ってではあるが，前掲最判平成31年2月19日においては，こうした考え方がとられていると思われる。

　最後に，③いかなる不法行為責任も成立しないという考え方も，やはり有力である。この考え方の背景には，こうした問題をそもそも不法行為法の問題として取り上げるべきではないという価値判断と，美人局のような事態を避けるべきであるという実践的な意識がある。すでに言及したとおり，不貞行為をした他方配偶者に対してそもそも損害賠償請求権があるのかという点は明らかではない。もし，配偶者間での損害賠償の問題が生じえないとすると，不貞を理由とする損害賠償請求は，第三者にのみ向け

られることになる。これは，実質的に美人局と同様の状況だということになりそうである。

　さて，以上のように，ごくおおざっぱに見ても，いくつかの考え方がありそうであるが，これらについて，どのように考えるべきなのだろうか。

　まず，先決問題となるのは，夫婦間で損害賠償責任がそもそも成立するのかという問題であろう。もし，夫婦間で賠償責任の問題が生じえないのだとすると，そのような場面で第三者の損害賠償責任のみが問題となるのは，実質的に見て，かなりおかしい。その点では，③の考え方が，一定の合理性を有するものだということになる。

　もっとも，この点はなおはっきりしないので，夫婦間の賠償責任も論理的には排除されているわけではないということを前提にすると，問題は別の構図で見えてくる。

　まず，この場合には，③を支える基本的な状況が欠落するので，一切賠償が認められないということを説明するのは，それほど容易ではない。権利が侵害されている以上，民法709条の不法行為責任が登場する準備は整っている。問題は，そこで言う「権利」がいったい何なのかである。

　上記②の債権侵害に準じた説明は，ここでの権利が，相手方配偶者の貞操義務から出発したものであり，当該相手方配偶者に対して貞操を求める権利だと考える。それゆえに，第三者が，そうした権利の侵害について損害賠償責任を負担するという状況は，むしろ例外的なものであり，その実質に応じた責任成立の制約が考えられることになる。なお，この説明においては，「貞操義務」と「不貞行為の相手方の責任」は，貞操義務違反に関与した第三者の責任として位置付けられ，全体はひとつのつながりを有することになる。

　他方，①の場合の権利とはいったい何なのだろうか。ここでは，「婚姻共同生活の平和の維持」といったことが言われるが，そうだとすると，別に，貞操義務というのは，不可欠な前提概念ではない。せいぜい，「婚姻共同生活の平和の維持」を考える場合のひとつの要素にすぎない。「貞操義務」と「不貞行為の相手方の責任」は，きちんとつながらないまま終わるのである（なお，婚姻共同生活の平和の維持，あるいは，さらに，家庭生活

の平和の維持といった抽象度の高い法益を前提とするのであれば，家庭の崩壊によって被害を受ける子も，こうした保護法益を有していると考えられそうである。しかし，子からの損害賠償請求について，前掲最判昭和 54・3・30 は，相当因果関係がないとして，これを否定している）。

　もっとも，①については，もっと気になっている部分がある。①の説明において，貞操義務など，他方配偶者の義務という説明が表に出てこない背景には，①で前提とされている権利が，他方配偶者の義務に由来しないものだという発想が見え隠れしているように思われてならないからである。

　より端的に生々しく表現すると，そこには，必ずしも貞操義務の反射的利益としてではない貞操権（性的関係を独占する権利）といった発想がかいま見られるように思われるのである。動産甲の所有権が甲の義務を前提としないでも論じることができるように，相手方配偶者に対する支配的な利益としての貞操権は，相手方が主体として貞操義務を負担するか否かに関わりなく考えることができる。この場合，相手方配偶者に対して損害賠償請求をなしうるかということも，この問題を考える上では，重要ではないということになる。

　……と，挑発的な書き方をしてきたが，①の考え方に，こうした発想がないということを十分に説明することはできるのだろうか。

　このような問題意識からは，その意味内容について十分な検討と説明がなされないまま，「他方の配偶者の夫又は妻としての権利」を前提として不法行為責任の成否を論ずる判例の立場は，多くの問題を抱えていると言わざるをえないだろう（なお，この問題は，不法行為法上も重要な論点のひとつである。これについては，窪田・不法行為法 310 頁以下を参照してほしい）。

第5講　婚姻の効力⑵
―― 婚姻における財産関係

　以下では，財産関係を中心に婚姻の効力の説明を行う。

　まず，最初に，婚姻が夫婦の財産関係にどのような効果をもたらすのかについて，その基本的な仕組みを確認しておこう。民法は，大枠として，以下のような仕組みを採用している。

　①　**夫婦財産契約に基づく関係**　　夫婦が，婚姻の届出前に，財産関係についての特別の合意（夫婦財産契約）をし，それが登記された場合，その契約に従って財産関係が扱われる（民755条～759条）。
　②　**法定夫婦財産制**　　以上のような夫婦財産契約がなかった場合には，婚姻が財産関係においてどのような効果をもたらすかは，法律によって定められるところにより決まる（民760条～762条）。

　さて，以上のとおり，基本的な順番としては，①夫婦財産契約，②①が欠ける場合の補充的な制度としての法定夫婦財産制というのが民法の予定する構造である。もっとも，後述のとおり，実際には，夫婦財産契約がなされる場合はきわめて少ない。また，夫婦財産契約で規定できる内容についても，法定夫婦財産制を踏まえてはじめて理解できるという側面もある。したがって，以下では，まず法定夫婦財産制の説明を行ったのちに，夫婦財産契約を取り上げることにしよう。

I　法定夫婦財産制

　法定夫婦財産制を理解する場合の柱となるのは，夫婦別産制，婚姻費用の分担，日常家事債務の連帯責任である。

1 夫婦別産制 (民法762条)

婚姻と財産との関係を考える場合に，その出発点となるのは，夫婦別産制である。

もっとも，「あえて夫婦別産制と称するようなものではない」(有地・家族法概論105頁) とも評されるように，何か特別な制度としての別産制なるものが用意されて，それが原則となっているわけではない。特別に規定されていない限り，「自分の物は自分の物」ということを前提に，財産法のルールによって処理されるというだけのことである。

(1) 夫婦における財産の帰属

民法762条は，「夫婦の一方が婚姻前から有する財産及び婚姻中自己の名で得た財産」は，その特有財産 (夫婦の一方が単独で有する財産) であるとし (同条1項)，「夫婦のいずれに属するか明らかでない財産は，その共有に属するものと推定する」(同条2項) との規定を置く。

結局，帰属不明の場合を除けば，婚姻の効果として，財産の帰属が特別に扱われるというような仕組みは，積極的には採用されていないのである。特定の財産について共有となるのかという問題も，基本的に，財産法上のルールの適用によって個別に処理されるのである (比較法的には，程度の違いはあるものの，婚姻中に取得した財産等について，共通財産として扱うなど，婚姻を理由として一定の明示的な手当てをしているものが少なくない)。

しかし，このような単純な夫婦別産制は，現在の社会的状況からすれば，多くの場合に，(特に，専業主婦である) 妻に，実質的な不平等を強いることになる (なお，夫のみが所得を有するというケースにおいて，夫婦別産制を前提とする課税方式の合憲性が問題となった最大判昭和36・9・6民集15巻8号2047頁→*百選III 10事件 [犬伏由子]* は，民法762条1項についても，また，それを前提とする課税方式についても合憲とした)。

そのために，特有財産か共有財産かの判断に際して，一定の配慮をすべきことが有力に主張されてきた。たとえば，名義としては一方に属し，対外的には名義人の所有に属すると扱われるが，対内的には夫婦の共有として扱われる「実質的夫婦共有財産 (潜在的共有財産)」といった概念が提唱

70　第II部　親　族

されているが（この場合に，一方のみに属すると主張するためには，名義だけではなく，対価も一方のみによって負担されたことが証明されなくてはならない），これもこうした配慮に基づくものである。

　もっとも，制度設計の問題として，共有財産として扱われる範囲をどの程度まで広げるのかという判断は，時代状況の変化による影響も受けるところである。

　かつては，こうした共有を積極的に認めていくというニーズが大きかったのに対して，女性の社会進出が進むとともに，現在では，こうしたニーズ自体が減少していることも指摘されている。

(2)　婚姻の解消と財産の帰属

　さて，財産の帰属が具体的な問題として顕在化するのは，配偶者の死亡や離婚によって婚姻が解消されるという場面においてである。

　この場合にも，出発点となるのは，それぞれの財産が誰に帰属するのかの決定である。

　夫婦がともに利用してきた物であっても，それが夫／妻の特有財産であるとすれば，その物は夫／妻に帰属するのであり，婚姻の解消の際にも，自己の物として扱われる。

　その一方で，他方配偶者である妻／夫の特有財産とされた物については，それが妻／夫に帰属することを前提に，相続や財産分与という仕組みの中で扱われることになる（もちろん，同じことは，夫／妻の財産とされる物についても妥当する）。

　なお，それが夫と妻の共有財産だとされれば，それを前提とした法律関係が考えられることになる。

　もっとも，このように，観念上は，本来の財産帰属の問題と相続や財産分与による移転の問題を区別することはできるが，多くの場合に，両者の問題の解決は，実際には重なり合って実現されていると考えられる。実質的共有あるいは潜在的共有という位置付けも，それによって，共有の規定が適用される共有とすることまでも当然に含むものではないと考えられる。そうであるならば，端的に，共有とすればよいだけのことである。むしろ，潜在的共有と言う場合には，本来の共有と異なり，いつでも共有物分割を

第5講　婚姻の効力(2)　　71

求めることができるような権利としての持分権を各自が有しているわけではなく，あくまで，婚姻の解消の際に，財産分与等の仕組みを通じて，その持分に応じた利益の帰属が実現されるべきものだということが前提となっているように思われる（その点では，この実質的共有や潜在的共有が，実体法上，比喩的なもの以上に，どのような意味を持っているのかを検討することが必要であり，その点は，特別講義で取り上げる租税法との関係でも，問題となる→*591頁以下*）。

ここでは，このような観点から，死亡による婚姻の解消と離婚による解消の場合のそれぞれについて，簡単に確認しておくことにしよう。

(ア) 死亡による解消

まず，夫婦の一方が死亡したという場合，「（相続人たる）私の物は私の物」が出発点となるのであり，「（被相続人たる）相手方配偶者の物」（相続財産，遺産）が相続という法制度によって，配偶者を含む相続人（配偶者は常に相続人となる。民890条）に帰属する。

配偶者の法定相続分は，少なくとも2分の1であり（民900条），他方配偶者の名義となっている財産の中に，自ら貢献したものがあるということは，こうした相続分の中で，ある程度，考慮されていると評価することができるだろう。

また，相続の対象となる財産の形成に特に積極的に貢献したといった事情がある場合，それは，寄与分（民904条の2）の問題として扱われる。つまり，ある物が自己の共有に属するとまでは言えなくても，相続財産の形成に自分の特別の寄与があったということを明らかにすることができれば，それは相続分（具体的相続分）→*409頁以下*に反映されるのである。

(イ) 離婚による解消

他方，離婚による解消の場合には，夫婦間の財産の清算の問題は，財産分与→*112頁以下*という仕組み（民768条）を通じて解決される。

民法768条3項は，「当事者双方がその協力によって得た財産の額その他一切の事情を考慮して」分与額等を定めることを規定しており，夫婦が協力して得た財産の清算の問題は，まさしく，この中で実現されることが

予定されているのである（このような観点から，民法762条と同768条を関連付けて理解することの重要性が指摘される）。

2　婚姻費用の分担（民法760条）

民法は，上記のとおり，夫婦別産制を原則としている。これは，結局，婚姻による財産関係の特別な処理が，原則として行われないということを意味する。そうした原則の例外が，これから説明していく，婚姻費用の分担と，日常家事債務に関する連帯責任である。

⑴　婚姻費用の分担の基本的な仕組み

まず，婚姻費用について，民法760条は，「夫婦は，その資産，収入その他一切の事情を考慮して，婚姻から生ずる費用を分担する」と規定している。

婚姻から生ずる費用（婚姻費用）とは，一般的には，夫婦とその未成熟子の共同生活のために必要とされる費用であり，具体例として，衣食住に関わる費用や，子供の養育や教育等に関わる費用，医療費などが考えられる。もっとも，子の状況（病弱であり，生活能力がない場合など）や親の経済状況等に応じて，成年の子のための生活費や学費も，これに含まれるとされている。

婚姻費用をどのように分担するのかは，当事者の協議によって決まるが（もっとも，明示的な合意が必要なわけではない。ほとんどの場合は，積極的な合意はないまま共同生活が営まれ，紛争が起こった時点で，「合意がない」ということが顕在化する），協議が調わない場合には，家庭裁判所による審判または調停によって決定されることになる（家事・別表第2二）。

⑵　婚姻費用の分担をめぐる具体的問題

婚姻費用の分担は，夫婦共同体における内部的な関係として位置付けられるものである。もっとも，特に問題なく，家庭生活が営まれている場合には，婚姻費用分担をめぐる問題が生ずることは多くないだろう。

実際に，この問題が顕在化するのは，婚姻が破綻しつつあるような場面においてである。具体的に，どのような問題があるのかを順次見ていくこ

とにしよう。

(ア) 別居中の婚姻費用の分担

ひとつの問題は，夫婦が別居している場合の婚姻費用の分担の問題である。もっとも，単身赴任などによって，実質的な婚姻関係は維持されつつ，別居という形態がとられている場合については，それに伴う費用を一般的なルールの枠組みの中で，婚姻費用の分担の問題として考えていけばよい（別居に伴って費用が増加するとしても，それは夫婦が共同して負担すべき婚姻費用だと考えられる）。

問題となるのは，婚姻関係が破綻して一方配偶者が家を出てしまったような場合などである。

夫婦は相互に生活保持義務を負担するということを前提とすれば，別居した夫婦のそれぞれにおいても，同じ水準の生活を維持することが前提となる→344頁以下。しかし，一方が勝手に出て行ってしまったという場合についてまで，それをそのまま維持すること（別居に伴って増加した費用を生活保持義務という観点から，他方配偶者に負担させること）は，バランスを欠くのではないかと考えられる。

東京高決昭和 58 年 12 月 16 日（家月 37 巻 3 号 69 頁→*百選Ⅲ8事件〔冷水登紀代〕*）は，この問題について，「婚姻が事実上破綻して別居生活に入ったとしても，離婚しないかぎりは夫婦は互に婚姻費用分担の義務がある」として，事実上の破綻と別居がただちに婚姻費用分担義務の否定をもたらすものではないとしつつ，「夫婦の一方が他方の意思に反して別居を強行し，その後同居の要請にも全く耳を藉さず，かつみずから同居生活回復のための真摯な努力を全く行わず，そのために別居生活が継続し，しかも右別居をやむを得ないとするような事情が認められない場合には，……自分自身の生活費にあたる分についての婚姻費用分担請求は権利の濫用として許され」ないとした。

法律構成にはバリエーションがあるが，このような場合については，婚姻費用の分担義務の範囲が縮小したり，（場合によっては）認められないというのが，現在の一般的な考え方である。

なお，前掲東京高決昭和 58 年 12 月 16 日においても，未成年の子を連

れて出て行ってしまった配偶者が，その同居している子の実質的監護費用を婚姻費用の分担として請求することについては，これを認めている。子の養育等に向けた費用は，親によって負担されるべきものであり，両親の相互の関係によって，それが制約されたり，否定されるようなものではないからである（なお，最判平成 19・3・30 家月 59 巻 7 号 120 頁→*家族法百選〔第7版〕15 事件〔青木哲〕*は，離婚訴訟に附帯して，別居期間中の子の監護費用の支払を求める旨の申立てについて，人事訴訟法 32 条 1 項の子の監護に関する処分の申立てとして，適法なものとする）。

㈠ 過去の婚姻費用の請求

なお，扶養一般にも関わる問題であるが，過去の扶養料については，それを求めることはできないとの考え方がある（扶養に関する権利義務は，それを必要とする時点で成立し，その扶養を必要とする状況が時間の経過とともに過去のものとなると同時に消えていく。扶養が求められる状況が過去のものとなった以上，もはや扶養義務は認められないといった考え方である）。

もっとも，過去の婚姻費用について，このように時間の経過というだけの理由で，それを負担しなかった者の責任を免れさせるということには，合理的な理由は認められないだろう。制度のあり方としても，義務を履行しないことにインセンティブを与えるようなことは適切ではない。

この点について，最大決昭和 40 年 6 月 30 日（民集 19 巻 4 号 1114 頁）も，「家庭裁判所が婚姻費用の分担額を決定するに当り，過去に遡って，その額を形成決定することが許されない理由はな」いとして，将来に対する婚姻費用の分担のみを命じるにすぎないとの当事者の主張を退けている（ただし，扶養義務者の一人から他の扶養義務者に対する求償にあたっては，その前提として扶養義務の分担の割合が定まる必要があり，その協議が調わない場合には，家庭裁判所の審判が必要となる。最判昭和 42・2・17 民集 21 巻1 号 133 頁→*百選Ⅲ 51 事件〔常岡史子〕*）。

3 日常家事債務についての連帯責任 —— 第三者との関係

婚姻費用の分担が夫婦相互間の関係に関するものであるのに対して，日常家事債務の連帯責任は，夫婦と第三者との関係を対象とする。

⑴　日常家事債務をめぐる基本的な関係

　民法 761 条本文は，「夫婦の一方が日常の家事に関して第三者と法律行為をしたときは，他の一方は，これによって生じた債務について，連帯してその責任を負う」と規定した上で，同条ただし書は，「第三者に対し責任を負わない旨を予告した場合は，この限りでない」としている。

　以下では，いくつかの具体例を前提に，この問題を考えていくことにしよう。

> 設例1　　妻が，近所の魚屋で夕食のおかずにマグロのお刺身を買った。

　日常家事とは何なのかについては，まだ説明していない。しかし，夕食のおかずにマグロのお刺身を買うという 設例1 の行為が，《日常の家事に関する第三者との法律行為》に該当することについては，異論がないだろう。

　したがって，民法 761 条の規定によって，そのマグロのお刺身の代金がまだ支払われていなかった場合，夫もまた，その代金を支払う債務を負担するのである。

⑵　日常家事の範囲

　それでは，以下のようなケースでは，どのように判断されるのだろうか。

> 設例2　　オーディオが趣味である夫が新しく出たイタリア製のスピーカー（1 セット 100 万円）を購入した。
> 設例3　　妻が，宝飾品を買うために，金融業者から 50 万円を借りた。
> 設例4　　子どもの私立中学校への入学金を支払うために，妻が，金融業者から 50 万円を借りた。
> 設例5　　夫が，自らが経営する会社の資金を得るために，妻の所有する不動産（妻の特有財産）に抵当権を設定した。

　まず，この問題を考える場合に出発点となるのは，そもそも日常家事とは何なのかである。

　日常家事とは，婚姻共同生活を営んでいく上で日常必要とされるものであり，日常家事債務とは，そうした共同生活に通常必要とされる食料など

の購入費用，医療や子の養育・教育のための費用についての債務である。

　このような定義から，設例2の場合，（一般的な家庭において）夫の行為がこれに該当しないということは明らかであろう。この場合のスピーカーの購入は，夫の趣味のためのものにすぎず，婚姻共同生活を営む上で日常必要とされるものではないからである。したがって，その代金100万円の債務について妻が責任を負わされることはない。

　他方，ややニュアンスが異なるのが，設例3と設例4である。この2つのケースでは，それぞれ目的は大きく異なっているが（設例3が妻自身の利益のためのものにすぎないのに対して，設例4は子どもの教育という日常家事に該当しうるものを目的としている），実際になされた法律行為自体は，いずれも50万円の金銭消費貸借であり，客観的な法律行為の種類と内容は同じだからである。

　それでは，設例3と設例4では，両方とも日常家事としての性格が否定されるのだろうか。あるいは，両方とも認められるのだろうか。

　一般的には，金銭消費貸借という法律行為についても，それが共同生活の維持のためになされたのか否かによって判断するとされている（つまり，目的を考慮して判断される）。したがって，設例3が日常家事に該当しないと考えられるのに対して，設例4は，日常家事に該当する可能性があることになる。

　また，設例5は，その目的からも，客観的な法律行為の内容からも，日常家事に含まれるものと判断することは困難であろう。

　なお，日常家事の範囲については，後に詳しく取り上げる最判昭和44年12月18日（民集23巻12号2476頁→百選Ⅲ9事件［合田篤子］）は，「民法761条にいう日常の家事に関する法律行為とは，個々の夫婦がそれぞれの共同生活を営むうえにおいて通常必要な法律行為を指すものであるから，その具体的な範囲は，個々の夫婦の社会的地位，職業，資産，収入等によって異なり，また，その夫婦の共同生活の存する地域社会の慣習によっても異なる」として，具体的な状況に即して判断するという基本的な枠組みを示しつつ，「問題になる具体的な法律行為が当該夫婦の日常の家事に関する法律行為の範囲内に属するか否かを決するにあたっては，同条が夫婦の一方と取引関係に立つ第三者の保護を目的とする規定であることに鑑み，単

第5講　婚姻の効力(2)　77

にその法律行為をした夫婦の共同生活の内部的な事情やその行為の個別的な目的のみを重視して判断すべきではなく，さらに客観的に，その法律行為の種類，性質等をも充分に考慮して判断すべきである」と判示し，日常家事債務の範囲に含まれるか否かの判断自体のレベルで，取引の相手方の保護という視点が入ってくることを認めている。

(3) 日常家事の範囲を超える場合の法律関係 —— 日常家事債務と表見代理

上記のとおり，日常家事の範囲に含まれるかどうか自体，実際には，微妙な判断が求められる場合も少なくないだろう。

それでは，場合によっては困難な判断を伴うとしても，日常家事の範囲に含まれる／含まれないという判断が得られれば，そこで問題は一応の解決が得られたと考えてよいのだろうか。

ここでは，いままでの設例を若干修正して，考えてみることにしよう。

設例 3-2 妻が，自分のための宝飾品を買うために，（夫名義で）金融業者から 50 万円を借りたが，その際に，妻は，子供の入学金を支払うために必要な金銭だと相手方に説明した。

設例 5-2 夫が，自らが経営する会社の資金を得るために，妻の所有する不動産（妻の特有財産）に抵当権を設定した。その際に，夫は，子供の難病の治療のために高額の手術を受ける必要があり，そのために必要な金であると相手方に説明した。

設例3 や 設例5 は，(2)で述べたように，基本的には，日常家事に該当しないケースだと考えられる。しかし，そのようなケースであっても，相手方が，日常家事に該当すると信じた場合には，どうなるのだろうか。

前に取り上げた 設例3 と 設例4 では，同じように 50 万円の金銭消費貸借であるが，その目的を含めて考えることで，設例3 は日常家事に該当せず，設例4 は日常家事にあたる可能性があると述べた。

しかし，両者の違いは，相手方にとっては，妻の説明によってしか判断できない。妻が真実とは異なる説明をして，相手方がその説明を信じた場合（相手方が 設例4 のケースだと信じた場合），どうなるのかという点が問題となる。それが，設例 3-2 であり，設例 5-2 も，そのような性格を帯

78　第Ⅱ部　親　族

びた問題である。

　このように相手方の信頼をどのように保護するのかという点では，表見代理の制度がある。したがって，日常家事債務に関する民法761条と表見代理に関する民法110条との関係が問題となる。

　もっとも，相手方の保護という観点の必要性があることを確認した上で，それをどのように実現するのか，そもそも表見代理の問題となるのかという点については，少し歩みを緩めて，それに先立つと考えられるいくつかの基本的な問題について，考えておくことにしよう。

　なお，以下の説明では，表見代理についての基本的な知識を有していることが前提となる。読者の現在の状況はさまざまだと思うが，「表見代理ってなぁに？」という人は，民法総則の教科書の表見代理についての説明を読んでから，以下の説明を読んでほしい。

(ア)　前提となる2つの問題

　日常家事債務について表見代理に関する規定が適用されるのかという問題を考える上では，まず，以下の点を考えておく必要がある。

① **民法761条の規定の趣旨 ── 代理の規定なのか？**　　まず，民法110条の表見代理の適用の有無を論ずる大前提として，そもそも民法761条は，代理に関する規定なのだろうか。同条は，他方配偶者も「連帯してその責任を負う」としているだけで，代理という法律関係について特に言及しているわけではないからである。

　改正前の明治民法804条1項は，妻が行為無能力者であることを前提に，「日常ノ家事ニ付テハ妻ハ夫ノ代理人ト看做ス」としており，日常家事債務において取引の直接の当事者ではなかった夫が，代理という構成を通じて債務を負担するということが示されていた。しかし，現行規定は，少なくとも条文の形式上，そのような代理という構成を不可欠としてはいない。**設例1**でも，妻が買ったお刺身の代金について，夫も債務を負担するということを述べたが，そこでは，代理には触れずに，夫が代金債務を負担するという結論（効果）だけを述べることは可能なのである。

　仮に，民法761条の連帯責任が，一定の事実（日常家事に関する他方配偶

第5講　婚姻の効力(2)　　79

者の行為）を前提とする法律上の効果として導かれるものにすぎないとすれば，そこでは基本代理権が存在していることを前提とする民法110条の適用を論ずべき余地は，そもそもないということになる。

したがって，その場面において，相手方の保護の必要性があるとしても，民法110条の適用はありえず，せいぜい，「民法110条の趣旨を類推適用する」（この表現が，まさしく後で出てくる）といったワンクッションを置いた説明とならざるをえない。

他方，条文の体裁は戦後の改正によって大きく変わったが，そこでの改正の趣旨は，夫と妻を対等に扱うという点に主眼があったのであり，代理という法律構成は（潜在的に）維持されており，同条は，基本代理権の付与という機能も有しているのであるとすれば，そうした基本代理権を超える範囲の行為がなされた場合の相手方の保護の問題は，まさしく表見代理という枠組みによって処理されるという方向につながる。この立場によれば，次の②で扱う問題を除けば，民法110条の適用に対する形式的な障害は存在しないことになる。

②　法定代理と表見代理との関係　　さて，①で説明したように，民法761条に日常家事債務についての代理権の付与という意義を認めるとしても，さらに考えておく必要があるのが，法定代理と表見代理との関係である。

この点に関する詳しい説明は，民法総則の教科書等を参照してほしいが，本人による代理権授与（本人と代理人との間の委任等）に基づく任意代理の場合と異なり，法定代理においては，そもそも表見代理の適用がないのではないかという問題がある。

法定代理の場合には，一定の理由（たとえば制限行為能力者の保護）に基づいて法定代理という制度が認められているのであり，そこでは，表見代理を支える基本的な2つの柱（本人の帰責性と相手方の正当な信頼の保護）のうち，本人の帰責性に相当する部分が欠けているからである。

仮に，①において，民法761条を代理に関する規定だと理解するとしても，それが同条の規定による法定代理であり，法定代理には表見代理の規定の適用がないのだとすれば（もっとも，民法761条による代理権と制限行為能力者に関する法定代理を同視してよいかという問題はある），やはり，

80　　第Ⅱ部　親　族

表見代理という法律構成で，ここでの問題を解決することはできないということになる。

(イ)　2つの前提問題についての判例の立場

　さて，日常家事の範囲を超える取引がなされた場合の問題を表見代理という観点から考えるのかという点については，上記のとおり，（少なくとも）2つのハードルがあるが，判例は，これらについて，どのような態度をとっているのだろうか。

　まず，①について，前掲最判昭和44年12月18日は，「民法761条は，……単に夫婦の日常の家事に関する法律行為の効果，とくにその責任のみについて規定しているにすぎないけれども，同条は，その実質においては，さらに，右のような効果の生じる前提として，夫婦は相互に日常の家事に関する法律行為につき他方を代理する権限を有することをも規定している」として，民法761条を代理に関する規定として読むことを認めている。したがって，①のハードルはクリアされたことになる。

　また，②については，戦前の判例であるが，大判昭和17年5月20日（民集21巻571頁）が，未成年者の母である親権者が親族会の同意を得ないで，未成年者の株券を処分する行為を委任したという事案で，受任者において親族会の同意があったと信ずべき正当の事由があるときは，民法110条の適用があり，委任を取り消すことができないという判断を示している。この判決をもって法定代理についても表見代理の規定の適用があるという一般的なルールを承認したものとして理解してよいのか，また，この判決は当然に現在でも維持されているのかという点については，なお検討の余地がありそうだが，もし，法定代理にも表見代理に関する民法110条を適用して差し支えないのだとすれば，この②のハードルもクリアされていることになる。

　なお，すでに言及したとおり，民法761条を，制限行為能力者についての法定代理の規定と同視できるのかという問題がある。すなわち，日常家事債務においては夫婦相互の監督等は可能であり，帰責事由に相当するものも考える余地があるという指摘がなされている。もっとも，この点を前提とすると，（仮に）本来の法定代理ですらも表見代理が認められるので

あれば，民法 761 条では，なおさら表見代理を用いることに問題はないということになるだろう。

以上のように見てくると，日常家事の範囲を逸脱して配偶者の一方が取引を行ったという場合に，その相手方の保護を民法 110 条の適用によって解決するということに対する形式的な障害はないということになる。

(ウ) 最判昭和 44 年 12 月 18 日の意義

にもかかわらず，前掲最判昭和 44 年 12 月 18 日は，この点について，最終的に，ややニュアンスの異なる判断を示した。

すなわち，同判決は，すでに述べたように，日常家事債務の範囲の決定自体について取引の相手方の保護という視点が入ってくることを認めた上で，民法 110 条との関係については，「その反面，夫婦の一方が右のような日常の家事に関する代理権の範囲を越えて第三者と法律行為をした場合においては，その代理権の存在を基礎として広く一般的に民法 110 条所定の表見代理の成立を肯定することは，夫婦の財産的独立をそこなうおそれがあって，相当でないから，夫婦の一方が他の一方に対しその他の何らかの代理権を授与していない以上，当該越権行為の相手方である第三者においてその行為が当該夫婦の日常の家事に関する法律行為の範囲内に属すると信ずるにつき正当の理由のあるときにかぎり，民法 110 条の趣旨を類推適用して，その第三者の保護をはかれば足りる」と判示したのである。

このような判例の立場は，単純に民法 110 条を適用する場合に比べて，表見代理の成立を限定するものであると，一般に理解がなされているが，このような法律構成によって解決すべきかという点を含めて，本判決に対する評価はなお分かれている。

コラム *昭和 44 年判決の読み方の難しさ*

本文で説明したのが，現在の民法 761 条と同 110 条との関係だということになるが，そこで最も重要な役割を演ずる最判昭和 44 年 12 月 18 日の読み方は難しい。

同判決自体が，夫婦の財産的独立と取引の相手方の保護という対立する要求の間を揺れ動いているようにも見えるからである。

① 同判決は，まず，すでに言及したとおり，日常家事の範囲自体を評価す

る際に取引の相手方の保護という視点を導入している。

②　その上で，返す刀で，民法110条の表見代理を適用することは，夫婦の財産的独立を損なうという問題があることを指摘するのである。ここまで読むと，「それなら，民法110条の適用はない」という結論が予想される。

③　実際，同判決は民法110条の適用を認めないのであるが，しかし，「その行為が当該夫婦の日常の家事に関する法律行為の範囲内に属すると信ずるにつき正当の理由のあるとき」には，民法110条の趣旨を類推適用するという結論に至るのである。

昭和44年判決を授業で取り上げると，必ず，授業後に多くの質問を受けることになる。その質問の多くは，このような判例の立場は，民法110条を適用するのとどこが異なるのかという点に関わるものである。実際，夫婦の財産的独立の尊重という視点から，「民法110条の適用」を否定しつつ，「民法110条の趣旨の類推適用」をするのであれば，結局，同じことではないかというのは，それ自体としては素直な疑問であろう。

この問題に対しては，一応，以下のような答えが用意されている。

すなわち，民法110条の適用であれば，そこで相手方の信頼の対象となるのは，「その代理権があったか否か」というレベルのものであり，他方，判例が民法110条の趣旨の類推適用で言っているのは，「当該行為が日常家事の範囲に含まれるか否か」というレベルのものであり，後者はより限定されている，という説明である。

たとえば，　設例3-2　のケースにおいて，民法110条を適用するのであれば，（夫名義での）「そうした金銭消費貸借を行うことについての代理権があった」ことについての相手方の信頼の有無が問題とされるのに対して（そのような代理権を基礎付ける事情としては，さまざまなものが考えられる），昭和44年判決による民法110条の趣旨の類推適用という法律構成では，「そうした金銭消費貸借が日常家事の範囲に含まれる」ということについての相手方の信頼が問題とされるのであり，後者はより限定されていると説明される。

これは，　設例5-2　では，よりわかりやすいかもしれない。代理人が他人である本人の不動産に抵当権を設定するということは，さまざまな場面で考えられるし，民法110条の適用であれば，基本代理権があることを前提に，そこまで代理権が及んでいるとの信頼が問題となる。他方，民法110条の趣旨の類推適用で問題とされるのは，日常家事の範囲に含まれるという信頼の有無である。他方配偶者の財産に対する抵当権設定については，その行為自体の客観的な性格や内容からして，それが日常家事の範囲に含まれるとの信頼が正当なものだということは，まず考えにくいだろう。

したがって，民法110条の趣旨の類推適用というのは，同条の適用に比べて，やはり，夫婦の財産的独立が相対的に尊重されているということになる。

第5講　婚姻の効力(2)　　83

もっとも，このような説明を踏まえても，なおストンと納得できないという読者も少なくないだろう。実は，筆者も，次の2つの点が気になっている。

　第1に，民法110条を直接適用する場合に対して，本当に表見代理の成立は限定されるのだろうかという点である。抽象的な説明としてはともかく，「日常の家事に関する法律行為の範囲内に属すると信ずるにつき正当の理由のあるとき」という基準が，前提となる日常家事の範囲自体が幅のあるものである以上，表見代理の成立の限定に本当に役立つものなのかについては，　設例 5-2　のような比較的わかりやすい場合があるとしても，一般的には，なお，それほど明確なわけではないように思われる（逆に，民法110条を適用するとしても，そこで前提とされる基本代理権が日常家事に関する代理権である以上，本当に，それほど幅広いものとなるのかという点も問題となる）。

　もし，両者の違いが，さほど大きいものではないとすれば，そして，昭和44年判決自体が強調するように，夫婦の財産的独立を尊重するということが求められるのであれば，このような法律構成は，果たして，その目的を実現するものとして適切なのかということが問題になろう。

　第2に，判例は，日常家事の範囲を考えるレベルでも取引の相手方の保護の視点を考慮することの重要性を指摘しているが，それと民法110条の類推適用の関係についても，それほどクリアではない。たとえば，金銭消費貸借の目的といった，それ自体としては法律行為の客観的な種類や内容にも反映されないようなものを，どのレベルで，どのように考慮するのかという点については，複数のバリエーションが考えられるだろう。そうした点を意識したときに，どこまでが日常家事の範囲の問題であり，どこからが民法110条の趣旨の類推適用の問題として解決されるのか，問題をどこに位置付けるかによって具体的な判断基準が異なってくるのか等，なお十分に明らかにされていない問題が残されているように思う。

　日常家事の範囲という問題のレベルで一元的に解決するといった考え方が出てくる背景にも，こうした2つの問題の棲み分けに関する問題意識があるように思われる（河上正二『民法総則講義』〔日本評論社，2007年〕484頁以下）。

　以上のとおり，昭和44年判決は，それ自体，問題の解決を図るべき際に求められる要求の間で揺れ動いている側面があり（もっとも，内田・民法Ⅳ 45頁は，組合的家族観から判例を理解することで，「判例のような議論はごく自然に導くことができるのである」とされており，判例の受け止め方，読み方自体もさまざまだと言える），その理解と評価を困難なものとしているように思われる。

　まずは，判例の内容をできるだけ正確に理解した上で，この問題について，今後の動きも慎重に見守っていくことにしよう……と言って，逃げる！

84　　第Ⅱ部　親　族

Ⅱ　夫婦財産契約

1　夫婦財産契約の仕組みと現状

いままで述べてきた法定夫婦財産制は，夫婦財産契約によって修正されない限りにおいて適用されるものである。

その意味で，冒頭で述べたとおり，夫婦の財産関係は，第1次的には，夫婦財産契約によって決まるということになる。もっとも，民法が，こうした夫婦財産契約について規定している内容は少なく，以下のような規定が用意されているだけである。

①　**契約の時期**　夫婦財産契約は，婚姻の届出前になされなければならない（民755条）。
②　**対抗要件**　夫婦財産契約は，婚姻の届出までにその登記をしないと，法定財産制と異なることについて，夫婦の承継人および第三者に対抗できない（民756条）。
③　**契約内容変更の禁止**　婚姻成立後は，（管理者の変更などを除いて）夫婦財産契約の契約内容を変更することはできない（民758条1項）。

なお，このような夫婦財産契約に関する仕組みは，ほとんど利用されておらず，年間で数件にとどまっている。

2　夫婦財産契約に関する将来像 ── 制度設計として考えられる方向

このようにほとんど利用されていない夫婦財産契約については，その存在意義を疑問視する見方もあり，そこからは，単純な削除を提案する意見もある。もっとも，そうした結論に飛びつく前に，そもそもなぜこんなに利用されていないのかについて，少し考えておく必要はあるだろう。そこには，いくつかの理由があるように思われる。

①　**契約時期の限定**　まず，婚姻の成立前に夫婦財産契約が締結されるということ自体が，これを利用する際の障害になっているということは

考えられるだろう。夫婦財産契約の機能のひとつに，婚姻解消時の処理が容易になるといったことがある。しかし，婚姻成立前に，こうしたことを考えるというのは，双方が法律家であるなど，あまり一般化できない場合に限定されそうである（実際に，夫婦財産契約の当事者を調べたわけではありません。あくまで，婚姻の際に婚姻の解消のことを考えるのは，法律家ぐらいではないかという，法律家に対する強い偏見と先入観に基づくものです）。

　② **夫婦財産契約の意義の不明確さ**　　また，夫婦財産契約を用いることのメリットが具体的に見えてこないという点も，これが利用されない理由のひとつとして挙げられるだろう。

　民法は，夫婦財産契約の内容について特に限定しておらず，基本的には自由に定めることができそうである。しかし，夫婦の財産関係を自由に設計するということは，決して容易なことではない。具体的なイメージが湧かない以上，とんでもないことをあらかじめ決めてしまうというリスクもある（このリスクは，婚姻成立後の修正が不可能だということによって，さらに深刻なものとなる）。そうしたリスクをおかしてまで，苦労して，その内容を決定するということがなされてこなかったのは，当然であったように思われる。

　仮に，夫婦財産契約という仕組みを残して，それをもう少し実践的な機能を有する制度として活かすためには，制度設計としては，少なくとも，上記のような点に対して，一定の対応が必要となるものと考えられる。

　まず，①については，承継人や第三者の保護との関係で，その具体的な要件について考える必要があるが，そうした配慮を前提とした上で，婚姻成立後の夫婦財産契約や，婚姻成立前の夫婦財産契約の婚姻成立後の内容変更等の仕組みを用意することが考えられる。

　また，②との関係では，一定のカタログを用意しておくということが考えられる。実際には，夫婦財産契約としては，法定夫婦財産制を修正するという観点からは，「より強い別産制への修正（日常家事債務の負担の排除や婚姻費用に関する処理の分離）」と，「さまざまなレベルでの共有制への修正」という正反対の方向での特約が考えられる。実際には，本当にそのような修正が可能なのかという点を含めて（特に，前者の修正がどこまで可

能なのかが問題となる。日常家事債務についての民法761条が第三者保護の意味を持っていることに照らすと，本当に，当事者の合意だけで，それを排除することができるのだろうか。対抗要件として登記が必要だといっても，設例1で意味があるとは思えない），実質的妥当性も考慮した夫婦財産契約のカタログが用意されることによって，はじめて当事者が具体的にその選択を検討しうるものとなるように思われる。

夫婦財産契約については，ほとんど利用されていないとしたが，逆に，このようにほとんど利用されていない制度であるからこそ，改正等による制度設計にあたっては，比較的自由な観点から考えることが可能であるという積極的側面もありそうである（なお，現行の夫婦財産契約の問題点と具体的な改正の方向については，犬伏由子「夫婦財産契約をより利用しやすくするために」婚姻法改正を考える会編『ゼミナール婚姻法改正』〔日本評論社，1995年〕も参照されたい）。

第6講　婚姻の解消(1)
—— 離婚の成立

　第6講と第7講では，婚姻の解消を取り上げる。婚姻の解消といっても，大きく分けて，夫婦の一方の死亡によって婚姻が解消する場合と，離婚の2つがある。

　以下では，まず，離婚について，それがどのような要件や手続の下で実現されるのかを見ていくことにしよう。離婚によってどのような効果が生ずるのか，また，死亡による婚姻の解消については，第7講で説明する。

I　離婚に関する思想 —— 基本的な考え方

　離婚の思想などと言うと，ずいぶん大げさに聞こえるが，そんなに大それたことを語る準備も能力もない。ここでは離婚についての考え方を少し確認しておこうというだけである。もっとも，それは，以下に見ていくように，離婚についての思想というより，実は，婚姻についての思想の問題だと言える。

1　西欧における離婚の歴史

　まず，乱暴な説明だが，宗教改革以前のキリスト教が婚姻法を支配していた西欧の歴史において，離婚はそもそも認められていなかった。

　これは，後に触れるような協議離婚の否定というようなものではなく，そもそも離婚が認められていなかったのである。まさしく，婚姻の解消を実現するのは，「死亡による解消」だけだったのであり，《死がふたりを分かつまで》婚姻が続いたのである。

　こうした考え方を支えていたのは，宗教的な秘蹟^{サクラメント}としての婚姻の理解である。神によって結びつけられたものを，人が切り離すことはできないというわけである。もちろん，そう固いことばかりを言っていると困ることもあるので，そもそもその婚姻は無効であったなどとすることで，離婚

と同じことを実現する工夫がなされていた。

さて，こうした西欧においても，その後，婚姻が宗教的なものから世俗的なものに位置付けられていく中で，解消できない秘蹟としての性格は修正されていくことになる。

もっとも，人為的な解消が困難であるという基本的な性格は，一定の範囲で存続し，国や地域によっての違いはあるものの，単純に合意があれば解消できるというほどには，単純化されなかった。むしろ，離婚のためには一定の理由が必要であるという仕組みが維持され，その点では，婚姻の解消が当事者の合意に単純に委ねられたわけではない。

当事者の合意による婚姻の解消が受容されていくには，さらに歴史の経過を待たなくてはならず，現在においても，なお一定の制約が課されているというのが，西欧における一般的な状況である。

2　わが国における離婚

さて，わが国においても，婚姻や離婚が全く宗教と無関係であったかというと，これは，歴史的にも，そう簡単に結論を下せるわけではないだろう。ただ，キリスト教的な意味での宗教的秘蹟といった性格は認められず，それは，あくまで世俗的な性格を色濃く帯びたものであったと考えられる。その点では，わが国における婚姻，離婚は，そもそもその出発点において，西欧とはかなり性格の異なるものであった。

明治維新後に，西欧法の思想が入ってきて，そうした枠組みの中で婚姻に関する規律も民法典の中に組み込まれていったわけであるが，そこでの婚姻も，（当事者の）約定として位置付けられたのであり，西欧法におけるような宗教的秘蹟から合意（契約）への移行というステップは，そもそも必要ではなかったのである。

そして，現在の婚姻が，明確に両当事者の合意によって支えられるものである以上（憲24条），両当事者の合意によって，その解消も可能であるということについても，基本的に理論的な障害はない（ただし，婚姻と親子を結びつけて理解する場合には，婚姻の解消は，純粋に夫婦間だけの問題ではないということになるが，この点については，立ち入らないことにしよう）。

わが国における協議離婚は，比較法的には特殊なものともされるが，上

第6講　婚姻の解消(1)　89

記のような婚姻制度の理解からは，ある意味で自然に導かれるものであったと考えられる。

　さて，以上のような流れの中で形成されたわが国の離婚法は，2つのタイプの離婚を用意する。ひとつは，すでに述べたとおり，合意によって成立した婚姻の合意による解消としての協議離婚であり，もうひとつが，合意が得られなかった場合に，一定の事情があることを理由として強制的に実現される離婚（裁判離婚）である。

　それでは，次に，わが国における離婚の仕組みや，そこでの手続の流れを見ることにしよう。

コラム　三行半 と 縁切寺

　わが国の離婚の歴史に関してよく知られているのは，三行半と縁切寺であろう。

　三行半は，去状，縁切状などとも呼ばれる。江戸時代に，庶民の離婚に際して義務付けられ，三行半に書く形式が普及したため，《みくだりはん》と呼ばれた。再婚には離縁状が必要であり，それがない再婚は，男女ともに罰せられた。

　また，縁切寺は，江戸時代，離婚を望む女性が駆け込んで，一定期間が経過すると離婚が成立するものとされた寺である。当初は多くの尼寺が縁切寺の役割を有していたともされるが，中期以降は鎌倉の東慶寺（臨済宗）と上野の満徳寺（時宗）の2つに限られた（三行半，縁切寺とも，その説明は，石上英一ほか編『岩波 日本史辞典』〔岩波書店，1999 年〕，比較家族史学会編『事典・家族』〔弘文堂，1996 年〕による）。

　縁切寺については，アジール（世俗から切り離された平和領域）としての側面を見いだすことができるが，そこでも仏教という特定の宗教の教義的な側面が前面に出ているわけではない。また，離婚がそもそも認められないといったドグマも存在しなかったのである（女性の側からの離婚が制限されていたことも指摘されるが，それは，婚姻の性質というより，当時の女性の法的地位から説明されるものだろう）。

　なお，江戸時代末期の各地の状況を調査した生田精編『全国民事慣例類集』（司法省，1880 年）には，「媒介人双方へ立入リ協議ノ上離縁スルヲ例トシ離縁状ト云フコトナシ」（摂津国。現在の大阪府西部と兵庫県南東部），「離婚状ト云フコトナシ媒介人周旋シテ双方承諾スレハ即チ夫婦解消スルモノトシ翌日他嫁スルモ故障ナキ慣習ナリ」（伊賀国。現在の三重県西部）との記述もある。

　これらのことからは，わが国における離婚が，そもそも協議，熟談を基本的

な要件とするものであり，三行半という要式も，むしろ再婚との関係で積極的
意義を有するものにすぎなかったとも言えそうである（上記の『全国民事慣例
類集』には，「婦不埒ノ所行アリテ里方ヘ帰リ居ルトキハ容易ニ此状ヲ付与セ
ス」〔伊勢国。現在の三重県〕という記述もあるが，これも，こうした文脈で
理解される）。

Ⅱ　離婚に関する制度の基本構造

1　民法の定める離婚の方式

　民法は，すでに述べたように，離婚について，協議上の離婚（協議離
婚）と裁判上の離婚（裁判離婚）という 2 つの仕組みを認めている。

　①　**協議離婚**　　当事者の合意による離婚が，「協議離婚」である（民
763 条以下）。比較法的には，婚姻が合意によって成立するという枠組みは，
一般的であるが，そのように合意によって成立した婚姻を，再び，合意の
みによって解消することができるということは，必ずしも一般的ではない。
もっとも，この背景には，それぞれの国における歴史的，文化的，宗教的
な事情の違いがあり，婚姻を両当事者の合意に基づくものという基本的な
理解を前提とするのであれば，こうした協議離婚を認めることについての
理論的な障害は存在しないというのは，すでに述べたとおりである。
　②　**裁判離婚**　　民法が用意するもうひとつの離婚の方式が，「裁判離
婚」である（民 770 条以下）。当事者の合意が得られない場合であっても，
一定の事由がある場合には，裁判による離婚が認められる。この場合，離
婚の成否を判断するのは裁判官であり，そのためには，そうした判断のた
めの基準が必要である。そのような離婚の成否の判断をなすための基準と
なるのが，後述の離婚原因である。

2　実際の離婚の仕組み ── 離婚に関する手続の流れ

　合意による解決（協議離婚）と，裁判による強制的な解決（裁判離婚）
という 2 本立ては，民法の世界では特に珍しいものではない。私的自治の

第 6 講　婚姻の解消(1)　91

原則が支配する私人間の関係において，当事者間の合意で一定の法律関係を形成することができるということは当然であるし，また，当事者間での合意が得られない場合，一定の基準に従って適切な結論を得るという仕組みが必要だということも離婚に限られるわけではない（財産法を勉強した人は，合意解除と法定解除を思い起こしてほしい）。

　そうした点を確認しつつ，離婚に関する手続を見ていくと，実際には，もう少し複雑であることに気がつく。ここでは，具体的な離婚のプロセスについて，ちょっとだけ丁寧に見ておくことにしよう。

(1)　当事者の合意 —— 協議離婚

　まず，第1段階は，離婚に関して当事者間で合意が成立するかどうかである。離婚についての合意が成立すれば，離婚届を提出して，それで離婚（協議離婚）は成立する。

(2)　調停や審判による解決 —— 調停離婚と審判離婚

(ア)　調停による解決の試みの必要性 —— 調停前置主義

　それでは，協議離婚が成立しなかったらどうなるのだろうか。民法770条以下は，裁判離婚について規定を用意している。したがって，両当事者の合意が得られず，協議離婚が成立しなかった場合には，裁判離婚によって問題が解決されることになりそうである。

　もっとも，このような離婚の訴えの提起がただちに可能なわけではない。家事事件手続法257条1項は，「調停を行うことができる事件について訴えを提起しようとする者は，まず家庭裁判所に家事調停の申立てをしなければならない」と規定するからである（調停前置主義→47頁【家族関係をめぐる紛争の解決】）。

　したがって，まず離婚に向けた調停が行われなければならないことになる。ここでは，調停委員会（1人の裁判官と2人以上の家事調停委員による。家事248条1項）によって合意が斡旋される。当事者間に合意が成立すれば，それによって離婚が成立する。これが，「調停離婚」である。

92　　第Ⅱ部　親　族

(イ)　審判による解決の試み

　調停が成立しなかった場合であっても，調停前置主義の要件は満たされているので，当事者は，離婚の訴えを提起することができる。

　もっとも，家庭裁判所が，相当と認める場合には，職権で審判をすることができる（調停に代わる審判。家事 284 条 1 項）。ただし，この調停に代わる審判は，当事者が 2 週間以内に異議を申し立てれば効力を失うものであり（家事 286 条 1 項・2 項，279 条 2 項），利用数も多くはない。

　なお，調停に代わる審判については，合意が成立しない場合（協議離婚の延長として位置付けられる調停離婚と異なる）を対象とする一方で，「相当と認めるとき」という実体的要件が付加されているが，これをどのように位置付けるのかは，理論的にはよくわからない。実務上は，合意はほとんど成立しているが，財産分与の額などで些少な金額の対立があり，最終的な合意が得られない場合などが，この対象になるとされる。この説明だと，「合意することが相当である」という意味での「相当」ということになりそうである。これ以外には，渉外事件において，離婚に際して裁判を必要としている国との関係では，調停では十分ではないため，効力について疑義が生じないようにするために，審判離婚が用いられる場合があるとされる。

(3)　裁判による解決 ── 裁判離婚

　最後に用意された仕組みが，裁判離婚である。争いのある当事者間において離婚が認められるかを，裁判という紛争処理の仕組みを通じて解決するのである。

　ところで，現在は，離婚訴訟を提起した後でなされる「訴訟上の和解による離婚」が，人事訴訟法の中で用意されている（人訴 37 条）。裁判による解決では，離婚原因等の規範を適用しながら，離婚の成否が判断されることになるが，こうした離婚訴訟が始まってからでも，当事者間で離婚の合意が成立すれば，和解調書にその旨を記載することによって，確定判決と同様の効力が認められる（和解離婚）。また，被告が原告の主張を全面的に受け入れる場合にも，離婚が成立する（認諾離婚）。

第 6 講　婚姻の解消(1)　　93

> **コラム** *民法の規定と調停離婚等*
>
> 　いままでの説明を読んできて，民法では，協議離婚と裁判離婚しか規定されていないのに，それ以外に，調停離婚，審判離婚，訴訟上の和解や認諾による離婚があるということに，少しとまどう諸君もいるかもしれない。
>
> 　特に，調停離婚は，調停前置主義が規定されていることからも，その重要性が高いと考えられるのに，それについて民法が何の手当てもしていないというのは，民法典の欠陥ではないかと考える読者もいるだろう。もっとも，これは次のように考えられる。
>
> 　まず，調停離婚は，それが調停という仕組みによってサポートを受けるものであるとしても，そこでの離婚という結論を支えているのは，調停の成立という形で実現される当事者の合意である（学説上は，もう少し複雑な議論があるが，ここでは立ち入らない）。したがって，そこで重要なのは，当事者の合意の有無であり，いかなる理由によって離婚が正当化されるのかといった実体法上の基準が示されることは必要ではない。この点で，実体法上の基準という観点では，協議離婚と共通する。
>
> 　審判離婚の性質は，やや説明しにくいところであるが，基本的には，当事者の主張を踏まえた上での裁判官からの解決の提案であり，当事者が異議を申し立てないことで正当化されると理解するのであれば，調停離婚と同様に考えられることになるだろう。
>
> 　訴訟上の和解や認諾による離婚も，同様である。
>
> 　このように見てくると，手続のレベルでは，協議離婚，調停離婚，審判離婚，裁判離婚，さらには訴訟上の和解や認諾による離婚といった種類があるとしても，そこでの離婚の成否を決める判断基準という観点からは，当事者の合意の有無を基準とするものと，一定の離婚原因の有無を基準とするものしかないということになる。この点からは，実体法としての民法は，この2つについて，きちんと規定を置いておけば足りるということになる。

Ⅲ　協議離婚

1　協議離婚の要件

　合意による離婚が，合意による婚姻の成立との対比で自然に位置付けられるということを述べたが，こうした協議離婚の要件も，婚姻の成立要件に対応したものとなる。

すなわち，①実質的要件として，離婚意思が挙げられ（当事者の協議に基づく離婚としての民法763条），②形式的要件として，離婚届の提出が挙げられる（婚姻届に関する民法739条を準用する民法764条）。

2　協議離婚に関する個別の問題

(1)　離婚意思の意味

すでに婚姻意思のところでかなり詳しく述べたが→*19頁以下*，離婚についても，離婚意思が何を意味するのかが問題となる。

ここでも，離婚意思をどのように理解するかについて，実質的意思説と形式的意思説との対立がある（あるいは理論的に考えることができる）。

もっとも，現在までの裁判例を見ると，婚姻意思の局面では，その実質的意思としての意味を比較的限定的に理解するのに対して（つまり，形式的意思説との違いが比較的明瞭である），離婚においては，形式的意思と区別される実質的意思という性格は，もっと希薄である。

実際，判例は，強制執行を免れるための離婚（大判昭和16・2・3民集20巻70頁），夫に戸主の地位を与える目的での離婚（最判昭和38・11・28民集17巻11号1469頁），生活保護の受給を目的とする離婚（最判昭和57・3・26判時1041号66頁→*百選Ⅲ12事件［久保野恵美子］*）において，それらがいわば方便としてなされたことを認めつつ，離婚意思の存在を肯定している。

この点について，婚姻意思については実質的意思説をとりつつ，離婚意思については形式的意思説がとられていると理解するのか，あるいは，いずれにおいても実質的意思説がとられているが，その実質的意思の意味が婚姻と離婚とで異なると考えるのか，いくつかのアプローチがありそうだが，ここでは，そうした状況のみを確認しておくことにしよう。

コラム　*方便としての○○*

本文でも言及したが，「方便」との関係で，前掲最判昭和57年3月26日の原判決である札幌高判昭和56年8月27日（家月34巻5号63頁）が，面白いことを述べている。

すなわち，同判決は，生活保護を受給するという目的でなされた離婚について，その離婚の効力を認めた原判決を維持したのであるが，原判決は，その中

で，「不正受給した生活保護金の返済を免れ，かつ引続き従前と同額の生活保護金の支給を受けるための方便とするため，法律上の婚姻関係を解消する意思の合致に基づいて本件届出をしたものであるから，右両者間に離婚意思があったものというべきであ」ると判示するのである。

これを読んで，「？？？」と思う読者も少なくないのではないかと思う。

方便という言葉が出てくる場合，その使い方としては，以下のようなものがあるだろう。ちなみに，ここでの○○は，婚姻でも，離婚でも，あるいはその他のものでもよい。

① 「○○は方便として利用されたにすぎず，○○の意思を認めることはできない」

② 「○○は方便として利用されたものであるが，○○という行為をする意思がある以上，○○の意思を認めることはできる」

言うまでもなく，①は実質的意思説的な，②は形式的意思説的な説明を意識している。

実際，婚姻意思の場面では，上記のような説明が，ほぼそのまま当てはまる。つまり，在留資格を得るための方便にすぎず，婚姻意思がないとするのか（①の説明），婚姻届の提出という形式的行為をする意思があった以上，その意思があるとするのかである（②の説明）。ちなみに，②の場合には，「方便であったとしても」という説明のしかたをするのであり，方便であるということは，形式的意思を肯定する障害にはならないというだけで，方便だから形式的意思が認められるという説明ではない。

ところが，この判決の判示は，どうも，このいずれとも違うようで，非常に気持ちが悪いと，筆者などは感じてしまうのである。

ただ，いずれにしても，方便であっても離婚意思が認められるという以上，どうも婚姻意思と同じレベルで実質的意思が要求されているというわけではなさそうである。

なお，このように婚姻意思と離婚意思で実質的意思のとらえ方が異なる（あるいは，離婚意思では実質的意思説の考え方は貫徹されていない）ということをどのように説明するのかについては，百選Ⅲ 12 事件の久保野教授の解説とそこに挙げられた参考文献を参照してほしい。

⑵ 離婚に際して決めるべき内容 —— 離婚届に記載する内容

ところで，離婚に際して決めるべき内容として何があるのだろうか。離婚をするということ自体を決めなくてはならないのは当然であるとしても，それ以外に，何か決めなくてはならない内容はあるのだろうか。これは，別の視点からは，離婚届に記載しなくてはならない内容として何があるの

かという問題でもある。

離婚届で書く内容は，婚姻届で書いたものと共通するところもあるが，違う点もある。特に重要な点として，協議離婚においては，未成年の子がいる場合，離婚後に父母のいずれがその子の親権者となるのかについて定めておくことが必要であり，また，離婚届の中にもその点に関する欄が用意されており（離婚後の親権については，民法819条1項。なお，親権等については，あらためて説明する），この点が記載されていないと受理されない（民765条1項。もっとも，これに違反して受理されてしまったという場合でも，それにより離婚が不成立となったり，無効となったりするわけではない。同条2項）。

(3) 合意の確保をめぐる問題

ところで，わが国における婚姻が，西欧法と異なり，歴史的にも，当事者の合意によって，その関係を解消することが可能なものであると理解することが容易だとしても，そこでの当事者の合意の確保については，なお以下のような問題が残っている。

(ア) 合意の存在の確保をめぐる問題

離婚についても，婚姻と同様，その形式的成立要件は，離婚届の提出であり，戸籍事務管掌者は，離婚届が形式的に要件を満たすものであれば，それを受理する。

もっとも，離婚届そのものは，ごく簡単に作成することができるものであり，そのため，相手方が離婚に同意せず，協議離婚が実際には成立していないにもかかわらず，一方のみによって勝手に離婚届が作成され，それが受理されてしまうという危険性がある。これに対して，合意の存在を確保するために，以下のような仕組みが用意されている。

① **本人確認等**　婚姻の成立のところでもすでに説明したところであるが→28頁，仮装の届出がなされたりするのを防ぐことを目的として，現在では，運転免許証やパスポート，マイナンバーカードなどで届出をした者が本人であることを確認をするとともに，それが確認できなかった場合

や，本人以外の者が離婚届を提出した場合には，届出人に通知を行う（戸27条の2第1項・2項）。

② **不受理申出**　協議離婚が成立していないにもかかわらず，離婚届が提出されることをあらかじめ防止する手段として，不受理申出制度がある（同条3項)→*33頁*。

(ｲ)　**実質的合意の確保をめぐる問題**

もっとも，協議離婚の合意（本人の同意）に関する問題はこれにとどまらない。ある意味で，より困難な問題が，協議離婚において，本当に，同意が実質的に確保されているのかという点である。

これは，離婚に際しては，さまざまな事情を背景として，実質的に離婚が強制される場合があり，自由な協議と合意という前提が確保されていないのではないかという問題の指摘である。勝手に提出された離婚届などと異なり，離婚届を提出する意思はあったことが前提となり，その上で，その意思が本当に適正な協議に基づくものであったのか，自由な判断だったのかという，それ自体としてきわめて困難な判断が求められることになる。

このような問題に対処して，当事者の協議の実質性を確保するためには，第三者が介入するという仕組みも選択肢としては考えられる。現在の仕組みとの関係で言えば，完全に当事者だけでなすことができる協議離婚を廃止して，調停離婚に一元化するということも，その観点からはありうるかもしれない。

ただ，そのような制度を採用した場合，離婚の簡便さ（！）は，著しく失われることになる。それが，本当に現在の社会的ニーズに適合するのか，それによって新たな問題が生じないのか，さらには，調停離婚にすればこの問題を本当に解決することが可能なのかといった点については，なお検討が必要であろう。

(4)　**離婚の無効・取消し**

まず，当事者の一方の意思がないにもかかわらず，離婚届が提出されても，その離婚は無効である。この場合，無効確認の審判や判決がなくても，無効だというのが判例の立場である（当然無効説→*49頁以下*。最判昭和53・

3・9家月31巻3号79頁)。

　また，詐欺または強迫によって離婚の合意をした場合には，その取消しを裁判所に請求することができる（民764条・747条）。なお，このような離婚の取消しの効果は，婚姻の取消しの場合と異なり，遡及する（遡及しないと，婚姻関係が中断した期間が生じてしまう。なお，条文との関係では，婚姻についての規定を準用する民法764条が，同748条を準用していない点に注意してほしい）。

Ⅳ　裁判離婚

　以上のようにさまざまな問題を抱えつつも，協議離婚が成立すれば，それで離婚ということになる。しかし，当事者間で合意が成立しない場合に，どうなるのかというのが次の問題である。

　この場合には，当事者間の協議と合意という仕組みとは別の離婚の成否の判断が必要となる。それが，裁判離婚である。なお，手続のレベルでは，協議離婚が成立しない場合に，ただちに離婚の訴えが提起できるわけではなく，まずは調停を試みなければならないというのは，すでに述べたとおりである（調停前置主義→*92頁*）。

1　裁判離婚の要件

(1)　民法770条に示された要件 ── 離婚原因と裁量棄却

　裁判離婚では，夫婦ではない外部の者である裁判官が，その離婚の成否を判断するのであるから，その判断のための基準が必要となる。その基準を示したのが，民法770条である。

(ア)　離婚原因

　同条1項は，離婚原因として，①配偶者の不貞行為，②配偶者による悪意の遺棄，③配偶者の3年以上の生死不明，④配偶者の回復の見込みのない強度の精神病，⑤その他婚姻を継続し難い重大な事由，の5つを規定する。

　後述するように，これらの離婚原因のうち，①〜④が具体的な内容を

第6講　婚姻の解消(1)　　99

示しているのに対して，⑤は抽象的な原因を示しているにすぎず，これらの相互の関係が問題となる。ここでは，まず，①～④の離婚原因について，簡単に説明しておくことにしよう。

　①　**不貞行為**　　ここでいう不貞行為とは，姦通（配偶者以外の者と任意の性交をなすこと）よりは広く，相手方の合意のない性交（強姦）も含まれる（最判昭和 48・11・15 民集 27 巻 10 号 1323 頁）。また，生活のためになされた婚姻外の性的交渉については，原審が，こうした状況に陥った責任の大部分は夫にあるとして，離婚請求を認めなかったのに対して，最判昭和 38 年 6 月 4 日（家月 15 巻 9 号 179 頁）は，原則として民法 770 条 1 項 1 号の離婚原因に該当するとして原判決を破棄している。ただし，この点については，学説上，異論が多い。後述のように，1 号離婚原因を有責主義的な観点から位置付けるのであれば，当該性的交渉が，配偶者との関係で離婚を基礎付けるような性質のものとして位置付けられるべきかという観点から検討されるべきであろう。

　なお，ここで離婚原因となるのは，あくまで相手方の「不貞行為」であり，それをもって他方配偶者からの離婚の訴えが認められるということである（夫婦の一方は，その「配偶者に不貞な行為があったとき」に，離婚の訴訟を提起することができるのである）。自ら不貞行為をした者が，その自らの不貞行為を理由として，離婚を求めることができるわけではないのは当然である。しかし，初学者の諸君は，（びっくりするほど）よく間違えるようだから，注意してほしい。

　②　**悪意の遺棄**　　悪意の遺棄とは，正当な理由なく，同居・協力義務を履行しないことを言う。これらの義務を履行しないことについて正当な理由がある場合（最判昭和 39・9・17 民集 18 巻 7 号 1461 頁）には，これに該当しない。

　③　**3 年以上の生死不明**　　配偶者の生死が 3 年以上明らかではない場合，離婚が認められる。この場合，このような生死不明が，誰によるものかは問題とされない。その点で，上記の①②と異なり，後述の破綻主義的な離婚原因として理解されることになる。これは，失踪宣告の期間（7 年間。民 30 条）を待たずに婚姻の解消を認めるという役割を有する。もっ

とも，失踪宣告の場合，その配偶者は死亡したものと扱われるので，相続が開始する点で異なっている。

④　**強度の精神病**　　配偶者が強度の精神病にかかり，回復の見込みがないときは，離婚が認められる。強度の精神病とは，婚姻における協力・扶助を十分に果たしえない程度の精神障害だとされる。もっとも，4号離婚原因については，どの程度なら離婚原因になるかというより，そもそも精神病を離婚原因とすることの是非をめぐって，いまなお基本的な考え方の対立が見られる。これについては，後述することにしよう→*106頁*【*回復の見込みがない強度の精神病*】。

(イ)　裁量棄却

さらに，同条2項は，上記①〜④の事由がある場合でも，「一切の事情を考慮して婚姻の継続を相当と認めるときは，離婚の請求を棄却することができる」と規定する。

(2)　有責主義と破綻主義

ところで，裁判離婚において，離婚原因をどのように規定するのかという点について，基本的な考え方としては，有責主義と破綻主義という2つの考え方がある。

有責主義というのは，離婚が認められてもしかたがないような事情が一方当事者にある場合に，そのことをもって，相手方からの離婚請求を認めるという考え方である。

他方，破綻主義というのは，当事者に責めがある事情の有無を問わず，婚姻関係が破綻していると客観的に評価できるような場合に，当事者の離婚請求を認めるという考え方である。

後述のように，民法770条1項に規定された離婚原因が相互にどのような関係に立つのかという問題を考える場合にも，離婚についての基本的な考え方として，このように性格の異なるものがあるということが前提になる。

その点をまず確認した上で，次に，離婚原因をもう少し丁寧に見ていくことにしよう。

第6講　婚姻の解消(1)　101

2　離婚原因

⑴　離婚原因の相互の関係 —— 民法770条1項1号～4号と5号の関係

　民法770条1項1号～5号については，その相互の関係をどのように理解するのかということが問題となる。1号～4号が個別の離婚原因を具体的に示したものであるのに対して，5号は，抽象的に，「婚姻を継続し難い重大な事由」を規定するにすぎないからである。

　この両者の関係は，2つのレベルで問題となる。

㈎　実体法上の関係

　1号～4号と5号をどのような関係のものとして理解するかについては，基本的に，以下のような2つの考え方が対立している。

　①　**破綻主義の一般原則の採用**　　ひとつの考え方は，5号が示す破綻主義の離婚が裁判離婚の原則であって，1号～4号は，そのいわば例示にすぎないとするものである。

　②　**個別的離婚原因と受け皿的条項としての5号**　　もうひとつの考え方は，1号～4号は，それ自体として独立した離婚原因を示したものであって，これらによってカバーされない場合でも，5号の要件を満たすのであれば，それによって離婚が認められるという考え方である。

　この説明だけだと抽象的で，その違いはすぐにはピンとこないかもしれないが，特に，大きな違いとなるのは，以下の点である。

　まず，①の考え方では，裁判離婚が認められるか否かは，破綻主義の考え方に立つ5号を最終的に満たしているかの問題だということになる。仮に1号～4号の個別の要件を満たしているように見えても，それは5号の例示として挙げられたものにすぎないのだから，なお5号の「婚姻を継続し難い」という要件が満たされなければ，離婚は認められないことになる。

　他方，②の考え方では，1号～4号は，それ自体として独立の離婚原因を示しているのだから，離婚の成否は，これらの要件の有無によって決

まるのであり，5号はその点に関して無関係である（ただし，2項の制約は働く）。5号は，これらの個別的離婚原因によってカバーされない場合の受け皿として機能することになる。なお，この考え方では，1号〜4号が破綻主義の観点から説明されることは論理的に必要ではなく，これらの個別的離婚原因が，それぞれ有責主義，破綻主義の考え方に立つものであるという可能性は排除されない。

この点については，従来，①が通説であると説明されることもあるが，その合理性は疑わしいように思われる。

第1に，民法が，離婚に関して破綻主義を採用したとしても（5号の破綻主義の離婚原因が一般条項的な機能を有するとしても），それは，別に有責主義の離婚原因を排除するということに，論理的につながるものではないだろう。たしかに，歴史的に見れば，有責主義では説明できないとしても，破綻があった以上は離婚を認めることが妥当だという流れで，破綻主義は離婚原因を拡張する方向で作用してきた。だからと言って，従来，有責主義によって容易に離婚原因として説明されてきたものまで，破綻主義としての読替えができないと離婚原因として認めないといったことは，本来の破綻主義の考え方に内包されているとは思われない。

ちなみに，キャッチフレーズとして，「有責主義から破綻主義へ」と言う場合もあるが，そこでの主眼は，有責主義に限定されていた離婚が，破綻主義からも認められるようになったということであり，別に，破綻主義によって有責主義が排除されなければならないというような考え方までを含むものではないだろう。「有責な原因がなくても，破綻すれば離婚できる」という命題から，「有責な原因があっても，破綻しなければ離婚できない」という命題は当然には導かれないからである。離婚原因をひとつの原理で説明しなければならないということ自体，所与的に求められるようなものではないはずである。その点で，現行770条1項1号・2号に相当する事由を離婚原因として挙げつつ，これらが認められる場合でも，「婚姻関係が回復の見込みのない破綻に至っていないときは」離婚を認めないとする1996年の民法改正要綱は，破綻主義を貫徹できるという純潔主義，もとい原理主義以上に，十分な合理性を示していないように思われる。

第2に，その実質的妥当性という点でも，疑問が残る。①の思考方法

では，不貞行為や悪意の遺棄があったと認められる場合であっても，そのことは婚姻の破綻についての判断の一材料となるにすぎない。しかし，このように有責主義からの説明が容易である離婚原因について（それは，一定の倫理的，規範的評価を伴った「不貞」や「悪意の遺棄」という言葉自体に端的に示されている），なお「婚姻を継続し難い」重大な事由があるかどうか（民 770 条 1 項 5 号）や，「回復の見込みのない破綻に至って」いるかどうか（改正要綱）などという，それ自体，きわめて判断が困難な要件を加重することには，その必要性もなければ，妥当性も存在しないと考えられるからである。

このような点を意識するのであれば，基本的に，上記②のように，個別的な離婚原因としての 1 号〜 4 号と，その他の場合においても機能しうる一般条項的な 5 号という形で理解することで十分であろう（なお，実際に，5 号の離婚原因として認定されたものとしては，暴行や虐待，重大な侮辱，犯罪のほか，夫婦の協力義務の著しい違反，性行為の不能や正当な理由のない性交渉の拒否等が挙げられる）。

(イ) 訴訟との関係

上記の問題と一定の関連性を有しつつ，こうした離婚原因と訴訟との関係について，少し補足しておくことにしよう。少々難しくなるかもしれないが，特に前半の訴訟物についてよくわからないという諸君は，あまり気にせずに，この部分を読み飛ばしてもらってもいい。ここで触れておきたいのは，2 つの点である。

第 1 に，離婚訴訟における訴訟物（紛争の対象となる法律関係）は何なのかという問題である。たとえば，当事者の一方が 770 条 1 項 1 号の離婚原因を理由として離婚を求めたが，他方当事者が争い，それが認められないような場合でも，裁判所は，5 号によって離婚を認めることができるのかといった形で問題となる。

上記(ア)①のように，民法 770 条 1 項の 1 号〜 4 号は 5 号の単なる例示にすぎず，潜在的には常に 5 号が問題となっているのだと考えるのであれば，5 号によって判断することに障害はなさそうである。他方，②のように，1 号〜 4 号は，独立した個別的な離婚原因であり，5 号はこれらに

よってカバーされない受け皿的な離婚原因なのだとすれば，当事者が1号～4号で争っているのに，裁判所が5号を理由として判断を下すというのは，不意打ちであり，避けるべきものだということになる。

　後者のような理解からは，このように当事者の主張とは異なる離婚原因を裁判所が認定して，判断することについては慎重であるべきだと考えられる（最判昭和36・4・25民集15巻4号891頁→*家族法百選〔第5版〕16事件〔村重慶一〕*も，同様の判断を示す）。

　第2に，こうした訴訟物をめぐる議論とは別に，人事訴訟の効果については特則が定められているので，その点にも注意をしておく必要がある。人事訴訟法25条によれば，人事訴訟の判決が確定した場合，その人事訴訟において主張することができた事実に基づいて同一の身分関係について争うことは，もはや許されない（もちろん，判決後に生じた事実に基づいて訴訟を提起することは妨げられない）。したがって，第1の問題に関して，離婚原因ごとに異なる訴訟物だと考えるとしても，いまさらそれで争うことはできない。

　そのため，1号の離婚原因が認められず，離婚の訴えが棄却された場合，5号を理由としてあらためて争うことはできないということになる。したがって，当事者の側では，あらかじめ，1号～4号の個別的離婚原因と併せて，5号による主張を行っておくなどの対応が必要になるのである（判例の立場を前提とすれば，当事者が民法770条1項1号のみしか主張していない場合に，裁判所は，5号の離婚原因については扱わない。しかし，その訴訟で5号が直接争われなかったとしても，当該判決が確定した場合には，人事訴訟法25条により，民法770条1項5号であらためて争うことはできないのである）。

(2)　裁量棄却 ── 民法770条1項と2項の関係

　すでに言及したように，民法770条は，その1項で，離婚原因を規定する一方で，2項で，1項1号～4号の離婚原因については，「一切の事情を考慮して婚姻の継続を相当と認めるとき」には，裁判官が離婚の請求を棄却することができるとしている。

　もっとも，すぐにわかるように，ここには，そうした裁量的判断の手が

かりとなる基準は何ら示されていない。単に抽象的に「相当」と言っても，何を相当と判断するかは，人によってさまざまであろう。特に，婚姻を続けるべきか，離婚すべきかといったことについては，各自の社会観や倫理観等にも大きく左右されるところであり，そのことは裁判官においても例外ではない。

　民法770条1項，特に，その1号〜4号が個別的な離婚原因を規定することで，客観的な判断基準を提示しようとしていることに照らすならば，同条2項の安易な利用は，その目的や同条1項の機能を阻害することになる。

　1996年の民法改正要綱は，離婚における破綻主義をより前面に出すとともに，それを制約するものとして，苛酷条項と信義則条項を用意している。すなわち，改正要綱の第7二は，一に示された離婚原因が認められる場合でも，「離婚が配偶者又は子に著しい生活の困窮又は耐え難い苦痛をもたらすときは，離婚の請求を棄却することができる」とし（いわゆる苛酷条項），さらに，「離婚の請求をしている者が配偶者に対する協力及び扶助を著しく怠っていることによりその請求が信義に反すると認められるときも同様とする」と規定している（いわゆる信義則条項）。

　もっとも，前者のような苛酷条項と後者の信義則条項は，その性格をかなり異にする。

　まず，信義則条項で扱われている問題は，一定の事情を前提として，一方からの離婚請求は，それを不合理だとするものであり，離婚の成否のレベルで扱わざるをえない問題である。

　他方，苛酷条項によって示されるものは，離婚の成否というレベルでしか解決ができないわけではない。履行確保の問題が残るとしても，離婚を認めた上で，困窮を回避する措置を講ずることでも対応は可能である。また，離婚を認めないことによって，苛酷な状況が当然に回避されるというわけでもないだろう。

（コラム）　**回復の見込みがない強度の精神病**
　　　　　── **裁量棄却が具体的に問題となる場面**

　筆者は卑怯者である。したがって，上記の説明の中でも，結構，卑怯なことをしている。つまり，そこでは，民法770条1項の1号〜4号が個別的な離婚

原因だと言っているのに，具体的な説明の中で言及していたのは，1号の不貞行為と2号の悪意の遺棄だけだからである。卑怯だというのは，この2つは，有責主義の離婚原因としての位置付けが容易であり，その具体的な判断も，比較的簡単だし，だからこそ，同条2項の裁量棄却を原則として認めないという説明も容易だからである。

それに対して，3号の3年以上の生死不明，4号の回復の見込みがない強度の精神病は，有責主義の観点からは説明困難である。特に，4号は，回復不能な精神病にかかっている者の配偶者もかわいそうかもしれないが（離婚を認める方向に働く），他方で，そうした病気にかかっている本人だってかわいそうである（離婚を否定する方向に働く）。

こうした場面においては，2項の裁量棄却をめぐる問題も，より難しい問題として感じられることになる。筆者は，卑怯ではあるが，気は弱いので，この点，言い訳がましく少し検討しておく。

最高裁は，昭和33年の判決で，この問題について，「病者の今後の療養，生活等についてできるかぎりの具体的方途を講じ，ある程度において，前途に，その方途の見込のついた上でなければ，ただちに婚姻関係を廃絶することは不相当」とし，民法770条2項の裁量棄却を積極的に利用した（最判昭和33・7・25民集12巻12号1823頁）。

しかし，その後の判例（最判昭和45・11・24民集24巻12号1943頁→*百選Ⅲ14事件［犬伏由子］*）では，より広範な事情（実家の事情，過去の経緯や意思表明等）を判断に際して考慮し，精神病を理由とする離婚が認められている。

もっとも，昭和33年判決と昭和45年判決の間にどの程度の開きがあるのかについては，議論がある（昭和45年判決をめぐる評価については，百選Ⅲ14事件の犬伏教授の解説を参照されたい）。

この問題がきわめて困難なものであることは明らかであるが，その難しさは，単に，精神病を患った者とその配偶者でどっちがかわいそうかというレベルだけではなく，以下のような点にあると考えられる。

①　具体的方途の要件を入れることは，こうした制約を置かずに，個別的離婚原因としての770条1項4号を規定した趣旨と整合的なのか？

②　破綻しているとしても，具体的な方途を講じないと離婚ができないということを正当化するのは，どのような論理なのか？

③　逆に，履行が確保されているわけではない具体的方途や，ましてや単なる意思表明が離婚を正当化するのはなぜなのか？

④　ここで問題となっている回復不能な精神病をめぐるコストは，配偶者が負担すべきものなのか，それとも社会が負担すべきものなのか？

以上，つらつらと書いたことのうち，おそらく最も本質的なのは，最後の④の点であろう。ただ，いずれにしても，この問題がきわめて困難な価値判

第6講　婚姻の解消(1)　107

断に関わる問題であることは否定できない。

3 有責配偶者からの離婚請求 —— 消極的破綻主義をめぐる動向

(1) 判例による消極的破綻主義の採用 ——「踏んだり蹴ったり判決」

ところで，2(1)(ア)①の考え方を前提とすれば，裁判離婚はすべて破綻主義から説明されることになるし，②の考え方では，有責主義的な離婚原因と破綻主義的な離婚原因が混在していることになる。

さて，②の立場を前提として，有責主義的な離婚原因において，それを理由とする離婚を主張できるのが，他方配偶者であるということは当然であるとしても，破綻主義的な離婚原因においては，どのように考えるべきなのだろうか。

ひとつの考え方としては，その原因を問わず，すでに破綻している以上，離婚を認めるというのが破綻主義だとすれば，いずれの側から離婚を主張してもよいということになる（次に述べる消極的破綻主義との対比で，これを積極的破綻主義と呼ぶ）。

しかし，わが国の判例は，ここで消極的破綻主義（制限的破綻主義）と呼ばれる考え方を採用した。嚆矢となった最判昭和27年2月19日（民集6巻2号110頁→家族法百選〔新版・増補〕31事件〔島津一郎〕）は，「踏んだり蹴ったり判決」として知られている。

事案は，夫Xが妻Y以外の女性と性的関係を持ち，その後，Xは家を出てその女性と暮らし，2年間の別居の後，XがYに対して離婚訴訟を提起したというものである。

このXの訴えに対して，最高裁は，（Xは）「民法770条1項5号にいう婚姻関係を継続し難い重大な事由ある場合に該当するというけれども，……婚姻関係を継続し難いのはXが妻たるYを差し置いて他に情婦を有するからである。……結局Xが勝手に情婦を持ち，その為め最早Yとは同棲出来ないから，これを追い出すということに帰着するのであって，もしかかる請求が是認されるならば，Yは全く俗にいう踏んだり蹴たりである。法はかくの如き不徳義勝手気儘を許すものではない」！（最後の！は筆者による）と判示した。

この判決を書いた最高裁判事は，よほど腹に据えかねたという感じで，……で引用を省略した部分にも，かなり激しい言葉が書きつらねられている。さて，この判決において，破綻主義に立つ5号離婚原因についても，その破綻をもたらした有責配偶者からの主張は認めないという立場が採用された。これが，消極的破綻主義である。

コラム　有責主義と消極的破綻主義？

　読者の中には，「あれっ，だとすると有責主義と消極的破綻主義はどう違うの？」と疑問に思われる諸君もいるかもしれない。

　まず，有責主義は，相手方の有責な態様等を理由として離婚を認めるという考え方である。不貞行為の場合であれば，相手方にそうした責められるべき行為があったことを理由として，離婚を求めることになる。その場合の相手方が，これ（自らが不貞行為をしたということ）を理由として離婚を求めることができないのは，他方配偶者に不貞行為がない以上，当然である。

　他方，破綻主義は，破綻というそれ自体は当事者の責めに帰すべき事由等の有無に関わりなく生じうる状態を理由として離婚を認めるものであるが，その場合でも，その破綻について有責な者について，その離婚の主張（離婚をめぐる権利の行使）を認めないというのが，消極的破綻主義である。

　前掲最判昭和27年2月19日の事案で，不貞行為だけを理由として（民770条1項1号），Xが離婚を求めたとすれば，それが認められないということは明らかである。それは，消極的破綻主義を持ち出すまでもなく，説明することができる。

　しかし，Xの主張は，2年間の別居によって婚姻関係が破綻しているという，民法770条1項5号を理由とするものであった。ここでは，有責主義的な説明で，Xの権利行使ができないことを説明することはできない。そもそも有責主義の離婚原因ではないからである。ここで，消極的破綻主義という考え方が出てくることになる。

　実は，ここでも有責という観念は重要なものとして機能している。その点では，有責主義と消極的破綻主義に似た臭いを感じ取るのは誤りではないが，有責主義においては，有責な行為態様が離婚を基礎付けるのに対して，消極的破綻主義では，破綻の有責な原因となったということが，離婚の主張という権利の行使の制限として機能するのである。

　もっとも，昭和27年判決以降の判決の中でも，有責性が双方にある場合には，有責性の小さい当事者からの請求は認めており（最判昭和30・

11・24 民集 9 巻 12 号 1837 頁），また，婚姻破綻後の婚姻外の異性関係は有責行為にはならない（最判昭和 46・5・21 民集 25 巻 3 号 408 頁）とされ，消極的破綻主義はある程度緩和されてきていた。

(2) 消極的破綻主義をめぐる状況の変化 —— 最大判昭和 62 年 9 月 2 日

「踏んだり蹴ったり判決」で登場した消極的破綻主義は，上記のようにある程度の緩和は図られながらも，その基本的枠組みは維持されてきた。

その基本的枠組みを維持しつつも，大きな変化と位置付けられることになるのが，最大判昭和 62 年 9 月 2 日（民集 41 巻 6 号 1423 頁→*百選Ⅲ 15 事件 ［高橋朋子］*）である。

事案は，以下のようなものである。夫 X と妻 Y は，X の不貞行為から不和となり，昭和 24 年 8 月から別居している。昭和 26 年に X が提起した離婚訴訟は，有責配偶者からの離婚請求であるとして退けられた。昭和 59 年に X からあらためて提起された離婚訴訟が本件である。つまり，XY 間の別居は，訴え提起までだけでも 35 年間にわたったということになる。

第 1 審，控訴審は，従来の判例を踏まえて X からの訴えを退けた。

しかし，最高裁は，これを破棄し，原審に差し戻した。そこでは，有責配偶者からの「離婚請求が……信義誠実の原則に照らして許されるものであるかどうかを判断するに当たっては，有責配偶者の責任の態様・程度を考慮すべきである」とし，「有責配偶者からされた離婚請求であっても，[1]夫婦の別居が両当事者の年齢及び同居期間との対比において相当の長期間に及び，その間に[2]未成熟の子が存在しない場合には，[3]相手方配偶者が離婚により精神的・社会的・経済的に極めて苛酷な状態におかれる等離婚請求を認容することが著しく社会正義に反するといえるような特段の事情の認められない限り，当該請求は，有責配偶者からの請求であるとの一事をもって許されないとすることはできない」（[1]～[3]と下線は筆者による）と判示したのである。

ここでは，離婚請求が信義則上許されるのかという問題だという性質付けをした上で，その具体的判断を，上記下線で示した[1]～[3]のプロセスで判断することを示したのである（なお，本件では，[3]の点が明らかにされていないとして，原審に差し戻された）。

なお，上記の判断は，民法 770 条 1 項 5 号の要件（婚姻の破綻）自体は
存在していることを前提としている。その上で，それを理由とする離婚の
主張が認められるかという点を問題とするものなのである。
　さて，このような最高裁の昭和 62 年判決には，昭和 27 年判決との関係
で，以下のような特徴を見いだすことができる。

　①　**破綻主義の強調**　　昭和 62 年判決は，有責配偶者からの離婚請求だ
からという一事をもって，請求を排除するという硬直的な判断をしていな
い。同判決は，上記引用部分に先だって，「夫婦としての共同生活の実体
を欠くようになり，その回復の見込みが全くない状態に至った場合に……
なお戸籍上だけの婚姻を存続させることは，かえって不自然である」と述
べており，昭和 27 年判決との対比で，相対的により強く破綻主義の原則
が意識されていると考えられる。
　②　**信義則問題としての枠組み**　　昭和 62 年判決は，その上で，こうし
た破綻主義の離婚観と「正義・公平の観念，社会的倫理観」との調整の問
題だと位置付けているものと考えられる。そして，そうした信義則問題を
具体化したのが，上記の【1】〜【3】なのである。
　なお，信義則の問題といっても，【1】〜【3】は，必ずしも離婚を請求する
者の有責性の判断に直結するものではないという点が注目される。この点
でも，昭和 62 年判決によって，消極的破綻主義は後退し，本来の破綻主
義がより前面に出てきたと評価することができるだろう。

┌───┐

　コラム　*昭和 27 年判決と昭和 62 年判決 —— 昭和 62 年判決のその後*

　　有責配偶者からの離婚請求であるという一事をもって，その請求を認めない
　という昭和 27 年判決が，昭和 62 年判決によって変更されたことは確かである。
　　もっとも，注意する必要があるのは，昭和 27 年判決のすべてが否定された
　わけではないという点である。厳密には，本文の【1】〜【3】の要件が満たされる
　場合には，昭和 27 年判決は否定され，有責配偶者からの離婚請求であっても
　認められるが，この要件を満たさない場合には，依然として，《有責配偶者か
　らの離婚請求は認められない》という昭和 27 年判決によって確立された準則
　が適用されることになるのである。
　　結局，昭和 27 年判決と昭和 62 年判決の守備範囲を画するのは，【1】〜【3】だ

└───┘

第 6 講　婚姻の解消(1)

ということになる。

　このうち，【3】はかなり抽象的な内容であり（【1】～【3】を通じて判断される信義則自体が，個別の権利行使に対する一般条項による制約としての性格を有しているが，【3】は，さらにその中で一般条項的に機能する），【1】と【2】は，それなりに具体的な基準である。昭和62年判決によって，昭和27年判決がどれだけ修正されたことになるのかは，これらによって決まることになるのである。

　まず，【1】については，「相当の長期間」がどのように判断されるかが問題となる。昭和62年判決は，35年間にわたる別居がこれに該当するということは示したが，「相当の長期間」の最短期間について述べていない。この期間がどれだけであるのかは，立法的な手当てがなされない以上，手探り状態で探すほかはないが，現在では，下級審レベルでは，10年を切る期間でも，これを認めるものがある。

　次に，【2】であるが，昭和62年判決では，例外のない基準として示されているように見えるが，その後，最判平成6・2・8家月46巻9号59頁は，未成熟子の存在だけで請求が排除されるわけではなく，総合的に事情を考慮するとして，この【2】の要件自体を相対化している。

　なお，未成熟子の存在を離婚の要件とどのように結びつけるのかは，婚姻と親子の関係を考える場合のひとつの手がかりであり，必ずしも裁判離婚に限定された問題ではない。ただ，現行法は，協議離婚の場合，未成年の子がいる場合にも，離婚後の親権者を定めておく以上のことは求めていないのであり，この点では，民法上は，婚姻（離婚）と親子の関係の結びつきは，必ずしも強くない。

第 7 講　婚姻の解消(2)
―― 離婚の効果ほか

　以下では，離婚の効果を説明する。あわせて，死亡による婚姻の解消について，いままでの説明の中で取り上げてきたところも含めて，離婚による解消と対比して整理をしておく。

Ⅰ　離婚に伴うさまざまな効果 ―― 婚姻の効果の解消としての側面

　離婚に伴う効果としては，後で取り上げる財産分与や離婚に伴う親子関係に関する取扱いなど，まさしく離婚によって生ずる効果として位置付けられるものがある。

　また，離婚が婚姻の解消であることから，婚姻によって生じた効果の解消として理解することが適当なものもある。後者については，いままでの説明の中でも触れてきたところと重なるが，ここでまとめておくことにしよう。

　①　**婚姻費用分担義務等の消滅**　婚姻の効果としての婚姻費用分担義務等（なお，婚姻費用分担義務と生活保持義務との関係等については，331 頁以下参照）は，離婚によって消滅する。なお，過去の婚姻費用についての未履行の債務がある場合の扱い，離婚後の扶養をめぐる問題については，いずれも財産分与の中で説明する。

　②　**婚姻の解消と氏**　わが国では，夫婦同氏の原則が採用されているが（民 750 条），婚姻の解消によって，この必要がなくなる。現在のわが国の制度は，協議離婚，裁判離婚を問わず，「婚姻によって氏を改めた夫又は妻」が「離婚によって婚姻前の氏に復する」ことを原則とするとともに（民 767 条 1 項・771 条），「婚姻前の氏に復した夫又は妻は，離婚の日から 3 箇月以内に戸籍法の定めるところにより届け出ることによって，離婚の際に称していた氏を称することができる」ことを規定している（民 767

条2項・771条）→*59頁*。

③　**姻族関係の終了**　　親族関係の一部は，婚姻を通じて形成されるものであるが（姻族。民725条3号），このような姻族関係は，離婚によって終了する（民728条1項）。また，これによって，親族関係を基礎とする義務（民730条・877条2項）も消滅する。ただし，直系姻族間の婚姻を禁止する婚姻障害は存続する（民735条）。

④　**祭具等の承継**　　当然に婚姻の効果となるわけではないが，やや特殊なものとして，祭具等の承継がある。民法は，婚姻によって，氏を改めた夫または妻が，相続によって，系譜（家系図）や祭具（位牌等），墳墓の所有権を承継し，その後，離婚する場合には，関係人の協議で新たな承継者を定めること，協議が調わない場合には，家庭裁判所が承継者を定めることを規定している（民769条）。

Ⅱ　財産分与

　離婚の効果のひとつの柱となるのが，財産分与である。もっとも，財産分与という制度について，民法が用意するのは，768条という1か条だけであり，そこでの財産分与が何を意味し，どのように算定されるのか等，条文自体からは必ずしも明確ではない点が，数多く残されている。

1　財産分与制度の概観

(1)　財産分与に関する民法の規定

　まず，民法768条1項（民法771条により裁判離婚にも準用される）は，「協議上の離婚をした者の一方は，相手方に対して財産の分与を請求することができる」と規定する（方法としては，金銭給付と現物給付がある）。

　もっとも，それでは，そうした「財産の分与」の内容（金額など）がどのように決まるのかということについては，具体的な基準が示されているわけではなく，条文上は，①当事者間で協議が調わなければ家庭裁判所の判断を求めることができるということ（民768条2項），②家庭裁判所は，「当事者双方がその協力によって得た財産の額その他一切の事情を考慮して，分与をさせるべきかどうか並びに分与の額及び方法を定める」

114　　第Ⅱ部　親　族

（同条 3 項）とされ，決定のプロセスと，ごく概略的な基準が示されているにすぎない。したがって，具体的に何を基準として財産分与の金額等を定めるのかは，解釈論に委ねられることになる。

(2) 財産分与請求権の内容決定と行使

まず，財産分与の内容が，どのように決まるのか，その手続を確認しておくことにしよう。

(ア) 協議による内容決定

財産分与の内容は，上記のとおり，当事者間の協議によって決めることができる。したがって，財産分与についての合意が得られるのであれば，その合意に従った請求権が認められることになる。

なお，財産分与について合意することは，協議離婚の条件ではない。しかし，こうした財産分与についての合意が，離婚の実質的な条件として機能する可能性があることは否定できない。協議離婚を成立させるために，低額な財産分与で合意したり，そもそも財産分与の取決めをしないといった状況が少なくないということも指摘されている。

この点は，解釈論上は，財産分与についての合意の有効性の問題（財産分与請求権の放棄や低額での合意の有効性の問題）として検討されるべきものと考えられるが，立法的な手当てが必要ではないのか等，なお検討の余地が残されているだろう（後述のような 2 分の 1 ルール→*119頁以下*を採用することで，財産分与の権利性を明確にするということも，こうした手当てのひとつと考えられる）。

(イ) 家庭裁判所による処分

当事者間で財産分与についての合意が成立しない場合，協議に代わる処分を家庭裁判所に求めることができる。具体的には，家庭裁判所の審判を求めることになるが（家事・別表第 2 四），通常は，それに先だって調停が試みられる→*47頁【家族関係をめぐる紛争の解決】*。

また，離婚訴訟を提起した場合には，それに附帯して財産分与を申し立てることができ（人訴 32 条），この場合には，判決の中で，家庭裁判所の

第 7 講　婚姻の解消(2)　115

判断が示されることになる。

　もっとも，こうした家庭裁判所の判断について，民法が実体法上の基準として示しているのが，「一切の事情を考慮」するということだけだという点については，すでに述べたとおりである。そのために，財産分与が何を目的とする制度であり，その具体的な内容決定の基準は何なのかということを，解釈論上明らかにしていくことが必要となるのである。

　なお，このような家庭裁判所の処分を求めることができるのは，離婚時から2年間に限定されている（民768条2項ただし書）。もっとも，このような期間制限の妥当性については，それを疑問視する見解もある。

2　財産分与の機能と目的

　上記のとおり，財産分与が何を意味しているのかについては，条文上は，必ずしも明らかではない。

　学説や判例においては，財産分与が，「清算」と「（離婚後の）扶養」という2つの側面を有するということについては，その実質的な意味内容をめぐる議論は残るにしても，ほぼ共通の理解が得られている。

　なお，財産分与にこうした2つの側面が認められるということについては，全く手がかりがないわけではない。財産分与は，戦後の改正で登場したものであるが，現行の768条にあたる規定は，当初の案では，「相当の生計を維持するに足るべき財産の分与を請求する」ことができるとして，より扶養的な側面が前面に出ていた。その点で，離婚後の扶養という目的は，制度設計の初期の段階では中心的なものとして考えられていたと言える。その後の議論を経て，最終的に，現行法は，「財産の分与を請求することができる」とした上で，「当事者双方がその協力によって得た財産の額」等を考慮するという規定となったのであり，そこでは，清算としての側面がより前面に出てくることになったのである。なお，立法における審議過程からは，このように離婚後の扶養から清算へのシフトといった状況が見られるが，これは扶養を排除するという趣旨ではなく，むしろ，扶養も含めてさまざまな事情が考慮されるものだという説明が，国会の審議の中で政府委員からなされている（立法過程にかかる概況については，有地・家族法概論306頁以下参照）。

清算と扶養という両方の要素を含むということを前提に，その具体的な意味内容を明らかにしていくというのが，現在の共通の出発点となっている。

なお，財産分与については，さらに，第3の要素として「慰謝料（損害賠償）」が挙げられることもある。もっとも，これについては，当然に財産分与に含まれるのかという点を含め，その位置付け自体が問題となるので，独立して扱うことにする。

コラム *財産分与と詐害行為取消権等*

財産分与に関して典型的な問題となるのが，財産分与を詐害行為取消権（民424条以下）によって取り消すことができるのか，また，財産分与請求権は，債権者代位権（民423条以下）における被保全債権となるのかという点である。

いずれも，債権総則に規定される制度を前提としており，詳しくは債権総論の教科書等で確認をしてもらうとして，ここではごく概略的な説明のみを行っておくことにしよう。

まず，詐害行為取消権との関係では，夫／妻が妻／夫に対して財産分与を行うことによって，夫／妻の債権者の利益が害されるような場合に（財産分与によって夫／妻の資力が欠けるような場合に），その債権者は詐害行為であるとして，財産分与を取り消すことができるのかが問題となる。これについて，判例は，分与者が債務超過であるというだけで詐害行為になるわけではなく，当該財産分与が「民法768条3項の規定の趣旨に反して不相当に過大であり，財産分与に仮託してされた財産処分であると認めるに足りるような特段の事情のない限り」，取消しの対象とならないとした（最判昭和58・12・19民集37巻10号1532頁→*家族法百選〔第6版〕17事件〔野村豊弘〕*）。逆に言えば，財産分与（離婚給付）という形式であっても，それが不相当に過大であり，仮託的なものと評価される場合には，その限度で取消しの対象とされるということになる（最判平成12・3・9民集54巻3号1013頁→*百選Ⅲ19事件〔森田修〕*）。

また，債権者代位権との関係では，上記のような場合に財産分与を受けるべき妻／夫が，自らの財産分与請求権を保全するために，夫／妻の有している権利を代位行使することができないかが問題となった。判例は，これについて，協議や審判によってその内容が確定するまでは被保全債権とならないとの判断を示した（最判昭和55・7・11民集34巻4号628頁）。

これらの問題は，後述のように，財産分与をどのようなものとして理解するのか，清算という財産的な側面を中心として考えるのかといった点にも関係して，その評価や問題の位置付けが分かれうるものと考えられる。

(1) 財産の清算

上記のとおり，民法768条3項が「当事者双方がその協力によって得た財産の額」を考慮することを命じていることからも，婚姻中に得た財産などについての清算という機能が，財産分与に含まれるということは明らかであろう。

(ア) 前提状況と清算の意味 —— 夫婦財産制と財産分与による清算

このような清算がどのような意味を有するかについて，前提となる基本的なことを確認しておく。

まず，すでに説明したように→70頁以下，現行の夫婦財産制は，夫婦別産を原則としており，「婚姻中自己の名で得た財産」も特有財産とされ（民762条1項），「夫婦のいずれに属するか明らかでない財産」について共有の推定がなされるにすぎない（同条2項）。

このように現行法の規定をそのまま適用するのであれば，特有財産の範囲はかなり広いものとなる。しかし，こうした一方名義になっている財産も含めて，財産分与による清算の対象となる。むしろ，離婚に際しての当事者間の関係の問題としての財産分与においては，その名義のいかんにかかわらず，清算の対象となるという点に，財産分与の意義がある。

(イ) 清算の対象とされる財産

なお，このような清算の対象となる財産については，特に限定はない。したがって，財産の種類自体によって，対象が限定されるわけではなく，動産，不動産，金銭，預金債権等が清算の対象とされるほか（不動産のローンが残っている場合には，ローン残額を控除するなどの工夫がされている），年金受給権も清算の対象となりうる（年金受給権については，分割を可能とする仕組みが改正によって認められた）。

もっとも，それぞれの当事者が婚姻前から有していた財産や婚姻後に相続等によって得た財産など，協力によって得たという性格が認められないものについては，清算の対象とはならない（ただし，協力によって，その減少が回避されたという事情があれば，清算の対象となりうるだろう）。

> **コラム** *過去の婚姻費用の清算*
>
> 　婚姻費用に関する説明の中で，過去の婚姻費用についても請求が可能であるということを説明した→*75頁*。
>
> 　この問題は，離婚の場合に限られるわけではなく（もっとも，実際には，こうした問題が顕在化するのは離婚の場合だろう），夫婦の一方が，本来負担すべき婚姻費用を分担しなかったというような状況がある場合，その後，婚姻が継続していたとしても，そうした過去の婚姻費用について負担を求めることは可能である。
>
> 　それでは，離婚の場合には，この問題はどのようになるのだろうか。
>
> 　まず，離婚したからといって，（過去の婚姻費用の請求を認めるという立場を前提とする限り）このような過去の婚姻費用についての債務が消滅するわけではないという結論は明らかであろう。問題は，それをどのような方法で求めるかという点にある。
>
> 　①　ひとつの考え方は，これについては本来独立して請求しうるものであり，財産分与という仕組みとは別のものとして扱うというものである。
>
> 　②　もうひとつは，この過去の婚姻費用の請求も，財産分与の中で（その清算という枠組みの中で），処理するというものである。
>
> 　最判昭和53・11・14民集32巻8号1529頁→*百選Ⅲ17事件〔水野紀子〕*は，「財産分与の額及び方法を定めるについては当事者双方の一切の事情を考慮すべきものである……婚姻継続中における過去の婚姻費用の分担の態様は右事情のひとつにほかならないから，裁判所は，当事者の一方が過当に負担した婚姻費用の清算のための給付をも含めて財産分与の額及び方法を定めることができる」として，この過去の婚姻費用の清算の問題も，財産分与の中で処理することを認めた。
>
> 　したがって，この判例により，①の方法しかないという立場（限定独立説）は否定された。もっとも，それでは，常に，財産分与によって一元的に処理されなくてはならず，独立の請求をすることを排除する立場（包括説）がとられたのかというと，昭和53年判決から，そこまでを導くことは困難であり，むしろ同判決は，（①も可能であるが）②による処理も認めるという立場（限定相関説）をとったにすぎないと見るべきであろう。
>
> 　なお，この問題については，学説の分布状況，さらに，過去の婚姻費用をめぐる問題と財産分与における清算という問題の相違等を含めて，上記の水野教授の解説を参照されたい。

(ウ)　**清算の前提としての持分 ── 財産分与における清算の意義**

上記のとおり，個別的な財産ごとの問題に立ち入らない限り，清算とい

第7講　婚姻の解消(2)　119

うこと自体について説明すべき内容はそれほど多くはない。基本的には，名義のいかんにかかわらず，さまざまな財産について，清算としての財産分与が認められるというだけのことである。もっとも，このような理解だけでは，財産分与をめぐる最も重要な問題を見落としているように思われる。

つまり，財産分与における清算の本質的な問題は，こうした分与としての側面にあるのではなく，むしろ婚姻中に形成，維持された財産をどのように理解するのかという点にあると考えるべきであろう。その意味では，清算の前提として，それらの財産をどのように理解するのかが問題だということになる。

いままでの説明の中でも，夫婦別産制という原則に立ちつつ，「実質的夫婦共有財産」といった概念を使って当事者間の公平を図る考え方があることに言及したが→70頁以下，まさしくこの点が，最も基本的な問題として，財産分与における清算の問題として顕在化するのである。

この点について，1996年の民法改正要綱の第6二3は，財産分与について考慮すべき事情をより詳しく示した上で，「当事者双方がその協力により財産を取得し，又は維持するについての各当事者の寄与の程度は，その異なることが明らかでないときは，相等しいものとする」という「2分の1ルール」の採用を提案している。

これは，あくまで財産分与という局面でのルールとして示されたものではあるが，婚姻中の財産についての一定の理解が，その前提となっていると考えるべきであろう。なお，実務においては，こうした2分の1ルールは，すでに実質的に定着している（これを基本としつつ，個別の事情を踏まえて分与の割合を決めているのが，現在の実務だと言っていいだろう）。

もっとも，こうした2分の1ルールについては，以下の2つの点を指摘しておきたい。

まず，こうした2分の1ルールの背景には，もっぱら財産が夫の名義になっている婚姻形態（妻が専業主婦の婚姻形態）を前提として，妻の保護を図るという目的もあったと思われる。こうした目的や実践的意義は評価されるべきであるが，さまざまな婚姻形態が認められる現在の状況の中で，当然にこうした2分の1ルールが維持されるのかについては，なお検討の

余地が残されているように思われる。特に，夫婦の双方が高収入を得ているパワーカップル型の婚姻においても，こうした2分の1ルールが当然に妥当するのかは問題として残されているように思われる。

　もうひとつは2分の1ルール（やそれを前提とする判断）の対象となる実質的夫婦共有財産の範囲である。実質的夫婦共有財産を夫婦の協力によって得た財産だと定義しても，それを具体的に認定することは容易ではない。そのため，実際には，婚姻中に得た財産で，①相続によって得た財産，②第三者から無償で得た財産を除くという形で，消極的に範囲を認定するのが一般的となっている。もっとも，①②は夫婦の協力によって得たものではないということが明確だというだけであり，除外対象がこれに限定されるということを当然に意味するものではないだろう。その点で，東京高決平成29年3月2日（判時2360号8頁→森山浩江・判例リマークス58号54頁）は，こうした実質的夫婦共有財産の範囲についての問題を投げかけるものである。この事件では，夫が小遣いで購入した宝くじの当選金の扱いが問題となった。同決定は，そこでの当選金を原資として生活費等にも利用されていたことを踏まえて，これを原資とする資産について，財産分与の対象となるとした。そのうえで，夫の寄与の方が大きかったとして，分与割合は夫6，妻4とした（その範囲で2分の1ルールを前提としつつ，それが修正されている）。もっとも，ここで問題となっているのは，小遣いで購入した宝くじについても，夫婦の協力によって得たものと言えるかどうかであり，その当選金が夫婦の生活に利用されたということは決定的ではないと思われる（相続財産や第三者から贈与された財産が，夫婦の生活のために利用されたとしても，それによって当該財産が潜在的夫婦共有財産になるわけではない）。小遣い自体も夫婦の協力によるものだという説明はありえないではないが，どうも釈然としないというのが正直な感想である。

　なお，こんな煩いことを言わないで，婚姻中に得た財産は全部，夫婦共有財産としてしまえばいいではないかという考え方もあるかもしれないが（制度設計としては考えられるとしても），少なくとも，夫婦別産を基本とする現行民法の思想とは異なるものであり，裁判所による法形成の範囲を超えるものだと思う。

> **コラム** *財産分与と配偶者相続権*
>
> 　婚姻関係が解消するのは，離婚と配偶者の死亡である。配偶者が死亡した場合には，相続がその財産関係の清算を含む機能を実現することになる。
>
> 　このような意味で，離婚に伴う財産分与と，死亡の場合の配偶者相続権は，その役割において一定の共通性が見いだされることになる。
>
> 　配偶者の法定相続分は，ほかに誰が共同相続人となるかで変わってくるが，その割合は最も小さい場合でも，2分の1の相続分が確保されている（死亡した者の直系卑属が共同相続人となる場合。民 900 条 1 号。代襲相続について，民 887 条 2 項・3 項および 901 条 1 項）。
>
> 　相続にも，財産分与にも，清算に限定されない複雑な機能や性格がある以上，単純な比較は困難であるが，両者の関係を意識しつつ，問題を考えていくということは必要であろう。
>
> 　なお，財産分与と相続が，いずれも清算という機能を担っているという，こうしたバックグラウンドを理解すると，内縁配偶者が死亡した場合に，（相続は問題となりえないとしても）財産分与に関する規定の準用や類推適用が考えられないのかという問題の生ずること自体は容易に理解できるのである→*141 頁以下*。

(2)　将来の扶養

　財産分与のもうひとつの機能が，離婚した配偶者の将来の扶養を担うという側面である。なお，扶養といっても，婚姻中の扶養をめぐる問題（過去の婚姻費用の請求）は，ここでの対象ではない。すでに言及したように，仮に財産分与の問題として扱うとしても，それは清算に位置付けられるべきものである。

　もっとも，このような将来の扶養がなぜ認められるのかということについては，それほど明確なわけではない。婚姻の事後的効果といっても，婚姻中は扶養の義務があるとしても，それはまさしく婚姻の効果として位置付けられるべきものであり，離婚によってそうした義務も根拠を失う以上，離婚後についても扶養義務があるということを婚姻から直接的に説明するのは困難だろう。

　むしろ，近時の議論においては，特に，女性が婚姻によって専業主婦となった場合等において，妻の所得能力が減少するといった状況を踏まえて，離婚後の扶養を正当化するという試みがなされている。

122　　第Ⅱ部　親　族

このような離婚後の扶養についての正当化の説明は，単に抽象的な説明の問題にすぎないのではなく，離婚後の扶養をどの範囲まで認めるのか，従前の婚姻中の生活水準を前提とするのか，一定の生活水準を確保するものであれば足りるのか，時間的にどこまでの範囲での扶養を考えれば足りるのか，といった問題を考えていく際に，関係してくることになる。

3 慰謝料（損害賠償）

財産分与の3番目の要素として挙げられるのが，慰謝料である。もっとも，すでに言及したとおり，こうした慰謝料については，財産分与との関係での位置付け自体が，必ずしも明確ではない（なお，用語の点では，清算と扶養を内容とする狭義の財産分与と離婚慰謝料をあわせて《離婚給付》と呼ぶことが多い）。

以下では，そもそも離婚慰謝料というのが何を意味しているのかという問題と，慰謝料と財産分与との関係を順次見ていくことにしよう。

(1) 慰謝料の意味

離婚に際しての慰謝料の意味については，従来からも議論の蓄積があるところであるが，以下では，やや視点を変えて，損害賠償法の視点から，この問題がどのように位置付けられるかを考えてみたい。

(ア) 離婚原因が不法行為に該当する場合 —— 配偶者による暴行や虐待

① **責任要件の問題**　まず，離婚に至る原因が，それ自体として損害賠償の成立要件に該当する場合（不法行為と評価される場合）に，そうした原因を理由とする慰謝料が認められるということについては，異論がない。

たとえば，配偶者の一方の暴行や虐待によって，他方が負傷したり，精神的に傷つけられ，それを理由として離婚を求めるという場合，その原因行為が不法行為に該当するものである以上，民法709条に基づく損害賠償請求が認められるということは明らかである。

この場合，実は，離婚に至っているかどうかは，慰謝料請求権の成否というレベルでは，それほど重要ではない。離婚に至っていないとしても，そうした暴行などを不法行為として損害賠償を請求することができるとい

第7講　婚姻の解消(2)　123

うことは，（「法は家庭に入らず」という命題をこの場面でも使わない限り）不法行為法上の問題は何もなく，財産分与という制度を持ち出すまでもなく説明が可能である。

②　損害賠償の範囲の問題　　なお，このように不法行為と評価される離婚原因による慰謝料を考える場合に，離婚という結果に伴う精神的な苦痛を，この賠償範囲に含むのかという問題は考えられうる。この問題は，不法行為法上は，責任要件の問題ではなく，賠償範囲の問題として位置付けられるものであり，伝統的な枠組みによれば，いわゆる相当因果関係の問題として扱われることになる（相当因果関係を含む損害賠償の範囲については，窪田・不法行為法 338 頁以下参照）。離婚それ自体は，暴行を受けた被害者の側が請求したとしても，そうした離婚を請求せざるをえないという状況自体が，当初の不法行為によってもたらされたのであり，離婚という事実に基づいて生ずるさまざまな不利益が賠償の対象とされるべきものであると考えられるのであれば，その賠償が認められるということになるだろう。

したがって，不法行為法上は，上記のとおり，賠償範囲という枠組みの中で考えられるのであり，離婚という結果自体が賠償の対象となる，あるいはならないという結論が，理論的に当然に導かれるわけではない。

(イ)　有責だが不法行為に該当しない（かもしれない）離婚原因 ── 配偶者の不貞行為

ここでの表題がこれ自体として適正かどうか若干心もとない部分がある。ここでもっぱら想定しているのは，配偶者の不貞行為である。この場合，有責であることは明らかであるが，それが不法行為として独立に損害賠償の対象となるかについて，現在までの議論状況はそれほどはっきりしているわけではない。

配偶者の不貞行為に基づく第三者に対する損害賠償のところでも触れたが，不貞行為をした配偶者に対して，そもそも損害賠償請求をすることができるのかということについて，必ずしも現在の法律状態ははっきりしておらず，こうした損害賠償請求ができないということを前提として，第三者に対する損害賠償請求の問題を考えるという立場もある→*66頁以下*。仮に，

124　　**第Ⅱ部　親　族**

このような立場を前提とすると，一般的には損害賠償請求ができないにもかかわらず，離婚に際しては離婚慰謝料という形で請求ができるのかという問題が存在することになる。

もっとも，第三者に対してすら損害賠償請求が認められるという現在の判例を前提とするのであれば（ただし，すでに触れたように→*64頁以下*，判例は，第三者に対する離婚慰謝料の請求については，原則として認めていない），そこでの権利侵害や損害（他方配偶者の貞操を求める権利の侵害）が観念され，それについての故意または過失も認められる以上，配偶者間での損害賠償請求を認めるということについても，損害賠償法上の障害は存在していないように思われる。

したがって，ここでの問題は，上記のとおり，やや不明確な部分は残るものの，結局，(ア)と同様に考えれば足りることになるだろう。

(ウ) 有責ではない離婚原因

それでは，離婚原因について相手方配偶者の有責性が認められない場合はどうなのだろうか。典型的には，配偶者の一方であるAが，他方配偶者Bの回復不能な精神病を理由として離婚を求めるという場合である。

この場合，慰謝料請求としては，AB両方からのものが考えられる。

まず，Aからの慰謝料請求についてであるが，この場合，Aにとっては，Bの回復不能な精神病によって「離婚を余儀なくされた」と言うことはできるかもしれない（その意味で，離婚という不利益な結果を損害として考える余地はある）。しかし，だからと言って，Bに慰謝料という損害賠償責任を負担させるという根拠は何もないはずである。

不法行為法は，必ずしも過失責任しか認めていないわけではないが，それ以外の帰責原因については一定の明示的ルールがあってはじめて，責任が認められるのである。ましてや，精神上の障害については，客観的には不法行為に該当する場合ですら，その責任を免除するという配慮をしている（民713条）。慰謝料についての具体的な言及すら存在しない民法768条を使って，こうした慰謝料請求が可能になる余地は，そもそも存在しないはずである。

他方，Bにとっては，自らに責めがないにもかかわらず，Aから離婚を

請求されたという意味では，より被害者としての性格が認められるかもしれない。

しかし，法律上の離婚原因を満たすものとして，こうした場合に離婚が認められている以上，それを不法行為として評価すること自体，評価が矛盾していると言わざるをえない。結局は，この場合に，双方から，民法709条に基づく損害賠償請求を認める余地はないということになる。

損害賠償法の観点からは，当事者間の慰謝料請求は，上記のように整理されるものと考えられる。

問題は，これ以外に（つまり，不法行為法によらずに），離婚の場合に限って慰謝料を認めることができるのかという点であるが，これについては，その合理性も正当性も確保されていないように思われる。上記(ウ)の場合に典型的に示されるように，安易な慰謝料請求権を観念することは，不法行為法上の価値判断との抵触をもたらす可能性がある。不法行為法の機能には，一定の場合以外には，賠償責任を負わないという側面もあることに照らせば，この点は，十分に考慮されるべきであろう（なお，最判昭和31・2・21民集10巻2号124頁は，離婚慰謝料が認められるのは，相手方の行為が身体，自由，名誉の侵害に該当する場合に限られないとしているが，前提として有責な不法行為が存在することまでを不要としているわけではない。当該事案でも，原告である嫁に対する姑の冷酷な仕打ちと，夫のそれへの加担が認められている）。

なお，従来の議論の中では，離婚原因となった事実による慰謝料と，離婚そのものによる狭義の離婚慰謝料（離婚自体によって被った精神的苦痛に対する慰謝料）を区別して説明することなどもなされてきたが，そこでは慰謝料請求権の根拠の問題（損害賠償請求権の成立要件の問題）と損害賠償の効果をめぐる問題（離婚という結果を賠償範囲に含むかの問題）が，やや混乱して議論がなされてきたように思われる。

(2) 慰謝料と財産分与

さて，上記のように慰謝料請求権を考えると，基本的に，それは財産分与の中でどうしても処理をしなくてはならないものではないということに

なる。その上で，次に出てくるのが，「財産分与の中で扱うことも可能なのか？」という問題である。

(ア)　手続をめぐる問題

この問題は，かつては，かなり実践的な意義を有していた。慰謝料請求（損害賠償請求）は通常裁判所で扱うものであるのに対して，財産分与は家庭裁判所で扱われるので，両者を峻別することは，2つの問題を別の裁判所で扱わざるをえないということを意味していたからである。

しかし，現在は，「人事訴訟に係る請求と当該請求の原因である事実によって生じた損害の賠償に関する請求」は家庭裁判所で扱うことができるようになったので（人訴17条），管轄の問題は，基本的に解消された。

(イ)　財産分与と慰謝料請求

以上のように，離婚原因を理由とする慰謝料も家庭裁判所で扱うことができるとしても，財産分与の中に，慰謝料を取り込むことは可能なのだろうか。あるいは，それが可能だとすれば，財産分与の判断とは切り離して，慰謝料の請求をなすことは可能なのだろうか。

この点について，人事訴訟法が制定される前の判決であるが，最判昭和46年7月23日（民集25巻5号805頁→*百選Ⅲ18事件〔常岡史子〕*）は，「離婚における財産分与の……請求権は，相手方の有責な行為によって離婚をやむなくされ精神的苦痛を被ったことに対する慰藉料の請求権とは，その性質を必ずしも同じくするものではない」とした上で，「財産分与がなされたからといって，その後不法行為を理由として別途慰藉料の請求をすることは妨げられない」が，「裁判所が財産分与を命ずるかどうかならびに分与の額および方法を定めるについては，当事者双方におけるいっさいの事情を考慮すべきものであるから，分与の請求の相手方が離婚についての有責の配偶者であって，その有責行為により離婚に至らしめたことにつき請求者の被った精神的損害を賠償すべき義務を負うと認められるときには，右損害賠償のための給付をも含めて財産分与の額および方法を定めることもできる」と判示した。

これによれば，慰謝料を財産分与と別に請求することも，財産分与の中

第7講　婚姻の解消(2)　127

でそれを請求することも可能だということになる。

　もちろん，だからといって同一の請求が二重に認められるわけではないから，「財産分与として，……損害賠償の要素をも含めて給付がなされた場合」には，慰謝料請求に際してそれが考慮されるし，「財産分与がなされても，それが損害賠償の要素を含めた趣旨とは解せられないか，そうでないとしても，その額および方法において，請求者の精神的苦痛を慰藉するには足りないと認められるものであるとき」（いずれも前掲昭和46年判決）は，別途慰謝料請求が認められることになる。

　もっとも，具体的な判断において，先行する財産分与についての判断が，独立して提起された慰謝料請求において，どの程度拘束力を有するのかといった点については，財産分与における慰謝料の判断をどのように示すのか（財産分与の金額を決定する基準がどのように示されるのか，また，そのような判断のプロセスはどの程度厳密なものと考えられるのか）ということとも関連して，必ずしも明らかではない点が残されている。

Ⅲ　離婚後の親子の関係

　財産分与と並んで，離婚の効果の中でも重要なのが，子との関係である。

1　親権者の決定

　わが国の民法は，父母が婚姻中，その親権を共同して行うことを規定するとともに（共同親権。民818条3項），離婚によって，父母の一方のみが親権者となることを定めている（民819条1項・2項。なお，現在，母が親権者となる割合が，ほぼ8割である）。

　なお，離婚届を提出するに際して，未成年の子がいる場合に，離婚後のその子の親権者を決めておかないと，離婚届が受理されないということについては，第6講でも説明した→*96頁以下*（民765条1項）。

　このように共同親権を父母の婚姻中に限り，離婚後は単独親権となるという制度が適切なのかについては，立法論的には議論のあるところであり，むしろ，離婚後も共同親権を原則とすべきであるという考え方も有力である。しかし，この点は，子の福祉という目的に照らした場合に，当然に共

同親権を維持することが望ましいとは断定できないように思われる（実際に子を監護している親権者の一方が再婚した場合など）。また，子を実際には監護していない父または母が，包括的な財産管理権→*295頁以下*を有するということにも問題がありそうである。その点では，これについてはなお慎重に検討すべきものであるように思われる（なお，離婚後の親権の問題と離婚後の子との面会交流の問題→*130頁以下*は切り離して論じることが可能である）。

2　子の監護に関する事柄

上記のとおり，離婚後の単独親権を前提とするわが国の法制度においては，親権者を決定することが最低限必要となるが，しかし，親権者を一方に決めれば，それで問題が解消するというわけではない。

たとえば，親権者を離婚後の夫（父）として定めるが，その子を妻（母）のもとで育てるというような場合などにおいては，親権者と別に監護者（「監護をすべき者」。民766条1項）を決めることが必要であったり，適切であるということが考えられる（もっとも，このように監護者が親権者と別に定められる場合の親権者の親権が何を意味するのか，両者の関係はどうなるのかといった点については，必ずしも明確ではない）。

さらに，子の養育にかかる費用（「養育費」）をどのように負担するのかということも問題となる。夫婦の離婚は，親の子に対する扶養義務に影響を与えるものではない。したがって，親権者，監護者ではないということは，このような扶養義務を免れる理由とはならない（もっとも，妻が夫とは別の男性と性的関係を持ち，出生した子について，夫が父子関係の不存在を知ったのが7年後であり，嫡出否認の出訴期間を徒過しており，その後提起された親子関係不存在確認の訴えも却下されたという事案において，妻が離婚訴訟に際して，その子についての養育費の支払を夫に求めたのに対して，最判平成23・3・18家月63巻9号58頁→*百選Ⅲ16事件［水野紀子］*は，妻からの請求を権利濫用にあたるとして，退けている）。

これらの子の監護に関する事柄は，協議で定めるが，合意が得られない場合には，家庭裁判所が，これについて判断することになる（民766条1項・2項）。

もっとも，こうした養育費については，いくつかの問題がある。

第7講　婚姻の解消(2)

第1に，こうした養育費についての合意は，協議離婚の際には十分に機能していないことが指摘されている。同様の問題は，財産分与等の離婚給付についても存在するが，離婚を望む当事者の一方が，本来有している権利を十分に行使しなくてもよいから，まずは離婚についての同意を得ることを相手方に求めるというような場面では，養育費についてもきちんと取り決められないか，または，低額の養育費で合意してしまうといった状況が考えられる。そのため，協議離婚の際にも養育費について適切に合意することを確保する仕組みが模索されている。

　第2に，養育費の履行確保をめぐる問題である。こうした養育費は，父または母が，通常，毎月一定の金額を，親権者（監護者）である母または父に送金するといった形で支払われるが，その履行の確保が問題となる。従来も，このような養育費については，合意や審判が得られても，実際には，（途中から）履行されないといった状況が問題として存在することが指摘されていた。このような履行確保について，民事執行法は，2003年の改正により，こうした養育費の支払の一部に不履行が生じた場合に，弁済期の到来していない分についても，債務者の給料債権等を将来にわたって差し押さえることを認め，この点について手当てをした（民執151条の2第1項3号）。さらに，義務を定める内容を含む審判がなされた場合について，審判を行った家庭裁判所による義務の履行状況の調査および勧告（家事289条），義務の履行の命令（同290条）が規定されている。

3　子との面会交流をめぐる問題

　以上のように，離婚後の親と子の関係については，親権や監護権が基本的な柱となるが，それでは親権や監護権を有さない親は，子との関係を切断され，単に扶養義務や相続というレベルでの法律関係が残るにすぎないのだろうか。

　この点は，特に，離婚後の子との面会交流の問題として議論されてきたところである。

　2011年の改正により，民法766条1項の離婚に際しての協議事項の中に，「父又は母と子との面会及びその他の交流」が明記され，離婚後の面会交流については，実定法上の手がかりも与えられた（離婚届にも，面会

交流の取決めの有無等についてチェックする欄がもうけられた）。

　もっとも，面会交流をめぐる問題については，その基本的な性格，判断基準等を含めて，多くの難しい問題が残されている。ここでは，離婚した夫婦間に絞って（面会交流それ自体は，祖父母との面会交流等，他の場面も考えられる），そうした問題について簡単に触れておくことにしよう。

(1)　面会交流の法的位置付け

　面会交流権といった言葉もよく耳にするところであるが，これはいったい誰のどのような権利なのだろうか。面会交流の権利性については，前述の改正された民法766条のほか，1994年にわが国でも批准された子どもの権利条約が挙げられる（同条約9条3項は，「締約国は，児童の最善の利益に反する場合を除くほか，父母の一方又は双方から分離されている児童が定期的に父母のいずれとも人的な関係及び直接の接触を維持する権利を尊重する」とし，同18条1項は，「締約国は，児童の養育及び発達について父母が共同の責任を有するという原則についての認識を確保するために最善の努力を払う」と規定する）。ただ，民法766条は，直接，面会交流の権利性を規定するものではないし，子どもの権利条約も締約国を名宛人とするものであり，直接の権利性を当事者に付与するものではない。面会交流が重要な意味を有するものであることは当然であるが，そこでの権利が何を意味し，具体的にどのような内容を有するものなのかについては，必ずしも明確にはなっていないように思われる。

　また，権利だとしても，それが誰の権利なのかという問題もある。すなわち，同居していない親（非監護親）が子と面会交流する権利なのか（親の面会交流権），あるいは，子が非監護親と面会交流する権利なのか（子の面会交流権）という問題である。面会交流の権利性を認め，それを積極的に承認する立場では，これを子の権利としたうえで，それについて親が義務を負う（監護親は，子の非監護親との面会交流を妨げない義務を負う）という構成が有力である。

(2)　面会交流の判断基準

　もうひとつのより実質的な問題が，面会交流を認めるか否かについての

第7講　婚姻の解消(2)　131

判断基準である。こうした判断の際の基準の中心が,「子の利益」にあるということ自体については,ほぼ争いがない（最決平成12・5・1民集54巻5号1607頁→*百選Ⅲ20事件［山口亮子］*）。

もっとも,具体的に子の利益をどのように判断するのかについては,大きく2つのアプローチに分かれているように思われる。

第1のアプローチ（原則実施論）は,子の利益が害されるおそれがある特段の事情（たとえば,①非監護親による子の連れ去りのおそれ,②非監護親による子の虐待のおそれ,③非監護親による監護親に対する暴力等）がない限り,面会交流が原則として認められるべきだとする考え方である。ここでは,面会交流を認めることが子の利益に合致するということが出発点となり,原則として面会交流が認められることになる。

第2のアプローチは,より総合的な観点から,具体的な個々の事情を踏まえて,面会交流を認めるべきか否かを判断するというものである。

かつては,後者のように個別具体的な事情を考慮して判断するというのが一般的であったと思われるが,現在は,前者のような原則実施論が広く実務において定着しているといった説明がされることもある。実際の状況は,それほど単純ではないと思われるが,第1のアプローチをとる方が,家庭裁判所の判断がより容易だということは確かだろう。

しかし,第1のアプローチについては,非監護親との面会交流を認めることが子の利益に合致するという前提が,どれほど確立したものなのか,客観的にも論証された前提なのかという点が問題として残されているように思われる。一般論として,こうしたことが言えるのは確かだとしても,離婚に伴う環境の変化等,一定の特殊な状況がある中でも,当然にそう言えるのかについては,必ずしもきちんと明らかにされていないように思われる。そうした不安定な前提のもとで,限定的で例外的な事情のみに焦点を当てることになる第1のアプローチで判断することについては,慎重さが求められるのではないだろうか。

(3) 面会交流の実施

なお,実体法上の問題として面会交流を求めることが認められるかという問題とともに,面会交流が認められる場合に,どのように面会交流を実

施するのかという問題がある。現在の面会交流をめぐる課題として最も重要だと意識されているのは，この点だとも言え，家庭裁判所の実務等においても，面会交流を具体的にどのように実施するかについて，さまざまな工夫がなされている。

このような工夫を踏まえて面会交流が認められる場合であっても，監護親がそれに従わない場合が問題となる。具体的には，間接強制によって，面会交流を強制することが考えられる。こうした間接強制について，監護親に対し非監護親が子と面会交流をすることを許さなければならないと命ずる審判において，①面会交流の日時または頻度，②各回の面会交流時間の長さ，③子の引渡しの方法等が具体的に定められているなど，監護親がすべき給付の特定に欠けるところがないといえる場合は間接強制が可能であるとされる一方，これらについての特定が十分ではない場合については，間接強制は認められないとされている（最決平成25・3・28民集67巻3号864頁→*百選Ⅲ 21 事件〔髙田昌宏〕*）。

Ⅳ 死亡による婚姻の解消と離婚

第6講でも触れたように，婚姻は，死亡によっても解消する。いままでにも，ばらばらに説明してきたところであるが，ここでは，離婚との対比で，死亡が婚姻関係にどのような影響を与えるかをざっと確認しておく。

① **氏** まず，氏については，配偶者の一方が死亡したとしても，当然に影響を受けるわけではない。

ただし，生存配偶者が婚姻によって氏を変えていた場合には，その判断で，婚姻前の氏に復することができる（民751条1項）。

② **姻族関係** また，姻族関係も，原則として影響を受けず，生存配偶者が，姻族関係を終了させる意思表示をすることで，終了する（民728条2項）。

③ **配偶者相続** 離婚の場合の財産分与にあたるものは，それ自体としては用意されていない。すでに言及したように，清算を含めて，それと共通する機能を果たすのが相続である。

第7講　婚姻の解消(2)　133

もっとも，相続においては，特別受益（民903条以下）や寄与分（民904条の2）を通じて一定の調整は図られるものの（これらについては詳しくは相続法で説明する），具体的な清算という性格は，財産分与に比べるとより希薄だと考えられる。

　④　親子の関係　　子についても，残った親権者が単独親権者となるというだけであり，単独親権とするための何らかの手続が必要なわけではない。

第8講　婚姻外の婚姻みたいな（？）関係
── 婚姻法外伝

　これまでの説明で，婚姻関係を対象とする基本的な説明を終えたが，以下では，婚姻法の番外編として，婚姻外の関係を取り上げることにしよう。

　これは，伝統的な説明においては，内縁や準婚の問題として扱われてきたものである。特に，内縁については，一定の研究の蓄積があり，それらをきちんとフォローして説明するということも考えられないではない。でも，せっかくの《婚姻法外伝》である（ちなみに，昔，白土三平の「カムイ伝」という難しいマンガがあった。それに対して，「カムイ外伝」はずっとわかりやすく，そっちばかり読んだ記憶がある）。もう少し自由にやってみたいような気がするし，志はあまり高くない方が勉強は楽しい。

　……というわけで，ここでは，内縁をめぐる基本的な法律状態を確認した後で，少し，自由にこの問題を考えてみることにしたい。

Ⅰ　内　縁 ── 内縁と準婚

1　内縁の概念

　まず，内縁の夫とか，内縁の妻といった言葉は，日常，耳にすることも少なくないだろう。内縁を定義すれば，「婚姻の実体を有する男女間の関係であり，婚姻の届出を欠くために，法律上の婚姻が成立していないもの」といったあたりが，まずは考えられる。

　ここでは，①婚姻届が提出されていないという形式的で，消極的な側面に加えて，②「婚姻の実体を有する」という実質的要件が課されている。実は，「『婚姻の実体を有する』って，いったい何を意味しているんだ？」などと聞かれると，実に困る。筆者自身が，本書において，婚姻意思についての実質的意思説に距離を置いた態度をとっていたからである→*22頁以下*。「そのくせ，ここでは婚姻の実体を……などと言うのは，一貫せん！」と

135

言われたら，「そのとおり！　おっしゃるとおりです」と頭を下げなくては
ならない。

　もっとも，しょせん，内縁は，それ自体として，婚姻と同じレベルでの
確固たる法的な概念ではない。婚姻ではないということを示すと同時に
（それは，婚姻の届出がないことによって示される），その外延を画する上で
のミニマムの要件として暫定的なものであっても挙げざるをえない（単に，
婚姻の届出がなされていない男女はたくさんいる。いま，これを読んでくれて
いるあなたと私の間にも婚姻関係はない）。ここでは，さしあたり，その程
度のことを前提に考えたい。

　もっとも，こうした内縁の説明，特に「婚姻ではない」という点は，半
分は当たっていて，半分は当たっていないように思われる。

　すなわち，内縁が婚姻ではないというのは，それ自体として動かしがた
いことである。「内縁をそんなに不当に扱うな！」と言っても，これは，
そもそも婚姻の成立要件（形式的要件としての婚姻の届出）の欠如から出て
くることなのだから，しかたがない。

　ただ，一方で，このように内縁が婚姻ではないということだけを強調す
ると，わが国の歴史において，内縁が法的に占めてきた位置を正確に理解
することができないだろう。

　実は，わが国の歴史において，内縁は，次第に，「婚姻じゃないけれど，
婚姻みたいな関係」という性格を強め，一定の法的な概念として位置付け
られるようになってきたのである。

2　内縁についての法律関係 ── 配偶者に準じて扱う特別法

　民法に則するならば，内縁は婚姻ではないという点を強調したが，制定
法のレベルでは，内縁について婚姻ではないという側面のみが強調されて
きたわけではない。

　労働者災害補償保険法など，多くの特別法では，その遺族給付に関する
規定の中で，「配偶者（婚姻の届出をしていないが，事実上婚姻関係と同
様の事情にあった者を含む。……）」が受給権者になるといったことが定
められている（他に，配偶者の定義規定の中にこうした内容を定めたものもあ

る。厚生年金保険法3条2項）。つまり，その局面に限れば，いわば配偶者の概念が拡張され，「婚姻の届出をしていないが，事実上婚姻関係と同様の事情にある者」も，配偶者に準じて扱われているのである。これは，内縁が，単なる法律外の概念として扱えば足りるものではないということを一方で示している。

　ただ，同時に，これらの特別法の規定が，もっぱら遺族給付に向けられたものであるという点も確認しておくべきであろう。事故等が生じた場合に，一定の補償をしなければならないという局面において，婚姻の届出の欠如という形式的要件のみで切断しないというルールなのである。このことは，補償が実態としての当事者間の関係を前提とするものであるということから正当化されるとも考えられる。その点では，そもそも婚姻法の問題ではなく，補償法の問題だと考えることもできる（このように，これは婚姻法の問題なのか，別の法制度の問題なのかという視点は，後でも出てくるので，頭の片隅に置いておいてほしい）。したがって，たとえば，「労働者災害補償保険法」や「介護保険法」の中で，「配偶者（婚姻の届出をしていないが，事実上婚姻関係と同様の事情にあった者を含む。……）」といった規定があるからといって，「配偶者＝婚姻関係にある当事者ならびに婚姻の届出をしていないが，事実上婚姻関係と同様の事情にある者」と一般的に定義することにはつながらないのである。

3　内縁保護の法律構成

(1)　婚姻予約によるアプローチ

　さて，それでは，判例においては，内縁はどのように扱われてきたのだろうか。内縁保護の可能性を示した判例は，実はかなり古いものに遡る。

　すなわち，大連判大正4年1月26日（民録21輯49頁）は，婚姻予約の法的効力を全面的に否定していたそれまでの判例を変更し，「婚姻の予約は将来に於て適法なる婚姻を為すべきことを目的とする契約にして其契約は亦適法にして有効なりとす……当事者の一方が正当の理由なくして其約に違反し婚姻を為すことを拒絶したる場合に於ては其一方は相手方が其約を信じたるが為めに被むりたる有形無形の損害を賠償する責に任ずべきものとす」として，履行強制はできないが，契約違反による賠償責任の可能

第8講　婚姻外の婚姻みたいな（？）関係　　137

性を承認した。

　なお，この判決は，あくまで婚姻予約→15頁【婚約と結納】の法的効力について判示するものであるが，このような婚姻予約の不当破棄という法律構成を使って，内縁の不当破棄について，債務不履行責任を認めるというアプローチが判例で確立していったのである。

コラム　足入れ婚

　古い習俗に，「足入れ婚」と呼ばれるものがある。本来は，婚姻の成立祝いの後，妻が実家に戻り，一定期間，夫が嫁方に通う習俗を指したものであるが，一般的には，もう少し広く，夫婦としての共同生活を始めたものの，一定の時期までは，婚姻が正式には成立しないという関係を指す言葉として使われてきたようである。現在の法制度に照らすと，事実上の婚姻関係が開始するものの，婚姻の届出はなされていない状況ということになる。それではどの時点で法的な婚姻を成立させるのか（婚姻の届出をなすのか）というと，嫁としての評価が確立した時，跡取りを生んだ時等ということになる。その点では，足入れの間は，（嫁についての）試婚期間という性格を有していたと考えられる。古いといっても，地域によっては，比較的最近まで残っていたともされる。

　さて，ここで説明してきたこととの関係では，この足入れ期間中に，あるいは，テストに不合格であるとして嫁が放り出されるというような場合が問題になる。

　この問題に対しては，判例の婚姻予約アプローチは，比較的うまく機能する。なぜなら，ここでは婚姻の成立に向けた関係であるという点で，婚姻予約の場合と同様だからである。

　ちなみに，この足入れという発想，特に，それが子を産めるかどうかをテストするといった点にその眼目があるとすれば，きわめて旧弊なものであり，因習という部類に属するものではないかとの印象を受ける。

　筆者自身もそう感じていて，あるところで，そうした因習の一例として，これを挙げて説明したところ，ある女子学生が，「先生，その足入れ婚って，いいですねぇ」と発言した。一瞬びっくりして，その意味を尋ねると，一緒に暮らしてみないと，夫婦としてやっていけるかどうかはわからないのであり，テスト期間というのは合理的だというのである。なるほどなぁ……と思った次第である。

　足入れ婚の保守性を基礎付けているのは，「嫁は跡取りを産むためのものである」といった発想であり，それは保守的で，現代においては受け容れがたいものである。ここでは，テスト期間といっても，「跡取りを残せる可能性があるか」という視点からのものであり，テストの対象は嫁だけである。しかし，双方が，このテストの被験者であり，判断者であるならば，状況の見え方は，大きく異なってくるのかもしれない。

138　第Ⅱ部　親族

(2) 準婚理論の展開

もっとも，上記のような判例は，内縁関係そのものを直接に対象とするものではなく，あくまで婚姻予約についての判断である。

なるほど，将来は結婚するという前提で同居しているような場合，こうした法律構成で解決することは，それほど不自然ではない。しかし，婚約の不当破棄の問題は，同居するなど，事実上の婚姻関係がなかったとしても，同様に保護が考えられうるものであるし，他方，事実上婚姻に等しい関係があるからといって，それが将来の婚姻を予定するものであるということは，当然には内容とされているわけではない。

そうした点で，このような婚姻予約を媒介とする解決が，内縁についてのアプローチとして適切なのかという点が問題とされたのは当然であった。このような観点から，内縁を婚姻に準ずる関係（準婚関係）として理解して保護するという考え方（準婚理論）が提唱され，それが通説的な地位を占めていくことになったのである。

特に，内縁配偶者の損害賠償請求をめぐる問題や婚姻費用の分担に相当する問題など，不当破棄に解消されない類型で，判例が一定の保護を図る方向を示してきたことは，こうした問題を顕在化させ，判例自体が常に婚姻予約という法律構成によっているわけではないということを再確認させることになった。

こうした流れの中で，最判昭和 33 年 4 月 11 日（民集 12 巻 5 号 789 頁→百選Ⅲ 24 事件 [大島梨沙]）は，内縁の不当破棄の事案についても，従前の婚姻予約不履行の理論による処理を認めた判例を踏襲することを確認した上で，「いわゆる内縁は，婚姻の届出を欠くがゆえに，法律上の婚姻ということはできないが，男女が相協力して夫婦としての生活を営む結合であるという点においては，婚姻関係と異るものではなく，これを婚姻に準ずる関係というを妨げない」として，婚約不履行を理由とする損害賠償とともに，不法行為を理由とする損害賠償を求めることもできるとしたのである。

(3) 内縁問題の難しさ —— 当事者の関係の多様性

以上のとおり，内縁問題を考える場合の有力な理論的アプローチが準婚理論だということになる。さて，すでに気がついた読者諸君も多いのでは

ないかと思うが，こうした準婚理論は，婚姻自体の理解と密接に関係している。通説的な位置を占めてきた婚姻意思についての実質的意思説を前提とするのであれば，内縁関係というのは，婚姻の実質的成立要件として最も重要な婚姻意思は充足しているが（婚姻障害の点は度外視する），形式的要件としての届出のみがない状態だということになる。このような理解からすれば，事実上の婚姻関係がある内縁は，婚姻に準じて扱われるべきことは，実質的にも妥当だということになるだろう。

　しかし，他方で，婚姻の届出を単なる形式的な要件にすぎないと見るのではなく，当事者が，法的な婚姻という関係を選択するか否かについての重要な指標であると理解するのであれば，問題に対する見方自体が変わってくる可能性がある。そもそも，婚姻についての実質的意思説を疑う場合，「事実上の婚姻関係」というのはいったい何なのかという基本的な問題も表面化する。

　ある時期までの内縁のひとつの前提となってきたのは，事実上の婚姻関係において隷属する女性と，事実上の婚姻による利益を受けつつ，都合の悪い責任は負わないという男性あるいはその男性側の家という図式であったように思われる。なるほど，仮にそうした図式を前提とすれば，かわいそうな女性を婚姻に準ずる関係を認めて保護すべき必要性というのが考えられるし，その気持ちはわからないでもない。

　ただ，問題は，そのような図式を前提として，現代の非婚関係を考えるということが適切なのかという点にあるように思われる。

　ひとつは，当事者が，積極的に非婚という関係を選択している場合の問題である。当事者が，あえて法律婚という法形式を選択しない場合に，当事者間の関係は実質的に婚姻と同じようなものなのだから，婚姻に準じて扱いましょうと法が介入することが適切なのかということは，それ自体が問題である。

　もうひとつは，事実上の婚姻関係を前提として考えるとしても，そこで事実上の婚姻関係とは何であり，規範的な評価に服することはないのかという点が問題となる。典型的には婚姻障害との関係が考えられるが，さらに，婚姻という概念には従前は含まれていなかったが，性的な関係を伴う真摯な共同生活といった意味では，同性間の関係も問題となるだろう。

実は，これらについて，筆者自身は，具体的な見通しを持っているわけではない。ただ，準婚関係と言って済むほどには，現在の男女間等の問題は単純ではなく，また，一定の婚姻観を前提として考えるという出発点をとらずに問題解決を考えようとする場合，それはきわめて難しい判断に直面するということだけを，あらかじめ確認しておくことにしたい。

4　内縁関係の終了における当事者の保護

(1)　内縁関係の終了と財産関係

内縁の不当破棄による損害賠償とは性格の異なる問題のひとつに，内縁関係が終了した場合に，当事者間に，特にどのような財産関係を考えるのかという問題がある。婚姻関係が終了する場合，それが離婚によるのであれば財産分与がなされ，配偶者の死亡によるのであれば配偶者相続が認められるということについては，すでに説明した。

このような婚姻の終了における関係を，内縁関係の終了の場合にも使うことができないのかということが問題となった。

まず，財産分与については，下級審レベルでは，内縁の解消の場合にも，財産分与に関する民法 768 条を類推適用するというものが見られ，最決平成 12 年 3 月 10 日（民集 54 巻 3 号 1040 頁→*百選Ⅲ 25 事件 [大村敦志]*）も，傍論ではあるが，「内縁の夫婦について，離別による内縁解消の場合に民法の財産分与の規定を類推適用することは，準婚的法律関係の保護に適するものとしてその合理性を承認し得るとしても」と述べており，その可能性を認めている。

他方，死亡の場合の配偶者相続権については，相続に関する明文の規定を欠く以上，そのままでは準用や類推適用といった形で対応することは困難である。その上で，配偶者相続と財産分与が，一定の範囲で機能的に重なりうるものであるということを前提として，内縁配偶者の死亡の場合に財産分与を借用できないのかということが問題となった。

これについては，下級審レベルでこうした方向を認めるものもあったが，前掲の最高裁の平成 12 年決定は，さきほど引用した部分に続けて，「死亡による内縁解消のときに，相続の開始した遺産につき財産分与の法理による遺産清算の道を開くことは，相続による財産承継の構造の中に異質の契

機を持ち込むもので，法の予定しないところである」として，この可能性を否定したのである。

この平成 12 年決定に対する評価はさまざまであり，批判的な見解も少なくない。離別の場合に認められる清算が，なぜ死亡による解消の場合には認められないのか，両者はバランスを欠くのではないかということは，たしかに問題である。

ただ，他方で，財産分与と配偶者相続が機能的に一定の範囲で重なり合うものであるとしても，相続が，（寄与分や特別受益という範囲で一定の考慮をしつつも）具体的な関係から基本的に切り離して抽象的相続分を観念するという制度であるのに対して（そこで抽象的相続分を基礎付けているのは，当事者間の具体的な関係や事情ではなく，配偶者や子などの抽象的な法的地位である），財産分与ではあくまで具体的な当事者間の関係が基礎となるのであり，この 2 つの制度に大きな隔たりがあるということは否定できない。

なお，清算という側面からこの問題を考えるのであれば，その実質は財産法上の関係なのであり，これ自体は，財産分与の規定の類推適用という形式が否定されたとしても，財産法上の法理（事務管理や不当利得など）によって解決されることまでが排除されているわけではない。ただ，内縁のような包括的で継続的な関係について，財産法上の解決を図るということは必ずしも容易ではないだろう。

(2) 借家における内縁配偶者の居住権

内縁配偶者の名義で家を借りていた場合，その者が死亡した場合に生存している内縁配偶者の居住権をどのように保護するのかという問題がある。すなわち，家主が明渡しを求めてきたときに，内縁配偶者としてはどのようにしたらよいのかという問題である。こうした問題が生ずることはまれではないし，また，生活の基盤であるという意味でも，深刻な意味を持つ。

すでに説明したように，内縁の効果として相続権は認められないので，借家権の相続という構成によることはできない。また，借地借家法 36 条は，賃借人に相続人がなかった場合には，内縁配偶者や事実上の養子が借家権を承継することを認めているが，これも，あくまで相続人が全くいない場合に，例外的に適用されるものにすぎず，これを実際に利用すること

ができる場面は，それほど多くはないだろう。

このような家主との関係について，最判昭和42年4月28日（民集21巻3号780頁）は，賃借権が相続人に承継されるということを前提とした上で，賃貸人に対して，相続人の賃借権を援用することができるとした（援用権説。嚆矢となったのは，事実上の養子についての最判昭和37・12・25民集16巻12号2455頁である）。すなわち，内縁配偶者としては，自らは借家権を有さないとしても，被相続人が有しており，そして，相続人に承継された借家権を援用することによって，明渡しを拒むことができるのである。

もっとも，このような法律構成は，借家に関する内縁配偶者の法的地位を必ずしも安定的に保障するものではない。なぜなら，これは相続人の賃借権を前提とするものにすぎず，それが失われてしまった場合には，もはや援用すべき権利を欠くことになるからである。借家権を相続した相続人が賃料を支払わなければ，債務不履行を理由とする家主からの解除が認められ，その場合には，内縁配偶者が借家の明渡しを拒むことはできないのである（前掲最判昭和42年4月28日も，まさしくそのような結果となった。なお，同判決は，家主からの内縁配偶者に対する賃料の支払請求については，内縁配偶者は債務を負担しないとし，相続人のみが債務者となるとしている。これは，一見，内縁配偶者を保護するもののように見える。しかし，債務者たる相続人が賃料債務を履行しなければ，賃貸借自体が解除されて，内縁配偶者は保護されないことになるから，賃貸借契約に対する内縁配偶者の脆弱な立場を裏面から示したものとも言える）。また，家主と相続人との間での合意解除がなされた場合にも，同様の状況が生ずる可能性がある（このような合意解除が認められないとすることが可能かについては議論の余地がある。転貸借がなされている場合の合意解除と法定解除の関係を想起させるが――転借人との関係では，合意解除を対抗できない〔民613条3項〕――，単に相続人の借家権を援用することができるにすぎないとされる内縁配偶者を転借人と同様に位置付けることができるかは，なお明らかではない）。

こうした問題を踏まえて，内縁配偶者を含む家族共同体が共同賃借人であるとする立場などが主張されているが（その場合には，内縁配偶者は，自らの権利として借家権を行使することができるし，賃料債務も負担する），現在

の法律状態として，まずは上記の状況を確認しておくことにしよう。

Ⅱ 当事者の積極的選択による婚姻外の関係 —— 婚姻外のパートナー関係

1 婚姻外の関係の選択

以下では，当事者が自覚的に婚姻という法制度を利用しないという場合を考えてみたい。

……といっても，そんなに気張って，「非婚関係を選択する」という場合だけを前提としているわけではない。実際には，「婚姻届を出さないと婚姻は成立しないということを知ってはいるが，届出はしていない」といった場合を含むものを考えている。

ちなみに，現代の社会において，「届出が婚姻の成立要件であるということを知らずに，事実上の夫婦としての関係を送っていた」という場合を前提に議論する必要はないだろう。

さて，このように当事者が婚姻という法制度を利用していないという場合をどのように考えるのかについては，まず，大きく2つの性格の異なる問題があるように思われる。

① **婚姻に準じた法律関係をめぐる問題**　第1の問題は，すでに述べたところとも重なるが，当事者間に婚姻に準じた関係を認めるかどうかという問題である（全面的に婚姻に準じて扱うか，効果ごとに考えるかは，この中のバリエーションである）。この問題設定は，基本的に婚姻法の拡張がどこまで可能なのかという，いわば親族法の問題として考えることになる。

② **契約による当事者間の関係の構築**　もっとも，実はこの問題がやっかいなのは，上記①では問題は終わらないという点である。婚姻に準じて扱われなくても，婚姻法で用意されたルールの一部を使い，それ以外のものを組み合わせながら，当事者間で契約をするということは理論的には考えられるはずである。婚姻は制度であり……などと煩いことを言われるなら，契約自由の原則がある契約法の世界に問題を持っていけば，何の問

題もないでしょ，というわけである。この問題は，①との対比で言うならば，契約法の問題だということになる。

この②については，契約自由の原則と家族法に関する法秩序の関係が問題となるが，それについての議論の蓄積はそれほど豊かなものではない。以下では，こうした２つの視点から問題を考えてみることにしたい。

2 さまざまな理由による非婚関係の選択 —— 婚姻の法律効果との関係

まず，上記①の問題であるが，すでに述べたとおり，筆者自身は，その実質が明らかにされていないような「事実上の婚姻関係」を判断基準として，婚姻法が適用されるのか否かというアプローチをとることに対しては，基本的には消極的である。

それでは，全く婚姻法の準用や類推適用の余地を認めないのかというと，そこでの非婚関係の選択を支えている当事者の意思がどこにあるのかということを踏まえて考える余地は，なお残されているように思われる。

この点は，婚姻の成立要件としての婚姻意思をどのようなものとして理解するのかという点にも関わっている。

婚姻における夫婦の協力扶助義務や相続あるいは婚姻の拘束力（離婚によらないと解消されない）など，婚姻の法律効果の基本的な部分を受け容れることができないがゆえに，婚姻という法律関係を選択しないのであれば，そこには婚姻法を適用する余地はないと思われる。それは，同居，性的関係等があり，周囲から夫婦として扱われているような実態があるとしても，変わらないものと思う。「まぁまぁ，そんな堅いことを言わずに，差し支えない範囲で……」という考え方もあるかもしれないが，婚姻法の問題として考える場合に，そうした態度をとるのであれば，ルールのセットとしての婚姻という制度の意味は喪失することになるのではないだろうか（もちろん，喪失してもよいという選択はありうる）。この場合，せいぜい３の契約の問題として扱うのが筋道だと考えられる。

他方，現行の婚姻制度のうち，比較的周辺的なものであるが，それが障害となって，婚姻を受け容れることができないという場合も考えられる。最も典型的なのは，夫婦同氏原則を受け容れることができないために，法

律婚という形式を選択することができないという場合である。

　この点は，婚姻の効果のところでもすでに触れており→56頁【選択的夫婦別姓
をめぐる議論】，あらためて詳しく論ずるつもりはないが，この種の当事者の
選択については，やはり何らかの婚姻に準じた処理を考えることができな
いのだろうかと思われる。

　もちろん，婚姻というのは，法律関係に関するルールのセットであり，
そうしたセットについては完全に受け容れるか，全く受け容れないかの二
者択一しかないという考え方は，十分にありうるだろう。ただ，そのよう
な考え方を前提とするのであれば，事実上の関係に即して婚姻に準じて考
えるという余地は，いっそう残されていないことになると思われる。

3　契約によるパートナー関係

　さて，もうひとつの問題が，上記②の契約上の関係としてのパートナ
ーである。①の問題で，婚姻に準じて扱うということを否定するとして
も，それはただちに，②の可能性を排除するものではない。もっとも，
このような当事者の合意による一定の関係の形成については，かなり難し
い判断を迫られる。

　一方で，契約においては，契約自由の原則があり，当事者間の合意に基
づいて，契約内容を自由に形成することができる。公序良俗等の制約があ
るにしても，それに反しない限り，合意によって一定の関係を形成するこ
とに障害はないとも考えられる。

　しかし，他方で，それでは，そうした契約自由の原則に基づいて，さま
ざまなバリエーションを有する準婚契約が認められるのかというと，どう
も一定の躊躇がありそうである。

　ここでは，ひとつの事件を取り上げて，問題を考えてみることにしたい。
ただし，あらかじめ断っておきたいが，以下に挙げるケースを，こうした
契約によるパートナー関係の一事例として取り上げることが，必ずしも適
当であるかはわからない。むしろ，事案の特殊性を考慮するのであれば，
少なくとも，パートナー契約の典型例として取り上げることは不幸である
ようにも思われる。その点を，まず確認しておきたい。

(1) **最高裁平成 16 年 11 月 18 日判決**

ここで取り上げる最判平成 16 年 11 月 18 日（判時 1881 号 83 頁→*百選Ⅲ 23 事件〔山下純司〕*）で問題となったのは，以下のような事案である。

X 女と Y 男は，いったんは婚約したが，それを解消し，「特別の他人として，親交を深めることに決めました」との書状を関係者に送り，その後も，別の家に住み，互いに行き来していたが，生計等は全く別であった。Xは，出産に消極的だったが，Yが子どもを持つことを強く望み，Yが出産に関する費用を負担し，子の養育について全面的に責任を負うという約束をした上で，長女および長男を，順次，出産した。なお，それぞれの出産の際には，Xは金員を受領するとともに，婚姻届を提出し，出産後まもなく離婚届を提出している。その後も，Xは子の養育に関わることはなく，長女はYの母が養育し，長男は施設に預けられた。

その後，YとA女が結婚することになり，婚姻届が出されたが，Xは，突然かつ一方的にパートナーシップ関係の解消を通告してAと婚姻したことが不法行為になるとして，Yに対して，慰謝料を請求した。

第 1 審は，Xの請求を棄却したが，控訴審は，請求の一部を認容して，100 万円の慰謝料を認めた。最高裁は，原審のY敗訴部分を破棄し，Xの請求を退けた。

(2) **パートナー契約の有効性をめぐる問題**

ここで問題となっているのは，不当破棄についての責任である。そして，その点については，最高裁は，「一方が相手方に無断で相手方以外の者と婚姻をするなどして上記の関係から離脱してはならない旨の関係存続に関する合意がされた形跡はない」として，問題を解決している。したがって，本件訴訟についてだけであれば，それだけのことだということになる。

もっとも，本件で前提とされている XY 間の関係は，こうした問題を契約で解決するということについて，数多くの問題を提起しているように思われる。その点について，少しだけ考えてみたい。

① **パートナー関係の存続と拘束力に関する合意**　　まず，本件では，関係存続に関する合意がされた形跡はないとされるのであるが，そうした合

第 8 講　婚姻外の婚姻みたいな（？）関係　　147

意の存在が認定された場合にはどうなるのだろうか。

　契約については、「契約（合意）は遵守されなければならない pacta sunt servanda」を基礎としつつ、継続的契約については、契約関係からの離脱についての特別なルールを用意するということが考えられる。

　もっとも、ここでの問題は、こうした継続的契約関係の解消一般のルールには包摂しえない問題を含んでいると考えられる。そこには、さらに2つの問題がある。

　第1に、解消が認められないという合意の合理性ないし妥当性である。その安定に一定の配慮が図られている婚姻ですら、離婚という解消の仕組みが用意されているのである。そうだとすれば、契約としてのパートナー関係において、仮にそのような合意をしたとしても、それ以上の拘束力（解消の認められない関係）があるとすることは困難なのではないだろうか。

　第2に、本件でも示されているように、それが別人と婚姻することに対する制約として働くことに対する問題である。婚姻の場合、婚姻関係を解消せずに別人と結婚することはできないし、貞操義務も認められている。それと同じレベルではないとしても、第三者と結婚することはできない、あるいは、第三者と結婚する場合にはパートナーの同意を得なければならないという合意に、当然に契約としての拘束力が認められるのかという問題である。

　②　子に関する合意　　本件では、結局、XもYも直接は子の面倒を見ていないが、出産に際しての、子の養育について一方（相手方）のみが全面的に責任を負う（私は責任を負わない）という合意は有効なのだろうか。このような合意は、XYでのみ効力を有するものであり、子に対しては法的な意味を持たないものだとしても、このように親としての義務に関する部分に関わるような合意を、契約のレベルで有効とすることが、果たして適切なのかという問題である。

　基本的には、契約のレベルであっても、公序良俗に違反するものとして端的に無効とすべきであると考えられるが、読者諸君は、どのように考えるだろうか。

　もっと検討すべき点はたくさんあるように思われるが、この種のパート

ナー関係を契約というレベルで理解するのであれば可能だというほど簡単な問題ではないということは，少なくとも示されたのではないだろうか。

なお，こうした問題についてどのように考えるのかについては，大きく2つのアプローチがあるように思われる。

ひとつは，ここで見たように，関係の継続性，拘束力，子の養育等，パートナー関係に関する合意を，それぞれの部分に分解して，ひとつずつ，その合意の有効性を契約法，家族法のルールに照らして，検討していくというものである。

もうひとつは，こうした身分関係に関わるような側面を有するパートナー関係の合意そのものの法的な有効性を，包括的に検討するというものである。

おそらく，前者が，法的な思考方法としては，より受け容れやすいものだとは言えるだろう。ただ，この種のパートナー関係に関する契約を，それぞれの条項ごとに切り離すことができるのかという点から考えるのであれば，なお後者の可能性も否定できないように思われる。

（コラム） *契約の自由と法形式選択の自由*

本文の説明の中では，契約のレベルであれば，契約自由の原則が前提となるということを述べた。それ自体は，ごく普通の説明だろう。

ただ，この問題は，もう少し視野を広げて考えると，非常に難しい問題に直面することになる。それは，どのような法制度を利用するのかという問題に関わる。

まず，ある法制度を使うか否かという点についても，一定の自由は認められている。当該制度の対象とされるものについて，それを使うか使わないか（不法行為の要件に該当する場合であっても，それを理由とする損害賠償を実際に請求するか否か），あるいは，複数の制度の対象とされるものについて，どれを使うか（債務不履行と不法行為の両方の要件に該当する場合に，そのいずれを使うのか。いわゆる請求権競合の問題となる）というレベルでの自由は，広く認められてきている。

しかし，他方で，一定の法制度に該当するか否かというレベルでは，当事者の意思的決定によって当然に決まるわけではない。相続人ではない者への遺贈を，被相続人が仮に「相続」と呼んでも，受遺者が相続人となるわけではないし，相続としての規律によって処理されるわけではない。また，子の定義が，

第8講　婚姻外の婚姻みたいな（？）関係　149

関係する者の間の合意によって変わるわけではないのである（この点は，第9講以下で扱う親子関係，特に，代理出産等の生殖補助医療との関係で具体的な問題となる）。

以上を踏まえた上で出てくるのが，いままである制度（制度Ａ）の対象とされていなかったものを，当該制度そのものではなく，他の制度（たとえば制度Ｂ）を使って処理するという当事者の選択を法的に認めることができるのかという問題なのである。本文で扱った問題も，そうした性質を有するものだということになる。

基本的には，この点を検討する上では，上記の制度Ａがどれだけ排他的な性格を有するものとして構築されているのか，という制度理解が出発点となるものと考えられる。本文の場合であれば，それは家族に関する法制度についての理解だということになる（その点では，やはり家族法の問題だということになりそうである）。

この種の問題では，自己決定が語られることが多い。しかし，ここでの問題は，契約という制度を前提として，その内容形成として契約自由が語られるというのとはレベルが異なるものだということを，十分に意識しておくべきだろう。もちろん，このことは，この種の問題で，自己決定を重視しないという結論にただちに結びつくものではない。むしろ，家族法秩序において，それをどの程度，当事者の自己決定に依拠した制度として設計するのかという問題なのである。

Ⅲ　婚姻障害がある当事者の関係 ── 婚姻ができない当事者

以上，見てきたのは，当事者が婚姻届を出さないが実質的に婚姻と認められる関係があり，準婚理論が適用されてきた内縁と，当事者が婚姻という法形式を選択せずに，別の関係としてのパートナー契約を結ぶという場合であった（もっとも，両者は，婚姻届を提出しないという選択をしている点では共通であり，その区別を截然となしうるわけではない）。

特に後者では，当事者が，婚姻届を提出するなどの行動をとれば，それによって法的な婚姻関係に変更しうるものであった。

それに対して，当事者が法律上の婚姻関係を選択しようとしても，それができないという場合も存在する。この場面では，当事者は（消極的であれ）非婚関係を選択しているわけではなく，非婚関係しか形成しえないという状況にあるのである。

この中にも，いくつかの異なるタイプがありそうである。

1 婚姻障害がある場合の内縁

当事者の一方または双方が婚姻適齢に達しない場合，近親婚の禁止に違反する場合，あるいは，重婚禁止に該当するような場合には，当事者は，婚姻届を仮に提出したとしても受理されない（民740条）。

こうした婚姻障害があるために，婚姻できないが，事実上，夫婦として共同生活をしているという場合のうち，重婚的内縁（法律婚と重婚的な関係に立つ内縁）については，すでに一定の議論の蓄積がある。

すなわち，すでに言及したような遺族給付に関する規定（「配偶者（婚姻の届出をしていないが，事実上婚姻関係と同様の事情にあった者を含む。以下同じ。）」）との関係では，昭和38年に，内閣法制局からの意見として，「届出による婚姻関係にある者が重ねて他の者と内縁関係にはいった場合」について，「届出による婚姻関係がその実体を失っているとき」には，受給権者と認める可能性が示されている。

また，下級審裁判例では，昭和30年頃から，重婚的内縁の場合であっても，不当破棄による場合の慰謝料請求を認めるものなどが登場してきたことが指摘されている。

ただ，これらの問題は，厳密に言えば，配偶者の概念そのものの問題ではない。前者は，遺族給付の受給権者の問題であり，法制局の意見と同様の方向を示した最判昭和58年4月14日（民集37巻3号270頁→百選Ⅲ26事件[蒿さやか]）も，特別法に規定された受給権者としての「配偶者の概念は，必ずしも民法上の配偶者の概念と同一のものとみなければならないものではなく，……戸籍上届出のある配偶者であっても，その婚姻関係が実体を失って形骸化し，かつ，その状態が固定化して近い将来解消される見込のないとき，すなわち，事実上の離婚状態にある場合には，もはや右遺族給付を受けるべき配偶者に該当しない」と説明している。

また，不当破棄については，婚姻予約の理論を前提として展開されてきた判例からすれば，そもそも配偶者であるということが前提にはなっていないとも言えよう。

さて，重婚的内縁の問題は，上記のとおり，一定の蓄積があるのだが，

ここでは，それとはやや性格の異なる婚姻障害のケースを取り上げてみたい。なお，これも，婚姻関係そのものが問題となっているわけではなく，遺族年金の受給が問題となったものである。

(1) 最高裁平成 19 年 3 月 8 日判決

最判平成 19 年 3 月 8 日（民集 61 巻 2 号 518 頁→*百選Ⅲ 27 事件〔森山浩江〕*）は，厚生年金保険の被保険者であった叔父と内縁関係にあった姪が，遺族厚生年金の支給を受けることができるのかが問題となった事案である。

第 1 審が受給権者たることを認めたのに対して，控訴審はそれを否定した。最高裁は，原判決を破棄して，受給権者たることを認めた。少し長くなるが，最高裁の判断の内容を確認しておきたい。

まず，最高裁は，この問題が当該特別法上の遺族給付の受給権者をめぐる問題であるとしつつ，「厚生年金保険制度が……公的年金制度であり……民法の定める婚姻法秩序に反するような内縁関係にある者まで，一般的に遺族厚生年金の支給を受けることができる配偶者に当たると解することはできない」とし，また，「民法 734 条 1 項によって婚姻が禁止される近親者間の内縁関係は，時の経過ないし事情の変化によって婚姻障害事由が消滅ないし減退することがあり得ない性質のものである。しかも，上記近親者間で婚姻が禁止されるのは，社会倫理的配慮及び優生学的配慮という公益的要請を理由とするものであるから，上記近親者間における内縁関係は，一般的に反倫理性，反公益性の大きい関係というべきである」とした。ここまで読むと，「あぁ，受給権は認められないのだ」ということになりそうである。

しかし，判決は，さらに続けて，「我が国では，かつて，農業後継者の確保等の要請から親族間の結婚が少なからず行われていたことは公知の事実であり，……周囲でも，前記のような地域的特性から親族間の結婚が比較的多く行われるとともに，おじと姪との間の内縁も散見されたというのであって，そのような関係が地域社会や親族内において抵抗感なく受け容れられている例も存在したことがうかがわれるのである。このような社会的，時代的背景の下に形成された 3 親等の傍系血族間の内縁関係については，それが形成されるに至った経緯，周囲や地域社会の受け止め方，共同

生活期間の長短，子の有無，夫婦生活の安定性等に照らし，反倫理性，反公益性が婚姻法秩序維持等の観点から問題とする必要がない程度に著しく低いと認められる場合には，上記近親者間における婚姻を禁止すべき公益的要請よりも遺族の生活の安定と福祉の向上に寄与するという法の目的を優先させるべき特段の事情があるものというべきである」として，結論としては，姪が受給権者たることを認めたのである。

(2) 平成19年判決の位置付け

すでに言及したとおり，本件は，あくまで遺族年金の受給をめぐる問題である。したがって，本件の解決だけであれば，その問題として考えれば足りるのであって，近親婚をめぐる問題として扱う必要がないとも考えられる（もっとも，最高裁は，同時に，民法の婚姻秩序との関係に言及しているので，問題はもう少し複雑である）。

ここでは，あくまでひとつの素材として，婚姻障害がある場合の非婚関係の保護について考えてみることにしたい。

まず，本件での問題ではないが，このようなケースにおいて，その他の婚姻に準ずるような効果が認められるのかということが問題となる。

たとえば，そのひとつとして，こうした内縁関係が解消された場合に，財産分与の類推適用の可能性があるのかといった問題が考えられる。すでに説明したとおり，この場合の両当事者間の財産的な関係の清算としてのものは，この場合にも肯定されそうだが，それを財産分与の類推適用という法形式で実現することが可能なのかは，問題になりそうである。

また，内縁関係の解消の場合の慰謝料も問題になりそうである。婚姻予約を基礎として展開されてきた判例理論からすれば，婚姻関係がなくても，慰謝料を認めることに障害はないということは，すでに述べたところではあるが，婚姻予約という考え方は，将来において婚姻が実現しうることを前提としている。重婚的内縁の場合であっても，先行する法律婚の解消によって，その障害が取り除かれる可能性は残されている。それに対して，近親婚の禁止については，最高裁が述べるように，時間の経過によってその障害が変化するということはありえない。それでも，合意の違反として，慰謝料を認めることはできないのかという考え方はあるかもしれないが，

第8講　婚姻外の婚姻みたいな（？）関係　153

法秩序の価値判断が，当該状態が解消されるべきものであるとするならば，その解消によって慰謝料を認めるということは，価値判断の矛盾だとも言えそうである（当該関係を解消すべきものであるとしつつ，慰謝料によって守られるべきものだと評価することになってしまう）。

その点では，ここでの問題も，やはり，家族法から，契約法にフィールドを移せば解決する問題ではないということになる。

ただ，同時に，これらの婚姻障害がある場合については，当事者の積極的な非婚の選択という余地が認められないということも頭の片隅に入れておく必要があるかもしれない。その点では，婚姻関係を選択することができるにもかかわらず，それを選択しなかった当事者以上に，その関係を法的に保護するという必要性があるという見方もありうるからである。この点を重視するのであれば，最終的には，そうした必要性と婚姻障害が実質的に確保しようとしているものとの衡量によって判断されるということになる。

2　同性間の関係

最後に同性のパートナーの関係を取り上げておくことにしよう。

婚姻障害として規定されているわけではないが，現在の一般的な理解によれば，同性間での婚姻は認められていない（妻と夫という概念を用い，子の出産を前提とする民法の規定。さらには，「婚姻は，両性の合意のみに基いて成立」するとする憲法 24 条 1 項が，その法的根拠として挙げられる）。

これについては，すでに部分的には，情報を耳にした読者も多いだろうが，同性の関係についても，近時の比較法的な動きとしては，それを肯定するという法秩序も登場している。ここでは，①同性の婚姻を認める，②同性について婚姻は認めないが，婚姻に準ずるようなパートナー関係を法制度として用意する，といったものに分かれている。

この問題をどのように考えるべきなのかは，非常に難しいものであることは明らかであるが，そこでの基本的な視角は，すでに述べてきたところと，ある程度まで共通するのではないだろうか。

すなわち，婚姻に準じて扱うのか（準婚理論），あくまで契約の問題として解決するのかという，いずれの方向で考えるにしても，現在の婚姻法

秩序が，こうした同性間の関係を排除しているものなのかという点が，重要な手がかりとなる。

　この場合，現行民法が，異性間の関係のみを前提としているということから，ただちに答えが導かれるわけではない。それは，単に，現行の法秩序が，異性間の関係としての婚姻という制度を用意しているということにすぎないからである。問題は，それでは，現行法では用意されていない，そうした同性間の関係をどのように位置付けて，法的に扱うべきなのかなのである。

　社会秩序という観点から，異性間の婚姻以外のこうした関係を認めないという考え方もありうるだろう。もっとも，キリスト教において，ソドミーの禁止の対象として扱われ，かつては刑罰をもって禁止されていた西欧諸国に対して，歴史的に見れば，日本では同性愛に対する社会的禁忌は必ずしも強くなかったという見方もある。

　筆者自身は，この問題に対する現時点での答えを持ち合わせていないということを述べて，締めくくらざるをえない。

　なお，以上は，同性のカップルを前提とする，その取扱いについての問題であるが，やや性質の異なる問題として，性同一性障害の治療によって性転換手術を受けた人をどのように扱うのかという問題がある。たとえば，男性が性転換手術によって女性になった場合，異性を前提とするという要件との関係で，その人が男性と結婚できるのかが問題となる。かつては，性染色体によって性別が判断されるとして，これを否定する判決もあったが，平成16年から施行された「性同一性障害者の性別の取扱いの特例に関する法律」（特例法）は，20歳以上（成年年齢の引下げに伴い18歳に改正される）で，結婚をしておらず，未成年の子がいない等，一定の要件の下で（同法3条），家庭裁判所の審判（性別の取扱いの変更の審判）を受けると，民法その他の法令の適用については，「その性別につき他の性別に変わったものとみなす」（同法4条1項）とされている。したがって，この審判を受ければ，性転換手術によって女性／男性となった人は，男性／女性と結婚することができることになる。

　ただし，性転換によって男性となった夫と妻の婚姻を認めるとしても，その妻が出産した子の扱いが問題となる。実際には，第三者の精子を利用

第8講　婚姻外の婚姻みたいな（？）関係　155

した AID→*215頁以下*によって妻が懐胎し，出産した場合の子がどのように扱われるかである。これについては，妻が婚姻中に懐胎した子であるという観点からは，民法772条の適用が考えられるが→*217頁*，他方，客観的な事情から，夫の子ではないことは明らかであり，民法772条の適用の前提を欠くとする考え方も有力であった。実務においては，後者の立場に立って，嫡出子出生届の受理を認めていなかったが，最決平成25年12月10日（民集67巻9号1847頁→*百選Ⅲ36事件［渡邉泰彦］*）は，「性別の取扱いの変更の審判を受けた者については，妻との性的関係によって子をもうけることはおよそ想定できないものの，一方でそのような者に婚姻することを認めながら，他方で，その主要な効果である同条による嫡出の推定についての規定の適用を，妻との性的関係の結果もうけた子であり得ないことを理由に認めないとすることは相当でない」として，民法772条の適用を認めている。

　この問題をどのように考えるべきかは非常に難しいが，夫に生殖機能の障害がある場合の AID（第三者提供の精子による人工授精）→*215頁以下*との関係で考えることが，ひとつの手がかりになるかもしれない。こうした一般的な AID についても，客観的に見れば，夫による懐胎の可能性はないという点に注目するのであれば，ここでの問題は共通する（したがって，夫の生殖機能の障害のために AID を用いた場合にも，民法772条の嫡出推定が排除されないのであれば，同様に考えればよいということになる）。他方，上記の AID で問題となっているのは外部的には明らかではない夫の生殖機能の障害であり，そこでは医師は施術に関与するものの，いわば家庭の秘め事としての側面がある（外観説を前提とする嫡出推定の及ばない子→*193頁以下*とは考えにくい）。それに対して性同一性障害による性別の変更は，上述のように，性別の取扱いの変更の審判（家事232条）を経てなされるものであり，また戸籍の記載からも明らかである。その点では，両者は同一視できないという考え方もありうるように思われる（従前の実務は，まさしくそうした点を重視していたと考えられる）。上記平成25年決定を支持する見解も多く，筆者自身も限界事例だと考えているが，「性別の取扱いの変更の審判を受けた者については，妻との性的関係によって子をもうけることはおよそ想定できない」としつつ，「婚姻することを認めながら，……

嫡出の推定についての規定の適用を……認めないとすることは相当でない」という本決定の理由付けは，必ずしも十分ではないように思われる。むしろ，本質的に問題となっているのは，特例法が認めた「性別の変更」をどのように受け止めるべきなのかという点にあるのではないだろうか（変更された性別をそのまま受け入れるべきであり，その他の情報を加えて判断してはならないとするのか，あくまで「特例法によって変更された性別」として受け止めるのかという問題なのではないか）。

第9講　実親子関係
―― 親子関係をめぐる基本的な枠組み

　親子は，婚姻と並んで，現在の家族法の骨格を構成している。また，親子という法律関係については，生まれた時から，その当事者になるという意味では，婚姻以上に，もっと身近だとも言えそうである。

　さて，本書では，実親子と養親子に分けて，まず前者について，①民法が定める実親子法の基本的な枠組み，②嫡出推定制度の周辺，③親子をめぐる現代的な問題の順番で説明していくことにしよう。

Ⅰ　親子に関する基礎的な概念と民法の全体構造

　まず，親子に関するルールが民法においてどのように規定されているのかを見ておくことにしよう。

1　実親子と養親子

　民法の第4編第3章「親子」は，その第1節で「実子」について，第2節で「養子」についての規定を置いている。したがって，民法の用意する親子というのは，この2つ，実 親 子と養 親 子だということになる。

　まず，実親子関係というのは，一定の事実的な関係を前提として，その存在が当然に認められる親子関係である。もちろん，そこでは，一定の事実的な関係として，何が求められるのかが問題となる。実親子関係の最も基本的な問題は（最も難しい問題も）この点にあるが，これについては後述する。

　他方，養親子関係というのは，（養子）縁組という人為的な行為を媒介として成立する親子関係である。

　いずれも親子であることには変わりはないが，実親子関係は，一定の事実関係があれば，当然に認められるという構造のものであり，原則として，

158　**第Ⅱ部　親族**

「実親子関係の成立」は問題とならず，実親子をめぐる問題は，あくまで「実親子関係の存否（有無）」としてあらわれることになる（もっとも，この点は，認知のところで説明するように，完全に貫徹されているわけではない）。また，「実親子関係の解消」という制度もない（特別養子における法律関係については別途説明する→283頁）。

　この点で，実親子関係は，【両当事者の合意による婚姻の成立】→【婚姻の効果】→【両当事者の合意または少なくとも一方当事者の意思による離婚による婚姻の解消】という枠組みで説明してきた婚姻法とは，大きく性格が異なる。他方，同じ親子でも，養子縁組では，上記の婚姻についての図式が，ほぼ同じように当てはまる。養親子関係は，親子関係という点では実親子関係と同じカテゴリーに属するが，法的な制度の仕組みという点では，むしろ婚姻法に近接している（縁組の成立に関する民法799条，縁組の取消し等に関する808条，離縁に関する812条や，その他，個別的な規定の中でも，婚姻において規定されていたのと類似する条文が少なくない。もちろん，親子という側面に即した婚姻法との違いも残ることは当然である）。

コラム　　勘　当―― *実親子関係の解消？*

　本文で，「実親子関係の解消はない」と書いたが，「勘当というのは？」と心の中で疑問に思われた方もいるのではないだろうか。その疑問，ちっとも恥ずかしがる必要はない。筆者自身が法律相談を受けてきた場面の中でも，こうした制度が使えないのだろうかという素朴な質問を受けたことは，何度もある。そうした疑問の前提となっているのは，放蕩者が身内にいる場合に，自分も責任を負わされるのではないか，年老いた親の財産を守ってあげるにはどうしたらよいのかという，真剣で深刻な悩みである。そうした悩みは，それ自体として，十分に理解できるものである。

　この点については，２つのことを説明しておくべきだろう。

　第１に，現在の法律制度において，勘当といった「実親子関係を切断するような制度は，そもそも存在しない」ということである。

　第２に，こちらの方が，実は，そうした相談との関係では重要なのだが，成人した者について「身内だから責任を負わせるという制度も，やはり存在しない」ということである。成人した30歳のAが借りた金銭について，BがAの親だからという理由で，あるいは，CがAのきょうだいだからという理由で，その責任を負わされるということはないのである（子の不法行為についての親

第9講　実親子関係　　159

の責任に関係する民法714条だって，不法行為を行った未成年者が，責任能力を有さない場合の規定であり，Aの借金とは無関係なのである。ただ，表見代理が成立するような事態は避けること，また，相続人である場合には，相続において借金がのしかかってくる危険性があることには注意が必要である）。

ところで，勘当という制度であるが，もともとは，主人による家来等の譴責（けんせき）としてなされる追放，名簿（みょうぶ）の抹消等を意味したようであるが，江戸時代に入って，親から子への義絶（ぎぜつ）としての意味を有するようになったとされる。この江戸時代の義絶が，時代劇などでもよく出てくる勘当だということになる。

江戸時代においては，基本的に，親子という身分関係に伴う連帯責任があったのであり，そうした連帯責任を免れるためのものとして，勘当，義絶は意味を有したと言える。

他方，現代においては，そうした連帯責任自体が前提となっていないので，勘当という仕組みは不要となったのである。

この2つをセットにすることで，「現代では勘当がない」ということの意味もきちんと理解できるし，冒頭のような法律相談にも適切に答えられるのである。

ところで，民法の条文が，「実子」や「養子」についての規定であるのに，以上の説明の中で，いちいち「実親子関係」や「養親子関係」と書いているのを読んで，「あれっ？」と思った読者もおられるかもしれない。

民法は，親子関係そのものを規律するというより，子の法的地位という観点から規定しているという側面が強い。それは，特に，後述のような嫡出子や非嫡出子という概念をめぐって，強く示されている。

もっとも，そうした子の地位やそれに伴う効果を考える，その前提の問題として，親子関係の存否の問題があるというのが，ここでの理解である。それは，夫の地位，妻の地位という法的問題に先立って，婚姻という法律関係が問題となるのと同様である。そうした観点から，ここでも，まずは親子関係の存否等をめぐる問題を説明することにしよう。

2 嫡出子と非嫡出子

たったいま触れたところであるが，親子法を考える場合の基本的な概念として，嫡出（ちゃくしゅつ）と非嫡出（ひちゃくしゅつ）という概念がある。その言葉の意味は，後できちんと丁寧に説明するが，おおざっぱに言うと，嫡出というのは，「婚姻

による」という意味で，嫡出子というのは，「婚姻関係にある夫婦の子」だということになる。

　なお，民法典は，「嫡出」という言葉は使っているが，「非嫡出」という言葉は使っておらず，条文上は，「嫡出でない子」（民779条・790条2項）という表現が用いられている。民法に示されていないというだけではなく，「非嫡出子」という言葉が持つ差別的なニュアンスを嫌って，「婚外子」など別の表現を用いる場合もある。ただ，ここでは，嫡出親子関係について，後述のとおり，厳密に議論をしたいということもあり，それとの関係でやや紛らわしさを有する婚外子といった言葉ではなく，嫡出子の補集合としての概念という意味で，非嫡出子という言葉を使うことにする。

　さて，前置きが長くなったが，ここでは厳密な定義を避けつつ，嫡出と非嫡出という言葉について，2つのポイントを確認しておきたい。

　① 嫡出という言葉の意味　　まず，嫡出という言葉の意味であるが，ひとまずは，「婚姻に由来する」という程度の意味であり，非嫡出というのは，それ以外の場合であるという程度の説明にとどめておきたい。

　ところで，嫡出か否かが厳密に問題になるのは，実子の場合だけである。養子については，縁組の日から養親の嫡出子たる身分が認められるとされており（民809条），これによれば，嫡出子としての法的地位を有するか否かは，養親子関係の成否で決まる。他方，実親子関係における「嫡出」という概念は，一定の事実関係を前提として判断されるものであり，単に抽象的な法的身分だけを意味しているわけではない。その意味では，嫡出がいったい何を意味するのかは，まさしく実親子関係において論じられるべきものだということになる。

　② 法的身分としての嫡出子概念　　嫡出か否かが，婚姻の有無と関係するといっても，それが法的に特別な効果をもたらさないのであれば，そうした概念の区分けにこだわる必要はない。しかし，嫡出という概念は，①の養子についてすでに言及したとおり，嫡出子あるいは非嫡出子という法的身分（法的地位）としても観念されている。

　そのため，実親子では，嫡出か非嫡出かが事実の問題として登場するのに対して，そもそも，「婚姻に由来する」といった側面がない養子につい

ても，「養親の嫡出子の身分」（民 809 条）を取得することが可能となるのである。

　つまり，嫡出という概念に関しては，①嫡出の親子関係があるか否かの判断をめぐる問題と，②嫡出子という身分（法的地位）をめぐる問題が存在することになる。

　このうち，①は，基本的には，実親子の問題として，具体的な規定（特に，民法 772 条以下の規定）に即して見ていくことになる。

　他方，②は，その身分が具体的に意味を持つ場面に即して，検討していくということになる。

　なお，この際，気をつけてほしいことがある。上記の問題のうち，②については，嫡出子である，非嫡出子であるということによって，特に，法律効果として異なるところはないのであれば（非嫡出子の相続分を嫡出子の相続分の 2 分の 1 と規定した改正前の民法 900 条 4 号ただし書前段は最大決平成 25・9・4 民集 67 巻 6 号 1320 頁→*百選Ⅲ 57 事件［幡野弘樹］*により違憲と判断され廃止された。その他，嫡出子は認知の対象とならない→*176 頁以下*とされているが，実際には，これは嫡出子に限定されたことではなく，すでに認知されて父子関係が成立している非嫡出子についても認知はできないと考えられる。あとは氏の扱いが残るくらいである），もはや，身分としての嫡出子という概念は，意義を失うことになる。その身分に，何ら法律効果を伴わないものを，法的地位として維持する必要はない（なお，非嫡出子の相続分に関する前掲最大決平成 25・9・4 は，嫡出子，非嫡出子を区別することの実際上の意義を大きく減ずることになったが，出生届に嫡出子または嫡出でない子の別を記載すべきことを規定する戸籍法 49 条 2 項 1 号の合憲性が問題となった最判平成 25・9・26 民集 67 巻 6 号 1384 頁は違憲ではないと判断した。ただ，その説明では，「届書に嫡出子又は嫡出でない子の別を記載することを届出人に義務付けることが，市町村長の事務処理上不可欠の要請とまではいえないとしても，少なくともその事務処理の便宜に資するものであることは否定し難く，およそ合理性を欠くものということはできない」というものであり，積極的に合理性が承認されたわけではない）。

　他方，仮に，②の問題が法律効果の違いを解消する方向で解決され，

「身分（法的地位）としての嫡出子」という概念が法的な表舞台から追いやられたとしても，実親子関係を判定するプロセスにおいて，婚姻関係がある場合とない場合を区別するということは，十分に考えられる。この場合，嫡出や非嫡出という用語，ましてや，嫡出子や非嫡出子という身分概念は不要であるとしても，なお，上記①の問題は実質的に残るのである。

コラム *婚姻と親子 —— 親子法の全体像をどのように描くのか*

　嫡出と非嫡出という概念に伴う問題は，本文で述べたとおり，いくつかのレベルで考えることができるものである。さらに，もっと基本的なレベルでの問題も考えられそうである。それは，婚姻と親子との関係である。これは，実体的な法律効果をどのように考えるのかといったレベルだけではなく，親子法をどのような順番でどのように描くのかということにも関係するように思われる。

　実は，親子という概念自体が，多義的な側面を有している。両親との関係を考えるのであれば，親子ということでもいいが，自然人として存在する父との関係では父子関係，母との関係では母子関係である。こうした父子関係，母子関係と，婚姻とについて，どちらを基本的なものとして描くのかというのは，もちろん形式的な問題ではあるが，同時に家族についての一定のイメージにもつながるように思われる。

　①　**婚姻関係を出発点とする見方**　　民法が，まず全体を，嫡出とそれ以外という形に分けて規定していることは，「婚姻関係を前提とする親子」，「それ以外」を全体の最も大きな分類としているように見える。そこで前提となっている親子関係は，基本的に，(a)婚姻夫婦と子との関係（嫡出親子），(b)父または母と子との関係（非嫡出親子）の2つだということになる。このような問題構造の理解を基本とする場合には，特に，(a)において，婚姻夫婦と子との関係について，婚姻が親子関係に一定の影響を与える（後述の嫡出推定制度が働き，子の安定的な地位が確保される等）ということを容易に説明することが可能となる。

　②　**母子関係と父子関係を出発点とする見方**　　それに対して，親子法の最も基本的な要素として，母子関係と父子関係を位置付けるという見方もあるだろう。①と何が違うのかと思われる方もあるかもしれないが，婚姻関係がある場合でも，婚姻夫婦と子の親子関係を論ずるのではなく，あくまで母と子の関係，父と子の関係を考えることが，親子法の基本となるという理解である。ここで父や母が結婚しているということは，それぞれの場面で母子関係，父子関係の認定等に影響を与える事実として位置付けられるとしても，あくまで当事

者は自然人たる母や父という個人だということになる。

　実は，筆者自身，上記のような２つの見方の中のいずれを前提とするのかということについて，十分な態度決定ができていない。嫡出子や非嫡出子という子の身分として問題を理解するということに消極的な立場からは（基本的にそのように考えているのであるが），一応，②の方向に向かいそうである。しかし，②の立場を徹底させた場合，婚姻が親子関係に与えている影響（法的なレベルでの両者の関連性）を適切に説明することが困難となるということも完全には否定できない。
　……と，このような迷いを持ちつつも，本書では，基本的に②の立場を前提に説明を進めていきたいと考えている。
　なぜか。「迷ったら，新しい方を」という意思決定論ではタブーとされるような方向に惹かれたからである……というのは冗談で，嫡出，非嫡出といった概念がどっぷりとしみこんでいない諸君には，②の母子関係，父子関係を個別に考えるという方が，容易に理解できるのではないかとも考えたからである。なお，以下の説明では，母子関係，父子関係の順番で説明をしていくが，これはレディーファーストというわけではなく，母子関係の方が，伝統的には（最近の代理母，代理出産問題を考えない限り），単純な構造となっているからである。いずれにせよ，実験的な試みで，成功するのかしないのか，全体の説明が終わった後に，諸君自身に判断してもらうことにしよう。

Ⅱ　実親子関係に関する基本的なルール

1　実親子の意味 ── 定義の欠如

　それでは，実親子関係に関する民法の基本的なルールを確認していくことにしよう。もっとも，のっけから恐縮だが，大変に困ったことがある。実子とか養子について，さらには，嫡出子についての規定があると書いてきたが，実親子が何なのか自体については，民法は積極的には何も規定していないのである。
　「だって，さっき，第４編第３章第１節は，『実子』だと言ったじゃないか？」と思うかもしれないが，でも，そうなのだからしかたがない。第１節の表題は，たしかに「実子」だが，実子という概念自体については，民法は規定していないのである。ウソだと思う人は，ぜひ，その第１節の条

164　第Ⅱ部　親　族

文を端から見ていってほしい。

このあたりで，「でも，まぁ，普通は，血がつながっていて，子を産んだのが母親だし，そんなにかっかとしなくても……」と，声をかけてくれる諸君もいるかもしれない。そのとおり，そんなにかっかとしなくても，ちゃんとやってきたのである。

ただ，上記の穏やかな諸君の説明（助け船）について，せっかく助けてくれようとしているのに，なお意固地にちまちまと考えると，「血はつながっているが，出産はしていない女性」とか，「血はつながっていないが，出産した女性」は，いずれが母親なのかなどという疑問が湧いてきそうである。もちろん，これは，代理懐胎→*221頁以下*を想定しての問題である。

同じことは，父親についてだってある。AID（非配偶者間人工授精）→*215頁以下*で生まれた子の父親は，分娩した母親の夫であると扱われてきているが，その父と子は，「血はつながっていない」のである。

実親子の概念という，それ自体としては，ある程度まで安定していた概念は，こうした最先端の医療技術（「生殖補助医療」）の発展によって，そこに深刻な問題が存在することが顕在化したのである。

そのことを確認しつつ，以下では，まずは民法が特に親子関係の存否について，どのように規定しているのかを見ていくことにしよう。

2　母子関係

まず，母子関係の存否であるが，これについても，民法の中には，直接的な規定は用意されていない。

親子関係を語る場合の最も基本的な条文は民法 772 条であり，嫡出子の親子関係についての規定だとすれば，母子関係も，その親子関係に含まれそうである。しかし，この規定をよく読めば，基本的に父子関係がどのような場合に認められるのかということについての規定であることがわかる。もっとも，条文の中に全く手がかりがないわけではない。

第 1 に，嫡出子に関する民法 772 条や 773 条は，父子関係についての規定であるが，そこでは，「懐胎」（民 772 条）や「出産」（民 773 条）によって，母子関係が基礎付けられるということが当然の前提になっていると理解することができそうである。

第 9 講　実親子関係　165

第2に，他方で，民法779条は，「嫡出でない子は，その父又は母がこれを認知することができる」と規定しており，これを卒然と読めば，非嫡出の場合には，懐胎や出産という事実によって母子関係が成立するわけではなく，あくまで認知によって母子関係が成立すると理解されそうである。しかし，これについては，最判昭和37年4月27日（民集16巻7号1247頁→百選Ⅲ31事件［石井美智子］）が，「母とその非嫡出子との間の親子関係は，原則として，母の認知を俟たず，分娩の事実により当然発生する」として，母による認知は不要であるとの判断を示している。

以上に述べたことをまとめると，嫡出子の場合であれ，非嫡出子の場合であれ，結局，懐胎と出産（分娩）という事実によって母子関係が基礎付けられることになる。

したがって，嫡出か否かという点は，母子関係の存否にとっては，特に判断を左右するものではないということになる。

> **（コラム）** *母子関係が不明確な場合の法律関係*
>
> さて，本文のような説明を読んで，「でも，母子関係だって，常に明らかとは限らないではないか」と思われた諸君もいるのではないだろうか。実にもっともであり，出産直後に離されてしまった子のような場合（典型的には，棄児の場合），誰が母親かがはっきりしないということもありうるだろう。
>
> 実は，こうした場合について母による認知を認めるという考え方もある。本文で言及した昭和37年判決が，「原則として」と述べていることも，そうした見解を導く根拠となっている。しかしながら，このような場合であっても，母の認知による解決を正当化することはやはり困難であるように思われる。ここでは，特に，2つの点を指摘しておきたい。
>
> 第1に，判例の立場を前提とした上で生ずる理論的な問題である。認知を必要とせずに，分娩という事実によって母子関係が基礎付けられるのだとすれば，その分娩を誰も確認していなかったとしても（その事実の知不知にかかわらず），その事実によって母子関係はすでに成立しているはずである。したがって，認知まで，分娩があったにもかかわらず母子関係は存在していなかったという説明（認知によって母子関係が成立する）は，理論的に一貫しない。
>
> 第2に，より重要な点として，実質的な結論の妥当性をめぐる問題がある。母の認知を認めるということは，母が認知さえすれば，今度は，その母子関係について争いがある場合には，子その他の利害関係人の側で，その認知の無効を主張立証しなければならないということを意味する（民786条）。認知自体

は，非常に容易である。だからこそ，親子関係の証明が困難な場合に，認知を認めることによって，その障害をクリアしようというのが，認知を容認する理由となっている。しかし，そのような場面（母子関係の有無がはっきりしない場面）で，今度は，立証が困難な事実（母子関係の不存在）についての立証責任を子の側に負担させるという結論は，実質的な観点からも，当然に正当化されるものではないだろう（同種の問題は，父の認知についても存在するが，そうした問題があることを踏まえつつ，父の認知に合わせる必要はないだろう）。

　現在の実務においては，母子関係について，判例を前提とした上で，通常はDNA鑑定等を踏まえて（これらによって証明された血縁上の母子関係が，分娩の事実を基礎付ける），母子関係の存在が確認されるが，基本的には，このような扱いが妥当であり，積極的に，母子関係における認知を導入する理由は乏しいものと考えられる（特に，血縁上の親子関係が容易である現在の状況において，例外的に，認知を容認しなければならない場面は考えにくい）。

　なお，母については認知が不要とされることによって，成年の子の承諾（民782条），死後認知の期間制限（民787条ただし書），認知に際しての第三者保護（民784条）や他の相続人の保護（民910条）の規定は適用されないことになる。したがって，母の死後何年を経過していても，検察官を相手方として，母子関係存在確認訴訟を提起することが可能となる（最判昭和49・3・29家月26巻8号47頁。死後認知の相手方については，最判平成元・11・10民集43巻10号1085頁→*百選III 32事件［高田裕成］*参照）。

3　父子関係をめぐる基本的な仕組み

　母子関係と異なり，古くから，「誰が父親かは神のみぞ知る」とされてきたような父子関係では，事実に基づいて父子関係を確定するということ自体が，それほど容易なわけではない。「DNA鑑定ですぐにわかるではないか」と考える諸君もいるかもしれない。でも，DNA鑑定などがない時代，遺伝子とか二重らせんなどという概念が存在しなかった時代においても，実父とか，実子という概念は存在してきたのである（実親子については遺伝学的な親子関係を前提としつつ，それを確認する方法がなかったというのではない。そもそも遺伝学的な概念や観念が確立していなかった時代にも，実親子という概念は存在していたのである）。その意味では，実父子関係という概念を，遺伝学的なもので説明するということ自体，すでに一定の価値判断をしているとも言える。

さて，余計なことまで口走ってしまったが，まずは，当初の目的どおり，淡々と，民法が規定する父子関係を確認しておくことにしよう。父子関係の存否についての民法の規定は，母子関係に比べると，もう少し複雑であり，嫡出か否かということも，父子関係の認定との関係では重要な意味を持ってくる。

(1) 嫡出子に関する父子関係
(ア) 原　　則 ── 民法772条の嫡出推定
民法772条は，次のような規定を置いている。

① 妻が婚姻中に懐胎した子は，夫の子と推定する（1項）。
② 婚姻の成立の日から200日を経過した後または婚姻の解消もしくは取消しの日から300日以内に生まれた子は，婚姻中に懐胎したものと推定する（2項）。

まず，①は，妻が婚姻中に懐胎した場合，それは夫による懐胎だと推定するというものである。懐胎した女性Aが母であるということは，その懐胎という事実から当然に基礎付けられるとしても，誰が父かは当然に明らかではない。したがって，その点について，まず推定規定を置く。
もっとも，懐胎という事実はある段階でははっきりするとしても，どの時点で懐胎したのかということは，それほど明確なわけではない。したがって，「婚姻中に懐胎した」ということ自体が自明ではないことが考えられる。そのため，懐胎時期についても一定の推定規定を置く必要がある。それが，②だということになる。

> **コラム** *医学的証明と懐胎時期の推定との関係*
>
> 　本文で述べたとおり，②は，懐胎時期についての推定であるが，この推定と医学的証明との関係が問題となる。これは，2つの方向で問題となる。
> 　まず，未熟児や過熟児（分娩の予定日を著しく超えて生まれた新生児）のように，この②の要件を満たさない場合であっても，医学的に婚姻中に懐胎したことが証明される場合の扱いが問題となる。この場合については，一般に，

嫡出推定が働くと考えられている（もっとも，後述のように，早産によって②の要件を満たさない場合でも，まずは推定されない嫡出子として，戸籍上は嫡出子として扱うことが可能なので，問題が顕在化することは多くないだろう。問題が顕在化するのは，その子について親子関係不存在確認訴訟が提起された場合である）。

他方，逆に，②の要件を満たす懐胎であったとしても，婚姻解消後の懐胎であることが明らかである場合の扱いも問題となる。これは，後述のいわゆる300日問題→ *204頁以下* にも関連して問題となるところである。そこであらためて説明するが，現在は，懐胎時期に関する医師の証明によって，前夫の子としない出生届が認められている（平成19年5月7日の民一1007号法務省民事局長通知）。

このように見てくると，嫡出推定が2つの推定から成り，後述のように，こうした嫡出推定は嫡出否認のみによって覆される仕組みになっているといっても，そのうち，②の懐胎時期の推定は，医学的な証明によって覆されるものであり，通常の推定に近い性格のものだということになる。

以上のように，民法772条が提供する2段階の推定を経て，父子関係が推定されるということになる。

ここでは，この父子関係の推定のプロセスで，婚姻が重要な役割を果たすのであるから，さきほどの説明との関係では→ *162頁以下* ，嫡出子という身分（②）はここでは直接の問題とならないとしても，親子関係を確定するプロセスの問題（①）としては，嫡出ということが一定の意味を有することになる。

なお，この嫡出推定の補充的なルールとして，民法773条は，女性が再婚禁止期間に関する民法733条1項→ *39頁以下* に違反して再婚したために，民法772条によってだけでは父子関係を決めることができない場合（前婚の解消から300日以内で，後婚の成立から200日経過後に子が生まれた場合。この場合，前婚と後婚の両方について，嫡出推定が働くことになる）には，父を定める訴えにより，裁判所が父子関係を定めることを規定している（重婚の場合も同様である。なお，重婚的内縁の場合も同様の事態が考えられそうであるが，判例は，内縁子については事実上の父性推定を認めるだけであり，この規定の適用の対象としていない）。

第9講　実親子関係

> **コラム** *嫡出子の定義*
>
> 　さきほど，おおざっぱに言えば，嫡出子というのは，「婚姻関係にある夫婦の子」だと説明した。嫡出子の定義は，教科書等でもさまざまに表現されている。すなわち，「婚姻によって生まれた子」，「婚姻関係にある男女間の子」，「父母が正式な法律婚関係にある場合に生まれた子」等々である。
>
> 　さて，ここまで述べてきたことを前提に，厳密に嫡出子を定義するとすれば，どのようになるのだろうか。
>
> 　民法 772 条との関係では，①婚姻関係にある女性が，②婚姻中に懐胎した場合に，その女性の夫と生まれた子との間に父子関係が成立することが推定され，それが嫡出子として扱われるということが示されている。
>
> 　ここでは出産自体がどのタイミングかということは，懐胎時期を推定するというレベルでは機能するものの，出産時期と婚姻の存続時期は直結しないということになる。その意味で，子が生まれた時に母が婚姻関係にあったということだけでは，嫡出子の概念規定としては十分ではない（逆に，出生の時にすでに婚姻関係が解消していたということによって，当然に，嫡出子であることが否定されるわけでもない）。たとえば，婚姻成立直後に生まれた子は，妻が婚姻中に懐胎した子ではないとして，嫡出推定は働かないのである（本講の最初の方で書いた「婚姻関係にある夫婦の子」という説明は，この点で厳密なものではないということになる。なお，そうした子どもについての問題は，第 10 講で取り上げる）。
>
> 　その意味では，嫡出子の概念の中には，「婚姻によって生まれた子」という趣旨が含まれている（もっとも，婚姻が子を生むわけではないから，あくまで比喩的な表現である）。
>
> 　……と，こんなことを煩く書いてきたが，民法の規定に則して厳密に定義しようとすれば，「婚姻関係にある女性が夫によって懐胎し，生まれた子」といった，えらく鬱陶しい定義に落ち着くことになりそうである。
>
> 　もっとも，「民法の規定に則して」と傍点まで振って強調したが，民法 772 条は，嫡出推定の規定であり，推定されないとしても，嫡出子たることはあるのではないか，そうした場合を含めて嫡出子という概念を定義する必要があるのではないかという疑問が生ずるかもしれない。ご指摘のとおりで，嫡出推定は受けないとしても，「嫡出子として扱われる」ということはありうる。それについては，第 10 講で説明する。

(イ) 例　外 —— 嫡出否認

いままでの説明で，一定の場合に嫡出推定がなされるということはわか

ったと思う。それでは，嫡出推定がなされると，どうなるのであろうか。これによって，嫡出子として扱われるという原則はわかったが，それを覆すことが可能なのかが問題となる。

たとえば，なるほど，「婚姻関係にある女性が懐胎し」（民772条1項），出産したが，実は，その子の父親は夫ではないという場合に，こうした嫡出推定を覆すということが必要となる。それが，「嫡出否認」である。

もっとも，ここで少し注意が必要なのは，嫡出推定における「推定」の意味である。法律上，「推定」というのは，真実がそれと異なることを主張する者に立証責任を課するというものであり，その証明方法は特に限定されているわけではない。それに対して，民法772条の嫡出推定を覆すためには，「嫡出否認」という方法によることが求められているのであり，また，条文上は，それに限定されている。つまり，民法772条が規定しているのは，推定以上のものであるということになる。その意味では，「妻が婚姻中に懐胎した子は，夫の子である」とした上で，嫡出否認という制度を設けても，実は同じだということになる。

さて，このような嫡出否認であるが，以下のように，かなり限定的な要件の下で認められる。

① **否認権者**　まず，否認することができる者（否認権者）は，原則として，夫に限定されている（民774条。夫が子の出生前または出訴期間内に嫡出否認の訴えを提起しないで死亡した場合には，その子のために相続権を害される者その他夫の3親等内の血族による訴えの提起が認められる。人訴41条1項）。

もっとも，このように否認権者を夫に限定することについては，従来から，その妥当性が疑問視されている。特に，母や子について，嫡出否認を求めることができないということは適切ではないとの意見が強い。嫡出推定が父子関係についての制度であるとすれば，それを否定するという場合にも，当事者である夫（父とされる者）が否認権者であることは当然としても，父子関係の他方の当事者である子に否認権が認められていないのは合理的な理由を欠くものと言わざるをえないだろう。その上で，さらに母を当事者に準ずる者として直接の否認権を認めるのか，子の代理人的な立

第9講　実親子関係　171

場から否認権の行使を認めるのかは，制度設計の問題として考えられることになる（親子関係の問題とすれば，母も当事者だということになりそうだし，父子関係の問題だとすれば，母は当然には当事者とは言えない。後者の場合に，母の否認権を基礎付けるためには，子の利益の代弁者である等の説明が必要となるだろう）。

② **否認の方法**　また，否認の方法についても限定されており，子または親権を行う母に対する嫡出否認の訴えによって行うことが求められている（民775条）。「オレの子じゃない！」と繰り返し叫んでも，それは否認権の行使ではなく，それだけでは嫡出推定に支えられた父子関係を覆すことはできない。

③ **否認権の消滅や行使制限**　なお，否認権者である夫が，子の出生後，「その嫡出であること」（父子関係）を承認したときは否認権を失う（民776条）。もっとも，いったいどのような行為が父子関係の承認にあたるのかは明らかではなく，この規定が適用された裁判例はないとされている。

また，否認権はいつまでも行使できるわけではなく，嫡出否認の訴えは，夫が子の出生を知った時から1年以内に提起されなければならない（民777条。なお，最判平成26・7・17裁判所ウェブサイト〔高松ケース〕→*199頁*【*外観説の妥当性が問題となった平成26年7月17日の一連の最高裁判決*】は，こうした期間制限が憲法違反であるとの主張に対して，「身分関係の法的安定を保持する上から合理性を持つ制度」であるとして，これを否定した）。

なお，こうした期間制限を含めて，嫡出否認制度が厳格にすぎ，それが嫡出推定の及ばない子の概念→*193頁以下*をもたらしたという指摘もある。期間制限自体を緩和する試みとして，「夫が否認すべき子の出生を知った」時とする審判例もある（東京家審昭和42・2・18家月19巻9号76頁）。ただ，このような一般論によって処理するとすれば，民法777条の適用は，大幅に限定されることになろう。夫の不知についての無重過失を要求するものもあり，実質的な妥当性はある程度得られそうであるが，条文との関係で，それがどのように位置付けられるのかは，必ずしも明確ではない。本条の趣旨が，子の法的地位の安定にあるとすれば，その起算点を，上記のように修正し，かつ，それを夫の無重過失という主観的事情によって限定するという試みについては，なお慎重に判断すべきだと考えている（筆

者自身は，否認権者の範囲を拡張するとともに，期間を延長する等の立法的解決を図るべきであり→196頁【嫡出推定の及ばない子の概念の必要性】，その際には，「子の出生を知った時」という比較的客観的で，容易に判断できる起算点は維持すべきではないかと考えている。ただし，子からの嫡出否認については，それを認めるとすれば，別途考える必要がある）。

　まとめると，嫡出推定を覆すこと（嫡出否認）は，夫しかできず（①），その方法は訴えに限定され（②），父子関係を承認するという唯一の否認権者である夫の行為があったり，あるいは，一定の期間が経過すると（③），もはや，その子についての嫡出否認（父子関係の否定）は，実現不可能となるわけである。この段階では，もはや嫡出の父子関係を誰も覆すことができない以上，嫡出推定ではなく，嫡出父子関係が確定されたということになる。

　もっとも，以上の説明にはある種の居心地の悪さが残っているように思われる。特に，社会通念上の「実親子」という言葉が持っている語感とのずれを感じる人もあるかもしれない。この違和感の背景には，実親子と嫡出親子の関係があるように思われる。

　たとえば，実親子を血縁上の親子関係だと理解するのであれば，嫡出否認という方法によっては覆すことができなくなったとしても，その中には，血縁関係が存在しないという場合も含まれることになる。たとえば，自分の血のつながった子ではないとわかっていながら，その子の将来を思って，嫡出の承認をする場合，あるいは，嫡出否認の訴えを提起しないという場合を考えてみるとわかるだろう。

　実子の中には，嫡出子と非嫡出子があるとしながら，そもそも実子に含まれないはずの血縁関係がない子について，実父子関係が存在し，それを覆すことができないというのは奇妙ではないかというのが，上記の説明についての居心地の悪さだろう。

　この点について，必ずしもクリアに説明することができないということ自体は，否定できない。ただ，これについては，一応，以下のようないくつかの点を確認して，その説明に代えることにしよう。

　第1に，「実親子を血縁上の親子関係だと理解するのであれば」と書い

第9講　実親子関係　　173

たが，実は，それ自体，必ずしもはっきりと書かれているわけではないのである。もちろん，全く手がかりがないわけではなく，父子関係を否定することができる（民774条），認知することができる（民779条。同条は，「父……がこれを認知することができる」と規定するが，この場合の父が誰かについては，法律は何も語っていない）ということの背景には，一定の事実関係を前提とする実親子の概念があることは否定できない。しかし，それでは，その一定の事実関係とは血縁関係であり，血縁関係が親子関係を基礎付けるのかと言えば，それ自体，明確に示されているわけではないのである。

第2に，より重要な点だと思われるが，ここで扱っているのは法的な概念としての親子なのであり，裸の事実そのものを話題にしているというわけではないということである。

特に，この第2の点を踏まえて，規定を眺めると，民法が実親子を積極的に規定していないということも，ある程度まで理解できる。すなわち，民法は，そもそも，一定の要件によって示される実親子関係を規定し，その上で，さらに，そうした実親子関係における実子を嫡出子と非嫡出子に分けるという仕組み（次の図Aのイメージ）を採用しているわけではなく，むしろ，嫡出の親子関係はどのように認定されるのか（嫡出親子関係），それ以外の場合はどのように親子関係が認定されるのか（非嫡出の親子関係）を示し，それを合わせたものとして，実子を規定しているという理解（次の図Bのイメージ）も可能だからである。その意味では，実親子について，独立に積極的な概念規定をしていないということにも，十分に理由があるということになる。

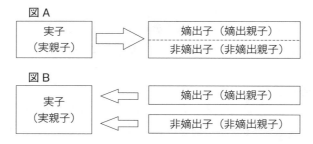

したがって，血縁関係がなかったとしても，嫡出否認がなされない以上，嫡出の親子関係は肯定されるのであり，その子が，（嫡出子と非嫡出子の集

合である）実子に含まれることには問題がないという説明が可能となるのである。

> **コラム** *血縁関係がない実親子*
> ── *嫡出推定と嫡出否認を支えるもの*
>
> 　本文では，ここで扱われているのが法的概念としての親子であり，それが嫡出とそれ以外の親子関係によって構成されるということ，したがって，嫡出子であるか否かということが先行するのだとして説明した。
> 　自分でもそんなに筋の悪い説明ではないだろうと思うのだが，読者の反応は，3つくらい考えられそうである。すなわち，「よくわかった」，「何となくぼんやりわかったが，騙されているような気がする」，「いや，おかしい」といったあたりである。
> 　明らかにおかしいかはともかく，筆者自身にも，説明していて，「無垢な学生諸君を騙しているような気がする」という感覚が残ることは否定できない（その意味では，「よくわかった」と笑顔で言われると，ちょっと不安になる）。
> 　なぜなら，本文でも言及したように，嫡出否認を規定する民法774条は，「夫は，子が嫡出であることを否認することができる」と規定しているが，ここでは嫡出推定によって基礎付けられる親子関係を，事実に反するとして否認するということが認められているのである。つまり，何らかの事実的な関係によって基礎付けられる親子関係があるということは，当然の前提となっているのである。そして，それ自体は，嫡出推定が覆せなくなったということによって，別に否定されるわけではないのである（嫡出推定と嫡出否認という仕組みは，事実それ自体を修正するものではない）。
> 　その意味では，血縁関係であるかどうかはともかく，嫡出推定と嫡出否認（の限定）という制度は，やはり，（何らかの）一定の事実に対する介入という性格を有しているものと言わざるをえないだろう。そうなると，「それでは，そのような介入がなぜ認められるのか」，「なぜ正当化されるのか」という問題を考えなくてはならない。
> 　それについては，従来からも一般的に指摘されてきたように，（嫡出）子としての身分の安定性の確保という点に求められることになるだろう。つまり，血縁関係があろうとなかろうと（しつこいようだが，血縁関係が実親子の基準であるとはどこにも書いていない！），一定の時間的な経過とともに，その親子としての性格はより強まっていくのであり，それを覆すことは，子の法的地位を不安定なものにするという考え方である。それは，同時に，いわば血縁などとは別の原理で，実親子関係が形成されることを認めるという考え方だと言える。
> 　このような子の法的地位の安定性の確保という，それ自体としては法政策的

第9講　実親子関係　　175

> な価値判断を前提として，はじめて嫡出推定と嫡出否認という制度を適切に理
> 解することが可能となるだろう。

　なお，一般的な教科書の説明では，以上のような嫡出推定と嫡出否認の
基本的な説明に続けて，「推定されない嫡出子」や「推定の及ばない子」
が取り上げられる。

　しかし，ここでは，民法上規定されているものをまず確認しておくとい
う趣旨で，これらの嫡出推定制度の周辺的な問題（判例等によって形成さ
れてきた補充的なルール）については，第10講で取り上げることにする。

(2) 非嫡出子についての父子関係 —— 認知による父子関係の成立

　それでは，嫡出推定が働く場合以外はどのようになるのだろうか。

　民法では，父子関係については，まず嫡出推定という仕組みを用意し，
それは嫡出否認のみによって覆されるという形になっている。したがって，
非嫡出子というのは，それ以外の子，嫡出推定が及ばない場合が全般とし
て含まれることになる。

　もっとも，第10講で取り上げるように，嫡出推定の規定によってカバ
ーされなくても，嫡出子として扱われるという場合が存在する（これは，
嫡出推定はなされないが，嫡出子として扱われるというカテゴリーである）。

　したがって，現在の状況を前提とすれば，①「嫡出推定はされたが，嫡
出否認によってそれが否定された子」のほか，②「嫡出推定されない子
（民法772条が形式的に適用されない子）のうち，嫡出子として扱われない
子」が，ここで取り上げる非嫡出子だということになる。

　非嫡出子について，法律上の父子関係を認める（または成立させる）も
のとして，民法が用意しているのは，「認知」という制度である。なお，
認知についての民法779条は，「嫡出でない子は，その父又は母がこれを
認知することができる」と規定しているが，すでに説明したとおり，母子
関係は，懐胎と出産によって当然に成立するのであるから，母による認知
は問題とならない→*166頁【母子関係が不明確な場合の法律関係】*。したがって，認知は，
父子関係の成立にとってのみ意味を有するということになる。

176　　第Ⅱ部　親　族

(ア)　2つの認知

　こうした認知について，民法は，2つのタイプの認知を用意している。

　まず，すでに言及した民法779条の規定によって父の側からなされる認知である（任意認知）。他方，父が積極的に認知をしないような場合には，子やその直系卑属等が，認知の訴えを提起することができる（民787条本文。強制認知）。

　わが国が明治時代の立法当時から，任意認知だけではなく，強制認知の制度も有していたということは，比較法的には特筆すべきことであり（比較法的には，強制認知の制度が広く導入されるようになったのは，かなり後の時代になってからである），当時の立法者の先見の明が評価されるだろう。

　もっとも，このように2つの認知があること，さらには，その後，死後認知（民787条ただし書）も認められるようになったことで，「認知とは，そもそも何なのか？」という問題について，難しい判断が求められることになる。

　まず，歴史的に，また，比較法的にも，認知については，父による親子関係を創設するという意思表示としての性格を強調する立場（意思主義）が支配的であった。しかし，その後，強制認知の導入などに伴って，事実としてすでに存在している父子関係の確認という性格を強調する立場（事実主義）が有力となってきている。

　認知をどのような立場から理解していくのかによって，基本的な制度理解というだけではなく，具体的な問題の解決についても違いが生ずることになる。以下の説明も，そのことを頭の片隅に入れて，読んでいってほしい。

(イ)　任意認知

　まず，任意認知は，父の側から，その子について父子関係がある（成立する）ことを認めるものである。こうした認知について，民法は，以下の規定を置いている。

①　認知能力　　まず，任意認知は，意思能力があれば，未成年者や成年被後見人でも認知をなすことができ，法定代理人の同意は必要とされな

い（民780条）。

② **認知の方法**　こうした認知は，戸籍法の定めに従って届け出ることによってなされる（民781条1項）。また，認知は遺言によってなすことも可能であり（同条2項），この場合には，遺言の効力発生によって認知の効力も生じ，届出は報告的届出→*17頁*となる。

認知の届出を他人に委託した血縁上の父が，届出時に意思能力を失っていた場合について，最判昭和54年3月30日（家月31巻7号54頁）は，「血縁上の親子関係にある父が，子を認知する意思を有し，かつ，他人に対し認知の届出の委託をしていたときは，届出が受理された当時父が意識を失っていたとしても，その受理の前に翻意したなど特段の事情のない限り，右届出の受理により認知は有効に成立する」としている。同様の問題は，婚姻届や離婚届の提出においてもあるが→*30頁以下*，認知については，事実主義的な観点からも説明されるものであり，それが事実に適合している限り，より容易に認知の有効性を承認するということが考えられる。

なお，遺言による場合以外では，認知は，認知の届出がないと認められないのかという点が問題となる。

> **設例**　　A男は，B女と婚姻関係にあったが，C女と関係を持ち，Cが，Aとの間の子であるDを出産した。Aは，Dを，ABの子として出生届を行った。

判例は，このような場合，Aによる出生届には，「出生した子が自己の子であることを父として承認し，その旨申告する意思の表示」が含まれているとして，認知の効力を認めた（最判昭和53・2・24民集32巻1号110頁→*百選Ⅲ30事件〔木村敦子〕*）。

なお，このように一定の届出等を他の行為として読み替えるということの可能性については，養子縁組のところであらためてまとめて説明することにしよう→*263頁以下*。

③ **子の承諾等**　　原則として，認知される子の同意は必要ではないが，子が成年であるときは，その子の承諾が必要である（民782条）。また，胎児を認知することもできるが，その場合には，その母の承諾が必要とさ

178　**第Ⅱ部　親　族**

れる（民 783 条 1 項）。

　もっとも，このようなルールだと，いわばその中間に位置する，成年者でも胎児でもない未成年者を認知する場合には，誰の承諾も不要だということになる。もちろん，認知が真実に反する場合には，次に述べるような処理が可能であるが，父子関係の一方当事者が子であることに照らせば，一般的に子の承諾を要件とするということも，立法論としては十分に考えられるだろう。

　子がすでに死亡している場合，その子に直系卑属があるときに限り，認知することができる。直系卑属が成年者であるときは，その承諾が必要である（民 783 条 2 項）。成年の直系卑属が複数存在する場合の扱いが問題となるが，死亡した子についての父子関係は確定的，画一的に決定する必要があり，それら複数の直系卑属の全員が承諾することが必要と考えるべきであろう。

　なお，必要な承諾を得ずに認知届が受理された場合については，それを有効とする見解，無効とする見解，承諾権者からの取消しを認めるとする見解に分かれている。

　④　**認知の取消しの禁止**　　認知をした父は，その認知を取り消すことができない（民 785 条）。この規定をどのように理解するのかについては見解が分かれている。

　まず，認知を意思主義的に理解し，認知を意思表示と位置付ける立場からは，認知が誤解に基づく場合や虚偽の情報によるような場合，詐欺，強迫による取消しも考えられる。民法 785 条がこのような取消しまでも排除するものではないとすれば（この規定の基礎となる明治民法の立法者もそのような説明を行っている），民法 785 条によって排除されるのは，こうした場合には該当しない，いわば恣意的な意思表示の撤回だけだということになる。

　他方，事実主義的な立場からは，騙されて認知してしまったというような場合でも，真実に合致する以上は，取り消すことができないということも，民法 785 条によって規定されていると理解される。これによれば，真実に反する場合については，認知無効（民 786 条）の問題となるから，認知の「取消し」がなされる場合というのは存在しないことになる。

第 9 講　実親子関係　　179

⑤　**認知無効**　認知がなされたといっても，それが真実に反する場合，あるいは，そもそも認知者の意思に基づかないで認知届が提出されたような場合，そうした認知の効果を否定する必要がありそうである。民法は，こうした場合について，子その他の利害関係人は，認知に対して反対の事実を主張することができることを認めており（民786条），こうした利害関係人には認知者自身も含まれると考えられている（大判大正11・3・27民集1巻137頁では否定されていたが，現在では，これを肯定する見解が一般的である）。したがって，認知はしたものの，実は，その子と血縁関係がなかったということを知った場合，認知者自身も認知無効を主張することができる。

　問題となるのは，真実とは異なるが，それを知りながら認知をした場合に，自ら任意認知をした者による認知無効の主張が認められるかという点である。この点について，最判平成26年1月14日（民集68巻1号1頁→*百選Ⅲ33事件［水野紀子］*）は，血縁上の父子関係がないにもかかわらずされた認知は無効だということを前提として，「認知者は，民法786条に規定する利害関係人に当たり，自らした認知の無効を主張することができる……この理は，認知者が血縁上の父子関係がないことを知りながら認知をした場合においても異なるところはない」とした（最判平成26・3・28裁時1601号1頁も同旨）。これは認知制度を徹底して事実主義的な立場から理解するものだといえるが，血縁関係がないことを知りながら認知した者が，血縁関係がないことを理由として無効を主張することを許すという点で，いわば恣意的な無効主張が可能となることを認めるものであり，嫡出推定制度においては重視された子の地位の安定といった視点はここでは無視されることになる。上記のように条文の意味の理解については議論があるにしても，恣意的な取消しを排除して子の地位の安定を図るという趣旨を民法785条に見いだすことは可能であり，この判決のような判断枠組みが，バランスがとれたものであるのかについては検討の余地が残されているように思われる（同判決については，大橋正春裁判官の反対意見があるほか，結論には賛成しつつ，寺田逸郎裁判官の意見はこうした点に触れている）。

　なお，この場合の無効の意味については，それが形成無効なのか当然無効なのかという議論がある→*49頁*（内田・民法Ⅳ195頁は，婚姻・離婚の場合

については，当然無効だとしつつ，認知無効については，形成無効だとする。父子関係の法的安定の重視から，当事者が争わない父子関係を第三者が争うことを認める必要はないと説明する）。

認知者の死亡後における認知無効の訴えについては，最判平成元年4月6日（民集43巻4号193頁→*百選Ⅲ 37 事件［畑瑞穂］*）は，「被認知者には，当該親子関係が存在しないことを確定することについて法律上の利益があるから，認知者が死亡した後であっても，認知無効の訴えの提起」をすることができるとし，検察官を相手方とすべきものとした。本件は認知無効の被告適格についての規定を欠いていた人事訴訟手続法に関する事案であり，婚姻無効の訴え等についての同法2条3項を類推適用して結論を導いたが，現在では，人事訴訟法12条3項による。

また，認知が無効であるとしても，その認知が養子縁組を企図したものであり，被認知者の法定代理人（母）と結婚したという事案について，その認知届をもって養子縁組届とし，養子縁組を成立させることができるかという問題があり，最判昭和54年11月2日（判時955号56頁→*百選Ⅲ〔初版〕37 事件［床谷文雄］*）は，それを否定している。

(ウ) **強制認知**

強制認知は，父が任意に認知しない場合に，「子，その直系卑属又はこれらの者の法定代理人」が認知の訴えを提起するというものである（民787条）。

戸籍上嫡出子として記載されていても，それが虚偽の出生届によるものである場合には，その子が認知の訴えを提起することは可能であるし（そもそも，民法772条の適用はない→*265頁*），判例によれば，後述の推定の及ばない子についても，認知の訴えの提起が認められる（最判昭和44・5・29民集23巻6号1064頁。ただし，同判決の位置付けについては問題が残る→*202頁以下*）。

内縁子については，民法772条の類推適用により，父子関係についての事実上の推定が働くが，父子関係の成立のためには認知が必要であるし，以下の期間制限という規定も適用される（最判昭和44・11・27民集23巻11号2290頁）。

第9講 実親子関係 181

こうした認知請求権について，判例は，放棄できないとしている（最判昭和37・4・10民集16巻4号693頁→家族法百選〔第5版〕41事件〔米倉明〕。学説においては，相当額の対価が支払われている場合には有効とする見解もある）。

なお，強制認知についても調停前置主義が適用されるので（家事257条1項），まず調停の申立てをしなければならない。

① 認知の訴えの期間制限　　認知の訴えについては，一般的な期間制限はない。したがって，50歳の子が80歳の父と考えられる者に対して認知の訴えを提起することも可能である（民787条本文）。他方，認知の訴えは，父が死亡している場合にも可能であるが，その場合には，父の死後3年間に限定される（同条ただし書）。

ただし，このような制度設計については，父が生存さえしていればいつまででも訴えが提起できるという点では緩やかにすぎ，他方，死後3年に限定されるという点では厳格にすぎ，全体として，バランスを欠くとの批判がなされている。これについて，最判昭和57年3月19日（民集36巻3号432頁→家族法百選〔第4版〕39事件〔山口純夫〕）は，父とされた者が行方不明になり，失踪直後に死亡していたことが後から明らかになったために，それ以前に出された婚姻届，出生届等が無効となったという事案において，この間，原告については嫡出推定が働くものとされていたために，認知の訴えを提起しなかったことはやむをえないとして，「死亡が客観的に明らかになった」時点を起算点として，後者の問題について一定の対応をした（ただし，本件の個別的な事情を踏まえたものであり，一般論として，父の「死亡が客観的に明らかになった」時点を起算点とするものではない）。

② 認知の訴えの法的性質　　こうした認知の訴えについては，それがそもそもどのような性格の訴えなのかということが問題となった。

まず，早い段階でとられていたのは，相手方の「認知という行為」を求める訴え（給付の訴え）だとする考え方であった。このような理解によれば，任意認知であれ，強制認知であれ，求めるのは「父の認知」という行為なのであり，一元的に制度を理解することが可能となる。

もっとも，現在の認知制度では，すでに言及したとおり，「死後認知」も認められている。ここでは，認知をすべき父はすでに存在しないのであ

るから，上記のような説明では，うまく理解できない。そこでは，「父子
関係という事実」を問題とするものとして，訴えを考えていかざるをえな
いということになる。もっとも，そのような前提に立った上で，現在の考
え方はなお分かれている。

　事実主義を徹底して，非嫡出子と父との間には，すでに一定の事実（血
縁関係等）によって父子関係が存在しているのだと理解する立場からは，
認知の訴えとは，そのすでに存在している父子関係を確認するものにすぎ
ず，それは「確認の訴え」（特定の権利関係の存否の確認を求める訴え。判決
によって法律関係が変動するわけではない）だと考えられることになる。

　他方，判例は，認知が非嫡出子と父との間に法律上の親子関係を創設す
るものであるという性格に照らして，認知の訴えは「形成の訴え」（法律
関係の変動を判決によって宣言することを求める訴え。形成判決によって，は
じめて法律関係が変動する）だと位置付けている（最判昭和29・4・30民集
8巻4号861頁→家族法百選〔第7版〕27事件〔池田辰夫〕）。

　前者の「血縁上の関係によって法律上の父子関係が決定される」という
立場が，当然に自明のものとして前提にできるのかという疑問，また，そ
のような事実主義を貫徹した場合，嫡出推定と嫡出否認という制度にも大
きな影響をもたらす可能性があること，さらには，母子関係をめぐる問題
をも視野に入れれば，素朴な血縁主義を貫徹させようとすること自体につ
いて，なお慎重であるべきであるように思われる。そこからは，後者の認
知訴訟を通じてはじめて父子関係が形成されるという判例の説明には，一
定の合理性があるように思われる。

　なお，判例の立場を前提とすれば，問題となるのは，単に事実としての
血縁関係の存否なのではなく，あくまで「認知」という制度を通じて父子
関係が形成されるということなのであるから，父子関係存在確認の訴えに
よって，これをなすことはできないということになる。最判平成2年7月
19日（家月43巻4号33頁→家族法百選〔第6版〕24事件〔小田島眞千枝〕）は，認知請
求期間が経過した後に父子関係の確認を求めた訴え（認知によって父とさ
れる者が死亡してから，18年後に訴えた事案）に対して，「嫡出でない子と
父との間の法律上の親子関係は，認知によってはじめて発生するものであ
るから，嫡出でない子は，認知によらないで父との間の親子関係の存在確

第9講　実親子関係　183

認の訴えを提起することができない」と判示したが，これもこのような文脈で理解される。

③　**認知の訴えにおける証明**　　認知の訴えにおいて，原告は何を証明したらよいのかというのも，ひとつの問題である。

戦前の判例は，原告の側で，①子の懐胎可能時期に，子の母と父とされる者との間に性的関係があったこと，②その時期に母が他の男性と性的関係を有さなかったこと，の2つを立証することを求めた。この場合，被告の側では，②に対して反論すると（他の男性とも関係があったという主張），原告の側で，②について積極的に立証できない限り，敗訴することになる（いわゆる「不貞の抗弁」，「多数関係者の抗弁」（！）である。もっとも，被告の側では，他の男性と関係があったことを積極的に立証する必要はないので，厳密な意味では，抗弁ではない）。

これについては，学説の批判が多く（いわば不貞の推定を前提とすることになる），最判昭和32年6月21日（民集11巻6号1125頁）は，①母が原告の懐胎時期に被告と性的関係があり，②被告以外の男性との性的関係が認められず，③血液型の検査の結果も原告と被告との父子関係が違背しない場合には，父子関係が証明されたとしてよいと判断した。戦前の判決との違いが少しわかりにくいかもしれないが，この判決においては，②の被告以外の男性との性的関係については，被告の側で，それがあったことを立証しなければならないとされる。

なお，DNA鑑定等の利用が拡大し，血縁上の父子関係の立証がより容易になされるようになるにつれて，多数関係者をめぐる問題のウェイトは相対的に下がっていくものと考えられる。そこでは，こうした鑑定への協力を拒否した場合の扱いが問題となり，この点は今後の課題である。

　㈑　**認知の効果**

認知がなされると，認知された子の出生の時にさかのぼって，その効力を生ずる（民784条本文）。したがって，出生の時から，認知した父との間に親子関係があったことになる。

この結果，子は，父の相続人となり，父親に対して扶養を求めることも可能となる。また，父親を親権者とすること（民819条4項。父母の協議や

184　　第Ⅱ部　親　族

家庭裁判所の審判を必要とする），父の氏を名乗ることも可能となる（民791
条1項。家庭裁判所の許可と届出を必要とする）。

　なお，その場合でも，第三者がすでに取得した権利を害することはできない（民784条ただし書）。もっとも，遡及効の制限が特に意味を有するのは，特に相続との関係であるが，これについては，相続に関する民法910条が，「相続の開始後認知によって相続人となった者が遺産の分割を請求しようとする場合において，他の共同相続人が既にその分割その他の処分をしたときは，価額のみによる支払の請求権を有する」との規定を置いて対応している→*509頁*。

コラム　*子の氏をめぐる問題*

　子の氏については，民法790条が，①嫡出子については父母の氏を（同条1項本文），②出生前に離婚した場合には離婚時の父母の氏を（同条1項ただし書），③非嫡出子は母の氏を称することを規定している（同条2項）。氏に関する規定は，民法の中でも比較的地味な位置付けでつい見落としがちになるが，重要な問題が含まれているように思われる。それについて，少し考えてみよう。

　まず，②については，デフォルトとされているのは，「離婚時の父母の氏」であり，親権の所在とは無関係であるという点を確認しておこう。現在の状況では，多くの場合には，母が離婚によって復氏することになるが，母が親権者だという場合，親権者と子の氏が異なるという事態が生ずる。そのため，母と子の氏を同じくするためには，民法791条1項による子の氏の変更が必要となる。この場合には，家庭裁判所の許可が必要であるが，当然に許可が与えられるタイプであろう。なお，791条2項は，裁判所の許可がなくても子の氏の変更が認められる例外的場合を規定するが，この場面では，同項の「父母の婚姻中に限り」という要件を満たさないので，これは適用されない（結局，2項が適用されるのは，子の母と子を認知した父が結婚するような場面に限定される）。

　他方，もう少し深刻な問題が生ずるのが③の場合である。この場合，父と子の氏が異なっている。ここで子が父と同じ氏に変更しようとする場合にも，民法791条1項の氏の変更が必要となる。この場合でも，父母が同居しており，単に法律婚ではないというような場合には，特に問題なく，家庭裁判所の許可は得られるであろう。他方，父が法律婚配偶者を有するような場合については，家庭裁判所の実務も分かれているが，父の配偶者である妻およびその夫婦の間の子の意向調査を踏まえて判断するというものも多いようである。これだけの

説明を聞いてもピンとこないかもしれない。この背景には，戸籍法における同氏親子同一戸籍の原則がある（子は同氏の親の戸籍に入る）→ *12 頁【戸籍という制度】*。もし，認知された子が父と同じ氏になるとすれば，その子は，父やその妻，嫡出子と同一の戸籍に記載されることになる。そうした場面での配偶者である妻や嫡出子の「戸籍感情」を尊重するということが，この背景にある→ *常岡史子・リマークス 46 号 70 頁*。もっとも，実体法上は大きな意味を有する認知についてすら，民法は配偶者の同意を求めていないにもかかわらず，単なる氏の扱いについて，配偶者の同意が必要だというのは，ややバランスを欠くようにも感じられる。そもそも，「同氏親子同一戸籍原則」というのは，民法上規定されたものではなく，形式法である戸籍法が定めたものにすぎない。上記の戸籍感情それ自体は理解ができないわけではないが，形式法である戸籍法が，実体法上の氏の変更を実質的に左右するというのは，やはり奇妙な状況と見るべきだろう。民法と戸籍法の関係は，さまざまな問題と緊張を抱えているように思われる。

㈹　準　正 —— 非嫡出子に嫡出子の身分を与える仕組み

これまで説明してきたとおり，認知によって，非嫡出親子関係が成立する。もっとも，母子関係の成立は，懐胎と出産という事実によって基礎付けられており，認知は不要とされているから，実際に，認知による親子関係の成立が問題となるのは，父子関係のみである。

さて，任意認知であれ，強制認知であれ，こうした認知によって，非嫡出子についての父子関係が成立するとしても，そこで成立するのは，あくまで非嫡出子としての父子関係にすぎない。あくまで，子は，分娩した女性（母）と認知した男性（父）の非嫡出子だということになる。

もっとも，この子が嫡出子としての身分を得る可能性はある。それが準正である。民法 789 条は，①父が認知し，その後，その子の母と結婚した場合（1 項。婚姻準正），②父と母が結婚し，その後，父がその子を認知した場合（2 項。認知準正），その子が嫡出子の身分を取得することを規定している。

いずれにしても，(a)父子関係（認知），(b)母子関係（分娩の事実），(c)父母の婚姻の 3 つがそろえば，子は嫡出子となるわけである。これは，法律婚を奨励することを目的とするものだとされている。

なお，準正の効果は，婚姻準正と認知準正のいずれについても，婚姻成

立時から，その効果が生ずるというのが，一般的な理解である。

　また，準正は，死亡した子についても認められるが（民789条3項），これは，その死亡した子に子がいる場合に，嫡出子としての代襲相続権（民887条2項）が認められるという点で，意味を持つ。

　もっとも，相続分についても嫡出子と非嫡出子の区別がなくなった状況の中で→*162頁以下*，「嫡出子の身分」を与える準正という制度が，どれだけの実質的意味を有しているかは再検討されてもよいように思われる。

第9講　実親子関係　　187

第10講　嫡出推定制度の周辺
—— いわゆる300日問題も含めて

　以下では，親子関係をめぐる少し応用的な問題を取り上げる。そこでは，2つの目標がある。

　第1に，第9講で扱った実親子に関する基本的な枠組みを，いわば補充するものとしての「推定されない嫡出子」と「嫡出推定の及ばない子」という概念を正確に理解するということである。

　第2に，これらの問題と密接に関係のある，いわゆる「300日問題（無戸籍問題）」という，比較的最近話題になったテーマを取り上げて，嫡出推定という制度を，別の角度からとらえてみるというものである。

I　推定されない嫡出子 —— 判例と実務による展開

　まず，ここで取り上げる「推定されない嫡出子」（「推定を受けない嫡出子」，「拡大生来嫡出子」とも呼ばれる）とは，婚姻前に懐胎し，そのため民法772条の規定による嫡出推定はなされないが，婚姻成立後に出生し，嫡出子として扱われる子である（民法772条2項もふまえれば，婚姻成立後200日以内に生まれた子である）。

　嫡出推定が単なる推定にすぎないとすれば，そうした推定を受けない嫡出子が存在するということも十分に考えられる。しかし，第9講でも触れたように，嫡出推定は単なる推定にはとどまらない意味を持っている。また，民法は，抽象的に実子や嫡出子という概念を規定するのではなく，実子として扱われる場合，嫡出子として扱われる場合がどのような場合かについての規定を置いているということに照らすと，このような「推定されない嫡出子」という存在は，民法において当然に予定されていたわけではないことになる。

　以下の説明では，こうした「推定されない嫡出子」が，どのように登場して，実務に定着していったのかという流れを確認した上で，推定されな

188　第II部　親　族

い嫡出子の法的地位，特に，推定される嫡出子との違いを確認することにしよう。

1　推定されない嫡出子の登場 —— 判例とそれを受けた実務の展開

(1)　大審院昭和 15 年 1 月 23 日連合部判決

まず，推定されない嫡出子という概念が登場したのは，大連判昭和 15 年 1 月 23 日（民集 19 巻 54 頁）という古い判決にさかのぼる。

かなり読みにくいが，その判決は，「凡そ未だ婚姻の届出を為さざるも既に事実上の夫婦として同棲し所謂内縁関係の継続中に内縁の妻が内縁の夫に因りて懐胎し而も右内縁の夫妻が適式に法律上の婚姻を為したる後に於て出生したる子の如きは仮令婚姻の届出と其の出生との間に民法第 820 条〔現行 772 条。内容は同じ〕所定の 200 日の期間を存せざる場合と雖も之を民法上私生子を以て目すべきものにあらず。かくの如き子は特に父母の認知の手続を要せずして出生と同時に当然に父母の嫡出子たる身分を有するものと解するは之を民法中親子法に関する規定全般の精神より推して当を得たるものと謂わざるべからず」と判示する。この判決を理解する場合，以下の 2 つの点が，ポイントとなる。

①　**内縁関係の存在**　　まず，この事案における判断の前提となっているのは，子を懐胎したのは，婚姻の成立前だが，それに先立つ内縁関係において，内縁の夫によって懐胎し，婚姻成立後に出生しているという事情である。これは，実質的に，懐胎時に婚姻関係に準ずる関係があったということを基礎とする判断だと考えられるが，この部分は，これから説明するように，戸籍実務の中では具体的に審査ができない以上，維持されないことになる。

②　**嫡出子としての法的位置付け**　　もうひとつのポイントが，出生した子が嫡出子となる法律構成である。この判決は，生まれた子が父母の嫡出子になるという結論については明確に示すものの，その法律構成については，実質的な理由として，「民法中親子法に関する規定全般の精神」といったことを述べるだけで，それほど明確なわけではない。

第 10 講　嫡出推定制度の周辺　189

まず，認知が不要であるということは，判決文からも明らかである。

他方，上記のような実質的理由をふまえた上で，現行の民法772条を拡張したり，類推するという形で，嫡出推定がなされるとしたわけでもないという点にも注意が必要である。

この②の点からは，民法772条の嫡出推定にもよらず，また，民法779条の認知も要さない嫡出子が存在するということになる。これが，「推定されない嫡出子」である。

もっとも，すでに言及したように，民法の実親子関係の規定の構造からは，民法772条の嫡出推定や準正によってカバーされない嫡出子が存在するということは，当然に予定されていたわけではない。そのような観点からは，上記②の部分は，実親子法の制度に関する踏み込んだ実質的判断を伴うものだとも考えられるのである。

(2) 戸籍実務による受容

さて，判例の立場が明確にされた以上，それを受けた運用がなされる必要がある。もっとも，戸籍実務において，上記のような判例をそのままの形で実現することは困難である。

戸籍事務管掌者には，実質的審査権がないために，先行して内縁が存在していたかどうかといったことを判断することはできないからである（出生届を区役所や市役所等に出しに行ったところ，窓口の人に，「なんや，月数が足りまへんなぁ。結婚前は，どないな関係やったの？　同居とか何とか，ほら世間でいう内縁ちゅうような関係があったの？」などと尋ねられる状況を想定してほしい。いやだ！）。結局，戸籍窓口の対応としては，婚姻成立から200日以内に生まれた子も，嫡出子として扱うことになったのである。

なお，これは嫡出子としての出生届が提出された場合であるが，嫡出子として出生届を提出することが義務付けられているわけではない。したがって，生まれた子について，非嫡出子として出生届をすることも可能である（嫡出子として届け出るか，非嫡出子として届け出るかの選択が可能だということになる）。

すなわち，(1)の①の部分のうち，その実質的判断を支えていると考えられる内縁関係の先行という要件は，維持されなかったのである。

他方，②については，戸籍実務では，「嫡出子として扱われる」といっても，そのように扱われるというだけであり，民法772条による嫡出推定を受けるわけではないという点で，それが維持されることになる。

　この点は，後述のように，その子をめぐる親子関係が問題となった場合に，どのように取り扱われるのかという点で，実質的な相違にもつながることになるのである。

（コラム） *昭和15年判決の理解のしかた —— 内縁≒婚姻？*

　大審院の昭和15年判決をどのように理解するかについては，一般論としては，いくつかの可能性がある。

　本文では，民法772条を拡張したりしているわけではないとしたが，内縁は婚姻に準ずるものであり，内縁≒婚姻という図式で考えるとすれば，民法772条2項の「婚姻の成立の日」とは，「内縁関係開始の日」にほかならないと解して，実質的婚姻（内縁）を前提として，民法772条を適用するということも，理論的な可能性としては考えられる。この考えを貫けば，内縁開始から200日が経過していれば足りるのであって，婚姻成立後に出生していることすら必要ではないことになる。

　もっとも，最判昭和41・2・15民集20巻2号202頁は，「民法772条2項にいう『婚姻成立の日』とは，婚姻の届出の日を指称すると解するのが相当であるから，……たとえ，A出生の日が，BとCの挙式あるいは同棲開始の時から200日以後であっても，同条の類推適用はない」として，これを明示的に否定した。

　この判決については，2つの点を確認しておく必要があるだろう。

　第1に，これによれば，民法772条2項の「婚姻の成立の日」は法律婚の成立の日とされるのであるから，前半で述べたような，理論的には考えられるかもしれない「内縁≒婚姻」という図式を前提に，民法772条を適用するという可能性は排除されることになる。

　第2に，大審院の昭和15年判決のような事案についても，「婚姻の成立の日」から200日以内に生まれた子である以上，民法772条の嫡出推定は適用されないということである。したがって，その子は，あくまで，推定されない嫡出子だということになる。

2　推定されない嫡出子の法的地位 —— 親子関係不存在確認訴訟

以上のとおり，大審院の昭和15年判決と，それを受けた実務によって，

「推定されない嫡出子」という概念が確立する。

　もっとも，民法 772 条によって推定されようが，そうではなかろうが，嫡出子として扱われる以上，同じだということにもなりそうである。しかし，大きな違いも残っている。

　第 9 講でも触れたように，民法 772 条は，単なる推定以上の意味を有しており，同条によって嫡出推定がなされる場合，それをひっくり返すためには，嫡出否認という仕組みによる必要があり，民法上は，その仕組みしか用意されていない（この例外については，「嫡出推定の及ばない子」の説明で言及する）。こうした嫡出否認については，否認権者，否認権行使の方法，行使期間等について制限が置かれている→*170 頁以下*。

　他方，推定されない嫡出子，つまり，民法 772 条の嫡出推定はなされず，単に，戸籍実務上，嫡出子として扱われているにすぎない子は，こうした枠組みに乗ってこない。こうした子についても，現に，法的な親子関係があるという法律関係を前提に扱われることになるが，もし，その親子関係の存在について異論があれば，親子関係不存在確認訴訟（人訴 2 条 2 号）によって，それが争われることになる。

　このような親子関係不存在確認訴訟における，①訴えを提起できる者，②期間制限，③訴えの相手方は，以下のとおりであり，嫡出否認の訴えとの間には大きな相違がある。

　① **訴訟を提起できる者**　　第 1 に，親子関係不存在確認訴訟については，民法 774 条で母の夫（父とされる者）に制限されている否認権者の制限のようなものはなく，確認の利益（訴えの利益）が認められれば，その訴訟を提起することができる。子自身や母も訴えを提起することが可能だし，その父の他の子も，相続上の利益等を理由として，訴えを提起することができる。

　② **期間制限**　　行使期間等についての民法 777 条のような制限はない。したがって，出生からどれだけの時間が経過していたとしても，親子関係不存在確認の訴えを提起することができる。実際，40 年を経過してからの親子関係不存在確認訴訟といったものも認められている。ただし，親子関係不存在確認請求を権利濫用として制限する可能性は残されている（最

判平成 18・7・7 民集 60 巻 6 号 2307 頁→*百選Ⅲ 29 事件［西希代子］*）。

③　**訴えの相手方**　　訴えの相手方は，問題とされる親子関係の当事者であり，その一方が訴えを提起する場合は他方を被告とし，第三者が訴えを提起する場合には両当事者を被告とする。被告となる者がすでに死亡している場合には，検察官を被告とする（人訴 12 条 3 項）。第三者が訴えを提起する場合に，一方当事者がすでに死亡している場合には，生存している当事者のみを相手方とすればよい（同条 2 項。最判昭和 56・10・1 民集 35 巻 7 号 1113 頁→*家族法百選〔第 6 版〕23 事件［福永有利］*）。

　このように見てくると（特に①②に関して），推定されない嫡出子の嫡出子としての法的地位は，民法 772 条によって嫡出推定がなされる場合に比べて，かなり不安定なものだということがわかるだろう。

　逆に言えば，嫡出推定制度は，嫡出否認の制限を通じて，その子に，嫡出子としての安定した法的地位を与えるという機能も有していることになる。

Ⅱ　嫡出推定の及ばない子 ── 判例による展開

　以上見てきた「推定されない嫡出子」は，民法 772 条は形式的には適用されないが，嫡出子として扱われるという場合である。他方，これから扱う「嫡出推定の及ばない子」（「表見嫡出子」とも呼ばれる）は，逆に，民法 772 条の適用は形式的には認められるが，嫡出子であることが否定されるものである。「推定されない嫡出子」と「推定の及ばない子」では表現は似ているのに，中身はずいぶん異なることになる。

　なお，「嫡出子であることが否定される」と書いたが，推定の及ばない子であると判断されると，嫡出子であることが否定されて，父の非嫡出子になるわけではない。そこでは，そもそも，父とされていた者の子であることが否定されるのであるから，父とされていた者との間の実親子関係それ自体が否定されることになる。

第 10 講　嫡出推定制度の周辺　　193

1 基本的な出発点と全体の枠組み

> **設例 1**　　A男は，B女と結婚して間もなく，石油プラント事業のために，中東に単身赴任した。その3年間，一度も帰国することもかなわず，また，Bが訪れることもなかった。関西空港（成田でも，千歳でもいい）に降り立ち，久しぶりの日本の地を踏みしめたAの前に，迎えに来たBは，「ねぇ，かわいい赤ちゃんでしょ。あなたの子よ」と，1歳の子Cを抱きかかえて立っていた。

　あまりにも切なくなりそうな例だが，ここはひとつ，心を強く持って，Aとして，どうしたらよいかを考えてみたい。まずは，周囲の目を気にせず，「オレの子じゃない！」と叫ぶのは当然として，その上で何をするかである。

(1)　嫡出否認による解決

　いままで勉強してきたところからすれば，この場合も，ABの結婚後，200日経過後にCが生まれていることは明らかであるから，民法772条の適用があるということになりそうである。

　その上で，嫡出否認の手続をするということは考えられる。なお，嫡出否認の期間制限は，子の出生を知った時から1年間であるから，この場合，嫡出否認の訴えを提起することはなお可能である（なお，このような「推定の及ばない子」については，嫡出否認の訴えではなく，親子関係不存在確認訴訟によるとする説明もあるが，民法772条の適用が形式的に認められる場面である以上，Aが，嫡出否認によって父子関係を否定するという可能性を排除する必要はないだろう）。

(2)　親子関係不存在確認訴訟による解決

　それでは，仮に，この関西空港に降り立った日から1年間が経過してしまったら，もはや，嫡出否認はなすことができなくなるのだろうか。帰国後の社内業務と混乱した家庭状況の中，日々追われ，挙げ句に，その手続もしないまま，今度は，北海油田の開発を命じられて，旅立ってしまった

194　第Ⅱ部　親　族

というような場合（あまりにも哀しい……）を考えてみよう。

　考え方としては，この場合も，あくまで嫡出否認によって処理をすべきであり，期間内に否認しなかった以上，その父子関係はもはや覆せないものとなるという立場もありうる。嫡出推定と嫡出否認は，親子関係が単なる事実的な蓋然性だけに依拠するものではなく，血縁関係がない場合であっても，社会的に親子関係が形成されていくといった視点から理解する場合には，ありうる考え方である。

　もっとも，他方で，このような場合にまで，嫡出推定によって親子関係が認められることには消極的な考え方もあり，それが一般的かもしれない。民法772条は，やはり一定の事実的なレベルでの蓋然性を前提とした仕組みなのであり，この設例のような場合には，AによってBが懐胎するということはありえない以上，もはや，嫡出推定を機能させる必要はないという考え方である。

　あるいは，否認権を行使しない場合の父の意思を重視するとしても，それは，父である可能性が排除されないような場面において，それを積極的に否定しない以上，父と扱われるということであって，そのような可能性が全く存在しない場面においてまで，否認権を行使しないという消極的態様に，父子関係成立の効果を結びつけるのは，一般的な実親子というものの理解からは，かなり距離があるという説明もできるかもしれない。

　さて，このように，民法772条の嫡出「推定の及ばない子」とされると，そこで，現に存在するものとして扱われている父子関係は，嫡出否認によるまでもなく，親子関係不存在確認訴訟によって覆すことが可能となる。

　これについては，さきほど説明したところを思い出してほしい。 設例1 の場合であれば，Aは，嫡出否認の期間制限（民777条）にしばられることなく，親子関係不存在確認の訴えを提起することが可能となる。

　また，BやCが，この親子関係不存在確認訴訟を提起することも可能であるし，さらには，A（とB）にほかにも子Dがいる場合，Dは，Aの推定相続人であるCについて，AC間の親子関係不存在確認の訴えを提起することも考えられるのである。

第10講　嫡出推定制度の周辺　195

> **コラム** *嫡出推定の及ばない子の概念の必要性*
>
> 　推定の及ばない子の概念が登場した背景には，民法が用意する嫡出否認という仕組みが限定的にすぎるということがある。本文の中では，否認権行使の期間制限との関係で説明したが，より深刻なのは，否認権者が夫に限られているということであろう。
>
> 　このために，妻も子も望まないのに，夫が，「よっしゃ，ワシの子として育てよう！」という（場合によってはありがた迷惑な）決意をしてしまうと，もはや誰も手が出せないということになる。この点で，現在の嫡出否認の制度が問題を抱えていることは否定できない→*172 頁以下*。
>
> 　ただ，逆に言えば，嫡出否認の制度を合理的なものとして作り直せば，この問題は実質的に解消するのではないかとも考えられる（もちろん，その上で，なお嫡出推定の及ばない子の概念が残るとする立場はあり得る）。
>
> 　こうした方向が一定の合理性を有すると考えられるのは，現在の否認権者の範囲が狭すぎるとしても，逆に，確認の利益で範囲を区切るという仕組みでは広すぎるのではないかという問題があるからである。たとえば，夫婦と子のすべてがいわば納得ずくで，その家族関係を維持している場合に，たかだか相続上の利益などといったもので（それも場合によっては，単なる推定相続人の期待的な利益にすぎない），それを自由にひっくり返すことができるということには疑問を感じるからである。

2　嫡出推定の及ばない子の判断基準 —— DNA 鑑定等をめぐる問題

　上記のとおり，「推定の及ばない子」をめぐる問題の基本的な構造は，それほど難しいわけではない。ひとことで言えば，《親子関係が存在するはずがない場合には，民法 772 条の嫡出推定は働かない》というだけである。もっとも，実は，この定式の中に，最も困難な問題が含まれている。

　まず，**設例1** のような長期の海外出張，あるいは，もっとわかりやすい例としては，長期にわたる刑務所への収監，戦争による長期の出征（最判平成 10・8・31 家月 51 巻 4 号 33 頁→*家族法百選〔第7版〕24 事件〔松倉耕作〕*）などのように，その子の懐胎が夫による可能性が存在しないような場合が，これに該当することについては異論がない。

　他方，問題となるのが，血液型の不一致や DNA 鑑定の結果，父子関係が否定されるような状況の場合，どう扱うのかという問題である。この場

196　**第Ⅱ部　親　族**

合，上記の定式との関係では，「親子関係が存在するはずがない場合」だと言えそうな気もするし，そうではないような気もする。この点については，見解が分かれている。

① 血縁説　　まず，DNA鑑定等の科学的な方法によって，父子関係が否定された以上，もはや民法772条の嫡出推定は排除されるという見解がある。これは，真実の親子関係（もっとも，「何が，真実の親子関係なのか」は，自明ではない問題であり，ここでは，血縁によって親子関係が決まるという立場がすでに選択された上で，それを前提とする真実の親子関係が論じられている）が，民法772条に優先するという立場である（民法772条は，真実の親子関係を導くためのひとつの手段にすぎないと位置付けられる）。

② 外観説　　他方，冒頭で争いがないと述べたような，外観上，夫による懐胎が不可能であることが明らかな場合に限って（外国滞在中であったり，刑務所に入っていたような場合），民法772条の適用が及ばないとする見解も有力である。判例は，この立場をとっている（最判昭和44・5・29民集23巻6号1064頁など）。

③ 家庭破綻説　　さらに，夫婦関係が継続している間は嫡出推定が及ぶが，家庭が破綻した後は，①の血縁説の観点から問題を解決するという見解も有力である。

　実は，これらの問題は，かなり錯綜しており，学説の分類等についても，さらに細かく整理することが考えられる。しかし，ここでは，問題の基本的な構造を明確にするためにも，まずは，上記の説明だけを前提として，特に，血縁説について検討しておくことにしよう。

　まず，血縁説がある種のわかりやすさを持っていること自体は否定できない。「いまの時代，DNA鑑定をやりゃ，いいんだから……」といったレベルのものは，親子問題をめぐる報道の中などで，コメンテーターなどの発言として溢れており，一定の共感を得られるところかもしれない。

　しかし，他方で，このような血縁説については，なお，いくつかの深刻な問題があることを指摘しておかなければならない。

　第1に，まず，ここで扱っているのが，民法上の親子関係の問題だとい

うことである。したがって，民法が，どのような仕組みを用意しているか
が問題となる。すでに，第9講でも見たように，民法772条による嫡出推
定を覆すことは，人的にも（否認権者），時間的にも（期間制限），制約さ
れている。そして，それらの制限が尽きたところでは，そうした嫡出親子
関係は覆せないものとなるというのが，民法の基本的な構造なのである。
民法は，血縁上の親子関係と異なることがありうるとしても，一定の時間
の経過等によって，血縁関係がないことだけでは覆せない親子関係を規定
しているのである（血縁関係の不存在自体は，時間の経過によっても治癒され
ない）。否認権者の限定（民774条）や嫡出承認（民776条）も，そうした
文脈で理解することが可能である。

　第2に，血縁説によれば，血液鑑定やDNA鑑定によって，父子関係を
否定することさえできれば，民法772条は排除され，親子関係不存在確認
訴訟によって父子関係を否定することが可能となる。結局，誰であろうと，
確認の利益さえあれば，いつでも，DNA鑑定などによって，親子関係不
存在確認訴訟を提起することが可能となる。これでは，嫡出子としての法
的地位の安定を企図するという民法772条以下の趣旨は，完全に失われる
ことになるだろう。

　第3に，すでに言及したとおり，血縁説は，血縁による親子関係が，真
実の親子関係であるということを前提とする。しかし，それ自体が，すで
に一定の立場を選択しているものであり，それを貫徹することができるの
か，あるいは，貫徹させてよいのかという問題がある。これは，代理出産
やAIDをめぐって，さらに深刻な問題として顕在化することになる。

　第4に，現在のわが国の制度や実務を前提として，血縁説が採用される
場合の危険性についても言及しておくべきだろう。DNA鑑定にまつわる
ような問題は，きわめて私的で，センシティブな情報に関わるものである。
しかし，こうした側面に適合した制度が用意されているわけではない。こ
のような状況の中で，血縁説がとられた場合，そうしたプライバシーに関
わる情報が，安易に利用される状況を招くという危険性を否定できない。
そもそも，誰の，どのような了解の下でなされるのかという点が十分に検
討されないまま，「DNA鑑定をやれば，真実の親子関係がわかるのだか
ら……」式の議論をすることには，看過しえない無責任な危うさが伴って

198　第Ⅱ部　親族

いるように思われる。

　なお，家庭破綻説については，家庭の破綻自体を夫または妻の意思で実現できる以上，子の法的地位の安定にはつながらないという問題が指摘されている。

　最判平成 12・3・14（家月 52 巻 9 号 85 頁）も，「夫と妻との婚姻関係が終了してその家庭が崩壊しているとの事情があっても，子の身分関係の法的安定を保持する必要が当然になくなるものではない」として，家庭破綻説に立って夫からの親子関係不存在確認の訴えを認めた原審の判決を破棄している。

コラム　*外観説の妥当性が問題となった平成 26 年 7 月 17 日の一連の最高裁判決*

　判例は外観説をとっていると説明したが，近時の判例においても，外観説は維持されている（上記平成 12 年判決など）。外観説と血縁説の対立は従前からあったものであるが，DNA 鑑定が一般的な技術として確立している現在の状況において，判例が，このように，外観説を維持していることの意義は大きい。

　もっとも，こうした中で，外観説を維持することの妥当性が問題となったのが，最判平成 26 年 7 月 17 日の一連のケースである（民集 68 巻 6 号 547 頁〔札幌ケース〕，判時 2235 号 21 頁〔大阪ケース〕→*百選III 28 事件〔木村敦子〕*）。

　ここでは札幌ケースを取り上げて，事案を説明しよう。Yの妻AはBと交際し，性的関係を有するようになったが，その間もAYの夫婦関係の実態は失われていなかった。Aは妊娠したが，Bとの間の子であると考え，妊娠したことをYに告げず，黙って病院に行きXを出産した。入院中のAを探し出したYに対して，Aは，Yの子ではないことを告げたものの，Yは，YとAの長女とするXの出生届を提出し，Xを自らの子として養育した。その後，AとYは，Xの親権者をAと定めて協議離婚し，AとXは，Bと共に生活している。Aが，Xの法定代理人として親子関係不存在確認を求めて訴えを提起したのが，この事件である。

　最高裁は，外観説に立って親子関係不存在確認の訴えを退けたが，5 人の裁判官の中，2 人が反対意見を述べている。そうした反対意見の中では，親子関係不存在確認の訴えを認めないと，Yとの法律上の親子関係を解消することができないため，Bとの間で法律上の実親子関係を成立させることができず，血縁関係のある父がわかっており，その父と生活しているのに，法律上の父はYであるという状態が継続することの問題が指摘されている。

　本文で説明したように，本書の説明においては血縁説に批判的であり，判例

が維持してきた外観説には積極的な意味があると考えている。しかしながら，本件の具体的な解決において，それが適切だったのかという点については，多くの人が疑問を感じるだろうし，筆者自身もそうした違和感については十分に理解できる。

　ただ，この問題は，「嫡出推定の及ばない子」の範囲をめぐる問題として扱うべきではないように思われる。立法論となってしまうが，ここでの本質的な問題は，嫡出否認権者が父に限定されていることにあるのではないだろうか。子自身の利益となる場合に，子の側から父子関係を否定し，より自然な父子関係を成立させることを可能とすることが，本来の自然な解決であるように思われる。さらにいえば，嫡出否認に関する制限は，子の地位の安定のためにあるのであり，父とされる者の利益を図るものではない。嫡出否認が可能なのが父とされる者に限定されていることも，父とされる者の恣意的判断を尊重することを目的とするものではないはずである。子の利益を考慮することもなく，父とされる者が否認権を行使しないと決断さえすれば，それが優先するというのはきわめて不自然ではないだろうか。さらに，このように父とされる者を唯一の否認権者とし，その恣意的判断を認めることは，否認権行使を離婚協議等の場面で取引材料として利用することも可能にするといった問題をもたらすように思われる。

　その意味で，この一連の最高裁判決は，解釈論の外観説の妥当性が問われるものであったのと同時に，現在の嫡出否認制度の欠陥，否認権者を父とされる者に限定していることの問題を顕在化させるものだったと思われる。

　なお，こうした判決の結果，札幌ケースでも，ＹとＸの父子関係は否定されないので，ＢとＸとの間に父子関係を成立させるためには養子縁組が必要となる。ただし，特別養子縁組でない限り，実親子関係は切断しないので，相続をめぐる関係は残る。また，実親としてのＹがＸとの面会交流を求めることも考えられる。Ｙ自身がそうした関係を望んだのだから，ＹからＸへの相続はともかく，ＸからＹへの相続については，本当にそれでよいのかは気になるし，面会交流についても，こうした「父子関係」を前提に当然に認められるものではないように思われる。一連の最高裁判決は，現行法を前提として，民法772条による父子関係を否定できないとしただけであり，積極的に父子関係を認定したわけではない。面会交流について子の利益を最優先に考えるべきであるという点からも→*131頁以下*，こうしたＹのＸとの面会交流については，きわめて慎重な判断が求められるものと思われる。そうなると，さて，「ＹとＸとの関係」には，いったいどんな法的な意味があるのだろうか……。

3 嫡出推定の及ばない子とするための手続

(1) 基本的な手続 ── 親子関係不存在確認訴訟

さて、「推定の及ばない子」とされると、民法772条の適用がないことになり、親子関係不存在確認訴訟によって、それを覆すことが可能となる。

もっとも、これは論理的な順番ということであって、実際には、親子関係不存在確認訴訟の中で「推定の及ばない子」だという判断自体がなされることになり、それが肯定されれば、同時に、父子関係の不存在も確認されるということになる。

(2) 調 停 ── 合意に相当する審判

親子関係不存在確認についても、調停前置主義（家事257条1項）の適用があるから、まず、調停に付されることになる。ここで調停が成立すれば、合意に相当する審判（家事277条1項）がなされ、確定判決と同じ効力を有する（なお、家事審判法23条では、「当事者間に合意が成立し……」とのみ規定されており、あたかも法律関係の形成や存否についての合意であるかと理解する余地があった。それに対して、改正後の家事事件手続法277条1項1号においては、「当事者間に申立ての趣旨のとおりの審判を受けることについて合意が成立していること」と規定され、合意そのもので法律関係を決めるのではなく、あくまで、審判を受けることについての合意となっている。もっとも、同条の見出しは、「合意に相当する審判の対象及び要件」となっており、その点では、ミスリーディングであるように思われる）。

もちろん、当事者の合意だけで親子関係不存在が確定するということになると、外観説で示された基準が機能することなく、民法772条の適用を外すことが可能になりかねない。この点については、正確に理解しておく必要があるだろう。

まず、合意に相当する審判では、上述のように審判を受けることについての合意とともに、「無効若しくは取消しの原因又は身分関係の形成若しくは存否の原因について争わないこと」（家事277条1項2号）が要件とされているのであり、父子関係という法律関係があるかないかについての合意が問題とされているのではない（こうした合意によって父子関係が決まる

第10講 嫡出推定制度の周辺　201

とすれば，当事者の合意だけで身分関係を処分することができることになる。これを正面から認めることは，それ自体問題があるように思われる）。このように前提となる一定の事実の有無については争わないというものであり，さらに，そうした前提事実については，「家庭裁判所は，必要な事実を調査した上，……合意を正当と認めるときは，当該合意に相当する審判……をすることができる」（家事277条1項）とされているのである。

したがって，合意に相当する審判は，当事者の合意によって適用されるルールを変更するような意味を有するものではない。嫡出推定の及ばない子についての判例の枠組みを前提とするのであれば，それを前提としたうえでの事実関係（家庭内別居であり性交渉の機会はなかった等）について当事者間に争いがないことが求められることになる。なお，上記の「必要な事実」について，客観的な資料として，たとえば，DNA鑑定等を利用するということは考えられるかもしれないが，ストレートにDNA鑑定で事実関係を確認すればよいというのは，外観説を前提として民法772条の適用を判断する判例の枠組みとは異質なものであり，合意に相当する審判の枠組みからは外れるものであるということは確認しておくべきであろう。

(3) 拡張された手続 ── 第三者の認知との関係

以上の説明において，前提となるのは，次のようなイメージである。

まず，第1のステップとして，確認の利益を有する者からの訴えによって，その子は，「推定の及ばない子」であるとして，現在の父子関係を否定する。このような父子関係の否定は，父とされている者からなされる場合には，それで完結する。父とされる者にとっては，父子関係を否定することが終局的な目標だからである。

他方，親子関係の他方の当事者である子等からの請求の場合，それは，単に父子関係を否定することで終わるのではなく，それを受けた上で，次に真実の父親との間の父子関係を認知によって形成するという第2のステップが必要となる。嫡出子については認知ができないので（民779条），血のつながっている父親との関係を認知によって形成しようとすれば，現在，存在している嫡出子としての地位が邪魔となる。そのために，第1のステップが必要なのである。そして，これによってこの障害を取り除いた

202 　第Ⅱ部　親　族

上で，血のつながった父親に認知してもらうか，あるいは，認知の訴えを提起することになるのである。

　このような流れは，いままでの説明からも，十分に理解することができるだろう。もっとも，少々やっかいな問題がある。すなわち，手続は，上記のような2段階のものに限られていないということである。

　実は，「推定の及ばない子」のリーディングケースとなった前掲最判昭和44年5月29日は，夫Aと妻Bの離婚による婚姻解消後300日以内に出生した子Cが，父であるとして，Dに対して認知を求めたという事件であった。

　最高裁は，AB「間の夫婦関係は，右離婚の届出に先だち約2年半以前から事実上の離婚をして爾来夫婦の実態は失われ，たんに離婚の届出がおくれていたにとどまるというのであるから，Cは実質的には民法772条の推定を受けない嫡出子というべく，CはAからの嫡出否認を待つまでもなく，Dに対して認知の請求ができる」との判断を示した（同判決の中では，「推定を受けない嫡出子」という表現が使われており，その後の一般的な用語法とはずれがある）。この判決には，2つの重要なポイントがある。

　ひとつは，「推定の及ばない子」の概念を認めたということであり，これについては，すでに説明してきたところである。

　もうひとつの重要な点が，この事件は，AC間の親子関係不存在確認が問題となったものではなく，CD間の強制認知が問題となった事案だということである。

　もちろん，AC間の父子関係が親子関係不存在確認によって否定されて，Cの嫡出子たる地位が否定され，その上で，CD間の認知が問題となるというのは，二度手間であり，それを一発で解決しただけだという評価もできるかもしれない。

　もっとも，この点は，それほど簡単ではない。AC間の親子関係不存在確認訴訟であれば，そこではAは当事者として，父子関係の存否について争うことができる（この場合には，父子関係があるという立場から争うことが考えられる）。他方，CD間の認知訴訟では，Aはもはや当事者ではない。「だって，Aによって懐胎した可能性がないんだから，そんなことについてAがあらためて争う機会なんて与えなくてもいいじゃん！」という意見

もありそうである。しかし，よく考えてほしい。CD間の訴訟で，Aによる懐胎の可能性がなかったということは，誰によって，どのように明らかにされるのであろうか。

実は，この点について十分な説明は与えられておらず，当然に，「Aによる懐胎の可能性はない」ということを所与の前提として議論がなされているように思われる。

この問題は，昭和44年判決のもうひとつの重要な側面でありながら，十分に意識的な検討を経ないまま，現在に至っているように思われる。そして，その問題は，これから説明するいわゆる「300日問題」の中で，あらためて顕在化するのである。

Ⅲ　いわゆる300日問題 ── 嫡出推定制度の妥当性をめぐる問題

1　300日問題を理解する前提

300日問題という言葉を聞けば，本書を読んできた諸君は，「あぁ，民法772条2項の『婚姻の解消若しくは取消しの日から300日以内に生まれた子』の話題だな」と思いつくだろう。

この300日問題の典型的なケースは，以下のような場合である。

> 設例2　　A男とB女は婚姻していたが，Aの暴力に耐えかねて，Bは，家を出た。その後，Bは，離婚のこと等について相談に乗ってもらっていたC男と親しく交際し，ともに暮らすようになった。ABの離婚がようやく成立したのち，300日以内に，Bは，Dを出産した。

設例2 では詳しい情報はないが，この場合，Dの父親がCであるとするためには，どのような法律構成が考えられるだろうか。さきほど説明したところとも重なるが，確認をしておこう。

①　前提となる父子関係　　この場合，Dの出産は，AB間の婚姻解消から300日以内であるから，民法772条によって，Dについて嫡出推定が働く。嫡出子については認知ができないから（民779条），CがABの嫡出

204　　第Ⅱ部　親族

子であるDを認知することはできない。

② **AD 間の父子関係の否定**　そのために，まず，AD 間の父子関係を否定することが必要となる。このための方法としては，Aによる嫡出否認（民 774 条）のほか，Dは「推定の及ばない子」であるとした上で，AD 間の父子関係を親子関係不存在確認訴訟によって否定するということが考えられる。

③ **CD 間の父子関係の形成**　その上で，任意認知（民 779 条）または強制認知（民 787 条）によって，CD 間の父子関係を形成するというのが基本的な枠組みだということになる。

したがって，現行法の仕組みや，判例によって形成されてきた準則を前提としても，設例2 のようなケースについて，問題を解決することは不可能ではない。

2　300 日問題の背景と具体的問題

(1)　問題の背景的な事情

もっとも，設例2 のように，Aの暴力が AB 間の関係破綻の出発点となっているような場合，Bとしては，可能な限り，Aとは接点を持ちたくないだろう。ようやく離婚が成立したのに，協力を求める（嫡出否認をしてもらう）などということは論外であり，Aを相手方とする親子関係不存在確認訴訟についても，それによってこちらの所在がわかってしまえば，せっかく新しく築いた生活が破壊されるのではないかといった不安もある。

一方，何もしなければ，民法 772 条を適用するための形式的前提がある以上，Dは，Aの子として戸籍に記載されることになる。これは，とうてい受け容れることができない。……と，場合によって，人によって，状況はさまざまであろうが，この 300 日問題の前提となっているひとつの典型的な場合は，上記のようなものである。

> **コラム**　*いわゆる 300 日問題*
> ―― *狭義の 300 日問題といわゆる 300 日問題*
>
> 　ところで，この問題を取り上げる場合には，ほぼ常に，「いわゆる 300 日問

題」として，「いわゆる」という枕 詞がつく。この「いわゆる」には，単に，
一般にそう呼ばれているという意味での「いわゆる」以上の，実質的な意味も
含まれている。なぜなら，この問題は，民法772条2項の婚姻解消後300日以
内の出生に限られない側面を有しているからである。

　設例2 で重要なのは，①（前）夫の子ではないということと，②この問題
の解決のために（前）夫とは接点を持ちたくないということである。それは，
婚姻解消後300日以内に子が出生したという場合に限定されない。すなわち，
婚姻継続中に子が生まれたという場合でも，同様の問題は生じうるのである。
具体的なケースとしては， 設例2 を前提としつつ，思うように離婚が成立し
なかったという場合が考えられるだろう。

　このように，300日問題が，実は，300日問題に限定されないということは，
2つの方向での問題を提起する。

　一方では，狭義の300日問題に限った対応は十分ではない，という批判につ
ながる。たとえば，後述の法務省の対応は，民法772条2項の懐胎時期につい
てのみの対応であり，狭義の300日問題にしか対応できず，広い意味での「い
わゆる300日問題」には対応できないから，それでは十分ではないという批判
である。

　他方，このように300日問題を広げて考えることは，婚姻解消後300日以内
に出生した子についての嫡出推定の妥当性だけではなく，民法772条の嫡出推
定制度それ自体について否定的な立場につながり，本当に，それでよいのか
という議論をもたらすことになる。

(2) 具体的な問題 ── 無戸籍児をめぐる問題の発生

　さて，Bとしては，Aと交渉することで，AD間の父子関係を否定する
という手続はとりたくない，他方，DがAの子として戸籍に記載されること
とは拒絶するということになると，残る選択肢は，それほど多くはない。
実際に問題となったのは，Dの出生届が出されず，Dは戸籍を持たないま
ま成長したという状況であった。

　この件が，特に，マスメディアで大きく報道されるきっかけになったの
は，こうした子が，戸籍がないために，パスポートを取得することができ
ず，海外への修学旅行に参加できないということであった。「あまりにも
かわいそうではないか」，「何とかならないのか」ということが議論された
のは，当然だったと言える。

206　第Ⅱ部　親　族

3　300 日問題の解決のための方策 ── 各省庁等の対応

　さて，そうした議論が高まる中で，さまざまなレベルでの動きが出てくることになる。以下では，まず，各省庁等からの対応について，ごく簡単に見るとともに，そうした対応が，民法との関係でどのような意味を有するかについても説明する。

(1)　外務省の対応 ── パスポートをめぐる問題

　まず，パスポート問題については，外務省は，子が嫡出推定されることを前提に，旧夫の氏での旅券発給を認めるという方針を示した。しかし，子は，旧夫の氏でのパスポートとなることは受け容れられないとして，これを拒絶し，結局，修学旅行を断念したことが報道された。

　これについて，「せっかく，パスポートを発給するのに，なんでそんなに融通のきかないことを……」という意見もあるかもしれない。しかし，しかたがないところもある。なぜなら，パスポートの発給自体は，外務省が管掌すべき事柄であり，戸籍の有無と切り離してパスポートを発給するという選択は可能であるとしても，民法 772 条の適用があるかないかということ自体を，外務省が決める立場にあるわけではないからである。それぞれの省庁によって，民法の内容や条文の適用の有無が変わるとすれば，それ自体，かなり奇妙なことだとも言える。

　その点では，こうした外務省の対応は，パスポートという限定された問題について，それを処理しようとするものであり，民法 772 条自体を直接に対象とするものではなかったということになる。

(2)　総務省の対応 ── 住民票をめぐる問題

　もうひとつの具体的な問題が，住民票に関する問題であった。つまり，戸籍がないために，住民票を取得することができず，それに伴う不利益が生ずるという問題である。住民票の扱いについては，地方自治体によって異なる運用がなされてきたという実情があり，それ自体が問題となっていた。

　これについて，総務省は，(a)出生証明書などで日本国籍を有すること

が明らかである，(b)300日規定によって出生届を提出できず，戸籍に記載されていない，(c)裁判所で強制認知の手続などを進めている，という住民票記載のための基準を示し，市町村に通知を行った。

これは，そもそも住民票に限定された問題であるから，やはり，民法772条とは直接の関わりを有さないものだと言える。

(3) 法務省の対応

法務省は，この300日問題の高まりを受けて，離婚後に懐胎したことが医師の証明書で確認できれば，戸籍窓口で実際の父親の子としての出生届をなすことを認めるとの通達を出した（平成19年5月7日の民一1007号法務省民事局長通知）。これは，いままでのものと異なり，民法772条とより密接に関わる。

すなわち，このような対応は，民法772条の2つの推定（①婚姻中の妻の懐胎についての夫の子としての推定，②懐胎時期の推定）のうち，②については，訴訟外の手続で覆すということを認めるものだからである。

もっとも，民法772条2項が，あくまで懐胎時期についての単なる推定にすぎないとすれば→*168頁【医学的証明と懐胎時期の推定との関係】*，より実質的な証拠でそれを覆すということを認めることは，同条と直接に抵触するものではないとも言えそうである。

もちろん，すでに繰り返し述べてきたように，民法772条の嫡出推定は，単なる推定以上の性格を有している。ただ，民法が用意した嫡出否認以外にも，「嫡出推定が及ばない子」の概念の登場によって，事実関係を前提として，嫡出推定を覆すという途が開かれている以上，このような対応の理論的な障壁は，現在では，それほど大きなものではないだろう。

なお，注意してほしいのは，この法務省通達は，あくまで懐胎時期についてのものであって，DNA鑑定による証明等，実体的な父子関係の存否自体については何もコミットしていないという点である。

(4) 最高裁の示した解決

最後に，この問題について，支援団体のNPO法人が，最高裁に問い合わせ，「実父相手の『認知調停』が可能」との回答を得たとの報道がなさ

れた。さて，この回答だけを聞いても，ちっともピンとこないのではないかと思うが，実は，非常に重要な内容を含んでいる。

すなわち，これは，設例2 の場合について，民法772条が形式的に適用される場合であっても，C（B）D間の調停で，CによるDの認知をなすことができるということを認めるものだからである。これによれば，いままで苦労して述べてきたAとの対応（Aと接触せずに，いかに問題を解決するのか）については，あっさりと解決されることになる。

㋐　昭和44年判決との関係

ところで，このような最高裁の回答は，新たに考え出されたものというわけではなく，すでに，前掲最判昭和44年5月29日の中にビルトインされていたものを使っただけだとも考えられる。

すなわち，昭和44年判決は，①推定の及ばない子については，民法772条の嫡出推定を前提としなくてよいということを述べるとともに，②この①の判断を，設例2 の場合であれば，DのCに対する認知訴訟の中でなすことを可能とする，という判断を含んでいたからである。認知訴訟でそれが可能だとすれば，認知調停の中でも同じことが可能だというのが，おそらくこうした回答を支えている判断だと考えられる。

そして，これが可能だとすれば，この問題は，一気に解決できるのである。当事者にとっての福音だと言われるのも，こうした観点から理解できるのである。

㋑　解決のあり方についての検討

もっとも，本当に，これでよいのかという点は，なお疑問を感じざるをえない。すなわち，昭和44年判決の中にすでにビルトインされていたものであり，それを前提とすれば可能なのだと説明しても，果たして，そのようにビルトインされていたもの自体が，本当に適当であったのかということについて，釈然としないからである。

具体的に考えてみよう。君（この場合の読者は，男性ということになる。女性の場合には，男性の立場で考えてほしい）の家庭生活は崩壊して離婚し，元妻との関係ももはや絶たれている。しかし，元妻が連れて行った子ども

第10講　嫡出推定制度の周辺　　209

は自分の子だと思っていて，遠くから愛情を持って見ていた。ある日，その子は，自分の子ではないということになったのである。そして，それは，自分の全く与り知らぬところで決まるのである。本当にこれでよいのかという，素朴な疑問を抱かざるをえないのである。

それに対して，「そうは言っても，夫であるお前が暴力を振るったりしたからだろう！」といった反論がなされるかもしれない。しかし，自分自身には，そうしたことは身に覚えがない。「どこで，そんな話になっているんだ？」と聞けば，認知調停の中で認定された事実だという。そうした事実を前提とすることについて，君には反論の機会は保障されていないのである。

さて，制度設計としては，本当にこれでよいのだろうか。父子関係の存否をめぐる問題において，果たして，その当事者にほかならない「父とされる者」を含まずに，それを決定するという制度設計が，合理的なのだろうか。

最高裁の示した方向が，具体的にどのように運用されていくのかは，今後を見ていく必要がある。

特に重要なのは，CD 間の調停で，C（B）とDが前提となる事実（たとえば，AB は家庭内別居の状況にあり性的関係を有する機会はなかった）について争わないとすれば，それで決まるとするのか（その場合のAの利益保護が十分なのかという問題は深刻なものとなるだろう），CD 間の調停であっても，AD 間の父子関係を否定することについては，やはり何らかの客観的な証拠が求められるという方向で運用されるのか，という点である。

すでに，最高裁のホームページでは，認知調停の説明の中で，「親子の関係があることを明らかにするために，鑑定を行う場合もあります」との付記がなされていることからは，単純な当事者の合意によって問題を解決するというのではなく，一定の客観的な基準を導入することによって問題を解決するという後者の方向が，指向されていると言えるだろう。

たとえば，具体的な方法としては，DNA 鑑定等を利用するということが考えられる。この場合，DNA 鑑定によって，AD 間の父子関係を否定するというのではなく（それを正面から認めると，「推定の及ばない子」の判断について外観説をとっているということと抵触する），CD 間の父子関係を

肯定するための材料として利用し，それによって反射的に AD 間の父子
関係が否定されるということになると考えられる。

　もっとも，このような形で DNA 鑑定等を導入することは，一方で，認
知調停を無制約なものとしないためには必要だと考えられるが，他方で，
判例が，なお外観説を維持し，DNA 鑑定によって当然に決まるわけでは
ないとしていることと，本当に整合的なものであるのかについては，さら
に検討の余地が残されている。

4　立法的な対応の可能性

　この問題の最後に，立法的な解決の可能性についても，少し考えておき
たい。そこでは，民法 772 条の嫡出推定制度を維持するのかとともに，そ
れを維持するとすれば，さらに具体的にどのような解決が考えられるのか
が問われている。

(1)　民法 772 条の正当性 —— 嫡出推定が果たしている機能

　すでに言及したとおり，いわゆる 300 日問題は，民法 772 条の正当性自
体をめぐる議論に及びうるものである。その点からも，民法 772 条の正当
性をめぐる議論を回避することはできない。

　もっとも，こうした議論の中では，民法 772 条を，100 年前に遡るよう
な古くさい仕組みだとする見方もある。しかし，以下に述べるように，民
法 772 条をそのように単純に評価することには，ためらいを覚えざるをえ
ない。

　第 1 に，前提認識として，民法 772 条のような仕組みは，前近代的で，
わが国に固有のものだというわけではない。比較法的に見ても，「父子関
係を推定する」，あるいは，端的に「出産した女性の夫を父とする」（ドイ
ツ法）という仕組みは，広く採用されている。前提として，この点を確認
しておくべきであろう。

　第 2 に，現に，民法 772 条が果たしている機能には，きわめて大きなも
のがあるという点である。嫡出推定という制度を放棄した場合，どのよう
になるのかということを冷静に考えてほしい。民法 772 条を単純に放棄す
るのであれば，婚姻している女性が産んだ子についても，父親が誰かが決

まらないということがデフォルト状態となるのである。「いや，原則として，夫が父に……」というのであれば，結局，嫡出推定と同じことになってしまう。出産した女性が決めればよいという考え方もあるが，それによって妥当な解決が得られるかが疑問であるだけではなく（自由に父親の名前を書いていいのであれば，「父親であってほしい人」の名前を書くという行為だって，さほど不合理ではない），そもそも，父子関係の直接の当事者ではない母の意思のみによって，なぜ父子関係が決まるのかという基本的な疑問を払拭できない。

　このように考えてくれば，民法772条は，どのような家族観に立つのかというレベル以前のものとして，社会を構成する基本的なルールとして機能してきたということがわかるし，それを捨てることが決して簡単ではないということが理解されるだろう。

　もっとも，「どのような家族観に立つのかというレベル以前の……」と書いたが，婚姻制度に全く意義を認めないという家族観をとった場合には，夫だというだけで父子関係が推定されるような仕組みは，それ自体として，正当ではないという結論を導くことは可能である。ただ，その場合には，改正（廃止）の対象は，民法772条だけではなく，婚姻という制度そのものだということになる。

(2) 嫡出推定の覆し方 —— 当事者をめぐる問題

　もっとも，嫡出推定が，そのような基本的ルールとしての機能を営んでいるとしても，それは覆すことができないものではない。

　嫡出推定を覆すためには，民法自体が，嫡出否認という制度を用意している。もっとも，そこでの否認権者が夫に限定されているために，300日問題では利用しにくい状況となっている。しかし，こうした否認権者の限定は，すでに述べたように，300日問題に限らず十分な合理性がなく，かえって子の福祉の観点からも適切ではない状況をもたらしているということが十分に意識されるべきであろう。その点では，否認権者の拡大は早急に実現されるべきものであると考えられる。

　この否認権者を母（子）に拡大することによって，300日問題の一定のケースは解決されることになるだろう。

212　第Ⅱ部　親族

なお，最高裁が示した認知調停によるアプローチは，こうした嫡出否認というルートを経ることなく，より簡易に問題を解決することができるということは確かである。このような認知調停における処理が具体的にどのようになされているのかについては，必ずしも明確ではないが，すでに述べたように，仮に嫡出推定によって父とされる者が関与しない形で（関与することが保証されない形で），そこでの前提となる事実関係について争いがないとされれば足りるとすれば，そこには問題があるように思われる。

(3) 300 日問題に限定した対処

　もっとも，否認権者の拡大によって，ある程度の対応はできるとしても，なお問題が残されていることは確かである。すなわち，199 頁の 設例2 において，D（B）が，Aに対する親子関係不存在確認訴訟を提起することによって（あるいは否認権者が拡大したとすれば，それに基づいて否認の訴えを提起することによって），自分たちの所在が知られてしまう，現在の家庭生活が破壊されてしまうという懸念も，300 日問題の出発点になっていたのである。しかし，この点は，民法 772 条の嫡出推定や，それを覆す実体法上のルールの問題ではなく，訴訟における手続的なレベルでの対応（当事者に関する情報の開示の制限や，直接の交渉の制限等）によって，その解決が図られるべき課題であるように思われる。

　もちろん，そうした制度的な整備や運用が容易ではないということも確かだろう。この点は，「専門家でもないお前が何を言う」と言われてしまいそうだが，ぜひ，民事手続法の専門家のご意見をうかがいたいと思っている。

第11講 生殖補助医療をめぐる問題
—— 親子関係をめぐる現代的な問題

　生殖補助医療という言葉は，聞き慣れないという諸君もいるかもしれないが，代理母とか，代理出産というと，「それなら，聞いたことがある」という人も少なくないだろう。代理懐胎も，こうした生殖補助医療のひとつとして位置付けられており，以下では，こうした生殖補助医療が用いられた場合に，親子関係がどのようになるのかという問題を取り上げることにする。もっとも，最初に，ここで扱う対象について少し説明をしておかなくてはならない。

　第1に，こうした生殖補助医療については，大きく分けて，①そのような行為を許容するのかどうかという問題（行為規制ルールをめぐる問題）と，②そのような行為がなされた場合の親子関係をどのように考えるのかという問題（親子法制ルールをめぐる問題）がある。この両者は，密接に関連するものではあるが，ここでは，基本的に，②を中心に説明を行うこととする。そして，①の問題については，②に関連する限りで言及することにしよう。

　第2に，上記の点とも関連するが，ここでは生殖補助医療一般を取り上げるのではなく，特に，親子関係をめぐる問題がすでに顕在化している類型を取り上げるということにしたい。具体的には，AID，代理母（代理懐胎），夫の死後にその凍結精子を利用した懐胎の3つを取り上げる。

> **コラム**　*生殖補助医療をめぐるさまざまな動き*
>
> 　生殖補助医療をめぐっては，行為規制ルール，親子法制ルールをどのように構成するのかという観点から，さまざまな動きがある。
>
> 　**①　厚生科学審議会の報告書**　　旧厚生省の厚生科学審議会先端医療技術評価部会生殖補助医療技術に関する専門委員会による「精子・卵子・胚の提供等による生殖補助医療のあり方についての報告書」（2000年12月），厚生労働省

の同審議会生殖補助医療部会による「精子・卵子・胚の提供等による生殖補助医療制度の整備に関する報告書」（2003年4月）は，行為規制ルールとして，(a)AIDを不妊症のために子を持つことができない法律上の夫婦に限る，(b)代理懐胎の禁止，(c)精子，卵子，胚の提供に関わる金銭の授受の禁止等を提案するとともに，それに対応した親子関係の確定のルールを法律に規定することを提案している。

② **法制審議会の中間試案**　　法制審議会生殖補助医療関連親子法制部会による「精子・卵子・胚の提供等による生殖補助医療により出生した子の親子関係に関する民法の特例に関する要綱中間試案」（2003年7月）においては，(a)女性が自己以外の女性の卵子（その卵子に由来する胚を含む）を用いた生殖補助医療により子を懐胎し，出産したときは，その出産した女性を子の母とするものとする，(b)妻が，夫の同意を得て，夫以外の男性の精子（その精子に由来する胚を含む。以下同じ）を用いた生殖補助医療により子を懐胎したときは，その夫を子の父とするものとする，(c)生殖補助医療のために第三者提供の精子が用いられた場合の精子提供者による認知，精子提供者に対する認知の訴えができないことを提案している。

③ **学術会議の提言**　　日本学術会議生殖補助医療の在り方検討委員会は，「対外報告 代理懐胎を中心とする生殖補助医療の課題——社会的合意に向けて」（2008年4月）を公表し，(a)代理懐胎の原則禁止，(b)代理懐胎者を母とすること等を提言している（詳しくは，西希代子「日本学術会議における検討」『生殖補助医療と法〔学術会議叢書19〕』〔日本学術協力財団，2012年〕11頁）。

④ **その他**　　まず，行為規制ルールという観点からは，これらに先行して，学会によって公表されてきたガイドライン等が，専門家集団における自主的な規制として機能してきた。また，法制度の整備に向けた提言としても，日弁連による「生殖医療技術の利用に対する法的規制に関する提言」（2000年3月），日本産科婦人科学会倫理委員会倫理審議会による「卵子提供による非配偶者間体外受精・胚移植実施についての答申」（2001年2月），「非配偶者間の生殖補助医療応用上の現行民法における問題点と提言」（2001年2月）等がある。

I　AID —— 第三者提供の精子による人工授精

1　前提となる状況と問題の所在

設例1-1　　A男とB女は夫婦であり，子を持つことを望んでいたが，Aの身体的な事情から自然生殖により子を持つことが困難であった。その

第11講　生殖補助医療をめぐる問題　　215

> ため，Aの精子を用いてBに人工授精し，Bは懐胎して，Cを出産
> した。
>
> **設例 1-2**　　A男とB女は夫婦であり，子を持つことを望んでいたが，Aの身
> 体的な事情から子を持つことができなかった。Bは，Aの同意を得
> た上で，第三者提供の精子による人工授精を行って，懐胎し，Cを
> 出産した。

　生殖補助医療技術の中でも，比較的早くから行われてきたのが，人工授精（人為的な技術によって，女性の子宮内に精子を送り込み，受精をさせるという技術）を利用したものである。

　この場合，**設例 1-1**のように，送り込む精子が夫のものである場合を，AIH（Artificial Insemination by Husband 配偶者間人工授精）と言い，他方，**設例 1-2**のように，第三者（ドナー）提供の精子を用いる場合を AID（Artificial Insemination by Donor 非配偶者間人工授精）と言う。

　AIH においては，第三者が出てこないために，父となる可能性がある者は，基本的に夫に限定されており，親子法の観点からは，特に深刻な問題は生じない（もっとも，AIH だと思っていたのに，結果的に，精子の取り違えといった医療機関のミスから，第三者の精子による人工授精となったという状況は考えられる）。なお，AIH に関連するもっと深刻な問題としては，夫の死後，その凍結精子を利用して人工授精がなされた場合の法律関係がある。これについては，独立の項目として取り上げることにしよう→*229頁以下*。

　他方，AID の場合，遺伝学上の父は第三者たる精子の提供者である。それに対して，依頼者夫婦のうち，夫は，生まれた子との間に遺伝的なつながりを有していない。そのために，依頼者の夫と子の間に父子関係が認められるのかということが問題となる。

2　現行法を前提とする法律状態と課題

　上記のとおり，AID については，実親子に関する問題を生じる可能性があるが，しかし，現行法を前提としての対応が全くできないというわけではない。

(1) 嫡出推定 ── 現行法の適用

まず，現行法を前提としても，AID による懐胎，出産の時期について，民法 772 条の形式的な要件を満たしているのであれば，同条によって，生まれた子は，Aの子であるという推定が働くことになる。

したがって，何もなければ，現行の民法 772 条を前提として，生まれた子は，Aとの間に嫡出親子関係が存在するものとして扱われるのである。このことが，まず出発点となる。

もっとも，上記の説明の中で，「何もなければ」と書いたが，この父子関係の存否につき争いが生じた場合には，問題は複雑になる。ここでは，Aからの嫡出否認，他の者からの親子関係不存在確認訴訟，ドナーによる認知／ドナーに対する認知請求の問題を取り上げることにしよう。

(2) Aによる嫡出否認の可能性の有無

まず，ひとつはAによる嫡出否認の可能性があるのかという点である。これは，現行民法が予定する嫡出推定と嫡出否認という枠組み自体からも考えられる問題である。

仮に，AID についてAが同意したとしても，そこでAとCとの間に遺伝的なつながりがないことは明らかなのだから，それを理由として，Aが嫡出否認をすることができるということになると，Cの法的地位はきわめて不安定なものだということになる。

これについては，現行法を前提としつつ，AID に同意した以上，Aからの嫡出否認は権利濫用だとして封じることは考えられる。もっとも，こうしたアプローチについては，なお必ずしも安定的ではない部分が残されている。

① 夫の同意による嫡出否認の排除

まず，権利濫用の禁止という一般法理によるということ自体，ここでの法的解決が安定的なものとは言えないことを示しているように思われる。

仮に，子の地位の安定化という観点からも，夫（婚姻外のパートナー関係にも対象が及ぶとすれば，その男性パートナー。以下，すべて同じとする）の同意によって，嫡出否認が排除されるとすれば，それはある程度定型的

第 11 講　生殖補助医療をめぐる問題　217

な問題として，明確なルールとして規定されることが望ましい。

② 夫の同意の再定位　　もっとも，AID という治療行為に対する夫の同意がそのような意味を有するものだとすると，それは，単に，妻が「調子が悪いから医者に行ってくるわね」と言うのに，夫が「いいよ」と言うのとは，全く異なる意味のものであり，それは将来の親子関係にも重要な意味を有するものだということになる。そのことを明文で適切に規定することができるかどうかはともかく，仮に①のような制度設計をする場合には，そこでの夫の同意が，こうした意味を有するものだということが共有されなくてはならない。

③ 行為規制ルールへの影響　　さらに，このような制度設計を考えるのであれば，AID においては，夫の同意を必要とするという行為規制ルールを用意することが避けられないであろう。これは，以下で論じる問題とも関連するが，生まれてくる子について明確に父親を用意するという観点からも必要とされるものと考えられる。

(3) 親子関係不存在確認訴訟の可能性

なお，民法のルールだけを前提とすれば，Aの嫡出否認さえ封じてしまえば問題は解決されることになる。しかし，第10講でも取り上げたように，嫡出推定の及ばない子だということになると，BやC自身，あるいは，第三者からの親子関係不存在確認訴訟が可能となる。したがって，この点についても検討しておかなくてはならない。

これについては，誰が親子関係不存在確認訴訟を提起するかによっても区別することが考えられる。

まず，Bからの親子関係不存在確認訴訟については，Aからの嫡出否認と同様に，権利濫用という枠組みの中で，それを制約する可能性が考えられる（親子関係不存在確認訴訟ではないが，離婚後の親権をめぐる争いの中で，生物学上の親子関係がない以上，養育義務は負うが，離婚後の親権者にはなりえないという妻からの主張に対して，東京高決平成10・9・16家月51巻3号165頁は，夫の同意を得て AID が実施された場合には，そうした主張は認められないとした）。

それでは，他の者（あるいは，Bについても，当然には権利濫用で処理しな

いとすれば）については，どのように考えるべきなのだろうか。

　もし，嫡出推定の及ばない子であるか否かの判断基準として血縁説に立って血縁関係の有無のみを前提とするのであれば，この場合，Cは，嫡出推定の及ばない子なのだから，第三者であっても，確認の利益さえあれば，親子関係不存在確認訴訟が認められることになる。

　他方，外観説を前提とした場合には，少し複雑である。まず，「妻が右子を懐胎すべき時期に，……夫婦間に性的関係を持つ機会がなかったことが明らかであるなどの事情が存在する場合」（最判平成12・3・14家月52巻9号85頁）にあたらないとすれば，子は，嫡出推定の及ばない子にはならずに，その法的地位が確保されることになる。しかし，外観説を，「客観的に懐胎の可能性がない」というようにある程度抽象化するのであれば，嫡出推定が及ばないとされる可能性も完全には排除できないとも考えられる（この問題は，配偶者の一方が性同一性障害により性を転換した場合における民法772条の適用をめぐる問題と一定の連続性を有するだろう。すでに説明したように，最決平成25・12・10民集67巻9号1847頁→*百選Ⅲ 36 事件 [渡邉泰彦]*が，こうした場合についても民法772条の適用を認めたことに照らせば→*155 頁以下*，AIDの利用自体によって民法772条の適用が排除されることにはならないと考えるのが合理的だと思われる）。

(4)　認知をめぐる問題

　最後に残るのが，認知の問題である。 設例 1-2 では，「第三者」としか書いておらず，アルファベットを示していないが，これは書き忘れたわけではなく，現在のAIDであれば，精子を提供した第三者の匿名性を前提としているので，意図的に書かなかったのである。

　しかし，実際には，抽象的な第三者という存在があるわけではなく，そこには具体的な第三者であるDが存在するはずである。

　それでは，このDによる認知，または，Dに対する認知請求が認められるのであろうか。これについても，現行法を前提とすれば，問題は2つに分けられる。

　まず，民法772条の嫡出推定が及んでいる限り，Dからの認知やDに対する認知請求は，制度上，認められない（民779条）。

第 11 講　生殖補助医療をめぐる問題　219

しかし，仮にＡからの嫡出否認がなされた場合（上記のようにＡがAID・に同意していた場合には，権利濫用でそれを排除することが考えられるが，同意をしていなかったというような場合には，嫡出否認が認められる可能性がある）や，（上記のように，その可能性が排除されずに）Ｃが嫡出推定の及ばない子であると判断された場合には，この認知をめぐる問題が，現行法を前提としても顕在化することになる。

　もっとも，このような形でＤについての認知の可能性を認めることは，AIDという医療活動自体を大きく制約することになるだろう。現在の制度は，ドナーの匿名性を前提として，ボランティアとして，その精子を提供してもらうことによって成り立っているのであり，精子を提供する側が，場合によっては認知訴訟に巻き込まれるかもしれないということを危惧するような状況になれば，そうした精子提供を受けること自体が困難になるということは，十分に予想されるところだからである（出自を知る権利等をめぐる状況が不透明で，匿名性の確保が十分に担保できない状況を受けて，わが国でAIDを中心的に担ってきた慶應義塾大学病院でも，ドナーが確保できなくなり，治療を希望する新たな夫婦の受入れを中止することが報道されている。朝日新聞2019年4月3日付夕刊）。

　この点は，現行法の解釈に委ねるには，あまりにも深刻な問題であり，一般的な価値判断，政策判断が求められるところであろう。もちろん，そうした判断が，きわめて困難なものであるということは言うまでもない。特に，その難しさは，以下の点に存在する。

　まず，上記(2)(3)で扱った問題における嫡出否認の排除や親子関係不存在確認訴訟の排除は，それ自体は，設例1-2 であれば，Ａが父親として法的に位置付けられるということを前提に，Ｃの子としての法的地位を安定させるということに資するものであった。

　それに対して，ここでＤによる認知やＤに対する認知請求を一律に排除することは，Ｃにとっては，むしろ不利益をもたらすとも考えられる。たとえば，Ａの同意がないまま，AIDが実施された場合，(2)の枠組みによっても，Ａによる嫡出否認を排除することはできない。他方で，血縁上の父との関係を認知によって形成するということが排除されると，Ｃは，法律上の（実）父の存在しない子として確定することになるからである。

他方で，Dについて認知の可能性を認めることは，結局，AIDという
医療活動自体を，事実上否定することにつながるというのは，すでに述べ
たとおりである。

　その点で，ここでの問題については，子の福祉とAIDの実施のための
環境の確保という，性格の異なる利益の衡量が求められることになるので
あり，価値判断の難しさも，そこに存在することになる。

Ⅱ　代理母（代理懐胎）

1　前提となる状況と問題の所在

女性（妻）が何らかの理由で，懐胎・出産ができないという場合の生殖
補助医療技術が，代理母（代理懐胎）である。

> 設例2-1　　A男とB女は夫婦であり，子を持つことを望んでいたが，Bの身
> 体的な事情から子を持つことができなかった。Aの精子を用いて，
> 代理母であるDの卵子に受精させ，Dが懐胎し，Cを出産した。
>
> 設例2-2　　A男とB女は夫婦であり，子を持つことを望んでいたが，Bには
> 懐胎が困難な身体的な事情があった。そこで，Aの精子とBの卵子
> を体外受精させ，これを代理母であるDの子宮に移植して，Dが懐
> 胎し，Cを出産した。

　このような代理母については，2つのタイプがある。

　①　サロゲートマザー（狭義の代理母）　　ひとつは，設例2-1のように，
夫婦（依頼者）の夫の精子を用いて，代理母の卵子に受精させ，代理母
（surrogate mother）が懐胎，出産するというタイプのものである。ここで
は，遺伝学上の父は夫であるが，遺伝学上の母は代理母だということにな
る。

　②　ホストマザー（借り腹）　　もうひとつは，設例2-2のように，夫の
精子と妻の卵子を体外受精させ，その上で，受精卵を代理母（host
mother）の子宮に移植し，代理母が懐胎，出産するというものである。こ
こでは，遺伝学上の父と母のいずれも，依頼者たる夫婦だということにな

第11講　生殖補助医療をめぐる問題　221

る。

　さて，設例については，Cの母とされるのは，Cを出産したDなのか，それとも依頼者側の妻であるBなのかということが問題となる。

　まず，設例2-1 のような狭義の代理母の場合であれば，遺伝学的な観点からも，懐胎と分娩という観点からもDが母親だということになる。

　他方，設例2-2 のようなホストマザー型の代理懐胎では，懐胎と分娩という観点からはDが母親だということになるが，遺伝学的な母親はBだということになる。

　この点では，ホストマザー型で，どのような母子関係が認められるのかということが，この問題を考える場合のひとつの手がかりになりそうである。設例2-2 の場合に，仮にDが母親だと認められるのであれば，設例2-1 の場合には，当然にDが母親だということになると考えられる（もちろん，ホストマザー型で，Bが母親だとされると，設例2-1 の問題がさらに残ることになる）。

2　最高裁平成 19 年 3 月 23 日決定

　まさしく上記のようなホストマザー型の代理懐胎における親子関係が問題となったのが，最決平成 19 年 3 月 23 日（民集 61 巻 2 号 619 頁→*百選Ⅲ 35 事件〔早川眞一郎〕*）である。

　日本人の夫婦である X₁ と X₂ は，X₁ の精子と子宮摘出手術を受けた X₂ の卵子を用いた受精卵を米国ネバダ州在住の女性Aに移植するとともに，Aとその夫Bとの間で，(a)Aは，Xらから提供された受精卵を自己の子宮内に受け容れ，出産まで子供を妊娠すること，(b)生まれた子についてはXらが法律上の父母であり，ABは子に関するいかなる権利または責任も有さないこと等を内容とする有償の代理出産契約を締結した。

　Aが，本件子らを出産した後，Xらの申立てにより，ネバダ州の裁判所は，Xらが本件子らの血縁上および法律上の実父母であることを確認する等の判断をし，ネバダ州は，本件子らについて，X₁ を父，X₂ を母と記載した出生証明書を発行した。

　Xらは，帰国後，本件子らについてXらを父母とする嫡出子としての出

生届を提出したところ，X2による分娩の事実がなく，Xらと本件子らとの間に嫡出親子関係が認められないとして，出生届が受理されなかった。これに対して，Xらが，Y（戸籍事務管掌者たる区長）に出生届の受理を命ずることを申し立てたのが，本件である。

申立てを受けた東京家裁が，わが国の民法の解釈上，子を出産した者が母であるとして，本件申立てを却下したのに対して，抗告を受けた原審は，(a)民法の解釈上は出産した女性が母となるとしつつ，(b)ネバダ州の裁判所による本件裁判は民事訴訟法 118 条の外国裁判所の確定判決に該当し，(c)同条 3 号については本件裁判の効力を承認することが実質的に公序良俗に反するかどうかを個別的・具体的内容に即して判断すべきであり，(d)本件の諸事情を考慮すると本件子らが Xらに養育されることが最もその福祉にかなう等の理由を挙げて，本件裁判は民事訴訟法 118 条による効力を有し，本件子らは Xらの嫡出子となるとして，Yに本件出生届の受理を命じた。これに対して，Yから許可抗告の申立てがなされた。

これに対して，最高裁は，以下のように述べて，東京家裁の原々決定に対する Xらの抗告を棄却する旨の決定をした。

決定要旨①「民法が実親子関係を認めていない者の間にその成立を認める内容の外国裁判所の裁判は，我が国の法秩序の基本原則ないし基本理念と相いれないものであり，民訴法 118 条 3 号にいう公の秩序に反する」。

決定要旨②「現行民法の解釈としては，出生した子を懐胎し出産した女性をその子の母と解さざるを得ず，その子を懐胎，出産していない女性との間には，その女性が卵子を提供した場合であっても，母子関係の成立を認めることはできない」。

3 平成 19 年決定の理解と課題

(1) 本決定の基本的な位置付け

この事件は，代理懐胎の場合の母子関係をめぐる問題として，マスメディアでも大きく取り上げられたものである。

もっとも，ここでの問題は，本決定が示すように，性格の異なる 2 つの問題を含んでいる。ひとつは，わが国における母子関係の決定ルールがどのようなものかという問題（決定要旨②）であり，もうひとつは，わが国

の母子関係決定ルールと異なる外国裁判所の判決の効力をめぐる問題（決定要旨①）である。原決定も，前者については，懐胎・出産した女性が母となるというルール（以下「分娩者＝母ルール」）がわが国の民法のルールであることを認めている。その意味で，原決定と本決定を異ならしめたのは，決定要旨①で扱われる民事訴訟法 118 条の解釈という見方も可能であり，その場合には，この事件は国際私法上の問題として位置付けられることになる。

ただ，他方で，そのように問題の射程を限定することは，必ずしも適切ではないだろう。原決定と本決定のいずれにおいても，分娩者＝母ルールが前提とされているとしても，その実質的な理解や位置付けには相違があり，そうした相違が最終的な判断の相違を導いているとも考えられるからである。その点では，ここでの問題の本質は，やはり実体法的な母子関係をどのように理解するのかという点にある。

(2) 「分娩者＝母ルール」の意義と基礎付け

共通の前提とされているとした分娩者＝母ルールであるが，民法典の中では必ずしも明示されているわけではない。ただ，民法 772 条 1 項は，母子関係が「懐胎，出産という客観的な事実により当然に成立することを前提とした規定」であるとされ (本決定)→*165 頁以下*，さらに，母子関係は分娩によって当然に成立するとした最判昭和 37 年 4 月 27 日（民集 16 巻 7 号 1247 頁→*百選Ⅲ 31 事件〔石井美智子〕*）も，このルールを示したものとして援用されてきた→*166 頁*。もっとも，同判決は，母の認知は不要であるという文脈での判断であり，分娩者以外に母となりうる者がいないということが暗黙の前提となっている。そのため，血縁上の母親と分娩者が分かれる代理懐胎の場合に，このような分娩者＝母ルールの拘束力をどの程度まで強いものとして前提とするのかについては，論者によって違いが生ずることになる。

さて，代理懐胎等の生殖補助医療による場合を含めて分娩者＝母ルールの適用を肯定する根拠としては，従来の議論状況にも照らすのであれば，特に，以下の 2 つが重要であろう。

第 1 に，母子関係を形成する実質的根拠としての懐胎期間の存在である。ホストマザー型の代理母と子との間には，血縁関係は存在しなくても，約

9か月間（いわゆる十月十日）にわたる懐胎という事実があり，これによって母子関係が形成されていくという視点である。これは，懐胎という事実によって，分娩者＝母ルールを実質的に基礎付けるものである。

第2に，母子関係が一義的に決まる必要があるという視点である。本決定でも，「出産と同時に出生した子と子を出産した女性との間に母子関係を早期に一義的に確定させることが子の福祉にかなう」とされる。なお，ここで「子の福祉」とされるのは，制度設計というレベルでの子の福祉であり，一般的な子の福祉である。このように母子関係が一義的に決まるということを重視する場合，仮に立法当初に予定されなかった事態が生じたとしても，個別的に母子関係を判断するというような仕組みを採用することに対しては，消極的な評価がなされる。他方，原決定は，分娩者＝母ルールをわが国のルールとして承認する一方で，本件における判断に際しては，個別的・具体的な事情に即して公序良俗の判断をすべきだとして，本件子らがXらによって養育されることが最もその福祉にかなうとの判断を示す。ここでは，一義的に母子関係が決まるという要請は後退し，そこでの子の福祉は，本件子らの福祉の問題として扱われる。本決定と原決定の相違は，この点に大きく依拠しているように思われる。

以上のように，平成19年決定は，親子法制ルールという観点からは，代理懐胎の場合をも対象として，分娩者＝母ルールが認められることを明らかにしたという点に，最も大きな意味があると理解することができる。

ただ，同時に，確認しておかなくてはならないのは，この決定の中でも（特に，補足意見において），法制度を早期に整備する必要性が強調されており，そこでは，ここで示されたものと異なる制度設計も，必ずしも排除されているわけではないということである。

その点では，平成19年決定をもって，代理懐胎における親子法制ルールをめぐる問題が決着したと言うことはできないのである。

(3) 現行法との関係

それでは，こうした判例を前提としつつ，代理懐胎をめぐって，法制度の整備という観点からは，どのような課題が残されているのだろうか。従

来からも，代理懐胎に関連して議論されてきた問題点としては，以下のようなものがある。

① **分娩者＝母ルールの位置付け**　　法制審議会の中間試案を含め，代理懐胎における親子法制ルールの問題としては，分娩者＝母ルールを採用するということが，ひとつの重要な柱となっていた。この点は，ある意味では，現行法の解釈問題としては，平成19年決定によって決着したと言うことができる。もっとも，すでに述べたように，それをもって代理懐胎にわたる将来の制度設計としての親子法制ルールの問題が決着したとまで言い切ることはできない。ただ，立法的な対応が何もなされない以上，今後は，平成19年決定を前提として考えていくことになるということを確認しておきたい。

② **代理懐胎に関する行為規制ルール**　　代理懐胎をめぐる法制度の整備における，もうひとつの大きな柱が，代理懐胎に関する行為規制ルールの整備である。これについては，厚生科学審議会の報告書においても，また，学術会議の報告書等においても，代理懐胎の原則禁止が示されているところであるが，その法的な整備は，依然，課題として残されたままである。

　しかし，この点については，何も変わっていないというだけではなく，むしろ，親子法制ルールに関する平成19年決定を受けて，行為規制ルールを考えるという側面もあるように思われる。すなわち，本件の場合でも，代理母の側では，生まれた子の親になるという意思を全く有していないのであり，そうした状況を前提とした上で，行為規制ルールを考える必要が，より明確に顕在化したと思われるからである。学会のガイドライン等に依拠するという状況がすでに限界に達していることが明らかである以上，この点の制度整備が早急になされなければならないものと考えられる。

　従来の議論においては，行為規制ルールが定まって，それと整合的な親子法制ルールを整備するという順番で考えるのが一般的であったが，少なくとも現行法の解釈のレベルで，判例によって一定の親子法制ルールが明らかになった以上，それに対応する行為規制ルールの整備が求められるということになる。

③ **その他**　　代理懐胎をめぐっては，さらに親子法制をめぐる問題と

226　　第Ⅱ部　親　族

して残されている問題は少なくない。

　そのひとつとして，依頼者夫婦と生まれた子の間に，どのような関係が認められるのか，どのような関係を形成することが可能なのかといった問題がある。養子，特別養子を利用するというのも，そのひとつであるが，仮に，②で代理懐胎を行為規制ルールで禁止した場合に，その禁止に反してなされたときにも，養子縁組を認めるということでよいのか，あるいは，具体的に養子縁組をどのような手続で実現するのか等の課題が残っている（前掲の学術会議の報告書は，代理懐胎の原則禁止，営利目的でなされる代理懐胎を処罰の対象とすること，代理懐胎者を母とすると提言するとともに，依頼者と生まれた子については，養子縁組または特別養子縁組によって親子関係を定立するということを提言する。なお，平成19年決定のケースでは，その後，Xらと子らとの間での特別養子縁組が認められたことが報じられている）。

　また，従来の議論では，分娩者＝母ルールに焦点があてられてきたが，これを前提とする場合の父の問題というのは，必ずしも明確ではないまま残されている。民法772条の適用があることを前提に，代理母の夫が代理懐胎に同意している場合には，AIDに準じて考えるということもあるかもしれないが，まさしく親になろうとしているAIDと，あくまで他人の子を産もうとしている代理懐胎では，その意思が全く異なるということは否定できない。そうなると，分娩者＝母ルールを前提としつつ，父は依頼者の夫だと考えるということにもなりそうである。

　もちろん，②で，代理懐胎を禁止するとすれば，これらについて詳細なルールを決定する必要はなく，それはあくまで禁止された代理懐胎を利用した者のリスクなのだという解決のしかたもないわけではない（もっとも，その具体的なリスクを負担するのは，そうした選択をした親ではなく，むしろ子であるという点が問題となる）。しかし，少なくとも，そうした態度決定をするのか否かについては，明示的な議論がなされなくてはならないだろう。

> （コラム） *代理懐胎をめぐる問題と自己決定*
>
> 　ところで，代理懐胎をめぐる議論の中では，自己決定という言葉が語られる場合が少なくない。不妊等の事情がある当事者が深刻な決断をした以上，それ

を尊重すべきであるというのもひとつの考え方であろう。もっとも，この自己決定については，よくわからない部分もある。

第1に，いったいどのレベルで自己決定を論じているのかという点である。

代理懐胎をめぐる問題においては，(a)代理懐胎を許容するか否か，(b)代理懐胎契約の有効性を認めるかどうか，(c)代理懐胎の依頼者と産まれた子との間に実親子関係を認めるか否か，という性格の異なる複数の問題が存在している。このうち，(a)については，リプロダクションの権利との関係で論じられるところであるが，代理懐胎という手段を使ったリプロダクションを選択する自己決定を法が許容するのかという問題であり，(b)については，このような契約が，契約自由の原則の範囲内のものとして認められるのかという問題であり，その点では，自己決定を語りうるものである。他方，ここで中心的に取り上げた問題である(c)は，かなり性格が異なる。なぜなら，誰と誰との間に実親子関係を認めるのかという問題は，そもそも現行法上，意思によって決まる問題として位置付けられていないからである。母子関係が，分娩という事実に基づくとされるように，実親子関係はそもそも意思決定が問題となりえない問題領域だとも言える。つまり，代理懐胎という手段を用いることに口を挟むな，契約の有効性に外から口を出すなという意味では，(a)(b)では，自己決定が問題となりうるとしても，生まれた子が自分たちの法律上の実子であるということは，そもそも自己決定によって支えられるものではないのではないかということである。

ただ，一方で，すでに取り上げた AID では，父子関係は，むしろ血縁といった事実ではなく，意思的なもの（夫の同意）によって決まるという性格が認められると考えざるをえず，その点では，なお，上記のような割切りが完全には貫徹できるわけではなく，問題全体を考えた場合の難しさをもたらしている。

第2に，自己決定をめぐっては，いったい誰の自己決定を問題としているのかが必ずしも明確ではないという点である。多くの場合には，依頼者や代理母の自律的な意思の決定が取り上げられるが，依頼者夫婦といっても，それぞれ独立の人格である以上，常に同一の意思決定を語ることができるわけではない。

その問題をあらためて考えさせることになったのが，少し前のニュース報道である。それは，インド人の代理母との間で代理懐胎契約を締結し，子が生まれたが，出産までに，依頼者夫婦が離婚しており，生まれた子がインドから出国できないというものであった（朝日新聞 2008 年 8 月 8 日付朝刊）。

出国ができない事情としては，インドの固有の法制度もあり，ここでそれを論ずるつもりはない。考えさせられたというのは，果たして，この代理懐胎は，本当に，依頼者夫婦の自己決定に基づくものだったのだろうかという点である。もちろん，形式的には，契約の当事者は夫婦だったのであるし，この具体的ケースについて何か述べるべきものがあるわけではない。しかし，一般論として

考えた場合，「嫁は子を産んで一人前」という感覚が依然として存在するような状況が周囲を取り巻いていたとき，本当に，妻には，自由な意思決定の余地があるのだろうか。仮に，応じざるをえないという状況があったのだとすれば，そこでの自己決定は，夫婦の自己決定などではなく，夫，または，家(イエ)の自己決定なのではないかということをしばし考えたのである。

Ⅲ　凍結精子を用いた夫の死後の懐胎と出産

1　前提となる状況と問題の所在

> 設例3　　A男は，放射線治療を受けることになり，それによって無精子症になる可能性があることから，事前に精子を凍結保存した。Aは，回復することなく，死亡したが，その後，Aの妻であったB女は，保存していたAの凍結精子を利用して懐胎し，Cを出産した。

　最後に取り上げるのが，夫の死後，その凍結精子を用いてなされた人工授精による懐胎，出産の問題である。

　もっとも，これは，いままで述べてきたところからすれば，全く新しい類型というわけではなく，AIH のひとつの場合だという見方もできるかもしれない。通常の AIH の場合，施術の時点で，夫が生きていることが前提となっているのに対して，設例3では，その時点で夫たるAは，すでに死亡しているという点で異なるだけだという理解である（もちろん，AIH における夫が，権利能力を有する存在としての夫であるとすれば，ここでは夫が存在しないのであるから，そもそも AIH ではありえないことになる）。

　他方で，この問題は，必ずしも生殖補助医療という枠組みの中に入らないという点に，その特殊性を見いだすことができる。すなわち，ここでは，Aが生殖に関する何らかの障害を有するために用いられる施術として説明されるものではないからである。

> （コラム）　**生きている夫の凍結精子を利用した出産**
>
> 　本文で扱っているのは，夫の死後に凍結精子を用いた出産がなされた場合であるが，実は，凍結した受精卵を，別居中の妻が，生きている夫に無断で用い

第 11 講　生殖補助医療をめぐる問題　229

て出産したというケースが問題となっている。出産後，この夫婦は離婚しており，夫から，親子関係の不存在の確認を求める訴訟が提起されたという事案である（朝日新聞 2018 年 4 月 27 日付朝刊）。

　第 1 審，控訴審とも，夫婦の実態は失われておらず，民法 772 条の嫡出推定がなされるとして，原告の訴えは却下された。その後，最高裁で原告からの上告が棄却され，確定している（朝日新聞 2019 年 6 月 8 日付朝刊）。

　この事件の詳細については把握していないが，離婚後の出産であったらどうなのか，出産が離婚後 300 日以内か，それともそれ以降かで判断が異なるのか等，難しい問題を抱えているように思われる。この問題については，ここでは，こうしたケースがあったことに触れるだけにとどめ，将来の検討課題とさせてほしい。

2　最高裁平成 18 年 9 月 4 日判決

　この問題も，最近，法律問題として争われている。すなわち，最判平成 18 年 9 月 4 日（民集 60 巻 7 号 2563 頁→*百選Ⅲ 34 事件［小池泰］*）である。

　前提となったのは，基本的には，上記の 設例3 のような事案である。なお，Aは，Bに対して，自分が死亡した場合には，凍結精子で自分の子を産んでほしいと伝えていたとされる。生まれたCが，検察官を相手方として（人訴 42 条 1 項），CがAの子であることについて，死後認知を求めたのが，本件である。

　第 1 審は，この請求を棄却したが，控訴審は，(a)民法 787 条の認知の訴えは，婚姻外で生まれた子について血縁上の親子関係が存在することを基礎とするものであり，懐胎時に父が生存していたことを要件とすることはできない，(b)死後懐胎子についての認知は，父を相続することや，父による監護，養育および扶養を受けることはないが，父の親族との間に親族関係が生じ，父の直系血族との間で代襲相続が発生するという法律上の実益がある，といった理由を挙げ，さらに，(c)人工生殖により出生した子からの認知請求を認めるためには，認知を認めることを不相当とする特段の事情がない限り，子と父との間に血縁上の親子関係が存在することに加えて，当該死後懐胎子が懐胎するに至った人工生殖について父の同意があることが必要であり，かつ，それで足りる，との判断を示し，本件の認知請求を認容した。

それに対して，最高裁は，上記(b)(c)の部分を不当として，原判決を破棄し，Cの控訴を棄却した。そこでは，少し長くなるが引用すると，現行「法制は，少なくとも死後懐胎子と死亡した父との間の親子関係を想定していないことは，明らかである。すなわち，死後懐胎子については，その父は懐胎前に死亡しているため，親権に関しては，父が死後懐胎子の親権者になり得る余地はなく，扶養等に関しては，死後懐胎子が父から監護，養育，扶養を受けることはあり得ず，相続に関しては，死後懐胎子は父の相続人になり得ないものである。また，代襲相続は，代襲相続人において被代襲者が相続すべきであったその者の被相続人の遺産の相続にあずかる制度であることに照らすと，代襲原因が死亡の場合には，代襲相続人が被代襲者を相続し得る立場にある者でなければならないと解されるから，被代襲者である父を相続し得る立場にない死後懐胎子は，父との関係で代襲相続人にもなり得ないというべきである。このように，死後懐胎子と死亡した父との関係は，上記法制が定める法律上の親子関係における基本的な法律関係が生ずる余地のないものである。そうすると，その両者の間の法律上の親子関係の形成に関する問題は，本来的には，死亡した者の保存精子を用いる人工生殖に関する生命倫理，生まれてくる子の福祉，親子関係や親族関係を形成されることになる関係者の意識，更にはこれらに関する社会一般の考え方等多角的な観点からの検討を行った上，親子関係を認めるか否か，認めるとした場合の要件や効果を定める立法によって解決されるべき問題であるといわなければならず，そのような立法がない以上，死後懐胎子と死亡した父との間の法律上の親子関係の形成は認められないというべきである」と述べられている。すなわち，現在の法律状態についての理解としての(b)の判断が誤りであるとし，父の意思によってこの問題が決まるという(c)も否定されたのである。

3　平成18年判決が示す課題

　この最高裁判決自体，その後半部分に示されているように，立法的な対応によって，死後の凍結精子を利用して生まれた子と遺伝学的な父との間の父子関係を認めるという可能性を排除しているわけではない。しかし，この判決によって，現在の法律状態としては， 設例3 の場合に，AC間に

法律上の父子関係が形成されないということは確定したということになる。

　それを受けて，以下の点を確認しておくことが必要だろう。

　まず，すでに説明したように，生殖補助医療をめぐる問題には，そうした行為を容認するかどうかというレベルの行為規制をめぐる問題と，そうした行為によって生まれた子についての親子関係をどのように考えるのかという問題がある。一般的には，すでに代理懐胎の説明の中でも言及したように，行為規制ルールが先に決まって，それを受けて，それと整合的な親子法制を考えるという流れが通常である。

　しかし，死後の凍結精子利用との関係で言えば，法的なレベルでの明確な行為規制ルールが存在しないままに，こうした問題が生じ，そこで，設例3 であれば，AC 間の父子関係の成立が否定されることになったのである。この場合，C は，生まれながらに，「法律上の父が存在しない子」（父が誰かわからない子なのではない。論理的に，法律上の実父が存在しえない子なのである）だということになる。

　ここでは，このように実親子に関する問題についての法律状態から，行為規制ルールを考えるという，先に述べたのと逆の流れが不可欠になるだろう（前掲の日弁連提言→214頁【生殖補助医療をめぐるさまざまな動き】の補充提言〔2007 年 1 月〕では，「死亡した配偶者の精子又は卵子はこれを使用してはならない」とするとともに，凍結保存された精子，卵子，胚の預託者または提供者が死亡したときは，その意思にかかわらずこれを廃棄することを提言している）。

> ### （コラム）　生殖補助医療を考える難しさと対応の必要性
>
> 　ここで取り上げた問題は，いずれも結論が空白になった部分が多いという印象を持ったかもしれない。開き直るようだが，しかたない。筆者自身が具体的な結論として，自分の考えをなお持つことができていない点も少なくないからである。その点では，今後の議論に委ねられるべきところが多い問題だということは否定できない。
>
> 　しかし，同時に強調しておきたいのは，だからといって，そのまま放置しておくという選択肢はないという点である。AID や代理懐胎の問題，さらには凍結精子を利用した夫の死後の懐胎についても，きわめて困難な判断を求められることは言うまでもない。しかし，これらは，いずれもすでに現在の問題として存在しているのである。これについて，問題が生じたときに，判例に委ね

232　第Ⅱ部　親族

ればよいというのでは，やはり立法府の怠慢とのそしりを免れないだろう。特に，ここでは，2つの点を強調しておきたい。

　まず，判例は親子法制ルールについては一定の判断を示したものの，行為規制ルールについてはコミットしていない。これほど，深刻な価値判断が求められる問題について，自らの行為が適法なのか，違法なのかがわからない状況で行動するということは，それ自体，許容されるべき法律状態ではないだろう。

　もうひとつは，問題の基本的な思考枠組みが，司法的な解決と立法的な解決では大きく異なる可能性があるという点である。もちろん，司法的な解決でも，そこで示した解決が持つ一般的なルールとしての側面が無視されるわけではない。しかし，主たる対象は，あくまで具体的な当該事件である。それに対して，立法的な解決では，より抽象的な利益状態を前提として衡量していくことになる。ごく一般的に用いられる「子の福祉」という言葉も，司法的な問題解決と立法的な解決では異なる意味を有しうる。平成19年決定は，その判断を退けたが，その原決定においては，むしろ，具体的な子について，何がよりよい状況なのかという視点が示されていたように思う。それに対して，平成19年決定や平成18年判決では，そこで示されるルールが一般的な射程を有することが，より重視されていたのである。ただ，いずれの判断も，だからといって立法的な解決の途を否定しているわけではなく，一般的な衡量をした上で司法的解決として示せるのはここまでだということを，同時に強く主張しているように思われるのである。その点では，司法から立法にボールが投げられているというのが，現在の状況なのではないだろうか……と以前に書いてから，すでにずいぶん時間が経過した。

第11講　生殖補助医療をめぐる問題　　233

第12講　養子制度の概観と普通養子

　養親子というのは，親子関係のひとつであるという点では，実親子と並んで，親子法を形成するものである（民法第4編第3章「親子」における第1節「実子」と第2節「養子」）。養子縁組によって，養子は，養親の嫡出子の身分を取得するのであり（民809条），そこで形成される親子関係の法的な意味は，実親子と異なるわけではない。

　他方，養親子関係は，当事者の合意を基礎として人為的に形成される家族関係であるという点では，むしろ，その基本構造においては，婚姻と共通する側面を有する。

　以上のようなことを頭に入れながら，以下では，養子制度を概観するとともに，普通養子についての基本的なルールを説明することにしよう。

Ⅰ　民法の用意する2つの養子制度と養子制度の意義

　まず，民法が用意する2つの養子制度について概観しておく。

1　普通養子（養子）

　普通養子（民法の条文上は，単に「養子」と規定されているが，以下の特別養子と区別するために，このように呼ぶ）は，養子縁組によって，養親となる者と養子となる者との間に，嫡出の親子関係を作り出すというものである。このような普通養子は，後述の特別養子との関係では，以下のような特徴が認められる。

　① **養子縁組の容易さ**　ここでは，養子縁組について，合意だけではない一定の要件が課されているものの，その制限は，後述するように，それほど厳しいものではない。縁組意思と縁組の届出によって養子縁組がなされるという点では，婚姻と同様である。形成されるのが親子関係である

234　**第Ⅱ部　親　族**

ということからの一定の制約はあるものの（年長養子や尊属養子の禁止。民793条），養親となる者は成年でありさえすればよく（民792条。成年年齢が引き下げられても，20歳という年齢要件は維持される），養子となる者については，年齢的な要件はない。

　その上で，最後に述べたように未成年者であっても養子となることができることから，そのような場合について一定の手当てがなされている。すなわち，15歳未満の子が養子となる場合の代諾（民797条）や未成年者を養子とする場合の家庭裁判所の許可（民798条）である。

　逆に言えば，成年者が養子となる場合は，婚姻の場合と同様に，基本的に，当事者（養親となる者と養子となる者）の合意とその届出によって，養子縁組が成立することになる。

　②　**実親子関係の存続**　　もうひとつの特徴が，養子による親子関係の成立は，実親子関係の存否に影響を与えないものであるという点である。すなわち，民法が規定する養子縁組の効果は，養子が養親の嫡出子の身分を取得するということだけであり（民809条），養子について存在する実親子関係については何も規定していないのである。

　養子縁組がなされたとしても，それによって従前の実親子関係が切断されるわけではない。その点では，比喩的に言えば，普通養子は，人為的に親子関係を作り出すものではあっても，人為的に形成される親子関係を実親子関係に置き換えるものではないということになる。

2　特別養子

　他方，特別養子は，上記のような普通養子とはかなり性格の異なるものであり，従前の親子関係に代えて，新しい親子関係を作るという性格が前面に出る。

　①　**特別養子の成立**　　まず，特別養子の成立は，家庭裁判所の判断（審判）による（民817条の2）。当事者の合意を基礎とし，その届出によって縁組が成立する普通養子とは，その基本的な仕組みが大きく異なっている。

　また，家庭裁判所が特別養子の成立を認める要件についても厳格に規定

第12講　養子制度の概観と普通養子　　235

されている。

第1に，年齢についても，普通養子の場合とは大きく異なり，(a)養親となる者は，原則として，25歳以上でなければならず（民817条の4），また，(b)養子となる者は，原則として，6歳未満でなければならないとされていた（改正前民817条の5）。しかし，この点については，後述するように→274頁以下，年齢要件を大きく緩和する改正が成立した。

第2に，当事者（や親権者）の合意があれば養子縁組ができるというわけではなく，一定の事情が存在しているということが必要である。すなわち，民法817条の7は，「父母による養子となる者の監護が著しく困難又は不適当であることその他特別の事情がある場合において，子の利益のため特に必要があると認めるとき」であることを要件としている。

第3に，特別養子縁組を成立させるためには，養親となる者による監護の状況を確認することが必要とされている（民817条の8）。

② **実方との親族関係の終了**　　こうした特別養子の特徴は，その法律効果の点でも認められる。すなわち，養子と実方の父母およびその血族との親族関係は，原則として，特別養子縁組によって終了する（民817条の9）。

この点は，普通養子との違いを基礎付けるというだけではなく，実親子法にとっても大きな例外だということになる。民法は，親権の喪失・停止（民834条・834条の2）や親の管理権の喪失（民835条）については規定するものの，実親子関係を解消または終了させるような仕組みは用意していない→159頁【勘当】。その意味で，特別養子における実親子関係の終了という効果は，民法の家族法の仕組みの中でも，きわめて例外的なものとして位置付けられることになる。このような例外的な仕組みは，すでに説明した特別養子が認められる場合の要件となる一定の事情（民817条の7）等との関連で基礎付けられることになる。

3　養子制度の目的と機能

そもそも養子は何のためになされるのだろうか。この点は，必ずしも明確ではない。もちろん，婚姻は何のためにあるのか，実親子関係は何のためにあるのかという問題もあるのだが，それについては法制度としての家族法のレベルでは，それほど議論の対象となるわけではない（社会学的に

は十分に議論が成り立ちうるものである）。これらが，我々の社会の基本的な構成要素であるという点は，いわば自明のものとして，その制度の中身が議論されてきたと言える。

他方，養子制度の目的という議論がなされる背景には，養子という人為的に親子関係を形成するという仕組みが，それほど自明のものとして前提とされているわけではない，あるいは，養子という制度についての共通理解が必ずしも確立しているわけではないということがあるだろう。

さて，こうした養子の目的という点については，従来の議論では，「子のための養子」と「親のための養子」が区別されてきた。もっとも，親のための養子と呼ばれる中には，狭い意味での養親となる者の利益を意味する場合と，一定の法的あるいは社会的地位の承継の正当化を基礎付けるものという面があった。その点では，①子のための養子，②（狭い意味での）親のための養子，③地位承継のための養子といったものに分けることができるだろう（一般的には，③にあたるものを「家のための養子」という表現で呼ぶ場合が多い）。

まず，①は，育てる者がいない乳幼児など，未成熟の子について，人為的に親を作り出すことで，その子の保護を図ろうとするものである。たとえば，実親がわからない棄児を養子とする場合，あるいは，実親はわかってはいるが，その者が育てるのは困難だという状況において，誰かが養　親_{ようしん・やしないおや}になるという場合に，主として企図されているのは，こうした子のための養子である。こうした子のための養子が，養子制度の目的のひとつであることは明らかであろう。

もっとも，このような子のための養子であることは，特別養子においては明確に位置付けられているが（民法 817 条の 7 の「子の利益のため特に必要があると認めるとき」の要件），普通養子においては，そうした要件が設けられているわけではない。実際，わが国における普通養子の多数は子が成年に達している成年養子であるという統計があり，ここでは，子のための養子という目的から，養子制度を説明することは困難であろう。

また，②は，逆に，高齢になった際に面倒をみてもらうといった場面で考えられるものである。そこでは，養子となる者の年齢はむしろ働き盛

第 12 講　養子制度の概観と普通養子　237

りであり，養親はかなり高齢であるといった状況が想定されることになる（もっとも，ここで扱っているのは将来の目的も含むのだから，縁組の時点で，当事者がこのような年齢にあることが必要なわけではない）。

　それに比べると，③は，少しわかりにくいかもしれない。ここでは，いわゆる後継ぎ（跡継ぎ）を目的とするという意味での，「家のための養子」という場合が典型的に考えられそうだが，必ずしもわが国の戦前の家制度を前提としてのみ考えられるわけではない（実際に，戦前の制度においてそうした機能を営んだことはあるとしても，それに限定されるわけではない）。

　また，後継ぎの意味も，法的な地位の承継としての相続を意味する場合もあれば（そこでは財産上の法的地位の承継が主として目的とされる），必ずしも相続の対象とならない社会的な地位などの承継を正当化させるという意味でのものも含まれるだろう（家元としての地位の承継や企業の経営者たる地位の承継。場合によっては，政治家の選挙地盤の承継も含まれるかもしれない）。

　養子縁組によって親子関係が形成されるということが，①②のように子や親の面倒をみるということに限られない，こうした社会的機能を現に営んでいるということ自体は，その是非にかかわらず，否定できないであろう。ちなみに，是非ということについては，③について「家のための養子」と表現されるときには，多くの場合に，否定的なニュアンスがこめられているのではないかと思うが，この点の評価は，両論ありうるのではないかと思う。

　まず，家（イエ）の存続を目的とするというのは（典型的な「家のための養子」），それ自体，個人を前提とする現在の法秩序の中では旧制度の遺物であるとも感じられる。また，本来，その人の能力が問題とされるべき場面において，地位の承継を正当化するために，人為的な親子関係の形成を挟まないといけないというのは，いかにも固陋（ころう），頑迷な発想とも言えそうである。

　ただ，他方で，血縁関係を基礎として地位の承継がなされてきたような社会（部分社会も含む）において，能力のある者を拾い上げるという意味での機能を果たしてきたという側面もあるように思われる。本来，広い意味でも相続の対象となりえない選挙地盤の承継は論外としても，ある地位を親子関係などを前提として承継させるという仕組みが前提とされている

ような領域（部分社会）において，しかし，その地位に一定の能力が伴うものであるということを確保しようとした場合には，養子となる者の能力を前提として，養子という仕組みを通じて，そうした地位を承継させるということは，能力にかかわらず血縁関係だけを基礎として承継させるという仕組みよりはましだという見方もできるかもしれない。

だからといって，一般論として，こうした養子制度の利用を積極的に評価しろとまで言うつもりは全くないが，必ずしも全面的に否定するだけで足りるわけでもなさそうである。さて，諸君はどう思われるだろうか。

なお，上記の説明の中でも慎重に言葉を使ってきたつもりであるが，ここでは，必ずしも養子縁組の法律効果が直接に問題とされているわけではなく，（それ自体は法的な意味を有する）親子関係の形成が，（親子関係の法律効果ではない）社会的な意味を有するものとして用いられるという部分に特徴を見いだすことができるかもしれない。

なお，言うまでもないことだが，これらの目的は，相互に排他的で，両立しえないわけではない。幼い子を養子にするという場合には，単に，その子が未成熟の間の監護だけを目的とするというわけではなく，同時に，②や③も視野に入っているという場合もあるだろう。

> **コラム** *古代ローマと箕作家*
>
> 古代ローマというのは，イタリア半島のテベレ河畔の都市国家から始まり，世界帝国に発展した古代国家である。王制時代，共和制時代，帝国時代に分けられるが，共和制最後の時代のユリウス・カエサル（ジュリアス・シーザー）や，アントニウス（シェークスピアの「アントニーとクレオパトラ」のアントニーである），あるいは，ローマ帝国の初代皇帝であるアウグストゥスの名前を聞いたことがある人は少なくないだろう。もうちょっと地味なところでは，古代ローマの建国者と伝えられるロムルスの名前も挙げられるかもしれない（このロムルスが，ローマという名前につながる）。
>
> 一方，箕作家というのは，江戸時代の津山藩，いまの岡山県津山市を中心とする岡山県北部で，藩医等をつとめた家系である。江戸時代の終わりから明治はじめにかけて，多くの蘭学者や洋学者を出した（箕作阮甫，箕作秋坪，箕作麟祥など。箕作麟祥が，不平等条約の解消のための法整備を急いでいた明治政府の初代司法卿江藤新平→*10頁*から，少々誤っていてもいいから，さっさと訳せと，フランス民法典の翻訳を命じられたことは有名である。ちなみに，

第 12 講　養子制度の概観と普通養子　　239

オランダ語の知識しかなかった箕作麟祥は，フランス語からオランダ語へ，オランダ語から日本語へと翻訳したのであるが，その当時に使われていた辞書を見ると，よくこんなもので……と驚くとともに，当時の仕事に頭が下がる思いがする）。

　さて，まるで関係がなさそうな 2 つを取り上げたが，実質的な関係があるわけではない。箕作家は，実は，紀元前後に亡命してきたローマ王家の末裔である……といった伝奇小説的期待を持った諸君には申し訳ないが，そういうことはない（と思う）。

　両者を挙げたのは，一定の能力を有する者に，養子縁組という制度を積極的に使って，地位を承継させた例として思いついたからである。ほかにも，そんな例は，山ほどあるのだろうと思うが，単に，筆者がすぐに思いついたのが，この 2 つだったというだけのことである。

　ローマでは，そもそもアウグストゥスが，カエサルの養子であったという例を含め，さまざまな場面で養子という仕組みが積極的に利用されていた（興味がある人は，あるいは，養子制度には興味がない人も，塩野七生『ローマ人の物語』〔新潮社〕をご覧ください）。

　他方，幕末から明治にかけての箕作家の家系図を見ると，学者一族として実に華々しいものであるが，そこでは，非常に多くの養子縁組が利用されている。
　……というわけで，例として挙げたのである。

　もっとも，この 2 つを挙げたことには一定の意味もある。

　それは，本文の③で説明したような，地位の承継を正当化する仕組みとしての養子縁組というものが，時代的にも，地域的にも全くかけ離れたところで利用されていたという例にもなるからである。その点では，③の養子縁組というのも，一定の普遍性は有したものとして社会的に存在してきたと考えられるかもしれない。

　ちなみに，比較法的な説明では，フランスでは養子制度はナポレオン法典によってはじめて採用されたものであるのに対して，わが国では比較的古い歴史がある，といった説明がなされる場合もあるが，ヨーロッパにおいても，ローマは，上記のとおり，養子という制度を知っており，ヨーロッパ各国でも，このローマ法の伝統を承継した国においては，養子制度があったか，少なくとも慣行として存在していたということは確認しておくべきだろう。

4　人為的な親子関係形成の意味

　さて，養子の目的についての説明がずいぶん長くなってしまったが，この目的とも関連するもうひとつの難しさが，「親子関係を形成する」とい

うことの意味である。

　同じく人為的に形成される身分関係としての婚姻についても，その多様性が認められ，ひとつの典型的な婚姻関係というものを前提にすることはできないだろうということについては，特に，婚姻意思との関係で（実質的婚姻意思として何を観念できるのかという議論の中で），述べてきたところである。ただ，そうは言っても，ある程度典型的な婚姻関係を考えるという可能性までは排除されるわけではないし，実際に，漠然とした共通理解は成り立ちうるのではないかと思う。

　それに対して，親子関係の多様性の問題は，当事者間の合意（主観的な意図として何を重視するか）といった点だけにあるのではなく，親子関係が，特に，子の成長に応じて，時間的に変遷するという点にもある。

　未成熟の子についての親子関係は，監護をする者（親）とされる者（未成熟子）の関係として考えることができる。もちろん，その場合でも，乳幼児と親との関係，小学生や中学生の子と親との関係というのは同じようなものではないだろう。

　また，成年の子と親との関係というのは，何をもって親子関係の基準とするのかということ自体，よくわからない。本書を読んでくれている諸君の中にも，成年に達していたり，あるいは，すでに経済的に自立している人も少なくないかもしれない。そこでの親子関係（諸君とそのご両親との関係）がいったい何を意味するのか，何をもって親子関係の核心ととらえるのかという点は，実にさまざまであろう。

　特に，こうした成年養子を想定する場合，そこで企図されているのは，あくまで親子関係の成立であり，その効果（結果）として一定の法律効果が生ずるというよりは，むしろ，まさしくそうした具体的な効果（の全部または一部）をねらって，その手段として養子という仕組みが利用されるという関係にありそうである。

　その点は，具体的な目的や効果から出発するわけではない実親子関係とは異なるし，また，実質的意思説を前提として考える婚姻とも，やはり異なるものだということになりそうである。

　この点は，成年の子と親との関係を規定するものがない以上，当然とも言えるが，このことを頭に入れて，養子の説明を見ていく必要があるだろ

第12講　養子制度の概観と普通養子　241

う。

> **コラム** *婿養子と娘婿（女婿）など*
> (むこようし)(むすめむこ)(じょせい)
>
> ところで，諸君の多くも，婿養子とか，娘婿といった言葉は聞いたことがあるだろう。タイトルに示した女婿も含めて，全部，婿という言葉が入っているので似ているが，その意味を少し正確に確認しておこう。
>
> まず，婿養子というのは，男性が養子となる養子縁組が成立するとともに，養親となる者の娘と婚姻をするという形態である。したがって，ここでは，養子縁組（養子となる男性と養親となる者との間）と婚姻（養子となる男性と養親となる者の娘との間）が成立する関係である。この場合，婚姻だけでも，男性と配偶者の親との間には，１親等の姻族関係が生ずるが，婿養子の場合には，養親となる者との間で１親等の法定血族関係が成立することになる（民 727条）。したがって，養子となった男性は，養親となる者についての第１順位の相続人としての地位も有することになる（民 887 条１項）。
>
> 他方，娘婿，女婿という言葉は，婚姻する女性の親の側から見て，その娘の配偶者たる男性を指すというだけの意味である。ここで前提となっているのは，婚姻関係だけであり，男性と女性の親との間には，上記のとおり，１親等の姻族関係が生ずるだけである。
>
> 上記のとおり，女性の親とその女性と婚姻した男性との間の関係として見れば，婿養子と娘婿は，法的には全く異なるものだということになる。ただ，娘婿であるということが，養子縁組の目的の③で述べたような社会的地位の承継などにおいて，一定の意味を有するものとして用いられている側面はあるだろう。
>
> なお，このコラムのタイトルの「など」にも関係するのであるが，社会的には，娘婿であるということに加えて，婚姻の際の氏を女性のものとすることで（民 750 条），より強く女性の側の家系とのつながりを示すものとして機能させるという場合もある。これは，法的に見れば，婚姻とセットになった夫婦同氏原則だけのことであるが，外見上は（戸籍等を確認しない限り），婿養子との区別が明らかなわけではない。
>
> 実際には，（もちろん，法的には不正確であるが）最後に述べたようなものを含めて，婿養子という言葉が使われる場合もあるようである。

Ⅱ　普通養子の成立 ── 基本的な枠組み

普通養子は，すでに説明したように，緩やかな要件で成立する。以下で

242　第Ⅱ部　親　族

は，普通養子について，その一般的な成立要件を概観することにしよう。
なお，未成年者が養子となる場合の特則については，第13講で説明する。

さて，普通養子は，縁組という行為によって成立する。その点で，婚姻
とほぼ同様の構造をとり，①縁組意思の合致，②縁組の届出，③縁組に
ついての個別的な要件が問題となる。

1　縁組意思

縁組意思は，独立の成立要件としては規定されていないが，当然の要件
だとされる（民法802条1号は，人違い等によって縁組の意思が欠ける場合に，
それが無効原因となることを規定する。なお，婚姻の場合と異なり，憲法24条
に相当する規定は縁組にはない）。

また，縁組意思が何かということについても，婚姻の場合と同様に，実
質的意思説と形式的意思説（届出意思説）を両極とする考え方がありうる
→20頁以下。

もっとも，すでに説明したように，社会的な親子関係というものがいっ
たい何を意味するのかということ自体がきわめて多様であり，また，当事
者の年齢によっても，それが変化するものであることに照らせば，《社会
通念上親子と認められる関係》を形成する意思などと言っても，その内容
は明らかではなく，基準としても，それが実際に機能するようなものであ
るのかは疑わしい。

過去の裁判例において縁組意思の有無が問題となったものとしては，兵
役免除の手段としてなされた縁組（兵隊養子。大判明治39・11・27刑録12
輯1288頁），置屋が芸妓を拘束する目的でなされた縁組（芸娼妓養子。大
判大正11・9・2民集1巻448頁），学区制を免れるためになされた縁組
（岡山地判昭和35・3・7判時223号24頁）などがあり，これらにおいては，
縁組意思がないことを理由として縁組が無効とされている。

一般的には，このように便宜的手段として縁組が利用される場合につい
ては，実質的意思説からは無効となると説明されるところである。もっと
も，便宜的といっても，そもそも，それでは，どのような場合には便宜的
ではないのかというと，それほどはっきりしているわけではない。その意
味では，「便宜的手段である」という認定は，その認定を前提として縁組

第12講　養子制度の概観と普通養子　243

意思を否定するというより，縁組意思を否定することが適切だと感じられる場合に，便宜的手段であるという説明をしているにすぎないという見方もできるかもしれない。その点では，抽象的な縁組意思を詳細に検討することの積極的意義は，それほど大きくはないだろう。

そのことを確認した上で，ここでは，いくつかの個別的な問題について，少しだけ検討を加えておく。なお，あらかじめ断っておくが，ここで取り上げる類型については，それらが縁組意思の問題であるということ，縁組意思の問題としてしか対応できないということを前提として，ここで取り上げるわけではない。むしろ，「本当に，縁組意思の問題なのだろうか？」，「縁組意思の問題として扱うことが適切なのだろうか？」という問題として考えてみることにしよう。

(1) 相続等を目的とする縁組

まず，養親からの相続のみを目的とする縁組の有効性である。婚姻でも，このような相続のみを目的とする婚姻において婚姻意思が認められるのかという問題があったが，縁組においても，同様の問題が存在する。

まず，成年養子の場合に，このような相続のみを目的とする場合にも縁組意思を認めることについては，あまり問題はないだろう。そもそも，すでに言及したように，成年養子において，《社会通念上親子と認められる関係》が何なのかなどということを明確に規定することはできないのである。当事者が，親子関係のひとつの法律効果である相続を企図している以上，縁組意思を否定する必要はない。

他方，未成年養子の場合には，相続だけでは足りず，監護教育等の目的が必要だという見解も有力である。もっとも，この場合の縁組意思については，2つの点を確認しておきたい。

第1に，ここで監護教育等の目的を持ち出して，縁組を無効または不成立とすることが，実質的に見ても妥当なのかという点である。縁組はするが（養親とはなるが），監護教育まで引き受けるつもりはないという場合，そうした意思や責任感が欠ける以上，縁組意思の不存在を理由として，縁組を無効あるいは不成立であるとすることは，一見したところ，合理的であるようにも見える。しかし，養子縁組前の状況がどのようなものであっ

たのかを抜きにして，当該縁組を無効とすることが当然に子の福祉につながるのかは即断できないだろう。むしろ，当事者間に一定の法律関係を生じさせる縁組という仕組みについての十分な認識があった以上，縁組の成立を認めた上で，法定の監護教育等の義務を免れることはできないとするということも考えられるように思われるし，それが実質的にも適切な結論を導く場合もあるのではないだろうか。

　第2に，未成年養子において縁組意思を抽象的に論ずることの意義である。未成年養子縁組については，家庭裁判所の許可が必要とされており（民798条本文→*257頁以下*），そこでは申し立てられた縁組が未成年者の福祉に反しないかの審査が行われる（ただし，直系卑属との縁組については，こうしたチェックは働かない。同条ただし書）。したがって，養親が，養子となる者についてどのような態度で臨むのかということも，そこで判断することが可能であり，縁組意思という要件の問題としてのみ決着を図らなければならない必然性はない。むしろ，縁組意思の有無という観点からのみ判断することは，個別的な事情への対応を図るという点でも，柔軟性を欠くことになるように思われる。

　なお，節税を目的とする養子縁組について，最判平成29年1月31日（民集71巻1号48頁→*百選III 38事件〔床谷文雄〕，滝沢昌彦・リマークス56号58頁*）は，原審が縁組意思を否定したのに対して，「養子縁組は，嫡出親子関係を創設するものであり，養子は養親の相続人となるところ，養子縁組をすることによる相続税の節税効果は，相続人の数が増加することに伴い，遺産に係る基礎控除額を相続人の数に応じて算出するものとするなどの相続税法の規定によって発生し得るものである。相続税の節税のために養子縁組をすることは，このような節税効果を発生させることを動機として養子縁組をするものにほかならず，相続税の節税の動機と縁組をする意思とは，併存し得る」として，もっぱら相続税の節税のために養子縁組をする場合であっても，「当事者間に縁組をする意思がないとき」（民802条1号）に当たらないとした。

(2)　情交関係のある相手方を養子とする縁組

　さて，ここで取り上げたいもうひとつの類型が，情交関係のある相手方

を自分の養子とする縁組である（妾_{めかけ}養子ともいわれる。しかし，この問題は，狭義の妾と言われるような関係に限るものではない）。

もっとも，この類型も，果たして，縁組意思の問題として扱うことが適切なのかということ自体が，それほど明確なわけではない。

最判昭和46年10月22日（民集25巻7号985頁）は，長年にわたって同居し家業を手伝ってくれたことに対する謝意をこめて，自分の財産を相続させるという意思で姪を養子にした事案において，過去の一時的な情交関係があっても，縁組の成立は妨げられないとしている。

すでに過去のものとなっている情交関係は，それが存在したということによって相続等を目的とする法律行為を無効とするものではないと考え，他方，まさしく情交関係の継続を企図するための縁組については無効とする可能性が残されていると解するのであれば，それは，縁組意思の有無といった養子縁組に限定された問題ではなく，この種の良俗違反の法律行為に関する一般的な判断枠組みの中で処理されるべきものではないかと考えられる（縁組意思がないから無効なのではなく，縁組意思があっても，良俗違反として無効とされるのである。その意味で，縁組意思の有無の問題ではないことになる）。

2　縁組の届出

縁組が要式行為であり，届出を必要とするという点でも，婚姻と同様である（民799条によって準用される民739条1項・802条2号）。

3　その他の要件

その他，縁組については，以下のような要件が規定されている（ただし，未成年者を養子とする場合の特則については，別途説明する→*255頁以下*）。なお，以下では，こうした要件に違反した場合の法律関係についても，あわせて説明する。

(1)　養親の年齢

縁組によって養親となる者について，現行法は，成年者でなければならないと規定している（民792条。婚姻による成年擬制による者もこれに含まれ

る）。この点については，すでに触れたように，成年年齢の引下げに伴う改正により，20歳に達した者であることが求められている。結果的に，養親となることができる年齢については変更がないことになるが，これは成年年齢を引き下げても，養親となる者については，一定の成熟度が求められるという観点から，従前の年齢が維持されているものである。

　これに違反した縁組は，養親またはその法定代理人から，その取消しを家庭裁判所に請求することができる。ただし，養親が，成年に達した後（現行804条）／20歳に達した後（改正804条），6か月を経過し，または追認をしたときは，取消しも認められない。

(2) 尊属養子・年長養子の禁止

　民法793条は，「尊属又は年長者は，これを養子とすることができない」と規定する。まず，年齢の点では，1日でも生まれた日に先後関係があれば，先の者が後の者を養子とすることができる。他方，同日生まれの者については，その一方が他方を養子とすることはできないと解されている（この点については，異論もある）。他方，養子となる者の年齢が養親となる者の年齢より下であったとしても，それが尊属にあたる場合には，養子とすることはできない。

　ここで，こうした2つのタイプの禁止があることについて，簡単な頭の体操として，まず，諸君の父親の弟や妹が，諸君より年下だという場合を考えてみよう。それらの人は諸君から見ると叔父や叔母にあたり，諸君の尊属だから，養子とすることはできない。他方，それでは，それらの者が，諸君を養子とすることはできるのかというと，今度は年長養子の禁止の要件にかかって，やはりできないということになる。

　なお，傍系尊属を含むものとして，「尊属」とのみ規定しているのは，実は，民法793条だけであり（他の規定では，直系尊属のみを対象とした規律となっている），このような規定の妥当性自体を疑問視する見解もある（直系に限定した場合には，上記の頭の体操で取り上げたような問題は生じない）。

　尊属養子・年長養子の禁止に違反している縁組については，「各当事者又はその親族から，その取消しを家庭裁判所に請求することができる」

第12講　養子制度の概観と普通養子　　247

（民 805 条）。

> **コラム**　*親族内での養子*
>
> 　民法は，親族間の養子縁組については，本文で述べたような尊属養子の禁止を規定するだけである。したがって，それ以外については，基本的に自由だということになる。実際，養子縁組は新しい親族関係を形成するものだといっても，従来全く親族関係がなかったところで，縁組がなされるというわけではなく，むしろ，一定の関係がある中で，養子縁組がなされるということは珍しくない。もっとも，個別に見ていくと，色々なタイプのものがある。
>
> 　①　**きょうだい養子やいとこ養子**　　兄や姉が自分の弟や妹を養子とすること，あるいは，自分より年下のいとこを養子とすることも可能である。
> 　②　**直系卑属養子**　　また，自分の直系卑属を養子とすることも，尊属養子の禁止との関係では何ら問題は生ぜず，原則として可能である（むしろ，民法798 条ただし書は，このような場合に家庭裁判所の許可は不要であるとして，より容易に縁組がなされるという仕組みを採用している）。もっとも，このタイプについては，さらに少し分けて見ていく必要がある。
> 　まず，(a)祖父母（や曾祖父母）が自分の孫（や曾孫）を養子とすることについては，上記のとおり，問題がない。このような養子縁組は，特に，相続との関係で意義を有する（たとえば，相続人を増やして相続税を軽減することを目的とする場合，節税養子，相続税養子と呼ばれる。すでに触れたように→*245 頁*，こうした養子縁組についても，縁組意思は否定されない。前掲最判平成 29・1・31）。
> 　次に，(b)自分の子を養子とする場合である。これについても，(b1)自分の非嫡出子を養子とすることは，一貫して認められてきている。非嫡出子との間では，すでに親子関係があるとしても，その子に嫡出子の身分を与えるという点で実益があると考えられるからである。他方，(b2)自分の嫡出子を養子とすることができるかについては，戸籍実務はこれを認めていない。すなわち，民法 798 条ただし書における直系卑属に嫡出子は含まれないとし，自己の嫡出子または養子をさらに養子とすることは認められないとしている（もっとも，民法 798 条は，家庭裁判所の許可についての規定であるから，この規定の解釈として上記のような判断が導かれるというより，すでに嫡出子たる地位を有する者をあらためて養子とすることに法的意味がないという実質的な判断を基礎としていると理解すべきだろう）。
>
> 　なお，すでに一定の親族関係がある者らの間で縁組がなされるという場合，

248　第Ⅱ部　親　族

そうした縁組が認められるのかという問題のほかに，縁組が成立した場合，当事者間の関係はどのようになるのかという問題がある。

特に，これは，相続の場面で少し難しい問題を生じさせる。すなわち，普通養子は，従前の法律関係を切断するものではない。したがって，縁組がなされた場合には，それによって新たに形成される親族関係と，従前からの親族関係という二重の資格が認められることになりそうである。そうだとすると，こうした二重資格を有する相続人がどのように相続をするのかという点が問題となる。これについては，相続の説明の中であらためて取り上げることにしよう→*396 頁以下*。

(3) 後見人と被後見人の間の縁組

民法 794 条は，後見人が被後見人を養子とするには，家庭裁判所の許可を得なければならないとし，後見人の任務が終了した後，まだその管理の計算が終わらない間も同様であると規定する。被後見人の保護を図る趣旨である。

これに反する縁組は，取消しの対象となるとともに，成年到達後または行為能力回復後の養子による追認等によって治癒される（民 806 条）。

(4) 配偶者のある者との縁組

民法 796 条本文は，「配偶者のある者が縁組をするには，その配偶者の同意を得なければならない」と規定する。

1987 年の改正前は，配偶者のある者は，その配偶者とともにしなければ縁組をすることができないという夫婦共同縁組の原則が一般に採用されていた。しかし，成年養子の場合に，このような原則を一律に適用することに合理性はなく，現在では，夫婦共同縁組の原則は，後述の未成年養子の場合の特則として限定的に維持されているにすぎない（民 795 条）。その上で，配偶者の同意を要件とするというのが，現在の制度である。

なお，こうした配偶者の同意の要件は，配偶者とともに縁組をする場合には必要とされないほか，配偶者がその意思を表示することができない場合も，その例外とされる（民 796 条ただし書）。

配偶者の同意要件との関係で問題があったと考えられる場合について，民法 806 条の 2 は，以下のような規定を置いている。

第 12 講　養子制度の概観と普通養子　　249

まず，同意がなかった場合には，縁組の同意をしていない者から，取消しを家庭裁判所に請求することができる。ただし，その者が，縁組を知った後 6 か月を経過し，または追認をしたときは，同意要件が欠けることを理由とする取消しはできない（同条 1 項）。

次に，同意は形式的には存在したが，それが詐欺または強迫によるものであったという場合には，縁組の取消しを家庭裁判所に請求することができる（人訴 2 条 3 号，家事 244 条）。ただし，この場合も，その者が，詐欺を発見し，もしくは強迫を免れた後 6 か月を経過し，または追認をしたときは，もはや取り消すことができない（民 806 条の 2 第 2 項）。

Ⅲ　普通養子の効果

> **設例**　AB 夫婦の子 C は，DE 夫婦と養子縁組をなした。

1　養親との関係

まず，養子縁組によって，「養子は，縁組の日から，養親の嫡出子の身分を取得する」（民 809 条）。すなわち，**設例**において，C は，DE の嫡出子の身分を取得することになる。

具体的な法律効果としては，養親との関係では，第 1 順位の血族相続人（民 887 条 1 項）となることが挙げられる。

また，養子となった者が未成年者である場合，養子は，養親の親権に服する（民 818 条 2 項。親権については，あらためて説明する→*287 頁以下*）。

また，養子は養親の氏を称する。ただし，婚姻によって氏を改めた者が養子となった場合（設例であれば C が婚姻によって氏を変更していた場合），婚姻中は婚氏を称する（民 810 条）。

2　養親の血族との関係

さらに，「養子と養親及びその血族との間においては，養子縁組の日から，血族間におけるのと同一の親族関係を生ずる」（民 727 条）。このよう

250　**第Ⅱ部　親　族**

に縁組によって形成される血族関係を法定血族と呼ぶ。

　なお，注意してほしいのは，こうした法定の血族関係が生ずるのは，「養子Cと養親DEおよびその血族との間」であって，「養親と養子の血族との間」にそのような関係が生ずるわけではない。したがって，Cと養親であるDEの親との間には2親等の直系血族関係が生ずるし，養親であるDEの兄弟姉妹との間では，やはり3親等の傍系血族関係（おじ・おばと甥・姪の関係）が生ずるが，DEとCの親であるABやCの兄弟との間に，法定の血族関係が成立するわけではない。養子の子については，縁組後に生まれた子は，養親の親族となるが（縁組によって成立している養子と養親の法定血族関係を前提とする），その子が縁組前に生まれた子であれば，養親の親族とはならないのである（この点は，代襲相続で具体的に意味を持つ→*377頁*）。

3　実親等との関係

　他方，普通養子においては，従前の実親子関係（実方の血族との関係）は，そのまま存続する。

　したがって，養子となった者については，実親子関係と養親関係が，二重に存在することになる。したがって，設例において，Cは，DEの第1順位の相続人であるとともに，ABについても第1順位の相続人であり続ける（他方，ABとDEは，ともに，Cについての第2順位の相続人となる。民889条1項1号）。

　なお，親権や氏については，このような併存では不都合であるので，上記のとおり，個別の規定によって，養親子としての関係が優先することが定められているわけである。

4　転縁組

　なお，すでに養子となっている者が，さらに別の者の養子となることも可能である（転縁組）。この場合も，それまでの縁組は，離縁しない限り，当然には解消しないから，実親子関係に加えて，養親子関係も，二重（三重……）に存在することになる。

Ⅳ　普通養子の解消

以下では，すでに説明してきた縁組の無効・取消しについて簡単に確認するとともに，離縁について説明をすることにしよう。

1　縁組の無効と取消し

まず，縁組意思が欠けている場合や適法な代諾権者による代諾がなされなかった場合には，縁組は無効となる（この場合の無効の意味についても当然無効説と形成無効説が対立している→*49頁*。判例は当然無効説をとっている）。

また，後述する藁の上からの養子→*261頁以下*のように，縁組がそもそも存在しないという場合には，養親子関係の成立という縁組の効果は生じない。

さらに，民法804条（養親が未成年者である場合の縁組の取消し），同805条（養子が尊属または年長者である場合の縁組の取消し），同806条（後見人と被後見人との間の無許可縁組の取消し），同806条の2（配偶者の同意のない縁組等の取消し），同806条の3（子の監護をすべき者の同意のない縁組等の取消し），同807条（養子が未成年者である場合の無許可縁組の取消し）が，それぞれの要件を欠く場合に，その縁組が取消しの対象となることを定めている。また，民法808条1項は，縁組が詐欺・強迫による場合について，婚姻が詐欺・強迫による場合の取消しの規定である同747条・748条を準用している（ただし，取消可能期間を6か月間に延長している）。

これらの取消しに関しては，誰が取消権者であるかとともに，誰がどのような要件の下で追認をすることができるかが，各条文において規定されている→*246頁以下*（その他の要件と異なり，尊属養子・年長養子の禁止の違反については，追認が認められていない）。

なお，取消しの効果は，将来に向かってのみ効力を生ずるので（民法808条による同748条の準用），縁組の解消としての側面も有している。

2　離　　縁

他方，婚姻の場合と同様，有効に成立した縁組であっても，その解消が問題となる。

(1) 協議離縁

婚姻の場合の協議離婚に対応するのが，協議離縁である。当事者の合意を基礎として，届出によって離縁が成立するという点では，協議離婚と同じである（民811条1項・812条による同739条の準用）。

(2) 裁判離縁

離婚において，協議が成立しない場合に，裁判上の離婚が認められるのと同様，離縁についても，裁判離縁という制度が用意されている。

民法上は，協議離縁，裁判離縁という2つの制度が用意されているが，裁判離縁に至る前の段階として，調停や審判による解決があるということも，離婚と同様である→*91頁以下*。

また，協議離縁と異なり，裁判離縁では，その原因が法定されているという点でも離婚と共通するが，当然のことながら，その原因については，婚姻と親子の相違に対応した違いがある。

民法814条1項が離縁原因として法定するのは，(a)悪意の遺棄，(b)3年以上の生死不明，(c)その他縁組を継続しがたい重大な事由である（つまり，離婚原因の中の不貞行為と回復の見込みのない精神病が除外されている）。

同条2項は，上記(a)(b)について，裁判離婚について裁判所による裁量的判断を規定した民法770条2項の規定を準用している。

なお，裁判離縁についても，有責当事者からの離縁請求が認められるかという問題がある。基本的には，離婚の場合と同様の問題であると考えられるので，この点については，有責配偶者からの離婚請求をめぐる説明→*108頁以下*を確認してもらうことにしよう。

(3) 死後離縁

民法811条6項は，「縁組の当事者の一方が死亡した後に生存当事者が離縁をしようとするときは，家庭裁判所の許可を得て，これをすることができる」と規定する。これは，民法727条が，養子縁組によって，養子と養親およびその血族との間に親族関係を成立させていることとの関係で必要となった規定である。すなわち，当事者の一方が死亡してしまった後（協議離縁や裁判離縁をなすことができない），養子と養親の親族関係を消滅

させるための規定である。

3 離縁の効果

すでに説明してきたところとも重複するが，最後に，離縁の効果を確認しておくことにしよう。

まず，養子が未成年者である場合，親権については，養親の親権が完全に消滅する場合（養親の双方と離縁する場合や配偶者のない養親との離縁の場合）には，実父母の親権が回復する（回復するといった形では規定されていないが，養親の親権に関して規定する民法818条2項の適用がなくなる以上，同条1項が適用されることになる）。

また，離縁によって，縁組前の氏に復する。ただし，共同縁組をした養親夫婦の一方とのみ離縁したときは，復氏しない（民816条1項）。

なお，縁組から7年以上経過してから復氏した場合には，3か月内の届出によって離縁の際に称していた氏を称することが認められている（民816条2項。縁氏続称）。離婚に際しての民法767条2項と同趣旨の規定であるが，7年以上という要件を設けて，氏の変更の手段として濫用されることを防ぐことを目的としている。

離婚の規定との関係では，祭具等の承継に関する規定は準用されているが（民817条・769条），財産分与に対応する規定は置かれていない。しかし，子が成年に達しており，家業をともに手伝っていたような場合を考えると，このような規定を用意することも考えられるだろう。

第13講　未成年養子をめぐる問題
——特別養子等

　以下では，未成年者を養子とする場合のルールについて，2つのことを説明する。

　ひとつは，第12講で説明した普通養子について，養子となる者が未成年者である場合の特則についての説明である。すでに説明したように，普通養子縁組は，婚姻とパラレルに構成される側面が強いが，当事者の一方が未成年者である場合，特に，年少者である場合については，特別の配慮が必要となる。民法が，そうした点について，どのような規定を用意しているのかを確認する。

　もうひとつは，特別養子についての説明である。特別養子は，可能な限り実際の親子関係に近いものを作り出すことに向けた制度として創設されたものであり，成年養子も認められる普通養子とはかなり性格の異なるものである。ここでは，こうした特別養子について説明するとともに，制度創設のきっかけともなった「藁の上からの養子」をめぐる問題についても触れることにする。

Ｉ　未成年者を普通養子とする場合の特則

　第12講で説明した普通養子の成立要件は，成年養子，未成年養子を通じて，一般的に要求されるものである。その上で，未成年養子については，養子となる者が未成年者であることに照らして，一定の特則が用意されている。

1　未成年者を普通養子とする縁組の成立

(1)　縁組能力と代諾縁組

　民法797条1項は，「養子となる者が15歳未満であるときは，その法定代理人が，これに代わって，縁組の承諾をすることができる」と規定して

255

いる。この規定は，（その文言から必ずしも自明のこととして導かれるわけではないが）２つのことを内容として含んでいると理解されている。

(ア) 未成年者の縁組能力

同条１項は，「法定代理人が……縁組の承諾をすることができる」と規定するが，それでは，15歳未満の者が，自ら縁組をすることもできるのかというと，それはできないとされてきている（古い判決であるが，大判大正11・7・29民集1巻443頁）。したがって，15歳未満の者には，自ら縁組をする能力はないということになる。

他方，そこからは反対に，15歳になれば，意思能力があることを前提とした上で，縁組をする能力があるということになる。さらに，15歳以上の未成年者が自ら縁組をする場合については，未成年者の婚姻についての父母の同意（民737条）のような規定はないので，15歳以上の未成年者は，自ら，単独で，有効な縁組をなすことができる。

なお，この場合でも，後述の未成年養子一般にかかる家庭裁判所の許可要件は適用されるので，その点は注意が必要である。

(イ) 代諾縁組

民法797条のもうひとつの，というより，その中心的な機能として規定されているのは，上記のとおり，15歳未満の者については，その法定代理人の代諾によって縁組が成立するということである。

また，同条２項は，「法定代理人が前項の承諾をするには，養子となる者の父母でその監護をすべき者であるものが他にあるときは，その同意を得なければならない」と規定している。これは，たとえば，離婚に際して，親権者とは別に，監護者が定められた場合（たとえば，父または母を親権者とするが，母または父を監護者とするという場合），その監護者の同意が必要とされることを意味するものである。

こうした代諾に関する要件に違反した場合，以下のように扱われる。

まず，民法797条1項の代諾そのものを欠く縁組については特に規定はないが，無効とされる。なお，代諾がそもそも外形上も欠けているような場合には，縁組届自体が受理されないが（民797条1項・800条），代諾が

256　第Ⅱ部　親　族

あったような外形はあるものの，実際には真の法定代理人による代諾がなかったという場合が問題となる。このように適法な代諾が欠けるという場合には，縁組は無効であるというのが基本的な出発点となる。

　他方，民法797条2項の監護者の同意を欠く場合については，同意をしていない監護者からの取消しが認められること，その者による追認や，養子が15歳に達してから6か月間の経過または追認によって治癒されることが規定されている（民806条の3）。

(2)　家庭裁判所の許可

　もっとも，未成年者が自らの判断で，縁組をなすことができるかという問題とは別に，未成年者が養子となることについて，それが適切なのかを後見的に判断することを通じて，未成年者の保護を図るということも求められる。このような観点から，民法798条は，「未成年者を養子とするには，家庭裁判所の許可を得なければならない」と規定している。

　こうした家庭裁判所の許可という制度の意義について，たとえば，新潟家審昭和57年8月10日（家月35巻10号79頁→*家族法百選〔第6版〕34事件〔岩志和一郎〕*）は，「未成年者養子縁組について家庭裁判所の許可を要するものとした理由は，未成年者の福祉に合致しない養子縁組を防止しようとするところにあり，家庭裁判所としては縁組の動機，実親及び養親となるべき者の各家庭の状況等を十分検討したうえで，縁組が子の利益になるとの心証を得たうえで許可をなすべきである」と説明するとともに，すでに養親となることを希望している者のもとで育てられているといった事情についても，「既成事実を先行させることによって，家庭裁判所が未成年者養子縁組について与えられている審査権を弱められる結果になることは好ましいこととはいえない」とし，そうした事情に拘束されることの問題点を指摘している。

　もっとも，このような民法798条の解釈についての上記の判断は，一般論としては，もっともだと思われるが，当該個別的事案における判断については，なお検討されるべき余地がかなり残るものだったように思われる（この事案では，養親となる者が僧侶であり，後継ぎを探していたという事情などを踏まえて，職業選択の自由が狭められるという問題が指摘されるが，そう

第13講　未成年養子をめぐる問題　　257

した点を果たしてどこまで重視すべきなのかは，よくわからない。ちなみに，財閥の後継者の地位や家元の承継を目的としていた場合であっても，職業選択の問題が持ち出されたのだろうか。さらに，「仮りにこのまま事件本人が申立人のもとで養育されることになったとしても，申立人と事件本人との養子縁組の問題は，せめて事件本人が申立人の身分，職業及び自己の置かれている生活環境等についておおよその認識ができ，養子縁組についても一応の意思表明が可能な年齢に達するまで留保しておき，事件本人にその選択をさせる道を残しておくべき」という判断についても，類似の判断を示した家庭裁判所の審判はほかにもあるものの，具体的に予想されるべき状況への対応として，果たして，実質的にも適切なのかについて，なお疑問が残る）。

> **コラム** ── *子の意思の把握 ── 家事事件手続法における規定と位置付け*
>
> 　家事事件手続法 65 条は，未成年者である子がその結果により影響を受ける家事審判手続において，子の陳述の聴取や家庭裁判所調査官による調査等を通じて，「子の意思を把握するように努め，審判をするに当たり，子の年齢及び発達の程度に応じて，その意思を考慮しなければならない」ことを規定する（家事事件手続法 258 条により，この規定は家事調停においても準用される）。これは，児童の意見表明権を定める児童の権利に関する条約 12 条をふまえて，平成 23 年に制定された家事事件手続法において導入されたものである。
>
> 　家事事件手続法は，上記のように一般的な子の意思の把握についての規定を置いた上で，さらに，一定の家事審判事件においては，子の陳述を聴取しなければならないことを規定している。たとえば，本文でも示した未成年者の養子縁組についての家庭裁判所の許可に際して，養子となるべき者が 15 歳以上の場合には，その者の陳述の聴取をしなくてはならない（家事 161 条 3 項）。同様に，15 歳以上の子について必要的陳述を定める規定として，家事事件手続法 152 条 2 項（子の監護に関する処分の審判事件），165 条 3 項（特別養子縁組の離縁の審判事件），169 条（親権喪失等に関する審判事件，親権者の指定・変更の審判事件）等がある。
>
> 　もっとも，これらの定めは，「子に決めさせる」ということを意味するものではないことに注意すべきである。たとえば，親権者をめぐる父母の間の争いにおいて，父と母のいずれが親権者となるかを子に決めさせるということは，子にとって過度の負担となるだけではなく，場合によっては，残酷な選択を強いることにもなる（高葛藤をもたらす）。その点で，こうした子の意思の把握，陳述の聴取は，子の福祉を実現するプロセスにおいて，その資料として用いら

れるべきものとして位置付けられていると理解すべきである（その点で，子の自己決定権としての側面を強調することには慎重であるべきだろう）。

(3) 夫婦共同縁組

すでに言及したとおり，夫婦共同縁組の原則は，1987年の改正によって，もはや一般原則としては維持されていないが，配偶者のある者が未成年者を養子とするには，配偶者とともにしなければならないとして（民795条本文），未成年者を養子とする場合の養親の要件としては維持されている。子の養育のためには，夫婦がともに養親となることが望ましいとの判断によるものである。

したがって，夫婦の一方であるAが，他方Bの意思に反して，Cを養子とし，家庭裁判所の許可を得た場合でも，それがBに無断でなされたような場合には，Bの縁組意思が欠けるから，縁組は全体として無効となる。ただし，これを貫徹すると，かえって養子に不利な状況も生ずる。最判昭和48年4月12日（民集27巻3号500頁）は，ABが事実上の離婚状態にあり，CがAとAの内縁配偶者（本件では妾とされている）のもとで10年にわたって育てられているという事案について，養父Aと養子Cとの縁組のみを有効とするとの判断をしている。

なお，配偶者の嫡出である子を養子とする場合には共同縁組の必要はない（実務においては，実親である配偶者が離婚によって単独親権者となっていた場合，その者と養親が共同で親権を行使するとされている）。したがって，配偶者の非嫡出子と縁組をする場合には，この例外の適用はなく，配偶者についても自らの非嫡出子との養子縁組が必要となる →248頁【親族内での養子】。また，配偶者がその意思を表示することができない場合にも共同縁組は必要ではない（民795条ただし書）。

2 未成年者の普通養子縁組の解消

縁組の成立と同様，解消についても，未成年者については，一定の手当てが用意されている。もちろん，縁組時に未成年者であっても，その後，時間が経過して，養子が成年に達していれば，その養子が自ら協議を行い，訴えを提起すれば足りる。問題は，養子がまだ十分に成熟していない場合

の取扱いである。

(1) 養子が 15 歳未満の場合

離縁の際に養子が 15 歳未満の場合について，民法は，以下のように対応している。

まず，この場合，養親と離縁後に養子の法定代理人となるべき者との間で，離縁に向けた協議がなされる（民 811 条 2 項）。縁組の際の代諾に相当する仕組みが採用されているわけである。

もっとも，ここでは次の問題として，誰が離縁後に養子の法定代理人となるべき者なのかが問題となる。この場合，基本となるのは，普通養子においては，実親子関係は断絶されてはいないということであり，養親との関係が離縁によって解消される以上，実親の親権（民 818 条 1 項）が復活する，あるいは，潜在的に継続していたが養親の親権の背後に隠れていた実親の親権が表に出てくるということである。

これを前提として，離縁に関する協議については，以下のように組み立てられている。

① **実父母の双方が生存して婚姻中である場合，または，実父母の一方のみが生存している場合**　この実父母（ら）が法定代理人となるべきものであり，協議の当事者となる。

② **縁組後に実父母が離婚している場合**　実父母の協議によって，親権者となるべき者を定める（民 811 条 3 項）。協議が調わない場合には，家庭裁判所の審判による（同条 4 項）。実親子関係の場合であれば，離婚に際して定められるべき親権者の問題（民 819 条 1 項・2 項）が，養親子関係の解消に伴って顕在化するものである。

③ **上記①②によって決まらない場合**　家庭裁判所が利害関係人の請求によって，未成年後見人となるべき者を選任し，その者が，協議の当事者となる（民 811 条 5 項）。

なお，裁判離縁については，ここで「養親と離縁の協議をすることができる者」とされる者から（養子の側からの訴えの提起），または，この者に

260　第Ⅱ部　親族

対して（養親の側からの訴えの提起），離縁の訴えを提起することができる（民815条）。

(2) 子が未成年者の場合の特則

子が未成年者である場合について，縁組の成立については家庭裁判所の許可が必要とされたが，離縁については，このような要件はない。

ただし，民法811条の2は，「養親が夫婦である場合において未成年者と離縁をするには，夫婦が共にしなければならない。ただし，夫婦の一方がその意思を表示することができないときは，この限りでない」と規定する。未成年者を養子とする場合の夫婦共同縁組の原則（民795条）に対応するものである（ただし，配偶者の養子を自らの養子とする場合のように，共同縁組によらずに，夫婦の両方が養親となっている場合にも適用される）。

Ⅱ 藁の上からの養子

さて，「藁の上からの養子」と呼ばれるものがある。これは，民法の養子制度を使わないものであるが，次に説明する特別養子の創設とも関連するので，ここで触れておくことにしよう。

1 藁の上からの養子

> **設例1** Aは，Yを出産した。夫婦であるBCは，Yについて，自分たちの子として，その出生を届け出た。

さて，藁の上からの養子というのは，この **設例1** のような場合を指す。「えっ！ 養子って，どこに出てくるの？」って，いい質問です。どこにも養子は出てこない。Yは，外形的には，BCの実子とされているのであり，ここで問題となっているのは，AとYとの間の真実の実親子関係（分娩によって基礎付けられる母子関係）とBCとYとの間の外形上の実親子関係だけであり，養親子関係の問題ではない。

しかし，このようなことがなぜなされるのかと言えば，真実の実親子関

第13講 未成年養子をめぐる問題 261

係とは異なるところに親子関係を作り出すためになされるのであり，その法形式はともかく，人為的に親子関係を形成するという意味では，まさしく養親子関係と共通する側面を有するのである。

むしろ，養子という外形を全く残さないという点では，こうした藁の上からの養子に対する一定の社会的ニーズが存在してきたということは否定できないだろう→272頁【菊田医師の事件と特別養子制度】。

(1) **基本的な効力**

さて，このような藁の上からの養子の基本的な効力であるが，法的には，何ら効果を有さない。YがBC間の子ではない以上，その出生届は虚偽の内容が記載されている無効なものにすぎず，そうした出生届に基づいて戸籍上の記載がなされたとしても，それによって，それに対応する実親子関係が生ずるわけではない。

(2) **認知としての効力**

ところで，設例1 において，BCが，自らの子として出生届を出したという場合，なぜそんなことをするのかと言えば，さまざまな場合があるだろう。

ひとつは，子を望んでいたBC夫婦の希望と，Yを出産したがそれを育てることができないAの希望が合致したという場合も考えられる。

他方，以下のような場合もありそうである。

設例 1-1　　Aは，Yを出産した。Yの父親であるBは，Cと婚姻しており，Bは，Aの産んだYをBC間の嫡出子として，届け出た。

このケースでは，Bとその配偶者ではないAとの間には，すでに一定の関係があったことが前提となっている。その上で，本当は，AB間の非嫡出子であるYを，BC夫婦間の嫡出子として届出がなされたという場合である。なぜ，そうなったのかは，それぞれ好きに想像して物語を作ってもらえばよい。

さて，この場合，こうした届出をした以上，その届出が無効であるとし

262　**第Ⅱ部　親　族**

ても，少なくとも，BY 間の父子関係については，認知の効力を認めてよいのではないかということが問題となる。

これについて，第9講でみた最判昭和53年2月24日（民集32巻1号110頁）→178頁は，「嫡出でない子につき，父から，これを嫡出子とする出生届がされ，又は嫡出でない子としての出生届がされた場合において，右各出生届が戸籍事務管掌者によって受理されたときは，その各届は認知届としての効力を有するものと解するのが相当である。……出生届にも，父が，戸籍事務管掌者に対し，子の出生を申告することのほかに，出生した子が自己の子であることを父として承認し，その旨申告する意思の表示が含まれており，右各届が戸籍事務管掌者によって受理された以上は，これに認知届の効力を認めて差支えない」とした。

すなわち，藁の上からの養子には何ら積極的な効果はないと言ったが，場合によっては，そこでBによってなされた出生届に，少なくとも認知としての効力を認める可能性はあるということになる（なお，上記の昭和53年判決自体は，その判示にも示されるように， 設例1-1 のような場合だけではなく，Aの子として，Bが届け出るという場合も射程に含む）。

(3) 養子縁組としての読替えの可能性

> 設例1-2　　Aは，Yを出産した。子どもを欲していたが，なかなかできなかったBC夫婦は，Yを自分たちの子として育てる決心をして，自らの子として，その出生を届け出た。

それでは，もう一歩踏み込んで，この際，虚偽の出生届によって実親子関係が形成されることはないとしても，それを養親子関係の成立として読み替えることができないのだろうか（「無効行為の転換」の問題と呼ばれる。ここでは，虚偽の出生届という無効な行為を，他の有効な行為，ここでは有効な縁組として読み替えることができないかが問題となる）。

この点について，判例は，ほぼ一貫して（明治期のごく初期の段階を除いて），虚偽の出生届をもって養子縁組として読み替えることを否定してきている（最判昭和50・4・8民集29巻4号401頁→百選Ⅲ39事件［本山敦］）。

第13講　未成年養子をめぐる問題　263

これらの判断では，養子縁組が要式行為であって，かつ強行法規である
ということが強調されているが，特に，実質的な観点から問題となるのは，
家庭裁判所の許可という未成年養子に課された要件（民798条）を潜脱す
ることが可能となるという点であろう。

　無効行為の転換として，養子縁組としての読替えを認めるべきではない
か，あるいは，何らかの事後的な対応によって，そうした瑕疵が治癒され
ることを認めるべきだという見解は，なお有力であるが，他方で，判例の
見方にも，ひとつの合理性はあるように思われる（なお，この問題につい
て，どのようなスタンスをとるかは，どのような場面を想定しながら議論をす
るかで大きく異なってきそうである。実際に，藁の上からの養子がうまく機能
しているような個別的な場面を想定すると，それに法的な安定性を与えるとい
う観点から，無効行為の転換を図るという方向が指向されることになる。また，
後述のように，適法な代諾が欠ける場合に追認の可能性を承認した判例とのバ
ランスを指摘する見解もある。他方，藁の上からの養子という仕組みが，場合
によっては，人身売買に相当する状況を作り出しかねないという一般的な可能
性も視野に入れると，無効行為の転換の可能性を一般的に承認することに対し
ては，慎重にならざるをえないだろう。また，現在では，特別養子の制度が認
められているということも，こうした場面での無効行為の転換については消極
的な判断に結びつく）。

　なお，このような無効行為の転換は，いくつかの場面で問題とされ，そ
れらについて混乱しがちであるので，判例の立場を簡単に整理しておく。

　① **虚偽の出生届と認知**　　虚偽の出生届であっても（したがって，嫡出
親子関係は成立しない），認知としての効果は認められている。
　② **虚偽の出生届と養子縁組**　　他方，そうした虚偽の出生届を養子縁組
の届出として読み替え，養親子関係を成立させることは，ここで説明した
ように，認められていない。
　③ **無効な認知届と養子縁組**　　また，認知が無効である場合であっても，
それによって養子縁組を成立させることができないかという点についても，
判例は否定している→*181頁*。

　264　**第Ⅱ部　親　族**

①と②③との扱いの相違は，すでに説明したように，養子縁組が要式行為であり，強行法規であること，未成年者の養子縁組については家庭裁判所の許可が必要とされているところから理解されるだろう。

(4) 出生届が無効であるということの意味 —— 外形的な実親子関係をめぐる争い

ところで，藁の上からの養子の説明の冒頭で述べたとおり，虚偽の出生届というのは無効であり，それによって実親子関係が成立するわけではない。

そのことを前提として，せめて認知の効力を認めることができないか，養子縁組として読み替えることはできないのかといった観点から，以上の検討をしてきた。養子縁組への転換を認めるという見解は，それを通じて，YのBCの嫡出子としての法的地位を守ろうとするものだと言える。

それでは，判例のように養子縁組への転換を認めないという立場をとる場合，Yは，その法的地位を簡単に奪われるようなことになるのだろうか。以下のような場合を素材に考えてみることにしよう。

> **設例1-3** 　Aは，Yを出産した。子どもを欲していたが，なかなかできなかったBC夫婦は，Yを自分たちの子として育てる決心をして，自らの子として，その出生を届け出た。その後，30年を経過して，BCの実子X（戸籍上はYの弟／妹）は，出生届が虚偽のものであり，Yは，BCの実子でも養子でもないとして，YとBCとの間の親子関係不存在確認の訴えを提起した。

念のために確認しておくと，ここで親子関係不存在確認訴訟が出てくるが，これは，民法772条の要件を形式的には満たしているものの，その適用が及ばないとされる，いわゆる「嫡出推定が及ばない子」についての親子関係不存在確認訴訟ではなく，外観説等も問題とならない。そもそも，Cは，Yを出産していないのであるし，出生届が虚偽であり，無効だというだけである。

さて，こうした問題について，最判平成18年7月7日（民集60巻6号

第13講　未成年養子をめぐる問題　265

2307頁→*百選Ⅲ29事件〔西希代子〕*）は，以下のように判示して，Xの主張が当
然に認められるわけではないという判断を示した。

　すなわち，「真実の実親子関係と戸籍の記載が異なる場合には，実親子
関係が存在しないことの確認を求めることができるのが原則である」とし
つつも，「上記戸籍の記載の正確性の要請等が例外を認めないものではな
いことは，……明らかである」とし，「戸籍上の両親以外の第三者である
丁が甲乙夫婦とその戸籍上の子である丙との間の実親子関係が存在しない
ことの確認を求めている場合においては，甲乙夫婦と丙との間に実の親子
と同様の生活の実体があった期間の長さ，判決をもって実親子関係の不存
在を確定することにより丙及びその関係者の被る精神的苦痛，経済的不利
益，改めて養子縁組の届出をすることにより丙が甲乙夫婦の嫡出子として
の身分を取得する可能性の有無，丁が実親子関係の不存在確認請求をする
に至った経緯及び請求をする動機，目的，実親子関係が存在しないことが
確定されないとした場合に丁以外に著しい不利益を受ける者の有無等の諸
般の事情を考慮し，実親子関係の不存在を確定することが著しく不当な結
果をもたらすものといえるときには，当該確認請求は権利の濫用に当たり
許されないものというべきである」としたのである。

　したがって，設例1-3のような場合には，必ずしも，養子縁組への転
換を積極的に認めなくても，このように親子関係不存在の主張を権利濫用
によって限定するということによっても，Yの法的地位は，少なくとも一
定範囲では守られるということになるのである（もっとも，上記の平成18
年判決に照らしても，具体的な事件において，どの程度権利濫用の禁止によっ
て法的地位が守られるのかは，それほどはっきりしているわけではない。この
ような個別具体的な基準の不透明さは，権利濫用といった一般条項による場合
には避けることはできない）。

　なお，もう諸君も気がついていると思うが，ここでの問題は，直接的な
意味での養子についてのものではない（実は，本書の中でも，親子関係不存
在確認訴訟の一般的な説明の中で，上記の平成18年判決をすでに取り上げてい
る→*192頁*）。

　そのことを確認した上で，まさしく平成18年判決自体がそうであるよ

266　第Ⅱ部　親族

うに，藁の上からの養子をめぐる問題について，実親子関係の存否の問題として扱われる可能性がなお残っているという点を確認しておきたいと思う（藁の上からの養子に実親子関係を生ぜしめる機能はないとしても，藁の上からの養子によって与えられた実親子としての外形を争うことが制約されるとすれば，その範囲では，実親子関係が限定的であれ承認されたのと実質的に共通することになる）。

ところで，余計な話かもしれないが，法律家として求められる能力としては，定型的な問題に対して定型的に必要とされる条文や判例についての知識を身につけているということは当然のものであるとしても（それすらないと，困る！），あるひとつの問題について，その問題に取り組むさまざまな可能性があることを認識し，そうしたさまざまな可能性に対応して問題を考えることができるということが挙げられるだろう。その点でも，ここで取り上げた「藁の上からの養子」をめぐる問題の一群は，いままで学んできた親子関係についての知識を総動員するのに適した問題だと思う。

2　法定代理人でない者による代諾

養子という問題をかなり外れたところまでを含んで，藁の上からの養子の説明が長くなってしまった。……が，まだもうちょっと続く。もう少しだけつき合ってほしい。もっとも，これからお話しするのは，もう少し養子に密着した問題である。

> **設例2**　　Aは，Yを出産したが，出産後間もなく，Yは，BC 間の子として出生届が出された。その後，BC の代諾によって，15 歳未満であった Y は DE の養子となった。その後，30 年近くが経過してから，DE の実子であり，戸籍上は，Y の弟／妹である X が，Y と DE との間の縁組の無効を主張した。

そもそも形式的にも法定代理人の代諾がない縁組届は受理されないが（民 797 条 1 項・800 条），戸籍事務管掌者は，縁組届に記載された内容についての実質的な審査権を有していないので，形式的に要件を満たしていれば，それは受理されることになる。

さて，それではそのような場合にどのような法律関係が生ずるのであろ

第 13 講　未成年養子をめぐる問題　　267

うか。設例2を手がかりにして，その点を考えてみることにしよう。なお，この設例は，最判昭和27年10月3日（民集6巻9号753頁）と最判昭和39年9月8日（民集18巻7号1423頁→*百選Ⅲ 40事件［青竹美佳］*）を元にしたものである。2つの判決がベースになっている理由については，後ほど説明する。

(1)　**出発点となる状況**

さて，問題の検討にあたって，その出発点を確認しておきたい。

まず，15歳未満のYがDEと養子縁組をなすには，法定代理人の代諾によらなくてはならない。

他方，YとDEとの間の縁組に際して代諾をなしたBCは，Yの法定代理人ではない。虚偽の出生届によって実親子関係が成立するわけではないということについては，すでに詳しく説明したとおりである（もっとも，1の最後に説明した親子関係不存在確認の主張が制限される場合の法律関係については，少し問題があるが，この点は横においておく）。

以上を前提とすると，設例2における，YとDE間の養子縁組は，まさしく適法な代諾を欠く縁組であり，それが形式的には障害がないものと見られたために（最初の出生届でBCの子とされているために，BCは，Yの親権者であるという虚偽の外観があった），受理されたというだけだということになる。

受理されたからといって，こうした適法な代諾を欠くという状況が治癒されるわけではない。また，すでに説明したとおり，民法797条1項の代諾要件については，それが欠ける場合について取消原因となる等の規定は置かれておらず，適法な代諾を欠く縁組は無効となるものと考えられている。

それでは，こうした無効はもはや治癒される可能性のないものであり，設例2におけるYとDEとの間に，有効な養親子関係が成立する可能性は存在しないのだろうか。

(2)　**追認の可能性**

まず，このような適法な代諾を欠く縁組については，その無効はおよそ

268　　第Ⅱ部　親　族

治癒されないということも考えられる。

　しかし，他方で，本来，法定代理人ではない者が無権限でなした代諾についても，それを無権代理として理解することができるのであれば，15歳に達した本人が追認をすることによって，その瑕疵が治癒されるという方向も考えられそうである。

　この点について，設例2とほぼ同じ状況を前提とする前掲の最判昭和27年10月3日は，「15歳未満の子の養子縁組に関する，家に在る父母の代諾は，法定代理に基くものであり，その代理権の欠缺した場合は一種の無権代理と解するを相当とするのであるから，民法総則の無権代理の追認に関する規定，……養子縁組の追認に関する規定〔取り消しうべき縁組についての追認に関する規定である民法804条ただし書等〕の趣旨を類推して，……養子は満15歳に達した後は，父母にあらざるものの自己のために代諾した養子縁組を有効に追認することができる」との判断を示した。

　これによって，YとDE間の縁組の瑕疵は，Y自身が，15歳に達した後に追認することによって治癒されることになるのである。

　なお，このような考え方をとるのであれば，真の代諾権者である実父母による追認も可能だと考えられる（実務においては，この判決後，代諾の追完が認められるようになった）。

　さて，最高裁がこのような判断を示した以上，問題ははっきりしたのであり，めでたしめでたし……とは，いかなかった。

(3)　追認による遡及効と第三者との関係

　昭和27年判決は，上記のように判示した上で，Yによる追認の可能性を認めなかった原判決を取り消して原審に差し戻した（差し戻したのは，設例2においてYによる追認があったかを確定するためであった）。

　そして，差戻し後の原審は，Yによる追認を認め，縁組を当初から有効だとしてXの請求を棄却した。

　しかし，それに対して，Xから再度の上告がなされ，その中で，今度は，無権代理の追認についての民法116条は，「追認は，別段の意思表示がないときは，契約の時にさかのぼってその効力を生ずる。ただし，第三者の権利を害することはできない」と規定しているが，Xは，Yによる追認の

前に，DE の嫡出子たる地位を取得していて，相続人たる地位を有しており，同条ただし書の第三者にあたるとして，Y と DE の縁組をさかのぼって有効とすることは，このような X の利益を害するものとして許されないと主張したのである。

　前置きが長くなったが，これに対する最高裁の判断が，この説明の冒頭で言及した昭和 39 年 9 月 8 日判決なのである。したがって，昭和 27 年判決も，昭和 39 年判決も，結局，同じ事件についての 2 つの最高裁判決だということになる。

　さて，最高裁は，昭和 39 年判決において，X の主張は，「養子縁組の追認についても民法 116 条但書の規定が適用されることを前提とするものであるが，本件養子縁組の追認のごとき身分行為については，同条但書の規定は類推適用されないものと解するのが相当である。けだし事実関係を重視する身分関係の本質にかんがみ，取引の安全のための同条但書の規定をこれに類推適用することは，右本質に反すると考えられるからである」と判示して，X からの上告を棄却した。これによって，この問題はようやく決着を見たのである。

　そもそも，相続の利益を手がかりに，第三者として，民法 116 条のただし書を持ち出すというのも，どうかなという気はするが（筆者自身は，親族関係の有無をめぐる問題を取り扱う場面で，相続についての期待権といったものを持ち出して議論すること自体に，強い違和感を持っている），しかし，この種の事案では，実際には書かれていない部分にもっと多くの事柄が隠れているのだろうから，この点は，あまり批判めいたことは言わないで，淡々と考えることにしよう。

　もっとも，考えるといっても，法律家としての実感は，この点について大きく異なるわけではないようで，昭和 39 年判決が最終的に示した具体的な結論自体は，おおむね受け入れられている。ただし，その法律構成については，なお議論はある。特に，民法 116 条ただし書の類推適用がおよそないとした点については，むしろただし書の第三者の意味をめぐる問題として扱うべきではなかったのかとの指摘も有力である（また，むしろ，追認による遡及効を否定し，追認の時点からの適法な養親子関係を認めることで足りるという立場もある）。

　270　第 II 部　親　族

Ⅲ　特別養子

1　制度の概観

　特別養子という制度は，養親子関係を成立させるとともに，その子と実親との親子関係（実方の血族との親族関係）を終了させるという制度である。そこでは，実親子と同様の関係を新たに作り出すということが企図されていた。

　すなわち，この特別養子の制度が導入された当初の段階では，特に，藁の上の養子のような問題を念頭に置いて，ごく年齢の低い子について，通常の実親子関係に近いものを作り出すということが企図されていた。そのために養子となることができる年齢は低く設定されていた。しかし，児童虐待の問題に対応するひとつの方策として特別養子を利用することが提案され，2019年の改正で，特に養子となる者の年齢要件については，大きく変更されることになった。

　以下では，これまでの特別養子の理解がどのようなものであり，どのような規定が置かれていたのかを確認しつつ，改正によりそれがどう変わるのかを説明することにしよう。

> 設例3　　AB夫婦の子Cは，DE夫婦の申立てにより，家庭裁判所の審判を経て，DEの特別養子となった。

　普通養子との関係での特徴を挙げれば，特に，以下のような点が指摘されるだろう。

　第1に，上記のとおり，実方との関係を断絶させるという側面である。普通養子は，新たに養親子関係を作り出すというだけで，基本的には，従前の実親子関係を直接変更するものではない→235頁。第12講で取り上げた　設例　→250頁では，CとABの関係は，基本的にそのまま存続する（養親子関係による法律関係によって，親権等，実親子関係による法律効果が背後に退くことはあっても，相続等，両者の関係が矛盾しない場合には，実親子関係に基づく法律効果はそのまま存続する）。他方，上記の　設例3　では，C

第13講　未成年養子をめぐる問題　　271

とABとの法的な関係は断絶し，Cについては，DEとの唯一の親子関係が作り出されることになる。

なお，実親子関係の説明の中でも触れたように，民法上，実親子関係の解消という制度は用意されていない→159頁【勘当】。その点では，特別養子というのは，普通養子に対する特別の制度であるというだけではなく，実親子法にとっても特別法としての重要な意味を持つものだと言える。

第2に，上記のような視点から基礎付けられる特別養子については，その要件や効果についても，一定の配慮がなされている。

以下で，具体的に説明するように，成年養子までを対象として制度が設計されている普通養子と異なり，特別養子では，改正後においても，原則として15歳未満の子について，実親子に近い法律関係を作り出すということが目的とされている。

そのために，養子となる者，養親となる者についての要件が普通養子に比べて，より厳格に規律されているほか，その成立も，当事者の合意によるのではなく，あくまで家庭裁判所の審判によるものとされている。普通養子に関する250頁の 設例 と前頁の 設例3 の書き方が異なるのも，これが理由である。

さらに，協議離縁が認められておらず，離縁原因が子の利益を考慮しつつ法定されているという点でも，婚姻に対応するようなものとして制度設計されている普通養子とは異なる。

さて，やや内容まで立ち入って説明してしまったが，以上のようなことを頭に入れながら，以下の説明を読んでいってほしい。

> **コラム** *菊田医師の事件と特別養子制度*
>
> 特別養子の制度を取り上げる以上，菊田医師に関する説明をしておくことが不可欠であろう。
>
> 菊田医師は開業直後の1969年以降，人工妊娠中絶を求める女性患者らの産んだ新生児220人について，養育を希望する別の両親の実子とする虚偽の出生証明書を発行して引き渡したとして，1978年，医師法違反，公正証書原本不実記載，同行使の罪で，罰金20万円の略式命令を受けた。このため，県医師会は，菊田医師の優生保護医の指定を取り消す等の処分を行った。
>
> これに対して，菊田医師は，その処分の取消しを求めて争ったが，1988年，

272　第Ⅱ部　親　族

最高裁は，実子あっせん行為を行うことは，法律上許されないだけでなく，医師の職業倫理にも反するとして，優生保護医の指定取消し，医業停止の処分のいずれについても，処分は適法であるとの判断を示した（最判昭和 63・6・17 判タ 681 号 99 頁，最判昭和 63・7・1 判タ 723 号 201 頁）。

　訴訟の流れとして示せば，以上のとおりに要約されることになる。

　ただ，このような菊田医師の行動の背景には，一方で，さまざまな事情から，このままでは子どもを産むことができない人々がおり，他方で，子どもが欲しくても，持てない人々があった。養子制度はあるが，このような必要性に必ずしも対応していないということもあった。そのため，産んだ人の情報を残さず，養子という外形も残さないようにするために，虚偽の出生証明書を発行したのである。

　このような行動に対する見解はさまざまであるが，当時の報道等では，このような菊田医師の行動を擁護する意見も少なくはなく，むしろ，何らかの形で支持する声が多かったということは，まず事実として確認をしておくべきであろう。このような菊田医師の行動と，それをめぐる議論が，特別養子制度の創設の大きな引き金となったことは確かである。

　なお，時間的な経過で示すと両者の関係は，以下のとおりとなる。

　　1973 年　菊田医師の行動についての報道
　　1978 年　菊田医師に対する指定医取消し等の処分
　　1982 年　法制審議会民法部会身分法小委員会における特別養子についての検討開始
　　1987 年　特別養子に関する民法改正案の成立
　　1988 年　菊田医師の処分確定

2　特別養子の成立

　特別養子の成立については，婚姻との対比で説明した普通養子における縁組の成立とは，その基本構造がかなり異なっている。以下では，客観的要件としての養子・養親となる者についての年齢等，父母の同意について説明したうえで，家庭裁判所が特別養子の成立を判断する基準について触れることにする。そして，最後に，2019 年の改正で導入された二段階の手続について説明することにしよう。

第 13 講　未成年養子をめぐる問題　　273

(1)　養子・養親となる者の要件

(ア)　養子となる者の要件（年齢）

　普通養子と異なり，特別養子となる者については，年齢上の制限がある。これまでは，養子となる者は，縁組の申立て時に6歳未満であることが必要とされた（改正前民817条の5本文）。ただし，養子となる者が，6歳に達する前から養親となる者によって監護されてきた場合には，8歳に達するまでは縁組が認められていた（同条ただし書）。

　これに対して，改正法では，こうした年齢要件が大幅に緩和されており，それに対応した規律が設けられている。

　①　まず，基本的な枠組みとして，縁組の申立て時に15歳未満であることが必要とされる（改正民817条の5第1項前段）。基準時とされるのは申立て時なので，15歳を超えて特別養子が成立する可能性があるが，その場合でも，18歳に達した場合には特別養子の成立は認められない（同項後段）。

　②　しかし，①のルールは，「養子となる者が15歳に達する前から引き続き養親となる者に監護されている場合において，15歳に達するまでに第817条の2に規定する請求がされなかったことについてやむを得ない事由があるときは，適用しない」とされる（改正民817条の5第2項）。

　③　そして，「養子となる者が15歳に達している場合においては，特別養子縁組の成立には，その者の同意がなければならない」（改正民817条の5第3項）とされる。

　この改正について，少し補足的に説明しておくことにしよう。

　こうした年齢要件の緩和については，改正をめぐる法制審議会における議論でも激しく見解の対立があった点であり，特に15歳を超えて特別養子の成立を認めることについては消極的な意見も有力であった。これは，15歳を超えた場合，自ら普通養子縁組をなすことが可能であるということ，さらに，15歳を超える場合，普通養子との整合性でも，養子となる者の同意を得ることが不可欠であるが（上記③），この同意は，単に新たな養親子関係を成立させることについての同意だけではなく，実親子関係を切断するということについての同意を含むものであるため，養子となる者に高葛藤の状況をもたらすということが懸念されたためである。

274　第Ⅱ部　親族

最終的に，特別養子の成立時を基準時とすることが難しいとされ，申立
て時が基準となったものであるが（もっとも，改正民817条の5第1項後段
では成立時が問題とされるのであるから，この説明は，必ずしも一貫している
わけではない），こうした普通養子との整合性，さらに，困難な判断を求め
られることになる子への配慮は，改正法を前提としても，十分に考慮され
るべきものであろう。

　また，養子となる者の年齢を引き上げることについては，特別養子の成
立の幅を広げるという側面があるのと同時に，それが特別養子の成立を遅
らせることにつながるのではないかという懸念も示されていた。

　以上の点を踏まえれば，①の原則が十分に重視されるべきであり，②の
「15歳に達するまでに第817条の2に規定する請求がされなかったことに
ついてやむを得ない事由」については，申立てがなされなかったことが客
観的に正当化されるような事情が認められる場合（15歳に達するまでの間
に父母による虐待が明らかとされていなかった等）に限定されるべきであり，
安易に認定されるべきではないものと考えられる。

　(イ)　**養親となる者の要件**

　養親となる者については，2つの要件が課されている。ひとつは，夫婦
であるということであり，もうひとつは，その年齢である。

　第1に，養親となる者については，配偶者のある者でなければならない
（民817条の3第1項）。これを前提として夫婦共同縁組の原則が適用され
るが，他方配偶者の嫡出子（ただし，普通養子による養子は除く）について
養親となる場合が例外とされるのは（同条2項），基本的に，普通養子の
場合と同様である。

　未成年普通養子では，養親となる者に配偶者がある場合において，夫婦
共同縁組の原則が適用されるのに対して，特別養子の場合には，そもそも
配偶者のある者しか，養親になることができないという仕組みが採用され
ている点で異なるわけである。これは，特別養子を通じて，可能な限り，
一般的な親子関係に近い関係を作り出すという趣旨によるものである。

　第2に，普通養子では，養親に関しては成年に達していることのみが求
められたのに対して（民792条），特別養子では，養親となる者は，25歳

第13講　未成年養子をめぐる問題　　275

以上でなければならないとされ，夫婦の一方が25歳に達している場合には，他方は，20歳に達していればよいとされる（民817条の4）。これも，実親子に近い年齢の関係を求めるところから設けられた制限である。

もっとも，以上の説明は，改正前の規定を前提とする説明である。他方，改正により養子となる者の年齢制限が大幅に引き上げられることになると，養親となる者の年齢についても見直しが必要ではないかという点が問題となる。これについても法制審議会において検討されたが，最終的には家族の多様性といった点も踏まえて，この点についての改正は見送られた。養子となる者と養親となる者の年齢差が小さいといったことは，最終的に家庭裁判所の判断の中で考慮されることになると考えられるが，家庭裁判所には難しい判断が求められることになるだろう（この改正により，幼少の子について実親子関係に近い状況を実現するという基本的な枠組み自体が修正されたという評価も可能かもしれない。そうした状況の中で，年齢差が小さく，実親子関係では考えられない年齢の差だという理由だけで，特別養子縁組の成立を否定することは，必ずしも容易ではないように思われる）。

(2) 父母の同意

特別養子を成立させるためのもうひとつの要件が，父母（養子となる者の父母）の同意である（民817条の6）。設例3 においても，ABの同意が必要となる（なお，ABが結婚していなくても，認知によって父子関係が成立していれば，父の同意が必要となる）。もっとも，このような父母の同意については，以下の点を確認しておく必要がある。

① **同意権者**　ここで同意が求められているのは，父母であり，親権の有無等は問題とされていない。

② **同意の性格**　ここでの同意は，普通養子における代諾とは異なる性格のものである。普通養子では，基本的に，当事者の合意によって縁組が成立するという仕組みを採用しており，養子となる者が15歳未満である場合に，その法定代理人の代諾という意思表示によって縁組が成立するのである。他方，特別養子では，そもそも当事者の合意によって縁組が成立するものではない以上，ここでの同意も，代諾として位置付けられるよ

276　第Ⅱ部　親　族

うなものではない。

　③　**例　外**　　民法 817 条の 6 のただし書は,「父母がその意思を表示することができない場合又は父母による虐待, 悪意の遺棄その他養子となる者の利益を著しく害する事由がある場合は, この限りでない」と規定している。

　この前半部分は, ほかでも目にするものである（未成年者の婚姻についての父母の同意に関する民法 737 条 2 項後段等）。しかし, 後半部分は, かなり性格が異なる。ここでは, 父母に, 子の利益を害するような行為がある場合には, その同意を不要としているのである。ここで述べられていることは, 後述するように→*278 頁*【*民法 817 条の 6 ただし書の適用の有無と同 817 条の 7 における特別養子の成否の判断*】, 特別養子の成立に関する判断基準として, 民法 817 条の 7 に規定されているところとも重なりうるものである（東京高決平成 14・12・16 家月 55 巻 6 号 112 頁→*百選Ⅲ 41 事件［中川忠晃］*は, 特別養子縁組の成立によって父母との法的親子関係が終了することをふまえ, 817 条の 6 ただし書の「『その他養子となる者の利益を著しく害する事由がある場合』とは, 父母に虐待, 悪意の遺棄に比肩するような事情がある場合, すなわち, 父母の存在自体が子の利益を著しく害する場合」だとし, 817 条の 7 の「『父母による養子となる者の監護が著しく困難』である場合とは, 貧困その他客観的な事情によって子の適切な監護ができない場合をいい, また『不適当である場合』とは, 父母による虐待や著しく偏った養育をしている場合を指し, 『その他特別の事情がある場合』とは, これらに準じる事情のある場合をいう」とする）。

　その点で, 他の要件については, そうした要件が充足されていることを前提として, 次に述べる家庭裁判所の審判がなされるというのに対して, このただし書後半で示された点については, 家庭裁判所の審判における子の利益のための特別養子の必要性に関する実質的判断の中で扱われる問題と重複する側面も有している。

　なお, 父母の同意については, それが撤回された場合の扱いが問題となる。特に, 家庭裁判所の手続が始まってから, それが撤回された場合, 特別養子縁組の成立の審判自体が, その基礎を失うことになる。

　しかし, このように同意の撤回を認めることは, 特別養子の成立にとっ

ては非常に不安定な状況をもたらすことになる。それは，養親となろうとする者が手続を申し立てることをためらわせることにもつながる。そのため，家事事件手続法の改正で，この同意の撤回をめぐる問題についても，一定の対応がなされた。これについては，後述の特別養子に関する2段階の手続の中で触れることにしよう。

(3) 特別養子の成否の判断基準

すでに説明したように，特別養子縁組は，養親となる者の申立てによる家庭裁判所の審判によって成立する（民817条の2）。この場合の判断基準について，家庭裁判所は，①父母による監護が著しく困難または不適当である等の特別の事情が存在すること，②子の利益のために特に必要性があることという基準を満たす場合に，特別養子を成立させる（民817条の7）とされている。

基本的には，①は子と父母との間の事情に関する要件であり（その点では，父母との関係を断絶することを基礎付ける要件としての性格を有する），②は特別養子の成立が子に及ぼす影響を問題とするものであると説明される。

たとえば，父母に養育の意思がない，あるいは，養育の意思はあるが，虐待等を行っているというのは，①の要件の有無のレベルで扱われ，②では，そうした事情も踏まえた上で，子の利益をめぐる判断がなされることになる。

> **コラム** *民法817条の6ただし書の適用の有無と*
> *同817条の7における特別養子の成否の判断*
>
> すでに簡単に触れたが，この民法817条の7で示された特別養子の成否をめぐる判断基準と，民法817条の6ただし書における父母の同意を要件としない場合の関係について，少し考えておくことにしよう。
>
> まず，形式的には，あくまで両者は別個の要件の問題として位置付けることが可能である。すなわち，父母の同意等の要件を満たしている場合に，上記①②の基準によった特別養子縁組の成否をめぐる判断がなされるのであり，同意要件の有無と特別養子の成否は，別の問題だということになる。
>
> ただ，一定の場合には，父母の同意が不要とされるのであり，その一定の場合として挙げられるひとつの場合が，「父母による虐待，悪意の遺棄その他養

278　第Ⅱ部　親　族

子となる者の利益を著しく害する事由がある場合」であり（民817条の6ただし書），それは，特別養子の成否の判断（特に，上記①）における，「父母による養子となる者の監護が著しく困難又は不適当であることその他特別の事情がある場合」（民817条の7）との関係が，どうもはっきりしない，重なっているのではないかという点が問題なのである。

⬤設例3 を前提とすると，一応，以下のようなパターンが考えられそうである。

(a) AB夫婦が育てたいとは思っているが，養育をなすような状況や能力が欠けているというような場合　　この場合には，民法817条の6ただし書後段の要件には該当しないから，父母の同意は必要である。しかし，同意がある場合には，まさしく民法817条の7の上記①の要件に該当する場合として，特別養子の成立が認められることになりそうである。

(b) AB夫婦が子を虐待している場合　　この場合には，上記の同意要件が不要とされる場合に該当する。さらに，特別養子の成立という点でも，上記①の要件を満たすということになる。

(c) AB夫婦に子の養育のための資力も能力もあるが，その気がないという場合　　この場合には，悪意の遺棄等に該当しているのでなければ，同意要件を不要とする場合には該当しない。他方，「その気がない」以上，同意は簡単に得られるであろうが，同意があれば，当然に，特別養子が成立するのかというと，そこでは，あくまで，父母による監護が困難である等の要件の存否の問題として扱われるということになるのである（育児放棄が，上記①の特別事情の要件に該当するかという問題となる）。

論理的な組合せとしては，まだいろいろ工夫できそうだが（さらに，意思表示ができない場合も含めれば，マトリックスはもっと複雑になる），こんなことを長々と書いたのは，特別養子における父母の同意の意味と位置付けを少し考えたかったからである。

すでに，これだけ書いてきた以上，読者のみなさんもお気づきだろうが，民法817条の6と同817条の7は，やはり，実質的にかなり重なった部分を有するということは否定できない。そうした観点からは，民法817条の6の父母の同意要件がどれほど積極的な意義を有するかについても，あるいは疑問視されるかもしれない。

実際，(b)においては，ABの同意の問題を独立に議論する必要はなく，結局，特別養子が認められる特別事情の有無の問題の中に解消されることになりそうである。

また，(c)においては，ABの同意があるからといって，特別養子の成立が当然に基礎付けられるわけではない。そこでは，ABの同意とは別に，特別事情が存在するという客観的な要件が必要とされているのであり，その意味で，

第13講　未成年養子をめぐる問題　279

ABの同意のみによって，特別養子が成立するわけではない。

　他方，(a)においては，ABの同意が，一定の意味を有するということは考えられるだろう。このケースでは，ABによる養育が困難な場合として，特別事情の存在は肯定されそうである。しかし，そのような場合でも，虐待や悪意の遺棄等がない以上，こうしたABの同意が当然に不要とされるわけではない。

　第三者から見れば，ABのような両親によって育てられるのではなく，特別養子としてDEに育てられた方がCの利益にかなうということが明らかである（民817条の7）としても，これをABの意思に反してすることはできない（民817条の6）というのが，現在の両条の関係だということに，一応の整理ができるだろう。

　もっとも，このような両条の関係が，現在の要件を通じて十分に示されているのか，現在のような全体構造や条文の並び方がそもそも適切なのか，前提となる価値判断についての問題がないのか等，なお検討されるべき点は残されているように思われる。

(4)　試験養育

　家庭裁判所が，特別養子を成立させるとの判断をなすにあたっては，さらに，養親となる者が養子となる者を6か月以上の期間監護した状況を考慮しなければならない（民817条の8。試験養育期間）。

(5)　特別養子縁組の成立に向けた2段階手続

　改正された家事事件手続法では，新たに2段階の手続が用意されている。こうした2段階の手続は，家事事件手続法に規定されているが，そこで意識されているのは，従来の特別養子が抱えていた問題である。すなわち，従来の特別養子の手続においては，養親となろうとする者の情報が実親との関係で保護されておらず，養親となろうとする者が躊躇する状況が生じていた（戸籍については，後述のように工夫がされているが，特別養子の成立を認める審判書は養親となる者と実親の双方にそのまま送付されていた）。また，すでに述べたように，実親の同意の撤回が認められており，それによって不安定な状況が生じることも，養親となろうとする者がためらう状況をもたらしていた。

　このような問題意識を踏まえて改正によって導入された2段階の手続は，以下のような構造になっている。

280　　第Ⅱ部　親　族

⑺ **第1段階の手続（特別養子適格の確認の審判）**

特別養子の成立は，すでに言及したように，実親との関係を切断し，新たな養親子関係を形成するという2つの側面があるが，その前者にもっぱら焦点を当て，特定の子について特別養子という制度を利用することが適切だということ（特別養子適格）を確認するのが第1段階の手続である。

① **第1段階の審判の内容**　まず，第1段階の手続では，養子となるべき者が以下のアとイの要件のいずれにも該当することを確認する審判（第1段階の審判）がなされる（改正家事164条2項，164条の2第1項）。

ア　民法817条の7の「父母による養子となる者の監護が著しく困難又は不適当であることその他特別の事情がある場合」に該当すること

イ　実親について次のいずれかに該当すること

(a)　民法817条の6本文の同意をしているとき

(b)　民法817条の6ただし書により，同意が不要とされる場合に該当するとき

ここで示されている内容は民法に規定されているものであるが，2つの手続に分けられた前半の手続の中で，こうした実父母との関係を判断するというのが第1段階の手続だということになる。そのために，第1段階の手続においては，実親に対する必要的聴取が定められている（改正家事164条の2第6項）。

② **第1段階の手続の申立て**　こうした第1段階の手続は，養親となるべき者（改正家事164条の2第1項）または児童相談所長（改正児福33条の6の2第1項）の申立てにより開始される。

児童相談所長にも申立てが認められるのは，児童虐待があるなど特に早急な対応が求められる状況のほか，すでに実親との関係が前面に出る第1段階の手続において養親となろうとする者が実親との直接的な接触等を回避したいと望むといった状況が考えられることを踏まえたものである。

③ **同意の撤回**　同意の撤回についても，新たに規定が設けられている。すなわち，同意をした日から2週間を経過するまでの間は撤回が可能であるが（改正家事164条の2第5項），その後については，以下のアおよびイのいずれにも該当する場合には撤回はできない。

ア　養子となるべき者の出生の日から2か月を経過した後にされたものであること

イ　以下のいずれかに該当するものであること

　(a)　家庭裁判所調査官による事実の調査を経た上で家庭裁判所に書面を提出してされたものであること

　(b)　第1段階の審判事件における審問の期日においてされたものであること

すでに言及したように，民法上，原則として父母の同意があることが特別養子の成立の要件であるが，この同意の撤回について従来は何も規定されていなかった（厳密に言えば，撤回ができるということも規定されてはいなかった）。しかし，父母の同意の撤回がいつでもなされるという状況は，特別養子の成立手続にきわめて不安定な状況をもたらすことになる。そのために，一定の方式を踏んだ同意については，撤回を制限することが規定されたものである。その点では，これに関する規律は，手続法的な規律ではなく，実質的には，同意という実体法上の要件に関わる改正だと理解することができるだろう。

(イ)　第2段階の手続（特別養子縁組成立の審判）

他方，第2段階の手続は，ある子と特定の者（養親となろうとする者）との間に特別養子縁組という法律関係を成立させることが適当か否かの判断がなされるものである。

この第2段階の手続においては，実親は，原則として手続に参加することができないし（改正家事164条4項），第2段階の審判は，実親に告知することを要しない（同条10項。ただし，住所または居所が知れている実親に対しては，審判の主文および年月日が通知される）。

(ウ)　2つの手続の関係

この2つの手続の関係についても簡単に触れておこう。

まず，第2段階の審判は，養子となるべき者について第1段階の審判が確定した後でなければすることができない（改正家事164条2項）。上述のように特別養子適格の判断と特別養子縁組成立の審判との関係を踏まえれ

ば，これが原則となる。第1段階の審判における判断（父母による監護が著しく困難である等の事情，父母の同意）に，第2段階の審判における裁判所も拘束される（同条7項）。

特に，第1段階の手続を児童相談所長が申し立てる場合には，第1段階と第2段階の2つの手続は明確に分けられることになる。この場合，養親となるべき者は，第1段階の審判の確定の日から6か月が経過するまでに第2段階の申立てをしなければならない（改正家事164条2項）。

もっとも，養親となろうとする者が最初から申し立てる場合（養親となるべき者が第1段階の手続を申し立てる場合には，第2段階の手続も同時に申し立てなければならない。改正家事164条の2第3項），この2つの審判を順次行わなければならない必然性はない。そのため，家庭裁判所は，第2段階の審判を，第1段階の審判と同時にすることができる。ただし，この場合も，第2段階の審判は，第1段階の審判が確定するまでは，確定しない（改正家事164条11項）。

3 特別養子の効果

(1) 実方との親族関係の終了および養親との嫡出親子関係の成立

すでに繰り返し言及したように，特別養子の最も特徴的な部分が，父母およびその血族との親族関係の終了である（民817条の9）。

他方，養子が養親の嫡出子の身分を取得するという点では，普通養子と異ならない（民809条）。というより，民法上は，そもそも普通養子と特別養子という2つの養子のカタログが独立に用意され，それぞれについてフルセットの規定が用意されているというわけではなく，普通養子の規定を一般的な共通の前提としつつ，まさしく実方との関係を断絶するということに向けた養子（民法817条の2は，「実方の血族との親族関係が終了する縁組（以下この款において「特別養子縁組」という。）を成立させることができる」という形で規定する）について，必要に応じて特別の要件等を規定しているというのが，民法の仕組みなのである。

(2) 近親婚の禁止

なお，実方との関係が終了することの例外が，近親婚の禁止等の婚姻障

害である。これは，特別養子のところではなく，近親者間の婚姻の禁止に関する民法734条2項，直系姻族間の婚姻の禁止に関する同735条において，同817条の9の規定により親族関係が終了した後も，近親婚の禁止の規定が適用されるという形で規定されている。

(3) 戸籍の工夫

　以上の効果との関連で，特別養子の戸籍上の扱いについて，説明しておくことにしよう。

　まず，特別養子は，一方で，実方との関係の断絶を企図しているものである以上，最も簡単な方法として，戸籍上も，実方との関係を完全に消してしまうということが考えられる。たとえば，実親の戸籍から単純に除籍され，他方で，元の戸籍がどこにあったといった情報を全く残さずに，養親の戸籍に入籍するといった方法である。これも制度設計としてはありえそうであるし，可能な限り，唯一の実親子関係に近い親子関係を作るという観点からだけであれば，合理的だとも考えられる。

　ただ，このように戸籍上の扱いとしても，実方との関係を完全に切断してしまうと，もはや，特別養子の新しい戸籍（養親の戸籍）から，元の戸籍（実親の戸籍）をたどるといったことはできなくなる。

　しかし，他方で，このように元の関係をたどることができるということについてのニーズも存在する。そのひとつは，上記のとおり，近親婚の禁止等の婚姻障害が残る以上，その確認が可能でなければならないというものである。また，養子が実親を知る可能性を確保しておくということも必要だと考えられる。さらに，後述のように，特別養子縁組が離縁によって解消された場合には，父母および実方の血族との間の親族関係が回復するということからも，実方をたどることができるような仕組みを確保しておくことは不可欠だと考えられる。

　このように見てくると，容易には実方と養方の関係をたどれないようにし，新しい親子関係を唯一のものとして戸籍を作るという要請と，それをたどることができる仕組みを確保しておくという，それ自体としては矛盾する要請が，戸籍に求められることになる。特別養子においては，そのような両方の要請を満たすように，次のような戸籍制度が工夫されている。

284　第Ⅱ部　親　族

① AB の戸籍から，C を除籍する。

② C についての単独の戸籍を編成する。

③ 上記②の戸籍から，DE の戸籍に C を入籍する。

　読者からは，あまり気のない「ふ～ん」という声が聞こえてきそうで，さほど，工夫があるわけではないようにも見えるかもしれない。しかし，この流れの中では，②に大きな意味がある。

　普通養子や婚姻の場合，上記②の段階はなく，①③は直結し，一方から除籍され，他方にそのまま入籍するということになる。その結果，入籍された戸籍から元の関係をたどることも可能だし，元の戸籍から新しい戸籍をたどることも可能である。

　他方，特別養子の場合，②の戸籍がいったん作られることになるのであるが，この戸籍は，作られるものの，C が DE の戸籍に入籍することで，ただちに在籍者が誰もいないカラの戸籍となってしまい，除籍簿として保存されることになる。

　第三者が，この②の戸籍の謄本等を請求することを禁止することによって，一般的には，AB の戸籍から DE の戸籍へ，DE の戸籍から AB の戸籍へとたどることができないようになる。他方，データ自体としては残されているから，必要があれば，それをたどることは可能とする仕組みが確保されているというわけである。

> **コラム**　*戸籍制度の工夫とその他の問題*
>
> 　このような戸籍制度は，それなりに工夫されたものである。ただ，同種の問題はほかにも存在し，それとの関係が問題となる。
>
> 　たとえば，AID（第三者提供の精子による人工授精）→*215頁以下* の場合にも，このように血縁上の父をたどる仕組みを用意しておく必要がないのかということが問題になりそうである。AID は，現在，すでに普及して一般に利用されているが，少なくとも，公的な仕組みとしては，そのようなものは用意されていない。
>
> 　ここで，この問題を取り上げたのは，特別養子における制度と同様のものを用意すべきだという趣旨ではない。むしろ，実態としても，そうした違いがあるのだとすれば，それはどのように説明されるのかという点が問題となると考

えられるからである。

　仮に，遺伝的なレベルでの近親婚の禁止が問題となるのであれば，両者の間には違いがないということになりそうである。もっとも，ここでは，近親婚の禁止がどのような理由によるのかという問題，すなわち，本当に遺伝学上のレベルのものなのか，単なる社会的タブーのレベルのものなのかということが問題になる（前者だとすれば，特別養子とAIDの区別の説明は困難である。他方，後者だとすれば，その違いを説明することも可能であるかもしれない）。

　もうひとつの大きな違いは，特別養子の場合には，その縁組が解消した場合に，いったんは解消した実親子関係が，その帰るべきところとして制度設計されているのに対して（後述の民法817条の11），AIDの場合には，そのようなものとして設計されていないということが挙げられるだろう。

4　特別養子の終了

　特別養子においても，離縁という仕組みは用意されている。しかしながら，それは，離婚に準じたものとして制度設計されている普通養子の離縁とは，大きく異なる。

　第1に，協議離縁にあたるものは用意されておらず，法定の原因がある場合の家庭裁判所の審判による離縁のみが規定されている（民817条の10。同条2項は，離縁が同条1項に規定されたものに限るとする）。すなわち，①養親による虐待，悪意の遺棄その他養子の利益を著しく害する事由があること（同条1項1号），②実父母が相当の監護をすることができること（同項2号）の両方の要件を満たす場合にのみ，離縁が認められる（民法814条の普通養子の離縁原因と比較してほしい）。なお，②は養子についての監護を前提とする要件であり，これを踏まえて養子が成年に達した場合には，離縁は認められないとされている。

　第2に，離縁を請求することができるのは，養子，実父母または検察官であり，養父母は含まれていない。実親子において，その解消が認められない（勘当という制度はない）ということが，片面的には，ここで機能していると言えるだろう。

　養子と実父母およびその血族との間においては，離縁の日から，特別養子縁組によって終了した親族関係と同一の親族関係を生ずる（民817条の11）。

第14講 親 権
―― 親権の複数の側面と個々のルール

　以下では，親権を取り上げる。もっとも，親権という言葉は，すでに離婚についての説明や親子法を扱う中でも，何度も出てきている。以下では，いままでの説明では，必ずしも厳密にその意味を説明してこなかった親権について，その意義や性格を，特に，親権というものが有する複数の側面に照らして考えるとともに，親権についての個々のルールを説明していくことにしよう。

Ⅰ　親権の意義 ―― 親権の複数の側面

　親権については，「父母の地位から生ずる法的な権利義務の総称」といった説明がなされることもある。もっとも，この説明だと単に親と子（未成年の子。民818条1項）の法的権利義務の関係の総体だというだけの説明になりそうである。

　親権の基本的な性格を考える場合，そこでの権利と義務の関係が問題となる。別に親子関係に限らず，「権利義務」が生ずる場面は少なくない。婚姻における配偶者相互の関係もそうであるし，あるいは家族関係から目を転じた場合にも，そうした例は枚挙にいとまがない。たとえば，売買契約により，売主には物の引渡義務が生じ，買主には代金支払義務が生ずる。これだって，売買による「権利義務の総称」の例として挙げることができるだろう。しかし，親権の場合に困難な問題を生ぜしめるのは，この売買のケースとは異なり，同一の行為について，その権利と義務が語られているという点だろう。

　たとえば，親権の効力についての冒頭の規定である民法820条は，「親権を行う者は，子の利益のために子の監護及び教育をする権利を有し，義務を負う」と規定している。ここでは，監護や教育は，親権者の権利であって，義務であるということになる。このようなタイプの権利義務の例は

287

ほかにも考えられないわけではないが，まずは，この点を確認しておくことにしよう。

以下では，まず親権についての歴史的な流れをごく簡単に説明した上で，現行法の親権がどのような意味を持っているのかを考えてみることにしよう。

1　親権の歴史的背景

歴史的に，親子法は，家のための親子法，親のための親子法，そして，子のための親子法へと変遷してきたとされる。親権も，こうした親子法の基本的な性格の変化に伴い，家長権や家父権に由来する父の親権（父権）から，親権に変わり，そして，より監護権的な性格の強いものに変わってきたと一応理解することができる。

もっとも，ヨーロッパの歴史においても，もともと支配権としての側面が強いタイプのもの（ローマ法型）と子の監護・保護を主体とするもの（ギリシア・ゲルマン法型）とがあったとされており，必ずしも，支配権から監護権へといった単純な図式だけで理解されるわけでもない。

さて，現行法の解釈論にあまり関係がなさそうな歴史的背景にも言及したのは，この流れの中に，以下で説明していく親権の複数の側面，あるいは親権の基本的な理解についての複数の考え方がすでに示されていると思われるからである。

漠然と説明するのであれば，親権者（家父長）は，子（や子を含む家族）を支配あるいは統率する者であり，親権というのは，そうした子に対する支配権として理解するという考え方と，子の監護や教育等，子の利益を図ることに向けられた保護者たる親の義務として理解する考え方が，基本的に対立する軸として存在するということになりそうである。

もっとも，前者のような支配権という説明は，いかにも前近代的なものであるという印象を受けるし，子が単に親の支配の対象であり，親の権利（親権）の客体にすぎないというのは，現代において受け容れがたいものであると思われる。ただ，親権の支配権としての側面は，必ずしも，子のみに対して向けられているわけではなく，外部からの介入を許さないという面も有している。その点では，親権は，単に親と子の関係として理解さ

れるだけのものではなく，社会や国家との関係も含めて考えられるべきものだということになる。

2　親権の義務としての側面

(1)　義務としての親権 ── 子の監護や保護に向けた義務

冒頭で，親権は権利義務の総称であるとされてきたと説明したが，わが国の民法学においては，親権についての考え方の大きな流れとして，その権利としての側面を当然のものとする立場から，その義務としての側面を強調する考え方に変わってきたということは否定できない。

これは，上記の説明との関係では，親権を未成熟の子の監護や保護を実現するためのものとして理解するという立場であり，そうした方向は，基本的に受け容れられるべきものだろう。したがって，親権者と子との関係は，所有権者と目的物のような支配とその対象（客体）といった関係ではなく，親権者は，子の利益のために，その監護や教育をしなければならないというところから出発することになる。2011 年の改正により，民法 820条に，「子の利益のために」監護・教育の権利・義務を負うことが明記されたが，これはこうした親権の基本的な性格を示している（従来も，親権が子の利益のためのものであることは当然のこととされていたのであり，改正はその点を明示的に確認したものである）。

このように適切な監護や教育をなすことは，未成熟の子が成長していくための親権者の義務であると理解するのであれば，民法 820 条の規定も，「親権を行う者は，子の監護及び教育をする義務を負う」というものであってもよいということになりそうである。また，居所指定権（民 821 条）や職業を営むについての親権者の許可（民 823 条 1 項）も，こうした判断を親が自由になすことができるということが重要なのではなく，子の福祉を十分に考慮した上で，適切な判断をなすことが親権者に法的に期待されている（義務付けられている）のだと考えられそうである。

もっとも，このような義務を誰に対して負っているのかという点については，さまざまな考え方がありうる。

子の利益を図ることに向けられている以上，その義務は基本的に子に対する義務として理解するということが，まず考えられるだろうし，親権の

第 14 講　親　権　　289

義務性のこうした側面は否定されるべきではない（なお，「親権者の義務が誰に対するものなのか」という議論においては，しばしば，「その義務の履行を誰が求めることができるのか」という議論との関係で問題が生ずる。しかし，この点は切り離して議論することが可能である。たとえば生まれたばかりの子が自ら，その義務の履行を求める手段も可能性も有さないとしても，その子に対する関係での親権者の義務を論ずることは可能だろう）。

　他方，社会や国家に対する関係で，子の監護教育等をなすという義務を負っているのだという説明も考えられるかもしれない。

　この点は，次に考える親権の権利性，あるいは，そもそも何によって親権が基礎付けられ，正当化されるのかという問題にも関わってくる。

(2)　親権と後見

　ところで，親権の義務としての側面を強調する場合，後見→*334頁以下*との関係が問題となる。

　後見は，制限行為能力者の保護のための制度である。後見には，未成年後見と成年後見があるが，ここでの親権に対応する未成年後見は，未成年者に親権者がいない場合，あるいは，親権者がいてもその者が財産管理権を有さない場合に当然に開始する（民838条1号）。

　条文上は，「未成年後見人は，第820条から第823条までに規定する事項について，親権を行う者と同一の権利義務を有する」（民857条本文）と規定されており，ここでの権利義務という文言については親権と共通するが，後見において，後見人の後見の権利性が強調されることは，あまりない。

　これは，未成年後見という制度が，未成年者の保護に向けたものであるという性格が明確なものである以上，後見人の義務として語れば足りるということによるものと考えられる。

　さて，(1)で述べたように，親権をもっぱら未成年の子の利益に向けた監護や教育等の義務として理解するのであれば，それは，後見と共通するものであるということになる。戦後の家族法の議論の中で，親権と後見を統一的な制度とするという考え方（親権後見統一論）が有力に主張されたのも，このような全体の枠組みの中で理解されるということになる。

3 親権の権利としての側面 ―― 国家や社会との関係での親権

それでは，親権は，現代においては，もはや義務としての側面からのみ理解されるべきものなのだろうか。

まず，すでに言及したとおり，親権の権利性を語るとしても，子を親権の客体というような意味で，それを語ることは適当ではない。所有者が所有物に対して有する権利としての意味と，親権者が子について親権を有する（子が親権に服する）ということの意味は，異なるはずである。

ただ，その上で，なお親権の権利としての側面を語るとすれば，それは，社会や国家との関係における権利としての性格だということになると考えられる。

子の監護や教育をなすこと等は，親権者の義務であるという説明を上記で行ったし，そこでは，適切な監護や教育がなされるということが，その義務の内容となっている。

しかし，何が適切な監護であり，どのような教育が適切なのかということについては，大きな幅があるはずである。そうした裁量の幅の中で，親権者が，どのように監護をし，どのように教育をするかということは，国家や社会が介入すべきものではない。そうした面において，親権には，やはり一定の権利としての側面も伴うということは否定できないだろう。

もっとも，この説明（「裁量の幅の範囲」）にもすでに示唆されているように，親権の権利としての側面がどこまでの範囲で認められるのかということは，必ずしも，そう簡単に示されるわけではない。

ただ，親権の基本的な権利としての性格を重視するのであれば，適切な監護や教育等という要件が積極的に示された上で親権が正当化されると考えるのではなく，原則として，親権者によってなされる監護や教育を適法な親権行使として認めた上で，それが子の利益に反することが明らかであるような場合に，それに介入していくという基本的な思考方法をとるということになるだろう。

親権に関する裁判所の判断では，原則として親権者の自由な裁量が認められるということを確認しつつ，子の利益に照らして一定の場合にはそれが許されないといったことが強調されているのも，そのような枠組みのも

第14講 親権 291

のとして理解することができる。

> **コラム** *悪魔ちゃん事件*
>
> 　こうした親権の権利としての側面と，それに対する国家の介入との関係が問題となったひとつの材料が，「悪魔ちゃん事件」として知られるものだろう。命名（権）が，そもそも親権の内容として位置付けられるものであるかについては議論があるが，ここでは，その点はひとまずおいて，親の裁量的判断と国家による介入の可能性を考える材料として取り上げることにしよう。
>
> 　事件は，父親であるXが，長男の名前を「悪魔」として出生届を出したところ，A市役所は，これを受理した上で，のちに誤記として抹消し，Xに名前の追完を求めたため，Xが，受理手続の完成を求めたというものである。
>
> 　東京家八王子支審平成6・1・31（判時1486号56頁→*百選Ⅲ43事件［河上正二］*）は，「親（父母）の命名権は原則として自由に行使でき，従って，市町村長の命名についての審査権も形式的審査の範囲にとどまり，その形式のほか内容にも及び，実質的判断までも許容するものとは解されないが，例外的には，親権（命名権）の濫用に亘るような場合や社会通念上明らかに名として不適当と見られるとき，一般の常識から著しく逸脱しているとき，または，名の持つ本来の機能を著しく損なうような場合には，戸籍事務管掌者（当該市町村長）においてその審査権を発動し，ときには名前の受理を拒否することも許される」とし，本件命名は，不適法として受理を拒否されてもやむをえないとの判断を示した（その上で，本件における抹消処分の有効性については否定し，受理手続の完成を命じた）。
>
> 　なお，これに対して，A市は即時抗告をしたが，Xの側から不服申立てを取り下げた。その後，Xからの「阿久魔」ではどうかという問い合わせに，A市は再考を促し，結局，「亜駆」と命名され，届出が受理されている。
>
> 　なお，名前については，わが国では使用する漢字についての規制があるだけで，きわめて幅広い命名の裁量が認められているが，比較法的には，名前についてかなり厳格な制約を課している国もある（たとえば，ドイツにおける命名の状況については，浦野由紀子「ドイツ短信(1)──子の名前」戸籍時報568号〔2004年〕70頁が紹介している。日本とは逆に，そこでは，許容されている名前のリストといったものを出発点として，そこから外れる例外をどこまで許容するのかという枠組みがとられている）。
>
> 　個人的には，漢字を使いつつ，さまざまな意味をこめて考えられるわが国の命名の自由さには，大きな価値があると思っている。ただ，その自由の尊重は，やはりペットの名前をつけるという場合の飼い主の自由とは質的に異なるということは当然だろう。名前は，子が親権に服する間に限定されるものではなく，

292　**第Ⅱ部　親　族**

一般的には一生ついて回るものである。そこでは，子自身の人格が尊重されなくてはならないことは，親の命名についての法的立場をどのように理解するかにかかわらず，十分に意識されるべきものであろう。

　ちなみに，「発見」という私の名前にいかなる親の願いがこめられていたものなのか……（ドイツの研究所で，「日本人の名前にはみな意味があると聞いているが，君の名前はどういう意味だ？」と同僚に聞かれて，実に困った。結局，「注意してよく見ろ！」だと答えると，キョトンとしていた。親切に尋ねてくれたのに，何か申し訳なかった……）。いずれにしても，読み方が困難であることは間違いはなく，少々難儀ではある。強い愛着は持っている名前であるが，難読がダメということになると，ひっかかるかもしれない。

Ⅱ　親権の内容

　さて，抽象的な説明がずいぶん長くなってしまったが，以下では，親権に関する具体的なルールを確認していくことにしよう。

　親権の内容を構成するのは，基本的に，身上監護権と財産管理権である。

　なお，親権の内容に関わるいくつかの大きな問題（子の引渡しをめぐる問題など）については，第15講でまとめて扱うこととして，ここでは，まず親権の基本的な内容を確認するということに絞って説明をする。

1　身上監護権

　すでに言及したところであるが，民法820条は，「親権を行う者は，子の利益のために子の監護及び教育をする権利を有し，義務を負う」と定めており，これが身上監護権を包括的に規定するものである。すなわち，子の監護および教育に関する親の権利義務が，身上監護権だということになる。その上で，民法は，上記の規定に続けて，居所指定権（民821条），懲戒権（民822条），職業許可権（民823条）についての規定を置いている。

　① **居所指定権**　　居所指定権は，子の居住地を親が指定できる権利である。もっとも，この規定が，それ自体としてどのような法的意味を持っているのかは，それほど明確ではない。実際には，子の引渡しとの関係で問題となるが，それについては，後ほど取り上げる→*311頁以下*。

第14講　親　権　　**293**

② **懲戒権**　　前提として，懲戒という名の下に子に対して暴力をふるうことが正当化されるものでないことは当然である。しかし，虐待の多くの場面で，親からは「しつけ（懲戒）」であるという主張がなされてきた。このような状況を受けて，2011年の改正の際には，懲戒に関する民法822条自体を削除するという立場も有力であったが，刑法上の違法性阻却事由としての位置付け等も考慮した上で，最終的に，822条自体は残し，そのうえで，「第820条の規定による監護及び教育に必要な範囲内でその子を懲戒することができる」とし，懲戒として許される範囲を明確にした（民法820条に，「子の利益のために」との文言が追加されたことは，ここで具体的な意義を有することになる。ちなみに，改正前の822条では，「懲戒場に入れることができる」旨も規定されていたが，そうした施設自体がそもそも存在していない。筆者は，学生時代に，はじめてこの条文を見たときに，「おぉ，こんなものがあるんだぁ！」と思った。しかし，なかった……わけである）。

　　しかし，その後も，「しつけ」や「懲戒」という名目での親の子に対する暴力の行使が問題となる事案は後を絶たず，2019年の児童虐待の防止等に関する法律（児童虐待防止法）の改正では，親権者が体罰を加えることによる懲戒をすることは許されないことが明記された（改正児童虐待防止法14条1項）。さらに，民法の懲戒に関する規定についても，あらためて法制審議会民法（親子法制）部会において，再検討が始められている。

③ **職業許可権**　　職業許可権についても，条文以上に特に付け加えることはない。ただ，民法823条1項（職業の許可）と6条（未成年者の営業の許可）の関係が問題となるが，ここでの「職業」は，民法6条の「営業」より広い概念であり，他人に雇われて労務を提供する場合も含むとされている。

　　このように見てくると，身上監護権は，民法821条以下の3つの条文によって具体化されているというより，やはり，820条自体が抽象的に規定している監護・教育に関する権利義務という部分が重要であり，そのレベルで問題が扱われるという場面が少なくないということになるだろう（むしろ，この3つの条文は歴史的経緯から残ったものにすぎないという側面があり，これらの規定を維持する必要があるのか，全体として見直しをすることも

考えられる）。

2　財産管理権

他方，親権には，子の財産を管理するといった側面もある。民法824条本文は，「親権を行う者は，子の財産を管理し，かつ，その財産に関する法律行為についてその子を代表する」と規定し，このことを示している（ここでは，法人の場合と同様，代表という言葉が用いられているが，代理のことだと理解してよい）。

(1)　財産管理と法定代理権

このように，包括的に財産管理権と呼ばれるものは，子の財産を管理するということと，法定代理権だということになる。

ちなみに，民法典の順番どおりに授業をすると，ごく最初の時期に，未成年者の行為能力のことを勉強し，その中で法定代理人というのは一般的には親であることが説明される。もちろん，その際にも，教科書等をよく見れば，民法824条について言及されている。しかし，まだ民法の勉強を始めたばかりの学生のこと，そんな細かい規定は気にせずに，親が法定代理人になるということは当たり前だということで，納得してしまう。さて，それから数年後，民法の授業では最後となる家族法の授業の中で，この条文に出会い，「おぉ，こんなところに親が法定代理人になるという規定があったのかぁ〜」と感銘を受ける次第である。ちなみに，これは一般論ではなく，筆者の個人的体験である。

(2)　財産管理に関する親権者の注意義務

さて，財産管理に関する親権者の注意義務について，民法827条は，「親権を行う者は，自己のためにするのと同一の注意をもって，その管理権を行わなければならない」と規定している。

これは，後見人が善管注意義務（善良なる管理者の注意義務。一般的には，標準人あるいは合理的な人を前提として観念される注意義務である）を負担するのに対して（民法869条による受任者の善管注意義務を規定する同644条の準用）→336頁以下，親権者の注意義務を軽減したものである。

第14講　親権　　295

なお，財産管理とは異なって，身上監護については，親権者の注意義務の水準については明文の規定は置かれていない。規定が置かれていない以上，善管注意義務が課されるという見解も有力であるが，むしろ，身上監護については，その性質上，許容された親権の裁量の範囲を逸脱する場合には外部からの介入が許容されるが，それは，「自己のためにするのと同一の注意」や「善良なる管理者の注意」を機械的にあてはめて解決されるべき性質のものではないことによるものと理解すべきではないだろうか。

(3) 法定代理権

法定代理権は，子の「財産に関する法律行為」について認められるのであり，包括的な内容を有している（例外として，第三者が無償で財産を与えた場合について，民829条・830条）。

子がまだ小さく，意思能力が認められない段階では，子の財産に関する法律行為は，こうした親権者の法定代理を通じてのみ実現されることになる。

他方，子が意思能力を有している場合には，法定代理人（親権者）の同意を得て，子自身が法律行為をなすことも可能である（民5条1項）。しかし，そのことは，親権者の法定代理権を排除することにつながるものではなく，親権者自らが，そのような未成年者の法定代理人として法律行為をなすことも可能である。

(4) 法定代理権の制限

さて，このような包括的な法定代理権であるが，それには何ら制約がないのだろうか。出発点として，まず民法が，この点についてどのように規定しているのかを確認しておく。

(ア) 子の行為を目的とする債務

民法824条ただし書は，「その子の行為を目的とする債務を生ずべき場合には，本人の同意を得なければならない」として一定の制限を課している。もっとも，典型例として考えられるのは，子の労働契約を親が代わって締結するというものであるが，労働基準法58条1項は，このような行

為を禁止しており，民法 824 条ただし書が実際に機能する場面はあまり多くはない。

(イ) 利益相反行為の禁止

より重要なのは，利益相反行為の禁止である。すなわち，民法 826 条は，親権者である父または母と子の利益が相反する場合（同条 1 項），また，親権に服する複数の子の間で利益が相反する場合（同条 2 項）に，親権者は，その子のための（同条 1 項），または，子の一方のための（同条 2 項）特別代理人の選任を，家庭裁判所に求めなければならないと規定している。

なお，最判昭和 35 年 2 月 25 日（民集 14 巻 2 号 279 頁→*百選Ⅲ 48 事件 [佐久間毅]*）は，父母の一方についてのみ利益相反の関係が生ずる場合には，その一方について特別代理人を選任し，他方との共同代理となるとしている。また，特別代理人との間で利益相反の関係が生じたときにも，新たな特別代理人の選任が必要であるとしている（最判昭和 57・11・18 民集 36 巻 11 号 2274 頁→*家族法百選 [第 6 版] 41 事件 [永田眞三郎]*）。

ところで，同種の規定として，自己契約・双方代理を禁止する民法 108 条 1 項がある。両条は基本的に同じ趣旨のものであるが，両者の適用範囲は異なっている。民法 826 条は，利益が相反する場合に，単独行為または第三者との契約に関する代理をも禁止するとともに，これらの行為を未成年の子がなすことについて同意を与えることも禁止するものであり，この点では，民法 108 条 1 項よりも射程が広い。他方，民法 826 条は，子の利益を保護する規定であるから，親権者の不利益によって子が利益を得るような行為は，形式的に自己契約に該当する場合であっても，利益相反行為の禁止の対象とはならないとされており（ただし，この点はすでに利益相反の意味をめぐる問題を先取りしている。利益相反関係の判断については以下を参照），この意味においては，民法 108 条 1 項より適用範囲は狭いということになる。

さて，このような利益相反をめぐっては，いくつかの段階の問題が考えられる。

① **利益相反の有無**　まず，最初に問題となるのが，親権者の行為が

利益相反行為に該当するのかどうかという問題である。

　利益相反だということになれば，親権者の代理行為は無権代理ということになる。したがって，その効果は原則として子には及ばない。また，同意の場合であれば，有効な同意がなされていないとして，その未成年者の行為について取消しが認められることになる。

　このような利益相反の有無の判断をめぐっては，その基準として，行為の外形から判断すべきであるとする外形説（形式的判断説）と行為の目的や動機，結果などを考慮して実質的に判断するという実質説（実質的判断説）がある。判例は，外形説をとっているが，実質説も有力である。

　まず，比較的単純な以下の場合を考えてみよう。

設例1　　親権者Aは，子Bに，自らの財産である不動産甲を贈与した。
設例2　　親権者Aは，子Bに代わって，Bが祖父から遺言によって得た不動産甲をAに贈与するとの意思表示をした。
設例3　　親権者Aは，子Bとの間で，自らの有している不動産甲の売買契約を締結した。

　まず，客観的，外形的に判断するのであれば，このいずれの場合も，Aの利益とBの利益は，その外形上も相対立（一方の利益が他方の不利益につながる）するものとして位置付けられるから，基本的に，外形説の利益相反の基準を満たすことになりそうである。

　ただし，すでに触れたように，**設例1**は，AとBの利益とが相対立するものであるとしても，そこではもっぱらBの利益のみが図られており，このような行為を無効とする必要はなさそうである。

　外形説を前提としても，**設例1**におけるAの行為が，もっぱらBの利益を図るものであり，そのことがAからBへの贈与という外形によっても示されている以上，利益相反行為を禁止することによって子の利益を保護する民法826条が適用される事案ではないといった説明をすることもできる（このような理解を前提とすれば，利益相反行為の禁止とは，「子の不利益において，親権者が利益を受ける行為の禁止」だということになる）。

　他方，実質説においては，行為の外形だけでは当然には利益相反にあた

るかどうかは決まらないので，この設例に書かれていない事情も含めて判断されるということになる。もっとも，その場合でも，設例1 が利益相反にはあたらず，設例2 と 設例3 が利益相反にあたるという結論は，原則として動かないだろう。

より判断が微妙となるのは，以下のような場合である。

設例4　　親権者Aは，自らが営む事業の費用を調達するために，Cから借金をする際に，子Bの財産である不動産甲にCのために抵当権を設定した。

設例5　　親権者Aは，自らが営む事業の費用を調達するために，子Bの名義でCから借金をし，Bの財産である不動産甲にCのために抵当権を設定した。

設例6　　親権者Aは，知り合いのDがCから借金をするに際して，子Bの財産である不動産甲にCのために抵当権を設定した。

さて，上記のような設例になると，もう少し立ち入った判断や説明が求められそうである。

ところで，具体的な中身に入る前に，この中の2つ，設例4 と 設例5 について，諸君が受ける印象を聞いておきたい。つまり，諸君は，どちらの設例におけるAの行為の方が「ひどい！」と感じるだろうか。

こちらからは見えないが，少なからぬ諸君は，設例5 の方に手を挙げたのではないかと思う。そちらからは見えなかったかもしれないが，筆者も，こっそりと 設例5 の方に手を挙げていた。「だって，まるっきり責任を負おうとしない 設例5 より，設例4 の方が自分の借金だってしてるだけ，まだマシじゃん！」などとも言えそうである。

さて，興奮を抑えて，分析に入る。外形説によると，設例4 は利益相反にあたるが，設例5 （！）や 設例6 は利益相反にはあたらない。

まず，設例4 においては，AはCからの借金について主たる債務者となり，Bはその物上保証人となる。このような主たる債務者と物上保証人は，一方の利益が他方の不利益につながる関係，つまり利益相反の関係に立つ。したがって，設例4 においてBの財産に抵当権を設定するというAの行為は利益相反行為と評価されるのである（なお，設例4 の事案とは

第14講　親権　299

異なるが，第三者の債務について，A自身も連帯保証人になり，子らについても代理人として連帯保証契約をし，さらに物上保証として抵当権を設定したという事案について，最判昭和43・10・8民集22巻10号2172頁→*百選Ⅲ46事件〔角紀代恵〕*は利益相反行為になるとする）。

それに対して，設例5 や 設例6 では，Aの行為によって，A自身は，法律効果のレベルでは何らの影響を受けていない。Aは，Bに代わって，BC間の法律行為をし，その法律効果がBに帰属するというだけのことであり，それによって，Aは直接利益を受けているわけではない。これらは，Aが，Bに代わって，Bの携帯電話や自転車を購入するという契約を，あるいは，Bが持っている土地を売却するという契約を締結したというのと，基本的に何ら違いはない。つまり，これらの場合と同様に，設例5 や 設例6 では利益相反に当たる外形的な関係は存在しないのである（「設例5 とはずいぶん違うじゃないか。だって，設例5 では，Aは，借りた金を自分で使うために，Bに借金をさせているんだぞ！」という声も聞こえてきそうである。しかし，土地を売却する場合だって，その代金を親権者が自分で使ってしまおうと考えている場合もあるかもしれないし，携帯電話の購入や加入契約だって，親が自分で用いるためにそれをしているという場合も考えられるのである）。

さて，以上が，外形説を前提とした説明であるが，実質説を前提とすれば，このような場合，特に 設例5 については，実質的な利益相反の関係があるとして，民法826条が適用できるとすることは考えられるだろう。

その点では，設例4 と 設例5 を最初に見た時に受けた印象は，実質説によった方がうまく反映されていると言えるかもしれない。

ただし，実質説の場合，その判断基準が必ずしも明確ではないということは否定できない（設例6 の場合であれば，ここに示された事情だけでは，実質説を適用する場合の結論は必ずしも明確ではない）。同様の基準の不明確さは，後述のように，外形説をとった上で代理権濫用の法理によって解決をする場合にも問題となるのであるが，実質説では，こうした基準の不明確さの問題が，民法826条の適用のレベルで扱われるということになる。

最後に，相続に関連する問題を取り上げておくことにしよう。

300　第Ⅱ部　親族

> **設例7** 　Aが死亡し，相続人は，配偶者B，未成年の子CDである。B
> は，自らは相続放棄をした上で，CDの法定代理人として，遺産分
> 割の協議書を作成した。
>
> **設例8** 　Aが死亡し，相続人は，配偶者B，成年の子Cと未成年の子Dで
> ある。Bは，自分が相続放棄をするとともに，Dについても，親権
> 者として相続放棄をした。

　遺産分割協議→*508頁以下*も，自らが相続人である場合には，やはり相続人である子との間の利益相反関係が生ずる。その点では，**設例7**では，Bが相続放棄をしているために，B自身とCDとの利益相反関係はない。しかし，親権に服する子が複数存在するときに，その子らの間で利益が相反する場合には，すでに説明したように，特別代理人の選任が必要となる→*297頁*。遺産分割についても，CDの利害が対立する以上，BがCDの双方を代理して遺産分割協議を成立させることは，利益相反行為となる（最判昭和49・7・22家月27巻2号69頁→*百選Ⅲ47事件［合田篤子］*）。

　相続放棄も，同様に，親権者自らが相続人である場合には，相続人である子との間で利益が相反する。しかし，**設例8**では，Bは相続放棄をしているので，子との間の直接の利益相反の関係にはない。また，ここでは，**設例7**と異なり，親権者として代理権を行使しているのは，Dだけであり，上記のように利益が相反する複数の未成年の子を代理する場合にも該当しない。判例は，親権者ではなく，後見人が同様の状況にあった事案についてであるが，相続放棄についても民法826条（民860条）の適用があるということを認めた上で（単独行為であるということから同条の適用を排除した大審院の判例を変更した），「共同相続人の一人が他の共同相続人の全部又は一部の者を後見している場合において，後見人が被後見人を代理してする相続の放棄は，必ずしも常に利益相反行為にあたるとはいえず，後見人がまずみずからの相続の放棄をしたのちに被後見人全員を代理してその相続の放棄をしたときはもとより，後見人みずからの相続の放棄と被後見人全員を代理してするその相続の放棄が同時にされたと認められるときもまた，その行為の客観的性質からみて，後見人と被後見人との間においても，被後見人相互間においても，利益相反行為になるとはいえない」と

第14講 親 権 301

の判断を示した（最判昭和53・2・24民集32巻1号98頁→家族法百選〔第7版〕
48事件〔田中通裕〕，百選Ⅲ〔初版〕49事件〔新井誠〕）。ここでの判示は，親権者につい
ても，そのまま妥当する。

　②　**代理権の濫用**　　さて，①の利益相反の有無という問題において，
特に，外形説を前提とする場合，設例5のように，実質的には，Bの利
益を犠牲にして，親権者であるA自身の利益を図っているにもかかわらず，
そうした事案を利益相反行為として禁止の対象に取り込めないということ
になる。

　外形説を前提としつつ，このような問題を一定の範囲で緩和することに
向けられているのが，代理権の濫用をめぐる問題である（なお，実質説を
前提とする場合であっても，利益相反の有無の問題と代理権濫用の問題とを2
段階で考えることは論理的に排除されるわけではない。ただ，最終的には，実
質説における基準をどのようなものとするかにも関係するが，実質説において
は両者は大幅に重なり，代理権濫用問題が機能する領域は，外形説との対比で
は狭いと考えられる）。

　さて，こうした問題を考える場合には，2つの反対方向からの要請とそ
れに対応した問題がある。

　第1に，子に効果が及ぶということに問題があると考えられるにもかか
わらず，利益相反の有無の判断でうまく取り込むことができなかったもの
を適切に取り込むという要請である。たとえば，設例5のような場合に，
Aの行為の効果が子Bに及ばないようにすることが求められる。ここでは，
そもそもどのような場合が，この例外的な処理によって扱われるべき場合
なのかという点が問題となる（代理権濫用の判断をめぐる問題）。

　第2に，取引の相手方の利益を保護するという要請も存在する。実質的
な関係を前提として，子の利益を守るということが必要だとしても，それ
だけでは，その利益の実現のために，相手方の利益が犠牲になるというこ
とまでが当然に正当化されるわけではない。そうした相手方の利益の保護
をいかに図るのか（どのような場合に相手方は保護されるのか）が問題とな
るのである。逆に言えば，相手方はどのような場合には保護されないのか，
という問題でもある。

判例は，第1の問題については，①の利益相反に該当しない限り，親権者の判断の広範な裁量権があるということを確認した上で，「子の利益を無視して自己又は第三者の利益を図ることのみを目的としてされるなど，親権者に子を代理する権限を授与した法の趣旨に著しく反すると認められる特段の事情」（ 設例6 のような事案についての最判平成4・12・10民集46巻9号2727頁→家族法百選〔第7版〕46事件〔福永礼治〕，百選III 49事件〔石綿はる美〕）が認められる場合に限って，代理権濫用になるとしている。これは，かなり厳格な基準であり，利益相反の網から抜け落ちたものが，代理権濫用によって容易にカバーされるというわけではない。

　なお，この問題のレベルで代理権濫用にあたらないとされると，次の相手方の保護要件の問題を論ずるまでもなく（相手方が，一定の事情について悪意であったとしても），もはや代理権の濫用の問題にはならない。

　次に，第2の問題について，代理権の濫用が認められる場合の法律関係については必ずしも明確ではなかったが（前掲最判平成4・12・10は民法93条ただし書を類推適用した），債権法改正により新設された民法107条は，「代理人が自己又は第三者の利益を図る目的で代理権の範囲内の行為をした場合において，相手方がその目的を知り，又は知ることができたときは，その行為は，代理権を有しない者がした行為とみなす」とし，これにより解決されることになる。

　(ウ)　その他
　法定代理に関して，いくつかの点について補足しておく。

　第1に，婚姻中の父母が親権者となる場合，親権の共同行使の原則が規定されている（民818条3項）。したがって，このような共同行使の原則に違反した場合の問題がある。基本的には，共同行使の原則に反してなされた代理行為は無権代理だということになるが，どのような場合に無権代理として扱うのか，相手方の保護をどのように図るのかなど問題が少なくない。これらについては，親権の行使のところで説明する→307頁以下。

　第2に，法定代理の対象となるのは，「財産に関する法律行為」（民824条）である。したがって，身分行為等については，この規定は及ばない。身分行為についての代理権は，それを観念するとしても，その法的な性格

第14講　親　権　　303

は，身上監護権に属するものだと考えられる。民法は，このような身分行為についての代理権を包括的に認めるのではなく，個別的に規定することで対応している（認知の訴えに関する787条，子が15歳未満の場合の氏の変更に関する791条3項，子が15歳未満の場合の養子縁組に関する797条等）。

Ⅲ　親権の帰属と行使

　本書の中でも，その一部については触れてきたところであるが，ここでは，親権の帰属と行使について整理して，その内容を確認しておくことにしよう。

1　親権の帰属等

(1)　親権の帰属
　まず，誰が親権者になるのかについて整理すると，以下のようになる。

(ア)　嫡出子の親権者
　①　父母が婚姻中の場合　未成年の嫡出子の親権者は，その両親である（民818条1項・3項）。ただし，父母の一方が親権を行使できない事情がある場合（行方不明など）には，他方が単独親権者となる（民818条3項ただし書）。

　②　父母の一方が死亡した場合　婚姻中の父母の一方が死亡した場合には，生存している他方親権者が単独の親権者となる（これは，民法818条3項ただし書によるのではなく，死亡による婚姻の解消を前提として，同条1項から当然に認められると理解すべきだろう）。

　③　父母が離婚した場合　子の出生後に，父母が離婚する場合には，その一方が親権者となる（協議離婚の場合に関する民法819条1項，裁判離婚の場合の同条2項）。また，子の出生前に，父母が離婚した場合には，母親が親権者となり，出生後の父母の協議によって父を親権者と定めることができる（同条3項）。

　協議離婚や子の出生後の協議で親権者を定めることができない場合には，家庭裁判所が協議に代わる審判をすることができる（民819条5項）。

民法819条6項は，「子の利益のため必要があると認めるときは，家庭裁判所は，子の親族の請求によって，親権者を他の一方に変更することができる」と規定している。これは，いったん親権者が決まった場合であっても，子の利益のために必要があれば，その変更が認められるとともに，単なる当事者間の協議だけで，親権者を変更することはできないということを意味している。

なお，父母が離婚し，単独親権者となった一方が死亡した場合については，他方が生存する場合でも，後見が開始するとされているが（学説上は，生存親の親権が当然に回復するという立場もある），その場合にも，本条6項を類推適用して，生存親に親権者を変更することができるとされる。

なお，立法論としては，離婚後についても，なお父母の共同親権を認めるべきであるという見解も有力である。ただし，なお検討すべき点が多いように思われる→*128頁以下*。

(イ) 非嫡出子の親権者

非嫡出子については，まず，母親が親権者となる（非嫡出子についての親権者という形での母の親権について規定する条文はないが，民法818条1項から基礎付けられるとするか，民法819条4項が，母が親権者となることを当然の前提としているとして説明することができるだろう）。

他方，認知によって，その子との間の父子関係が成立した父については，父子関係の成立とともに当然に親権者となるわけではなく，民法819条4項により，父母の協議で父を親権者と定めた場合に限り，親権者となる。なお，このように父親が親権者となる場合には，父親が単独親権を有するのであり，母親との共同親権者となるわけではない。

(ウ) 養子の親権者

養子となった場合には，養子は，養親の親権に服する（民818条2項）。なお，離婚によって単独親権者となった実親が再婚した場合，その子が実親の嫡出子であり，その子と再婚相手が養子縁組をした場合（この場合，実親と嫡出子である実子との養子縁組は認められない→*248頁*【*親族内での養子*】），その実親と再婚相手である養親の共同親権となる（子が実親の非嫡出子で

第14講 親 権 305

ある場合は，実親と再婚相手の両方がその子と養子縁組をしなければならない→*259頁*）。養子縁組が離縁等によって完全に解消された場合，実父母の親権が回復する（普通養子縁組の解消に関する民法811条2項・3項は，それを前提とする規定である。特別養子の場合も，民法817条の11により，縁組の解消に伴って実父母との関係が回復するので，それを前提として，親権が回復することになる）。

コラム）　養親の死亡や離婚と親権の帰属 ── 説明のしかたと考え方

　本文で書いたように，養親の親権が完全に解消する場合には，実親の親権が回復する。最も単純な例は，配偶者のない養親Aと養子Cの縁組が解消された場合であり，養親である AB 夫婦と養子Cの縁組が，双方について解消された場合も同様に考えてよい。

　ただ，もう少しバリエーションを考えると，実務における親権の扱いは，もう少し複雑である。これについては，ルールを覚えるというより，考え方を整理しておくことが重要であるように思われる。

　①　**養親の死亡の場合**　　まず，養親が死亡した場合の扱いについては，養親の死亡によっては縁組は解消しないということが前提とされる。したがって，養父母 AB の両方が死亡した場合にも（同時死亡の場合に限られない），実親の親権は回復せず，親権を行使する者がない場合にあたり（民838条1号），後見が開始するというのが，実務である。同様に，養父母の一方であるBが死亡し，他方のAが単独親権者となっており，そのAと養子Cが離縁した場合にも，実親の親権が回復するのではなく，後見が開始するとされている（Bとの養親子関係は，なお存続している）。

　②　**養親の離婚**　　他方，養父母 AB が離婚し，単独親権者となったAと養子Cが離縁する場合にも，後見が開始するとされている。ここではBは生存しており，BC 間の養親子関係は存続しているのであるから，Bの親権を認めてもよさそうであるが，両親が離婚し，その親権者となった一方が死亡した場合と同様に考えるということになる→*304 頁以下*。

　この問題は，上記のように，一応は，それぞれについて一定の観点からの説明が可能である。ただ，こうした親権の帰属の問題を考える場合，実親や非親権者たる養父母の親権がどのようなものなのかという抽象的な性質決定から論理必然的に結論が導かれるというより，むしろ，単独親権となった後に時間的な経過の中で生ずるさまざまな事情（たとえば，親権者ではない実親や養親が

306　第Ⅱ部　親　族

離婚後に再婚して新たな家庭を持っている場合など）を取り込むには，どのような仕組みをデフォルトとして用意しておくことが適当なのかという判断があるように思われる。そうした仕組みとして，後見が開始するというのを原則としておく方がより柔軟に対応することが可能であるところから説明することもできるだろう。

(2)　その他

①　**親が未成年である場合**　　親権は，子の財産に関する法定代理権を含むものであるから，行為能力を有することが必要だと解されている。条文上は，民法833条が，「親権を行う者は，その親権に服する子に代わって親権を行う」として，親が未成年であり（婚姻により成年と扱われる場合は含まない。民753条。婚姻適齢が改正されたことにより，この成年擬制についての規定は削除された→*34頁以下*），その者自身が親権に服する場合についてのみ規定が置かれている（未成年の親に親権者がいない場合については，未成年後見人が親権を行う。民867条1項）。

②　**児童福祉施設の入所児童に親権者・未成年後見人がいない場合**　　児童福祉施設に入所している児童については，児童に親権を行う者または未成年後見人がいないときは，親権を行う者または未成年後見人があるに至るまでの間，児童福祉施設の長が親権を代行する（児福47条1項）。

2　父母の親権の共同行使

上述のとおり，嫡出子について父母が婚姻中である場合には，その双方が親権を有する。この場合に，父母は，その親権を共同して行使することが規定されている（民818条3項）。理念としての共同行使の原則は容易に理解できるが，具体的な場面に即して考えると，そこにはかなり多くの問題が含まれている。

(1)　父母の双方名義による親権行使

まず，このような原則を前提とすれば，親権としての法定代理権や同意権を行使する場合にも，それらの行為は，父母双方の名義でなすというのが原則だということになる。

第14講　親権　307

それでは，一方が，他方の意思に反して，双方名義の代理行為をしたという場合はどのように扱われるのだろうか。

こうした場合について，民法825条は，「父母の一方が，共同の名義で，子に代わって法律行為をし又は子がこれをすることに同意したときは，その行為は，他の一方の意思に反したときであっても，そのためにその効力を妨げられない。ただし，相手方が悪意であったときは，この限りでない」と規定している。

したがって，一方の意思に反していたということだけでは，原則として，その代理行為等の効力が否定されるわけではないとすることによって相手方の保護を実現するとともに，相手方が悪意であった場合には，その保護を否定することでバランスのとれた解決を図っている。

(2) 父母の一方の名義による親権行使

他方，親権行使が一方のみの名義でなされた場合には，どうなるのだろうか。

世の中では，「親御さんのサインが必要です」といったようなことは多いが（こうした場面ではもっぱら親権者の同意権が問題となっているが，以下の説明は法定代理権の行使の場合も含む），そこでは，一方のみの署名がなされるのがむしろ普通だろう。

このような場合に，親権の共同行使の原則に違反するから，当然に無効であるとするのでは，少々困る。すでに説明したように，両親が離婚したり，その一方が死亡した場合のように，単独親権の場合だってあるのだから，1人分の名前しか書かれていない以上，それで有効な親権行使がなされたということを信じた相手方が悪いなどと簡単に言うこともできない。そのような場合に，相手方としては，「親御さんの名前がお1人分しか書かれていませんが，ほぉ，ご両親は離婚なさったので？」とか，「お父さんはお亡くなりになられたので？」などと聞かざるをえないというのは，いかにも気持ちが悪い。これについては，以下のように考えられている。

まず，一方の名前しか書かれていないとしても，他方が，それに同意しているのであれば，それは有効な親権行使となるとされる。この場合，共同行使の原則に，実質的に反していないと考えられるからである。

308　第Ⅱ部　親　族

それに対して，一方が，他方の意思に反して，単独名義の代理行為をしたような場合について，学説上は，民法110条が適用ないし類推適用され，一方名義の代理行為をなした親権者に権限があると信ずべき正当な理由を有する相手方は保護するという可能性が考えられている。

	双方の名義	単独の名義
双方の意思	有効	有効（解釈）
一方の意思	民法825条による相手方の保護（善意の相手方の保護）	民法110条の（類推）適用による相手方の保護（善意無過失の相手方の保護）

なお，相手方が，そうした一方名義での親権行使が他方の意思に反するということについて，悪意であったり，過失が認められるという場合，その親権行使が法定代理である場合には，無権代理として，その効果が子に帰属しないことになる。

また，同意の場合には，有効な同意がないものとして，制限行為能力者である子自身または法定代理人たる親権者が，これを取り消すことができる（民5条2項・120条1項）。なお，この場合の取消権の行使については，共同行使を必要とせず，他方親権者が単独でなすことができるものと考えられている（そのように解さないと，取消権を認めたことの意味が失われてしまう）。

(3) 父母の意思が異なる場合の調整の問題

さて，上記のような問題の背景には，もう少しやっかいな問題が潜んでいる。このような問題は，いずれにしても，父母の意思が異なっている場合に生ずるわけであるが，それでは，そうした異なる意思を，そもそもどのように調整したらよいのだろうか。父母のいずれもが，親権の共同行使の原則を尊重しつつ（したがって，勝手に他方の意思に反して親権を行使したくはない），しかし，相互の意見は折り合わないという場面が考えられる。たとえば，次のようなケースである。

設例9　父Aは，子どもを公立学校で教育させるという強い信念を有しており，子Cの中学進学に際しても，当然に地元の公立中学校に進学

第14講　親権　309

> させるべきだと考えている。他方，母Bは，自らも教育を受けた中
> 学・高校一貫の私立学校にCを進学させたいと考えている。

　そう珍しくもなさそうな例である。バリエーションは，さまざまに考えら
れ，一方は子を大学に進学させたいと考えており，他方はそうではない
という場合もありそうだし，あるいは，一方は仏教系の学校に進学させた
いと考えており，他方はキリスト教系の学校に進学させたいと考えている
ような場合には，もっと深刻な問題にもつながりそうである（この種のバ
リエーションは，いくらでも考えられる。ある研究会では，名前の決定が話題
になり，「アツシ君とアツミ君のどっちの名前がいいか」で夫婦で議論になった
場合などという例も挙がった。あまり深刻でなさそうで，申し訳ありません）。
本来，親権の共同行使の原則が定められている以上，この種の調整を実現
する仕組みが用意されていないと，大変やっかいなことになる。

　なぜなら，一方が他方の意思に反して，代理をしたり，同意を与えたこ
とが問題だといっても，他方がやっても，やはり，同じ問題状況が生ずる
だけだからである。実は，この問題については，「わかりません。お願い
ですから，もう見逃してくだせぇ」と，思わず言ってしまいそうになる。

　こうした仕組みが全くないというわけではなく，民法819条5項を類推
適用したり，夫婦の協力扶助義務に関する民法752条を受けた家事事件手
続法の別表第2一を手がかりにすることで，家事審判事項とするという考
え方もある。

　しかし，こんな問題（仏教系の学校かキリスト教系の学校か）を持ち込ま
れた裁判官も困るだろうなぁ……と思う（白状すると，裁判官が，「いや，
ご近所にある神道系の学校がよいのではないか」などと言い出したら面白いよ
なぁ……，などと不謹慎なことも考えてしまった）。

第15講 親と子をめぐる問題
―― 子の引渡し，親権濫用等による親権制限

第14講では，親権についての基本的なルールを説明したが，以下では，いくつかの具体的なトピックを取り上げて，親と子をめぐる問題を考えることにしよう。取り上げるのは，子の引渡しをめぐる問題と，子に対する虐待等，親権濫用についての問題である。親権の喪失等についてもここで説明する。

I 子の引渡しをめぐる問題

子の引渡しをめぐる問題というのは，さまざまな場面で生じ，その場面に応じて，何が法的に問題となっているのかという点も異なる。ここでは，そうした子の引渡しをめぐる典型的な場面のいくつかを取り上げて，①どのような根拠で子の引渡しが認められるのか（子の引渡しの法律上の根拠），②どのような場合に子の引渡しが認められるのか（子の引渡しの判断基準），③子の引渡しはどのようになされるのか（子の引渡しの執行方法）について見ていくことにしよう。

ここでは，性格の異なる問題がある。ひとつは，どのような場合に子の引渡しが認められるのかという問題（実体法上の問題）であり，もうひとつは，具体的に，そうした子の引渡しはどのようになされるのかという問題（手続法上の問題）である。

後者については，子の引渡しに特化して，それを明確にした手続法上の規定はなかった。しかし，民事執行法の改正で，新たに規定が設けられた。この内容についても，最後に触れることにしよう。

1 子の引渡しをめぐる問題の概観

子の引渡しをめぐる問題には，実にさまざまなものがある。親権者が非親権者に対して子の引渡しを求めるというものもあれば，親どうしでの子

311

の奪い合いというタイプの争いもある。さらには，親権者や監護者ではない者から親権者等に対して，このような引渡しが求められるという場合も考えられないわけではない。

このような問題を整理して描き出すことはかなり難しい。以下では，対象から落ちるものも出るかもしれないが，網羅的に説明することは企図せず，まず，親権者から非親権者に対する子の引渡しを求める権利がいったいどのようなものなのかということを確認した上で，親権者どうしの争いを取り上げることにしよう。

2 親権者から非親権者に対する子の引渡請求 —— 親権に基づく子の引渡請求

まず，親権者や監護者が，子の引渡しを求めるという場面を考えることができる。具体的には，以下のような場合である。

> **設例1** 　Xの子Aは，親権者・監護者ではないYに連れ去られ，Yのもとで生活をしている。
>
> **設例2** 　Xの子Aは，自ら，Yのところに行き，Yのもとで生活している。

(1) 妨害排除請求権

まず，**設例1** について考えてみよう。Yについては，さまざまなパターンが考えられるが，いずれにしても親権者や監護者ではないYが，Aを手元に置いているといった状況において，親権者であるXが，Yに対して，Aの引渡しを求めることができるということ自体は，当然のようにも思われる。それでは，その当然のように見える請求は，法的には，どのようなものとして説明されるのだろうか。

この点について，明文の規定はないが，現在の判例は，親権行使についての妨害排除請求権として，これを法律構成している。

すなわち，最判昭和35年3月15日（民集14巻3号430頁→*百選Ⅲ 44事件*〔*山口亮子*〕）は，このようなXの請求は，「XがAに対する親権を行使するにつき，これを妨害することの排除」（当事者の表記は，**設例1** に合わせて変更している。以下，同じ）を，Yに対して求めるものであるとした（最判

312　**第Ⅱ部　親族**

昭和 38・9・17 民集 17 巻 8 号 968 頁→家族法百選〔第 7 版〕40 事件〔山口亮子〕も参照）。

　この判決は，この問題が居所指定権（民 821 条）の問題ではないということを示すとともに，物権的請求権類似の引渡請求権であるという考え方も退けるものであった。すなわち，同判決は，この請求を認容する「判決によって，Ｘの親権行使に対する妨害が排除せられるとしても，右Ａに対し，Ｘの支配下に入ることを強制し得るものではない」としている。

　物権的請求権類似の引渡請求権ではなく，妨害排除請求権であるということは，Ａの意思をどのように扱うのかという点に関わってくる。単純な引渡請求権であれば，Ａは単なる客体にしかすぎないのであるから，Ａの意思は問題とならない。その点で，設例1 と 設例2 は，区別されないことになる（Ｘの所有するペットの犬が，Ｙのもとにいるという場合，その犬がどのようにＹのもとに行ったのかは，Ｘの返還請求権を基礎付ける上で基本的に問題とならない。その上で，物権的請求権における費用負担の問題や，返還請求権と妨害排除請求権との交錯については，物権法の教科書を参照してほしい）。

　他方，妨害排除請求権として構成する場合には，Ｙの行為が，親権行使に対する妨害と評価されるか否かという点が問題となる。

　この観点からは，設例2 のように，Ａが自ら望んで，Ｙのもとにいるというような場合，そこでは，Ｙによる親権行使の妨害を当然には認定できないということになる（この点については，子の意思に無関係に引渡しを求めることができるとしていたそれまでの判例を変更した大判大正 12・11・29 民集 2 巻 642 頁に示されている）。

(2)　妨害排除請求権という構成の限界 —— 子の意思

　妨害排除請求という構成による場合，上記のとおり，当該Ｙの行為が，Ｘの親権行使に対する妨害と評価されるかどうかが問題となり，それは，Ａが自発的意思でＹのところにいるのかという問題として具体化することになる。

　もっとも，設例2 では，Ａの年齢について全く触れられていないが，たとえば，5 歳の子どもがＹになついていて，Ｙについて行ってしまったというような場合に，それがＡの自発的な意思によるものだから，このよ

うな妨害排除の問題は生じないというのは，いかにもおかしいだろう。

　ここでは，Ａの自由意思によるのかという評価の前提として，どの程度の判断能力がＡに備わっているのかが問題となる。これについても明確な基準があるわけではないが，過去の裁判例からは，9歳ないし10歳前後が，これを区分する年齢となっていると言われている。したがって，これより低年齢の場合には，Ａの意思を問題とせずに，Ｘの請求が認められることになる。

コラム　*民法における能力と年齢*

　民法においては，さまざまな能力が問題となり，その点で，年齢というのは重要な指標である。もっとも，能力と年齢との関係が明示的に規定されているものもあれば，それが欠ける場合もある。

　まず，行為能力（20歳。民4条・5条。成年年齢の引下げに伴って18歳に変更される），遺言能力（15歳。民961条），養子縁組に関する能力（15歳。民797条1項。なお，特別養子に関する改正で，15歳以上の子については同意が必要とされる。改正民817条の5第3項）などにおいては，民法で，そうした能力を有する年齢が具体的に明示されている。

　他方，不法行為における責任能力（民712条）は，能力そのものについての言及はあるものの，具体的な年齢は示されていない。これについては，過去の裁判例からは，一般的には，12歳程度が目安になるものと考えられている（窪田・不法行為法181頁以下参照）。同様に，法律行為の前提としての意思能力（自己の行為の法的な意味を弁識することができる能力）についても，2017年の債権法改正で民法3条の2が新設されたが，具体的に何歳から意思能力が認められるかといったことについては規定されていない。7歳から10歳程度で備わるという説明もあるが，問題となる具体的な行為と切り離して，こうした能力を有する年齢を論ずることができるのか自体も問題だろう。

　また，（学説上はその要否についても議論がある）不法行為の被害者の過失相殺の前提となる事理弁識能力（危険等を弁識する能力）については，そうした能力自体についての独立した明文の規定があるわけではなく，当然だが，年齢も明確に定まっているわけではない。事理弁識能力は，意思能力よりさらに低い年齢でも認められると一般的には考えられているが，これについても，問題となる危険性の種類等によって異なることも考えられる（窪田・不法行為法426頁以下参照）。

　さて，本文で述べた子の年齢は，設例のように，Ａ自身の権利義務を論ずる前提というわけではなく，ＸＹ間の紛争との関係で問題となるものであり，そ

の点では，これらの能力とは性格が異なるとも考えられる。

　もっとも，それぞれの場所でばらばらに説明されているこれらの能力と年齢の関係について，一度，まとめて対比をすることにも意味があるだろう。

　このような観点から，自発的意思によるものなのかということについての9歳〜10歳程度を目安とする能力というのは，場合によっては7歳程度でも認められる法律行為の前提となる意思能力や，それよりもさらに低年齢でも認められる可能性がある過失相殺の前提としての危険の弁識能力よりは高度のものであるが，12歳前後が目安になる責任の弁識能力（民712条），あるいは15歳が基準となる養子縁組（民797条1項）についての判断能力や遺言能力ほど，高度のものではないということになる。

　なお，民法で明文の規定が置かれたもの以外は，年齢も単なる目安にしかすぎないから，以上の説明は，その程度のものであるという前提で理解してほしい。また，設例のような場合でのAの自発的意思を問題とする場合にも，意思能力という言葉が使われることもあるが，以上のような全体の構図の中で，その具体的な意味に照らして，その能力を理解していく必要があるだろう。

　ところで，以上のような理解を前提とすると，設例2 において，たとえば，Aはすでに14歳であり，自らの意思でYのもとにいるということになると，上記のとおり，XからYに対する妨害排除請求は認められないことになる。

　この場合，Xとしては，AがYのところにいるということを許さないとしても，それは，もはやXY間の紛争ではなく，XとAとの間の問題であり，居所指定権（民821条）またはそれを含む監護権（民820条）の問題として解決されるべきものだということになる。

　もっとも，このようなXが，Aに対して何ができるのかという点については，すでに説明したように，現行法においては，それを強制的に実現するための具体的な枠組みが用意されているわけではない。

3　親権者間の争い

　親権者どうしの子をめぐる争いといっても，そこにはさまざまなタイプのものが考えられる。ひとつには，離婚の際の子どもをめぐる争いが考えられるが，それは，親権者や監護者の決定の中で扱われることになる→*128頁以下*。以下では，その前段階と言える状況，両親とも親権者であり，そ

第15講　親と子をめぐる問題　315

の点自体には争いがない場面での子どもの奪い合いについて考えてみることにしよう。

> **設例3**　　AB夫婦は，不仲になって，Bは，AB間の子Cを連れて，出て行ってしまった。その後，Cは，Bのもとで生活をしている。
>
> **設例4**　　**設例3**において，Bの不在中に，Aが，Cを連れて行ってしまった。

　まず，**設例3**の場合，AからBに対する請求が，**設例4**では，BからAに対する請求が考えられるが，このような請求権は，どのような性格のものなのだろうか。そもそも，そのような請求は，どのような枠組みの中で認められるものなのだろうか。

　考え方は多岐に分かれているが，ごく大きな部分で2つにくくり出すと，以下のような立場に分けられるだろう。

　ひとつは，親権者から非親権者に対する請求の場合と同様に，親権行使についての妨害排除請求権として構成する考え方である。この場合，AとBの両方が親権者なのだからそれは無理ではないかという疑問が出るかもしれない。しかし，ここでは，一方の親権行使を権利濫用として行使を制限し，他方の親権行使を適正な行使として，その者の監護下に置くことが認められるという実体的な判断を経て，このような請求が最終的に確定されるということになる。そして，このような紛争は，**設例1**や**設例2**と同様に，通常の民事訴訟で解決されるということになる。

　もうひとつの考え方は，民法766条1項，家事事件手続法の別表第2三を類推適用して，離婚後の子の監護に関する処分に準ずるものとして，あるいは，離婚に至っていない夫婦間では共同親権行使における協力扶助の問題として，民法752条，家事事件手続法の別表第2一の夫婦間の協力扶助に関する処分として，審判事項として扱うというものである。ここでは，AまたはBからの請求が認められるかどうかは，家事審判の中で判断がなされることになる（なお，実際の場面では，審判前の保全処分が活用されることになる→*333頁*）。

　いずれの立場においても，実体的な判断においては，ABのいずれにC

316　　**第Ⅱ部　親　族**

の監護を委ねるのが適当なのかという点が問題とされているのだと理解すれば，いずれも基本的に共通していると言える。

その上で，そうした問題の解決がどこでなされるのが適当なのかという点で，両者は異なることになる。後者のような立場は，調査官等を有する家庭裁判所が，その裁量的判断を通じて，子の監護を誰に委ねるのかを判断するということによって問題がより適切に解決されるということを重視するものである。

4 人身保護法による解決

(1) 基本的な枠組み

もっとも，以上のような枠組みによる場合，通常の民事訴訟によるにせよ，審判によるにせよ，その解決には相当の期間を要することになる。

そのために，こうした最終的な判断が出る前に一定の措置を実現するための方策が工夫されてきた。そのひとつが，人身保護手続による子の引渡しであった。

人身保護法は，「基本的人権を保障する日本国憲法の精神に従い，国民をして，現に，不当に奪われている人身の自由を，司法裁判により，迅速，且つ，容易に回復せしめることを目的とする」ものである（人保1条）。

この制度で沿革的に予定されていたのは，国家によって不当に身柄を拘束されているといった場面であったが，その要件等は，以下に見るように，形式的に見れば，子の引渡しにも使うことができるものであったために，制度創設後，比較的早い時期から，子の引渡しをめぐる問題にも適用されることになり（人身保護法が成立し，施行されたのは昭和23年であり，その翌年の最判昭和24・1・18民集3巻1号10頁が，子の引渡請求事件に人身保護法を適用した），現在では，人身保護請求事件の多くが，未成年者の子の引渡請求事件であり，その大半は，別居中の夫婦間での事件であるとされている。

まず，人身保護法が定めるところについて，簡単に確認しておくことにしよう。

人身保護法によれば，「法律上正当な手続によらないで，身体の自由を拘束されている者は，この法律の定めるところにより，その救済を請求す

第15講　親と子をめぐる問題　317

ることができる」(人保2条1項)のであり,また,「何人も被拘束者のために,前項の請求をすることができる」(同条2項)とされている。したがって,親権の有無等を問わず,誰からでも,誰に対してでも,請求できるということになる。

さらに,人身保護手続については,迅速性と実効性が,その特徴として挙げられる。すなわち,裁判所が速やかに裁判することが義務付けられており(人保6条),証拠資料は疎明で足り(同5条・15条),他の事件に優先して審理および裁判がなされる(人保規11条)等の手当てがなされている。また,実効性という点では,拘束者に対する勾留や過料(人保18条),救済妨害行為に対する刑事罰(同26条)が用意されており,強い実効性を有するとされている。

もっとも,こうした実効性という点については,人身保護事件の引渡判決自体には執行力がなく,また,刑事罰等による威嚇についても,これを実現するためには,別途,刑事裁判手続が必要であり,あくまで間接的なものにすぎないことも同時に指摘されている(人身保護命令に従わない者もいるし,それに対して当然に刑事罰が科されるわけでもない)。

なお,人身保護法を子の奪い合いに用いることについては,後述のように議論のあるところであり,判例の変遷も見られるが,監護権者から非監護権者に対する請求については,判例は,ともに親権者である夫婦の一方が他方に対して請求する場合と全く異なるとし,「被拘束者を監護権者である請求者の監護の下に置くことが拘束者の監護の下に置くことに比べて子の幸福の観点から著しく不当なものでない限り,非監護権者による拘束は権限なしにされていることが顕著である場合……に該当」するとしている(最判平成6・11・8民集48巻7号1337頁)。

(2) 夫婦間の争いにおける人身保護法

人身保護法の基本的な枠組みは,上記のようなものであり,また,事件の多くは別居中の夫婦間のものであることも述べたとおりである。それでは,こうした夫婦間の争いにおいて,人身保護法はどのように適用されるのであろうか。

この点については,概略的に言えば,人身保護法成立後,早い時期から

一貫して，この種の問題にも人身保護法が適用されてきたということになる。もっとも，その内容を見ていくと，そこでの具体的な判断については，判例の変遷を見てとることができる。

まず，人身保護法による救済においては，親権の所在等は直接は関係しない。したがって，そこで示される要件が満たされるか否かが問題となる。特に，夫婦間の争いで問題となったのは，拘束の違法性（「法律上正当な手続によらないで」）である。

当初，判例は，親権や監護権の有無によって，こうした違法性が判断されるわけではなく，拘束状態が実質的に不当であるか否かを考慮して判断すべきであるとし，「右拘束状態の当，不当を決するについては，夫婦のいずれに監護せしめるのが子の幸福に適するかを主眼として定めるのを相当とする。……子を監護すべき親として夫婦のいずれを選ぶべきかを決するについても，主として子の幸福を基準としてこれを定めるのが適当」であるとしていた（最判昭和43・7・4民集22巻7号1441頁）。すなわち，いずれに監護させるのが子の幸福に適するかという実体的な判断を通じて，拘束の違法性を判断するという枠組みをとっていた。

しかし，その後，判例は，こうした「子の幸福」という抽象的な基準自体は維持しつつも，拘束者の権限と拘束の違法性についての考え方を変更し，実質的な判断枠組みは大きく変わることになる。

すなわち，最判平成5年10月19日（民集47巻8号5099頁→*家族法百選〔第5版〕52事件〔棚村政行〕*）は，上記の昭和43年判決を引きつつも，「夫婦がその間の子である幼児に対して共同で親権を行使している場合には，夫婦の一方による右幼児に対する監護は，親権に基づくものとして，特段の事情がない限り，適法というべきであるから，右監護・拘束が人身保護規則4条にいう顕著な違法性があるというためには，右監護が子の幸福に反することが明白であることを要するものといわなければならない」として，「被拘束者らに対する愛情，監護意欲及び居住環境の点において被上告人〔請求者〕と上告人〔拘束者〕らとの間には大差がなく，経済的な面では被上告人は自活能力が十分でなく上告人らに比べて幾分劣る」という当該事案においては，「被拘束者らが上告人らの監護の下に置かれるよりも，被上告人に監護されることがその幸福に適することが明白であるということ

第15講　親と子をめぐる問題　　319

はできない」と判断し，「単に被拘束者らのように3，4歳の幼児にとっては父親よりも母親の下で監護・養育されるのが適切であるということから，本件拘束に顕著な違法性があるとした」原審の判断は不当であるとした。

これは，親権者どうしの争いでは，原則として，違法な拘束にはあたらないというところから出発し，例外的に顕著な違法性が認められる場合に限って人身保護法による救済を認めるという点でも，また，それまでの判例において重視されていた母性が必ずしも決定的な基準とならないという点でも，実質的に，大きな変更をもたらすものであった。

なお，このような判断は，その後の判決においても維持され，最判平成6年4月26日（民集48巻3号992頁→*百選Ⅲ45事件［棚村政行］*）では，夫婦のいずれか一方による幼児に対する監護が例外的に違法になる場合として，①拘束者に対し，幼児引渡しを命ずる仮処分または審判が出され，その親権行使が実質上制限されているのに拘束者がその仮処分等に従わない場合，②幼児にとって，請求者の監護の下では安定した生活を送ることができるのに，拘束者の監護の下においては著しくその健康が損なわれたり，満足な義務教育を受けることができないなど，拘束者の幼児に対する処遇が親権行使という観点から見てもこれを容認することができないような例外的な場合が挙げられている。

なお，このような判例の変更の背景には，夫婦間における子の奪い合いをめぐる問題は，本来，調査官等による調査を利用できる家庭裁判所によって処理されるのが適切であるという見解が多数となっていたこと，また，家事事件手続法の前身である家事審判法等の改正によって，審判前の保全処分に執行力が付与されたことにより（家審15条の3。現在の家事事件手続法105条以下），相対的に人身保護法による必要性が減少したという事情がある（ただし，最判昭和59・3・29家月37巻2号141頁は，このような家事審判法の改正からただちに人身保護法の必要性がなくなったということについては消極的判断を示している）。

⑶　人身保護法をめぐるその他の問題

なお，人身保護法との関係では，その要件としての拘束も問題となる。これは，すでに非親権者に対する妨害排除請求の部分で述べたところとも

重なるが，自らの自発的意思でいるような場合には，拘束にはあたらない。このような年齢が，9歳ないし10歳程度を基準とするということについても，すでに述べたところがそのまま妥当する。

　もっとも，判例は，このような年齢を機械的に適用して自由意思の有無を判断しているわけではないという点には注意が必要である。

　最判昭和61年7月18日（民集40巻5号991頁→家族法百選〔第4版〕52事件〔棚村政行〕）は，一応意思能力を有すると認められる状況に達し，かつ，監護権を有しない者の監護に服することを受容するとともに，監護権を有する者の監護に服することに反対の意思を表示しているとしても，「右監護養育が子の意思能力の全くない当時から引き続きされてきたものであり，その間，監護権を有しない者が，監護権を有する者に子を引き渡すことを拒絶するとともに，子において監護権を有する者に対する嫌悪と畏怖の念を抱かざるをえないように教え込んできた結果，子が前記のような意思を形成するに至ったといえるような場合には，当該子が自由意思に基づいて監護権を有しない者のもとにとどまっているとはいえない特段の事情がある」との判断を示している（この判決文を読んで，思わず，斎藤澪原作の『この子の七つのお祝いに』という映画の一シーンを思い出してしまった。その中では，子どもを育てている母親役の岸田今日子さんが，「お父様を憎むの，憎んで，憎んで……」というせりふがあって，実に怖かった……。もっとも，少々うろ覚えです。もし間違っていたら，ご連絡ください）。

コラム　*問題を考える場合の基本的な視点*
―― 子の幸福の総合衡量と原状回復

　本文で説明したように，子の引渡しを求める権利をどのように構成するのか，人身保護法による救済を認める場合には，どのような基準で判断するのかという点については，さまざまな見解が対立している。すなわち，通常の訴訟で解決するのか，審判で行うのか，親権者の監護は適法という出発点から考えるのか等，さまざまなレベルでの対立がある。

　しかし，他方で，これらのいずれも，子の幸福についての一定の実質的な衡量を経て，判断がなされるという点では共通している（とりあえず，「総合衡量的アプローチ」と呼ぶことにしよう）。

　それに対して，この種の問題については，別の基本的なアプローチも考えら

第15講　親と子をめぐる問題　　321

れそうである。そうした具体例として、わが国も批准し、2014年4月1日に発効した「国際的な子の奪取の民事上の側面に関する条約」（ハーグ条約）について説明しておくことにしよう（同条約を国内法化したのが、「国際的な子の奪取の民事上の側面に関する条約の実施に関する法律」〔ハーグ条約実施法〕である）。

ハーグ条約は、国境を越えた子の奪取をめぐる問題について、双方の国の中央当局の国際協力によって、子を連れ戻すための手続や、親子の面会交流の機会を確保するための手続を規定するものであり、その要件に該当する場合には、日本人どうしの場合にも適用される。こうしたハーグ条約では、子が奪取された場合、迅速にもとの国（子の常居所がある国）に返還するとして、監護権等についての実体的判断とは切り離した原状回復を、基本的な枠組みとして採用している（「原状回復的アプローチ」と呼んでおくことにしよう）。

これは、奪取が無駄だという状況を作り出すことを目的としている。こうした考え方の背後には、特に現時点を基準とする実体的な衡量を行うと、まずは奪取をしておく方が得だということになりかねないということがある。もちろん、これは国境をまたぐような紛争において特に顕著に求められるのであり、国内での紛争解決には直接影響するものではないという理解も可能だろう。しかし、国内法においても同様の状況があることは否定できないように思われるし、そこに一定の合理性を見いだすことも可能かもしれない。その点では、ハーグ条約への加盟は、子の引渡しに関する従来の議論に影響を及ぼす可能性があるし、より掘り下げた検討が必要となるだろう。

なお、ハーグ条約においても、「返還することによって子が心身に害悪を受け、又は他の耐え難い状態に置かれることとなる重大な危険がある」場合には（条約13条1項b、ハーグ条約実施法28条1項4号）、要請を受けた国の司法当局または行政当局は、子の返還を命ずる義務を負わないとされており、例外のない原状回復的アプローチが採用されているわけではない。

5 子の引渡しの具体的な執行方法

これまで説明してきたのは、どのようなときに、どのような法律構成で、子の引渡しが認められるのかという問題であった。それでは、子の引渡しが認められるという場合、それは、具体的にどのように実現されるのだろうか。冒頭で触れたように、これまでは子の引渡しの問題に特化した執行手続については定められていなかったが、2019年の民事執行法の改正で、この点が明確に規定された。

322　第Ⅱ部　親　族

子の引渡しに関する改正の内容はかなり詳細であるが，以下では，特に2つのポイントに絞って，子の引渡しの執行について何が問題とされ，改正でどのように規律されたのかについて，その概要を確認しておくことにしよう（詳しくは，民事執行法で勉強してほしい）。

　第1に，子の引渡しをどのように実現するのかという問題があった。子の引渡しについては，直接強制と間接強制（遅延の期間に応じ一定の額の金銭の支払を債務者に命じる方法。民執172条1項）が考えられるが，両者の関係，特に，直接強制に先立って，間接強制を命じるべきであるかが問題となった。このような間接強制を前置すべきだというのは，子の心身に与える負担をできるだけ小さくするために，債務者の任意の履行を促すという意味で，間接強制がされた後でなければ，直接強制を命じることはできないという考え方である。もっとも，間接強制の前置を例外なく認めると，子の引渡しが早急に求められる場合に対応できないという問題があった。こうした点を踏まえて，①間接強制を命じる決定が確定してから2週間が経過したとき，②間接強制を実施しても債務者（子の引渡しを命じられる者）が子の監護を解く見込みがないとき，③子の急迫の危険を防止するために直ちに直接強制をする必要があるとき，のいずれかの場合には直接強制が命じられるとされた（改正民執174条2項）。

　第2に，直接強制を具体的にどのように実施するのかという問題があった。特に，子が債務者と共にいること（「同時存在」とも言われる。もっとも，相続法で扱う「同時存在の原則」とまぎらわしい）が必要かどうかが問題とされた。できるだけ債務者に自発的に子の監護を解かせることが望ましく，債務者が不在の場所で子を連れ帰ると，子が事態を飲み込めずに混乱に陥るおそれがあるというのが，同時存在を必要だとする考え方の理由である。もっとも，債務者の抵抗などによりかえって子が高葛藤の場面に直面するのではないかという問題も指摘されていた。こうした点を踏まえて，改正法では，同時存在は要件とせず，債権者が執行場所に出頭した場合に限って，直接強制が認められるという規律が採用された（改正民執175条5項）。「あれっ，さっきまで債務者の話をしていたのに？」という疑問を持つかもしれないし，誤植かととまどうかもしれないが，この場合の債権者は，子の引渡しを求めることができる者であり，この者が自ら出

頭することで，子の恐怖や混乱が緩和されると期待されるからである。

その他，執行官の権限等についても詳細な規定が置かれている。

ところで，この民事執行法の改正とともに，ハーグ条約実施法についても改正された。というより，上記で問題となった間接強制の前置，同時存在の要件は，そもそもハーグ条約実施法において定められていたものであった。改正では，ハーグ条約実施法についても，上記の民事執行法の改正に対応するような形でルールが変更されている。

6　その他の子の引渡しをめぐる問題

子の引渡しをめぐる問題としては，非親権者からの親権者等に対するものも考えられる。これが問題となるのは，特に，親権者によって子に対して暴力が振るわれたり，子が劣悪な環境に置かれたりしている場合である。

こうした場面については，上記のような枠組みを前提とした人身保護法の適用も考えられるほか，親権の喪失等が問題となる。これについては，次のトピックの中で考えていくことにしよう。

Ⅱ　親権の行使が困難または不適当である場合 —— 親権制限

1　親権制限の仕組み

(1)　親権喪失・停止と管理権喪失

まず，出発点として，親権者が，子に暴力をふるったり，劣悪な環境に置いたりしたという場合，民法がどのように対応しているのかという点を確認しておこう。

民法は，親権の行使が困難であったり，不適当であったりした場合について，親権喪失，親権停止，管理権喪失という仕組みを用意している。従来は，親権喪失と管理権喪失のみが用意されていたが，児童虐待をめぐる問題に適切に対応するために，2011 年の改正によって，新たに親権停止が導入され，また，既存の親権喪失等に関する条文についても改正がなされた。

①　親権喪失　　2011 年の改正による民法 834 条は，「父又は母による虐待又は悪意の遺棄があるときその他父又は母による親権の行使が著しく困難又は不適当であることにより子の利益を著しく害するときは，家庭裁判所は，子，その親族，未成年後見人，未成年後見監督人又は検察官の請求により，その父又は母について，親権喪失の審判をすることができる」と規定している。

　これは，改正前の同条が，親権濫用・不行跡を親権喪失の要件としていたのに対して，特に児童虐待等に対応するために，その要件を明確にしたものであり，あわせて，請求権者に子が含まれることも明記したものである。なお，同条ただし書は，「2 年以内にその原因が消滅する見込みがあるときは，この限りでない」としているが，これは，新たに親権停止が導入されたことにより，ただし書に該当する場合は，民法 834 条の 2 によって対応することを前提とするものである。

②　親権停止　　同じく 2011 年の改正によって導入されたのが親権停止である。従来，虐待等があった場合でも親権喪失しか用意されておらず，その効果がいわば確定的に親権を失わせるという性格を有していたために（ただし，後述のように親権喪失の取消しの審判の可能性はある），その効果が大きいことから，それに踏み切るのをためらうという状況があったとされていることを踏まえて，親権の制限を段階化したものである。親権停止を規定する民法 834 条の 2 第 1 項は，「父又は母による親権の行使が困難又は不適当であることにより子の利益を害するときは，家庭裁判所は，子，その親族，未成年後見人，未成年後見監督人又は検察官の請求により，その父又は母について，親権停止の審判をすることができる」と規定する。請求権者は親権喪失と同様であるが，効果に照らして，要件が緩和されている（「子の利益を著しく害する」〔親権喪失〕と「子の利益を害する」〔親権停止〕等。また，親権喪失では，虐待・悪意の遺棄を明示することで，要件をより具体化している）。さらに，同条 2 項は，「家庭裁判所は，親権停止の審判をするときは，その原因が消滅するまでに要すると見込まれる期間，子の心身の状態及び生活の状況その他一切の事情を考慮して，2 年を超えない範囲内で，親権を停止する期間を定める」としている。

③　管理権喪失　　また，親権のうち，財産管理権について，民法 835

条は，「父又は母による管理権の行使が困難又は不適当であることにより子の利益を害するときは，家庭裁判所は，子，その親族，未成年後見人，未成年後見監督人又は検察官の請求により，その父又は母について，管理権喪失の審判をすることができる」と規定する。

なお，親権や管理権については，やむを得ない事由がある場合には，親権者である父母の側から，家庭裁判所の許可を得て，これを辞任することも認められている（民837条1項）。

(2) 親権が制限された場合の法律関係

従来の親権者が親権や管理権を制限された場合のその後の法律関係について，若干の補足説明をしておく。

① **未成年後見の開始等**　まず，共同親権者の一方（親の一方）のみが親権を喪失したり，停止された場合，他方の単独親権となる。

また，親権喪失・停止によって親権を行う者がいなくなった場合，あるいは，親権者が管理権を喪失したために誰も管理権を有する者がいなくなったという場合には，未成年後見が開始する（民838条1号）。

後見人がどのように決まるのかについては，民法839条以下に規定がある。ここで問題となっているような場合については，民法841条が，親権を制限された父または母が，「遅滞なく未成年後見人の選任を家庭裁判所に請求しなければならない」ことを規定するが（その他，児童相談所長〔児福33条の8第1項〕等も，子の福祉のために必要があるときは，未成年後見人の選任を家庭裁判所に請求する義務を負う），このような請求がなされなかった場合，当然には後見人が選任されないまま推移することになる。

実際に，父母が親権を喪失したという場合においても，親戚や知人が，その子を引き取って実質的に面倒を見ているという例は少なくはなく，必ずしも，後見人が選任されているわけではないとされる。そして，相続等，その子の法定代理人が必要となった場面で，はじめて後見人の選任が求められることが多いとされている。

② **親権制限の取消し**　また，親権喪失・停止，管理権喪失の原因が

消滅した場合には，家庭裁判所は，本人またはその親族の請求により，親権喪失等の審判を取り消すことができる（民836条）。また，親権や管理権の辞任の原因となったやむを得ない事由が消滅したときは，父または母は，家庭裁判所の許可を得て，それを回復することができる（民837条2項）。

③　その他の親子関係をめぐる法律関係　　なお，親権喪失・停止は，親子関係を断絶するものではなく，その他の親子としての法律関係は，変わらない。したがって，親権を失ったり，停止されたりした親についても，子に対する扶養義務が消滅するわけではないし，相続権も，従前どおりである。また，親権とは別に規定されている子の婚姻についての親の同意権（民737条。ただし，成年年齢の引下げに伴って削除される）も影響を受けない→*34頁*。

2　民法上の制度の限界等

もっとも，こうした民法上の制度については，それが必ずしも十分には機能していないことが指摘されている。

その背景にはさまざまな理由が考えられるが，民法の制度的な観点からは，従前の包括的な親権（あるいは管理権の）喪失という効果はきわめて大きいものであったということも，そのひとつであろう。改正により，親権停止が導入されたことでこの点については一定の手当てがなされたが，親権停止がどの程度機能するかについては，なお，今後の状況を見守る必要がある。

以下では，2つの具体的な問題を取り上げて，より早い段階でそうした問題に対応できないかについて，考えてみることにしよう。

(1)　児童虐待

日々のニュースにおいて接することが少なくないのが，児童虐待をめぐる問題である。なお，児童虐待の具体的な内容としては，身体的な虐待，養育放棄，同居人による虐待の放置，心理的虐待，性的虐待等が考えられる。

読者諸君も，そのひとつひとつは思い出せなくても，折檻等によって，

子どもが死亡したといったニュースを最近も耳にしたという記憶がある人が大半なのではないかと思う（残念ながら，ひとつひとつが記憶に鮮明に残らないほどに，ニュースとしてはありふれたものとなってしまっている。ここでも，参考資料にしようと思って，新聞記事等を検索したが，あまりに多くて嫌になった）。

ニュースとして報道されているものの多くは，刑事事件として親が逮捕された等のものであるが，それでは，この段階に至る前に，法的に，何らかの手を打つことができなかったのだろうか。評論家的な視点ではなく，法律家の視点としては，どのように説明されるのだろうか。

これについても，もちろん民法上の仕組みが全く機能しないというわけではない。子の親族である祖父母やおじやおば（民法834条の「子の親族」）が，子に対する暴力を見かねて，親権喪失や親権停止を求めるということも考えられるだろう。

もっとも，子に対する暴力等に気がつくのが誰なのかといったことに照らすと，こうした仕組みだけでは十分ではない。

(ｱ) 児童福祉法による対応

児童福祉法では，児童相談所（児童相談所は都道府県が設置し，児童相談所長はその監督に服する）を通じた子の保護についての仕組みが用意されている。それによると，児童相談所が虐待の事実を把握した場合，児童相談所長または都道府県は，以下のような措置をとることができる。

① 報告・指導等　児童相談所長は，必要があると認めた場合には，知事への報告または子や保護者の指導等の措置をとる（児福26条1項）。

② 子の在宅保護　①の報告がなされた児童等について，保護者を訓戒したり，誓約書を出させた上で，子を親のもとに置いたまま，指導をする（同27条1項1号・2号）。

③ 親権者等の同意を得た里親委託や施設への入所措置　①の報告がなされた児童等について，里親委託や施設への入所措置をとる（同項3号）。この措置は親権者・未成年後見人の意に反して，とることはできない（同条4項）。

④　**家庭裁判所の承認を得た里親委託や施設への入所措置**　　虐待等により，保護者に監護させることが著しく児童の福祉を害する場合は，親権者等の意に反しても，家庭裁判所の承認を得て，里親委託や施設への入所措置をとることができる（同28条1項）。措置の期間は2年を上限とするが，更新が認められる（同条2項）。

⑤　**子の一時保護**　　親権者の意思に反しても子を一時的に保護することができる。期間は2か月を上限とするが，必要と認められるときは引き続き保護することができる。引き続き保護することが親権者または未成年後見人の意思に反する場合は，家庭裁判所の承認を得なければならないが，親権喪失・停止の審判の請求がなされている場合には不要である（同33条5項）。

⑥　**児童相談所長による措置等**　　児童相談所長は，親権を行う者，未成年後見人がいない児童について，親権を行うことができ，親権者等のある一時保護した児童についても，監護教育等に関して必要な措置をとることができる。親権者等は，この措置を不当に妨げてはならない。また，児童の生命または身体の安全を確保するため緊急の必要があるときは，親権者等の意思に反しても，この措置をとることができる（同33条の2）。

⑦　**児童相談所長による親権喪失等の請求**　　親権喪失，親権停止，管理権喪失の審判の請求およびこれらの審判の取消しの請求は，児童相談所長も行うことができる（同33条の7）。

以上は，児童福祉法が提供する仕組みの一部にすぎない。

虐待をめぐる問題については，そもそも親による虐待が行われているということを把握することが，子の保護のための出発点となる。しかし，親のもとで虐待されている子について，そうした状況を調べることは容易ではなく，そのために子の保護が後手に回ってしまうという問題があることが指摘されてきたし，それも容易に理解できるところである。

このような問題に一定の対応をしようとするのが，児童虐待の防止等に関する法律（児童虐待防止法）である。

第15講　親と子をめぐる問題　　329

> **コラム** *里親制度*
>
> 　本文の中でも出てきた里親について，少し説明しておこう。里親というのは，「養い親」や「育て親」とも言われ，養親と混乱しがちであるが，法律上の里親は，保護者のない児童や保護者に監護させることが不適当な児童を養育することを希望し，都道府県知事が児童を委託する者として適当と認めるものである（児福6条の4）。
>
> 　養子縁組を目的として里親になる場合もあるが，里親自体は，民法上の親権を有するものではなく（親子関係が生ずるわけでもない），親の受任者として，または，児童相談所等の行政から委託を受けた者として，子の監護・教育にあたるものである。もっとも，このような里親の権限については必ずしも明確ではなく，監護権等について明確にするための法改正を求める声もある。

(イ)　児童虐待防止法

　児童虐待の防止等に関する法律は，2000年に立法された。そこでは，児童虐待の事実を把握するために，以下のような仕組みが用意されている。

　①　学校，児童福祉施設，病院その他児童の福祉に業務上関係のある団体および学校の教職員，児童福祉施設の職員，医師，保健師，弁護士その他児童の福祉に職務上関係のある者の児童虐待の早期発見に関する努力義務（児童虐待5条）

　②　虐待を受けたと思われる児童を発見した者の通告義務とこれに関する守秘義務の免除（同6条）

　③　児童虐待が行われているおそれがある場合の立入調査や臨検，捜索等（同9条以下）

　④　児童の安全の確認または一時保護を行おうとする場合の警察署長への援助要請（同10条）

　その上で，虐待を行った保護者に対する指導（同11条），施設入所措置がとられている間の面会や通信の制限（同12条）等の措置をとることができることも規定されている。

(ｳ)　民法上のその他のアプローチ ―― 監護者指定

　民法上のアプローチとしても，親権喪失・停止までには至らない中間的解決を図るものとして，民法766条の監護者指定を活用できるのではないかと考えられているので，それについて，少し説明しておこう。

　すなわち，民法766条は，本来は，離婚後の監護者の指定についての規定であるが，この規定を使って，父母以外の第三者を監護者に指定することによって問題を解決するというアプローチである。このアプローチが重視するのは，親権者の親権を制限するという側面よりは，現実に子の保護を図ろうとしている者について，その監護等の措置の正当性を基礎付けるという側面である。

　このような方法によると，監護者と親権者との間のさまざまな段階を考えることができ，柔軟な措置をとることができるということ，さらに，児童福祉法上の措置をとった施設長などを監護者に指定することによって安定した解決が得られるといったことのほか，親権者に対しては制裁的な側面が緩和され，申立てに伴う負担感も少ないといったメリットが指摘されている。ただ，このように第三者に認められた監護権と親権との抵触問題は本質的には解決されないまま残されることになる。

　下級審裁判例においては，すでにこうした枠組みでの解決を採用しているものも見られる。しかし，他方で，虐待事案ではないが，東京高決平成20年1月30日（家月60巻8号59頁）は，未成年者の父母の協議離婚に際して母が親権者と定められたが，現にその未成年者を監護している祖父母が，監護者の指定を求めたという事案において，「未成年の子に父母があり，その一方が親権者として定められている場合に，未成年の子の父母以外の親族が自らを監護者として指定することを求めることは，家事審判法第9条第1項乙類第4号〔家事・別表第2三〕の定める審判事項〔民法766条等の規定による子の監護者の指定等〕には当らない」として，祖父母らの申立てを不適法却下している。この決定においては，虐待事案等についての言及はないが，そこでの説明は一般的なものであり，虐待事案にも及びうるものである。

第 15 講　親と子をめぐる問題　　331

(2) 親の信仰と子の手術等 ── いわゆる医療ネグレクトについて

いままで扱ってきた虐待とは，やや性格が異なるかもしれないのが，それ自体は法的に許容されている親の信念や信仰が，一般的に考えられる子の利益と抵触するという場合の扱いである。たとえば，子に緊急の手術が必要であるという場合について，親が自らの信仰上の理由から，手術に同意しない場合，あるいは，手術自体には同意しても輸血をすることは認めないといったような場合は，通常の虐待とは，やや性格が異なるようにも思われる。

子に対する物理的虐待や通常のネグレクト（育児放棄）では，過去のできごと（それ自体はすでに回復できない）を前提として，その後に予想される危険を防止するという点が中心となる。他方，手術に対する同意をめぐるような問題では，まさしくその現在進行中の事柄についてどのような扱いをなすのかが問われているのである。

このような問題については，2011 年の法改正以前から，すでに実務においては，《親権停止》を通じた一定の解決が図られている。たとえば，朝日新聞 2006 年 10 月 23 日の夕刊は，以下のような記事を伝えている。

「生まれつき脳に病気を持つ乳児の手術を宗教上の理由で拒否した両親に対し，大阪府内の児童相談所が昨年 2 月，『親権の乱用にあたる』として親権停止の保全処分を大阪家裁に請求し，6 日後に認められていたことが分かった。医師が一時的に親権代行者となって手術を実施。乳児は現在，親権を回復した両親に育てられている。……乳児は昨年，関西地方の病院で生まれた。脳に異常が見つかり，医師が手術を勧めたが，両親は『神様にお借りした体にメスを入れることはできない』と拒否。病院側が児童相談所に『ネグレクト（育児放棄）に当たる』と通告した。児童相談所が親権停止の保全処分を大阪家裁に求めたところ，同家裁は 6 日後に処分決定。手術後の 3 月下旬に児童相談所が請求を取り下げ，親権が回復した」。

さらに，2009 年 3 月 15 日の共同通信では，親権を一時的に停止するよう求めた児童相談所の保全処分請求を，家庭裁判所が半日で認めたということも報道されている。

さて，この問題の背景には，親の信仰の自由と子の利益の衝突という問題が存在する。もっとも，親としての権利性を承認するとしても，それが

332　第Ⅱ部　親族

子の利益に優越するものとして位置付けられるわけではない。したがって，子の生命身体に関する法益を犠牲にしてまで，親が自らの信仰を貫くことを法が許容しないというのは，それ自体としては当然のことだろう。

　ここで問題としたいのは，そのような判断を具体的に実現するには，どうしたらよいのかという点である。

　このような報道を読むと，いままで説明してきたこととの関係では，「この親権停止っていったい何なんだろう？」という疑問を持つ読者も多いのではないかと思う。たしかに，2011 年の改正で親権停止は導入されたが，上記の新聞記事等はそれ以前のものであり，当時は，親権停止という制度はなかったはずである。実は，こうした親権停止は，注意して読むと，上記の記事の中でも言及されているのであるが，親権喪失の審判前の保全処分を指している。保全処分は，問題の解決を図るために時間がかかるような場合，緊急に一定の措置をとることが必要とされるときに認められるものである（家事事件手続法 105 条では，家事審判の申立てがあった場合〔親権喪失，親権停止，親権者変更等〕，家庭裁判所が，必要な保全処分を命ずることができることが規定されている）。すなわち，子に必要とされる医療行為に親権者が同意しない場合，その親権者の親権喪失を申し立てるとともに，あわせて，その保全処分を求め，その保全処分によって，親権者の親権行使を停止させるという仕組みなのである。

　なお，2011 年の改正によって，まさしく親権停止が導入された以上，このような対応はもはや不要になったのかというと，残念ながら，そうではない。親権停止の審判も手続を経てなされるものである以上，それが一定の時間を必要とするものであるという状況は変わっていない。その点では，今後，特に医療ネグレクトについては，親権停止の審判前の保全処分を通じて対応するということになるだろう（親権停止の審判前の保全処分を認めたものとして東京家審平成 27・4・14 判時 2284 号 109 頁）。

第 15 講　親と子をめぐる問題　　333

第16講　後見・保佐・補助と扶養

　親族編の説明の最後に，後見・保佐・補助というサポートの仕組みと，親族間の扶養をめぐる問題を取り上げておくことにしよう。

　前者については，民法の中では，2か所に分けて規定されている。すなわち，一方で，未成年者や「精神上の障害により事理を弁識する能力を欠く常況にある者」（民7条）等についての行為能力の規定があり，これらは民法の第1編「総則」において規定されている。他方で，そうした制限行為能力者についてのサポートの仕組みが，第4編「親族」で規定されているのである。その点で，この両方が相まって全体の制度が作られているのであり，両方をきちんと理解しておくことが必要となる。もっとも，行為能力制度についての詳しい説明は民法総則の教科書に委ねることとして，ここでは，もっぱらこうしたサポートの制度がどのようなものであるのか概括的に説明することにする。

　また，後者については，いままでにも個別的に説明してきた夫婦間の扶助義務や子の監護に関する親の義務との関係を踏まえつつ，扶養や扶助といった基本的な概念の意味を少し検討してみることにしよう。

Ⅰ　未成年後見

　民法は，上記のとおり，後見（第4編第5章「後見」），保佐，補助（同第6章「保佐及び補助」）について規定を置いており，その後見の中には，いままでの説明の中でもたびたび出てきた未成年後見と成年後見が規定されている。もっとも，親権と一定の連続性を有する未成年後見→*290頁以下*と成年後見では，その性格もかなり異なる。ここでは，まず未成年後見について確認しておくことにしよう。

334　第Ⅱ部　親　族

1　未成年後見の開始

未成年後見は，未成年者に対して親権を行う者がいないとき，または，親権を行う者が管理権を有しないとき，開始する（民838条1号）。具体的には，親権者である両親がともに死亡してしまった場合や，親権や財産管理権を喪失した場合が考えられる→*324頁以下*。成年後見と異なり，後見開始の審判は必要ではなく，当然に後見が開始する。

2　未成年後見人

⑴　未成年後見人の選任

もっとも，未成年後見が当然に開始するとしても，実際に，後見という仕組みが機能するためには，未成年後見人を選任することが必要となる（実際には，未成年後見人が選任されないまま，親族が事実上世話をしているということも少なくない→*326頁*）。これには，2つのパターンがある。

①　**指定未成年後見人**　最後に親権を行う者（管理権を有することが前提となる）は，その遺言によって未成年後見人となる者を指定することができる（民839条1項）。父母の一方が管理権を有さない場合にも，他方は，これによって未成年後見人を指定することができる（同条2項）。

②　**選定未成年後見人**　指定がない場合には，未成年被後見人（未成年者自身）またはその親族その他の利害関係人の請求によって，家庭裁判所が未成年後見人を選任する（民840条1項）。

父母が親権や管理権を辞したり，親権喪失等によって，未成年後見人を選任する必要が生じた場合には，その父または母は，遅滞なく，未成年後見人の選任を家庭裁判所に請求しなければならない（民841条）。なお，児童相談所長も，親権を行う者のない児童等について，その福祉のため必要があるときは，未成年後見人の選任を求める義務を負う（児福33条の8第1項）。

(2)　未成年後見人の人数等

　2011 年の改正で，未成年後見人を 1 人に制限していた民法 842 条が削除され，複数の未成年後見人を選任することが可能となり，複数の未成年後見人がある場合の扱いについても規定が設けられた。すなわち，同改正で新設された民法 857 条の 2 は，「共同してその権限を行使する」（同条 1 項）ことを定めるとともに，家庭裁判所が，職権で，「その一部の者について，財産に関する権限のみを行使すべきこと」（同条 2 項），「財産に関する権限について，各未成年後見人が単独で又は数人の未成年後見人が事務を分掌して，その権限を行使すべきこと」（同条 3 項）を定めることができるとしている。

　こうした法改正の背景には，親権制限に関する改正を受けて，その受け皿となる未成年後見人を確保するという実践的な要請があった。従前の制度だと，未成年後見人は 1 人に制限されていたため，その未成年後見人は，子の監護や財産管理についての包括的な責任を負うことになる。子の祖父母等が子を引き取って監護するという場合でも，監護にとどまらない責任が生ずることになるし，他方，財産管理の点ではすぐれた能力と専門知識を有する弁護士等であっても，身上監護に関するところまで全面的にサポートすることは困難である。この法改正によって，複数の者がそれぞれの立場に応じたサポートをすることが可能となったのである。

　また，未成年後見人の職務が財産管理を中心とする場合は自然人である必要はなく，また，身上監護についてもそれを可能とする施設等を整備することよって実現できると考えられることから，法人も未成年後見人となることが可能であることが明記された（民 840 条 3 項のかっこ書に示されている）。

(3)　未成年後見人の権利義務

　未成年後見人は，親権者と同様の身上監護についての権利義務を有する（民 857 条本文）。ただし，親権者が定めた教育の方法，居所，営業許可の変更等については，未成年後見監督人があるときは，その同意を得なくてはならない（同条ただし書）。

　財産管理についても，未成年後見人は，親権者と同様に，「被後見人の

336　第Ⅱ部　親　族

財産を管理し，かつ，その財産に関する法律行為について被後見人を代表する」（民859条1項）。ただし，親権者と異なり，善良なる管理者の注意義務を負う（民869条）→295頁。この点は，未成年後見人が家庭裁判所の審判を経て選任されるものであり，まさしく弱者である未成年者の保護のためのものであるということに照らせば，一定の合理性を有している。しかし，身上監護と財産管理の両方を包括的に対象とする未成年後見人に一律に善管注意義務を課すことは，場合によっては厳しすぎ（身上監護を主として念頭に置きながら，親族が未成年後見人となる場合など），また，未成年後見人を確保することの難しさにつながる可能性もある。利益相反行為については，親権者の場合と同様である（民法860条による同826条の準用）。

　その他，未成年後見人は，就任時に未成年被後見人の財産調査と財産目録の作成の義務（民853条）等を負うとともに，終了時には，任務終了までの収支計算を行う義務（民870条）等を負い，返還すべき金銭の利息についても規定が置かれている（民873条）。

　なお，家庭裁判所は，被後見人の財産の中から，相当な報酬を後見人に与えることができる（民862条）。

3　未成年後見についての監督

　監督機関としての未成年後見監督人は，必須のものではなく，実際には，未成年後見監督人までが選任されることは多くはない。未成年後見監督人についても，指定未成年後見監督人（民848条）と選定未成年後見監督人（民849条）がある。

　また，後見監督人や家庭裁判所は，いつでも，後見人に対し後見の事務の報告もしくは財産の目録の提出を求め，後見の事務や被後見人の財産の状況を調査することができる（民863条1項）。不正な行為等，後見の任務に適しない事由があるときは，家庭裁判所は，未成年後見人を解任することができる（民846条）。

Ⅱ　成年後見（後見・保佐・補助）

　民法典の中では，「後見」（第4編第5章）と「保佐及び補助」（同第6

章）という2つの章にまたがっているが，以下では，成年後見・保佐・補助について，まとめて説明することにしよう（民法典の編成では，後見としての共通性から，未成年後見と成年後見がセットにされ，それとは別に，保佐・補助が規定されるという構造になっている。しかし，制度の性質上，未成年後見はかなり異なる性格を有するものであり，それに対して，〔成年〕後見・保佐・補助は，「成年後見制度」において，サポートを受ける者の能力に応じた3類型だと位置付けられる）。

　未成年後見が，親権と一定の連続性を有するものであり，親族法の中に位置付けることが比較的素直に理解できるものであるのに対して，成年後見は，必ずしも，親族法としての性格はそれほど強くはない。これらの制度の骨格にもあたる行為能力そのものの説明を含めて，詳しくは民法総則で勉強してもらうことにして，以下では，その概略のみを確認しておくことにしたい。

1　成年後見

(1)　成年後見の開始と成年被後見人の行為能力

　家庭裁判所は，「精神上の障害により事理を弁識する能力を欠く常況にある者」について，本人，配偶者，4親等内の親族，未成年後見人，未成年後見監督人，保佐人，保佐監督人，補助人，補助監督人または検察官の請求により，後見開始の審判をすることができる（民7条）。未成年後見と異なり，成年後見は，この後見開始の審判によって開始する（民838条2号）。

　後見が開始すると，成年被後見人の行為能力は制限され，成年被後見人が行った法律行為は，原則として取り消すことができる（民9条）。

(2)　成年後見人

　家庭裁判所は，後見開始の審判をするときは，職権で，成年後見人を選任する（民843条1項）。成年後見人についても，未成年後見人と同様に，1人に限定する規定はなく，複数の成年後見人も可能であり，また，法人も成年後見人になることができる（同条4項）。

　成年後見人が果たす役割も異なる。未成年後見においては，身上監護が

338　第Ⅱ部　親　族

重要な意味を有しているのに対して，成年後見は，行為能力を制限された者が法律行為をなすことを可能とするという点に，その役割がある。成年後見人の事務には，療養監護に関する事務と財産管理に関する事務があるが，前者も，自ら介護するといったことを予定しているわけではなく，療養監護に関する法律行為を行うことに向けられているのである。

こうした事務の遂行にあたって，成年後見人は，「成年被後見人の意思を尊重し，かつ，その心身の状態及び生活の状況に配慮しなければならない」（民858条。本人の意思の尊重と身上配慮についての義務）。

民法859条1項の「後見人は，被後見人の財産を管理し，かつ，その財産に関する法律行為について被後見人を代表する」という規定は，成年後見人も対象としており，成年後見人は，包括的な財産管理権を有する。ただし，成年被後見人の住居となっている不動産の処分等については，家庭裁判所の許可が必要である（民859条の3）。

また，利益相反についての民法826条は，成年後見人についても準用される（民860条。ただし，後見監督人がある場合には準用されない）。

他に，成年後見人に固有の規定として，成年後見人による郵便物の管理について規定されている（2016年の改正で追加された民860条の2・860条の3）。その他，後見事務の費用（民861条），報酬（民862条）については，成年後見人，未成年後見人に共通であり，未成年後見で説明したところと同様である→*336頁以下*。

さらに，成年被後見人が死亡した場合，必要があるときは，成年被後見人の相続人の意思に反することが明らかなときを除いて，相続人が相続財産を管理することができるに至るまで，①相続財産に属する特定の財産の保存に必要な行為，②弁済期が到来している相続財産に属する債務の弁済，③火葬または埋葬に関する契約の締結その他相続財産の保存に必要な行為（ただし，③については家庭裁判所の許可が必要）をすることができる（2016年の改正による民873条の2）。

2　保　佐

(1)　保佐の開始と被保佐人の行為能力

家庭裁判所は，「精神上の障害により事理を弁識する能力が著しく不十

分である者」について，本人，配偶者，4親等内の親族，後見人，後見監督人，補助人，補助監督人または検察官の請求により，保佐開始の審判をすることができ（民11条），この審判によって，保佐が開始する（民876条）。

保佐が開始すると，被保佐人は，借財，保証，不動産等の権利の得喪を目的とする行為等，民法13条1項所定の行為および同条2項の審判によって指定された法律行為をなすにあたっては，保佐人の同意を得なければならない。被保佐人が同意を得ずに，これらの行為をなした場合，その行為は取り消すことができる（同条4項）。

(2) 保佐人

家庭裁判所は，保佐開始の審判をするときは，職権で，保佐人を選任する（民876条の2第1項）。

保佐人は，上記のとおり，民法13条に規定された行為について同意権（同意拒絶権）を有するほか，同意なしにこれらの行為が行われた場合には，取消権，追認権を有する（民120条・122条）。

被保佐人の意思の尊重と身上配慮についての義務を負うのは，成年後見人と同様である。

3 補 助

(1) 補助の開始

家庭裁判所は，「精神上の障害により事理を弁識する能力が不十分である者」について，本人，配偶者，4親等内の親族，後見人，後見監督人，保佐人，保佐監督人または検察官の請求により，補助開始の審判をすることができ（民15条1項），この審判によって，補助が開始する（民876条の6）。ただし，本人以外の者が請求する場合には，本人の同意を得ないと，補助開始の審判をすることはできない（民15条2項）。補助の対象者には，それなりの判断能力があり，その意思を尊重する必要があるためである。

(2) 補助の仕組みと補助人の権限等

補助開始の審判をするときは，家庭裁判所が，職権で，補助人を選任す

る（民876条の7第1項）。これは，成年後見人や保佐人と同様である。もっとも，補助の場合，同意や取消しの対象となる特定の行為は，あらかじめ定められておらず，被補助人が行為能力の制限を受けるのか，また，補助人がどのような権限を有するのかは決まっていない。

このため，「特定の行為」について，補助人に同意権（および取消権・追認権）を与える同意権付与の審判（民17条1項）や，代理権を付与する代理権付与の審判（民876条の9第1項）が必要となる（この一方だけでもよく，また，両方を組み合わせることも可能である）。補助開始の審判は，これらの審判とともになされなければならない。

Ⅲ　親族間の扶養をめぐる問題

親族間の扶養については，民法の中では，後見（第4編第5章），保佐・補助（同第6章）に続いて，第7章「扶養」で規定されている。もっとも，民法が定めている内容は，それほど詳しいものではなく，具体的な問題をどのように位置付け，解決していくのかが問題となる。ここでは，まず民法の定める内容を確認した上で，扶養に関して典型的に問題となるいくつかの論点について考えてみることにしよう。

1　民法の定める内容

民法は，扶養に関して，以下のことを定めている。

① **扶養義務者**　民法877条1項は，「直系血族及び兄弟姉妹は，互いに扶養をする義務がある」と規定し，直系血族，兄弟姉妹が当然に扶養義務を負担することを規定する。その上で，同条2項は，特別の事情がある場合には，家庭裁判所が，「3親等内の親族」に扶養義務を負わせることができることを定める。

② **扶養の順序**　扶養義務者が複数いる場合に，その中の誰が実際に扶養するのかが問題となる。民法878条は，まず，当事者（全扶養義務者と扶養権利者）の協議で定め，これで決まらない場合や協議をすることができないときは，家庭裁判所が定めるとしている。また，扶養権利者が複

第16講　後見・保佐・補助と扶養　341

数で，扶養義務者の資力が全員の扶養に足りないときも，同様とする。もっとも，家庭裁判所が，どのような基準でそれを定めるかについて，民法は具体的な基準を示していない。

③　**扶養の程度と方法**　　扶養の程度や方法についても，民法879条は，当事者の協議によって決まらないときは，「扶養権利者の需要，扶養義務者の資力その他一切の事情を考慮して」，家庭裁判所が定めると規定する。

④　**協議・審判の変更と取消し**　　民法880条により，②③についての協議や審判があった後に事情の変更が生じたときは，家庭裁判所が，その協議や審判の変更または取消しをすることができる。なお，扶養義務の前提となる身分関係が解消したり（離縁等），当事者が死亡した場合には，この規定を待つまでもなく，当然に，扶養義務は消滅する。

⑤　**一身専属性**　　民法881条は，扶養を受ける権利は，処分できないものであることを規定する。扶養請求権の一身専属性は，帰属上，行使上の両方の点で認められ，相続の対象とはならず，債権者代位権の対象にもならない。

もっとも，これらの規定は，①の直系血族および兄弟姉妹が扶養義務を負担するということについては明確であるが，それ以外の3親等内の親族が扶養義務を負担するのは，特別の事情がある場合とするだけである。また，②の扶養の順序については具体的な基準は示されておらず，さらに，③の扶養の程度と方法についてもかなり漠然とした事情を考慮するとしているにすぎない。そのため，後述のように→*344頁以下*，こうした当事者間の扶養をめぐる関係を，より掘り下げて検討する試みがなされてきた。

2　民法のその他の規定との関係

民法は，上記のように「扶養」についてのまとまった規定を置いているが，しかし，他にも，これに関係すると考えられる規定はある。たとえば，民法第4編の第1章「総則」に置かれた民法730条は，直系血族および同居の親族が「互いに扶け合わなければならない」ことを規定している。ただ，この規定を手がかりにして，民法877条がカバーしない範囲の者（民

法 877 条 1 項との関係では，直系血族および，きょうだいではない 6 親等内の血族と 3 親等内の姻族。同条 2 項との関係では，4 親等以上の血族，たとえば，いとこがこれにあたる。なお，逆に，民法 877 条には含まれるが，民法 730 条によってカバーされない者として，同居していないきょうだいや傍系の 3 親等内の親族が考えられる）について，具体的な扶養に関する法的な義務を認めることはできないだろう。その点でも，同条の存在意義が問題となる。

(1)　夫婦間の扶養義務

　夫婦間の扶養は，民法 752 条の同居・協力・扶助義務，同 760 条の婚姻費用分担義務によって規定されることになる。これについて，一般的な説明としては，民法 752 条は，夫婦間の生活保持義務→*344 頁以下*を規定したものであり，他方，民法 760 条は，その生活保持義務のために必要な費用の負担についての規定であるとして，実質的には両者は重なるものだとされている。したがって，いずれの条文によるかによって，その具体的な帰結が異なるようなものではない。

　実際にも，実務においては，両者が重なっていることを前提に，民法760 条によってのみ処理されている（もっぱら婚姻費用分担の問題として処理される）。しかし，そうだとすると，抽象的に生活保持義務を宣言するにすぎない条文としての民法 752 条の意義は乏しいということになる。なぜなら，そのような生活保持義務は，民法 760 条によって基礎付けられていると考えても，特に支障はないからである。

　もっとも，この点については，たとえば，民法 760 条が法定夫婦財産制の効果であるのに対して，民法 752 条は，夫婦財産契約の有無にかかわらず，すべての夫婦にあてはまるものである，あるいは，扶養（扶助）義務はそれを必要とする事情が生じてはじめて成立するのに対して，婚姻費用の負担義務は婚姻の成立によって当然に生ずるといった説明など，この両者の関係をより積極的に，意味のあるものとして理解しようとする試みもなされている。

(2)　親の未成熟子に対する扶養義務

　親が未成熟子に対する扶養義務を負担することについても，その結論自

体については争いがないとしても，それを条文との関係でどのように説明するかについては，それほど明確ではない。

通常の場合，親権者である親は，親権の内容として，子に対する監護義務を負担するのだから（民820条），そこから説明することもできそうである。また，婚姻費用の分担義務（民760条）の説明では，この婚姻費用に未成熟子の養育のための費用も含まれることに触れたが→73頁，そうだとすると，婚姻費用分担義務の規定は，同時に未成熟子に対する扶養義務をも含んでいるという説明もありそうである。

ただ，親の未成熟子に対する扶養義務は，親権がない親（離婚した場合や認知による父子関係の場合→176頁以下，親権を喪失したり，停止されている親→324頁以下）についても認められ（民法820条からは説明できない場合がある），また，親が婚姻関係にあるということが前提となるわけでもない（民法760条からは説明できない場合がある）。その点では，仮に条文上の根拠を挙げるとすれば，なお民法877条1項によるか，あるいは，条文上の根拠を求めるまでもなく，親子関係に基づく本質的な義務であると説明することになるだろう。

3　扶養の程度 ── 生活保持義務と生活扶助義務

以上のように，夫婦や親子（親と未成熟子）について扶養義務が認められ，また，直系血族・兄弟姉妹，さらには，3親等内の親族にも扶養義務が認められるとしても，それらはどのような内容の扶養義務なのだろうか。扶養義務の難しさは，「義務がある」といっても，それでは具体的にどの程度のことをすればよいのかということが自明ではないという点にある。これは，上記1③の扶養の程度と方法に関わる問題である。

このような扶養義務の内容を明らかにするものとして，有力に主張されてきたのが，「生活保持義務」と「生活扶助義務」という概念である。

まず，前者の生活保持義務は，婚姻や親子関係から直接に由来するものとしての夫婦間の扶養義務，親の未成熟子に対する扶養についての義務であり，そこでは自己と同程度の水準まで扶養することが求められる（自分の最低生活を割ってでも相手方を扶養する義務）。

他方，後者の生活扶助義務は，その他の場合の扶養義務であり，相手方

が困窮に陥った場合に，自己に余力がある範囲で，その援助をする義務とされる（自分自身の身分相応の生活を犠牲にすることなく，その余力の範囲で相手方を扶養する義務）。

両者については，たとえば前者は一椀の飯を分け合う関係であり，後者は余裕がある範囲で米を分ければ足りるといった形で比喩的に説明される。もっとも，これが単なる比喩を超えて，どこまで実践的な基準として機能するかについては議論があり，また，生活保持義務について，このような比喩を強調することは，過度な負担をもたらすものだという問題点の指摘もある。その点で，こうした概念の定立自体に対する批判も少なくない。ただ，扶養義務の水準や内容を考える上で，他に手がかりがない状況の中では，やはりひとつの有力な視点を提供するものだと思われる。

なお，この概念を用いる際には，少し注意が必要である。

第1に，言葉の問題である。夫婦間の扶養に関する義務は，すでに触れたように，民法752条の扶助義務等によって基礎付けられると考えられるが，そこでの義務は，上記の2分類だと，生活扶助義務ではなく，生活保持義務とされるものである。

第2に，親の子に対する扶養義務は，その子の年齢等によっても異なり，そこでの基準が，成年・未成年という基準とは必ずしも一致しないという点である。まず，未成熟子に対して，親は，上記のとおり，生活保持義務を負担する。もっとも，未成熟子をどのように定義するか自体，かなり問題である。経済的に自立していない子だとするのであれば，未成年であっても，経済的に自立していれば，当然には生活保持義務の対象とする必要はなく，生活扶助義務で足りるということにもなりそうである（もっとも，すでに述べたように，未成年の子に対して親権者たる親は監護の義務を負う以上，このような義務の軽減を強調する必要もないと思われる）。それでは，成年であっても，経済的に自立していない子（成年に達した未成熟子）に対して，（親権者ではもはやありえない）親は，生活保持義務を負担するのだろうか。基本的には，そこで認められるのは，あくまで生活扶助義務なのではないかとも思われるが，さて，読者諸君はどう考えるだろうか。なお，近時，「8050問題」，「7040問題」と呼ばれる問題が取り上げられるようになった（80代や70代の高齢の親と50代や40代のひきこもりの子の関係をめ

第16講　後見・保佐・補助と扶養　345

ぐる問題)。成年の子と親の関係という点では，ここで述べたこととも関わってはいるが，そこでは親と子が共倒れになってしまうという点が問題となっており，生活保持義務か生活扶助義務かというより，後述の公的扶助と私的扶養をめぐる問題だと位置付けるべきだろう。

4　扶養料の負担等をめぐる問題

(1)　複数の扶養義務者がいる場合の法律関係

　誰が扶養義務を負担するのか，あるいは，扶養の程度・方法は，上記のとおり，当事者の協議により，これがまとまらない場合は，家庭裁判所の審判によって決められる。

　もっとも，複数の扶養義務者がいる場合，「扶養をすべき者の順序」(民878条)を決めるといっても，そのうちの1人だけが扶養義務を負担するという必要はない。扶養は，原則として，扶養料の負担という形で実現されるのであり，このような扶養料を複数の者が，それぞれの資力等に応じて負担するという解決も考えられる。

　なお，複数の扶養義務者がいる場合に，その扶養義務者間でどのように負担するかについて合意をしたとしても(民法878条の定める協議の当事者は，全扶養義務者と扶養権利者であるから，扶養権利者が加わらずに扶養義務者だけで合意しても，これには該当しない)，それは内部的な負担についての合意にすぎない。離婚した夫婦間で子の扶養料についての合意をしても，それは子に対する親の扶養義務を直接決定するものではなく，「扶養料算定の際にしんしゃくされるべき一つの事由となるに過ぎない」(仙台高決昭和56・8・24家月35巻2号145頁→*百選Ⅲ50事件[中山直子]*)。

(2)　過去の扶養料についての求償

　なお，過去の扶養料について，遡って求償ができるのかという問題がある。この問題は，いくつかの局面で現れる。すなわち，①要扶養状態に陥っていたにもかかわらず扶養されていなかった者が，過去の扶養料について，他の扶養義務者に請求することができるのか，②要扶養状態になった者について，扶養義務者の一部のみが扶養を行っていた場合に，過去の扶養料について，他の扶養義務者に請求することができるのか，さらに，

346　**第Ⅱ部　親族**

③そもそも扶養義務のない第三者が扶養料を立て替えていた場合に，その求償が認められるのか，といった問題である。

　こうした過去の扶養料については，扶養料債務は期限の定めのない債務（民412条3項）であり，履行の請求を受けた時から履行義務が生じる（もっとも，請求を受けなかった過去の要扶養状態について扶養料債務は生じないということは，期限の定めのない債務だということから，当然に導かれるわけではない），あるいは，要扶養状態が過去のものとなった以上，もはや扶養義務は認められないといった考え方もある。しかし，扶養義務自体は，要扶養状態に基づいて生ずるものであり，その具体化としての扶養料債務は，原則として過去のものについても請求が可能であると考えるべきであろう（過去の婚姻費用についても，類似の問題がある→75頁）。

　上記の②について，東京高決昭和61年9月10日（判時1210号56頁→家族法百選〔第7版〕50事件〔野沢紀雅〕）は，「要扶養者の扶養料のうち本来他の扶養義務者が負担すべき額を現実に支出した扶養義務者は，その扶養料を負担すべき扶養義務者に対しこれを求償することができ，この求償請求に関し審判の申立があった場合どの程度遡って求償を認めるかは，家庭裁判所が関係当事者間の負担の衡平を図る見地から扶養の期間，程度，各当事者の出費額，資力等の事情を考慮して定めることができる」として，扶養料の求償ができるのは，請求時以降の分に限られるべきであるという扶養義務者たる被請求者の主張を退けている。

　また，上記③については，神戸地判昭和56年4月28日（家月34巻9号93頁→家族法百選〔第7版〕51事件〔小川栄治〕）は，扶養義務者ではない者（被扶養者の娘の夫）が負担した過去の扶養料について，扶養義務者（被扶養者の息子）に対して，不当利得として請求した事案において，「扶養義務者でない者が要扶養者を事実上扶養し，扶養料を支払った場合においては，立替扶養料を不当利得或いは事務管理として扶養義務者の全員又は任意の1人に対して全額請求することができ，扶養義務者は連帯してその全額の支払義務を負担する」として，この請求を認めた。

5　公的扶助と私的扶養

　生活困窮者に対する生活の支援としては，生活保護等の公的扶助制度

（社会保障制度）もある。このような公的扶助と，ここで述べてきた私的扶養（親族扶養）との関係が問題となる。

　生活保護法4条2項は，民法「に定める扶養義務者の扶養及び他の法律に定める扶助は，すべてこの法律による保護に優先して行われるものとする」として，公的扶助の補足性（補充性）の原則を規定している。

　もっとも，こうした公的扶助の補足性の意味については議論がある。扶養能力のある扶養義務者が存在するだけでは公的扶助は排除されず，現実に扶養を受けている場合に，公的扶助が否定されるという立場（事実上の順位説）もある一方で，扶養義務者がいる場合には生活保護は受けられないとする立場（受給要件説）もある。後者の立場では，扶養義務者が現実に扶養しない場面については，補足性の例外を定める生活保護法4条3項（「前2項の規定は，急迫した事由がある場合に，必要な保護を行うことを妨げるものではない」）によって必要な対応をすることになる。

第Ⅲ部

相　続

第 17 講　相続法の概観

　親族法と相続法は，家族法という領域に位置付けられるとしても，その基本的な性格は，かなり異なる。概略的に言えば，相続法は，問題の対象の中心はあくまで財産であるという点では，より財産法的な性格が強い，と一応言うことはできる。本書では，「家族法」という枠組みの中で，相続法も取り上げるが，「いや，相続法は財産法の一部である！」という意見だってあるし，そうした見方が一般的かもしれない。

　もっとも，この種の抽象的な議論を積み重ねることは，それ自体としては，あまり生産的ではないだろう。相続が主として財産を対象とする制度であるという点では，財産法の一部だという見方は正しいし，そこで多くの場合に他の財産法の諸問題と共通する枠組みの処理が求められることも確かである。しかし，他方で，そもそも相続という制度，特に，相続による財産の取得がなぜ正当化されるのかということになると，そこでは，家族や親族関係といったものを切り離して考えることはできないし，また，問題解決の制度として家事審判等が活用されるという点でも，やはり家族法の一部としての性格を有することも否定できない。さしあたりは，相続法のこうした性格を確認しておけば足りるのではないかと思う。

　以下では，相続をめぐる問題の全体構造を確認して，これから何を学んでいくのかについて見取り図を得ることにしよう。その上で，相続の基本的な効果についても説明する。

349

なお，相続法については，2018年に成立した法改正（以下，本書の中では，「相続法改正」と呼ぶ）で，かなり広範囲にわたる改正がなされた。民法第4編，第5編は戦後の全面的な改正を経ており→11頁以下，その後もいくつかの改正を経ているが，今回の改正は，戦後の改正では，最も包括的なものだと言える。本書では，改正以前の状況についても簡単に触れつつ，改正法の内容とこうした改正の背景についても説明することにしよう。

Ⅰ　法定相続における最終的な相続の実現

相続においては，法定相続が原則なのか，遺言相続が原則なのかという議論もあるが，それは後で考えることにして，まずは法定相続を前提として，相続がどのように実現されるのかというプロセスを考えてみることにしよう。

なお，ここでは制度的な流れを理解してもらうということに主眼を置くので，細かい点は大幅に省略している。まずは，前提として，以下のような設例を手がかりに考えてみよう。

> **設例**　　Aは，Bと結婚しており，Bとの間には，CDEの3人の子どもがいる。また，Aの両親はFとGであり，兄Hがいる。このAが死亡した。Aは，死亡時において，3000万円相当の土地甲と2000万円相当の建物乙，約3000万円の預金，時価で2000万円相当の株式等の証券を有していた。

1　誰が相続するのか？── 相続人の確定

まず，相続において最初に問題となるのは，そもそも，「誰が相続するのか？」である。ここで問題となる内容は，第19講で詳しく説明するように，大きく分けると3つに整理される。

① **相続人**　　誰が相続人となるかは，民法が定めている。民法が相続人としているのは，配偶者→375頁と血族相続人→375頁以下である。まず，配偶者は，他に誰が相続人となるかは関係なく，常に相続人となる（民

350　**第Ⅲ部　相　続**

890 条）。他方，どの血族が相続人となるかについては，順番が法定されており，被相続人の，①子，②直系尊属，③兄弟姉妹の順番で，相続人となる（民 887 条・889 条。代襲相続については別途説明する→*376 頁以下*）。この場合，先順位のカテゴリーに属する相続人が 1 人でもいれば，後順位の者が相続人になることはない。たとえば，CDE のうち，誰かがすでに死亡していたとしても（代襲相続人がいない場合でも），そのぶんだけ，第 2 順位の FG のところにいくわけではない。また，FG の一方のみが生存しているという場合にも，第 3 順位の H が相続人となることはない。その点では，相続の順位というのは，個別の者ごとに割り当てられるものではなく，カテゴリーに割り当てられた順位だということになる。

　②　**相続欠格や推定相続人の廃除**　　民法は，一定の場合には，相続人となるべき者が相続人の資格を失うという仕組みを設けている。たとえば，配偶者 B や子 D が，A を殺害したという場合，A の死亡による相続を B や D に認めることは適当ではない。民法 891 条は，このように一定の事情がある場合には，当然に，相続人たる資格を失うことを規定している（相続欠格→*386 頁以下*）。

　また，欠格事由に該当しない場合であっても，推定相続人（相続が開始すれば相続人となる者）による被相続人に対する虐待や重大な侮辱があった場合には，被相続人（または廃除の意思表示が遺言によってなされた場合には遺言執行者）の請求によって，家庭裁判所がその推定相続人の相続権を剥奪するという制度が用意されている（推定相続人の廃除→*394 頁以下*。民 892 条・893 条）。

　③　**相続の承認や放棄**　　誰が相続人となるかは，民法によって定められているが，そこで定められた者は，「相続人にならなければならない」わけではない。 設例 では，A の債務について全く触れていないが，債務が積極財産に比べて大きいような場合，相続すると大変だということで，相続をしたくないという場合だってあるだろう。民法は，相続にどう対応するかについて，相続人側のイニシアティブで判断することを認めている。具体的には，単純承認と限定承認，そして相続放棄という相続人の側での 3 つの対応の型が用意されている→*378 頁以下*。

第 17 講　相続法の概観　　351

2　どれだけの割合で相続するのか？

　もっとも，誰が相続人なのかということが決まっただけでは，まだ問題は終わっていない。相続人は「どれだけのもの（割合や金額）を相続するのか？」が問題となるからである。

　①　**法定相続分**　　相続分と言ったときに，諸君の多くは，配偶者は2分の1の相続分があるとか，子どもは遺産の残り半分を子どもの数に応じて分けるといったことを思い浮かべるのではないかと思う。「相続分」という言葉は，いくつかの意味で使われるが→*405頁以下*，いま諸君が思い浮かべたものを法定相続分と呼び，民法がこの相続分を定めている（民900条以下）。

　この法定相続分は，まず，(i)被相続人に配偶者がいる場合には，配偶者とともに相続人となる血族相続人がどのカテゴリーの者であるかによって，配偶者の相続分と血族相続人全体の相続分が決まる（その点では，上記の「配偶者は2分の1の相続分がある」というのは，被相続人の子が共同相続人の場合には正しいが，それ以外にはあてはまらない。血族相続人が直系尊属であった場合には，3分の2となる）→*405頁以下*。その上で，(ii)血族相続人が複数いる場合には，原則として，各自が均等の相続分を持つ→*406頁*。

　②　**具体的相続分**　　もっとも，このように示された法定相続分というのは，それぞれの具体的な事情等を全く考慮せずに，当事者の法的な関係のみから抽象的な割合として示したものにすぎない。実際の相続の場面では，相続人の一部は，すでに被相続人から多くの財産をもらっていたり，逆に，被相続人の財産を増やすことに貢献していたという場面もあるだろう。このような事情を考慮せずに，単に上述の機械的に決まる法定相続分をもって，遺産を分けるということになると，かえって公平ではない。

　民法は，このような個別的な事情を一定の範囲で反映させる仕組みを用意している。まず，「被相続人から，遺贈を受け，又は婚姻若しくは養子縁組のため若しくは生計の資本として贈与を受けた者」（民903条）については，この者が相続に際して受け取る分を少なくなるように調整している（特別受益→*413頁以下*）。他方，「被相続人の事業に関する労務の提供又は

財産上の給付，被相続人の療養看護その他の方法により被相続人の財産の維持又は増加について特別の寄与をした者」（民904条の2）については，逆に，この者の取り分が多くなるようにしている（寄与分→*427頁以下*）。なお，特別受益も寄与分も，その計算は少し面倒であるが，具体的な計算のしかたについては，あらためて説明する。

　このようなプロセスを経て定められるものを，具体的相続分と呼ぶ（このように金額で示される具体的相続分を具体的相続分額，これを割合で示したものを具体的相続分率と呼ぶこともある）。

　なお，相続分について言えば，以上に見た法定相続分とは別に，指定相続分がある。これは，被相続人が遺言によって定めた相続分，または，遺言によって第三者に定めることを委託した相続分である。相続分とだけ述べられる場合に，これらの中のいずれを意味するのかが問題となる。前提となる相続分をどのような意味で理解するのかは，第三者との関係→*537頁以下*で，特に問題となる。

3　どうやって分けるのか？── 遺産分割

　さて，誰が相続人となるかも，どれだけの割合で相続するかもわかったわけだが，これだけでは，まだ相続に関する基本的な問題は片付いていない。

　具体的相続分は，個別具体的な事情を考慮したものである。……とは言っても，そうした事情を考慮して，相続すべき財産を，しょせんは割合や金額で示したものにすぎない。結局，　設例　において示されたAの遺産である土地甲，建物乙，預金，証券が，どのように分けられるのかということは，まだ明らかになっていないのである。……で，「これらの遺産をどうやって分けるのか？」ということが，最後に問題になるのである。

　この個別の財産をどのように相続人に帰属させるのかという最後の問題を規定するのが，遺産分割であり，民法906条以下に，これに関する規定が置かれている。

　まず，民法906条は，「遺産の分割は，遺産に属する物又は権利の種類及び性質，各相続人の年齢，職業，心身の状態及び生活の状況その他一切

第17講　相続法の概観　353

の事情を考慮してこれをする」と規定する。もっとも，こうしたいわば抽象的な基準だけでは，問題は具体的には解決されない。

この遺産分割は，基本的に，共同相続人間の協議（遺産分割協議）によってなされ（民907条1項），こうした協議が調わない場合には，家庭裁判所の審判（遺産分割審判）や調停によって解決されることになる（同条2項）。

Ⅱ 遺 言

さて，いままで法定相続を前提として説明をしてきたが，相続との関係では，遺言も問題となる。遺言についてはあらためて詳しく説明するが→*447頁以下*，ここでは，遺言に関する最も基本的な事柄のみ確認をしておくことにしよう。

① **遺言事項の法定**　遺言で決めることができることは，法定されている。もちろん，それなりに多くのことが遺言によって決めることができ，すでに言及した相続分の指定（民902条）や分割方法の指定（民908条）のほか，認知（民781条2項）や未成年後見人の指定（民839条）といった身分法上の行為，さらに，推定相続人の廃除（民893条）や廃除の取消し（民894条）についても，遺言でなすことができる。他方，相続に関するごく基本的な事柄であるが，遺言で，本来相続人ではない者を相続人として指定することはできない（ただし，包括遺贈がなされた場合〔民964条〕，包括受遺者は相続人と同一の権利義務を有することになるので〔民990条〕，その点では，相続人の指定に近い意味を持つ）。

② **遺言の要式性とその緩和**　遺言については，矛盾したことが求められる。すなわち，一方では，もはや最後のものとなった遺言者の意思を可能な限り尊重してあげたいという要請がある。他方で，もはや遺言者に真意を確認することができない以上，その要件を厳格に定めて疑義が生じないようにするという必要性もあり，この両者は，必ずしも当然には両立しない。

こうした状況を踏まえて，一方で，遺言の方式を厳格に定めるとともに

354　第Ⅲ部 相 続

（民960条以下），柔軟に無効行為の転換を認めることで遺言をできるだけ有効なものとし（民971条），解釈のレベルでは，一定の要件については，比較的容易にその充足を認めるといったことにつながっている→468頁【遺言の解釈】。

　なお，冒頭に少し触れたように，遺言相続と法定相続とどちらが原則なのかという議論がある。もっとも，この点は，抽象的に議論しても，あまり意味はないだろう。

　民法は，遺言によって，相続分（民902条）や遺産の分割方法（民908条）を定めることを認めており，その点では，法定相続が遺言に劣後するということは明らかである。

　ただ，他方で，遺言があったとしても，それが相続人の遺留分を害するようなものである場合，遺留分権利者である相続人には，遺留分についての利益を確保することが認められている（受遺者や受贈者に対する遺留分侵害額請求権→565頁以下）。遺留分が何なのかという問題はあるが→567頁【遺留分とは何か？】，こうした遺留分を，いわば最低限の法定相続分であると理解するのであれば，その点では，遺言であっても，そうした最低限の法定相続分たる遺留分には負けるということになる。

　ここでは，法定相続や遺留分と遺言との上記のような関係を確認しておけば，さしあたりは足りるだろう。

Ⅲ　遺留分

　遺留分については，本書においても最後で説明するが，それまでの説明の中でも，さまざまな場面で遺留分について言及がなされるはずである。ここでは，そうした場面で遺留分という言葉が出てきても，ある程度，その意味が理解できるという程度の説明をしておきたい。

　まず，遺留分というのは，相続人の一部（兄弟姉妹を除く相続人）が，一定の割合（原則として，2分の1。直系尊属のみが相続人となる場合には3分の1。改正民1042条）で遺産に対して有している権利である。遺贈や贈与によって，こうした遺留分が侵害される場合，遺留分権利者には，受遺

第17講　相続法の概観　　355

者や受贈者に対して，遺留分侵害額に相当する債権（遺留分侵害額請求権）を行使することが認められる。

このような遺留分は，上述のように，（法定相続には勝つはずの）遺言にも勝つという制度であり，相続に関して，重要な機能を営むものである。

たとえば， 設例 において，Aが，全財産を誰か（相続人であってもそれ以外であってもよい）に包括遺贈するという遺言を残したとしても，相続人である配偶者Bと子CDEは遺留分を有しており，その遺留分が侵害される範囲で，その包括受遺者に対する遺留分侵害額請求権が成立するのである。

なお， 設例 に即して言えば，一般的には，Bの相続分は，Aの1億円相当の遺産の半分である5000万円相当であり，遺留分は，さらにその半分の2500万円相当であると理解されているのではないかと思う。

このような理解は，基本的には大きく間違っているわけではないが，必ずしも正確ではない。遺留分の計算にあたっては，上述のように，配偶者と子が相続人である場合には，相続財産の2分の1が全体としての遺留分となり，それを相続分に応じて分けたものが各自の遺留分となる。もっとも，この相続財産は，被相続人がどれだけの債務を負っていたのかということも含めて計算される（改正民1043条1項）。他方，上述の具体的相続分の計算では，債務を含めずに，積極財産だけを計算の対象とするという一般的な扱いであるから，最終的に示される両者の金額は，単純に，2：1ということにはならない。

これは，具体的相続分が，特別受益や寄与分を考慮して，具体的な取り分を調整することで，可能な限り法定相続分や遺言によって定まった相続分に近いものを実現し，相続人間の公平を図ろうとするものであるのに対して（具体的相続分によって認められる取り分はさまざまに異なるようであるが，そうした違いによって，いままでのアンバランスが是正されるのであり，本来の割合が実現されると考えるのである。したがって，債務の方は，本来の割合で分ければよいだけであり，債務を含めて計算する必要はない→*417頁以下，537頁以下*），遺留分は相続人の権利についての実質的な最低保障的な性格を有するものであることによる。すなわち，遺留分では，積極財産と債務の両方を考慮して，被相続人がどれだけの財産を有していたのかを考え，そ

356　**第Ⅲ部 相 続**

れを前提として，相続人の有する権利を考えることになるからである。したがって，積極財産1億円，債務はなしという場合であれば，1億円を前提として考えることになるし，他方，積極財産が1億円あっても，債務も1億円あるという場合には，遺留分の計算の基礎となる被相続人の財産の価額はゼロだということになるのである。

ところで，このように具体的相続分と遺留分によって実現しようとしている目的等にずれがあるということは，その他の細かいレベルでの差異（たとえば，前提となる相続財産を計算する際に，被相続人の行ったどのような範囲での処分を考慮するのか等）ももたらすことになるが，そうした点については，あらためて説明することにしよう→*568頁以下*。

> **コラム** *相続法の悩ましさ*
>
> 相続についての基本的な考え方にはいろいろあるが，まずはこの点を確認しておけばよい……といったふうのことを書いた。実にエラそうである。自分の考え方はきちんと背後に持っているのに，初学者である諸君は，この枠組みさえわかっていればいいのだよ……という雰囲気がぷんぷん匂っている。
>
> この後半部分はある程度当たっている……と思う。とりあえず，制度としての相続法を理解するためには，いくつかの基本的な部分を理解することが重要であり，その部分がわかっていれば足りる……というのは，それなりに正しいし，大切なことでもある。
>
> しかし，前半はそうではない。白状しよう。実は，筆者にもわからんのである（急に爺むさくなった）。何がわからないのか。正直に告白すると，「相続という制度」自体がよくわかっとらんのである。あまり「わからん，わからん」という式のことを教師は言うべきではないと思うが，ちょっとだけ，この点を説明しておきたい。
>
> 不法行為法であれ，契約法であれ，その基本原理についてさまざまな議論がありうるとしても，その実質的な基礎は，やはりぼんやりとしたレベルでは共有されている。契約が拘束力を有するということをどのように基礎付けるかという点では，さまざまな見解があるが，それでも，契約が拘束力を有するということ自体は，実感のレベルで共有されており，それは，私的自治の原則といった近代法の原理とも整合的なものだと理解されている。その上で，そうした抽象的な原理を，どのように具体的な規律に反映させていくのか，具体的な規律をどのように解釈していくのかということが議論されているのである。
>
> 相続法だって，それと同じなのかもしれないが，しかし，相続という制度が

第 17 講　相続法の概観　　357

正当な法制度であるということについては，そこで基礎となっている原理がいったい何なのかということとともに，やはり契約や不法行為に比べると，あまりはっきりしていないような気がするのである。

　相続の基本原理を考える上でしばしば挙げられる「血の代償」といった言葉も，比喩以上のものではないし，あるいは，基本原理というよりは，すでに示されている結論を同義反復的に繰り返しただけとも言える（「血の代償」という基本原理は……，ちょっとコワい）。

　配偶者相続については，配偶者が有している潜在的な持分の清算といった側面が大きく前に出てきて，その点では，「血の代償」よりは具体的に基礎付けられているという感じもするが，しかし，離婚給付としての財産分与などに比べると，ものすごくおおざっぱに組み立てられていることは否定できない。だいたい，配偶者の相続分は，他の誰が血族相続人となるかによって決まるのであり，配偶者自身の寄与と直結するような仕組みとはなっていない。また，この割合は，どの程度の期間，婚姻関係が継続したかということとも無関係である。その点では，潜在的な持分等の清算といったものは，配偶者相続という制度を説明するものではあっても，そこでの具体的な結論を直接正当化するだけのものではないということになりそうである。

　さて，このように書いてくると，相続という制度自体に対して，ひどく懐疑的なニュアンスになってくると思うが，別に，ここでは，相続という制度をひっくり返そうと思っているわけではない。相続という制度が，人類の歴史において（大きく出たが，古今東西，一定の普遍性を持ってきた制度であることは否定できない），受け容れられてきたことは確かである。現在の相続法も，基本原理から出発して制度が構成されているというより，いわば経験的に積み重ねられてきた仕組みを受け継いでいるものであると考え，あくまで制度として組み立てられている相続法を理解し，検討するという態度で臨むことが，健全な姿なのかもしれない。そうしたことは否定できないだろうなぁと思いながら，あとちょこっとだけ……。

　「血の代償」などとマフィア映画に出てくるような言葉を用いるかどうかはともかく，一定の血族等が，被相続人の有していた財産を承継するという制度が，社会的に許容され，そこでは，単に個別の財産等が承継されるだけではなく，一定の法的地位自体が包括的に承継されるというのも相続の特徴である。しかし，他方で，被相続人の有していた地位のすべての承継が社会的に許容されるわけではない。生々しいテーマになるが，政治家としての地位等の承継といったものについては，否定的な判断が働くだろうし，本人の能力が決定的に重要なものである以上，そのことは当然だろう。ただ，他方，創業者一族を再び経営者として迎え入れて……というニュースに接すると，そこでは，必ずしも全面的に否定的なニュアンスでとらえられているわけではなさそうである。

358　　第Ⅲ部　相　続

承継ということに対する受け止め方は，どうも，人によってさまざまであるように思われる。

　さらに，相続という仕組みが，個人主義的な原理と一定の緊張関係を有している制度だということも否定できないだろう。遺留分という制度や，遺言によって相続人を指定できないということを指摘して，わが国の相続法における法定相続の優先ということを説明する場合もあるが，視点を変えると，そこでの法定相続というのは，いったい何を目的とする，どのような制度なのかということになりそうである（推定相続人の最低限の期待的利益の確保というのも，ある種の同義反復にすぎない。ちなみに，遺言相続については，被相続人の意思を基礎とする説明が可能であり，近代法における個人主義的な思想と整合的な理解が比較的容易である）。

　……と以上，つらつらと書いてきたが，筆者自身が，相続という制度について，以上のような疑問（ある種の違和感と言ってもいい）を持っているということは，あらかじめ話しておいてもいいかなと思った次第である。もっとも，つぶやきのようなものなので，あまりしっくりこなかった諸君，何を悩んでいるのかよくわからんという諸君は，そのまま聞き流してください。

第 17 講　相続法の概観　　359

第18講　相続の基本的効果

Ⅰ　相続の基本的な効果

1　原　則 —— 包括的な権利義務の承継

　民法896条本文は，「被相続人の財産に属した一切の権利義務を承継する」とし，包括的な権利義務の承継を規定している。この規定は，2つの側面を持っている。

　第1に，承継されるべき権利義務が個別的に判断されるわけではなく，原則としてすべての権利義務が承継されるという意味である。債権や債務，物権，無体財産権，形成権等，あらゆる権利や義務が承継され，後述の民法896条ただし書が該当する場面で例外的に排除されるということになる。なお，これ以外に，当事者の死亡によって法律関係が終了することが規定されている場合には，これらは当然，相続の対象とならない（当事者の死亡による委任の終了〔民653条1号〕など）。

　第2に，必ずしも条文自体から自明なことではないが，包括承継は，法的地位の承継として，単に権利義務の集合（束）以上の意味でも用いられる。それが典型的に現れるひとつの場面が，対抗問題であろう。そこでは，相続によって権利義務を承継した相続人は第三者とは扱われない（被相続人の当事者としての地位を承継する），という意味で，単なる個別の権利義務を承継するという以上の意味を持つことになる→*518頁*。

2　例　外

(1)　一身専属的な権利義務

　民法896条ただし書は，「被相続人の一身に専属したものは，この限りでない」として，一身専属的な権利義務が相続による承継の対象とならないことを規定する。

360　第Ⅲ部　相　続

たとえば，本書の元になったのは「法学教室」という雑誌の連載であるが，私がその途中で力尽きて斃れても，家内や娘が「来月から，私が担当しま～す」ということになるわけではない。親権における「子の監護及び教育をする権利・義務」（民820条）もそうであるし，扶養請求権も相続の対象とはならない。

(2) 祭祀財産

系譜（家系図），祭具（位牌や仏壇）および墳墓（これらを祭祀財産と呼ぶ）の所有権の承継については，民法897条が規定している。これによれば，祭祀財産の承継は，①被相続人の指定（同条1項ただし書），②慣習（同条1項本文），③家庭裁判所の決定（同条2項）の順番で決まることになる。

同条は，民法896条の「規定にかかわらず」とするが，これは，単に民法896条を排除するというだけではなく，祭祀財産の承継については，民法896条を前提とする相続の一般的枠組みから外れることを意味する。つまり，祭祀財産の承継は誰が相続人かという問題とは切り離されることになる（相続人として被相続人の配偶者や子がある場合でも，祭祀財産の承継者が被相続人のきょうだい――子がある以上，相続人とはならない――となることもありうる）。また，共同相続の対象ともならないのである。

なお，民法769条は，婚姻によって氏を改めた夫または妻が祭祀承継者となった後，離婚をした場合には，当事者の協議，審判によって，祭祀承継者を決めることを規定しており，生存配偶者の復氏・姻族関係の終了に準用されている（民751条）。

もっとも，祭祀承継者が死亡した場合に，誰が祭祀承継者となるかの実際の判断は，それほど容易ではないだろう。一般的には，死亡した祭祀承継者については配偶者が喪主となることが少なくないし，法事等を主宰することも多いと思われるが，生存配偶者が姻族関係を終了させる意思表示をした場合（民728条2項）に，祭祀承継についてどのように判断するかについては，かなり難しい問題がある。ここでは，①死亡した祭祀承継者が主宰していた先祖の祭祀（先祖伝来の墳墓等）と，②死亡した祭祀承継者自体の祭祀（その者の遺骨）等で，判断が分かれる余地もある。東京

高判昭和 62 年 10 月 8 日（家月 40 巻 3 号 45 頁→*百選Ⅲ 54 事件［許末恵］*）は，②の問題について，夫の死亡後，生存配偶者が原始的にその祭祀を主宰するとした上で，生存配偶者たる妻が，先祖伝来の墳墓に納められていた夫の遺骨を引き取って改葬することの請求を認めた。他方，その場合，①の観点からは，婚家の側から分骨を求めることができないのかといった点が問題となりうるだろう。

Ⅱ 　個別の検討

　以上のように，相続の対象となる権利義務は包括的であり，さまざまなものが相続の対象となるが，以下では，どのようなものが相続の対象となるのか，あるいはならないのかということについて，典型的に論じられてきたものを見ておくことにしよう。

1　物　権

　所有権をはじめとする物権が相続の対象となることについては争いがない。もっとも，物権については，相続人によって承継されるということ自体は明確であっても，具体的にどのように承継されるのかについては問題がある。たとえば不動産を相続によって承継したという場合，相続人が複数いる場合には，最終的に，その不動産をどのように承継するのかが問題となる。わかりやすい例では，被相続人Aがほぼ同じ価値の不動産甲と不動産乙を有しており，その子 BC（相続分は等しい）が相続人となった場合，Bが甲を，Cが乙を取得するということも考えられるし，逆に，Bが乙を，Cが甲を取得する，あるいは，両方を BC が共有する等，さまざまな解決が考えられる。これを決めるのが，すでに触れた遺産分割という手続である。

　また，特に不動産については，相続によって取得した権利や遺産分割によって得た権利などについて，第三者との関係で登記が必要とされるのかといった問題がある。これについては，相続法の基本的な枠組みを勉強したうえで，第 24 講で扱うことにしよう。

362　　第Ⅲ部　相　続

2　債権・債務

　債権も，原則として，相続によって承継される。ただし，すでに述べたように，一身専属的な債権や債務は相続されない。なお，共同相続の場合に，債権や債務が共同相続人にどのように帰属するかについては，後で触れることにして→*528頁以下*，ここでは，もっぱら相続の対象となるのかという観点から，問題になったいくつかのものを取り上げておくことにしよう（特に，金銭債権のような可分債権については，それがどのように相続によって承継されるかについて面白い問題があるが，これについても第24講で説明する）。

　①　**損害賠償請求権の相続**　　相続されるのかが問題となった債権としては，人身侵害による損害賠償債権がある。判例の展開の中では，人身侵害によって生じた逸失利益の賠償請求権と慰謝料請求権が問題となった→*窪田・不法行為法327頁以下*。

　まず，人身侵害によって生じた逸失利益等の財産的損害については，そもそも死後の逸失利益についても損害賠償が可能なのかという点が問題となる。この点については，現在でも必ずしも明確な説明が与えられているわけではない。しかし，被相続人が通常生存しうべき期間についての逸失利益の賠償請求権が相続によって承継されることについては，判例実務として定着している。

　他方，慰謝料請求権の相続は，まさしく民法896条ただし書の一身専属性との関係で問題とされた。すなわち，慰謝料が被害者の精神的損害の回復を目的とするものであれば，それはまさしく一身専属的なものであり，被害者自身に給付されなければ意味がないとも考えられるからである。

　この点については，判例が変遷してきた。

　判例は，当初，慰謝料請求権は一身専属的なものであるとしつつ，慰謝料請求権の行使の意思表示がなされた場合には，そのときから金銭債権としての性質を有し，相続人に承継されるという立場をとっていた。もっとも，このような立場を前提とすると，何が慰謝料請求権行使の意思表示なのかという問題が生じる。残念残念事件として知られる2つの判決（大判

昭和2・5・30新聞2702号5頁，大判昭和8・5・17新聞3561号13頁）は，
「残念々々と叫びつつ」死亡したというケースで，これが慰謝料請求の意
思表示だとし，類似の判断が続くことになる。しかし，こうした流れは，
何でもよいから意思表示をつかまえ，実際には慰謝料請求権の行使の意思
表示とはほど遠いものをも取り上げるということになり，他方で，何らの
意思表示がなかった場合（あるいはできなかった場合）については方策を欠
くという形でのアンバランスをもたらすことにもなった。

　結局，最大判昭和42年11月1日（民集21巻9号2249頁→*百選Ⅲ60事件［米
村滋人］*）が，「ある者が他人の故意過失によって財産以外の損害を被った
場合には，……損害の発生と同時にその賠償を請求する権利すなわち慰藉
料請求権を取得」するとし，賠償請求権行使の意思表示も不要であるとし
て，この問題は決着し，慰謝料請求権についても当然に相続が認められる
ことになった。

　② **賃借権の承継**　　賃貸借における借主の権利（賃借権）や貸主の債権
（賃料請求権）も，一身専属的な権利ではなく，相続による承継の対象とな
る。したがって，夫婦ABが，Aの名義で賃貸借契約を締結した家に住ん
でいたという場合，Aが死亡したとしても，Bは，その相続人として賃借
権を行使することができる。

　他方，賃貸借と相続との関係で言うと，深刻な問題が生ずるのは，上記
のABが法律上の夫婦ではなく，内縁関係にあったような場合である。こ
の場合，Bは，相続人ではないから，相続によって賃借権を承継するとい
う構成をとることはできない。判例は，相続人の賃借権を，Bが援用する
ことができるという構成によってBの保護を図っているが，これだけでは，
必ずしも内縁配偶者の保護に十分なものではない→*142頁以下*。

　③ **保証債務の承継**　　保証債務も，原則として，相続人に承継される。
ただし，継続的な保証債務については，範囲が広範であること，人的な信
頼に基づくという性格が強いことを踏まえて，比較的早くから，場合によ
っては相続の対象とならないことが認められてきた。このように相続が否
定される継続的保証としては，身元保証（大判昭和18・9・10民集22巻
948頁）や責任限度額および期間の定めがない信用保証（最判昭和37・11・
9民集16巻11号2270頁）が挙げられる。また，賃金等根保証契約につい

て，保証人の死亡は債務の元本の確定事由とされていたが（保証人が死亡した場合，その時点で確定する元本についての債務が相続の対象となり，抽象的な保証債務は相続の対象とならない。改正前民465条の4第3号），債権法改正により，これが個人根保証契約（一定の範囲に属する不特定の債務を主たる債務とする保証契約で保証人が法人でないもの。改正民465条の2第1項）一般に拡大された（改正民465条の4第1項3号）。

3　無権代理，他人物売買と相続

無権代理や他人物売買がなされた後の相続に関する問題（無権代理人の本人相続，本人の無権代理人相続，権利者による他人物売主の相続等々）は，相続による法的地位の承継ということが最も典型的に現れるケースのひとつと言える。

(1)　無権代理と相続

無権代理と相続との関係については，無権代理についてどのような法律関係が生ずるのかを前提として理解する必要がある。詳しくは民法総則の教科書を確認してもらうとして，ここでは，以下の設例を前提に，問題の概略のみを確認しておく。

> **設例**　　Aの子Bは，代理権がないにもかかわらず，Aの委任状を偽造し，A所有の不動産甲を，Cに譲渡した。

まず，前提として，**設例**の事案において当事者間にどのような法律関係が生ずるかを確認しておく。

この場合，無権代理であるから，その効果は，Aには帰属しない（民113条）。Cが甲の所有権を取得するためには，Aに効果を帰属させる必要があるが，そのひとつの方法は表見代理であり，もうひとつがAによる追認を得ることである（民113条）。Aが追認拒絶の意思表示をした場合には，表見代理が成立しない限り，無権代理としてAに効果が帰属しないということが確定する。

また，Cは，Bに対して，無権代理人としての責任を追及することもで

第18講　相続の基本的効果　　**365**

き，履行責任を追及することも可能であるが（民 117 条 1 項），Ｂは，甲の所有者ではないので，このままでは，甲の権利移転という効果を実現することはできない。

　さて，簡単な説明であるが，以上を前提に， 設例 で相続が生じた場合の関係を整理しておく。

　① 無権代理人が本人を単独相続した場合の法律関係　 設例 で，その後，Ａが死亡し，Ｂが単独相続した場合に，どのような法律関係が生ずるのであろうか。この場合，Ｂが相続によって甲の所有者となった以上，ＣからＢに対して，甲の権利移転を求めることができそうであるが，この場合，特に，Ａが有していた追認拒絶権との関係で，説明のしかたは大きく2つに分かれる。

　ひとつの説明は，本人としてのＡの法的地位（甲の所有者である地位）と無権代理人としてのＢの法的地位（甲についての処分を行った地位）が，相続によってひとつになった以上，Ｂは，自己所有の甲について処分行為を行ったものとして，もはやＣからの履行請求を拒むことができないという説明である（地位融合説）。まさしく，こうしたケースが問題となった場面で，判例は，「無権代理人が本人を相続し本人と代理人との資格が同一人に帰するに至りたる以上本人が自ら法律行為を為したると同様の法律上の地位を生じたるものと解する」として，Ｂの責任を説明していた（大判昭和 2・3・22 民集 6 巻 106 頁）。これによれば，両者の法的地位が融合したことによって，本人の追認拒絶権も，無権代理人の責任も消滅することになる。

　もっとも，後述のように，本人が無権代理人を相続した場合には，必ずしも，このような説明では妥当な結論を導くことができないのではないかという観点から，現在では，本人の地位と無権代理人の地位が併存することを前提として説明する見解も有力である（地位併存説）。この立場だと，Ｂには，無権代理人としての法的地位と，本人としての法的地位が併存する。そして，本人の地位には，甲の所有者であるということだけではなく，本人としての追認拒絶権も認められることになる。ただ，この場合，無権代理行為を行ったＢ自身が，Ａの追認拒絶権を行使するというのは信義則

上許されないという観点から，その行使が制約され，結果的には，Bによる追認拒絶が認められない以上，CからBに対する甲の権利移転の請求が認められるという結論が導かれる。

② **本人が無権代理人を相続した場合**　設例　で，Bが死亡し，Aが相続したという場合についても，基本的には，上記のような2つの説明が考えられることになる。

まず，地位融合説によれば，BがAを相続したのか，AがBを相続したのかは特に違いをもたらさないから，CからAに対する甲の権利移転の請求が認められることになる。

もっとも，①の場合と異なり，Aは無権代理との関係ではいわば被害者的な立場にあり，そのような解決の妥当性が問題となる。最判昭和37年4月20日（民集16巻4号955頁→*百選Ⅰ35事件〔前田陽一〕*）は，無権代理人の本人相続か本人の無権代理人相続かを問わず両者の法的地位の融合によって無権代理としての瑕疵が追完されるとした原判決を破棄し，「無権代理人が本人を相続した場合においては，自らした無権代理行為につき本人の資格において追完を拒絶する余地を認めるのは信義則に反するから，右無権代理行為は相続と共に当然有効となると解するのが相当であるけれども，本人が無権代理人を相続した場合は，これと同様に論ずることはできない」とし，本人が無権代理人を相続した場合には，「相続人たる本人が被相続人の無権代理行為の追認を拒絶しても，何ら信義に反するところはないから，被相続人の無権代理行為は一般に本人の相続により当然有効となるものではない」と判示した。ここでは，両者の法的地位の併存を前提として，追認拒絶権の行使を信義則上の問題として扱うという立場が示されることになる。本判決を前提とすれば，無権代理人が本人を相続したという①の場合についても，地位併存説を前提としつつ，追認拒絶権の行使が信義則上許されないという観点から説明することが妥当だということになるだろう。

③ **無権代理人を含む共同相続人による本人の地位の承継**　①のバリエーションということになるが，設例　で，Aが死亡し，無権代理人Bとそれ以外のAの子Dによって，共同相続されたという場合を考えてみることにしよう。

最判平成 5 年 1 月 21 日（民集 47 巻 1 号 265 頁→*百選 I 36 事件〔後藤巻則〕*）は，このようなケースにおいて，「無権代理人が本人を他の相続人と共に相続した場合において，無権代理行為を追認する権利は，その性質上相続人全員に不可分に帰属するところ，……共同相続人全員が共同してこれを行使しない限り，無権代理行為が有効となるものではない……無権代理人が追認を拒絶することは信義則上許されないとしても，他の共同相続人全員の追認がない限り，無権代理行為は，無権代理人の相続分に相当する部分においても，当然に有効となるものではない」との判断を示している。

この判決については，2つのポイントがある。

第1に，相続分に相当する範囲で，地位融合説的に「本人自らしたのと同様の効果が生ずべき」といった判断（原審はそのような判断を示した）を退けたという点である。これは，共同相続の場面ではあるが，地位併存説を前提として考えているものだということになる。

第2に，追認権が形成権であるということを前提に，全員による行使が必要であるという判断を示している点である。無権代理と相続の問題を扱っていると，つい追認拒絶権に焦点をあててしまいがちであるが（無権代理人を相続した本人は追認拒絶権を行使できるのか等），本来，無権代理の効果は本人に帰属しないのであり，その意味では，追認拒絶は，その本来の法律状態を確定させるものにすぎない。他方，追認というのは，それによって無権代理が有権代理と扱われることになるのであり，法律関係の変動をもたらすものである。その意味で，形成権として重要なのは追認権である。そして，そうした形成権たる追認権について複数の追認権者がいる場合には全員の行使が必要だということを前提とするのであれば（形成権が複数の者に帰属する場合，ばらばらの権利行使を認めると，法律関係が複雑になるという問題がある），他の追認権者が追認権を行使しないことが信義則上許されないわけではない以上，無権代理人の追認拒絶が信義則上許されないとしても，全体として追認の効果が当然に生ずるわけではないという観点から，この判決は理解されることになる。追認権について，共同相続人全員の共同行使が本当に必要なのかといった観点から，この判決の考え方に対してはなお議論があるが，ここでは，このような判決の意味をまずは確認しておくことにしたい。

ところで，こうやって見てくると，②のように，本人が無権代理人を相続した場合には，追認拒絶権の行使が可能であり，本人は保護されているのだなぁという印象を受けると思う。

　しかし，実際の法律関係はもう少し複雑である。なぜなら，②において，Aが追認拒絶をし，無権代理が確定したとしても，Aは，Bを相続しており，それによって承継されるBの無権代理人の責任を免れることはできないからである。そして，民法117条は，無権代理人が相手方の選択によって，履行責任を負うことを規定している以上，結局，Aは履行責任を免れることはできないのではないかが問題となる。実際，最判昭和48年7月3日（民集27巻7号751頁→*家族法百選〔第7版〕62事件〔潮見佳男〕*）は，民法117条に基づく無権代理人の責任が相続の対象となることは明らかであり，それは，無権代理の本人が相続した場合でも異ならないとし，保証債務の履行責任を認めている。本判決の対象となったのは，保証債務という代替性のある債務の履行責任であったが，　設例　のような甲の権利移転ということも，この履行責任に含まれるのかが問題となる。この点は，次に見る他人物売主の地位の承継についての判例との整合性という観点からも検討される必要がある。

(2)　他人物売買と相続

　他人物売買に関しても，無権代理と類似の問題が生ずる。たとえば，　設例　において，BがAの代理人として行動したのではなく，甲をB自身の所有物だとしてCに譲渡したという場合である。この場合に，Bが死亡し，Aが相続したらどのようになるのだろうか。

　このような場合について，最大判昭和49年9月4日（民集28巻6号1169頁）は，権利者自身が売買契約を締結したことになるものではなく，売買の目的とされた権利が当然に買主に移転するものでもないとし，「権利者は，相続によって売主の義務ないし地位を承継しても，相続前と同様その権利の移転につき諾否の自由を保有し，信義則に反すると認められるような特別の事情のないかぎり，右売買契約上の売主としての履行義務を拒否することができる」とした。

　このような判断の前提には，売主としての履行義務を拒絶しても，相手

方の法的地位がそれによって従前より害されるわけではない（他人物売主に対して履行請求ができるとしても，所有者が権利移転に同意しない限り，それを実現することはできなかった）ということがあるが，このような判断との関係で，本人が無権代理人を相続した場合に，その無権代理人の履行責任（民117条）にどこまでの内容が含まれるのかという点が問題となるのである。

4 死亡退職金・生命保険金

死亡退職金や生命保険金など，死亡を原因として遺族などに支払われるものについては，それがそもそも相続法の規律の対象となるのか（遺産に含まれるのか）が問題となる。

① **死亡退職金** 死亡退職金に関しては，就業規則や協約による退職金規程や法律が，退職金の受給権者の範囲や順位について，相続法の規定と異なる内容を定めている場合や，そうした規程がなく，相続人と異なる者に支払われた場合（あるいは相続人に支払われなかった場合）の効力が問題となる。

最判昭和55年11月27日（民集34巻6号815頁）は，退職金に関する規程において，死亡退職金の受給権者の第1順位は内縁の配偶者を含む配偶者であり，配偶者があるときは子は支給を受けないとされていた事案について，「右規程は，専ら職員の収入に依拠していた遺族の生活保障を目的とし，民法とは別の立場で受給権者を定めたもので，受給権者たる遺族は，相続人としてではなく，右規程の定めにより直接これを自己固有の権利として取得する……右死亡退職金の受給権は相続財産に属さ」ないとした。この判決は，退職金支給に関する規程を細部にわたって確認し，その上で，民法とは異なる立場で受給権者を定めているとした。その後，最判昭和62年3月3日（家月39巻10号61頁）は，退職金支給規程の存在しなかった財団法人の理事長Aが死亡した事案についても，「死亡退職金は，……相続という関係を離れてAの配偶者であった被上告人個人に対して支給されたものである」とした原判決を維持している。

② **生命保険金** 生命保険金は，以下に見るように，保険金の受取人

の定め方によっていくつかの場合を分けて考える必要があるが，原則として，相続財産には含まれないというのが判例の立場である。生命保険金は，保険契約の効果として受取人が取得するものだからである。もっとも，そうなると相続人の中の一部のみが生命保険金を取得する場合に，実質的に不公平が生ずるのではないかという問題が生ずる。これは，特別受益の問題として扱われることになる→415頁【生命保険と特別受益】。

（i）**受取人が特定の相続人とされている場合**　判例は，保険契約者が受取人として特定の相続人を指定している場合について，保険金請求権は，保険契約の効力として，特定相続人の固有財産に属し，相続財産とはならないとしている（大判昭和11・5・13民集15巻877頁，最判昭和40・2・2民集19巻1号1頁，最決平成16・10・29民集58巻7号1979頁→*百選Ⅲ61事件〔水野貴浩〕*）。

（ii）**受取人が相続人とされている場合**　保険契約者が受取人として単に相続人と指定することも可能であるが（前掲最判昭和40・2・2は，「被保険者死亡の時における，すなわち保険金請求権発生当時の相続人たるべき者個人を受取人として特に指定したいわゆる他人のための保険契約と解するのが相当」だとする），この場合にも，特段の事情がない限り，受取人たる相続人全員の固有財産となり，遺産から離脱する（最判昭和48・6・29民集27巻6号737頁）。なお，この場合に相続人が取得する生命保険金の割合について，受取人を相続人とする指定は，民法427条の別段の意思表示により，相続分の割合によって権利を有するという指定を含むものであるとして，相続分の割合になるとされる（最判平成6・7・18民集48巻5号1233頁。これに対して，このような意思表示が含まれないとすると，民法427条により，等しい割合で生命保険金を取得することになる。最判平成5・9・7民集47巻7号4740頁参照）。

5　占有・占有権

占有は，現実的な支配である以上，占有権も，占有者の死亡によって消滅し，相続の対象とはならないのではないかとも考えられる。しかし，占有や占有権の相続による承継を認めないと，被相続人が死亡して，相続人が現実に占有を開始するまでの間に占有が奪われてしまった場合に占有回

収の訴えを提起することができない等の問題が生じる。最判昭和44年10月30日（民集23巻10号1881頁）は，「被相続人の事実的支配の中にあった物は，原則として，当然に，相続人の支配の中に承継されるとみるべきであるから，その結果として，占有権も承継され」るとした。

　なお，このように相続による占有や占有権の承継を認めることにより，相続人は，被相続人の占有とあわせて取得時効の完成を主張することができるようになる（被相続人の死亡と相続人による現実の占有の開始に時間的間隔があっても，占有は継続しているものとされる）。このような相続人は，原則として，被相続人の占有の性質や態様も承継するものと考えられるが，その上で，以下の点が問題となる。

　①　**被相続人が悪意の占有者である場合**　　被相続人が悪意の占有者であり，相続人が善意の占有者であるような場合には，むしろ，相続人は，自分自身の占有のみを主張する方が有利だということも考えられる（被相続人の占有が5年間で，相続人の占有が12年間という場合。悪意であった被相続人の占有とあわせても，20年の取得時効は完成していないが，相続人自身の善意の占有のみとすると，10年の取得時効が完成している。民162条）。最判昭和37年5月18日（民集16巻5号1073頁）は，民法187条1項の適用を否定した原判決を破棄し，「相続人は必ずしも被相続人の占有についての善意悪意の地位をそのまま承継するものではなく，その選択に従い自己の占有のみを主張し又は被相続人の占有に自己の占有を併せて主張することができる」とした。

　②　**被相続人が他主占有者であった場合**　　被相続人が他主占有者であった場合，他主占有（所有の意思を持たない占有。賃借家屋の占有など）を前提とする占有では何年占有しても，取得時効の対象とはならない（民162条。「所有の意思をもって」）。したがって，相続人が取得時効によって権利を取得するかについては，相続が，民法185条の「新たな権原」にあたるかどうかが問題となる。最判昭和46年11月30日（民集25巻8号1437頁）は，これを肯定し，占有を開始した相続人に，「所有の意思があるとみられる場合においては，……民法185条にいう『新権原ニ因リ』本件土地建物の自主占有をするに至ったものと解する」とした（実際の事案では，

372　　第Ⅲ部　相　続

所有の意思が立証されていないとして，取得時効の成立は否定された。最判平成 8・11・12 民集 50 巻 10 号 2591 頁は，「他主占有者の相続人が独自の占有に基づく取得時効の成立を主張する場合において，右占有が所有の意思に基づくものであるといい得るためには，取得時効の成立を争う相手方ではなく，占有者である当該相続人において，その事実的支配が外形的客観的にみて独自の所有の意思に基づくものと解される事情を自ら証明すべき」ものとする）。

6　遺骨・遺体

相続との関係でよくわからないのが，遺骨や遺体についての扱いである。

古い判決には，遺骨や遺体も相続の対象となり，相続人によって承継されるという立場を示したものもある（大判大正 10・7・25 民録 27 輯 1408 頁）。しかし，身体は，被相続人の所有物ではなく（被相続人そのものであり，被相続人の所有する客体ではない），相続の対象となるというのは違和感がある。また，複数の相続人がある場合には，相続によって共同相続人の共有となるという点についても，問題があるだろう。このように考えると，祭祀主宰者に帰属するとするのが適切であるように思われる（最判平成元・7・18 家月 41 巻 10 号 128 頁。もっとも，誰が祭祀主宰者であるのかの判断は，すでに述べたように，それほど容易ではない。○○家の墓のように，家族ないし家についての祭祀主宰者を考えるのか，亡くなった○○という個人についての祭祀主宰者を考えるのかという点も問題になる→*361 頁以下*）。もっとも，この場合にも，祭祀財産として承継されるわけではなく，あくまで，民法 897 条の趣旨に従って，このような結論になると考えるべきであろう（もっとも，前掲の東京高判昭和 62・10・8→*361 頁以下*は，「亡夫の遺体ないし遺骨が右祭祀財産に属すべきものであることは条理上当然である」とする）。

なお，従前の議論において中心となってきたのは，特に，遺骨について誰が権利を持つのかという点であり，親族間の人間的な対立が中心となってきた。しかし，臓器移植の対象といった，遺体についての異なる側面に焦点があてられるようになってきたときに，この問題がどのように考えられるべきなのかといった点については，なお今後の議論が待たれるところである。

第19講　相続人をめぐる問題
―― 相続人の資格をめぐる規律と具体的問題

　以下では，誰が相続人となるのかという，具体的な相続を考える場合のいわば出発点となるルールを説明することにしよう。

Ⅰ　相続人の確定の前提となるルール

　誰が相続人となるのかについての説明の前に，その前提となるルールについて，簡単に確認しておくことにしよう。

　① **相続人確定の基準時としての被相続人の死亡**　　相続は，被相続人の死亡によって開始するので（民882条），被相続人の死亡時を基準時として，誰が相続人となるかが決まる。

　死亡には，本来の死亡以外に，失踪宣告によるものも含まれる（民30条以下）。詳しくは，民法総則の教科書を見てほしいが，利害関係人の請求によって家庭裁判所による失踪宣告がなされると（民30条1項），普通失踪の場合には，生死不明の状態が7年間経過した時に，また，特別失踪（同条2項）では，危難が去った時に死亡したものと扱われる（民31条）。

　② **同時存在の原則**　　上述のとおり，被相続人の死亡時に，相続が開始する。相続人となるためには，その時点で，権利能力を有していることが必要である。すなわち，被相続人の死亡時に，相続人が生きているということが前提となる。これを，「同時存在の原則」と呼ぶ（あまりしっくりこない表現で，私などは，いつもSF小説のタイムトラベルの「同時に存在してはならない」というパラドックスなどを連想してしまう）。

　たとえば，夫婦ABの間に子CDがいるという家族を考えよう。Aが死亡した場合，後述のようにBCDが相続人となるが，その後，今度はBが死亡した場合，CDのみが相続人となり，Aが相続人となるわけではない。……と，当たり前と言えば当たり前のことである。

374　　第Ⅲ部　相　続

このような同時存在の原則は，複数の者が同時に死亡したような場面では，相互に相続人とならないという形で機能する。たとえば，上記の家族でAB夫婦が飛行機事故で死亡したという場合を考えよう。おそらく厳密に言えば，同時に死亡するということはほとんど考えられないはずである。しかし，このような事故で死亡した場合，実際には，いずれが先に死亡したかがはっきりしないという場面も少なくないだろう。こうした場合，同時死亡の推定（民32条の2）が働く。その結果，ABは相互に相続人となることはなく（それぞれの死亡時に生存していなかったから），AについてはCDを相続人とし，また，BについてもCDを相続人とする相続が開始するのである。

Ⅱ　相続人の確定に関する基本的なルール

　第17講で簡単に説明したように，誰が相続人となるかは法定されており，配偶者は常に相続人となるとともに，それ以外の血族で誰が相続人となるかは，法律に定められた順位によって決まることになる。以下の設例に即して，説明することにしよう。

> **設例1**　　死亡したAには，配偶者Bのほか，Bとの間の子CDがおり，また，Aの両親EFは健在であり，EFの子でAの兄Gがいる。

(1)　常に相続人となる配偶者
　まず，Bは，AとBが婚姻関係にあるという以外の親族関係がどのようになっているかに関係なく，常に相続人となる。B以外に誰が相続人となるかは，以下に説明するように，そのときの状況によって変わってくるが，配偶者は，常に相続人であることが規定されているのである（民890条）。

(2)　順位によって決まる血族相続人
　この配偶者の相続権とは別に相続人を規定するのが，民法887条・889条である。これらを血族相続人と呼ぶ。血族相続人は，以下の順序で相続人となる。

第19講　相続人をめぐる問題　　375

①　**被相続人の子**　　民法 887 条 1 項は，被相続人の子が相続人となることを規定している。設例1 の場合，CD は，この規定によって当然に相続人となる。胎児は，相続については，すでに生まれたものとみなされるので（民 886 条 1 項），たとえば，B がすでに A の子を身ごもっていたという場合，その胎児も相続人となる（その場合の遺産分割については後述する→*508 頁以下*）。なお，同条 2 項・3 項は，代襲相続について規定しているが，これについては後述する。

②　**直系尊属**　　被相続人に子やその代襲相続人がいない場合には，被相続人の直系尊属が相続人となる。設例1 において，CD がすでに死亡しており，代襲相続人もいないという場合には，被相続人の両親である EF が相続人となる。なお，親等の異なる直系尊属が複数いる場合には，その親等の近い者が相続人となるので，仮に，A の祖父母が健在であったとしても，相続人となるのは EF のみである（民 889 条 1 項 1 号）。

③　**兄弟姉妹**　　被相続人に子やその代襲相続人がおらず，また，両親等の直系尊属もすでに死亡しているという場合には，兄弟姉妹が相続人となる（民 889 条 1 項 2 号）。なお，兄弟姉妹についても代襲相続の規定が準用されているが，これについても後述する。

誰が相続人となるかは，このように法定されているが，上記の①②③は，この順位で相続人となるということを示すものであり，先順位の相続人が 1 人でもいれば，後順位の者が相続人になるということはない。たとえば，CD のうち，一方が死亡しており，代襲相続人がいないという場合であっても，その分だけ，第 2 順位の EF のところにいくわけではない。また，EF の一方のみが生存しているという場合にも，第 3 順位の G が相続人となるわけではない。その点では，相続の順位というのは，個別の親族ごとに割り当てられるものではなく，カテゴリーに割り当てられた順位だということになる。

(3)　**代襲相続**

代襲相続というのは，相続人が相続開始以前にすでに死亡していたり，あるいは，相続欠格や廃除→*386 頁以下*によって相続人たる資格を失ってい

376　　第Ⅲ部　相　続

るときに，その子が代わって相続をするという仕組みである。

代襲相続が認められるのは，相続人としての子と兄弟姉妹に限定されている（民887条2項・889条2項）。直系尊属については，被相続人から近い側の直系尊属から相続人となるのだから，代襲相続を考える余地はない。

㈎　被相続人の孫と再代襲

次のような設例で，これを説明することにしよう。

設例2　　死亡したAには，配偶者Bのほか，Bとの間の子Cがおり，また，Aの両親EFは健在である。ABには，子Dもいたが，すでに死亡しており，そのDには，配偶者HとHとの間の子Ｉがいる。

---

①　**被相続人の孫**　　民法887条2項は，「被相続人の子が，相続の開始以前に死亡したとき，又は第891条の規定に該当し，若しくは廃除によって，その相続権を失ったときは，その者の子がこれを代襲して相続人となる」と規定する。したがって，**設例2**の場合，配偶者Bと子Cが相続人となるほか，Dの子Ｉが代襲相続人となる。

なお，同項は，「被相続人の子が，相続の開始以前に死亡したとき」と規定しているので，被相続人の子が，相続開始と同時（つまり，被相続人の死亡と同時）に死亡したというときも，代襲相続の対象となる。たとえば，AとDが同じ飛行機事故で死亡して，その死亡の先後が不明であるという場合には，同時死亡の推定が働き（したがって，Dは相続人にならない），その場合にも，Ｉは，Aの代襲相続人になる。

もっとも，同項ただし書は，「被相続人の直系卑属でない者は，この限りでない」と規定している。これは，**設例2**で言えば，AD間で養子縁組がなされ，それによってDがAの嫡出子たる地位を取得したが，Ｉは，その縁組前の子であったという場合，AとＩとの間には法定血族関係がないので（民727条。血族関係が生ずるのは，養親およびその血族と養子との間だけであって，養親と養子の血族との間には親族関係は生じない→*251頁*），仮にAの死亡前にDが死亡したとしても，Ｉが代襲相続人になるものではないということを規定するものである。

第19講　相続人をめぐる問題　　377

② **再代襲** 代襲相続人となる子（被代襲者の孫）も，すでに死亡していたり，相続欠格や廃除によって相続権を失っていたという場合には，さらにその子が代襲相続人となる（再代襲。民887条3項）。なお，再代襲は，子の代襲相続についての一般的な規律として規定されており，この再代襲は，直系卑属がいる限り続くことになる（民法887条3項に規定される場合の主語は，「子」ではなく，「代襲者」である）。

この結果，孫であれ，ひ孫であれ，玄孫であれ，被相続人の直系卑属がいる限りは，第1順位の血族相続人のカテゴリーの該当者がいるということになる。

(イ) **被相続人の兄弟姉妹の子（甥と姪）**

このような代襲相続は，上述のとおり，法定相続人たる兄弟姉妹が，相続開始時にすでに死亡していた場合にも認められる。つまり，その兄弟姉妹の子（被相続人からいえば甥や姪）が代襲相続人となる。

ただ，これについては，少し注意が必要である。このことを規定する民法889条2項をよく見てほしい。そこで準用されているのは，民法887条2項だけであり，再代襲に関する同条3項は準用されていない。したがって，兄弟姉妹が，すでに死亡していたという場合，その子は代襲相続人となるが，それ以上の再代襲は認められないということになる（兄弟姉妹の孫がいても，他に血族相続人がなければ，配偶者の単独相続となるか，相続人不存在となる）。

(ウ) **代襲相続人の相続分**

（再）代襲相続が認められる場合，その（再）代襲相続人の相続分は，被（再）代襲者の相続分によって定められることになり，（再）代襲者が複数いる場合には，その間で均分相続されることになる（民901条。「株分け」という考え方である）。

Ⅲ 相続の承認と放棄

相続をすることは相続人の義務ではなく，相続人のイニシアティブによ

って，相続をするか否か等を決めることができる。民法は，このような相続人の対応について，単純承認，限定承認，相続放棄の3つを用意している。

1 単純承認

(1) 単純承認の意義

まず，単純承認というのは，そのまま相続の効果が生ずることを認めるものであり，無限に被相続人の権利義務が承継される（民920条）。もっとも，通常は，積極的に単純承認の意思表示がなされるわけではなく，以下に説明するように，一定の期間内に限定承認や相続放棄の意思表示がなされなかったこと等により，単純承認と扱われる（民921条2号）。

(2) 法定単純承認

民法は，一定の場合に，単純承認がなされたものとみなすという仕組みを用意している。上記の一定の期間内に限定承認や放棄の意思表示をしなかった場合というのも，そのひとつである（民921条2号）。民法が規定する3つの場合を確認しておこう。

① **相続財産の全部または一部の処分**　相続人が相続財産の全部または一部を処分したときには，単純承認したものとみなされる。ただし，保存行為（相続した債権の時効中断のための請求等）および民法602条に定める期間を超えない賃貸をすることは，これにあたらない（民921条1号）。

なお，ここでの処分には，遺産を売却するといった処分行為だけではなく，遺産に属する物の毀損等の事実上の処分行為や，債権の取立て，弁済の受領も含まれる。

② **熟慮期間の経過**　民法915条は，「相続人は，自己のために相続の開始があったことを知った時から3箇月以内に，相続について，単純若しくは限定の承認又は放棄をしなければならない」と規定する。これを熟慮期間と呼ぶ。すでに述べたように，この期間内に限定承認や放棄の意思表示がなされなかった場合には，単純承認したものとみなされる（民921条2号）。この期間は，利害関係人または検察官の請求によって，家庭裁判

第19講　相続人をめぐる問題　379

所において伸長することができる（民915条1項ただし書）。

　なお，相続が開始したことは知っていたが，被相続人には特に財産や債務がないと思っていたところ，後から，被相続人が債務を負担していたということを知ったというような場合の扱いが問題となる。

　最判昭和59年4月27日（民集38巻6号698頁→*百選Ⅲ 76事件〔小賀野晶一〕*）は，被相続人と相続人との間の交渉が全く途絶えており，被相続人には相続すべき積極財産が全くなく，葬儀も行われず，遺骨は寺に預けられたという事情があり，相続人が被相続人の死亡後約1年を経過したのちに，初めて連帯保証債務の存在を知ったという事案について，「相続人が，右各事実〔相続の開始と自らが相続人となったこと〕を知った場合であっても，右各事実を知った時から3か月以内に限定承認又は相続放棄をしなかったのが，被相続人に相続財産が全く存在しないと信じたためであり，かつ，被相続人の生活歴，被相続人と相続人との間の交際状態その他諸般の状況からみて当該相続人に対し相続財産の有無の調査を期待することが著しく困難な事情があって，相続人において右のように信ずるについて相当な理由があると認められるときには，相続人が前記の各事実を知った時から熟慮期間を起算すべきであるとすることは相当でないものというべきであり，熟慮期間は相続人が相続財産の全部又は一部の存在を認識した時又は通常これを認識しうべき時から起算すべき」であるとして，起算点をずらすことによってこの問題に対応する可能性を認めた。

　もっとも，本判決で示されている要件は，かなり厳格であり，相続人の知らない債務があったというだけで，起算点をずらすことが当然に認められるわけではないだろう（具体的には，被相続人に対して高額の債権を有している者が，熟慮期間中は黙っていて，その後に相続人に請求するという場合が，本判決によってカバーされるかが問題となる）。

　③　**相続財産の隠匿や消費等**　　相続人が，限定承認または相続の放棄をした後であっても，相続財産の全部もしくは一部を隠匿し，債権者を害することを知りながらこれを消費し，または悪意でこれを相続財産の目録中に記載しなかったときには，単純承認したものとみなされる（民921条3号）。ただし，その相続人が相続の放棄をしたことによって相続人となった者が相続の承認（単純承認だけではなく，限定承認も含む）をした後は，

380　　第Ⅲ部　相　続

この限りでない（同号ただし書）。本号は，詐害的な隠匿行為等をなした者に対するサンクションとして規定されたものであるが，相続債権者等ではなく，新たに相続人となった者に追及させるという趣旨によるものである。

コラム **阿漕な取立てについて**

　仮にお金を貸していた相手が亡くなってしまったとすれば，どうするだろうか。心優しい諸君は，いくばくかのお香典を持って，告別式に参列し，言いにくそうに遺族に切り出すかもしれない。あるいは，遺族が落ち着くのを待って，1週間ほどしてから，訪ねようと思うかもしれない。

　しかし，もし阿漕な取立てをしようとすれば，もとい，しっかりと取立てをしようとすれば，葬儀から3か月経過してから，取り立てた方がいい……ということになるかもしれない。金を貸した故人には大して財産もなかったとすれば，早々に取立てをすると，相続人は相続放棄をするかもしれない。その点からは，3か月間は，お悔やみを言うことがあっても，故人に金を貸していたなどと言う必要はない。3か月後，熟慮期間が経過してから，しっかりと相続人から取り立てればよいということになる。

　本文で説明したように，前掲最判昭和59年4月27日で示されている要件はかなり厳格で，そこに示されたことを前提とすれば，そう簡単に熟慮期間の起算点をずらせるわけではないだろう。

　もっとも，自分で書いていても思うが，ここで触れたようなケースについて言えば，何か居心地の悪さも感じる。昭和59年判決はかなり厳格な要件を示しているが，実際の家裁実務においては，もう少し柔軟に熟慮期間を判断しているともされる。相続放棄は，単に特定の債権者との関係でのみ問題となるものではないので，一概には言えないが，家裁実務の背景には，こうした問題意識もあるのかもしれない。

2　限定承認

　限定承認は，相続によって得た財産の限度においてのみ被相続人の債務および遺贈を弁済するという留保をつけて，相続の効果が生ずることを認めるものである（民922条）。つまり，限定承認をした相続人は，債務について責任を負担するとしても，その範囲は相続によって得た積極財産の範囲に限定されるのである。相続財産の状況が明確ではなく，債務超過かどうかが明らかではないという場合，相続人にとっては最も安全な制度だ

ということになる。

　もっとも，このような限定承認は，一般的にはあまり利用されていない。その理由としては，特に，2つの点が挙げられるだろう。

　まず，限定承認の手続が比較的負担の大きいものであることによる。限定承認をする場合，熟慮期間内に財産目録を作成し，家庭裁判所に限定承認の申述をしなくてはならない（民924条）。そして，限定承認後5日以内に，相続債権者・受遺者に対して，限定承認をしたこと，2か月を下らない一定の期間内に請求の申出をするように公告するといった手続等が必要となる（民927条）。そして，期間満了後は，申し出た相続債権者その他知れている相続債権者に，法律で定められた順序に従い，相続財産から弁済をしなくてはならず（民929条），その後に，受遺者への弁済がなされる（民931条）。これは，破産に類似した清算手続であり，遺産の額が小さい場合には，相対的にそのコスト（負担）が大きいものとなる。

　もうひとつの理由が，単純承認や相続放棄と異なり，相続人の全員共同でのみ限定承認が可能だという点である（民923条）。共同相続人の1人が相続放棄をしたという場合には，初めから相続人とならなかったものとみなされるから影響はないが，他の共同相続人が限定承認の申述に同意しなかったり，あるいは，単純承認をしてしまうと限定承認の余地はなくなるのである。

> ⬭コラム　*被相続人による不動産の処分と限定承認における相続債権者との関係*
>
> 　少し難しい問題だが，被相続人による不動産の処分と限定承認がなされた場合の相続債権者との関係について，簡単に触れておくことにしよう。
>
> 　① **相続開始前に被相続人が不動産を譲渡した場合**　　この譲渡について移転登記がされていれば，それが限定承認における責任財産とならないことは明らかであるが，問題は，これについて登記がなされていない場合である。相続債権者としては，その不動産も責任財産だと主張するはずである。この場合，譲受人は，登記を備えていない以上，相続債権者に対抗できないというのが判例である（ただし，仮登記を備えていれば，所有権移転登記をすることで対抗できる。最判昭和31・6・28民集10巻6号754頁）。
>
> 　② **被相続人が不動産を遺贈した場合**　　これについては，すでに触れたよ

382　　第Ⅲ部　相続

うに，民法 931 条が，「限定承認者は，……各相続債権者に弁済をした後でなければ，受遺者に弁済をすることができない」としており，受遺者が相続債権者に劣後することを明示的に規定している。これは，被相続人が多大な債務を残しておきながら，遺贈することで，相続債権者を害することを阻止することに向けられた規定である。したがって，相続債権者は，当該不動産を責任財産に含めて，債権を回収することが認められる。

③　**被相続人が不動産を死因贈与した場合**　　この問題は，少しやっかいである。まず，死因贈与も贈与だという立場に立てば，①を前提として，受贈者が仮登記を備えていれば，その順位保全効によって，相続債権者に対抗できることになる。他方，死因贈与を遺贈と同じだと考えるのであれば，②と同様に，受贈者は相続債権者に劣後することになる。最判平成 10 年 2 月 13 日（民集 52 巻 1 号 38 頁→*百選 III 78 事件［武川幸嗣］*）は，相続人に死因贈与がなされたという事案について，死因贈与についての移転登記と相続債権者の差押登記の先後の問題だということを前提としつつ，「不動産の死因贈与の受贈者が贈与者の相続人である場合において，限定承認がされたときは，死因贈与に基づく限定承認者への所有権移転登記が相続債権者による差押登記よりも先にされたとしても，信義則に照らし，限定承認者は相続債権者に対して不動産の所有権取得を対抗することができない」とした。これを前提とすれば，死因贈与の受贈者と相続債権者は，基本的に対抗関係に立つことになるが，その前提の妥当性，特に，遺贈との相違が十分に正当化できるのかという点については，なお検討の余地があるものと思われる。

3　相続放棄

⑴　相続放棄の意義

相続の放棄は，相続開始後に相続の効果が生ずることを拒否するものであり，家庭裁判所への申述によってなされる（民 938 条）。そして，相続の放棄が認められると，その者は，「その相続に関しては，初めから相続人とならなかった」ものとみなされる（民 939 条）。

したがって，設例1 で，子である CD が相続放棄をすれば，EF という A の両親が相続人に繰り上がることになる。他方，C のみが相続放棄をしたという場合には，D が，B とともに相続人となり，D の相続分がその分増えることになる（子との共同相続ということで，B の相続分は 2 分の 1 のままである。他方，子としての相続人が 2 人から 1 人に減るので，D の相続分は，

4分の1から，2分の1に増える）。

> **コラム** *事実上の相続放棄──相続分皆無証明書*
>
> 　本文の説明で限定承認はあまりなされないということを書いたが，相続放棄
> も，必ずしもそれほど一般的によくなされているわけではない。
> 　手続としては，家庭裁判所への申述が必要ではあるものの，限定承認に比べ
> ればはるかに容易である。しかし，このように比較的簡単な手続でできるとい
> うこと自体が周知されていないということもあるだろうし（あるいは，それで
> も面倒だと感じられるかもしれない），家庭裁判所の受理（なお，相続放棄の
> 申述の受理は，家事審判事項である。家事・別表第一九十五）によって相続放
> 棄が確定するまで一定の期間（おおむね1か月程度とされる）がかかるために，
> 相続人（特に遺産を承継する者）にとっては少々不便だという事情（相続放棄
> が確定するまでは，その者を除外した遺産分割協議を成立させることができな
> い），あるいは，熟慮期間を過ぎてしまえば，そもそも相続放棄ができないと
> いったこともあるだろう。
> 　これに対して，実際の相続時の対応として，比較的よく使われているものに，
> 「事実上の相続放棄」と呼ばれるものがある。これは，後述の遺産分割協議で
> 特定の相続人に遺産を集中するという方法によってもなされうるし，たとえば，
> 「相続人甲は，被相続人からすでに十分な生前贈与を受けており，今回の相続
> に際しては相続分はありません」といった趣旨のことを記載した書面（相続分
> 皆無証明書）を作成し，これを添付して，遺産に関する手続を行うという場合
> もある。
> 　もっとも，この事実上の相続放棄は，相続財産に対して取り分を主張しない
> という意味では，なるほど相続放棄と共通するが，性質上は，相続放棄ではな
> い。単に，後述する特別受益があることを理由として（仮にそれが真実ではな
> いとしても），具体的相続分がないという趣旨のことを述べて，今回の相続で
> の取り分がないとしているにすぎない。したがって，その他の相続の効果は否
> 定されない。たとえば，被相続人に債務があったという場合，それは基本的に
> 法定相続分に応じて承継されるのであり，それを，この「事実上の相続放棄」
> によって拒むことはできないのである。
> 　その点では，こうした「事実上の相続放棄」というのは，かなりあぶなっか
> しいものだと言わざるをえないだろう。諸君が家族法の勉強をしているという
> ことを知った知人が相談を持ちかけてきたときは，この相続分皆無証明書なる
> 書類がどのような意味を有しているのかということについて，きちんと説明を
> してあげてほしい。

(2)　再転相続人の相続放棄等

> 設例3　　Aが死亡し，Bが相続人となった（第1相続）。その後，熟慮期間中に，Bが死亡して，Cが相続人となった（第2相続）。

　このように，相続人が熟慮期間中に，相続の放棄も承認もせずに，死亡して，その相続が開始した場合を再転相続という。設例3 の場合，Cは，Bを通じたAの相続と，Bの相続について，相続人となる。このような再転相続について，民法916条は，「相続人が相続の承認又は放棄をしないで死亡したときは，前条第1項の期間〔熟慮期間〕は，その者の相続人が自己のために相続の開始があったことを知った時から起算する」としている。つまり，CがBの死亡を知った時が，熟慮期間の起算点となる。この場合，Cは，相続の放棄や承認について，どのような判断をなしうるのか，一方のみを承認して，他方について放棄することができるのかといったことが問題となる。

　これについて，最判昭和63年6月21日（家月41巻9号101頁→*百選Ⅲ 77事件〔本山敦〕*）は，「民法916条の規定は，……Cの再転相続人たる地位そのものに基づき，Aの相続とBの相続のそれぞれにつき承認又は放棄の選択に関して，各別に熟慮し，かつ，承認又は放棄をする機会を保障する趣旨をも有するものと解すべきである」との判断を示した（ABCは 設例3 に合うように置き換えた）。

　すなわち，Cは，第1相続と第2相続の両方ともを承認することができるほか，第1相続を放棄し，第2相続のみを承認するということも可能である。たとえば，Aには多額の債務があり，Bには十分な財産があるというような場合に，そのようなことが考えられる。もっとも，Cが第2相続を放棄した場合には，本来，Bが有していた相続の放棄・承認の選択権も失うことになるから，第1相続を承認する余地はない。

　なお，再転相続における熟慮期間の起算点について，最判令和元年8月9日（裁判所ウェブサイト）は，「民法916条にいう『その者の相続人が自己のために相続の開始があったことを知った時』とは，相続の承認又は放棄をしないで死亡した者の相続人が，当該死亡した者からの相続により，

第19講　相続人をめぐる問題　　385

当該死亡した者が承認又は放棄をしなかった相続における相続人としての地位を，自己が承継した事実を知った時をいう」とする。Cは，Bからの相続が開始したことを知ったとしても，当然に，BがAの相続人であったことを知りうるわけではなく，それを知ったうえで，Aからの相続について承認または放棄を選択する機会をCに保障する必要があるという理由による。

　以上のように，相続人の相続への対応としては，単純承認，限定承認，相続放棄という3つのタイプが用意されているが，現実に最も多いのは，単純承認である。そして，その大半は，法定単純承認による。特に，熟慮期間の徒過のように，その間に何もしなければ単純承認とみなされるというように，単純承認をデフォルトにするということについては，その立法上の是非をめぐる議論もある。むしろ立法論的には，限定承認を原則とすべきではないかという見解も有力である。ただ，このあたりは，相続における簡便な処理の要請，相続人の安全の確保とそれを一般原則として要求することによるコストの負担といったことを考えざるをえないし，また，潜在的には，相続人の権利義務に対する見方，あるいはより端的に相続という仕組みをどのように理解するのかといった基本的な考え方にも関わるものだと思われる。

Ⅳ　相続欠格と推定相続人の廃除

　誰が相続人となるかは，上記のような枠組みによって決まることになるが，一定の場合には，相続人としての資格が認められない。これが，相続欠格と推定相続人の廃除である。

1　相続欠格という制度

⑴　相続欠格に関する民法の規定
　まず，民法891条は，以下の者は，「相続人となることができない」ということを規定する。

386　　第Ⅲ部　相　続

① 故意に被相続人または相続について先順位もしくは同順位にある者を死亡するに至らせ，または至らせようとしたために，刑に処せられた者（1号）

② 被相続人の殺害されたことを知って，これを告発せず，または告訴しなかった者（ただし，その者に是非の弁別がないとき，または殺害者が自己の配偶者もしくは直系血族であったときは除く）（2号）

③ 詐欺または強迫によって，被相続人が相続に関する遺言をし，撤回し，取り消し，または変更することを妨げた者（3号）

④ 詐欺または強迫によって，被相続人に相続に関する遺言をさせ，撤回させ，取り消させ，または変更させた者（4号）

⑤ 相続に関する被相続人の遺言書を偽造し，変造し，破棄し，または隠匿した者（5号）

このような欠格事由が存在する場合，その者は，当然に相続人となることができないとされるのであり，何らかの手続が必要なわけではない。仮に相続欠格事由があることが明らかにならないまま，遺産分割がなされたとしても，そもそも相続人ではなかった者（表見相続人）の遺産分割による遺産の取得が正当化されるわけではなく，真の相続人から表見相続人に対する不当利得返還請求権や物権的請求権が認められる（なお，こうした個別の請求権と相続回復請求権〔民884条〕との関係については，558頁以下参照）。また，後述の推定相続人の廃除と異なり，このような相続欠格については，宥恕の規定（被相続人の意思によって，相続人たる資格を回復するという仕組み）は用意されていない。

なお，相続欠格に関する民法891条は，受遺者にも準用される（民965条）。したがって，受遺者に欠格事由がある場合には，何らの手続を要することなく，その遺贈の効力が否定される。

(2) **相続欠格を支える基本的な考え方**

このような相続欠格という制度が，どのような考え方によって基礎付けられているのかという点については，さまざまな説明がされている。

細かいバリエーションをさしあたり度外視して，ごく概略的に整理する

第19講 相続人をめぐる問題 387

と，①被相続人と相続人との間の相続協同体というべき関係を破壊したことに対する制裁という見解，②財産取得秩序を乱して違法に利得しようとしたことに対する制裁と見る見解，さらには，③この①と②を組み合わせて複合的な観点から，相続欠格を基礎付ける見解（民法891条1号・2号を①によって基礎付け，3号〜5号を②によって基礎付ける考え方など）が主張されている。

こうした考え方の対立は，いくつかの個別的な問題の解決の中で，その違いをあらわすことになる。そうした点については，順次，検討していくことにして，ここでは，相続欠格をどのような制度として理解するか自体について，上記のような見解の対立があるということだけをまずは確認しておく。

2　相続欠格をめぐる個別問題

⑴　遺言書の偽造等における事情 —— 二重の故意をめぐる問題

遺言書の偽造，変造，破棄，隠匿は，民法891条5号に規定されているが，以下のような場合にどうなるのかということを考えてみたい。

> 設例4-1　Aが死亡し，子BCが相続人となった。Bは，Aの筆跡をまねて，自分に有利な遺言書を偽造した。
>
> 設例4-2　Aが死亡し，子BCが相続人となった。Bは，Aが残した遺言書が自分に不利なことを知っていたために，その遺言書を破って捨ててしまった。

以上の 設例4-1 ， 設例4-2 は，それぞれ，遺言書の偽造，破棄に該当する典型的な場合である。これらの場合，そして，遺言書を変造したり，隠匿した場合にも，民法891条5号によって，相続人たる資格を失うことになる。

ところで，同じように破棄にあたる場合であっても，以下のような少々長い設例の場合には，どうなるだろうか。

> 設例5　Aが死亡し，妻Bと子CDがある。CはAB間の嫡出子であるが，DはAと妻とは別の女性Eとの間に生まれた非嫡出子である。

> 生前にBやCとの関係がこじれていたAは，全財産をDに残すこととして，その旨の遺言書をEに預けていた。そのことを知ったDは，BやCとの関係がこれ以上こじれることを懸念して，Eの面前で，その遺言書を破り去った。Aの死後，遺族が集まった席上で，Eは，Dがどれほど無欲であり，BCとの関係にも気を遣っているかということを説明するために，そのエピソードを披露した。

　少々長い設例であったが，ニュアンスは伝わっただろうか。さて，この席上でこの話を聞いたCは，それは，遺言書の破棄にあたり，相続欠格となると主張した。Dは全財産を相続するというような相続において特別に有利な扱いを受けることは望まなかったわけであるが，これが遺言書の破棄にあたり，欠格事由に該当するということになると，全く相続することができず，本来の相続分自体も失ってしまうことになるのである（ちなみに，本来の相続分は，4分の1である→*406頁以下*）。「C君，そりゃ，あんまりじゃないか！」と，私がその席上にいたら，思わず言いたくなるだろうが，どのように考えるべきなのだろうか。

　このような問題を踏まえて，民法891条5号については，一定の柔軟な解決が図られてきている。学説上は，遺言書の変造等の故意だけではなく，それによって自らが相続法上有利になろうとする意思（故意）が必要であるという立場（「二重の故意」を要求する見解）が主張され，下級審裁判例の中には，そうした立場に立つと思われるものも登場していた。

　事案はここで述べたものよりもう少し複雑だが，最判平成9年1月28日（民集51巻1号184頁→*百選Ⅲ52事件〔石川博康〕*）は，「相続人が相続に関する被相続人の遺言書を破棄又は隠匿した場合において，相続人の右行為が相続に関して不当な利益を目的とするものでなかったときは，右相続人は，民法891条5号所定の相続欠格者には当たらないものと解するのが相当である。けだし，同条5号の趣旨は遺言に関し著しく不当な干渉行為をした相続人に対して相続人となる資格を失わせるという民事上の制裁を課そうとするところにあるが……，遺言書の破棄又は隠匿行為が相続に関して不当な利益を目的とするものでなかったときは，これを遺言に関する著しく不当な干渉行為ということはできず，このような行為をした者に相続人となる資格を失わせるという厳しい制裁を課することは，同条5号の趣旨に

沿わないからである」と判示した。

　これによれば，民法 891 条 5 号の破棄や隠匿については，遺言書自体を破棄・隠匿するという意思（故意）だけではなく，それによって自らが相続法上有利になろうとする意思（故意）が必要とされることになる（二重の故意）。 設例 5 も，このような観点から，Dの行為は，相続欠格をもたらさないという説明が可能であろう。

　コラム　　*もうひとつの遺言書変造事件*

　本文で説明したように，遺言書の変造等に関する民法 891 条 5 号については，二重の故意を要件として判断するという枠組みが判例において基本的に承認された。ところで，5 号欠格事由が問題となった事件としては，もうひとつ，少し古い事件であるが有名なものがある。

　最判昭和 56 年 4 月 3 日（民集 35 巻 3 号 431 頁→*家族法百選〔第 5 版〕67 事件〔阿部徹〕*）で問題となったのは，押印を欠いていたために，無効である自筆証書遺言に，相続人Yが押印をしたというケースである（自筆証書遺言の方式については，民法 968 条 1 項参照）。同判決は，「民法 891 条 3 号ないし 5 号の趣旨とするところは遺言に関し著しく不当な干渉行為をした相続人に対し相続人となる資格を失わせるという民事上の制裁を課そうとするにあることにかんがみると，相続に関する被相続人の遺言書がその方式を欠くために無効である場合又は有効な遺言書についてされている訂正がその方式を欠くために無効である場合に，相続人がその方式を具備させることにより有効な遺言書としての外形又は有効な訂正としての外形を作出する行為は，同条 5 号にいう遺言書の偽造又は変造にあたるけれども，相続人が遺言者たる被相続人の意思を実現させるためにその法形式を整える趣旨で右の行為をしたにすぎないときには，右相続人は同号所定の相続欠格者にはあたらないものと解するのが相当である。……本件遺言証書は遺言者であるAの自筆によるものであって，Yは右Aの意思を実現させるべく，その法形式を整えるため右の押印行為をしたものにすぎないというのであるから，Yは同法 891 条 5 号所定の相続欠格者にあたらないものというべきである」と判示した。

　ここで問題となるのは，この昭和 56 年判決と本文で取り上げた平成 9 年判決との関係である。まず，昭和 56 年判決では，5 号の欠格事由に該当しないとする理由は，「遺言者たる被相続人の意思を実現させるため」の行為であり，遺言に対する不当な干渉行為ではないという点にあると考えられる。他方，平成 9 年判決では，「遺言書の破棄又は隠匿行為が相続に関して不当な利益を目的とするものでなかったときは，これを遺言に関する著しく不当な干渉行為と

いうことはでき」ないと説明されている。

　この2つの判決は，いずれも，5号の欠格事由を基礎付けるのが，遺言に対する不当な干渉行為であるという点にあるとしており，その上で，当該行為が，このような不当な干渉行為と評価されるのかというレベルで問題を考えている。この点では，両者は共通する。

　しかし，他方で，そのような不当な干渉とならないとする理由は，昭和56年判決では，遺言者の意思を実現しようとした点に求められるのに対して，平成9年判決では，不当な利益を目的としていないという点に求められるのであり，やはり，実質的な相違は残るものと考えられる。

　自分に不利な遺言書が方式を欠いていたという場合に，押印等によって，その方式を治癒しようとする行為は，このいずれによっても，同じように判断されるだろう（遺言者の意思を実現しようとするものであり，かつ，不当な利益を目的とするものでもない）。

　他方，自己に有利な遺言書が方式を欠いていたという場合の行為については，遺言者の意思の実現という観点からは肯定されるとしても，不当な利益を目的とするものではないのかという点については，議論の余地が残るだろう。この点で，昭和56年判決によって示されたものが，平成9年判決によって発展的に解消したというわけではないと考えられる。と同時に，両者による判断が異なる場合に，いったいどのように処理されるべきなのかという問題は，必ずしも明確ではないまま，依然として残されているのである。

　なお，このように遺言者の意思を実現するために，方式を備えさせるという行為が，仮に欠格事由に該当しないとされる場合であっても，それによって客観的に存在していた方式の不備が治癒されるわけではない。したがって，あくまで，その遺言は無効であるということには変わりがないので，その点は，注意してほしい。

　なお，若干気になるのが，このように二重の故意の欠如，被相続人の意思の実現という観点から，欠格事由を否定するという枠組みは，当然に，3号と4号の欠格事由にも及ぶのかという問題である。

　上記のように，民法891条の欠格事由について，1号・2号というグループと，3号〜5号というグループに分けて説明するという立場からは（こうした理解も有力である），平成9年判決は，3号や4号にも及びうるものであるという見方もできそうである。また，昭和56年判決では，「民法891条3号ないし5号の趣旨とするところは遺言に関し著しく不当な干渉行為をした相続人に対し相続人となる資格を失わせるという民事上の制裁

第19講　相続人をめぐる問題　391

を課そうとするにある」という説明から始まっているのである。こうした点からは，昭和56年判決，そして，基本的には同様の出発点をとっていると考えられる平成9年判決についても，民法891条3号と4号も射程に含めるという考え方もありうるかもしれない。しかしながら，この点については，なお慎重に判断されるべきではないかと思われる。

　まず，昭和56年判決と平成9年判決は，いずれも具体的な事案としては，あくまで5号欠格事由についての判断としてなされたものであり，直接的な先例的価値は，あくまで5号欠格事由に限定されたものである。

　さらに，3号・4号の欠格事由では，「詐欺又は強迫」という形での被相続人に対する干渉が要件として加えられている。こうした要件の相違に照らすと，たとえば，不当な利益を取得するという意図さえなければ，欠格事由とはならないのかというと，やはり違うと考えるべきなのではないだろうか。

(2)　被相続人による宥恕の可能性

　すでに述べたとおり，相続欠格については，その欠格の取消し等の規定は用意されていない。したがって，被相続人が，こうした欠格事由がある者に対して，自らの財産を相続させたいという場合であっても，そうした被相続人の意思によって，その者について，相続人としての地位を回復させることはできないということになる。

　もっとも，この点をめぐっては，このような宥恕を認めるべきではないかという見解もあり，有力に主張されている（この立場が通説だとの説明がなされることもある）。

　この問題は，相続欠格がどのような趣旨の制度として設計されているのかという点に深く関わる。

　すでに述べたところを思い出してほしいが，相続欠格という制度を何によって基礎付けるかという点については，ひとつの考え方として，被相続人と相続人との間の相続協同体というべき関係を破壊したことに対する制裁であるという見方がある。また，複合的に制度を説明するという見解においても，1号と2号については，このような立場から説明するという考え方があることについても触れた。

392　第Ⅲ部　相　続

そうだとすると，一元的に相続協同体という視点から説明する見解においてはもちろん，二元的な理解に立つ見解においても，１号や２号については，被相続人自らが，そのような協同関係を破壊したということを宥恕しようとする以上，それを認めればよいではないかという考え方が出てくることになる。

しかし，このような見解は，やはり疑問とせざるをえないものであるように思われる。それには，いくつかの理由がある。

第１に，１号（や２号）の欠格事由を，被相続人と欠格事由の有無が問題とされる当該相続人の２人だけの関係として理解することに対する疑問である（この疑問は，被相続人と当該相続人の相続協同体という観点から欠格事由を理解するという見解自体に対する疑問でもある）。まず，１号欠格事由について言えば，同順位や先順位の相続人の殺害等について，被相続人が宥恕できるということ自体が，筆者には理解できない。ここで問題とされているのは，決して，被相続人と欠格が問題とされている相続人の２人だけの関係ではない。さらに，被相続人の場合であっても（殺害されてしまうと，その後の宥恕はないので，未遂に終わった場合に限られる），やはり，単に被相続人と当該相続人との間の２人だけの関係に限られるわけではない。どの時点で相続が開始するかということは，誰が相続人となるかという点で，重要な意味を有しているからである。

第２に（実は，第１の疑問と表裏の関係にあるのだが），これらの欠格事由の背景にある公益的観点は決して否定できないのではないかという点である。このような重大な違法行為について，殺害から生ずる最も直接的な効果である相続から排除しようとするというのは，法的な制度として十分に合理性があり，単に，被相続人の宥恕によってすべてが決まるというものではないように思われる。

第３に，制度的なバランス等の点が指摘されるべきであろう。宥恕が制度的に承認されている後述の推定相続人の廃除の場合ですら，家庭裁判所での廃除取消しの審判を経なければならないのに，意思表示のみで欠格事由についての宥恕が実現されるというのは，やはり均衡を失すると言わざるをえないだろう。

下級審審判例には，同順位の相続人を殺害した事案において，被相続人

による宥恕を認め，相続人の資格を有することを認める判断をしたものもあるが（広島家呉支審平成22・10・5家月63巻5号62頁），特に，上記の第1，第2の点に照らして疑問である。

　なお，相続欠格となった場合であっても，生前贈与は禁止されているわけではないから（民法965条により，遺贈の受遺者にはなれない），生前贈与によって宥恕と同じ状況を実現することは可能であり，宥恕を認めてもよいのではないかという考え方もある。しかし，これは全く逆で，生前贈与によって自らの財産を移転することは可能なのだから，制度化されていない宥恕という仕組みで，この問題を扱うことは必要ではないし，適切でもないということになるのではないだろうか（なお，相続資格が認められる場合と違って，遺留分はないので，生前贈与によって，宥恕を認めた場合と全く同様の関係が実現できるわけではない。しかし，こうした扱いは，特に，1号欠格事由として規定された行為の反社会性に照らせば，十分に許容されるだろう）。

3　推定相続人の廃除

　推定相続人の廃除は，相続欠格と異なり，被相続人の意思に基づいて，相続人としての資格を失わせるという制度である。

　すなわち，民法892条は，「遺留分を有する推定相続人……が，被相続人に対して虐待をし，若しくはこれに重大な侮辱を加えたとき，又は推定相続人にその他の著しい非行があったときは，被相続人は，その推定相続人の廃除を家庭裁判所に請求することができる」ということを規定する。

　相続欠格との関係で，推定相続人の廃除という制度の特徴を整理しておくことにしよう。

　第1に，廃除事由とされるのは，推定相続人による①被相続人に対する虐待，②被相続人に対する重大な侮辱，③著しい非行である。なお，どのような行為が，ここでの廃除原因に該当するのかの判断は必ずしも容易ではないが，単に被相続人の主観的な感情や恣意だけで判断されるべきものではなく，そのような行為に至った背景を踏まえつつ，社会通念に照らして客観的に判断されるべきものであるということについては共有され

ている（詳しくは，東京高決平成4・12・11判時1448号130頁→*百選Ⅲ 53事件〔川淳一〕*の解説に掲げられた先例を参照してほしい）。

第2に，この場合の効果は，被相続人が推定相続人の廃除を家庭裁判所に請求することができるというものであり，相続欠格と異なり，一定の事情があれば，当然に相続資格を失うわけではなく，その判断は，被相続人に委ねられている（遺言によることも認められる。民893条）。

第3に，推定相続人の廃除については，「被相続人は，いつでも，推定相続人の廃除の取消しを家庭裁判所に請求することができる」（民894条1項）とされており，被相続人による宥恕の仕組みが制度的に用意されている（こうした宥恕は，遺言によることもできる。民894条2項）。

このような廃除は，そこで規定されている内容からも，被相続人と推定相続人との間の人的信頼関係を破壊したことに対する制裁であると理解される（これは，相続欠格の理解として，被相続人と相続人との間の相続協同体というべき関係を破壊したことに対する制裁という考え方と同じである。というより，推定相続人の廃除という制度の理解として共有されていることを前提に，それを相続欠格まで含めて，統一的に説明しようとしたのが，この見解だと理解すべきだろう）。

それゆえに，信頼関係の当事者である被相続人が，推定相続人を廃除するかを判断すれば足りるし，宥恕（廃除の取消し）の仕組みも用意されているのである（民法965条が，受遺者について，相続欠格に関する民法891条を準用しているのに対して，推定相続人の廃除の規定は準用されていない。したがって，廃除原因に相当する事情がある者に対してなされる遺贈も有効であり，宥恕の申立てをすることなく，廃除により相続権を失った推定相続人に対して，遺贈をなすことも可能である）。

なお，廃除の対象とされているのは，遺留分を有する推定相続人（配偶者，子と直系卑属，直系尊属）に限定されている。それは，遺留分権利者ではない推定相続人（具体的には，兄弟姉妹）の場合，生前または遺言により，その者に配分されないように財産を処分すれば足りるからである（そうした者の相続分がゼロとなるような遺言を残せばいい）。逆に言えば，遺留分を有する相続人の場合，被相続人の意思によって，その者の有する相続財産に対する権利を全面的には奪うことができないのであり，推定相続人

第19講　相続人をめぐる問題　　395

の廃除という仕組みによって，はじめてその権利を全面的に奪うということが可能となるのである。

> **コラム** *相続という制度の中でのさまざまなバランス*
>
> 　相続法をさっぱりわかっていない筆者→*357頁【相続法の悩ましさ】*が，あまりエラそうなことを言うべきではないが，わが国の相続法を制度として眺めた場合，そこでは，さまざまなバランスが考慮されているということは確かである。
>
> 　遺言（被相続人の意思）は法定相続に原則として優先するが，遺言によって決められる事由は法定されており，また，遺留分は遺言に対しても勝つ。ただし，遺留分は，当然に遺言の効力を否定するわけではなく，遺留分権利者が遺留分侵害額請求権を行使して，はじめてそうした効果が実現される。こうした枠組みも，全体として一定のバランスを確保するという仕組みとして理解できそうである。
>
> 　また，本文で述べたように，推定相続人の廃除は，遺言にも勝つ遺留分に対して，再び，被相続人の意思が打ち勝つ制度だと理解することができる。もっとも，そこでは，無条件に被相続人の意思が勝つわけではなく，廃除原因が客観的に充足されている場合に限られるという意味で，全体のバランスが図られている。
>
> 　このような制度の構造を見ていくと，そこでは実にさまざまな衡量がなされているということが理解されるであろうし，それと同時に，そのことは，ひとつの原理によって単純に相続の各制度を説明するということがきわめて困難であるということも示しているように思われる。
>
> 　まずは，淡々と，そうした「制度としての相続法」を勉強していくことにしよう。

Ⅴ　二重資格の相続人

　かなり細かい問題かもしれないが，ちょっと面白いので，相続人の資格が重複する場合の問題を取り上げておくことにしよう。

　……と言われて，すぐに具体的な場面が思い浮かぶという人はあまり多くないのではないかと思う。具体的に問題となるのは，以下のような場合である。

396　第Ⅲ部　相　続

1 代襲者としての法的地位と子（養子）としての法的地位

> **設例6**　AB夫婦には，子CDがいる。Cの子EがABの養子となった。その後，Aが死亡した。BとCはすでに死亡している。

　Aについての相続を考える場合，Eには，「Aの子であるCの代襲者としての地位」と，「Aの子（養子）としての地位」が考えられる。

　もっとも，この設例では，Dがいるが，もしDがおらず，Aの子はCだけだったとすると，この二重資格の問題は実際には意味を持たない。二重資格についてどのように考えても，Aには他に相続人がなく，Eがすべての財産を相続するだけである。

　他方，Dがいる場合，この二重資格の問題が顕在化する。Eに，Aの子であるCの代襲者としての地位とAの子としての地位のいずれか一方しか認めないとすれば，DとEの相続分は，1：1である。他方，Eには，代襲者としての地位と子としての地位の両方があり，それぞれが相続分を基礎付けるとすれば，DとEの相続分は，1：2となる（もう少し正確に言えば，D，Cの代襲者たるE，Aの子たるEの各相続分が，1：1：1だということになる。Cが生きていれば，D，C，Eは，まさしくこの割合で，Aを相続する）。

　さて，この場合については，学説，実務とも，Eについての二重資格を認めている。これは，このEについての二重の資格が，本来，民法上予定されている状況を前提とするものであり，そこでの資格も排他的なものではないという観点から，説明されるだろう（ABとEが養子縁組をしたということは，代襲相続人としての法的地位を基礎付けるCE間の親子関係を否定するものではない→*250頁以下*）。

2 配偶者としての法的地位と兄弟姉妹としての法的地位

> **設例7**　AB夫婦には，実子CDがおり，さらに養子Eがいる。CとEが結婚して，その後，Cが死亡した。なお，ABはすでに死亡して

第19講　相続人をめぐる問題　397

おり，他に直系尊属はなく，Cには子はいない。

　この場合，Eについては，「Cの配偶者としての地位」と「Cの兄弟姉妹としての地位」の二重資格が考えられる（兄弟姉妹の相続権の問題を顕在化させるために，上記の設例では，子や直系尊属という先順位の血族相続人がいない場合としている）。

　この場合も，Dがいなかったとすれば，この二重資格の問題は実際上の意味を持たない。結局，Cの相続人はEだけなのだから，二重資格を認めるか否かは結論を左右しない。

　他方，Dがいることによって，二重資格の問題は実践的な意味を持つことになる。Eに配偶者相続権しか認めないと，DとEの相続分は，1：3となる（配偶者と兄弟姉妹の共同相続。民900条3号）。それに対して，Eに二重資格を認めると，1：7となる（これも厳密に言えば，兄弟姉妹としてのD，同じくE，配偶者としてのEの相続分が，1：1：6だということになる）。

　これについては，まず配偶者としての相続権を認めるということ自体については，争いがない。その上で，さらに，兄弟姉妹としての相続権を認めるかどうかという点については，議論がある。

　学説上は，こうした二重資格を認める見解も有力であるが，実務においては，配偶者としての相続資格しか認めていない。これについては，配偶者相続と血族相続が別系統のものであるという説明がなされる場合もある。しかし，別系統だからこそ，二重資格を認めることに問題がないという説明も可能であり，必ずしも，二重資格を認めないという理論的な根拠は十分には明確ではないように思われる。

3　子（養子）としての法的地位と兄弟姉妹としての法的地位

> **設例 8**　　兄弟であるABが養子縁組をし（兄であるAが養親となり，弟であるBが養子となる），Aが死亡した。

　この場合，Bについては，「Aの弟という地位」と，「Aの子という地

位」が二重にあることは確かである。もっとも，この問題が二重資格の問題として顕在化することはない。

　なぜなら，先順位である子としての相続権が認められる場合，兄弟姉妹が相続人となることは制度的に認められていないのであるから，Bについて子としての相続権を認める以上，同時に，兄弟姉妹としての相続権が認められるということは相続の仕組みにおいて予定されていないからである。

　なお，Aの死亡後に，ABの親が死亡したような場合には，その親（被相続人）との関係で，Bは，子としての地位とAの代襲者としての法的地位を有することになるが，これは，上記1の問題である。

4　嫡出子としての法的地位と非嫡出子としての法的地位

> 設例9　　AB夫婦には子Cがいる。Aには，他にDとの間に生まれた子Eがおり，AがEを認知した上で，ABは，Eとの養子縁組をした。その後，Aが死亡した。Bはすでに死亡している。

　ここでは，Eについては，認知による「Aの非嫡出子としての地位」と養子縁組による「Aの養子（嫡出子としての法的地位を有する。民809条）となったという地位」が問題となる。この場合も，Cがいなければ二重資格の問題は具体的な意味を持たない。しかし，Cがいる場合，Eに養子縁組による嫡出子としての法的地位のみを認めるのであれば，CとEの相続分の割合は，1：1である。他方，二重資格を認めるということになると，その割合は，1：2だということになる。

　しかし，これについては，学説，実務とも，このような二重資格を認めず，Eについては，嫡出子としての相続分のみを認めている。これについては，嫡出子と非嫡出子という法的地位が両立するものではなく，Eが嫡出子としての法的地位を取得することによって，それまでの非嫡出子としての法的地位を失ったものとして説明される。

　以上，淡々と説明してきたが，結局，争いなく二重資格が認められているのは，1の場合だけであり，他方，3と4については，そもそも二重資

第19講　相続人をめぐる問題　　399

格の問題にならないということで，ほぼ一致している。

　問題となるのは，2の場合であるが，必ずしも，二重資格を排除するための明確な説明がなされていない以上，そして，民法上も，このような場合に例外的な現象であるとしても，兄弟姉妹としての法的地位と配偶者としての法的地位が両立するということを認めている以上，二重資格を認めることを前提に処理せざるをえないと思われるが，さて，諸君はどう考えるだろうか。

Ⅵ　相続人がいない場合の扱い──特別縁故者と国庫帰属

　ところで，上記のような手順によって決まる相続人がいなかった場合（相続人がいるのかもしれないが，それが明らかではない場合），遺産はどうなるのだろうか。この点を規律するのが，民法典の相続編の第6章「相続人の不存在」，951条以下の規定である。

　まず，前提として，相続欠格や廃除がなされた場合であっても，それらの推定相続人に代襲者が存在する場合には，代襲相続が認められる（民887条2項・3項，889条2項）。したがって，相続人がいない場合というのは，これらの代襲者も含めて，存在しない場合である。

　なお，相続人はいないが，遺産の全部について包括遺贈された受遺者がいる場合について，最判平成9年9月12日（民集51巻8号3887頁）は，民法951条の「相続人のあることが明らかでないとき」にはあたらないとして，その理由を，民法951条「から959条までの……規定は，相続財産の帰属すべき者が明らかでない場合におけるその管理，清算等の方法を定めたものであるところ，包括受遺者は，相続人と同一の権利義務を有し（同法990条），遺言者の死亡の時から原則として同人の財産に属した一切の権利義務を承継するのであって，相続財産全部の包括受遺者が存在する場合には前記各規定による諸手続を行わせる必要はないからである」と説明している。したがって，こうした包括受遺者もいないことが，民法951条以下の規律の対象だということになる。

　もっとも，実際に，その死亡した者に子や配偶者がいないという場合だけではなく，死亡した者が誰であるかがわからなかったりして，そもそも

親族関係を明らかにすることができないという場合も，民法951条の「相続人のあることが明らかでないとき」に該当するので，以下のような処理がなされることになる。

1　相続人の捜索と清算手続

相続人が存在することが明らかではないということになると，相続財産は法人（相続財産法人）とされ（民951条），家庭裁判所が，利害関係人または検察官の請求によって，相続財産の管理人を選任する（民952条1項）。ここでは，具体的に，以下の作業がなされることになる。

①　**相続人の捜索**　まず，家庭裁判所は，相続財産管理人を選任するとともに，選任後，遅滞なく，その旨を公告しなければならない（民952条2項）。この公告から2か月間（民957条1項）は，特に，相続財産について積極的な処理はなされず，この公告は，相続人捜索公告としての意味のみを有することになる。この間に，相続人が現れた場合には，相続財産法人は成立しなかったことになり（民955条），通常の相続がなされる。

②　**債権の申出と清算**　上記の2か月間に相続人が現れなければ，相続財産管理人が，2か月を下らない期間を定めて，債権の申出をするようにとの公告を行い（民957条1項），この期間が満了すると，清算が開始される（同条2項）。

相続財産管理人は，相続財産から，各相続債権者に，その債権額の割合に応じて弁済しなければならないが，優先権を有する債権者の権利を害することはできない（民957条2項・929条）。なお，この優先権の対抗要件は，相続開始時に備えられていることが必要である（最判平成11・1・21民集53巻1号128頁→*百選Ⅲ56事件［田高寛貴］*。限定承認について，すでに判例として確立していた考え方を，相続人不存在の場合にも適用した）。

③　**その後に相続人が明らかになった場合**　相続人のあることが明らかになったときは，相続財産法人は成立しなかったものとみなすと規定する民法955条は，相続人捜索のための公告期間のみを対象とするものではない。したがって，その後に，相続人が現れたという場合にも，この規定は適用され，相続財産法人は存在しなかったことになる。もっとも，そうす

ると，相続財産管理人が行った行為自体も否定されることになり，大きな影響が生ずる。

そのために，民法955条ただし書は，「相続財産の管理人がその権限内でした行為の効力を妨げない」として，相続財産管理人がなした行為の効力が否定されないことを規定するとともに，民法956条1項は，相続財産管理人の代理権は，相続人が相続の承認をした時に消滅することを規定する。

④　最後の相続人捜索の公告と期間満了による相続人等の失権　さらに，②の債権の申出の期間が満了しても，なお相続人のあることが明らかではないときは，家庭裁判所は，相続財産管理人または検察官の請求により，6か月間を下らない期間を定めて，相続人があるならばその権利を主張すべき旨を公告しなければならない（民958条）。この期間内に，相続人としての権利を主張する者がなかったときは，相続人，相続財産管理人に知れなかった相続債権者，受遺者は，もはやその権利を行使することができなくなる（民958条の2）。

2　残余財産の帰属

このような清算をした上で，さらに財産が残った場合，それをどのように扱うかが問題となる。現在の民法は，以下のような2段階の仕組みで，こうした残余財産の帰属を定めている。

①　特別縁故者への財産分与　第1に，特別縁故者に対する相続財産の分与である。すなわち，民法958条の3第1項は，「相当と認めるときは，家庭裁判所は，被相続人と生計を同じくしていた者，被相続人の療養看護に努めた者その他被相続人と特別の縁故があった者の請求によって，これらの者に，清算後残存すべき相続財産の全部又は一部を与えることができる」旨を規定する。このような特別縁故者は，最後の相続人捜索の公告期間の満了後3か月以内に，財産の分与を請求しなければならない（同条2項）。

②　国庫への帰属　第2に，このような特別縁故者がいない場合，あるいは，特別縁故者に相続財産を分与しても，なお財産が残るという場合

402　第Ⅲ部　相　続

には，その財産は，国庫に帰属することになる（民959条）。

> **コラム** *共有と特別縁故者への相続財産の分与*
>
> 　特別縁故者に対する相続財産の分与というのは，その趣旨は比較的容易に理解できると思われるが，同時に，相続人不存在の場合にのみ機能する制度という点では，非常に限定的なものにすぎない（どれほど被相続人に貢献した者があっても，形式的に相続人に該当する者が存在すれば，その相続人が実質的に被相続人とどれほど縁が薄かったとしても，民法958条の3が機能する余地はない。なお，相続法改正によって，相続人ではない親族による特別の寄与が認められる場合について，特別寄与料という制度が創設された。これについては，あらためて説明する→*444頁以下*）。
>
> 　このような民法958条の3が相続という制度の中で，どのようなポジションを占めるのかについては，立法当時から議論があった。ある面で，このような制度の位置付けが問題となったとも考えられる事件が，最判平成元年11月24日（民集43巻10号1220頁→*百選III 55事件［山田誠一］*）である。
>
> 　この事件では，死亡したAは，土地の共有者の1人であった。相続人がなく死亡したAの特別縁故者としてXらが，相続財産分与の申立てをして，家裁は，Aの共有持分をXらに分与する旨の審判をした。この審判を原因として，Xらが登記移転手続を申請したところ，Y（法務局登記官）が，これを却下した。そのため，Xらは，Yに対して，却下処分の取消しを求めたというものである。
>
> 　原審は，共有者の1人が相続人なくして死亡した場合には，その持分は，民法255条によって当然に他の共有者に帰属し，民法958条の3による相続財産分与の対象とはならないとして，Xらの請求を退けた。
>
> 　それに対して，最高裁は，「共有者の1人が死亡し，相続人の不存在が確定し，相続債権者や受遺者に対する清算手続が終了したときは，その共有持分は，他の相続財産とともに，法958条の3の規定に基づく特別縁故者に対する財産分与の対象となり，右財産分与がされず，当該共有持分が承継すべき者のないまま相続財産として残存することが確定したときにはじめて，法255条により他の共有者に帰属することになると解すべきである」とした。その理由として，「右共有持分は法255条により当然に他の共有者に帰属し，法958条の3に基づく特別縁故者への財産分与の対象にはなりえないと解するとすれば，共有持分以外の相続財産は右財産分与の対象となるのに，共有持分である相続財産は右財産分与の対象にならないことになり，同じ相続財産でありながら何故に区別して取り扱うのか合理的な理由がないのみならず，共有持分である相続財産であっても，相続債権者や受遺者に対する弁済のため必要があるときは，相続財産管理人は，これを換価することができるところ，これを換価して弁済した

第19講　相続人をめぐる問題　403

のちに残った現金については特別縁故者への財産分与の対象となるのに，換価しなかった共有持分である相続財産は右財産分与の対象とならないということになり，不合理である。さらに，被相続人の療養看護に努めた内縁の妻や事実上の養子など被相続人と特別の縁故があった者が，たまたま遺言等がされていなかったため相続財産から何らの分与をも受けえない場合にそなえて，家庭裁判所の審判による特別縁故者への財産分与の制度が設けられているにもかかわらず，相続財産が共有持分であるというだけでその分与を受けることができないというのも，いかにも不合理である」等の説明を行っている（本判決は，民法 255 条の趣旨や民法 958 条の 3 の成立の背景から説き起こして，説明をしており，内容的にも興味深い。その説明については，前掲の山田誠一教授の解説において整理されているので，参照してほしい）。

これは，民法 255 条と民法 958 条の 3 の優先関係をめぐる問題であるが，その背景のひとつには，上述のとおり，民法 958 条の 3 の位置付けがあったと考えられる。

第 20 講　相続分をめぐる問題

Ⅰ　相続分の意味

　相続人がどれだけのものを（どれだけの割合で）相続するのかを決める
のが「相続分」である。もっとも，この相続分という言葉は，すでに簡単
に説明したように→*352頁以下*，いくつかの異なった意味で用いられる。

　まず，相続人の身分（法的地位，被相続人との関係）から導かれる抽象的
な割合として民法が定める相続分がある。これが「法定相続分」である。
もっとも，被相続人が遺言によって相続分を指定していた場合には，それ
がその相続人の抽象的な取り分としての相続分となる。これを，「指定相
続分」と呼ぶ。

　以上の抽象的な相続分に対して，当該相続において，ある相続人が具体
的にどれだけの取り分を有するのかについて，具体的な事情を踏まえて決
められるのが，「具体的相続分」である。これは，法定相続分や指定相続
分を前提として，相続人がすでに得ている特別の利益（特別受益）や被相
続人に対する貢献（寄与分）を考慮して決められるものであり，遺産分割
の前提となる→*412頁*。

Ⅱ　法定相続分と指定相続分

1　法定相続分

　民法は，どの相続人がどれだけの割合で相続するかについての規定を用
意している。ここでは，以下に示すように，まず，配偶者がいる場合には，
配偶者と血族相続人全体で，どれだけの割合で相続するのかが決まり，そ
の上で，血族相続人間においての相続分が決まることになる（配偶者がい
ない場合には，以下の ② のみによる）。

① 配偶者と血族相続人の組み合わせ　　配偶者は，常に相続人となるので，被相続人に配偶者がいる場合，通常，相続人は，配偶者と血族相続人によって構成されることになる。この組み合わせに応じて，民法は，(i)配偶者と被相続人の子が相続人となる場合には，1：1（民900条1号），(ii)配偶者と被相続人の直系尊属が相続人となる場合には，2：1（同条2号），(iii)配偶者と被相続人の兄弟姉妹が相続人となる場合には，3：1（同条3号）の割合となることを規定している（この場合に，子や直系尊属，兄弟姉妹の数は，この割合には影響しない）。

② 同順位の血族相続人間の割合　　同順位の血族相続人の間では，等しく分けられる（均分相続の原則。民900条4号）。ただし，民法900条4号ただし書は，父母の一方のみを共通とする兄弟姉妹（半血の兄弟姉妹）は，父母の両方を共通とする兄弟姉妹の相続分の2分の1となることも規定している。これは，血縁関係の濃さという点から説明される。

なお，平成25年の改正以前の民法900条4号ただし書は，その前段で，非嫡出子の相続分は嫡出子の相続分の2分の1であるということも規定していた。これについては，その合憲性が問題とされてきたが，最大決平成7年7月5日（民集49巻7号1789頁）→家族法百選〔第7版〕58事件〔吉田克己〕は，これを合憲だとし，その後も同様の判断が続いていた（最判平成12・1・27家月52巻7号78頁，最判平成12・1・27判時1707号121頁，最判平成15・3・28家月55巻9号51頁，最判平成15・3・31家月55巻9号53頁，最判平成16・10・14判時1884号40頁）。しかし，最大決平成25年9月4日（民集67巻6号1320頁）→百選Ⅲ57事件〔幡野弘樹〕，潮見佳男・リマークス49号66頁は，それまでの最高裁の判断について，「本件規定を合憲とする結論を辛うじて維持したもの」だとしたうえで，「法律婚という制度自体は我が国に定着しているとしても，……父母が婚姻関係になかったという，子にとっては自ら選択ないし修正する余地のない事柄を理由としてその子に不利益を及ぼすことは許されず，子を個人として尊重し，その権利を保障すべきであるという考えが確立されてきている」とし，「遅くとも……相続が開始した平成13年7月当時においては，立法府の裁量権を考慮しても，嫡出子と嫡出でない子の法定相続分を区別する合理的な根拠は失われていた」とし，非嫡出子の相続分を嫡出子の相続分の2分の1とする規定は憲法

14条1項に違反するものだとした（そのうえで，裁判，合意等により確定した法律関係については覆されないとした）。こうした違憲判決を踏まえて，民法900条4号ただし書が改正され，非嫡出子の相続分を嫡出子の相続分の2分の1とする部分は削除されたのである。

さらに，代襲相続人→376頁以下については，被代襲者の相続分となる（民901条）。代襲相続人が1人の場合，その代襲相続人の相続分は，被代襲者が生きていたとすれば相続した分だということになる。また，代襲相続人が複数の場合には，被代襲者の本来の相続分が，複数の代襲者によって分けられることになるのである。

2 指定相続分

以上のように，民法は，相続人が誰であるかを前提として，法定の相続分を規定しているが，被相続人は，遺言によって，この相続分を指定すること，または指定することを第三者に委託することができる（民902条1項）。これによって決まる相続分が，指定相続分である。相続人の一部についてのみ相続分の指定がなされた場合には，他の相続人の相続分は，残余の部分について法定相続分によって決まる（同条2項）。

なお，相続分の指定によって，共同相続人の一部について遺留分侵害が生じる可能性がある。この場合，遺留分が侵害された相続人は，遺留分侵害額に相当する金銭の支払を請求することができる（相続法改正による民1046条1項。改正前民法902条1項ただし書においては，「被相続人又は第三者は，遺留分に関する規定に違反することができない」と規定されていたが，その意味については議論があった→577頁【相続分の指定，特別受益としない旨の意思表示と遺留分】）。

（コラム）**相続分の指定がある場合の法定相続分の位置付け**
　　── 法定相続分と指定相続分の関係

　本文で説明したように，特段の説明を加えずに「相続分」という場合，法定相続分と指定相続分を意味している場合が多い。もっとも，この法定相続分と指定相続分はどのような関係に立つのだろうか。相続分の指定がある場合には，そこで指定されたもの（指定相続分）が相続分となるって説明したじゃないか！　と言われそうだし，それはそのとおりである。もっとも，この点は，も

う少し丁寧にみていくと，相続分の指定という被相続人の行為の意味を含めて，2つの見方があるように思われる。

　第1の見方は，相続分の指定があった以上，それによる指定相続分があるだけで，法定相続分はもはやそれに上書きされて，まったく何の意味も持たないという見方である。実際，民法902条1項の「被相続人は，前2条の規定にかかわらず，遺言で，共同相続人の相続分を定め」ることができるという文言は，そうした見方にもなじむように思われる。これを前提とすれば，法定相続分というのは相続分の指定がない場合に機能する補充的なものにすぎず，遺言で相続分が指定された以上，もはや何の意味も持たないということになる。

　第2の見方は，相続分の指定という行為は，法定相続分を前提として，それを修正するという点に，その本質があるといった見方である。

　この2つの見方について，以下のようなケースで考えてみよう。

　Aが死亡し，配偶者Bと子CDが相続人である。Aは，「Bは遺産の2分の1を相続し，Cが残り2分の1を相続する」という遺言を残した。

　このケースでは，BCDの法定相続分は，2：1：1である。しかし，この遺言によって，BCDの相続分は，2：2：0となったわけである。

　第1の見方からすれば，2：2：0という相続分指定があったのであり，法定相続分がどうであったかについては，そもそも考える必要がない。他方，法定相続分を前提として考える第2の見方からすれば，この相続分の指定によって，法定相続分が変更されたのは，CとDだけである。つまり，Dの4分の1の相続分がCに移転するというのが，この相続分指定の意味だということになる。

　従来は，基本的に，第1の見方が一般的だったようにも思われる（最決平成24・1・26家月64巻7号100頁→*百選Ⅲ 97事件［床谷文雄］*は，こうした理解を前提に，法定相続分が同じBについての2分の1の相続分指定についても，遺留分侵害の問題が生じるとしている）。しかし，今回の相続法改正で，法定相続分を超える部分については対抗要件が必要だとするルール（改正民899条の2）が導入されたことにより→*522頁以下*，単純な第1の見方だけでは十分ではない状況が生じていると考えられるし，まさしく第2の見方のような形で，相続分の指定という行為を理解する方が素直であるようにも思われる。いずれにしても，法定相続分が有する意義が，相対的に重視されるようになったことは確かだろう。

Ⅲ　具体的相続分

　それは，父親の初七日で集まったときだった。最近は，初七日の法要を葬式と一緒に済ませてしまう方が多いとも聞くが，オレの育った地方では，律儀にちゃんと初七日の法要をやっている。……と知った風なことを言ったが，これは葬儀屋さんから聞いたことだ。

　少々面倒だなと思いながらも出かけた初七日の法要が終わると，みなで集まって，メシを食うということになった。相続なんてことはあんまり考えたこともなかったが，このメシの最中に，オレの長兄が親爺の財産の相続のことを切り出した。と言っても，大したものがあるわけじゃない。おふくろが死んだ後，親爺ひとりで住んでいた小さな持ち家といくらかの貯金があるだけのはずだ。

　そうそう言い忘れたが，オレの兄弟というのは，兄（Ａ）が１人と姉（Ｂ）が１人。兄は，もう結婚して，子どももいる。姉は，外資系の企業でバリバリ働いている。風来坊のような生活を続けているオレ（Ｃ）だけが少々取り残されている。

　兄の話というのは，ごく簡単だった。「今回は，オレが葬式でも喪主をしたし，まぁ，長男ということもあるから，それを前提にしての相談なんだが。銀行に問い合わせて，親爺の貯金を調べてみたら，だいたい 1000 万円程度はあるようだ。その内，200 万ずつを Ｂ と Ｃ がとるというあたりが，まぁ穏当なんじゃないかと思う。ついては，この書類にハンコを押してくれないか」。

　兄からオレに手渡された書類には，「相続人 Ｃ は，被相続人からすでに十分な生前贈与を受けており，今回の相続に際しては相続分はありません」という趣旨のことが書かれていた。生前贈与なんて受けた覚えはないが，まぁ，親爺にもおふくろにも迷惑をかけた覚えしかないし，200 万円でももらえるんだったら，まぁ，いいか……と思って，名前を書いてハンコをつこうとしたときだった。

　姉が，「何よ，これ。相続分皆無証明書って，事実上の相続放棄の書類じゃない。どうして，こんなのにサインしなきゃいけないの！」

第 20 講　相続分をめぐる問題　　409

と言い出した。姉が何を言っているのか，オレにはさっぱりわからない。でも，法学部で結構まじめに勉強していたらしい姉には，この書類の意味もわかるんだろう。

　さらに，姉は続けた。「だいたい，生前贈与を受けてるなんて，兄さんだけじゃない。兄さん，結婚の費用だって全部出してもらって，それに，独立して事業を始めるからって，父さんからずいぶんお金をもらっているじゃない。私が，何でこんなのにサインしなくちゃいけないの！」。

　兄は，少々いらだったように，「あんまり面倒くさいことを言うなよ。法律に詳しい知り合いにも相談したんだが，相続って結構面倒なんだ。これにサインしてさえくれたら，あとはオレの方で全部片付ける。それに，オレばっかりが援助を受けたようなことを言うが，お前だって，授業料の高い大学に行って，挙げ句の果てに留学だの何だのって，かなり親爺のスネをかじったはずだぞ。それに，言っておきたいが，親爺が最後に寝込んだ数年間，ずっと面倒をみてきたのは，オレの嫁さんなんだぞ」。

　おやおや結構面倒くさい話になってきた。こういう話は，オレは苦手だ。それに，ちょっと落ち着いているのには理由もある。親爺が，死ぬ前に，教えてくれたんだが，オレを受取人にして，生命保険に入ってくれていたらしい。500万円ばかりで，大した金額じゃないが，なかなか落ち着いた生活にならないオレのことがよっぽど心配だったんだろう。……

　唐突に始まって恐縮だが，これが以下で取り上げるテーマに関わる物語である。ちなみに，「オレ」は私ではないし，誰か知り合いの具体的な話でもない。もっとも，結構ありそうな状況でもある。さて，この中に示されたいくつかの問題を，具体的相続分の決定という観点から考えてみることにしよう。

　　410　　第Ⅲ部　相続

第1に，Bの指摘する「事実上の相続放棄」である。相続分皆無証明書については，すでに説明したが→*384頁【事実上の相続放棄】*，生前贈与をすでに十分に受けており（Ⅲのテーマとの関係で表現すれば，特別受益が十分にあるので），今回の相続に際しての具体的相続分はないことを表明する書類である。事実上の相続放棄と言われることもあるが，この表現はかなりミスリーディングであり，本来の意味の相続放棄ではない。むしろ相続の効果を享受することを前提として，具体的相続分がないということを内容としているだけである。ただ，正式な相続放棄は，家庭裁判所への申述という手続が必要であるが（民938条），こうした手続をも省略して，特定の相続人に相続財産を集中させるような場合に，これが用いられることになるのである。

第2に，今回の争いの内容である。そこでAが提案する解決は，BCが，各200万円を受け取って，残りの財産，つまり，不動産（小さな持ち家）と預金の残りを全部Aが取得するというものである。厳密に言えば，BCが受け取る200万円は，相続の効果として受け取るのか，不動産と預金の全部を相続したAから，別の法律構成によって渡されるのかという点は問題となりそうだが，いずれにしても，具体的相続分の計算といったことは，少なくともAの主張の表面には出てこない。

すでに説明したように→*350頁以下*，遺産が最終的にどのように帰属するかは，①相続人の確定，②具体的相続分の確定，③遺産分割による最終的な遺産の帰属というプロセスをとることになるが，多くの場合には，直接③の問題として扱われることが少なくない。その点で，②は，この点を問題とするような場面においてはじめて具体的に顕在化するという性格のものである。ここでは，姉Bの主張とそれに対する兄Aの反論によって，具体的相続分の問題が出てきたということになる。

第3に，実は，上記の物語の中にはさらにいくつかの問題が含まれている。目立たないまま潜んでいる問題があるのだが，それが何なのかは，ちょっと考えてもらうことにしよう。

1 具体的相続分の意味と位置付け

法定相続分と指定相続分については，いずれも相続人の権利としての性

質を有していることが認められている。したがって，それが侵害されるような事態が生じれば，不法行為が成立する可能性がある。

それに対して，具体的相続分については，こうした権利性が否定されている。すなわち，最判平成 12 年 2 月 24 日（民集 54 巻 2 号 523 頁→*家族法百選〔第6版〕57 事件〔梅本吉彦〕*）は，「具体的相続分は，このように遺産分割手続における分配の前提となるべき計算上の価額又はその価額の遺産の総額に対する割合を意味するものであって，それ自体を実体法上の権利関係であるということはでき」ないとする。

2　具体的相続分の算定に関する基本的な枠組み

法定相続分や指定相続分というのは，相続人がどのように相続するのかという出発点となる割合（基準）であるが，個別の事情によっては，これらをそのまま機械的にあてはめると，相続人間の公平が実質的に実現されないという状況が生ずる。このような個別事情を取り込んだものが具体的相続分であり，そこでは，特別受益と寄与分が考慮される。

①　**特別受益**　まず，相続人の中に，すでに多くの財産を被相続人からもらっているというような者がいる場合，そうした事情にもかかわらず，単に，法定相続分を機械的にあてはめて遺産が分けられるというのでは，どうも不公平だというのは，そのとおりだろう。姉の「だいたい，生前贈与を受けてるなんて，兄さんだけじゃない。兄さん，結婚の費用だって全部出してもらって，それに，独立して事業を始めるからって，父さんからずいぶんお金をもらっているじゃない」という言い分がこれに該当する。特別受益というのは，このように，相続人がすでに被相続人から特別の利益を受けている場合に，具体的な相続における取り分（具体的相続分）をその分減らすという仕組みである。

②　**寄与分**　他方，相続人の一部が，被相続人に特別の貢献をしている場合にも，法定相続分どおりに遺産を分けるのでは，実質的に公平でないというのも，そうだろう。本人が面倒をみたわけではないので，少々問題があるが→*441 頁以下*，兄の「親爺が最後に寝込んだ数年間，ずっと面倒をみてきたのは，オレの嫁さんなんだぞ」というのは，これに関係しそう

412　　**第Ⅲ部　相　続**

である。寄与分というのは，こうした特別の貢献がある場合に，具体的な相続における取り分（具体的相続分）を増やすという仕組みなのである。

3　特別受益

(1)　特別受益と具体的相続分

民法 903 条 1 項は，「共同相続人中に，被相続人から，遺贈を受け，又は婚姻若しくは養子縁組のため若しくは生計の資本として贈与を受けた者があるときは，被相続人が相続開始の時において有した財産の価額にその贈与の価額を加えたものを相続財産とみなし，第 900 条から第 902 条までの規定により算定した相続分の中からその遺贈又は贈与の価額を控除した残額をもってその者の相続分とする」と規定している。

少々ややこしい文章だが，この規定は，特別受益を得た相続人がいる場合には，基本的には，以下のようなプロセスで，具体的相続分を決めるということを意味している。

①　特別受益（遺贈または一定の生前贈与）を確定する。
②　遺贈以外の特別受益（生前贈与）を相続開始時の財産に加えることによって（特別受益の持戻し），みなし相続財産（あるべき相続財産）を確定する。
③　法定相続分または指定相続分を乗じて，みなし相続財産を前提とする取り分を計算する。
④　特別受益があった者については，③の取り分から，特別受益を控除して，具体的相続分を計算する。

さて，以上のプロセスについて，もう少し丁寧にみていくことにしよう。

(2)　特別受益の意味

問題の出発点となるのは，そもそも特別受益があるかどうかということである。諸君自身も胸に手をあてて（あてなくてもいいが），幼い頃から，親（まだご健在の場合も多いと思うが，比較的多い相続のパターンとして，親から子への相続を考える）から得た利益といったものを考えてほしい。実

に，多くのものが考えられるのではないかと思う。

　しかし，このような利益のすべてが特別受益になるわけではない。民法903条1項が特別受益として示すのは，「遺贈」，または，「婚姻若しくは養子縁組のため若しくは生計の資本として〔受けた〕贈与」である。

　まず，遺贈は，自動的に，特別受益として扱われる。なお，遺贈の場合，被相続人の「相続開始の時において有した財産」の中にそもそも含まれているので，上記の②のステップは不要で（もともと遺産の中に含まれているのだから，持ち戻す必要はない），そのまま上記③に進むことになる（この点，よく間違えるので注意してほしい）。

　これに対して，生前贈与については，「婚姻若しくは養子縁組のため」または「生計の資本として」なされた贈与が特別受益として扱われることになる。

　① 　婚姻・縁組のための贈与　　これだけだと，婚姻・縁組に関連する費用はすべて特別受益だということになりそうである。しかし，一般的には，通常の結納金や結婚式の挙式費用は含まれず，特別の持参金や支度金が，特別受益になるといった説明がされている。

　もっとも，この点は，結納金，挙式費用，持参金等の形式的な名称が基準になるというより，当該家庭（被相続人）の生活水準において標準的なものと考えられるのか，他の相続人について支出された同種の費用とのバランス等に照らして特別の利益と言えるのか等，実質的に判断されるということになるだろう。

　さきほどの初七日の物語との関係では，Bの「兄さん，結婚の費用だって全部出してもらって」という主張は，特別受益に関する主張としてもっともだが，特別受益の有無やその額は，もう少し詳しい事情がわからないと決められないということになる。

　② 　生計の資本としての贈与　　他方，生計の資本としての贈与というのは，さらにはっきりしない。一般的には，独立のための事業資金等が挙げられるが（Bの「独立して事業を始めるからって，父さんからずいぶんお金をもらっているじゃない」というのは，これに該当しそうである），これも，そうした目的との関係で贈与の性質を厳密に分析するというよりは，その金

414　　第Ⅲ部　相　続

額等に照らして，他の相続人との関係で公平性を確保することが必要なのかといった観点から，実質的に判断されるべきものであろう。

③　その他の利益　　その他，高等教育の費用や，被相続人が相続人の1人の債務を代わって弁済し，それを求償していない，あるいは，その債務を免除するといった事情がある場合も，特別受益の問題を生じさせる。

高等教育の費用についても，一律に，高校，大学，大学院等，機械的に分けるのではなく，当該家庭の経済的事情等によって判断されるとともに，特別受益の趣旨を踏まえれば，他の相続人とのバランスの観点から判断されることになるだろう。さきほどの物語では，Bについて，「授業料の高い大学に行って，挙げ句の果てに留学だの何だの」というAの言い分が出てくるが，授業料の高い大学についてはともかく（他の相続人も大学に進学しているのか，大学への納付金に大きな開きがあるのか等を検討しなくてはならない），留学費用については特別受益にあたる可能性は考えられるだろう。

また，相続人の債務を被相続人が代わって弁済したという場合についても，同様に考えればよいだろう。

この観点からも，「生計の資本」か否かという形式が重要なのではないと考えるべきである。たとえば，博打の借金を代わって支払ったという場合も，それを支払うことによって，生活が立ち行くようにするという意味で，生計の資本としての贈与という説明はできるかもしれないが，わざわざそうした説明をするまでもないように思われる。

> **コラム**　*生命保険と特別受益*
>
> 　勘のいい諸君は，もう気がついていると思うが，さきほどの物語の最後を見てもらうと，「オレ」は，500万円の死亡保険金を受け取るということになっている。さて，このような生命保険は，特別受益になるのだろうか。これが忍び込ませておいた問題である。
>
> 　生命保険については，少々難しい問題がある。特に問題となるのは，物語のように，共同相続人の1人または一部が，保険金の受取人として指定されている場合である（被相続人自身が保険金の受取人である場合，一般的な相続の枠組みで処理できる）。
>
> 　第1に，そもそも生命保険は，特別受益になるのだろうかという点が問題と

第20講　相続分をめぐる問題　　415

なる。生命保険における保険金請求権は，保険金の受取人が保険契約上の権利として有するものである→370頁以下。したがって，Cが，500万円の保険金を受け取るということは相続によって基礎付けられるわけではないし，また，特別受益にもあたらないということが考えられる。

　もっとも，それでは，相続人間に実質的な不公平が生ずるのではないかということも言えそうである。このような観点から，生命保険も特別受益として扱うと主張する見解もある。なお，このように生命保険で処理をしたということには，被相続人の特別受益としない旨の意思表示（持戻しの免除の意思表示）→419頁以下があるのではないかという点も問題となる。このような意思表示があったと認められれば，本来は特別受益にあたるのだとしても，特別受益としては扱われないことになる。

　第2に，仮に特別受益になるとすれば，その金額をいくらと計算すべきなのかという問題がある。

　理論的には，①被保険者が支払った保険料（掛け金）の額（被保険者が相続人の1人のために支出した費用という観点から考える），②保険事故発生時点を基準時とする解約返戻金の金額（被保険者が相続人の1人のために支出したものの死亡時の価値という観点から考える），③実際に支払われる保険金の額（相続人の1人が実際に得た利益という観点から考える）などがありそうである。さらには，④として，①と③を組み合わせた解決も考えられ（[①／本来の保険契約期間中の保険料全額]×③），これも有力である。もっとも，この点については，なおあまり明確ではない。

　さきほどの物語との関係で言えば，Cが受け取る500万円の保険金が，まるごと特別受益に該当するのではないとしても，被相続人の生活水準にも照らして，その支払った保険料を手がかりとして，何らかの形で特別受益として扱われるという可能性はありそうである。

　その上で，「風来坊のような生活を続けているオレ（C）」のことを心配した父親の行動に，特別受益としない旨の意思があったのかが問題とされることになるだろう。

　なお，最決平成16年10月29日（民集58巻7号1979頁→百選Ⅲ61事件〔水野貴浩〕）は，死亡保険金請求権は，保険金受取人の固有の権利として取得するものであり，死亡保険金は民法903条1項の特別受益にあたらないとした上で，「保険金受取人である相続人とその他の共同相続人との間に生ずる不公平が民法903条の趣旨に照らし到底是認することができないほどに著しいものであると評価すべき特段の事情が存する場合には，同条の類推適用により，当該死亡保険金請求権は特別受益に準じて持戻しの対象となる」と判示する。これによれば，一定の場合に保険金請求権が持戻しの対象とされることは明らかになったが（もっとも，その特段の事情の判断基準は必ずしも明確ではない），どれ

416　第Ⅲ部　相　続

だけの金額が特別受益として評価されるのかは，なお明らかではないと言うべきであろう。

(3) 特別受益の持戻しと具体的相続分の計算

さて，何が特別受益になるのかという点を踏まえて，次に，こうした特別受益を加えて，あるべき相続財産を計算することになる。

なお，問題を簡単にするために，Bに関する「授業料の高い大学に行って，挙げ句の果てに留学だの何だの」といった事情，Aの「親爺が最後に寝込んだ数年間，ずっと面倒をみてきたのは，オレの嫁さんなんだぞ」といった主張，そして，Cの「オレを受取人にして，生命保険に入ってくれていたらしい」ということは，さしあたり度外視して，さきほどの物語をベースとした 設例1 を手がかりに，計算の枠組みだけを示すことにしよう。

> 設例1 　被相続人である父は，死亡時に，およそ4000万円相当の土地・建物と約1000万円の預貯金を有していた。また，銀行を債権者とする1000万円の債務を負担していた。相続人は，被相続人の子ABCである。父は，長男Aが独立して事業を始める際に，1000万円をAに与えている。

(ア) 相続開始時の財産の価額 —— 債務の扱い

ところで，この計算の前提となる民法903条1項の「相続開始の時において有した財産の価額」であるが，これはいったい何なのだろう。

設例1 では，被相続人の積極財産は4000万円相当の土地・建物と1000万円の預貯金の合計5000万円（預金債権が遺産分割の対象となる遺産だということについては，528頁以下を参照してほしい），債務が1000万円であるから，純粋なプラスの財産は，4000万円だということになる。一見すると，これが相続開始時の財産の価額のようである。しかし，ここで計算の対象とされるのは，積極財産である5000万円であり，1000万円の債務は考慮しない。

この点について，条文上の手がかりとしては，民法1043条が挙げられる。これは遺留分に関する規定であるが，同条1項を見てもらうと，「遺

第20講　相続分をめぐる問題　417

留分を算定するための財産の価額は，被相続人が相続開始の時において有した財産の価額にその贈与した財産の価額を加えた額から債務の全額を控除した額とする」と規定している。ここでは，民法903条1項と同じ文言は，明らかに積極財産のみを意味している。したがって，民法903条1項の「相続開始の時において有した財産の価額」も，積極財産の価額として理解すればよいことになる。

　結局，具体的相続分とは，残された積極財産について，各相続人がどれだけの取り分を有しているのかを定める手続であるということになるし，これに続く遺産分割手続との関係でも，これでよいと考えられるのである。

㈑　特別受益の持戻し── みなし相続財産

　さて，このような相続開始時の積極財産に，遺贈を除く特別受益を加算するというのが，「特別受益の持戻し」である。遺贈については，すでに説明したように，その分は，相続開始時の財産の中に含まれているので，このような持戻しは不要である。さて，設例1 の場合であれば，5000万円の積極財産に，Aに与えられた事業資金1000万円という特別受益を加えることになる。この加えられたものが，本来あるべき相続財産（みなし相続財産）だということになり，それを前提にして，各相続人の取り分を考えていくことになるのである。

　ところで，この 設例1 では，1000万円という金額が示されているので，あまり問題にならないようだが（実際には，それがいつの1000万円だったのかは問題となる。筆者が幼い頃は，10円でノートが買えた……かなぁ），これが具体的な物だったような場合には，その特別受益の額をどのように計算するかが問題となる。

①　評価の基準時　　特別受益として得た利益について，いつを基準時として金銭的に評価するのか（算定するのか）については，可能性としては，贈与時，相続開始時，遺産分割時といった時点が考えられるが，一般的には，相続開始時が基準時となるとされている。

　なお，最判昭和51年3月18日（民集30巻2号111頁）は，金銭についても，「贈与財産が金銭であるときは，その贈与の時の金額を相続開始の

418　　第Ⅲ部　相　続

時の貨幣価値に換算した価額をもって評価すべき」であるとし，このように解さないと，「相続分の前渡としての意義を有する特別受益の価額を相続財産の価額に加算することにより，共同相続人相互の衡平を維持することを目的とする特別受益持戻の制度の趣旨を没却することとなる」と説明している。

　② **受贈財産の滅失等**　　特別受益として得た物が，その後，滅失や朽廃したといった場合には，どのように扱われるのだろうか。まず，民法904条は，「受贈者の行為によって，その目的である財産が滅失し，又はその価格の増減があったときであっても，相続開始の時においてなお原状のままであるものとみなしてこれを定める」と規定している。したがって，受贈者が，目的物を壊したり，壊れていないのに捨ててしまったとしても，受贈当時の原状のまま残っているものとして，上記のとおり，相続開始時を基準時として，受益額が算定されることになる。

　他方，受贈者の行為によらずに滅失等が生じた場合については，特段の規定は用意されていない。これについては，以下のように2つに分けて，問題を整理することができる。

　まず，一般的な理解によれば，天災などによって滅失してしまった場合には，持戻しの対象とならない（特別受益は消滅する）。これは，上記の民法904条の反対解釈から，説明される。

　他方，経年変化などによって目的物が劣化した場合には，受贈当時のまま相続開始時にあるものとして評価される。これは，民法904条の問題ではなく，むしろ，特別受益として得たものを，相続開始時を基準時として金銭的に評価するという枠組みの中で説明されることになる（20年前に新築の家を贈与されたという場合，相続開始時にはすでに築20年の古家になっており，新築状態で計算するのはおかしいのではないかとも感じられるかもしれない。しかし，まさしく経年劣化をもたらした20年間，その利益を享受していたのだという観点から，この点を実質的に説明することができる）。

(4)　**特別受益としない旨の意思表示（いわゆる「持戻しの免除」の意思表示）**

　ところで，このような具体的相続分の計算は，あるべき相続財産を前提とすることによって，相続人間の公平を実現することを企図するものであ

るが，被相続人の意思によって，それを排除することが認められている。

　すなわち，改正された民法903条3項は，「被相続人が前2項の規定と異なった意思を表示したときは，その意思に従う」と規定している。つまり，特別受益として具体的相続分の計算において考慮するということを，被相続人の意思で排除することができるのである（この場合でも，遺留分侵害の問題は残る。改正前民法903条3項は，「その意思表示は，遺留分に関する規定に違反しない範囲内で，その効力を有する」と規定していたが，遺留分の改正を踏まえ，対象となる遺贈，贈与について遺留分侵害の有無を問題とすれば足りるので，こうした規定は不要となり，削除された）。

　このような特別受益としない旨の意思は明示的になされる場合もあるだろうが，被相続人の意思を解釈することによって，このような特別受益としない旨の意思を認定するということも考えられる（なお，相続法改正では，配偶者保護の観点から，一定の場合に特別受益と扱わない旨の意思表示が推定される場合について規定が置かれた。これについては別途説明する→553頁以下）。

　すでに言及したところであるが，さきほどの物語でオレ（C）に関して，「なかなか落ち着いた生活にならないオレのことがよっぽど心配だったんだろう」という被相続人の意思や意図が客観的に確定され，そこに特別受益としない旨の意思を汲み取ることができるのであれば，仮に，生命保険（保険金や保険料等）が特別受益になるとしても，それを加算して（持ち戻して），あるべき相続財産を計算するということは不要だということになる。

> **コラム**　*持戻しの二つの意味 —— 遺贈について特別受益としない旨の意思表示があった場合の計算*
>
> 　ところで，以上の説明の中で，「特別受益としない旨の意思表示」と呼んだものは，一般的には，「持戻しの免除の意思表示」と呼ばれている。「一般的にそう言われているなら，それを使えよ！」と叱られそうだが，この表現にこだわったのには，少し理由がある。
>
> 　すでに述べてきたように，「持戻し」という言葉は，民法903条1項の「被相続人が相続開始の時において有した財産の価額にその贈与の価額を加え」という作業を意味している→418頁。だからこそ，「被相続人が相続開始の時において有した財産」に含まれている遺贈については，この意味での持戻しは不要なのである。

420　　第III部　相　続

他方，持戻しの免除の意思表示と呼ばれるものは，本文で説明したように，「前2項の規定と異なった意思」である。そこで対象とされる前2項は，特別受益に関する計算方法と特別受益がある場合の扱い一般を規定しているのであり，上記の意味での持戻しに限定されているわけではない。上記の意味での持戻しが必要ではない遺贈も，この意思表示の対象となる。

　一般的に使われているとは言っても，上記のような相違がある以上，後者について，「持戻しの免除の意思表示」というのは正確ではないのではないか，かえって誤解を生じさせるかもしれないというのが，ここで「特別受益としない旨の意思表示」という言葉をあえて使った理由である。

　ところで，贈与について，特別受益として扱わない旨の意思表示があった場合には，本来の意味での持戻しをしないで計算するということになる。他方，持戻しが不要である遺贈について特別受益として扱わない旨の意思表示があった場合にはどうなるのだろうか。この点は，民法903条3項の条文を見ていても，それほど明確ではないように思われる。

　この場合には，遺贈された部分を除外して（遺贈の効力をそのまま認めて），具体的相続分の前提となる財産とする。遺贈の対象となる財産は，「相続開始の時において有した財産の価額」（民903条1項）に含まれているが，その遺贈によって，当該財産が，具体的相続分の前提となる財産から流出することをそのまま認めることになる（この点では，すでに贈与によって流出した財産の持戻しをしないのと同じ意味を持つ）。

　そのうえで，遺贈された部分を除いた相続開始時の財産について，それぞれの共同相続人の具体的相続分を計算するということになる。この具体的相続分の計算において，受遺者が遺贈によって得た利益は，特別受益として考慮されない。

　生前贈与があった場合の「持戻しの免除の意思表示」についても，①具体的相続分の算定の前提となる財産についての扱い（この場合，文字どおり，持戻しをしないで計算する），②具体的相続分の計算における扱い（その贈与を特別受益としない）という2つの側面があるが，遺贈についても，それに対応して考えればよいということになる。

(5) 具体的相続分の計算 ── 設例1 の具体的な結論

　さて，設例1 においては，以上のような持戻しを通じて（Aに与えられた1000万円を加えて），みなし相続財産は，6000万円だということになる。この6000万円を前提として，各相続人の取り分を計算することになる。

　遺言による相続分の指定がなく，法定相続分が適用される場合であれば（遺言によって相続分が決められている場合には，それを前提として計算する。

第20講　相続分をめぐる問題　421

民 903 条 1 項・902 条），ABC の取り分は，各 2000 万円になる。

　その上で，Aについては，すでに，独立資金としての 1000 万円の特別受益を受け取っているのであるから，今回の相続においては，2000 万円から，この 1000 万円を控除した 1000 万円だけが，実際の取り分（具体的相続分）だということになる。それが，民法 903 条 1 項の最後に規定されている「その遺贈又は贈与の価額を控除した残額をもってその者の相続分とする」ことの趣旨である。

　BC については，特別受益がないので，上記の計算によって得られた 2000 万円が，そのまま具体的相続分となる。

⑹　特別受益をめぐる少々やっかいな問題 ── 超過特別受益

㈦　超過特別受益がある場合の扱い ── 基本的な法律関係の確認

　さて，これが特別受益に関する基本的な枠組みであるが，特別受益の計算が，こんなに簡単にできる場合だけというわけではない。少しやっかいな場面を考えてみよう。……と言っても，さほど複雑な事例を出すつもりはない。さきほどの 設例1 にちょこっと手を入れるだけである。

> 設例2 　　被相続人である父は，死亡時に，およそ 4000 万円相当の土地・建物と約 1000 万円の預貯金を有していた。また，銀行を債権者とする 1000 万円の債務を負担していた。相続人は，被相続人の子 ABC である。父は，長男Aが独立して事業を始める際に，4000 万円をAに与えている。

　変更は，傍点を振った 1 か所だけである。さて，この場合について，具体的相続分を計算してみることにしよう。

　まず，あるべき相続財産は，相続開始時の積極財産である 5000 万円（土地・建物，預貯金）に，Aの特別受益 4000 万円を加えたものであり，9000 万円だということになる（できるだけ，3 の倍数になるように涙ぐましい努力をしている）。

　そして，この 9000 万円を，法定相続分で割って，ABC の各取り分は，3000 万円だということになる。

　このうち，特別受益のない BC は，このまま 3000 万円が具体的相続分

422　第Ⅲ部　相　続

となり，特別受益4000万円をすでに受け取っているＡは……。Ａは，え～と（別に親爺ギャグを言おうとしたのではない！），あれっ，マイナス1000万円？　さて，どうしたらよいのだろうか。

　民法は，結構親切なので，こうした場合についてもきちんと書いてくれている。民法903条の中で，いままで触れてこなかった2項は，「遺贈又は贈与の価額が，相続分の価額に等しく，又はこれを超えるときは，受遺者又は受贈者は，その相続分を受けることができない」と規定している（このように相続分を超える特別受益を超過特別受益と呼ぶ）。ということは，Ａの具体的相続分はないということになる。当たり前である。マイナスなんだから。

　ところで，民法は結構親切そうに見えて実は不親切なので，じゃぁ，このマイナスの部分についてどうなるのか，というと書いていない。

　ただ，一般的な理解として，上記の条文は，Ａの具体的相続分はゼロだということを規定していると読み，それ以上に，Ａが何かをするということは不要だと理解されている。

　つまり，特別受益の持戻しといっても，現実に，そうした特別受益を返還して，あるべき相続財産を形成するということが求められているわけではなく，あくまで計算上の手続にすぎないのである。

　なんか，騙されたような気もするが，まぁ，それでもいいか……と感じているかもしれないが，まぁ，目をつむってほしい。何はともあれ，最後まで結論が出たのだから……と，思いきや。さて，よく考えてほしい。

　Ａの具体的相続分はゼロで，ＢＣの具体的相続分は各3000万円だというが，現実に残っている相続財産は，5000万円分しかない！　Ａのマイナス1000万円分の持戻しがなされなかった以上，その分が不足するのは当然である。結局，この不足部分は，他の相続人，すなわち，ＢＣで負担するほかはないということになる。この場合であれば，ＢＣの具体的な取り分は，結局，2500万円ずつだということになる。

(イ)　**超過特別受益をめぐる発展問題 —— 深みにはまりたい人のために**

　筆者の印象では，相続法の問題は，各所によくわからない深みが潜んでいる。本書は，基本的には入門書なので（時折，忘れることもあるが，気に

しないでほしい），そんな深みは全部避けて通るというのも，ひとつの方法
である。

　しかし，諸君の中には，相続法が大好き！，あるいは，相続法は嫌いだ
けどコワイものはとっても好き！という人もいるだろう。そこで，ちょこ
っとだけ，そんな世界（真夜中の理科室）を覗くことにしよう。

　さて，以上の説明だが，実は，最後の部分はごまかしている。BC の取
り分が 2500 万円ずつだというのは，まぁ，穏当な結論だと思うが，マイ
ナス 1000 万円を，このように，マイナス 500 万円ずつに分けて負担する
というのは，どこから出てきたのだろうか。単に平等に折半したのだろう
か，それとも，法定相続分の割合で分けたのだろうか。

　ABC は，いずれも被相続人の子ということで，均分相続を前提として
考えることができるので，この点は，具体的な相違に至らないが，相続分
が異なる場合には，ちょっと難しい問題が生ずる。特に問題となるのは，
配偶者相続人と血族相続人の両方がいる場合である。いままでとは全く別
の以下の設例を前提として考えてみることにしよう。

設例3　　被相続人は，遺産 1 億円を残して死亡した。相続人は，配偶者A，
　　　　　子 BC で，Aには 2000 万円の，Cには 8000 万円の特別受益があ
　　　　　る。

　さて，この場合，マイナスになることをおそれずに，単純に具体的相続
分の計算をすると，次のようになる。

（表1）

当事者	計算式	金額
A	2 億円^{みなし相続財産} ×1/2^{法定相続分}−2000 万円^{特別受益} ※みなし相続財産は，1 億円の遺産に AC の特別受益 1 億円を 　加えたもの	8000 万円
B	2 億円 ×1/4^{法定相続分}	5000 万円
C	2 億円 ×1/4^{法定相続分}−8000 万円^{特別受益}	−3000 万円

　問題は，このような場合に，C についてのマイナス 3000 万円を，A と

424　　**第Ⅲ部　相　続**

Bでどのように負担するのかということである。理論的には，さまざまな可能性が考えられる。ここでは，考え方の基本が示されると思われるいくつかの枠組みを示しておく。

① **Cはいない型**　ひとつの考え方は，Cは，具体的相続分がゼロである以上，相続人としては存在していないと考えるものである。仮にこのように考えると，具体的には，以下のように具体的相続分が計算されることになる。

（表2）

当事者	計算式	金額
A	1億2000万円^{みなし相続財産} ×1/2^{法定相続分}－2000万円^{特別受益} ※みなし相続財産は，1億円の遺産にAの特別受益2000万円を加えたもの	4000万円
B	1億2000万円 ×1/2^{法定相続分}	6000万円

しかし，この計算は，やはりかなりおかしい。具体的相続分がゼロだといっても，それは相続人として存在しないということを意味するものではない（事実上の相続放棄の説明でも述べたところである）。現に，債務の相続を考える場合であれば（具体的相続分に応じた債務の承継を考えるのではない限り。ちなみに，過剰に利益を受けた者が，まさしくその過剰に利益を受けたということが理由となって，債務を承継しないというのは奇妙だろう），Cを相続人として排除する理由はない。

さらに，ここでの問題が，Cについての超過特別受益であるマイナス3000万円をどのように扱うのかというものであったはずなのに，Bの具体的相続分が，（表1）で示された本来の計算より大きくなるということも，説明できない。

なお，これ以外にも，血族相続人の中に超過受益者がいる場合には，血族相続人の中でそれを処理するという考え方もあるが，これも実質的な妥当性と正当性という点で，その基礎付けが困難だろう。

② **法定相続分に応じた負担型**　他方，Cのマイナス部分をどのように負担するのかという点に焦点をあてて，それを一定の割合で分担するとい

うことも考えられる。そして，その一定の割合としては，法定相続分（あるいは遺言において指定された相続分）がひとつの候補となる。これによれば，AB については，まず，（表1）で示された相続分を前提として，C のマイナス 3000 万円を，その法定相続分の割合に応じて，AB に割り付けることになる。

（表3）

当事者	計算式	金額
A	8000 万円 − 3000 万円 ×2/3	6000 万円
B	5000 万円 − 3000 万円 ×1/3	4000 万円

なお，法定相続分に応じてと言いながら，A について 3 分の 2，B について 3 分の 1 という割合が出てくるのは奇妙な印象を受けるかもしれないが，これは，C も含めた上での本来の相続分（A は 2 分の 1，B は 4 分の 1）の割合を，A と B にあてはめたからである。

③　具体的相続分に応じた負担型　　他方，現実に存在する相続財産を前提とした上で，（表1）に示された具体的相続分を前提として計算するという仕組みも考えられる。現在，最も一般的なのは，この考え方ではないかと思われる。

（表4）

当事者	計算式	金額
A	1 億円^{現実に存在する遺産} × （8000 万円 /1 億 3000 万円） ※1 億円の遺産に乗ずるのは，（表1）で示された AB の 　相続分の割合	約 6154 万円
B	1 億円 × （5000 万円 /1 億 3000 万円）	約 3845 万円

厳密に言えば，小さな違いは生ずるが，②③の方法は，基本的に相続人の構成には影響を与えずに，（表1）で示されている関係を基本的な前提としている。

この種の計算を細かくすることにどこまでの意義があるのかという問題はありそうだが，基本的には，上記②③あたりが実質的にも妥当な結論を導くものなのではないだろうか。

ところで，ここでささやかなプレゼントを諸君に贈りたい。

設例4　　被相続人である父は，死亡時に，およそ4000万円相当の土地・建物と約1000万円の預貯金を有していた。また，銀行を債権者とする1000万円の債務を負担していた。父は，長男Aが独立して事業を始める際に，4000万円をAに与え，Bには，留学資金として500万円を与えている。これらは，特別受益と評価される。

いままで扱ってきた 設例2 の変形である。具体的に，どのように計算されることになるのか，試してみてほしい（筆者が自分で計算するわけではないので，きれいな数字になるというような配慮は全くしていません！）。

4　寄与分

3では，父親の初七日に集まった子どもたちの会話を素材として，その言い争いの中で，相続人の一部がどれだけの利益をすでに受けているのかという点に焦点をあてて，具体的相続分の決定における特別受益の意味や，その範囲，計算方法等を説明した。次に，これとは逆に，特定の相続人が，被相続人に対して何らかの貢献をしているような場合に，それが具体的相続分にどのように反映されるのかという問題に焦点をあてて考えてみることにしよう。

これは，民法の中では，寄与分として規定されている。もっとも，寄与分というのは，その扱い方によって，その位置付けや説明のしかたが大きく異なってくる。

単に，特別受益をちょうど裏返したものということで，その技術的な側面だけを取り上げるのであれば，それほど詳しい説明が必要なわけではない。

他方，この制度が創設されるにあたって考慮された問題に遡ると，寄与分には，単に特別受益の裏返しという以上のものが潜んでいるようにも思われる。そこには，相続という制度と財産法上の法律関係の相互の関係といった大きな問題が見え隠れしている。ここでは，そんな視点から，寄与分という制度自体を対象として問題を考えてみることにしよう。

第20講　相続分をめぐる問題　　427

> ### コラム　寄与度と寄与分
>
> 　個人的なことになるが，具体的相続分の計算という問題，筆者は，比較的好きである。計算ばかりであんまり好きではないという諸君も多いのではないかと思うが，そうした計算の前提となる仕組みの中には，相続をめぐる基本的な問題が見え隠れしていると感じられるからである。
>
> 　ちなみに，もっぱら不法行為法を中心に研究してきた筆者が，家族法関係で最初に引き受けた仕事が，寄与分に関する東京高裁の決定についての評釈だった（民商法雑誌 104 巻 2 号〔1991 年〕240 頁）。これは，「そういえば，クボタ君，似たようなことやってなかったっけ？」という程度で依頼されたものと推測しているが（筆者のデビュー論文は，「被害者の素因と寄与度概念の検討」判タ 558 号〔1985 年〕37 頁でした。ちなみに，念のために確認しておくと，寄与度と寄与分は漢字 2 文字以外に共通性はない！），せっかくの機会だからと引き受けて，この問題を考えるようになった次第である。
>
> 　寄与分というのは，結構地味なテーマであるが，相続という制度それ自体を考えるという意味では，特別受益以上に，難しいさまざまな問題を含んでいるように思われる。以下では，この寄与分について筆者の考えていることも含めて，少し詳しく説明することにしよう。

(1)　寄与分に関する規定

　まず，議論の前提として，民法の寄与分についての規定を確認しておこう。

　民法 904 条の 2 は，「共同相続人中に，被相続人の事業に関する労務の提供又は財産上の給付，被相続人の療養看護その他の方法により被相続人の財産の維持又は増加について特別の寄与をした者があるときは，被相続人が相続開始の時において有した財産の価額から共同相続人の協議で定めたその者の寄与分を控除したものを相続財産とみなし，第 900 条から第 902 条までの規定により算定した相続分に寄与分を加えた額をもってその者の相続分とする」（1 項）と規定している。以下の 設例 5 に即して考えてみることにしよう。

> 　設例 5　　被相続人である父は，死亡時に，およそ 3000 万円相当の土地・建物と約 3000 万円の預貯金を有していた。相続人は，子 AB である。父は，その名義で個人商店を営んでいたが，父が高齢になって

からは，長男Ａが，実質的には，その商売をひとりで切り盛りして
いた。被相続人の財産の維持・増加についてのＡの貢献は，2000
万円相当と評価される。

① **みなし相続財産の計算**　　ここでは，被相続人の死亡時の財産（「被
相続人が相続開始の時において有した財産の価額」）は，3000万円の不動産と
3000万円の預貯金の合計6000万円である。民法904条の2によれば，こ
の6000万円から，寄与分である2000万円を控除した4000万円が相続財
産とみなされる。

② **具体的相続分の計算**　　その上で，まず，寄与分のないＢについて
は，この4000万円を，（遺言等がなければ）法定相続分で割った2000万円
が，その具体的相続分となる。他方，Ａについては，この2000万円に，
寄与分の2000万円を加えた4000万円が具体的相続分となる。

さて，以上のような計算の枠組み自体は，民法903条に示された特別受
益についての具体的相続分の計算方法と基本的に異ならないことに気づく
だろう。特別受益では，いわば流出した特別受益を元に戻して，あるべき
相続財産を計算し，すでに特別受益を受け取っている者についてはその分
を控除するのに対して，寄与分では，特定の相続人にいくべきもの，つま
り寄与分をあらかじめ控除して，あるべき相続財産を計算し，本来特定の
相続人にいくべきだった部分を加算して，その者の具体的相続分を計算す
ることになる。この点では，特別受益と寄与分は，コインの表裏のような
関係だということになる。

設例6　　設例5において，Ｂは，独立して事業を始めるための援助を求
め，父は，2000万円をＢに与えていたという事情があった。

このように特別受益と寄与分の両方が問題となる場合も，計算が少々複
雑になるというだけで，この基本的な考え方は同じである（特別受益の評
価の時期の問題等はここでは度外視する）。

第20講　相続分をめぐる問題　　429

①　みなし相続財産の計算　　まず，本来の相続財産（みなし相続財産）は，特別受益の2000万円を持ち戻し，寄与分の2000万円を控除した6000万円である。

②　具体的相続分の計算　　これを法定相続分で分けると，各3000万円となる。このうち，Aについては，この3000万円に寄与分の2000万円を加えた5000万円が具体的相続分となる。他方，Bについては，この3000万円から，すでに得ている特別受益の2000万円を控除した1000万円が，その具体的相続分となるのである。

もっとも，寄与分についての規定の中には，いくつか注目しておくべき点もある。後述の検討とも関係するので，簡単に確認しておく。

第1に，寄与分とはいったい何なのかという点である。特別受益については，何が特別受益かという問題はあるが→*413頁以下*，それは基本的に贈与や遺贈という形式を通じてのものであるために，何がその利益であり，利益額がいくらかということは，生命保険のような特殊な問題を除くと→*415頁*【*生命保険と特別受益*】，比較的明瞭である。

他方，寄与分は，財産的な給付だけではなく，そこで中心となるのは，むしろ役務の提供等の無形のものである。そのようなものは，金額に置き換えることが困難であるというだけではなく，被相続人と相続人間の扶養義務などを考えると，何が具体的相続分において考慮されるべき寄与分なのかということ自体が問題になる。

さきほど引用した民法の規定は，この点について，「被相続人の事業に関する労務の提供又は財産上の給付，被相続人の療養看護その他の方法により被相続人の財産の維持又は増加について」なされた「特別の寄与」という形で，何が寄与分の対象となるかということを，一応，示している。

ここでは，後述の議論との関係で，特別の寄与が前提とされているということ，そして，その対象は，被相続人の財産の維持または増加であるということを確認しておくことにしよう。

第2に，寄与分のポジションについてである。民法904条の2は，「寄与分は，被相続人が相続開始の時において有した財産の価額から遺贈の価額を控除した残額を超えることができない」（3項）ということも規定し

ている。相続開始時の財産の額を超えることができないというのは，具体的相続分という枠組みを通じて貢献を反映させるというものである以上，その当然の制度的制約であると言えるが（超過特別受益についての扱いに相当する），ここでは，それだけではなく，相続開始時の財産から遺贈の価額を控除したものを超えることができないとされているのである。つまり，遺贈がなされた場合には，その残余の範囲でしか寄与分は機能しないのである（全部が遺贈されて，残りがなければ，寄与分は考慮できないことになる）。このことは，被相続人の意思（遺贈）との関係で，寄与分は負けるということを意味している。

　他方，寄与分と遺留分との関係については何も規定されていない。贈与や遺贈という特別受益に関わる被相続人の意思は，遺留分に負ける関係にあるが，寄与分については，そうした遺留分との関係での制約は，少なくとも明文上は規定されていないのである。

　この問題は，寄与分をめぐるトリレンマの問題につながる→*435頁以下*。

⑵　寄与分制度の趣旨と意義

㋐　寄与分制度の趣旨

　ところで，寄与分についての民法の条文が，904条の2と，枝番号になっているということについては，すでに諸君も気がついているだろう。そう，この規定は，昭和55年になって，ようやく追加された規定なのである。さきほど説明したように，民法の寄与分というのは，具体的相続分を計算する上でのひとつのステップであり，その点では，たしかに特別受益に対応するような形で制度設計されている。しかし，最初から特別受益のいわば双子の兄弟として存在していたわけではない。それでは，このような寄与分制度創設の背景には何があったのだろうか。

　①　**制度創設の背景**　　現在の寄与分に相当する問題について，それをリードしたのは，家裁実務であった。昭和40年代半ばから，寄与に応じて法定相続分と異なる割合による遺産の取得を認める審判例が増加し，昭和50年代には，これが大勢となった。

　②　**寄与分制度創設時の議論**　　このような実務の流れを受けて，寄与分

という制度の創設が具体的な問題として検討されることになる。その際，その議論を行った法制審議会民法部会身分法小委員会中間報告（1975年）では，この制度をめぐる議論についての論点が整理されている。ここでの説明に関係する範囲で取り上げると，そこでは，以下のような問題が扱われている。

　第1に，寄与分と相続との関係が問題とされている。ここでは，(1)相続の場合だけではなく，被寄与者に強制執行等が開始された場合にも，清算を認めるべきだという見解，(2)相続の場合にだけ考慮すれば足りるという見解があった。この問題について，現行法は，(2)の立場をとったわけであるが，そこでは，特に，生前の清算を認めることは，第三者に対する影響が大きいといった問題点が強調されていた。

　第2に，寄与分と相続分・遺産分割の関係も問題とされている。上記(2)を前提とすると，次に，寄与分と相続分等との関係が問題となる。これについては，(a)寄与相続人の相続分を増加させる，(b)遺産分割に際して，相当の財産を相続財産から取得する請求権を寄与相続人に認める，(c)遺産分割に際して，相続分のほかに，相当の財産を寄与相続人に取得させることができる，といった見解があった。現行の寄与分制度は，この(a)を採用したわけであるが，当初の議論では，この(a)に対してはむしろ否定的な見方が強く（寄与分は本来財産的貢献に対する補償の問題であり，相続分とは別個の問題である等），(b)(c)を基礎とする案が用意されていた。しかし，中間報告公表後の議論の中で，寄与分を相続分の外側に位置付けた場合に，相続分に応じて相続財産の包括承継がなされるという現行相続法のたてまえとの関係で問題がある等の意見が有力となり，最終的に，相続分の修正事由とする民法903条の裏返し案が採用されることになるのである。

　第3に，寄与による財産取得について上限を設けるかどうかという点も論点とされた。ここでは，(ア)上限を設けるべきではないとする見解（寄与を財産的貢献の問題とする限り，上限を設けることは合理的でない等），(イ)上限を設けるべきであるとする見解があった。現在の寄与分制度は，民法904条の2第3項に示されるように，一定の制約を認めるという立場を採用した（相続開始時の財産の価額から遺贈の価額を控除した残額の範囲）。も

っとも，同条の内容は，㈠から自動的に導かれたわけではない。上限を
めぐる議論としては，㈠の中では，(i)遺留分を害しない範囲に限る，(ii)
遺産の2分の1を上限とするという案が主張されていたが，遺留分と寄与
分は直接の関わりがない，消極財産の確定まで必要となり煩雑である等の
理由から，これらの提案は採用されず，現行法のような形での上限の設定
となったのである。

㈡　寄与分制度が有する2つの性格

　このような立法時の議論は，寄与分という制度を考える上で，重要な手
がかりを与えてくれるように思われる。つまり，寄与分は，その出発点に
おいて，元来，性格の異なる（少なくとも）2つのタイプのものを前提と
して議論されていたと考えられるのである。ごくおおざっぱに言えば，相
続人間での公平を実現するという側面と，被相続人（遺産）との関係で清
算を実現するという側面の2つの性格である。

　ここでは，このような2つの性格に対応する寄与分を，それぞれ，「公
平型寄与分」，「清算型寄与分」と呼んでおくことにしよう。

　もちろん，公平と清算という2つの機能は，常に両立しえない矛盾した
ものだというわけではない。実際には，両者が重なる部分も少なくないは
ずである。しかし，このような2つの基本的な型（理念型）を考えること
は，単に抽象的な議論のレベルだけではなく，後述の具体的な問題との関
係でも意味を持ってくると考えられる。

　①　**公平型寄与分**　　この寄与分は，特定の相続人が，被相続人，相続
財産との関係で，どれだけ貢献したのかということを考慮して，相続人間
での公平を実現しようとするものである。このような公平型寄与分が，現
行法の基本的なものであるということは，否定されないだろう。創設時の
議論との関係では，以下の2つの点が重要である。

　第1に，現行法は，上述のように，その制度設計時に議論があったもの
の，最終的に，相続という制度の中で，こうした貢献を考慮するという仕
組みを採用した。被相続人に貢献する者は多くても，寄与分という仕組み
でその貢献を考慮されるのは相続人に限定されるのである。

第20講　相続分をめぐる問題　433

第2に，寄与分と相続分の関係については議論があったものの，最終的に，寄与分を具体的相続分の決定に反映させるという仕組みが採用されている。これは，すでに述べたように，特別受益についての民法903条の裏返しとして寄与分を位置付けるものであり，特別受益が相続人間の公平を実現するとされるのと同様の意味で，相続人間の公平を図るものと言える。

②　**清算型寄与分**　　他方，創設時の議論では，非常に有力に，そして，一貫した制度理解として，清算を重視する考え方があったことは，上述のとおりである。このような清算を徹底させる考え方は，最終的に維持されなかった。しかし，現在の寄与分制度の中にも，こうした清算という考え方の残滓を見いだすことは，それほど困難ではない。

第1に，寄与分とされるのが，「被相続人の財産の維持又は増加について」の特別の寄与とされる点である。相続人間の公平という観点からは，財産的に反映されない被相続人に対する貢献を考慮するということも当然に排除されるわけではないだろう。この点では，寄与分として考慮されているのが，あくまで財産的な側面を通じて評価されるもの（相続財産の維持・増加という結果に反映されるもの）だけだということになるし，そこには，一定の清算としての性格を見いだすことができそうである。

第2に，寄与分の上限について，民法904条の2第3項のような規定は置かれたものの，遺留分との関係については明示されなかったという点である。この問題は立法時の議論でも意識されていたにもかかわらず，そこでは，遺留分と寄与分は性格の異なる問題として位置付けられるといった理由が示されて，規定が置かれなかったのである。これは，寄与分が単純に特別受益の裏返しというわけではないということを示しているだろう。

さらに，第3として，寄与分を相続という制度の中に規定するということ自体，必ずしも積極的に位置付けられていたわけではなく，むしろ，清算という考え方を徹底した場合に，それを規定する技術的な困難さ，第三者との関係等が考慮され，いわば消極的に，相続という仕組みの中に限定されたということも否定できない。

このように見てくると，現在の寄与分という仕組みの中にも，ここで述べたような，清算型寄与分といったものが含まれているということは否定できないように思われる。

(3) 寄与分の位置付けをめぐる問題

寄与分をめぐる個別問題は，結構たくさんあるが，ここでは，制度の意味を考える上で特に面白そうな問題を，恣意的に取り上げることにしよう。

(ア) 寄与分と遺留分の関係 ── 寄与分をめぐるトリレンマ

まず，寄与分をどのように理解するのかという問題が比較的明瞭に出てくるものとして，寄与分の上限をめぐる問題，遺留分との関係がある。

ここで扱う問題は，すでに述べたように，寄与分をめぐるトリレンマとも呼ばれる。ちなみに，トリレンマ（trilemma）という言葉を聞くのははじめてという諸君も多いのではないかと思うが，これは，ジレンマ（dilemma）の三当事者版，いわば，じゃんけんのグー・チョキ・パーの関係である。具体的に条文に則して，その意味を確認してみることにしよう。なお，不等号は，大きな方が勝つという関係を示している。

① **被相続人の意思＞寄与分**　民法904条の2第3項によれば，寄与分は，相続開始時の被相続人の財産の価額から遺贈の価額を控除した残額を超えることはできない。つまり，被相続人がどれだけの遺贈をしたかによって，寄与分の上限は画されてしまうのである。したがって，被相続人の意思は寄与分に勝つ。

② **遺留分＞被相続人の意思**　遺贈や生前贈与があっても，それが遺留分を侵害する範囲で，遺留分権利者には侵害額に応じた債権が認められる（民1046条。遺留分侵害額請求権→*565頁以下*）。したがって，遺留分は被相続人の意思に勝つ。なぜ，遺留分にかくも強い力が与えられるのかについては，それ自体議論の余地があるが，ここでは，このような遺留分と被相続人の意思の力関係だけを確認しておく。

③ **寄与分＞遺留分**　さて，寄与分に関する規定の中では，遺留分との関係は，明示的に規定されていない。したがって，遺贈がない場合に，相続財産のすべてを寄与分として扱うことも，遺贈を控除した残りすべてを寄与分として扱うことも，規定のうえからは可能である。もっとも，それによって他の相続人について遺留分侵害が生じる可能性はある（遺留分の計算において寄与分は考慮されないので→*568頁*，こうした事態が生じる可能

性がある）。しかし，この場合でも，寄与分を踏まえて具体的相続分が10割となった相続人が，遺留分侵害額についての債務を負うわけではない（民1047条参照。遺贈や贈与がなければ，そもそも遺留分侵害額請求権の債務者は存在しない）。したがって，寄与分について特段の規定が置かれていない以上，やはり，寄与分は遺留分に勝つということになりそうである。なお，すでに説明したように，このように規定が置かれなかったのは，単に，遺留分との関係を見落としていたといった理由によるものではない。むしろ，遺留分との関係を規定するという見解も有力に主張された中で，あえて規定されなかったということを再確認しておく。

さて，もう諸君も気がついているように，それでは，被相続人の意思と寄与分と遺留分のうち，一番強いのは誰なのかと言われると困ってしまう，というのがこの3つをめぐるトリレンマの問題なのである。それでは，本当にこうしたトリレンマは存在しているのだろうか。

(イ)　寄与分と遺留分との関係の検討

実務においては，実質的に遺留分を考慮して寄与分を決定しているということがしばしば述べられているし（そのような立場を明確に示しているものとして，東京高決平成3・12・24判タ794号215頁→*家族法百選〔第7版〕60事件〔川淳一〕*），また，学説上も，そのような扱いを積極的に肯定する見解が多い。ただ，正直なところ，「実質的に考慮して」というのは，なるほど大人（オトナ）の解決かもしれないが，（あんまり大人（オトナ）でない筆者にとっては）やっぱり理論的には，少々居心地が悪い。もう少し説明ができないものなのだろうか。

①　**公平型寄与分と遺留分**　　まず，寄与分の基本型とも言える公平型寄与分を前提として考えると，相続人間の公平を実現するという機能を有するにすぎない公平型寄与分というのは，それほど強力なものとして位置付けられるわけではないだろう。

さきほどの(ア)①「被相続人の意思＞寄与分」については，同様に相続人間の公平を実現する特別受益についても，特別受益としない旨の意思表

示という形で，被相続人の意思が優先することに照らせば，同様に理解されるだろう。さて，このように公平に向けた単なる調整制度としての性格しか有さない寄与分が，（何はともあれ）最小限の相続分としての性格を有するとされる遺留分に勝つということは，少々説明しにくいように思われる。被相続人の意思にすら負ける寄与分であれば，被相続人の意思に勝つ遺留分に負けると考える方が素直だろう。

　その点では，遺留分を侵害しない限りで寄与分による調整を認めるという制度設計は，立法時には採用されなかったものの，公平型寄与分のみを前提とすれば，十分にありえたのではないだろうか。

　仮にこのような見方が正しいとすると，３つの関係は，以下のように整理されることになり，トリレンマの問題は生じない。

（番付表１）

> 遺留分＞被相続人の意思＞公平型寄与分

　②　**清算型寄与分と遺留分**　　他方，寄与分制度の中では仮に例外的なものとして位置付けられるとしても，清算型寄与分を前提として考えると，トリレンマの問題は，どのように見えてくるのだろうか。

　ここで最初に引っかかるのは，公平型寄与分の場合には当然のものとして説明した(ア)①「被相続人の意思＞寄与分」である。もし，相続開始時の財産について，その大半が特定の相続人の寄与によって形成・維持されたのだとすれば，それに対して，その相続人が清算に向けた権利や利益を有することは当然だろう。そして，そのような清算の権利に対して，被相続人の意思が勝つというのは，いかにも説得力がない。これでは，債務者に債務の処分権を認めるようなものである。清算型寄与分を前提とすると，このように被相続人の意思を優先させるということ自体が疑問とされるのである。

　さて，仮にこのように「被相続人の意思にも勝つ清算型寄与分」を考えると，やはり「被相続人の意思に勝つ遺留分」との関係はどのようになるのだろうか（ちなみに，この時点で，すでにトリレンマの問題は解消されている。あとは，寄与分と遺留分という，いずれも被相続人の意思に勝つ２つの仕

第20講　相続分をめぐる問題　　437

組みの勝負だということになる）。

　ここでは，清算型寄与分が遺留分によって制約されるという合理的理由を見いだすことは，困難である。極端なケースとして，相続開始時の財産のすべてが特定の相続人の寄与によって形成・維持されたという場合を考えてみよう（相続人の1人が，親の家業を継いで，ほとんど財産がない状態から財産を殖やしたが，その財産の名義は親のものとされていた場合。あるいは，老後の生活のために，相続人の1人が，親に金銭を渡したが，親が早くに亡くなり，その金銭がほとんど手つかずに残った場合などが考えられる）。この際，その財産の半分についての遺留分といったものを論じる必要はない。なぜなら，その財産全体が，本来，相続の対象とされるべきものではないと考えられるからである。

　このような清算型寄与分を前提として考えれば，民法が，寄与分の規定の中に，遺留分を前提としてその上限を設定するような規定を置かなかったことは十分に合理的であると考えられるし，このような清算型寄与分については，遺留分を実質的に考慮するということも必要ではなく，そのような配慮はむしろ不適切であるということになるだろう。

　いままで述べてきたことが，やはり仮に正しいとすると，3つの関係は，以下のような形で整理されることになる。

（番付表2）

> 清算型寄与分＞遺留分＞被相続人の意思

　以上のように理解すると，従来，トリレンマとされてきた問題は，現在の寄与分制度において，立法時においても見られた基本的な考え方の対立が完全には解消されないまま，具体的な規定が用意されたことによるのであり，公平型寄与分と清算型寄与分の2つを分けて，それぞれに合理的な制度設計を考えるのであれば，整合的な解決を見いだすことが可能なのではないか，また，そのような理解を前提として解釈論上の問題も考えることができるのではないかというのが，ここでの解釈論的な提案である。

　もっとも，基本的で，かつ最も重要な問題は残っている。つまり，具体的に何が公平型寄与分で，何が清算型寄与分かという問題である。もちろ

ん，その判断は必ずしも容易ではないだろう。ただ，契約や事務管理，不当利得，あるいは，共有物分割といった財産法上の枠組みで受け止めることができないタイプの寄与を公平型寄与分であるとし，これらの処理になじむもの，あるいは，そのような規範の類推適用が容認されるようなタイプのものは，仮に寄与分の中で扱われるとしても，清算型寄与分として，公平型寄与分とは別の規律で処理するということが考えられるのではないだろうか。このような観点から，個別問題の検討をもう少し進めることにしよう。

(4) 寄与分の対象となる特別の寄与 ── 寄与の態様と寄与分

　さて，寄与分が認められるのは，「被相続人の事業に関する労務の提供又は財産上の給付，被相続人の療養看護その他の方法により被相続人の財産の維持又は増加について特別の寄与をした者があるとき」である。

　ここでは，(i)事業に関する労務の提供や財産上の給付，療養看護といった寄与の態様が具体的に示されるとともに，(ii)それが被相続人の財産の維持または増加に向けたものであり，かつ，(iii)特別の寄与であることが要件とされている。こうした要件の意味や内容についても，寄与分の理念型に応じて，それをどのように理解するのかは異なってくるように思われる。

　① **寄与の特別性**　　要件としては，後ろからとなるが，まず，寄与の特別性について少し考えてみよう。被相続人と相続人との間には，通常，扶養義務等が認められる。したがって，相続人が被相続人を助けることは，そのような枠組みの中で，当然に求められるとも言える。寄与の特別性は，いわばこうした通常の扶養義務の範囲内に含まれないものであるということを示す要件だと説明されてきている。しかし，本当に，そのように通常の寄与と特別の寄与という基準で議論する必要があるのだろうか。

　まず，基本型としての公平型寄与分であれば，そこで実現されるべきものは，相続人間の公平なのだから，一定の寄与が扶養義務の範囲に含まれるか否かという点が当然に重要なのではなく，むしろ，そのように扶養義務を負担していた相続人が複数存在するにもかかわらず，一部の相続人の

みがそれを行い，他の相続人は何もしなかったという場合には，相続人間の公平を実現するために寄与分による介入を認めることは，それほど不当ではないと考えられる。

特別受益についても，受益の名称や目的を抽象的に議論することが重要なのではなく，むしろ，他の相続人との関係で公平性を確保することが必要なのかという観点から，実質的に判断されるべきではないかと説明したが→413頁以下，それは，寄与分についても，基本的に共通する。

他方，清算型寄与分において重要であるのは，特定の相続人が相続財産に対して清算という性格を有する権利（財産法上の権利として構成されるにせよ，寄与分という形のものとして構成されるにせよ）を有しているかという点である。ここでは，通常の扶養義務の範囲を超えるということは，被相続人（相続財産）との関係で，清算の必要性を基礎付けるものとして，位置付けられることになる。

② **財産の維持または増加**　さて，財産の維持または増加という要件も，あまりすわりのよい要件ではない。

まず，公平型寄与分を前提とするのであれば，被相続人への相続人の貢献は，必ずしも，財産の維持・増加に反映されるものに限る必要はないようにも思われるからである。もちろん，相続分という形で相続財産に関わるのであるから，あくまで相続財産の維持・増加についての寄与に限定するという説明もありえないではない。しかし，相続人間の公平を実現するという点で，この点を強調することは必然的ではないだろう。なお，療養看護については，療養看護によって本来支出すべき費用が縮減されて，相続財産が維持されたという形で，この要件との関係が説明されるが，本当に，その部分が重要なのだろうか。むしろ，すでに述べたように，相続人のすべてが被相続人との関係で療養看護の義務を負担するような状況において，特定の相続人のみがそれを行ったということが重要なのであり，それによって財産が維持されたという点は，本質的なものではないように思われる。

さて，他方，清算型寄与分との関係でも，この財産の維持・増加という要件は，少々問題を含んでいる。一方で，このような財産の維持・増加という要件が，清算型寄与分になじみやすいものであるということは指摘で

440　第Ⅲ部　相　続

きるだろう。清算の対象とされるべきものが，現存するという意味で，この要件を積極的に位置付けることもできそうである。ただ，他方で，「事業に関する労務の提供」について言えば，本当に，財産の維持・増加に反映されていることが必要なのかという点が問題となる。たとえば，黙示の役務提供契約として構成し，そこでの役務提供契約を雇用だと理解すれば，それによる結果が実際に生じていることは必要ではない。逆に言えば，財産法上のツールを使って清算を実現することが考えられる場合のすべてが，民法 904 条の 2 において取り上げられるわけではないということになりそうだし，同条を通じて実現される清算型寄与分も，そうした限界を持っているということになる。

(5) 相続人ではない者の寄与についての扱い

　ところで，以下に述べることは，寄与分についての説明の中で取り上げるのが適切なのかどうか自体が悩ましい。その悩ましい理由については，おいおいわかってもらえると思うが，まずは，寄与分の問題でもあり，寄与分の問題ではなし……という程度の感じで読んでいってもらうことにしよう。

　さて，具体的相続分を取り扱うⅢの冒頭に取り上げた物語→*409 頁以下*を思い出してほしい。そこでは，主人公のオレの兄Ａと姉Ｂが言い争いになるが，その最後で，Ａが不機嫌そうにつぶやくのは，「親爺が最後に寝込んだ数年間，ずっと面倒をみてきたのは，オレの嫁さんなんだぞ」というセリフだった。さて，ここで扱うのは，まさしくそのセリフに関係する問題である。ここでは，以下の設例で問題を考えることにしよう。

設例 7　　Ａが死亡し，相続人は妻Ｂ，ＡＢの子Ｃ，同じくＡＢの子ですでに死亡しているＤとその妻Ｅとの子であるＦ（代襲相続人）である。なお，①亡Ｄは中学卒業後ただちに家業である農業に従事し，Ｃが結婚・独立によって家を出てからも農業に従事してきた，②亡ＤはＥと結婚後も被相続人のもとにとどまりＥと一緒に農業に従事してきた，③ＥはＤ死亡後もＡらと同居し，Ｆを養育しながら農業に従事してきた。

第 20 講　相続分をめぐる問題　　441

ずいぶん具体的な設例だという印象を受けるかもしれないが，それもそのはずで，これは，東京高決平成元年12月28日（家月42巻8号45頁）を前提として，それを少し簡単にしたものである（私が最初に家族法について書いたのが，この事件の評釈です→*428頁*【*寄与度と寄与分*】）。さて，同決定については，のちほど説明するとして，ここでは，特に，②③におけるＥのＡの農業に対する寄与（貢献）をどのように扱うのかという問題に焦点を当てて考えてみたい。言うまでもないが，Ｅは相続人ではない。

(ア)　財産法上の解決

　まず，Ｅが実際にＡの農業に貢献した以上，Ａ（とその相続人）に対して，何らかの財産法上の請求権を考えることができるのではないかということが問題となる。これはＥ自身の貢献に基づく利益をＥ自身に与えるものであり，最も自然なアプローチだと言える。なお，この解決は，ここで扱っている具体的相続分の算定要素としての寄与分とは関係がない。

　さて，具体的に考えられる財産法上の解決としては，(i)雇用等の契約を認めることによるＥのＡに対する報酬請求権，(ii)事務管理に基づく費用償還請求権，(iii)不当利得に基づく利得返還請求権といったところが考えられる。

　もっとも，(i)については，特段の合意等が認められない状況で，契約の成立を認める（あるいは成立を擬制する）ことは必ずしも容易ではないだろう（なお，特に農業経営については，後継者を育成し，農業を維持していこうとする観点から，積極的に契約関係を明確にしていこうとする動きもある。そうした活動の中では，標準的なフォーマットが用意されており，この場合，(i)はより実践的な意味を持つことになるだろう）。また，(ii)についても，一般的には，事務管理の費用償還請求権（民702条）は，報酬請求権を含まないと解されているので，これによって解決することも簡単ではないように思われる。さらに，(iii)についても，Ｅの寄与によってＡが得た利益が法律上の原因のないものとは，必ずしも言えないだろう（無償の貢献であったとしても，それだけで法律上の原因があることを否定することにはならない）。

　このように考えると，こうした問題について，財産法上の解決は必ずしも容易なものではないということになる。

⑷　相続人の寄与分に取り込むアプローチ

次に考えられるのが，Ｅの貢献を，Ｄの寄与分（設例7 の②），さらに，Ｆの寄与分（設例7 の③）として，考慮するというものである。これは，まさしくここで扱っている寄与分を利用した解決として位置付けられる。少々離れ業だという印象も与えるが，実務においては，これまでこうしたアプローチがとられてきた。

結論を先取りすると，前掲東京高決平成元年 12 月 28 日は，「共同相続人間の衡平を図る見地からすれば，被代襲者の寄与に基づき代襲相続人に寄与分を認めることも，相続人の配偶者ないし母親の寄与が相続人の寄与と同視できる場合には相続人の寄与分として考慮することも許される」として，（実際にはもっと当事者が多いが，設例7 であれば）Ｆの寄与分を相続財産の半額と認めた原審判の判断を維持した。

厳密に言えば，ここでは，⑴被代襲者の寄与をもって代襲相続人に寄与分を認めることができるのか，⑵被代襲者の配偶者が被代襲者とともになした寄与をもって代襲相続人に寄与分を認めることができるのか，⑶被代襲者の配偶者が代襲相続の原因発生後になした寄与をもって代襲相続人に寄与分を認めることができるのか，といった３つが問題となっている。

このうち，⑴の問題は，代襲相続によって承継する被代襲者の法的地位に寄与分も含まれるとすれば，比較的容易に説明ができる（設例7 の①②における亡Ｄの貢献は，これによってＦの寄与分として考慮されることになる）。しかし，⑵⑶に関連する，「非相続人の寄与をもって，特定の相続人の寄与分として考慮することができるのか」という問題についての説明は，もう少し難しいだろう。これについては，ＥをＤやＦの履行補助者的な立場にある者として位置付けることにより，それを肯定することができるというのが同決定の考え方である。

相続人ではない者の寄与をその本人ではなく，特定の相続人の利益として反映させるということについて，こうした説明が十分に説得的なものであるのかは議論の余地がある。しかし，こうしたアプローチの背景には，すでに述べたように，Ｅの貢献を財産法上のツールで解決するのが難しいという現状についての認識，さらに，Ｅの貢献がまったく考慮されないこ

第 20 講　相続分をめぐる問題　　443

とになるよりは，より身近な者の寄与分として考慮する方が，まだましで
あるといった公平観を見いだすことは可能だろう。

(ウ) 相続人ではない親族の特別寄与料請求権

さて，相続法改正によって，新たに導入されたのが「特別寄与料」とい
う仕組みである。これが，ここで扱っている問題に対する第3のアプロー
チだということになる。

相続法改正により，民法典の相続編に，「第10章 特別の寄与」が追加
された。そこに置かれた改正民法1050条1項は，「被相続人に対して無償
で療養看護その他の労務の提供をしたことにより被相続人の財産の維持又
は増加について特別の寄与をした被相続人の親族（相続人，相続の放棄を
した者及び第891条の規定に該当し又は廃除によってその相続権を失った
者を除く。以下この条において「特別寄与者」という。）は，相続の開始
後，相続人に対し，特別寄与者の寄与に応じた額の金銭（以下この条にお
いて「特別寄与料」という。）の支払を請求することができる」と規定し
ている。

こうした特別寄与料の仕組みは，以下の内容のものである。

① **特別寄与者**　特別寄与料を請求できる「特別寄与者」となりうる
のは，「相続人ではない親族」である（相続放棄等によって相続人とならな
い場合については，相続人の資格を有していれば，寄与分による解決が期待で
きる立場であったので，やはり，特別寄与者からは除外される）。

② **特別の寄与**　特別寄与料が認められるのは，「無償で療養看護その
他の労務の提供をしたことにより被相続人の財産の維持又は増加について
特別の寄与をした」場合である。

③ **特別寄与料**　相続人ではない親族に特別の寄与が認められた場合
には，相続人に対して特別寄与料の支払を求めることができる。当事者間
の協議で，これについての結論が得られなかった場合には，家庭裁判所の
判断によることになるが（民1050条2項），家庭裁判所は，特別寄与料が
認められる場合には，寄与の時期，方法および程度，相続財産の額その他
一切の事情を考慮して，特別寄与料の額を定める（同条3項）。ただし，

444　第Ⅲ部　相　続

特別寄与料の額は，被相続人が相続開始の時において有した財産の価額から遺贈の価額を控除した残額を超えることができない（同条4項）。

④　**特別寄与料の負担者**　　特別寄与料を負担するのは相続人であるが，複数の相続人がある場合には，相続分に応じて，これを負担する（民1050条5項）。

⑤　**特別寄与料の権利行使の期間制限**　　特別寄与者が相続の開始および相続人を知った時から6か月を経過したとき，または相続開始の時から1年を経過したときは，もはや特別寄与料の支払を求めることはできない（民1050条2項ただし書）。

　このような特別寄与料という仕組みは，一方では，「特別の寄与」という要件や特別寄与料の額の上限に見られるように，従来の寄与分制度の影響を強く受けている。しかし，同時に，こうした特別寄与料の制度は，相続人ではない特別寄与者に，相続人に対する特別寄与料の債権を認めるというものであり，その基本的な性格がまったく異なっているということも看過されるべきではないだろう。つまり，特別寄与料という制度は，相続そのものについての仕組みなのではなく，あくまで相続に際して成立する法定債権について規定したものなのである（議論はあるかもしれないが，その点では，被害者の死亡時に遺族の慰謝料請求権を認める民法711条と同じ性格のものだという見方もできるように思われる）。

　さて，こうした特別寄与料という制度は，設例7のような場合に，より明確な解決を与えるものだということはできる。ここでは，(イ)の解決のように，実際に寄与したものではない者に，その寄与に対応する利益が帰属するといった問題も生じない。

　それでは，相続法改正によって(ウ)が明文上認められたことは，(ア)(イ)という他の解決との関係では，どのような意味を持つのだろうか。

　まず，(ウ)の特別寄与料が認められたことは，(ア)の財産法上の解決に直接影響を与えるものではないだろう。

　他方，(イ)の履行補助者型の寄与分との関係は，もう少し微妙である。これについては，(ウ)が認められた以上，(イ)はもはや認められないという考え方，依然として(イ)の可能性も残るという考え方の両方がありうると

第20講　相続分をめぐる問題　　445

思う。

　(イ)のような解決は，(ア)の財産法上の解決が困難であることを前提として，寄与者と（寄与分による）受益者がずれるとしても，その方がまだましだという仮託的な解決（次善の解決）であるという見方からすれば，貢献した者自身に利益を帰属させる解決が，(ウ)によって認められるようになった以上，もはや(イ)による解決を認めるべきではないという前者のような考え方になるだろう。

　他方，特別寄与料の請求手続は遺産分割とは独立になされる必要があり，それなりに負担があること，また比較的短期間の期間制限が設定されていること（遺産分割には期間制限はない→*514頁*）などを踏まえると，後者のような考え方もありうるかもしれない。ただし，その場合でも，特別寄与料という仕組みが導入された以上，(イ)の解決を認めるとしても，それが特別寄与者の意思に反しないものであることを確保することは当然に求められるだろう。

第 21 講　遺　言
―― 残せるものと残せないもの

　以下では，遺言を取り上げる。遺言は，遺言者の意思を法律関係に反映
させる仕組みであり，その意味では，自己決定という基本思想に立つもの
だと言える。もちろん，厳密に考えるならば，自らの死亡を原因とする相
続に関する事柄（ただし，後述のように，遺言の中で決めることができるのは，
相続に関する事柄だけではない）が，自己決定の対象となるのかという点に
ついては，その説明のしかたを含めて議論の余地はありそうであるが（そ
れが当然に一般的な自己決定に含まれうるものなのか，遺言という特別の制度
によって，その限りで認められるものなのか），遺言が，遺言者（被相続人）
の意思を反映させる仕組みだということ自体は，どの立場からも共有され
るだろう。

　なお，遺言と法定相続との関係については，特に，法定相続をどのよう
に理解するのかによって，その位置付けは変わりうる。法定相続として規
定されている内容は，被相続人の意思の推定なのだと位置付けるのであれ
ば，法定相続は遺言者の意思が明確ではない場合についての補充的な制度
だということになる。いやそうではない，法定相続は一定の正義や公平の
視点から適正な財産の帰属等を定めたものなのだというような立場をとれ
ば，遺言は，それを修正するものとして，もう少し自律的で強いポジショ
ンを占めることになりそうである。このような遺言と法定相続の関係は，
遺言の解釈等についても一定の影響を与えることになるかもしれない。

　もっとも，ここではこうした大きな問題には立ち入らず，すでに触れた
ように→355頁，民法上は，原則として，遺言が法定相続に優先するという
こと，しかし，そうした遺言も，遺留分には勝てないという枠組みをまず
は再確認しておくことにしよう。

447

Ⅰ　法律上の遺言の対象

　さて，遺言は遺言者の意思を反映させるものだと書いたが，それでは，遺言者は，どのような内容について，自らの意思を示して，それを法律関係に反映させることができるのだろうか。

1　遺言で定めることができること

　まず，遺言で定めることができることは，法定されている。ただ，少々やっかいなのは，こうした事項についてどこかにまとめて規定しておいてくれれば，（少なくとも遺言の説明をする上では）簡単なのだが，何を遺言で定めることができるかについては，ばらばらに規定されている。

　これは，それぞれ関連するところに，「○○は，遺言によっても，することができる」といった形で規定が置かれているためである。たとえば，民法の「第5編 相続」ではなく，「第4編 親族」に置かれている民法781条2項で，「認知は，遺言によっても，することができる」と規定されているのが，その例である。こうしたもののうち，民法に規定されているものだけを列挙すると，以下のようになる。

①　相続外の事項　　　認知（民781条2項）
　　　　　　　　　　　未成年後見人の指定（民839条1項）
　　　　　　　　　　　未成年後見監督人の指定（民848条）
②　相続に関する事項　推定相続人の廃除と廃除の取消し（民893条・894
　　　　　　　　　　　　条2項）
　　　　　　　　　　　祭祀主宰者の指定（民897条1項*）
　　　　　　　　　　　相続分の指定（民902条）
　　　　　　　　　　　特別受益としない旨の意思表示（民903条3項*）
　　　　　　　　　　　遺産分割の方法の指定および分割禁止（民908条）
　　　　　　　　　　　遺産分割における担保責任（民914条）
　　　　　　　　　　　包括遺贈および特定遺贈（民964条）
　　　　　　　　　　　遺言執行者の指定（民1006条1項）

上記のうち，＊を付したものは，条文上は，遺言についての直接の言及はないが，「被相続人の指定」（民897条1項），「被相続人〔の〕……意思」表示（民903条3項）によって決まることが規定されており，遺言の対象となると理解されているものである。なお，以上のように遺言で定めることができる事柄は多岐にわたっているが，その中には，生前行為でもできるものが含まれていることがわかる（認知や推定相続人の廃除等）。

2　遺言で定めることができないもの

　上記のように，法定されている事項以外は，遺言の中に書き込んだとしても，それは，法律上の遺言としての効力を有さない。この中には，相続に関する重要なものも含まれている。たとえば，誰が相続人となるかを，遺言で定めることはできない。したがって，「○○を相続人とする」としても，その○○が相続人になるわけではない。包括遺贈がなされたと解釈する余地があるのかが問題とされるにすぎない。

コラム） *遺言 と 遺言*

　ところで，日常用語で，遺言にふりがなをつけるとすれば，「ゆいごん」だろう。それに対して，民法で，遺言を取り上げる場合には，「いごん」と呼ぶことが多い。もっとも，厳密に，このような使い分けが規定されているわけではなく，ちょっと古いものでは，末川博編『全訂法学辞典〔改訂増補版〕』（日本評論社，1978年）で，「いごん」を引くと，「遺言→『ユイゴン』」となっていて，「ゆいごん」のところで法律上の遺言が説明されている。他方，高橋和之ほか編集代表『法律学小辞典〔第5版〕』（有斐閣，2016年）では，「ゆいごん」を引くと「→いごん」となっている。

　日常用語と違う呼び方をするというのは，いかにも専門用語を気取っていて，ちょっと気障な感じもしないではないが，「ゆいごん」と「いごん」に関しては，こうした呼称の使い分けにも，一定の意味があるように思われる。

　本文で説明したように，民法上の遺言の対象とされるものは法定されており，そこに含まれないものは，民法上の遺言としての効力は認められない。たとえば，遺言の中で，「残された母さんに孝行を尽くすように」と書いても，民法上の効力（親孝行義務！）が認められるわけではない。しかし，だからといって，そのようなことを書くことが禁止されているわけではないし，また，その遺言に社会的な意味が認められないわけではないだろう。遺族が，故人の遺志をできるだけ尊重しようとする場合に，それは，やはり意味を持つものなので

第21講　遺　言　449

あり，それを無効だという一言で片付けるべきではないだろう。

その意味で，Ⅰの見出しを，「法律上の遺言の対象」としたのである。また，本講のテーマの副題の「残せるものと残せないもの」について言えば，法律上の遺言（いごん）については明確であるが，遺言（ゆいごん）については，それを遺族など，故人の周囲の人がどのように受け止めるかによって，異なってくるのである。

Ⅱ　遺言についての基本的な約束事

ところで，遺言というのは，その方式についても非常に厳格に規定された典型的な要式行為である。これは，遺言が効力を生ずるのが，遺言者の死亡の時点であり（民985条1項），その時点では，もはや遺言者自身の意思を確認できないということが背景にある。こうした方式については，後で説明することにして，ここでは，それ以外の遺言についての約束事について簡単に見ておくことにしよう。

1　遺言能力

(1)　**遺言能力についての基本的な規律**

遺言は，未成年者であっても，15歳以上の場合には，単独でなすことができる（民961条）。また，行為能力の制限に関する民法5条・9条・13条・17条の規定は，遺言については適用されないので（民962条），成年被後見人や，被保佐人，被補助人であっても，遺言をなすことができる。

(2)　**遺言の前提となる意思能力**

ただし，遺言も法律行為のひとつである以上，その前提として意思能力が必要であることは，他の法律行為と同様である。したがって，遺言者が，遺言の前提として必要とされる意思能力を欠いていた場合には，その遺言は無効である（民3条の2）。

また，成年被後見人については，上記のとおり，民法9条の適用はないが，それが「精神上の障害により事理を弁識する能力を欠く常況にある者」（民7条）であることから，「成年被後見人が事理を弁識する能力を一時回復した時において遺言をするには，医師2人以上の立会いがなければ

450　第Ⅲ部　相　続

ならない」とされ，「遺言に立ち会った医師は，遺言者が遺言をする時において精神上の障害により事理を弁識する能力を欠く状態になかった旨を遺言書に付記して，これに署名し，印を押さなければならない」ことが規定されている（民973条）。

実際に，こうした意思能力が問題となる中心的な場面は，後見や保佐に付されていない高齢者のケースである。

遺言の前提となる意思能力は，当然に，財産上の法律行為について必要とされる意思能力より低いもので足りるわけではなく，財産の処分に関する遺言の場合は，通常の財産上の法律行為と同様の水準の意思能力が必要であるとされている。その点では，当該具体的な遺言の内容を見ていく必要があるし，ある人について一律に遺言能力の有無が判断されるわけではなく，「当該遺言に示された内容との関係で意思能力が認められるのか」という観点から判断されるべきだということになる。

(3) 能力の存在時期

以上のような遺言をする能力（未成年者についての年齢要件のほか，上記の遺言の前提となる意思能力を含む）の有無についての判断の基準時は，遺言時である（民963条）。

2　共同遺言の禁止

遺言は，2人以上の者が同一の証書ですることができない（民975条）。このような共同遺言の禁止については，単独の自由な意思表示を確保する必要があること，後述の各自の撤回の自由を確保する必要があること，共同遺言が複雑な法律関係を生じさせる可能性があること，といった理由が挙げられている。

もっとも，このような理由に照らすのであれば，同一の証書でなされた遺言だといっても，それぞれが内容的な関連性を全く有さない場合には，この効力を否定することは必要ではない。実務においても，このような場合については，そもそも民法975条の禁止する共同遺言にあたらないとして扱う可能性が認められている。

他方，内容的な関連性が認められる場合としては，複数遺言者が相互に

第21講　遺言　451

遺贈を行うような遺言や，一方が一定の行為をすることを前提として他方が遺贈をするといったような場合が考えられる。

> **コラム** *共同遺言をめぐる問題*
>
> 　共同遺言については，最判昭和 56 年 9 月 11 日（民集 35 巻 6 号 1013 頁→*百選Ⅲ 83 事件〔石畝剛士〕*）があるので，それについて簡単に触れておくことにしよう。この事件で問題となったのは，「夫Ａの財産甲は子Ｙらが相続する。甲の相続は両親（Ａと妻Ｂ）が共に死去した後に行うものとし，Ａが死去した時はＢが甲を相続する」という趣旨の内容の，ＡＢの署名押印がある遺言であった（実際には，もう少し複雑であり，正確な内容は百選を参照してほしい）。なお，Ｂの署名押印を含めて，この遺言自体は，Ａの作成によるものであった。
>
> 　さて，遺言の内容自体が必ずしもはっきりしないところがあるが，①Ａの所有する甲は，Ｂに相続させるというＡの遺言と，②ＢがＡから相続した甲は，Ｙらに相続させるというＢの遺言だと見ると，ＡＢの共同遺言だということが少しわかりやすいかもしれない。
>
> 　この事件では，ここでの相続の対象から外された子であるＸらが，この遺言の無効確認を求めたのだが，そこでは，これが共同遺言だということが理由として挙げられた。
>
> 　第 1 審，控訴審とも，この遺言は共同遺言で無効だとし，最高裁も，「同一の証書に 2 人の遺言が記載されている場合は，そのうちの一方に氏名を自書しない方式の違背があるときでも，右遺言は，民法 975 条により禁止された共同遺言にあたるものと解するのが相当である」として，Ｂ自らの署名がない以上，Ｂの遺言部分は無効であり，共同遺言にあたらないというＹらからの上告を棄却した。ここではいくつかの問題を検討する必要がある。
>
> 　第 1 に，本文で述べたとおり，共同遺言の禁止に反するとして無効となるかについては，そもそもその遺言が実質的にも共同遺言と評価されるのかという点が問題となる。上記の①②に内容的な関連性があるかという点については，②はＢがＡから甲を相続するという①を前提としているし，また，①はＢからＹらに甲が移転するということを前提としていると理解することができる（この点は，冒頭に挙げたオリジナルに近い内容だともっとはっきりする）。その点で，これは共同遺言だと考えられる。
>
> 　第 2 に，本件のようなＡＢの共同遺言において，一方であるＢについて方式違背があった場合にどうなるのかという問題である。これについては，Ｂの部分が無効である以上，Ａについての上記①部分のみが単独遺言として有効となるのではないかという考え方もある。これに対して，最高裁は，上記のように述べて，方式に違背があるとしても，共同遺言にあたるとして，遺言全体

が無効となることを示したのである。

この点については，上記のとおり，本件の場合，①を前提とする②，②を前提とする①というように，双方向での関連性がある以上，合理性が認められる解決だったと考えられる。Aの意思は，甲を最終的にYらに帰属させるということにあったと考えられるのであり，①によって「A→B」の遺言のみが有効とされ，②は無効とされ，Bからの相続は法定相続によるということは，Aの企図したところとは異なると考えられるからである（そんなことになるのなら，最初から，直接，Yらに承継させていたと考えられる）。

ただ，①→②という関連性はあるが，②→①という関連性は認められないというような片面的な関係があった場合，たとえば，Aは，甲をBに相続させ，そのことを前提として，Bは，甲を何人かに相続させるが，Aは，その最終的な帰属先には関心を持っていなかったという場合にも，同じように扱うべきであるのかという点については，なお議論の余地があるように思われる。

3　遺言の撤回

遺言は，遺言者の死亡時に効力が生ずるが（民985条1項），それまでの間，遺言者は，いつでもそれを撤回することができる。

(1)　遺言の撤回の方法
もっとも，そうした撤回をどのようにするのかについては，遺言自体について一定の方式が必要とされていることにも対応して，民法は，いくつかの撤回の方法について規定している。

①　**遺言による撤回**　　まず，遺言者は，いつでも，遺言の方式に従って，その遺言の全部または一部を撤回することができる（民1022条）。ここでの遺言の方式というのは，撤回の対象とされる遺言の方式と同じものである必要はなく，公正証書遺言→*460頁以下*を，自筆証書遺言→*458頁以下*で撤回することもできる。

②　**抵触する遺言による撤回**　　また，前の遺言を撤回するということが明示されていなくても，新たな遺言をなして，その内容が前の遺言と抵触する場合には，その部分については後の遺言で撤回したものとみなされる（民1023条1項）。たとえば，前の遺言において，「不動産甲をAに相続さ

第21講　遺　言　453

せる」としていたが，後の遺言において，「不動産甲及び乙をBに与える」
とした場合が，これに該当する。

したがって，「今日の遺言」という形で，毎日毎日，新しい遺言を書い
ていくと，内容が抵触する範囲で，新しい遺言が優先するということにな
るのである。もっとも，新しい遺言を作ると，前の遺言が全部撤回される
ことになるわけではない。あくまで撤回されたものとして扱われるのは，
抵触する部分だけである。したがって，そんなややこしいことが生ずる
「今日の遺言」を勧めるつもりはない。

③　**抵触行為による撤回**　　以上の2つは，新たな遺言を通じて，前の
遺言を撤回するというものであるが，これ以外にも，「遺言後の生前処分
その他の法律行為と抵触する場合」についても，同様に，前の遺言が撤回
されたものとみなされる（民1023条2項）。たとえば，前の遺言において，
「不動産甲をAに相続させる」とか，「甲をAに遺贈する」と書いていたが，
その遺言作成の後，甲をBに贈与したり，売却した場合が，これに該当す
る。

なお，②③について挙げた例は，前の遺言の内容が後の遺言や処分行
為と客観的に両立しえない場合のものであるが，判例は，このような抵触
の範囲を実質的な観点から拡張している。たとえば，最判昭和56年11月
13日（民集35巻8号1251頁）は，民法1023条2項の「抵触とは，単に，
後の生前処分を実現しようとするときには前の遺言の執行が客観的に不能
となるような場合のみにとどまらず，諸般の事情より観察して後の生前処
分が前の遺言と両立せしめない趣旨のもとにされたことが明らかである場
合をも包含する」として，終生扶養することを前提として養子縁組がなさ
れ，養子に大半の不動産を遺贈する旨の遺言が作成された事案において，
後に，養親子間が不和となり，協議離縁した場合に，上記遺言は撤回され
たものとしている。この点では，抵触については，客観的な外形による判
断だけではなく，遺言者の実質的意思を探求することが求められることに
なる。

④　**遺言書等の破棄による撤回**　　さらに，民法1024条は，「遺言者が故
意に遺言書を破棄したときは，その破棄した部分については，遺言を撤回
したものとみなす。遺言者が故意に遺贈の目的物を破棄したときも，同様

とする」と規定する（なお，遺言書の文面全体に赤色のボールペンで斜線が引かれたという事案で，最判平成 27・11・20 民集 69 巻 7 号 2021 頁は，「その遺言書の全体を不要のものとし，そこに記載された遺言の全ての効力を失わせる意思の表れとみるのが相当である」として，民法 1024 条前段所定の「故意に遺言書を破棄したとき」に該当するとした。当然のようにも思われる事案であるが，一部削除の場合であれば，民法 968 条 3 項の「加除その他の変更」として署名押印が必要とされるなど，厳格な方式が規定されている。本件は，そうした方式が求められるかが問題となったものである）。

(2) 遺言の撤回の撤回など

　ところで，前の遺言を撤回する遺言等が撤回されたり，取り消された場合には，どうなるのだろうか。これについては，民法 1025 条が，次の 2 つの内容を規定している。

　① **復活しない前遺言**　　上述の前遺言を撤回する行為（遺言の方式による撤回，遺言に抵触する遺言や処分，遺言書等の破棄）が，撤回され，取り消され，または効力を生じなくなった場合であっても，撤回された前遺言は，その効力を回復しないということが原則である（民 1025 条本文）。これは，前遺言の復活がかえって複雑な法律関係を生じさせたり，遺言者の真意が不明となったりするという状況を回避するためである。

　もっとも，最判平成 9 年 11 月 13 日（民集 51 巻 10 号 4144 頁）は，「遺言……を遺言の方式に従って撤回した遺言者が，更に右撤回遺言を遺言の方式に従って撤回した場合において，遺言書の記載に照らし，遺言者の意思が原遺言の復活を希望するものであることが明らかなときは，民法1025 条ただし書の法意にかんがみ，遺言者の真意を尊重して原遺言の効力の復活を認めるのが相当と解される」として，例外的に，前遺言が復活する余地を認めている。

　この判決が示した内容をどの程度，一般化できるかについては議論がある。判決自体は，基本的には，単に「遺言の撤回を撤回した」というだけではなく，「撤回された前遺言を復活させる」という遺言者の意思が認められることを求めているが，そうした遺言者の意思をどのように認定する

のかについては，かなり幅があるものと思われる。すなわち，前遺言の復活を求めること自体が遺言書に明確に記載されている必要があるのか，前後の文脈や遺言書作成時の事情などからそうした意思解釈が可能だということでも足りるのかという問題である。この点（特に，遺言の解釈において，遺言書の作成時の事情を考慮することを認めるのかという点）は，遺言の解釈一般に関わる問題である。

②　**錯誤・詐欺・強迫の場合の例外**　　撤回行為が錯誤，詐欺または強迫による場合については，「この限りでない」（民1025条ただし書）とされる（錯誤は，2018年の相続法改正で追加された）。したがって，第1遺言を撤回する行為が錯誤，詐欺，強迫により撤回されたり，取り消された場合には，第1遺言が復活することになる。この場合には，撤回行為自体が遺言者の真意ではないことが明白だからだと説明される。

もっとも，ここでいう「この限りでない」が具体的に何を意味しているのかは，それほど明確ではないように思われる。第1遺言を撤回する行為が何であったか，それぞれの具体的な場面に即して考えることにしよう。

まず，遺言書等の破棄（民1024条）については，対象となるのが事実行為であり，それを撤回したり，取り消したりするということ自体が考えにくいだろう。

また，第1遺言に抵触する処分行為がなされた場合（民1023条2項），その処分行為（第1遺言の目的物の第三者への譲渡等）について，錯誤や詐欺，強迫を理由とする取消し（民95条・96条）を考えることはできる。しかし，この場合の取消しは，当該処分行為の取消しであり，第1遺言の法定撤回事由の撤回として考える必要はない。そして，そうした取消しがなされれば，それによって遡及的にその処分行為は無効となるのであり（民121条），そもそも第1遺言に抵触する処分行為自体が存在しなかったことになる。したがって，民法1023条2項による撤回そのものがなくなるのであり，第1遺言はそのまま効力を有することが説明できる。この場合，第1遺言の効力が維持されることについて，民法1025条ただし書のような規定は不要である。

それに対して，第2遺言によって，第1遺言が撤回される場合（民1022条・1023条1項）については，その第2遺言が撤回されても，第1遺言は

復活しないのが原則であるが（民1025条本文），「詐欺を理由として第2遺言を撤回する」と第3遺言に記載されていれば，第1遺言が復活することになる（民1025条ただし書）。もっとも，「詐欺を理由として」と書かれていれば，民法1025条ただし書により第1遺言が復活することは明らかであるが，そうした第2遺言の撤回の理由が明示的には記載されておらず，第3遺言作成時の事情からそうした意思解釈が可能であるという場合にどう扱うのかが問題となる。この点は，すでに触れたように，遺言の解釈についての一般的な問題となると考えられる。そうした遺言作成当時の事情を踏まえた遺言の解釈が可能だとすれば，この場合にも，民法1025条ただし書の適用（ないし類推適用）が認められることになる。

　さらに，錯誤，詐欺，強迫という以上，第1遺言を撤回する第2遺言について，民法95条，96条に基づく一般的な取消しが認められるのかという問題が考えられる。なるほど，遺言も法律行為である以上，法律行為の意思表示の規定が適用されるという説明は可能かもしれない（それに対して，遺言を含む身分行為には民法総則の法律行為の規定は適用されないという立場をとれば，この点はそもそも問題とならない）。しかし，取消しは，相手方に対する意思表示によってなすが（民123条），相手方のない単独行為である遺言については，そもそも意思表示をどのようになすのかが問題となる。また，第2遺言はまだ効力が生じておらず，遡及効を有する取消しが必要とされる状況は生じていない（講学上は，まだ効力が生じていない行為について，その効果の発生を阻止する場面で，撤回という言葉が使われる）。死後に効力が生じる遺言の性質を踏まえて，それに関する規律（遺言の要式）が用意されているということ，遺言の撤回はきわめて容易になすことができることに照らせば，遺言の撤回の方式によらない法律行為の遺言の取消しは不透明な状況をもたらすだけであり，その必要性もないものと思われる。したがって，遺言の撤回について，民法1022条以下に認められた方式以外での撤回や取消しを認めるべきではないだろう。

　このようにみてくると，民法1025条ただし書の機能というのは，ごく限定的なものだと思われる。

第21講　遺　言　457

Ⅲ　遺言の方式

すでに触れたように，遺言は，厳格な要式行為である。これは，遺言の効力が発生した時点では，もはや遺言者自身に真意を確認することができないことから，可能な限り疑義が生じないようにすることを目的としている。ただ，他方で，遺言者が，もはや自らの意思を表明することができない以上，その真意をできるだけ尊重してあげたいという要請もある。

このような両方向の要請は，当然には両立するわけではなく，むしろ，両者が実質的に抵触する場面も少なくはない。これは，実際上の遺言の取扱いを具体的にどのようになすのかという問題にも深く関わってくることになる。以上のことを念頭に置きながら，遺言の方式を見ていくことにしよう。

1　普通方式の遺言

まず，民法は，一般的な遺言の方式として，3つのものを用意している。

以下では，それぞれについて，まず，その方式（要件）を確認した上で，相互の違いを明確にするためにも，そのメリットとデメリットを考えることにしよう。

⑴　自筆証書遺言

まず，自筆証書遺言の要件は，①遺言の内容となる全文，②日付，③氏名のすべてを自書することであり（ただし，添付される相続財産の目録については，自書によらないことができる。この場合，目録の各ページに署名，押印をしなければならない。相続法改正によって新設された民968条2項），さらに，これに④押印することである（同条1項。すでに触れたように，修正加除等の変更については，遺言者の署名押印が必要とされる。同条3項）。

このような自筆証書遺言には，方式が簡単で，費用もかからないというメリットがある。また，単独で作成できるということから，遺言の内容について，当然には他人に知られないという点も，メリットのひとつとして挙げられるだろう（ただし，秘密を確保する仕組みが用意されているわけではない。また，完璧に隠されて，死亡したときにも発見されないのでは，遺言と

458　第Ⅲ部　相　続

しての役割を果たせない)。

　他方，デメリットとしては，遺言書が適切に保管されていない場合，遺言書の滅失，偽造，変造の可能性が小さくない。さらに，専門家等によるサポートがないために，遺言者の知識が不十分な場合には，その内容が不明確なものとなったり，そもそも方式を欠いているといった事態が生ずる危険性が考えられる。

> **コラム**　*自筆証書遺言の保管制度とその将来的な可能性*
>
> 　2018 年の相続法改正では，自筆証書遺言の保管制度が新設された(「法務局における遺言書の保管等に関する法律」の制定)。これは，自筆証書遺言を法務局に保管することができるようにするものである。遺言者が死亡した場合は，遺言書を保管する法務局に対して，自己を相続人とする被相続人の遺言書，自己を受遺者または遺言執行者とする遺言書の閲覧等ができるとするものである。また，法務局に保管された自筆証書遺言については，検認も不要となる。
>
> 　こうした自筆証書遺言の保管制度には，まず，滅失や変造のリスクを回避することができるというメリットがある。もっとも，まぁ，少し便利になるかなぁ……という程度の印象しか与えないかもしれない。ただ，この保管制度によって，自筆証書遺言には，将来的には大変に大きな可能性が与えられたように思われる。
>
> 　これまでも，自筆証書遺言の保管について，各地の弁護士会などで試みられてきたが，必ずしも十分な成功は収めてこなかったようである。深刻な障害となったのは，自筆証書遺言を保管していても，遺言者が死亡したということがわからない以上，それに対応することができないということである。他方で，相続人等にしてみれば，被相続人が死亡したということは知っていても，自筆証書遺言が保管されているということを知らなければ，保管者に問い合わせることもないだろう。
>
> 　こうした問題は，新たに創設された法務局における自筆証書遺言の保管制度についても基本的にあてはまる。
>
> 　しかし，市町村等の戸籍管掌者のデータ(死亡届の提出)と法務局のデータ(自筆証書遺言の保管)とが有機的に連携するのであれば，この状況は劇的に変化することになるだろう。つまり，両者がオンラインで連携していれば，市区町村の窓口で死亡届を受理する際に，その死亡した者の自筆証書遺言が法務局に保管されているということを把握することも可能となる。これをそのまま，死亡届の届出人に伝えるかどうかはともかく(誰にどのように伝えるかという制度設計の問題は残る)，こうしたシステムを前提とすれば，上述のような問

題（保管者は遺言者の死亡を知らず，相続人は遺言の保管を知らないという状況）を回避することが可能となるのである。

なお，2019年の戸籍法の改正においては，まさしく戸籍事務に関するデータのオンライン化と，それを基礎とする市町村と法務局の戸籍事務の連携が，その内容とされている。この改正では，直接，自筆証書遺言の保管制度との関係について触れられてはいないが，この改正により，少なくとも，上記のような対応を可能とする基盤は整備されたことになる。

このような意味で，自筆証書遺言の保管制度は将来的には大きな可能性を有しており，自筆証書遺言の重要性が一気に高まるかもしれないというのが，筆者の認識である。

(2) 公正証書遺言

自筆証書遺言と対照的なのが，公正証書遺言である。ここでは，①証人2人以上の立会いがあること（未成年者のほか，推定相続人等の利害関係のある者は証人となることはできない。民974条。なお，明文の規定はないが，盲人の証人適格が問題となった事案で，最判昭和55・12・4民集34巻7号835頁→*百選III 81事件［羽生香織］*は，これを肯定している），②遺言者が遺言の趣旨を公証人に口授すること（特則として，民969条の2第1項），③公証人が，遺言者の口述を筆記し，これを遺言者および証人に読み聞かせ，または閲覧させること（特則として，民969条の2第2項），④遺言者および証人が，筆記の正確なことを承認した後，各自これに署名し，印を押すこと（遺言者が署名することができない場合は，公証人がその事由を付記して，署名に代えることができる），⑤公証人が，その証書は①～④に掲げる方式に従って作ったものである旨を付記して，これに署名し，印を押すことが，その要件とされる（民969条）。

このような公正証書遺言については，その原本（遺言者，立会人が実際に署名押印したもの）と正本（遺言者，立会人の署名押印が省略されたもの）が作成され，原本は公証役場に保管され，正本が遺言者に交付される。

このような公正証書遺言のメリットとデメリットは，自筆証書遺言のそれのちょうど裏返しだと言える。

すなわち，一方では，法律の専門家である公証人が関与することによって，方式の不備を避けることができることはもちろん，内容が不明確なも

のとなるといった事態を避けることが可能となる。また，原本が公証役場で保管されることから，偽造や変造のおそれも回避することができる。また，後述の検認も不要である（民1004条2項）。

　他方，公証人の関与が必要となり，証人2人以上の立会いが必要だというように簡便な方式とは言えず，費用もかかる。さらに，遺言書の内容については，その秘密が保持されない危険性があるという点も，場合によっては，デメリットのひとつとなるかもしれない。

　なお，このように厳格に作成された公正証書遺言であっても，その遺言としての効力は，自筆証書遺言と異なるものではない。前述のように，公正証書遺言を自筆証書遺言によって撤回するということも可能である。

(3)　秘密証書遺言

　普通方式の最後が，秘密証書遺言である。ここでは，①遺言者による証書への署名押印，②遺言者が，その証書を封じ，証書に用いた印章をもってこれに封印すること，③遺言者が，公証人1人および証人2人以上の前に封書を提出して，自己の遺言書である旨並びにその筆者の氏名および住所を申述すること（特則として，民972条1項・2項），④公証人が，その証書を提出した日付および遺言者の申述を封紙に記載した後，遺言者および証人とともにこれに署名し，印を押すことが，その要件とされる（民970条）。

　このような秘密証書遺言であるが，その位置付けについては，すこぶる落ち着きが悪い。なぜなら，公証人等が関与して，手続がかなり面倒であるにもかかわらず，内容等については，その関与がないために，不明確なものとなる危険性があるという点では自筆証書遺言と変わらない。また，内容的には秘密が保持されるといっても，秘密証書遺言の作成自体については，他人が関与し，遺言が作られたということ自体は他人にも知られるわけであるから，その秘密を保持するのは，実質的にも容易ではなさそうである。また，上記①から示されるように，秘密証書遺言では，遺言書の全文や日付の自書は必要ではないから（自筆証書遺言の要件と対比してほしい），ワープロを使ってもよく，これについては，「それは便利だ！」というより，判断能力が衰えた高齢者などについて，他人がその内容を作成

したものが，秘密証書遺言として利用されかねないという危険性も指摘されている。

このように見てくると，秘密証書遺言は，自筆証書遺言と公正証書遺言のデメリットを組み合わせただけのような気もしてくる。大学の授業の中でも，この秘密証書遺言について説明するときには，オートバイと自動車のデメリットを組み合わせただけのようなサイドカー（雨が降ったら濡れる。場所をとる）をつい思い浮かべてしまうのだが，諸君はどのような印象を持つだろうか（サイドカーについては，別の見解の諸君もいるかもしれません。筆者は，専門家ではありません。ちなみに，カクテルのサイドカーは好きです）。

2　特別方式の遺言

上記の普通方式の遺言に加えて，民法は，特殊な状況にある場合の遺言の方式を用意している。まず，危急時遺言として，「死亡危急時遺言」と「難船時遺言」が用意されている。

死亡危急時遺言は，「疾病その他の事由によって死亡の危急に迫った者が遺言をしようとするとき」のものであり，①証人3人以上の立会いの下で，その1人に遺言の趣旨を口授すること，②口授を受けた者が筆記して，これを遺言者，他の証人に読み聞かせ，または，閲覧させること，③各証人の署名押印によってなされる。なお，死亡危急時遺言は，遺言の日から20日以内に家庭裁判所の確認を得なければ，その効力を生じない（民976条）。なお，ここでは日付の記載が要件とされていないが（他の特別方式遺言でも同様である），遺言がなされた日付は，証人ないし立会人によって明らかにすることができるためであり，判例も，日付の記載は遺言の有効要件ではないとしている（最判昭和47・3・17民集26巻2号249頁→*百選Ⅲ 82事件［山本顯治］*）。

難船時遺言については，民法979条が，「船舶が遭難した場合において，当該船舶中に在って死亡の危急に迫った者は，証人2人以上の立会いをもって口頭で遺言をすることができる」ことを規定している。難船時遺言については，遅滞なく家庭裁判所に請求して，その確認を得なければならない。

次に，隔絶地遺言として，「伝染病隔離時遺言」（民977条）と「在船時遺言」（民978条）が用意されている。ここでは，個々の説明は省略し，民法978条については，船に乗る前に読んでおいてもらうことにしよう。

3　遺言の方式をめぐる問題

すでに触れたように，遺言をめぐっては，厳格な方式に従って遺言者の意思を確定するという要請と，もはや新たな意思表示をすることができない遺言者の最後の真意を探るという要請が，時にはぶつかりあうことになる。この点について，以下では，民法自体が，こうした問題にどのように対処しようとしているのか，さらに，解釈論上，どのような問題があるのかということを見ていくことにしよう。

(1)　秘密証書遺言から自筆証書遺言への転換

秘密証書遺言については，さきほど見たように，かなり面倒くさい方式が規定されている。このような秘密証書遺言について，その方式に欠けるところがあったとしても，遺言者の死亡後にそれを開いてみたら，遺言本文も日付も，全部，遺言者の自筆であったという場合，これを無効にする必要はなく，有効な自筆証書遺言として扱えばよい。このことを規定するのが，民法971条である。

(2)　自筆証書遺言の方式をめぐる問題

さて，方式を満たしているかが問題となるのは，主として，自筆証書遺言においてである。以下では，こうした問題のいくつかを取り上げて見ておくことにしよう。

①　**表現方法に関する問題**　　速記や外国語・外国文字による記載も遺言として有効とされている。表現の方法が一般的ではないということは，遺言者の真意を探る上で，その論理的な障害となるものではないのだから当然である。そもそも，自筆で書かれている以上，方式を欠いているわけではない。

②　**記載の手段をめぐる問題**　　他方，自書という要件との関係で問題と

なるのが，遺言書が，その用紙に，直接遺言者の手で書かれていない場合である。まず，典型的な場面として，タイプライターやワープロ等によって作成されたものは，自書の要件を欠き，自筆証書遺言としては無効である。本人の自書が求められるのは，本人が実際に作成したものであるかを確認することを可能とするためのものである以上，これらを自筆証書遺言として有効とする余地はない（ただし，改正民法 968 条 2 項により，添付される相続財産の目録については自書の例外が認められた）。

　他方，最判平成 5 年 10 月 19 日（家月 46 巻 4 号 27 頁→*百選Ⅲ 80 事件 [池田清治]*）では，遺言者が遺言の全文，日付および氏名をカーボン紙を用いて複写の方法で記載したという事案について，「カーボン紙を用いることも自書の方法として許されないものではないから，本件遺言書は，民法 968 条 1 項の自書の要件に欠けるところはない」としている。

> （コラム）　*カーボン紙って？*
>
> 　カーボン紙による複写の方法で……と，さらっと書いたが，学生諸君の中には，カーボン紙と言ってもあんまりピンとこない人もいるのではないかと思う。現在でも，身近に利用している場合はある。小包を郵便や宅配便で送るときに，何枚綴りかになっていて，1 枚に，宛先等を書くと，その下の何枚かにも，同じものが写っているというのが，それである。もっとも，あれは最初からあつらえたものであるが，かつては，薄い黒いただの紙のような（というより，むしろ海苔のような）カーボン紙があり，適当な紙に挟んで，同じものをコピーするということに使っていたような記憶がある。コピー機が普及して，もういまはほとんど目にすることはないような気がするが……。さて，こんなことを書いたのは，カーボン紙による記載が，自書の要件を満たすかについては，ある程度，その実際のイメージをつかんでもらう必要があったからである。
>
> 　本文でも書いたように，ワープロでの作成文書が，自書と認められないのは，本人が記載したものかを確認できないからである。それでは，そうした本人性の確認という点で，カーボン紙による複写というのはどのように判断されるのだろうか。
>
> 　この点については，筆跡がわかる以上，自書と考えられるという見方もある一方で，筆圧や筆勢が判明せず，自書と見ることに慎重な見方もある。また，カーボン紙を，万年筆等と同様に，筆記用具のひとつと見ることができるのかという点についても，議論は分かれそうである。
>
> 　個人的な印象としては，カーボン紙の利用ということからだけで，いわば形

式的に自書の要件を欠くとすることに対しては，やはり慎重であるべきだと思う。筆圧や筆勢がわからないといっても，筆記用具であることが明らかな万年筆とボールペン，サインペン，鉛筆，あるいは毛筆では，ずいぶん違いがありそうである。

その点では，自書要件を満たすとした上で，さらに，本人が実際に書いたものであるかどうかというレベルの問題（真筆か否かという問題）として扱うことが，実質的にも妥当であるように思われる。なお，このような問題構造については，前掲の池田清治教授の解説を読んでいただきたい。

ここまで書いたところで，ずいぶん昔に読んだために出典も明確ではない，末川博博士→*21 頁*のエッセーを思い出した。そこには，博士の学生時代（1917年に大学を卒業されているから，ちょうど第一次大戦の頃だろう）には，答案は毛筆で書かなければならなかったが，その理由は改ざんを防ぐためだったと書かれていたと記憶している。答案を万年筆で書くことも許すとしたときには，当時の教授会で，結構熱い議論をしたのかもしれないなぁ……，と思った次第である。

③ **連綴に関する問題**　遺言が複数枚にわたる場合，通常は，各用紙の綴り目に契印（割印）を押す。そうしないと，後から，用紙を追加されてもわからないからである。ただ，判例は，こうした契印がない場合であっても，1通の遺言書であることが確認できる限り，それを有効としている（最判昭和 36・6・22 民集 15 巻 6 号 1622 頁）。

④ **日付に関する問題**　遺言は，すでに説明したように，他の遺言や処分行為との時間的前後関係によって，その優先関係が決まってくるために，それがいつ作成されたかということは重要な意味を持つ。まず，このような観点からは，日付が全く入っていないものはもちろん，単に，年月または年のみしか記載されていない遺言も，やはり，その要件を欠くものとして無効とされる。他方，(1)遺言書自体に日付がないが，封印された封筒に日付の記載がある場合は有効とされるし（民法 968 条は，どこに記載するかについては明示していない），また，(2)暦日ではなくても，特定の可能な別の記載（「50 歳の誕生日」等）であってもよい。さらに，(3)誤記であることが明らかであり正しい日付の特定が可能な場合（昭和 50 年に死亡した者が，同年中に作成した遺言書の日付が，「1950 年○○月○○日」と記載されていた場合）にも，有効とされている（最判昭和 52・11・21 家月 30 巻 4

第 21 講　遺　言　　465

号 91 頁）。

　なお，遺言の本文を自書してから，後日になって日付を書いた場合については，遺言書自体が有効かという問題と，有効とすればいつ成立したのかという問題がある。判例は，有効とした上で，両方に解する可能性を認めている（大判昭和 6・7・10 民集 10 巻 736 頁，最判昭和 52・4・19 家月 29 巻 10 号 132 頁）。

　⑤　**氏名に関する問題**　　条文上は，氏名の自書が要件となっているが，氏または名のみの記入や，通称や雅号，ペンネーム等であっても，これによって誰が遺言者かを特定することが可能な場合には，有効とされる（この説明としていつも引用されるのが，大判大正 4・7・3 民録 21 輯 1176 頁である。遺言書には，「ゆいもんかびふんのこらいまやるまたなせなりいまやるをや治郎兵衛」といった記載がなされていたようである。原審は，この最後の部分の「をや治郎兵衛」を「親治郎兵衛」とし，吉川治郎兵衛を指すことは明らかだとし，大審院も，それを前提に氏名に関する要件を満たしているとした。なお，前半部分について，原審は，「きたなせなり」の意味はよくわからないが，「遺言帷子分残ラスいまニ遺ル」という趣旨とした。「……で，結局，どんな意味なんだ？」って，私に質問してはいけません！）。

　⑥　**押印に関する問題**　　押印をなぜ要求するのかについては，まじめに考えると，議論の余地がありそうである。本人確認という点では，本文と氏名の自書でも足りるように考えられるし，印鑑そのものは，その物があれば，誰だって押せるわけで，本人性の確保にとって，それほど大きな意味があるわけではない。実際，欧米人についてはサインだけで足りるともされている（最判昭和 49・12・24 民集 28 巻 10 号 2152 頁）ことに照らしても，本人によるものであることを確認するものとしての意義は乏しそうである。一般的には，この点について，押印によって文書を完成させるというわが国の慣行や法意識といったことも指摘されるが（欧米人との違いは，この点からは説明が可能となる），これが，遺言における確実性の確保や真意の探求といった要請との関係でどのように位置付けられるのかは，必ずしも明確とは言えない。

　以上のように，押印要件については，必ずしも明確ではない部分は残るのであるが，現在の法律状態を確認しておくと，実印である必要はなく，

466　**第Ⅲ部　相　続**

認印でもよいとされているし，また，指印（拇印）も有効とされている（最判平成元・2・16民集43巻2号45頁）。

ただ，他方で，花押については，押印として認められなかった（最判平成28・6・3民集70巻5号1263頁）。花押というのは，自分の作成した文書であることを証明するために書かれる，図案化されたサインのようなものであり，古い時代に用いられたものである（署名の下に書かれることが多かった）。本件で問題となった遺言書は，琉球王国の名家の末裔にあたる沖縄県の男性が，死亡する2か月前に作成したもので，署名の下に花押が書かれていたが，印章による押印はなかったというものである。第1審，控訴審は，この遺言書における花押は民法968条1項の押印の要件を満たすとしたのに対して，前掲最判平成28年6月3日は，「我が国において，印章による押印に代えて花押を書くことによって文書を完成させるという慣行ないし法意識が存するものとは認め難い」として，押印の要件を満たさないと判断した。押印の要件が緩和されることについての一定の歯止めをかけたものという見方もできるだろう。ただ，花押自体は，一般的な押印と比べ，本人確認としての機能も劣るものではなく（むしろ，高いだろう），さらに，その花押を用いる人の具体的な状況に照らして判断するのであれば，文書を完成させるという本人の明確な意思をそこに読み取ることも容易だろう。一般的な慣行がどうであれ（ここで一般的な慣行が問題とされることの意味も，それほど自明ではない），その点では，押印の機能を果たしているという見方もできるはずである。本判決については，そんなに頑張る必要があったのだろうかというのが，率直な感想である。

なお，押印の場所について，最判平成6年6月24日（家月47巻3号60頁→*百選Ⅲ 79事件［櫛橋明香］*）は，遺言書自体には押印はなく，これを入れた封筒の封じ目に押印がなされていたという事案について，押印要件が満たされているとの判断を示した。もっとも，このような判断の基礎には，遺言書と封筒の一体性があると考えられるが，その一体性の意味をどのように理解するのかについては，議論の余地が残されている（検認時に開封されていないという意味での一体性までが要求されるのか等）。この点は，そもそも押印が何のために必要とされているのかというさきほどの議論にも関わってくるものだと考えられる。

第21講 遺言 467

以上，かなり細かく種々の問題を取り上げてきたが，ここでは，遺言というのが厳密な要式行為であるということを前提としつつも，その方式の実質的意義を確保できるのであれば，比較的柔軟に解釈がなされているということが示されるのではないかと思う。

なお，遺言の方式を遵守するという要請と遺言者の真意の尊重という要請をどのように調整するのかについては，前述のように議論があるが，この調整というのも，遺言のそれぞれの方式，要件が必要とされている実質的理由を抜きにして議論をすることはできない。その点で，自書，氏名，日付，押印等，それぞれについて，どこまでその要件を緩和しても，当該要件を通じて求められているものが確保できるのかという観点から検討していくべきだということになろう。

(3) 遺贈の死因贈与への転換

さきほどの方式に欠けるところのある秘密証書遺言の自筆証書遺言への転換は，無効行為の転換といっても，遺言という枠組みの中でのものであった。それに対して，やや性格の異なるものとして，遺言がその方式を欠くとしても，別の法律行為として有効となるという可能性も考えられる。

具体的に問題となったのは，遺贈としては無効であるが，それを死因贈与として有効とするというものである（死因贈与の要件を満たしていることが前提となる）。最判昭和 32 年 5 月 21 日（民集 11 巻 5 号 732 頁）は，遺言としては無効であるが，死因贈与についての書面であると解した原審の判断を維持した上で，死因贈与について，遺言の方式の準用はないとする従前の判例を確認している。

（コラム）**遺言の解釈 —— 被相続人の真意の探求のあり方**

遺言の解釈について，少しだけ補足しておくことにしたい。本文で述べたように，遺言の解釈においては，遺言者の最終意思であるということを前提に，その真意を探ることになる（最判昭和 58・3・18 家月 36 巻 3 号 143 頁→*百選 III 84 事件［浦野由紀子］*は，「遺言の解釈にあたっては，遺言書の文言を形式的に判断するだけではなく，遺言者の真意を探究すべきものであり，遺言書が多数の条項からなる場合にそのうちの特定の条項を解釈するにあたっても，単に遺言書の中から当該条項のみを他から切り離して抽出しその文言を形式的に解釈

するだけでは十分ではなく，遺言書の全記載との関連，遺言書作成当時の事情及び遺言者の置かれていた状況などを考慮して遺言者の真意を探究し当該条項の趣旨を確定すべきものである」とする。なお，遺言の解釈のあり方については，浦野由紀子教授の解説を参照してほしい）。

こうした遺言の解釈を通じた被相続人の最終的な意思の実現においては，無効行為の転換は，ひとつの有力な手法であるが，別に読み替えるということが当然に，被相続人の真意につながるのかと言えば，問題はそれほど簡単ではないだろう。以下のような場合について考えてみよう。

死亡したＡには，子ＢＣがいる。Ｂには，子Ｄがある。

①　まず，このままの事案で，Ａが「全財産をＤに相続させる」という遺言を残していた場合を考えてみよう。Ｂが生きていれば，Ｄは，そもそも相続人ではない。そして，遺言で相続人を指定することはできないのだから，厳密な意味で，「相続させる」ということは論理的にはありえない。それでは，このような遺言は無効なのかというと，このような場合，上記の遺言は，「全財産をＤに与える（包括遺贈する）」という遺言として解釈すべきであろう。相続人の指定は遺言事項には含まれないというのは，それほど一般的な知識として共有されているわけではないし，Ａの真意を探るのであれば，まさしく相続人に指定して全財産を相続させるというのとほぼ同じ内容を実現する仕組み，つまり，包括遺贈がある以上，そのように読み替えてあげるというのが妥当だと考えられる。

②　他方，Ａが「全財産をＢに相続させる」という遺言を残していたが，Ａが死亡する前に，Ｂが死亡してしまったという場合を考えてみよう。この場合も，Ｂが死亡してしまっている以上，この遺言をそのままの形で実現することはできない。もっとも，この場合，ＢがＡより先に死亡してしまっているという場合には，代襲相続という仕組みがある。したがって，Ｄが代襲相続人として，Ａの全財産を承継することになるのではないかということが考えられる。遺言を有効なものとするという意味では，考えられるひとつの選択肢である。しかし，判例は，この場合については，むしろ，遺言は無効となるという判断を示した。すなわち，「このような『相続させる』旨の遺言をした遺言者は，通常，遺言時における特定の推定相続人に当該遺産を取得させる意思を有するにとどまるものと解される」として，「推定相続人の代襲者その他の者に遺産を相続させる旨の意思を有していたとみるべき特段の事情のない限り，その効力を生ずることはない」とした（最判平成 23・2・22 民集 65 巻 2 号 699 頁）。

上記の 2 つの問題において，①で包括遺贈と読み替え，他方，②で遺言を無効としたというのは，被相続人の真意を探るという意味で，矛盾するものでは

第 21 講　遺　言　469

ない。ただ，①では無効行為の転換が図られているのに対して，②では無効と
されているという点では，解決の方向は異なっているとも言える。この問題は，
被相続人の真意を探求するということが，単純に，無効行為の転換に向かうと
いう構造にはなっていないということを示している。

Ⅳ　遺言の検認と執行

　本講の最後に，遺言者が死亡した後，どのように遺言書が扱われるのか
ということを確認しておくことにしよう。

1　遺言の検認と確認

(1)　遺言の検認

　公正証書遺言ならびに法務局に保管された自筆証書遺言を除いて，遺言
については，家庭裁判所で検認手続を経なければならない。民法1004条
1項は，「遺言書の保管者は，相続の開始を知った後，遅滞なく，これを
家庭裁判所に提出して，その検認を請求しなければならない。遺言書の保
管者がない場合において，相続人が遺言書を発見した後も，同様とする」
と規定し，同条3項は，「封印のある遺言書は，家庭裁判所において相続
人又はその代理人の立会いがなければ，開封することができない」旨を規
定する。この検認について，以下の2つの点を確認しておきたい。

　第1に，検認は，遺言書の変造や隠匿を防ぐためのものであり，遺言書
の現状を確認するとともに，証拠を保全するための手続である。したがっ
て，遺言が有効なものであるかどうかとか，遺言が遺言者の真意に基づく
ものであるかどうか等の実質的な判断を行うものではない。検認を経た後
で，その遺言書が，遺言者によって作られた真正のものではないといった
ことを争うことは可能である。

　第2に，封印された遺言書（封に押印のある遺言書であり，秘密証書遺言
は，常にこれに該当する。単に，封入されている遺言書はこれに含まれない）
の開封に関する規定は，これに反した場合に，5万円以下の過料を負担す
るということを規定するだけであり（民1005条。検認を経ないで遺言を執
行した場合も同様），遺言の効力には関係がない。遺言の改変等を防止する

という観点からは，手続に従わずに開封された遺言書を一律に無効にしてしまうということも考えられそうだが，そのようにすると，不注意で開封されてしまった場合でも，遺言者の意思は無に帰してしまう。また，不利な遺言である（ありそうだ）という場合には，開封をすることで，その遺言を無効にすることができることになってしまう。そのような観点から，ここでは過料というサンクションのみが規定されているということの意味も理解されるだろう。もちろん，事前に開封されていた場合，遺言書が改変されていないかどうか等についてより慎重な判断が求められるであろうことは，言うまでもない。

⑵　遺言の確認

遺言の確認（民976条4項・979条3項）は，危急時遺言についてのみ必要とされる制度である。これは，遺言の有効性自体を確認するものではなく，当該遺言が一応遺言者の真意にかなうと判断される程度の心証で足りる（民976条5項・979条4項）。

2　遺言の執行

⑴　遺言の執行の意義

遺言の対象とされるものの中には，特段，その後の執行を必要とすることなく，そのまま効力が生ずるものもある（未成年後見人の指定，相続分の指定や遺産分割方法の指定など）。

他方，遺言の内容を実現しようとする場合，そのための執行が必要とされるものもある。たとえば，遺言による認知（民781条2項）は，遺言の効力発生によって，認知の効力が生ずるが，届出が必要であり（戸64条），遺言による相続人の廃除については，家庭裁判所にその推定相続人の廃除を請求しなければならない（民893条）。また，遺贈を実現するにあたっても，目的物の引渡しや移転登記手続が必要となる。

> コラム　『全部を公共に寄与する』旨の遺言
>
> 　遺言執行者に何ができるのかという点にも関連する問題であるので，「全部を公共に寄与する」旨の遺言について，少し触れておこう。このような遺言が

なされた場合，そもそも，①こうした抽象的な内容の遺言が有効なのか，さらに，②遺言執行者に受遺者の選定をなすことを委ねることが可能なのかという問題がある。

　最判平成5年1月19日（民集47巻1号1頁→*百選Ⅲ 85事件［大塚智見］*）は，①について，遺言の解釈にあたっては，可能な限りこれを有効となるように解釈すべきものとして，「全部を公共に寄与する」というのは，「遺産全部を，国，地方公共団体に包括遺贈する意思」を示し，受遺者の選定を遺言執行者に委託する趣旨を含むものだとし，②についても，「遺産の利用目的が公益目的に限定されている上，被選定者の範囲も前記の団体等に限定され，そのいずれが受遺者として選定されても遺言者の意思と離れることはなく，したがって，選定者における選定権濫用の危険も認められない」として，その有効性を承認した。

　ただ，特に，②の問題については，その濫用の危険性に照らして，こうした判断をどこまで一般化できるかについては問題があり，また，本件自体についても，本当に被選定者の範囲が十分に限定されていると評価できるものなのかをめぐって議論がある。

(2) 遺言執行者

　遺言の執行については，必ずしも，常に遺言執行者の選任が必要とされるわけではない。一般的には，遺贈の実現などについては，相続人自身が，それを履行するということも少なくないだろう。

　しかし，子の認知（民781条2項，戸64条），推定相続人の廃除とその取消し（民893条・894条2項）については，遺言執行者を置くことが明文で規定されている（これらについては，相続人は実質的に利害が対立しうる関係にある）。このような遺言執行者の選任は，遺言自体によって（民1006条1項），または，利害関係人の請求によって家庭裁判所が行う（民1010条）。未成年者と破産者は，遺言執行者になることができない（民1009条）。

　もっとも，遺言執行者に選任された場合であっても，それを承諾する義務はなく，承諾をした場合に，遺言執行者としての任務を行うことが求められるものである（民1007条1項）。遺言執行者に選任された者が承諾するか否かについて返答しない場合には，相続人その他利害関係人からの催告権が認められ，催告期間内に相続人に対して確答しない場合には，就職を承諾したものとみなされる（民1008条）。

なお，遺言執行者がその任務を開始したときは，遅滞なく遺言の内容を相続人に通知しなければならない（改正民 1007 条 2 項）。後述のように，遺言執行者がいない場合には，遺言の内容は相続人が実現すべき立場にある。他方，遺言執行者がいる場合には，相続人は遺言執行義務を負わず，その処分権も制限されることになる。こうした点を踏まえて，相続法改正において規定が新設されたものである。

(3)　遺言執行者の法的地位と権限等

　遺言執行者は，相続財産の目録を作成するほか（民 1011 条），遺言の内容を実現するため，相続財産の管理その他遺言の執行に必要な一切の行為をする権利義務を有する（民 1012 条 1 項）。このような遺言執行者の権限や法的地位を理解する上では，特に，相続人との関係が問題となる。

(ア)　遺言執行者の法的地位

　遺言執行者は，遺言の内容を実現するため，相続財産の管理その他遺言の執行に必要な一切の行為をする権利義務を有し（改正民 1012 条 1 項），遺言執行者がその権限内において遺言執行者であることを示してした行為は，相続人に対して直接にその効力を生ずる（改正民 1015 条）。改正前民法 1015 条は，「遺言執行者は，相続人の代理人とみなす」と規定していたが，これはかえって遺言執行者の法的地位を不明確にするものであった。そのため，遺言執行者は，被相続人の意思を実現する役割を担うものであることを明確にしたうえで（「遺言の内容を実現するため」。改正民 1012 条 1 項），その効果が相続人に帰属するということを端的に規定したものである。

　遺言執行者と相続人との間の内部的な関係については，委任に関する民法 644 条，645 条〜647 条・650 条の規定（受任者の善管注意義務や報告義務など）が，遺言執行者について準用され（民 1012 条 3 項），さらに，委任の終了に関する民法 654 条・655 条の規定も，遺言執行者の任務の終了に関して準用されている（民 1020 条）。ただし，遺言執行者は原則として報酬を受け取ることができること（民 1018 条 1 項），遺言執行者の解任や辞任について，正当な事由が必要とされ，かつ，家庭裁判所の判断が必要

とされるという点で（民 1019 条），無償を原則とし（民 648 条 1 項），任意
解除権が認められる（民 651 条 1 項）委任とは異なっている。

(イ)　遺贈の履行

相続法改正により，遺言執行者がいる場合，遺贈の履行は遺言執行者の
みが行うことができる，と明文で規定された（改正民 1012 条 2 項）。

遺贈がなされた場合，遺贈義務者（遺贈の履行をする義務を負う者。民
987 条）が，遺贈の履行に必要な行為（引渡しや登記移転等）をしなければ
ならない。通常の場合であれば，相続人がそれを行うことになるが，遺言
執行者がいる場合には，両者の関係が問題となる。これについて，判例は，
特定遺贈がなされた場合，遺言執行者のみが遺贈義務者となるとしていた
（最判昭和 43・5・31 民集 22 巻 5 号 1137 頁）。また，包括遺贈の場合，受遺
者は，遺言執行者または相続人に対して，遺贈の履行を求めることができ
るとされていた。しかし，両者の区別に合理性はなく，相続法改正におい
て，特定遺贈，包括遺贈いずれの場合についても，遺言執行者のみが遺贈
義務者となることが定められたのである。

(ウ)　相続人の処分権の制限

また，遺言執行者がいる場合には，相続人は，相続財産の処分その他遺
言の執行を妨げる行為をすることができない（改正民 1013 条 1 項）。

もっとも，それでは，実際に遺言執行者の権限と抵触するような行為を
してしまった場合，あるいは，相続人自身は直接関与しないが，遺言の執
行の障害となるような事態が生じた場合には，どのような法律関係となる
のだろうか。次のような設例で考えてみよう。

設例 1-1　　被相続人Aは，遺言において，Bに不動産甲を遺贈し，Cを遺言
執行者に指定した。Aを単独相続したDは，甲について相続登記を
したうえで，甲をEに譲渡し，その移転登記がされた。

設例 1-2　　被相続人Aは，遺言において，Bに不動産甲を遺贈し，Cを遺言
執行者に指定した。Aを単独相続したDの債権者Eは，甲について
相続登記をしたうえで，これを差し押さえた。

474　　**第Ⅲ部　相　続**

相続法改正前は，この点について規定されていなかったが，新設された民法 1013 条 2 項・3 項は，以下のように規定している。

① **相続人**　遺言の執行を妨げる相続人の行為は無効とする。ただし，この無効を善意の第三者に対抗することはできない（改正民 1013 条 2 項）。
② **相続人の債権者**　民法 1013 条 1 項・2 項にかかわらず，相続人の債権者（相続債権者を含む）は，相続財産に対して権利を行使することができる（改正民 1013 条 3 項）。

　まず，民法 1013 条 1 項が，相続人について，遺言の執行を妨げる行為ができないと規定する以上，それに反するような相続人の行為が無効とされるということは，比較的容易に理解ができるだろう（この点は，最判昭和 62・4・23 民集 41 巻 3 号 474 頁→*百選Ⅲ 90 事件 [田中宏治]* においても認められていたところである。なお同判決は，「『遺言執行者がある場合』とは，遺言執行者として指定された者が就職を承諾する前をも含む」とする）。
　それでは，上記の①のただし書の部分と②は，どのように理解されるのであろうか。
　遺言や遺言執行者があることについては，公示される仕組みがあるわけではない。したがって，遺言者の意思実現や遺言の公正な執行という要請があるとしても，他方で，取引の安全を考慮しなければならない（前掲最判昭和 62・4・23 についても，こうした問題があることについては，田中宏治教授の解説を参照）。この点について配慮したのが，上記①のただし書である。したがって，設例 1-1 の場合，DE 間の譲渡は無効とされるが（民 1013 条 2 項本文），E が善意であった場合には，その無効を対抗することができず，E が保護されることになる（E は有効に甲の所有権を取得する。同項ただし書）。
　なお，設例 1-1 では，E が甲についての登記を得ているが，E が登記を得ていなかった場合はどうなるのだろうか。改正された民法 1013 条 2 項ただし書が，「これをもって善意の第三者に対抗することができない」と規定している以上，登記がなくても，DE 間の甲の譲渡の無効を主張できないとするのが，基本的な理解だろう。もっとも，対抗問題ではないとし

ても，Eが自己の権利を主張する以上，権利保護要件（資格）としての登記を求めるという考え方はありうるかもしれない。

　また，②は，相続人について遺言執行の妨げとなる行為が禁止されるとしても，それによって相続人の債権者や相続債権者の権利が害されるべきではないという観点から，規定されたものである。したがって，設例1-2 の場合，Eの差押えは有効なものとされる。

㈘　遺言執行者の具体的権限

　相続法改正において，遺言の内容に応じた遺言執行者の具体的権限についても，新たに明文の規定が用意された。

①　**特定財産承継遺言**　　遺産の分割の方法の指定として遺産に属する特定の財産を共同相続人の1人または数人に承継させる旨の遺言（特定財産承継遺言）がある場合，遺言執行者は，その共同相続人が民法899条の2第1項に規定する対抗要件（法定相続分を超える部分について必要とされる登記→*525頁*）を備えるために必要な行為をすることができる（改正民1014条2項）。

②　**預金の払戻し等**　　特定財産承継遺言の対象が預貯金債権である場合，遺言執行者は，①のほか，その預貯金の払戻しの請求およびその預貯金契約の解約の申入れをすることができる。ただし，解約の申入れについては，その預貯金債権の全部が特定財産承継遺言の目的である場合に限る（改正民1014条3項）。

　被相続人が，これらの規定と異なる意思を遺言で表示したときは，その意思に従う（改正民1014条4項）。

㈙　遺言執行者の復任権

　遺言執行者の復任権について，改正民法1016条1項は，遺言執行者は，自己の責任で第三者にその任務を行わせることができるとした上で，遺言者がその遺言に別段の意思を表示したときは，その意思に従うものとしている。これは，やむを得ない事由がある場合に限って復任を認めていた規

定を，相続法改正において改めたものである。改正前の規定は，遺言執行者を任意代理人に近いものと位置付けていたものであるが（民104条，改正前民1016条1項），遺言執行者の職務内容は広範囲に及ぶこともありうること（その点では，法定代理に近い），さらに，相続人全員の同意を得ることは容易ではないこと（民法104条は，「本人の許諾を得たとき」に復代理が可能だとするが，遺言執行者の場合には，本人にあたる遺言者はすでに死亡しているので，その相続人全員の同意を得る必要が生じる），を踏まえたものである。

　また，上記のような理解を踏まえて，法定代理人の場合にならって，第三者に任務を行わせることについてやむを得ない事由があるときは，遺言執行者は，相続人に対してその選任および監督についての責任のみを負うとした（改正民1016条2項。債権法改正後の民105条参照）。

第 22 講　遺贈をめぐる問題

　以下では，遺贈を取り上げる。遺贈は，遺言によって，自らの財産を無償で他人に与えることをいう。したがって，ここで扱う内容も，第 21 講に続いて，遺言をめぐる問題についての説明の一部として位置付けられる。

　ただ，第 21 講では，特に，遺言の方式等，その成立要件の部分にウェイトが置かれていたのに対して，ここでは，遺贈を中心に，その場合に生ずる具体的な法律関係に焦点をあてて説明していく。特に，遺贈という遺言者の処分行為と，相続という枠組みの中で生ずる法律関係との相互の関係について考えてみたい。

Ⅰ　遺贈の意義と種類

1　遺贈の意義

　遺贈は，上記のとおり，遺言によって自己の財産を無償で他人に与えることである。

　民法 964 条は，「遺言者は，包括又は特定の名義で，その財産の全部又は一部を処分することができる」とし，このような処分が可能であることを規定している。なお，財産を与えられる者（「受遺者」）は，相続人以外の者でも，相続人でもよい。さて，この民法 964 条からは，処分のしかたには，2 種類があることが示される。

　① **特定遺贈**　　まず，一般的な贈与のイメージに近いのは，特定遺贈だろう。これは，特定の財産を，受遺者に与えるものである。特定遺贈といっても，目的物が特定物である必要はなく，一定量の種類物や一定額の金銭であってもよい。たとえば，遺言の中で，「不動産甲を A に与える」，「100 万円を B に与える」といったものが，これに該当する。

478　　第Ⅲ部　相　続

②　**包括遺贈**　　他方，包括遺贈は，遺産の全部または一定の割合を，受遺者に与えるものである。たとえば，遺言の中で，「遺産の半分をCに与える」といったものが，これに該当する（ちなみに，第21講で，「帷子分残ラスいまニ遺ル」という吉川治郎兵衛さんの遺言に言及した→466頁。帷子という物をあげるのだったら特定遺贈だと思われるが，帷子分というのが，一定の割合の財産を意味するのだとすると，包括遺贈だということになる）。

　ところで，特定遺贈と包括遺贈では，遺贈の対象が異なるだけではない。むしろ重要なのは，包括遺贈においては，「包括受遺者は，相続人と同一の権利義務を有する」（民990条）とされている点である。したがって，「遺産の半分をCに与える」という遺言がなされ，遺言者の死亡によって，その効力が生じた場合，Cは，本来は相続人ではなかったとしても，相続人と同一の権利義務を有することになり，そこで示された割合に応じて債務も負担することになる（少なくとも対内的には，この割合で債務を負担する→540頁以下）。また，遺産については他の相続人と遺産共有の状態が生ずることになり，包括受遺者は遺産分割にも参加することになる。

　誰が相続人となるかは遺言によって決めることができないと説明したが→449頁，包括遺贈は，こうした相続人の指定に近い機能を営むことになるのである。もっとも，それでは包括遺贈とは相続人の指定にほかならず，包括受遺者と相続人は同じなのかというと，いくつかの相違は残る。まず，条文からも明らかな点として，遺贈は，遺言者の死亡以前に受遺者が死亡したときは，その効力を生じないから（民994条），代襲相続の余地はない。また，包括受遺者は遺留分も有さない（もっとも被相続人の兄弟姉妹は相続人にはなりえても，遺留分は有していない→568頁）。さらに，包括受遺者が複数ある場合に，包括受遺者の1人が遺贈を放棄しても，それは相続人に帰属するだけで，他の包括受遺者の持分が増えるわけではない（民995条）。また，相続人の法定相続分については登記をしなくても第三者に対抗できるが（相続分の指定があった場合，法定相続分を超える範囲では対抗要件が必要である→524頁），包括受遺者の持分は登記をしないと第三者に対抗できない→519頁，といった違いがある。

第22講　遺贈をめぐる問題　　479

> **コラム** *包括遺贈と相続分の指定*
>
> 　本文で説明したように，受遺者は相続人であってもよい。それでは，Ｃが相続人である場合，「遺産の半分をＣに与える」という包括遺贈は，どのような意味を持つのだろうか。
>
> 　たとえば，Ｃの法定相続分が４分の１である場合，遺言によって，「Ｃの相続分を２分の１とする」という相続分の指定と，「遺産の半分をＣに与える」という包括遺贈に，何らかの違いはあるのだろうか。
>
> 　包括遺贈では，受遺者が相続人と同一の権利義務を有するという点にポイントがある。しかし，Ｃはすでに相続人なのだから，この点については新たな状況の変化が生ずるわけではない。結局，遺産についてＣが２分の１の持分を有するということを前提として，遺産分割をすることになるのであり，そこには「遺産の半分の包括遺贈」と「２分の１の相続分の指定」に具体的な違いを見いだすことはできない。その点では，相続人に対して包括遺贈がなされた場合，包括遺贈と相続分の指定を実質的に区別する必要はない（相続分の指定と理解しても差し支えない）。
>
> 　ただし，負担付遺贈（これについては後述するが，受遺者に一定の負担を課す遺贈である）については，負担の部分については相続分の指定だけでは説明できないので，あくまで負担付包括遺贈だということになる。
>
> 　また，「法定相続分とは別に，Ｄに，遺産の４分の１を与える」といった形でなされる場合には，Ｄが承継するのは，遺産の４分の１（包括遺贈）＋法定相続分になる（この場合，厳密に考えれば，法定相続分というのが，包括遺贈を除いた残りの財産についての法定相続分なのか，本来の遺産についての法定相続分なのかは，問題となりそうである）。
>
> 　なお，このような明示的な指定がない場合に，「Ｄに遺産の○分の１を与える」という文言がどのような意味を持つのかは，遺言の解釈（「与える」という言葉の意味の解釈）の問題となる。「○分の１」が法定相続分より大きい場合には，相続分の指定としての意味を有すると解するのが合理的だと思われるが，これが法定相続分より小さい場合には，法定相続分よりさらにその者の相続分を縮小する趣旨なのか，加算的に与える趣旨なのかは，個別具体的に判断せざるをえないだろう（当該相続人にとっては，全く逆方向の結論となる）。

2　遺贈と条件等 —— 後継ぎ遺贈等をめぐる問題

　遺贈も法律行為であり，それに停止条件や解除条件をつけることができるし，また，始期や終期を定めた遺贈も有効である（なお，遺言者の死亡

480　　第Ⅲ部　相　続

時に受遺者が生存していることは，当該遺贈の効力が生ずる当然の前提であり，遺言の中で特に言及されていなくても，受遺者が遺言の効力発生時にすでに死亡している場合，その遺贈は効力を失う。受遺者の権利が相続の対象となるわけではない。民994条1項）。

　たとえば，「不動産甲は，Aに与える。ただし，Aがすでに司法試験に受かっていた場合には，Bに与える」といった遺贈も有効である（Aの司法試験合格は，Aへの遺贈については解除条件に，Bへの遺贈については停止条件として機能する）。さらに，「不動産甲は，Aに与える。ただし，Aが断ったときは，これをBに与える」という遺贈も有効である（このような遺贈を「補充遺贈」と呼ぶ）。

　もっとも，このような条件のついた遺言の有効性が問題となる場合もある。ここでは，「後継ぎ遺贈」と呼ばれるものについて考えることにしよう。なお，後継ぎ遺贈については，相続法改正において導入された配偶者居住権という制度により，その必要性や意義が大きく変わる可能性がある。配偶者居住権との関係については，あらためて検討することにしよう→543頁以下。

(1) 後継ぎ遺贈

　後継ぎ遺贈というのは，「不動産甲をAに与える。Aの死後は，甲をBに与える」，あるいは，「……。Aの死後，甲の所有権はBに移転する」といったものである。遺言者の死亡によって甲がAに与えられるとする遺言の前段部分は，形式的に見れば問題はない。しかし，このような甲の所有権が，Aの死亡によって，AからBに移るということについては，どのように説明されるのだろうか。

　与えるのは，あくまで遺言者であるが，遺言の前段が実現し，Aが甲の所有者になっているのだとすれば，そのようなAの所有物である甲について，遺言者が処分できるというのは，そもそもおかしい。仮に，このような遺言者による処分が可能なのだとすると，遺言によってAに与えられた所有権は，結局，「期限付きの所有権」という民法が認めていないものを前提とせざるをえないのではないかということになる。

　後継ぎ遺贈については，これを有効だとする見解も有力だが，一般的に

第22講　遺贈をめぐる問題　　481

は，その有効性を全面的に認めることに対しては慎重な考え方が多い。判例は，こうした遺言について，上記の設例に即していえば，①Ｂへの甲の所有権移転義務をＡに負担させた負担付遺贈（これについては，後述する），②Ａ死亡時にＡが甲の所有権を有しているときは，その時点で甲の所有権がＢに移転するという趣旨の遺贈，③Ａは甲の使用収益権を付与されたにすぎず，Ａの死亡を不確定期限とするＢへの遺贈である，と複数の解釈の可能性があることを指摘する（最判昭和58・3・18家月36巻3号143頁→*百選Ⅲ 84 事件〔浦野由紀子〕*）。この中の②は，後継ぎ遺贈と理解することもできそうである。もっとも，同判決は，遺言を全体として解釈する必要があると判示した文脈の中で，複数の解釈の可能性を示しただけであり，②が当然に有効なものだという点を積極的に判示しているわけではないし，また，そこでは，「Ａ死亡時に本件不動産の所有権がＡに存するときには」とされている点にも注意すべきであろう（つまり，Ａから他に流出する可能性を排除しているわけではない）。

(2) 負担付遺贈

負担付遺贈は，さきほど触れたように，受遺者に一定の行為を負担させることを内容としているものである。このように遺贈に際して受遺者に一定の負担を課すること自体は，有効であり（民法1027条は，負担付遺贈が有効であることを前提とする規定である），このような負担としては，扶養等の義務を課したり，財産の一部を特定の誰かに与えるといったものなど，さまざまなタイプのものが考えられる（遺贈によって受ける利益の一部を別の者に与えなければならないという負担を課すものを，「裾分け遺贈」と呼ぶ）。

このような負担付遺贈を使って，後継ぎ遺贈と類似する機能を実現することが考えられる。こうした負担付遺贈としては，2つのタイプが考えられるだろう。

第1に，「不動産甲をＡに与える。Ａは，その死亡に際して，甲をＢに与えなければならない」といったものである（前掲最判昭和58年3月18日が示す①）。これは，被相続人→Ａ→Ｂという甲の所有権の移転を実現することに向けられたものであり，結果的に，上記の後継ぎ遺贈によく似た

ものとなる。

　もっとも，こうした負担付遺贈については，2つの問題がある。

　まず，「Aは甲をBに与えなければならない」の意味である。これによって当然に所有権が移転するわけではない。Aは，Bに甲を与えなければならないという義務を負担するだけである。民法は，受遺者が負担した義務を履行しない場合には，相続人が，相当の期間を定めて履行を催告し，期間内に履行されなかったときは，遺言の取消しを家庭裁判所に求めることができることを規定しているが（民1027条），Bが相続人ではない場合には，B自身には取消請求権は認められないし，そもそもBの側では取り消しては意味がない。BがAに対する履行請求権を有するのではないかということも考えられるが，この点については見解が対立している（履行請求権を認めないのが多数説であるが，認めるという見解も有力である。債権的なレベルでのこうした効力は認めることが可能であるように思われるし，そうしないと，このような負担付遺贈は実質的に意味を持たないことになる）。

　さらに，Aの死亡時に，Aが甲を所有していなければ，Bに甲の所有権を移転するということは不可能である。Aが，甲を所有している以上，物権法のレベルで，その処分を制限することはできないだろう。そうだとすると，すでに甲が第三者に譲渡されてしまっている場合，AからBへの所有権の移転は実現できないということになる。

　第2に，「不動産甲をBに与える。Bは，Aが死亡するまで，甲を無償でAに利用させなければならない」といった負担付遺贈も考えられる。ここでは所有権は，被相続人→Bと移転しているので，後継ぎ遺贈とは異なっているが，後継ぎ遺贈の目的が，Aに終身の利用を認めることにあるのだとすれば，これによっても，その目的を達成することができる。

　もっとも，この場合も，甲の所有権を取得したBが，甲を第三者に譲渡してしまえば，もはやAによる甲の利用は実現できない。AのBに対する甲の利用についての権利は認められるとしても，それは債権的なものにすぎず，第三者に対しても主張できるものではないからである（配偶者居住権では，まさしくこの点を意識した対応がなされている→*546頁*）。

第22講　遺贈をめぐる問題　483

(3)　後継ぎ遺贈のような遺言について考えるプロセス

　ところで，以上のような観点から，後継ぎ遺贈の問題を考えるとすれば，実際に，後継ぎ遺贈に相当するような文言の遺言に接した場合には，以下のようなプロセスで検討されることになるだろう。

　①　当該遺言の解釈　　まず，そのような文言の遺言をどのように解釈すべきなのかという問題である。上記の説明の中では，負担付遺贈，後継ぎ遺贈についての例を挙げたが，実際には，こうした文言の区別が，遺言者によってそれほど意識的になされているわけではない場合も少なくないだろう。だとすると，そもそも後継ぎ遺贈なのかという点を含めて，解釈問題として考えるということもできそうである。

　たとえば，遺言の後段の「……。Aの死後，甲をBに与える」の意味が，「Aは，（遺贈や死因贈与によって）甲をBに与えなければならない」という負担付遺贈の意味だと解されるのであれば，（後継ぎ遺贈の有効性の問題にかかわらず）有効な負担付遺贈として処理すればよいということになる。

　あるいは，逆に，遺言者の生前の言動等，さまざまな事情から，遺言の前段で述べたかったのは，たとえば，高齢の配偶者が現在の住居に死ぬまで住むことができるように確保しておきたいという趣旨だと解されるのであれば，むしろ，これはBに対する甲の遺贈であり，Aが死ぬまで無償で甲を利用させるというBへの負担がついたものだと理解する余地もあるかもしれない（もっとも，遺言の文言からだけであれば，それを解釈のレベルで行うことは難しいかもしれない）。

　②　後継ぎ遺贈と解釈された場合の処理　　しかし，そのようなプロセスを経た上で，なお後継ぎ遺贈と解されるのだとすると，やはり，後継ぎ遺贈の有効性の問題に直面する。これについて，後継ぎ遺贈を全面的に有効だと認めるのであれば，AからBへの所有権の移転が，当然に認められる。

　他方，後継ぎ遺贈について，特にAの所有権との関係で問題があるのだとすれば，それによって無効とされるのは，いったいどの部分なのかが，次の問題となる。

　遺言の前段で，「Aに甲を与える」としている以上，そこでの所有権は完全な所有権であり，（明示はされていないが）所有権の期限の部分だけが

484　第Ⅲ部　相　続

無効であり，そのうえで，「Bに与える」という後段部分が無意味なものとなり，無効とされるのか，それとも，その部分が意味を失ってしまうことを踏まえて，遺言者の真意に少しでも近い内容を実現するために，Bに与えるという負担がAに課されている負担付遺贈だと補充的に解釈するのかは，いずれも考えられそうである。

さらに，本当に一部無効として扱われるにすぎないのかも問題となる。遺言者にとって重要だったのは，終局的に甲をBに帰属させることだったのであり，Aにいったん帰属させることは，その途中のプロセスにすぎなかったのだとすれば，Aへの甲の所有権の帰属のみが全面的に有効とされ，Bへの帰属が実現されない，あるいは，Bへの帰属を確保するような措置を講ずることができないということになると，遺言者の当初の意図とは大きく外れることにもなりそうである。

このように見てくると，後継ぎ遺贈の問題は，それが一般的に有効か無効かというだけではなく，それを無効とする場合に，どの部分を，どのような範囲で無効とするのかという問題が，それほど簡単ではない形で存在していることがわかるだろう。

3　遺贈と死因贈与

ところで，遺贈と類似のものに死因贈与がある。この両者の関係について，簡単に確認しておくことにしよう。

まず，遺贈は，遺言という単独行為の中でなされる処分行為である。それに対して，死因贈与（贈与者の死亡によって効力が生ずる贈与。民554条）は，あくまで契約である贈与のひとつである。

もっとも，「死亡の際に効力が生ずる遺言の中で，甲をAにあげる」（遺贈）というのと，「甲をAにあげるけど，その効力が生ずるのは自分が死んだ時だ」（死因贈与）というのでは，実質的には変わらないではないかという気もする（遺贈の死因贈与への読み替えも可能である→*468頁*）。

実際，そうした両者の共通性を踏まえた上で，民法554条は，死因贈与について，「その性質に反しない限り，遺贈に関する規定を準用する」と規定している。もっとも，贈与に関して用意されている規律と遺贈（遺言）に関する規律が一致しない場合に，どのように処理するのかという問

題は残る。

たとえば，贈与の意思表示は原則として解除可能であるが，書面による贈与は，確定的な拘束力が生じて，もはや解除できない（民 550 条）。他方，遺言は要式行為であり，その要件は厳格であるが，遺言の方式によるのであれば，いつでも撤回することができる（民 1022 条）。そのために，死因贈与を書面によってなしたが，贈与者が，後から「や〜めた」と考えた場合，どのように扱われるのかが問題となる。

さて，上記のことを頭に入れた上で，死因贈与の取消し（撤回）が問題となったケースを 2 つ見ておくことにしよう。

(1)　贈与者の最終意思の尊重と遺贈の規定の準用 ── 最判昭和 47 年 5 月 25 日

まず，死因贈与と遺贈の関係について，基本的な判断を示しているのが，最判昭和 47 年 5 月 25 日（民集 26 巻 4 号 805 頁）である。

本判決は，「死因贈与については，遺言の取消に関する民法 1022 条がその方式に関する部分を除いて準用されると解すべきである。けだし，死因贈与は贈与者の死亡によって贈与の効力が生ずるものであるが，かかる贈与者の死後の財産に関する処分については，遺贈と同様，贈与者の最終意思を尊重し，これによって決するのを相当とするからである」とした。

ここでは，取消し（撤回）可能性については，民法 1022 条を準用しているが，遺言の方式によるという点については，準用の対象としていない。この点では，単純に，遺贈の規定の準用のみによって，問題を解決しているわけではない。死因贈与という，その効果が生ずるのは贈与者の死亡時である処分について，贈与者の最終意思をどのように位置付けるのかが問題とされ，その最終意思を尊重するという価値判断によって実質的に基礎付けられていると理解することができる。

(2)　遺贈の規定の準用の限界

他方，遺言者の最終意思だけで決めることが本当に適切なのかが問題となったのが，最判昭和 57 年 4 月 30 日（民集 36 巻 4 号 763 頁→*百選Ⅲ 86 事件〔鹿野菜穂子〕*）である。この事件では，負担付死因贈与が問題となったが，そこでの負担の履行期は，贈与者の生前とされていた。すなわち，受贈者

486　第Ⅲ部　相　続

であるＸが贈与者であるＡに対して，毎月3000円以上と，年2回のボーナスの半額を贈与するとし，これを履行した場合には，Ａは遺産のすべてをＡの死亡時にＸに贈与するとしていた。さて，その後，Ａが死亡したわけであるが，Ａは，別に遺言書を作成しており，遺産の一部をＹらに遺贈する旨を残していたために争いとなった。

遺贈に関する規定をそのまま準用するのであれば，後の遺言と抵触する範囲で，その死因贈与は撤回されたことになる（民1023条1項。本件の第1審と控訴審は，まさしくそのような判断を示した）。もっとも，Ｘの側に立って考えてみると，負担だけはＡの生前にきちんと履行しつつ，Ａの側で，その負担と関連する死因贈与を一方的にチャラにすることができるというのは，いかにもおかしいような気がする。

判決は，「負担の履行期が贈与者の生前と定められた負担付死因贈与契約に基づいて受贈者が約旨に従い負担の全部又はそれに類する程度の履行をした場合においては，贈与者の最終意思を尊重する余り受贈者の利益を犠牲にすることは相当でないから，右贈与契約締結の動機，負担の価値と贈与財産の価値との相関関係，右契約上の利害関係者間の身分関係その他の生活関係等に照らし右負担の履行状況にもかかわらず負担付死因贈与契約の全部又は一部の取消をすることがやむをえないと認められる特段の事情がない限り，遺言の取消に関する民法1022条，1023条の各規定を準用するのは相当でない」とした。

したがって，少なくとも，負担付死因贈与については，「遺言の取消に関する民法1022条がその方式に関する部分を除いて準用される」という前掲最判昭和47年5月25日で示された準則は一定の制限を受けることになる。ただし，本判決自体は，負担付死因贈与一般について，遺言の規定の準用を排除しているわけではない。具体的に，どのような場合に準用され，どのような場合に準用が否定されるのかは，必ずしも明確ではないまま残されているのである。

4　遺贈の要件と効果

(1) 受遺者

受遺者については，特に制限はない。相続人であってもなくてもよいし，

自然人であることも必要ではない。また，胎児も受遺者となることができる（民965条による同886条の準用）。ただし，遺言者の死亡時に受遺者が生存していることが前提となる（民994条）。

　もっとも，相続欠格者は，受遺者になることはできない（民965条による同891条の準用。ただし相続欠格者に対する生前贈与は可能である→*394頁*）。

(2) 目的物についての権利

　遺贈の目的が特定物である場合，権利は直接受遺者に移転するというのが判例であり，一般的な理解である（物権的効力説）。したがって，受遺者は，その目的物の引渡し等を相続人に求めることができる（停止条件等がついておらず，遺言者の別段の意思表示もなければ，遺贈者の死亡時から，果実も取得することができる。民992条）。

　もっとも，目的物の権利が，遺言者の死亡時に相続財産に属さなかったときは，遺贈は効力を生じない（民996条本文）。ただし，遺贈の趣旨が，その権利が相続財産に属するか否かにかかわらず，それを受遺者に与えるという趣旨であった場合には，遺贈義務者が，その権利を取得して，受遺者に移転する義務を負うことになる（民996条ただし書・997条1項）。

(3) 遺贈の放棄等

　契約である贈与（民549条。相手方の受諾が必要とされる）と異なり，単独行為である遺贈は，遺贈者の意思のみによって決まり，その死亡によって効力が生ずる。

　もっとも，もらう側だからといって，その意思を無視して，それを強制されるいわれはない。民法986条1項は，「受遺者は，遺言者の死亡後，いつでも，遺贈の放棄をすることができる」とし，同条2項は，「遺贈の放棄は，遺言者の死亡の時にさかのぼってその効力を生ずる」と規定する。受遺者が意思を明示しない場合には，「遺贈義務者……その他の利害関係人は，受遺者に対し，相当の期間を定めて，その期間内に遺贈の承認又は放棄をすべき旨の催告をすることができる。この場合において，受遺者がその期間内に遺贈義務者に対してその意思を表示しないときは，遺贈を承認したものとみなす」（民987条）とされる。

488　第Ⅲ部　相　続

なお，包括遺贈の場合には，包括受遺者は相続人と同一の権利義務を有するので（民990条），相続の放棄・承認に関する規定が適用されるというのが一般的な理解である。これによれば，法定承認や熟慮期間の規定も，包括受遺者に適用されることになり，自己のために包括遺贈があることを知った時から3か月以内に放棄の申述をしなければ，承認したものと扱われることになる（民921条2号）。これを前提とすれば，民法986条以下が適用されるのは，特定遺贈の場合に限られることになる。

(4) 遺贈と公序良俗違反

なお，婚外関係の異性（愛人）への遺贈などについては，これが公序良俗違反となるのではないかという問題がよく取り上げられる。遺贈は，遺留分減殺の対象となるが，それだけではなく，さらに公序良俗違反として無効とすべきではないかという問題である。

下級審裁判例では，このような場合に公序良俗違反を理由として無効となるとしたものもあり，最判昭和61年11月20日（民集40巻7号1167頁→*百選I 12事件〔原田昌和〕*）も，遺贈が公序良俗違反を理由として無効となる可能性自体は認めている（当該事案では，受遺者の生活を保持するためのものであり，相続人らの生活基盤を脅かすものではないとして，遺贈を有効とした）。

基本的には，一般的な法律行為としての有効性のレベルで，公序良俗違反によって無効とされることがあることは当然と考えられるが，特に，遺贈について，他の法律行為以上に，民法90条が積極的に適用されなくてはならないという必然性はないだろう。むしろ，相続人らの生活基盤の確保は遺留分制度によって図られていることに照らせば，公序良俗違反によって全面的に無効という形で法が介入するには，より積極的な根拠と判断が必要ではないかと考えられる。

(5) 遺贈義務者の引渡義務等

遺贈義務者は，遺贈の目的物である物または権利を，相続開始時（相続開始後に遺贈の目的物として特定した場合には特定した時）の状態で引き渡し，または移転する義務を負う。ただし，遺言者が別段の意思表示をしたとき

第22講　遺贈をめぐる問題　489

は，その意思に従う（改正民998条）。

2018年の相続法改正前は，遺贈義務者の担保責任として，不特定物が遺贈の目的である場合については，売主と同じ担保責任を負うものとして規定され（改正前民998条），他方で，特定物の遺贈については規定が置かれていなかった。これに対して，2017年の債権法改正により，贈与の無償性を踏まえて，特定物か不特定物かを問わず，贈与者は贈与の目的として特定した時点の状態で引き渡せばよいとされたのを受けて（改正民551条1項），相続法改正で，同じく無償行為である遺贈についても，これにならった規定とされたものである（これによって，目的物が第三者の権利の目的である場合の遺贈義務者に対する当該権利の消滅請求権に関する改正前民1000条も削除された）。

なお，遺言者が遺贈の目的物の滅失・変造または占有の喪失によって第三者に対する償金を請求する権利を有するときは，その権利を遺贈の目的としたものと推定される（物上代位。民999条1項）。

コラム *贈与と遺贈*

ここで扱っている問題からは少々横道に外れるが，ちょっと面白い問題について考えてみよう。もっとも，ケースそのものとしては比較的単純で，以下の設例のような場合である。これは，最判昭和46年11月16日（民集25巻8号1182頁→*家族法百選〔第6版〕75事件〔山野目章夫〕*）を素材として，少し簡単にしたものである。

設例　Aが死亡した。相続人は，子BCである。Aは，生前に，所有する不動産甲（旅館）をBに贈与した。この所有権移転登記がされないまま，Aは死亡した。Aは，甲をCに遺贈する旨の遺言を残していた。

あんまり面倒なことをしなさんな……という気もするが（遺言がかえって紛争をもたらすことについては，「犬神佐兵衛翁の遺言」→*497頁以下*を参照してほしい），まぁ，しかたのない事情もあったようである。というのは，もともと，Aは長男Bに旅館を継がせるつもりで，甲をBに贈与したのであるが，その後，Bが死亡し，Bの妻子が相続人となった。そこで，Aは，あらためて甲をCに譲ることとして，Cに遺贈したという事情があったようである。その点では，これは，BCの争いというより，Bの妻子 vs Cの争いということになる。もっとも，Bが死亡していなくても，当初はよかったAB間の関係がこじれてしまって，同様の状況が生ずるということも，十分に考えられそうである。そ

490　第Ⅲ部　相　続

の点では，ある程度，汎用性を持った問題だということになる。

これについて，前掲の最判昭和 46 年 11 月 16 日は，「被相続人が，生前，その所有にかかる不動産を推定相続人の 1 人に贈与したが，その登記未了の間に，他の推定相続人に右不動産の特定遺贈をし，その後相続の開始があった場合，右贈与および遺贈による物権変動の優劣は，対抗要件たる登記の具備の有無をもって決する」とした。いわば二重譲渡とした上での解決である。

いままでの説明からすると，当然とも言えそうだが，実は，原審（福岡高判昭和 43・6・3 民集 25 巻 8 号 1205 頁）は，少し面白い判断をしている。すなわち，Cは，甲を贈与したAの地位を承継し，Bへの登記移転義務を承継するから，自己の所有権を主張できないとしたのである。これによれば，Cは登記の有無にかかわらず，Bに負けることになる。

他方，それとは対照的に，Aの最終意思という観点からは，全く別の結論も考えられそうである。つまり，Aが，Cへの遺贈によって，先行するBへの贈与と矛盾するような判断を示している以上，そのAの意思によって決すべきではないかという考え方である。解釈論的には，Bへの贈与について，死因贈与について遺贈の規定を準用するという民法 554 条を踏まえて，民法 1023 条によって，それが撤回されたものと扱うといったことが考えられる（甲のBへの贈与が実質的には死因贈与だということが前提となる。負担付贈与でなければ，準用が比較的容易に認められるとも考えられる→ *485 頁以下*）。この場合には，昭和 46 年判決の原審判決とは対照的に，登記の有無にかかわらず，Cが勝つということになる。

昭和 46 年判決自体は，遺贈による権利取得を対抗するためには登記を必要とするだけで，それ自体は，すでに述べたところからも当然のことと言えそうだが，こうやって見てくると，そもそも，ここで扱われている問題が何なのかというレベルで，さまざまな見方ができるということになるだろう。

Ⅱ　相続させる旨の遺言（特定財産承継遺言）

1　問題の所在

遺贈をめぐる問題の典型的なトピックのひとつが，「相続させる旨の遺言」と呼ばれてきた問題である（相続法改正により，「遺産の分割の方法の指定として遺産に属する特定の財産を共同相続人の 1 人又は数人に承継させる旨の遺言」は，「特定財産承継遺言」と呼ばれることになった。改正民 1014 条 2 項。この特定財産承継遺言は，以下で説明するように，これまでに判例によっ

第 22 講　遺贈をめぐる問題　491

て形成された「相続させる旨の遺言」にあたるものである）。これは，遺贈や相続分の指定等との関係のほか，それぞれの法律効果を考える上でもよい材料となるので，少し丁寧に見ておくことにしよう。

まず，前提となる「相続させる旨の遺言」であるが，具体的には，「遺産の半分をAに相続させる」とか，「不動産甲をBに相続させる」といったものである。

① **遺産の半分を相続させる旨の遺言**　さて，このうちの前者，「遺産の半分をAに相続させる」というケースで，Aが相続人である場合，これは，「遺産の半分をAに与える」という包括遺贈だと理解することもできそうだし，「遺産の半分をAの相続分とする」という相続分の指定だとも考えられそうである。もっとも，このように相続人に対する包括遺贈なのか，相続分の指定なのかは，実質的には，それほど深刻な問題ではないということは，すでに述べたところである→*480頁【包括遺贈と相続分の指定】*。

② **特定の財産を相続させる旨の遺言**　それに対して，後者の「不動産甲をBに相続させる」というのは，もうちょっと深刻な問題をもたらす。Bが相続人である場合，これを遺贈だと解すると，相続人であるBに対する特定遺贈だということになる。他方，これが相続に関わる遺言だとすると，遺産のうち，不動産甲は，Bが取得する形で分割するということを指示するものであり，遺産の分割方法の指定（民908条）の意味を持つということになる。

包括遺贈と相続分の指定の両方に解する余地があるというのと，特定遺贈と分割方法の指定の両方の可能性を持つというのでは，大して違いはなさそうな気もするが，両者においては，実質的にも大きな違いがあるということが，従来の議論の前提となってきた。

2　特定遺贈と分割方法の指定の相違

特定の財産を「相続させる」という遺言があり，それが特定遺贈なのか，分割方法の指定なのかという問題を考える場合，そもそも，その前提として，両者にどのような違いがあるのかという点が問題となる。ここでは，特に，権利の移転（受益相続人への帰属）のしかた，登記手続等の2つの

492　　第Ⅲ部　相　続

点について見ておくことにしよう。

> **設例**　死亡したＡには，相続人として，配偶者Ｂ，子ＣＤがいる。Ａ
> は，遺言の中で，「不動産甲は，Ｃに相続させる」旨を記していた。

(1) 対象となる財産についての権利の移転

まず，上記の設例に沿って，不動産甲の所有権が，Ａの死後，誰にどの
ように帰属するのかを確認しておくことにしよう。

実は，権利の移転についての以下の説明は，後で述べるように，それ自
体に議論の余地がある。ただ，ここでは，その点を少し横において，まず
は，従来，議論の前提とされてきた理解を確認しておくことにする。

① **特定遺贈の場合の権利の移転**　まず，特定遺贈であれば，権利は直
接受遺者に移転すると考えられている。すなわち，すでに説明したように，
判例通説は，遺贈について，物権的効力説をとり，遺贈の対象とされる権
利は，遺言の効力発生と同時に，直接受遺者に移転するとしている→*367頁*。
したがって，**設例**　の場合も，この「不動産甲は，Ｃに相続させる」と
いう遺言が，Ｃへの遺贈だとすれば，Ａの死亡によって，甲の所有権は，
ただちにＣに帰属することになる。

② **分割方法の指定の場合の権利の移転**　他方，これが分割方法の指定
だとすると，どうなるのだろうか。後に示すように，判例は，これを否定
することになるのであるが，それまでの議論の中では，分割方法の指定だ
とすると，あくまで遺産分割手続の中で実現されるべきものであり，遺産
分割が完了するまでは，甲の所有権は，Ｃには帰属せず，遺産共有の状態
となるという理解が有力であった。したがって，甲の所有権がＣに移転す
るためには，遺産分割が成立しなければならないということになる。

このような理解を仮に前提とすれば，甲の所有権帰属を早期に確定する
という点では，遺贈と解する方がよいということになる。

(2) 費用や登記手続

もっとも，相続させる旨の遺言が登場した背景には，別の事情もあった。

第22講　遺贈をめぐる問題　　493

そのひとつは，不動産登記に際しての登録免許税の違いであった。以前は，遺贈だとすると，税率は1000分の25，相続だとすれば，1000分の6だった。そのため，遺贈ではなく相続だとすることには，節税という実践的意味があったのである。もっとも，現在では，相続人については，遺贈も相続も同じ税率なので，この点の意味は失われた。

また，登記の手続も，遺贈と相続では異なる。遺贈の場合，権利は直接受遺者に帰属するといっても，その登記手続のためには，受遺者である相続人と遺贈義務者である他の相続人全員との共同申請が必要である（遺贈義務者の1人が争えば，判決が必要となる。なお，遺贈義務者には包括受遺者も含まれるほか，遺言執行者がいる場合には，遺言執行者が相続人に代わって遺贈義務者となる）。他方，相続登記については，相続人がその目的物を単独承継したことさえ示せばよいから，この遺言書を添付することで，単独で移転登記を経由することができる。この点でも，相続とした方が，簡単に処理ができるし，遺言者の意図を実現することがより容易だということになる。

以上のように見てくると，それまでの理解を前提とするのであれば，Cにとっては，遺産分割を経るまでもなく権利を確定させるという点では，遺贈と解する方がよく，登記手続との関係では，分割方法の指定と解する方がよいという状況があった。

3　相続させる旨の遺言をめぐる判例

さて，以上のように，相続させる旨の遺言について，判例は，どのような判断を示したのだろうか。相続させる旨の遺言については，①相続させる旨の遺言によって，そもそも被相続人は何を定めたのかという問題と，②相続させる旨の遺言による権利の移転と第三者との関係がどうなるのかという問題がある。ここでは，①の問題について，判例がどのように理解しているのかを確認しておく。②については，別途，第三者との関係についてまとめて説明する中で取り上げることにする→*518頁以下*。

相続させる旨の遺言をどのように理解するのか，また，その場合の権利の帰属はどのようになされるのかという問題についてのリーディングケー

494　第Ⅲ部　相　続

スとなったのが，最判平成3年4月19日（民集45巻4号477頁→*百選Ⅲ 87事件［水野謙］*）である。

(1) 最高裁平成3年4月19日判決の内容

事案の詳細は省略するが，被相続人は，自己が所有する複数の土地について4通の遺言書を残した。そこでは，①「○○一家の相続とする」，②「○○の相続とする」，③「○○に譲る」，④「○○に相続させてください」といった記載がなされていた。これについて，当事者が，所有権および持分の確認を求めて訴えを提起した。

第1審は，上記③だけが遺贈であり，これによって受遺者が権利を取得していることを肯定したが，①②④は分割方法の指定であり，遺産分割が行われていない以上，権利は移転していないとの判断を示した。

控訴審は，①②④について遺産分割方法の指定だとしつつ，受益相続人（分割方法の指定によって不動産を単独相続した者）が遺言の趣旨を受け入れる意思を他の共同相続人に表示した時点で（本件の場合には訴えの提起時に），遺産の一部分割協議が成立したとして，受益相続人が，分割方法の指定に対応する所有権や共有持分権を有するとした。

最高裁は，以下のように判示して，原審の結論を維持した。「『相続させる』趣旨の遺言は，……遺産の分割の方法を定めた遺言であり，他の共同相続人も右の遺言に拘束され，これと異なる遺産分割の協議，さらには審判もなし得ないのであるから，……何らの行為を要せずして，被相続人の死亡の時（遺言の効力の生じた時）に直ちに当該遺産が当該相続人に相続により承継される」として，遺産分割手続の対象とならないとしたのである。

(2) 本判決の位置付けと評価

この平成3年判決については，それまでの議論状況との関係で，特に，以下の2つの点をポイントとして指摘すべきであろう。

第1に，こうした「相続させる旨の遺言」が，原則として，分割方法の指定だと解されるということを示した点である。本判決は，遺言者の合理的な意思の探求という観点から，このような理解を基礎付けている。

第22講　遺贈をめぐる問題　495

第2に，このような遺産分割方法の指定としての「相続させる旨の遺言」によって，遺産分割手続を経ることなく，当該遺産はただちに受益相続人によって承継されるとしている点である。本判決は，遺産の分割の方法を定めた遺言によって，「他の共同相続人も右の遺言に拘束され，これと異なる遺産分割の協議，さらには審判もなし得ない」という観点から，これを説明している。

つまり，本判決によって，それまでの議論の前提とされていたところが覆されて，分割方法の指定だとしつつ（登記等の手続は容易である），遺産分割を経るまでもなく，目的物の権利が直接帰属するという，従前の議論では遺贈のみに認められるとされた効果が承認されたのである。

また，分割方法の指定だとすると，すでに説明したように，遺言により分割方法の指定がなされ，受益相続人が単独承継をしたことさえ示せば，登記手続ができるのであるから，遺言執行者が定められている場合でも，遺言執行者の職務が顕在化することはない。なお，相続法改正において，相続させる旨の遺言が相続分の指定を伴い，それが法定相続分を超える場合については，遺言執行者に対抗要件の具備について権限があることが明文で規定された（改正民 1014 条 2 項）。この場合においても，受益相続人自身が単独で相続による権利移転について登記申請をすることは可能であるが，遺言の内容を実現するために，すみやかに対抗要件を具備させる必要性が高まったからだと説明されている（このように，受益相続人自身も可能である行為について，遺言執行者が権限を有するのかという点については，上記のように明文の規定がない範囲では問題がある。最判平成 11・12・16 民集 53 巻 9 号 1989 頁→*百選Ⅲ 89 事件 [平野秀文]* は，この場合には上記のように遺言執行者の職務が顕在化することはないとしつつ，受益相続人に当該不動産の所有権移転登記を取得させることは，遺言執行者の職務権限〔民 1012 条 1 項〕に含まれ，その移転登記前に，他の相続人が当該不動産につき自己名義の所有権移転登記を経由し，それによって遺言の実現が妨害されている場合，遺言執行者は，その移転登記の抹消を求め，受益相続人への真正な登記名義の回復を原因とする所有権移転登記手続を求めることができるとしたが，この点については，否定的な見方も有力である）。

コラム 犬神佐兵衛翁の遺言

ところで，遺言と言えば，誰でも思いつくのは，横溝正史『犬神家の一族』における犬神佐兵衛翁の遺言である……というわけではないかもしれないが，いろいろなことを考えさせてくれるので，ちょっと触れておこう。さて，「事件の概要」を大変に文学性を欠いた表現で説明すると以下のようになる。

犬神財閥の創業者・犬神佐兵衛が死去した。その血縁者としては，犬神佐兵衛の娘であって腹違いの姉妹である，松子とその息子である佐清，竹子とその息子である佐武，梅子とその息子である佐智がいる。さて，その犬神佐兵衛の遺言の概要は，以下のとおりである（おどろおどろしい効果を狙う必要はないので，オリジナルの遺言書の順番とは少々変更して，淡々と説明する）。

①　犬神家の全財産および全事業の相続権を示す３種の家宝「斧・琴・菊」は，以下の条件で，（犬神佐兵衛の恩人である野々宮大弐の孫である）野々宮珠世に譲られる。

②　珠世が相続するためには，遺言状公表から３か月以内に，佐清，佐武，佐智のいずれかを配偶者として選ばなければならない。珠世が３人の中の誰とも結婚せず，他に配偶者を選ぶ場合には，珠世は，「斧・琴・菊」の相続権を失う。

③　珠世が選んだ相手が，珠世との結婚を拒否する場合には，その者は，犬神家の相続に関するあらゆる権利を放棄したものとされる。３人ともが珠世との結婚を希望しない場合，または，３人ともが死亡した場合には，珠世は②の義務から解放され，何人とも結婚することができる。

④　珠世が「斧・琴・菊」の相続権を失うか，遺言状公表後３か月以内に死亡した場合には，犬神家の全事業は佐清によって相続される。佐武，佐智は，これを補佐する。

⑤　④において，犬神家の全財産は，犬神奉公会によって５等分され，５分の１ずつを佐清，佐武，佐智に与え，残りの５分の２を（青沼菊乃の子）青沼静馬に与える。その際，分与を受けた者は，各自の分与額の20％を，犬神奉公会に寄付しなければならない。

実は，この犬神佐兵衛の遺言，まだまだ続くのである（原作の中では，ここで示したよりさらに延々と続いて説明されるが，その中でも，「犬神佐兵衛翁の遺言状は，実際はもっと長いのである」と書かれているから，よほど長かったのだろう）。

さて，物語の中では，第二次大戦から復員した佐清が，マスクをかぶっているために本物かどうかわからないとか，関係者が次々と殺されていくとか，映

画で珠世を演じていた島田陽子さん，きれいだったよなぁ……とか，まぁ，いろいろとあるのだが，ここでは，もっぱら遺言という観点からのみ，これを考えてみる。

まず，①は，「斧・琴・菊」の承継を通じて，全財産を珠世に譲るということを意味するのであり，全財産を珠世に与える包括遺贈だと理解することができそうである。ただ，他の部分にも照らすと，珠世がこれを取得するのは，相続によってであるようにも見える。この点は，受遺者が相続人であれば，包括遺贈か相続分の指定かは実質的な違いをもたらさないし，受遺者が相続人ではなかったとしても，包括受遺者は相続人と同一の権利義務を持つのだから，あまり神経質になる必要はない（珠世が相続人なのかについては，『犬神家の一族』を最後までお読みください）。

なお，全財産の遺贈ということになると，遺留分が問題となりそうだが，どうもこのおどろおどろしい雰囲気の中では，遺留分侵害額請求権は行使しにくいだろうなぁ……とも思う。

次に，②については，この包括遺贈に条件がつけられているものと考えることができる。「相続するには（包括受遺者となるためには），○○と結婚しなければならない」というと，いかにも，公序良俗に反しそうな気もするが，「○○と結婚した場合には，△△を与える」というのであれば，それほど目くじらを立てるようなものではないかもしれない。

で，③は，ちょっとこの文章だけではわかりにくいような気がするが，②の条件が外され，①によって珠世が承継できることを示しているのだろう。

最後に，④⑤は，すでに本文の中でも説明した補充遺贈→481頁ということになる。なお，⑤の中での犬神奉公会への寄付は，裾分け遺贈→482頁だと考えられる。

こうやって説明をしてきたが，この遺言，実にわかりにくいだけではなく，いかにも趣味が悪い。まぁ，その趣味の悪さもあって，物語は成り立つわけであるが……。

さて，このような犬神佐兵衛翁の遺言から何を学ぶかである。上記のとおり，この遺言について，一定の法的意味付けを与えることはできないわけではない。でも，結局，激しい財産争いが生ずるようなこんな遺言を書いちゃいけません……というのが，正直な感想である。なるほど自分の財産である以上，それを自由に処分できるというのは出発点である。しかし，死後の財産の行方について，あまりに執着すると，どうも誰も幸せにはなれないという気がする。少々まじめな話に戻すと，後継ぎ遺贈の議論についても，ひょっとしたら，そうした側面があるのではないかという気もしている。

第23講　遺産分割

　以下では，遺産分割を取り上げる。これまでも説明してきたように，相続をめぐっては，誰が（相続人），どれだけの遺産（相続分）を相続するのかということが問題となる。しかし，このように誰が相続人であり，どれだけの相続分（具体的相続分）を持つのかということが決まっただけでは，なお遺産の最終的な帰属が決まるわけではない。以下のような場合を考えてみよう。

> **設例1**　　死亡したAには，配偶者B，子CD，高齢の父Eがいる。遺産には，3000万円相当の不動産甲と，1500万円相当の不動産乙，1500万円の預貯金がある。

　遺言がなく，また，特別受益や寄与分が問題とならないとすれば，相続人はBCDで，相続分は，Bは2分の1，CDは各4分の1である。もっとも，相続人と（具体的）相続分で明らかになるのはここまでで，具体的に，不動産甲と乙，預貯金がどのようにBCDに帰属するかということは，まだ決まっていない。

　こんなに都合がよい割合での遺産が残っているんだから（そうした割合の遺産となるようにした設例だから当然！），Bが甲をとって，CとDは，乙と預貯金のいずれかをとって……という解決も考えられるかもしれない。しかし，そうしなければならないという必然性はない。甲と乙について相続分に応じてBCDの共有とするということも考えられるかもしれないし，あるいは，Bは，甲ではなく，現在住んでいる乙を望むかもしれない。最終的に遺産がどのように帰属するのかということを決定するのが，遺産分割である。

　遺産分割については，相続人がいったいどこまで決めることができるのか，あるいは，相続人間で遺産分割をするということが法的にいったい何

499

を意味しているのか等，ごく基本的なところでも必ずしも明確ではない問題が残っている。ここでは，遺産分割がどのようになされるのかという基本的な流れとルールを確認するとともに，こうした遺産分割の意味をめぐる基本的な問題についても，少し考えてみることにしよう。

Ⅰ　遺産分割前の状況

　遺産分割の具体的な説明をする前に，その前提として，遺産分割前の法律関係がどのようなものであるのかについて，まず確認をしておく。なお，遺産分割前の法律関係といった場合，第三者との関係も問題となるが，それについては別途説明することにして，ここでは，まず共同相続人間の関係をみていくことにする。

1　遺産分割前の遺産をめぐる法律関係 —— 遺産共有

　遺産分割がなされるまでの間，遺産は，「遺産共有」の状態にある（民法898条は，「相続人が数人あるときは，相続財産は，その共有に属する」と規定する）。もっとも，この遺産共有がいったいどのような性質のものなのかという点については，議論がある。

　①　**通常の共有と同じものと考える立場**　　ひとつは，文字どおり（民法898条は，「共有」としか言っていない），民法249条以下の規定が適用される共有だとする考え方である。判例は，一貫して，このような立場をとっている（最判昭和30・5・31民集9巻6号793頁）。これによれば，上記の 設例1 の場合，遺産分割がなされるまでの間，不動産甲と乙については，BCD が，それぞれ相続分に応じた共有持分を有することになる。
　この考え方を前提とすれば， 設例1 において，Bが不動産甲を，Cが乙を，Dが預貯金をとるというのは，それぞれが有している持分権を互いに譲渡し合うような作業だということになるだろう（この点は，遺産分割の効力をどのように理解するのかという後述の点にも関連する→*515頁以下*。なお，預貯金については，第24講を参照してほしい→*530頁以下*）。
　②　**遺産共有の独自性を認める立場**　　他方，遺産共有の基本的な性質を，

500　　第Ⅲ部　相　続

物権法上の共有とは異なる特殊な共有（あるいは合有）だと理解する立場も有力である。この立場は，遺産共有というのは，単に，不動産甲や乙についての個別の財産についての共有ではなく，遺産という全体としてひとまとまりのものについての特殊な共有だと理解する。相続分に対応した持分も，あくまで遺産全体に対するものであり，個々の財産についての持分権を有するわけではないと考えるのである。

この立場を前提とすれば，遺産分割というのは，このように遺産全体に対しての抽象的な持分しか有していない状態から，個々の財産についての帰属を最終的に決定する作業だと位置付けられることになる。

現在の法律状態を理解するという点では，まず判例の立場を前提として問題を考えることが不可欠だろう。また，今日では，抽象的なレベルでの共同所有の性質をめぐる議論は，以前に比べると盛んではない。

しかし，後述のように，共同相続人間では共有物分割を認めず，あくまで遺産分割によるというように，判例の立場も必ずしも一貫しているわけではない。さらに，遺産分割の性質や意味を考えるという場面では，なおこうした問題は潜在的に存在しているように思われる（共有説を貫徹するのであれば，遺産分割手続には，各自の持分の移転以上の特別な意味は認められないということになるし，一般に説明されるように，遺産分割手続を経てはじめて相続財産の帰属が確定するという必要もないことになる。しかし，そのような理解からだけでは，遺産分割が財産の帰属において現実に果たしている役割を十分には説明できないと考えられるし，「遺産の分割は，遺産に属する物又は権利の種類及び性質，各相続人の年齢，職業，心身の状態及び生活の状況その他一切の事情を考慮してこれをする」と民法906条に示される遺産分割の独自性も十分に説明することができないだろう）。

> **コラム**　*遺産に含まれる目的物の分け方*
>
> 　本文で少し触れたように，判例は，遺産共有も民法249条以下の共有と同じ性質のものだとしつつ，共同相続人間で遺産分割を行う際には，「家事審判法の定めるところに従い，家庭裁判所が審判によってこれを定めるべきものであり，通常裁判所が判決手続で判定すべきものではない」として，民法258条1

第23講　遺産分割　501

項に基づく個別の不動産についての共有物分割訴訟は認めていない（最判昭和62・9・4家月40巻1号161頁）。

　もっとも，遺産分割前に，特定の不動産について，共同相続人が自己の共有持分を処分してしまった場合には，相続人ではない第三者が，持分を有することになるので，その扱いが問題となる。判例は，この場合については，相続人から共有持分を取得した第三者が，民法258条に基づく共有物分割訴訟を提起することを認めている（最判昭和50・11・7民集29巻10号1525頁）。この場合，その第三者は，当該不動産について，その第三者に持分を処分した者を除く相続人を被告として訴えを提起することになる（持分譲渡人は，すでに当該不動産に関する共有持分を有していないので，共有物分割訴訟の当事者適格を有していない。最判昭和53・7・13判時908号41頁→*百選Ⅲ68事件〔小粥太郎〕*）。そして，共有持分を処分した者を除いて，さらに複数の共同相続人がいる場合，この分割判決によって共同相続人に認められた部分については，なお共同相続人間の遺産分割の対象となるものとされる（前掲最判昭和50・11・7）。

　なお，この説明だけではわかりにくいと思うので，念のため，少し具体的に確認しておこう。

　①　不動産甲をＡＢが共同相続した場合　　甲の分割について，ＡＢ間の共有物分割訴訟は認められず，あくまで甲を含む遺産分割の手続の中で甲の帰属が決まることになる。

　②　不動産甲をＡＢが共同相続し，Ｂが自己の持分を相続人ではないＣに譲渡した場合　　甲はＡＣによる共有の状態にあることになるが，この共有状態の解消は，民法256条・258条の共有物分割によることになる。

　③　不動産甲をＡＢＣが共同相続し，Ｃが自己の持分を相続人ではないＤに譲渡した場合　　この場合にも，Ｄは，②のＣと同様に，甲について共有物分割訴訟を提起することができる。もっとも，ＡＢとＤとの間の関係はこれで確定するが，ＡＢ間における甲の帰属はこれでは確定しない。これについては，あくまで甲を含む遺産分割手続の中で決定されることになる。この場合に，甲の所有権をＤのみに帰属させ，ＤがＡＢに持分の価額を賠償するという全面的価額賠償による分割がなされるときは，ＡＢに支払われる賠償金は，遺産分割によって，その帰属が決まることになる。したがって，賠償金の支払を受けた遺産共有持分権者は，確定的に取得するものではなく，遺産分割がされるまでの間これを保管する義務を負うことになる（最判平成25・11・29民集67巻8号1736頁）。

2 相続分の譲渡

本文で述べたように，判例は，遺産共有も民法 249 条以下の適用される共有であるということを前提として，個々の財産についての共有持分権の処分を可能であるとし，それを踏まえて，さまざまな問題が解決されている→518 頁以下。

ところで，こうした個々の共有持分権ではなく，遺産全体に対する抽象的な持分たる相続分自体を譲渡することはできるのだろうか。民法 905 条は，「(1)共同相続人の 1 人が遺産の分割前にその相続分を第三者に譲り渡したときは，他の共同相続人は，その価額及び費用を償還して，その相続分を譲り受けることができる。(2)前項の権利は，1 箇月以内に行使しなければならない」と規定している。

ここからは，こうした相続分の譲渡が可能であることと同時に，他の相続人が，価額と費用を償還することで，その相続分を取り戻すことが可能であることが示される。このような取戻権は，遺産分割の際に相続人以外の者が介入すること（相続分を譲り受けた第三者は，本来は相続人ではないとしても，譲渡人の相続人たる地位を取得するので，遺産分割にも参加することになる）を回避する等の理由から認められるものである（この点から，他の相続人に相続分を譲渡したときには，取戻権は認められないと解されている）。

なお，こうした相続分の譲渡は，第三者との関係だけではなく，共同相続人間でもなされうる。共同相続人間で，無償で相続分が譲渡された場合，それは原則として（相続分に財産的価値があるとはされない場合を除いて），民法 903 条の贈与（特別受益）にあたる（最判平成 30・10・19 民集 72 巻 5 号 900 頁）。具体的な事例に即して説明すると，被相続人Aを配偶者B，子CDが相続する場合において，Bが自己の相続分をCに無償で譲渡し，その後，Bが死亡し，相続が開始したときは，このAの相続におけるBの相続分の譲渡が，Cの特別受益として，CDの具体的相続分を計算するうえで考慮されることになる。

3 遺産分割の対象となる遺産をめぐる問題

遺産分割の対象となる遺産について，少し確認しておいた方がいいだろ

う。そこでは，①そもそもある特定の財産が遺産に含まれるのかという問題，②遺産ではあるが遺産分割の対象とならない財産があるのかという問題，そして，③遺産分割前に一部の遺産が処分されてしまった場合の問題が考えられる。

(1) 遺産確認の訴え

そもそも，一定の財産が，遺産に含まれるのかどうか自体が問題とされることがある。これは，いわば遺産分割の前提となる問題である。判例は，このような遺産確認の訴えを適法として認めている（最判昭和 61・3・13 民集 40 巻 2 号 389 頁→*百選Ⅲ 58 事件 [山本克己]*）。遺産分割審判において，前提となる権利関係についての判断をしても，その判断には既判力が生じず，後に権利関係自体を争うことによって当該審判が効力を失う可能性があり（最大決昭和 41・3・2 民集 20 巻 3 号 360 頁），それを避けるために当該財産が現に被相続人の遺産に属することの確認を求めることを認めたものである。

なお，遺産確認の訴えは，特定の財産が遺産分割の対象であるかについて，既判力をもって確定し，遺産分割審判の手続等において，当該財産の遺産帰属性を争うことを許さず共同相続人間の紛争の解決に資することを目的とするものであり，共同相続人全員が当事者として関与することを要する固有必要的共同訴訟とされる（前掲最判昭和 61・3・13，最判平成元・3・28 民集 43 巻 3 号 167 頁）。ただし，共同相続人のうち自己の相続分の全部を譲渡した者は，積極財産と消極財産とを包括した遺産全体に対する割合的な持分をすべて失うことになるので，遺産確認の訴えの当事者適格を有さない（最判平成 26・2・14 民集 68 巻 2 号 113 頁）。

(2) 遺産分割の対象とならない遺産

遺産分割の対象とならない遺産としては，可分債権がある。判例によれば，金銭債権等の可分債権は，相続分に応じて，各共同相続人に当然に分割承継される。したがって，相続開始と同時に，確定的に各共同相続人に帰属するのだから，遺産分割によって帰属を決めるというプロセスが不要となる→*528 頁以下*。

他方で，可分のものであっても，金銭は，遺産分割の対象とされる。具体的には，誰か（共同相続人の1人であってもよい）が遺産に含まれる金銭を管理している場合や，銀行の貸金庫に遺産たる金銭が保管されているといった場合が考えられるが，その場合，それぞれの共同相続人は，保管している者に対して，自己の相続分に応じた金銭の支払を求めることはできない（最判平成4・4・10家月44巻8号16頁→*百選Ⅲ 63事件［道垣内弘人］*）。

┌───┐

(コラム)　*遺産たる不動産についての賃料債権*

　少し特殊な問題として，遺産に含まれる不動産に関する賃料債権の扱いがある。相続前の賃料債権が，相続の対象となるということは当然であるが，相続開始後，遺産分割までの間に生ずる金銭債権については，どのように考えたらよいのだろうか。

　たとえば，遺産分割によってその不動産が特定の相続人に帰属した場合，遺産分割に遡及効が認められることから→*515頁*，当該不動産に関して遺産分割までの間に生じた賃料債権も，その相続人に帰属するのではないかという点が問題となる。特に，遡及効を制限する民法909条ただし書は，第三者の保護のためのものであり，共同相続人間では，遡及効を制限する必要はないとも考えられるからである。

　この点については見解が分かれていたが，最判平成17年9月8日（民集59巻7号1931頁→*百選Ⅲ 64事件［尾島茂樹］*）は，「相続開始から遺産分割までの間……に遺産である賃貸不動産を使用管理した結果生ずる金銭債権たる賃料債権は，遺産とは別個の財産というべきであって，各共同相続人がその相続分に応じて分割単独債権として確定的に取得する」とした。この判決によれば，相続開始後，遺産分割までの間に生じた賃料債権は，遺産を構成せず，遺産分割の対象ともならないということになる。もっとも，遺産分割における実際の判断を前提として考える余地があり，その点から，本判決の射程を限定的に理解するべきだとの指摘もなされている。

└───┘

(3)　遺産分割前に遺産が処分された場合

　遺産分割前に遺産が処分された場合について，どうなるのかという問題である。具体的には，こうした事態が生じる場合としては，(a)共同相続人の1人が，遺産である不動産の共有持分を第三者に譲渡した場合（これ自体は，判例を前提とすれば，禁止されているわけではなく，共同相続人に許された行為である），あるいは，(b)共同相続人の1人が，遺産分割協議書を

第23講　遺産分割　505

偽造するなどして，遺産に含まれる不動産を勝手に処分したり，許された範囲を超えて預貯金債権を行使した場合→*532頁以下*が考えられる。

　まず，遺産分割の前提となる具体的相続分は，相続開始時の財産を前提に計算される（具体的相続分の総額は，相続開始時の遺産となる）。しかし，相続開始後，遺産分割までの間に，遺産の一部が流出してしまったという場合，具体的相続分で計算される金額の総額と現に残っている遺産との間にずれが生じることになる。残っている遺産は，すでに流出してしまった部分を除くものであるから，それについてしか遺産分割は行えないのではないか，そうだとすると流出した部分についてはどのように扱うのかといった問題があったのである。

　こうした事態について明確には定められていなかったが，実務においては，残った財産のみを遺産分割の対象とし，処分によって共同相続人が得た利益は考慮しないという扱いだったとされている。もっとも，このような扱いだと，共同相続人間に不公平が生じることは避けられない。

　こうした問題状況を踏まえて，2018年の相続法改正では，以下のような内容を有する新たな規定が設けられた。

　①　遺産分割前に遺産に属する財産が処分された場合，共同相続人は，その全員の同意により，当該処分された財産が遺産分割時に遺産として存在するものとみなすことができる（改正民906条の2第1項）。
　②　共同相続人の1人または数人により①の財産が処分されたときは，当該共同相続人については，①の同意を得ることを要しない（同条2項）。

　この規定のポイントは，以下のように整理できるだろう。
　第1に，遺産分割前の遺産からの流出があったとしても，それを流出させた者以外の共同相続人全員の同意があれば，なお，それが遺産に含まれているとして，遺産分割を行うことが可能であることを明確にしたという側面である。
　なお，すでに処分した財産については，処分者である共同相続人が取得したということを前提として考えることになるので，仮に遺産分割において不足する状況（残りの遺産だけでは，具体的相続分がみたされない状況）が

生じる場合，処分者は代償金を支払うことが必要になる（代償分割→*509頁*）。

第2に，処分者以外の共同相続人全員の同意がない場合には，従前どおり，残った遺産のみについて遺産分割がなされることになるという側面である。これについては，同意にかかわらず，①の規律を適用するという考え方もありえたが，その場合，かえって複雑な問題の解決が常に強いられることになり，適当ではないという判断によるものである。

Ⅱ　遺産分割の方法等

さて，以下では，遺産分割が具体的にどのようになされるのかを見ていくことにしよう。あらかじめ2つの点を確認しておく。

第1に，遺産分割の流れであるが，分割は，まず相続人等の間でなされる協議による（協議分割。民907条1項）。しかし，この協議が調わない場合には，家庭裁判所の審判による（審判分割。同条2項本文。また，審判前の調停分割もある）。

第2に，被相続人は，遺言で，分割方法を指定することができ，または，第三者にこれを委託することができる。また，相続開始から5年を超えない期間，分割を禁止することも可能である（民908条）。遺言によって分割方法の指定がなされた場合，これに従って分割がなされることになる。

もっとも，このような分割方法の指定があった場合に，当該財産が本当に遺産分割の対象とならないのかについては議論がある。すでに説明したように→*494頁以下*，判例は，「相続させる旨の遺言」を分割方法の指定であるとした上で，「『相続させる』趣旨の遺言は，正に同条〔民908条〕にいう遺産の分割の方法を定めた遺言であり，他の共同相続人も右の遺言に拘束され，これと異なる遺産分割の協議，さらには審判もなし得ないのである」とし，当該財産が相続人に直接帰属することを認めたが（最判平成3・4・19民集45巻4号477頁→*百選Ⅲ 87事件〔水野謙〕*），この点については，なお異論も有力である（分割方法の指定と異なる遺産分割協議の効力については，後述する→*510頁*）。

第23講　遺産分割　　507

1　遺産分割協議

⑴　遺産分割協議の当事者

　遺産分割協議の当事者は，共同相続人のほか，包括受遺者（民990条），相続分の譲受人，遺言執行者である（ただし，遺言執行者が，遺産分割協議の当事者となるという点については，それほど明確ではない。まず，遺言執行者の権限を定める民法1012条1項は，「相続財産の管理その他遺言の執行に必要な一切の行為をする」権限があるとし，通常，その中には遺産分割協議も含まれると説明される。しかし，認知や推定相続人の廃除等は，遺産分割の前提ではあるが，遺産分割そのものに関係するわけではなく，遺言執行者が当事者にならないと分割協議ができないと考える必要はない。遺贈について遺言執行者が定められた場合も同様であろう。他方，相続分の指定があった場合については，その相続分の指定を実現する上で遺言執行者が遺産分割に関与することが必要だとも考えられる。その点では，遺言執行者が遺産分割協議の当事者となるかは，当該遺言の内容を踏まえて考えざるをえない）。

　当事者の一部を欠く分割協議は無効である（相続人となるべき者が行方不明の場合には，不在者の財産管理人を選任し，遺産分割協議を行う。民25条・28条参照）。

　なお，胎児については，民法886条により，相続に関する権利能力が認められているが，同条2項との関係で，停止条件説（出生した場合には相続開始時に遡って権利能力があったものとして扱う）と解除条件説（胎児でも相続に関する権利能力を有し，死産だった場合には遡って権利が発生しなかったものとして扱う）が対立している。解除条件説によれば，母が胎児を代理して分割協議をすることが可能となるが（もっとも，厳密に考えれば，母が胎児の法定代理人になるということは，それほどはっきりしているわけではない），出産までの期間は限定されていることに照らして，出産まで分割協議はできないとする考え方が一般的であり，理論上はともかく，実質的にはそのような扱いが妥当だと思われる（なお，停止条件説を前提とすれば，胎児の間は，そもそも遺産分割協議の当事者たる地位を有していないのだから，この間に遺産分割協議を成立させることも可能であるように見える。こうした遺産分割が成立した場合について，後述の民法910条を類推適用して処理する

という考え方もあるが，上記のとおり，出産までの期間が限定されていること
に照らせば，そもそも相続人となる胎児があることが明らかであるにもかかわ
らず，それを除いて，遺産分割を成立させること自体が適当ではないだろう）。

　また，相続開始後に，死後認知の訴えや遺言認知によって相続人となっ
た者がいる場合，遺産分割がまだなされていなかったときは，分割協議の
当事者となる（その者を欠いた遺産分割協議は無効である）。他方，他の共同
相続人がすでに遺産分割その他の処分をした後に，認知により相続人の資
格を取得した場合には，その遺産分割自体は有効とされ，その者は，価額
のみの支払を求めることができる（価額請求権。民910条）。遺産分割をし
た他の相続人の利益を考慮するとともに，金銭の支払で，認知された者の
利益を確保するという趣旨の規定である。

(2) 分割の方法

　分割には，現物分割（現物をそのまま配分する），換価分割（遺産に含まれ
る財産を売却し代金を配分する），代償分割（現物を特定の相続人が取得し，
取得者は，他の相続人に具体的相続分に応じた金銭を支払う）という方法があ
る（なお，最決平成12・9・7家月54巻6号66頁は，共同相続人の1人また
は数人に金銭債務を負担させるためには，当該相続人にその支払能力があるこ
とを要するとする）。

> **設例2**　　死亡したAには，亡妻との間の子BCがいる。遺産には，2000
> 万円相当の不動産甲と，2000万円相当の不動産乙がある。

　設例2　では，Bが甲を取得し，Cが乙を取得するということも考えら
れるし（現物分割の一例），甲乙の両方を売却して，その代金をBCで分け
る（換価分割の一例），あるいは，Bが甲乙の両方を取得し，2000万円を
Cに支払う（代償分割の一例）などの例が考えられる。

(3) 協議で決めることができること ── 法定相続分や遺言との関係

　遺産分割については，「遺産分割自由の原則」があるとされる。すなわ
ち，法定相続分や指定相続分と異なる割合での分割も可能だとされている。

第23講　遺産分割　509

上記の 設例2 では，法定相続分を意識しながら説明したが，Ｂが甲を取得し，乙は売却した上で，その代金をＢＣで折半する，あるいは，Ｂが甲と乙の両方を取得し，（2000万円ではなく）200万円をＣに支払うという形の遺産分割協議も有効である。さらには，事実上の相続放棄も，このような観点から理解することができる。

それでは，第22講でもすでに扱った点であるが，Ａが遺言において分割方法の指定をしていた場合はどうなるのだろうか。たとえば，「甲はＢに相続させ，乙はＣに相続させる」といった遺言があった場合である。このような場合にも，Ｃが甲を取得し，Ｂが乙を取得するという分割協議は有効であるというのが従来の一般的な理解であった（それを前提として，「相続させる旨の遺言」が遺贈か相続分の指定かという議論もなされた）。それに対して，前掲最判平成3年4月19日は，「これと異なる遺産分割の協議……もなし得ない」としているのだから，このような遺産分割協議は無効ではないかが問題となる。

しかし，仮に遺言の中でそのような分割方法の指定がなされたとしても，遺産分割協議によって，それと異なることを定め，その協議に基づく相続を原因とする移転登記がなされた場合，それを無効だとして否定する必要はないようにも思われる。この場合，厳密に言えば，本来の遺産分割の枠組みの中でなされたのか，遺産分割の枠組みの外で，所有権（持分権）の交換や譲渡という形でなされたのかという点は問題となるが（もっとも，本来の遺産分割協議の枠組みがいったい何を意味するのか自体が問題である。なお，こうした問題は，厳密に考えれば，税制上の問題にも関わってくる可能性があるかもしれない），遺贈以上に，分割方法の指定が強い拘束力を有すると解する必要もないと考えられる（遺贈であれば，民法986条により，ＢＣが，遺贈の放棄をした上で，自由に遺産分割協議をすることが可能である）。

コラム　*遺産分割協議と詐害行為取消権*

　遺産分割協議が詐害行為取消しの対象となるのかという問題がある。たとえば，相続が開始し，それによって承継する法定相続分を前提として，相続人に対する債権を有していた場合に，その後の遺産分割によって，法定相続分と大きく異なるような遺産分割（事実上の相続放棄など）がなされたときに，債権

510　　第Ⅲ部　相　続

者としては詐害行為取消権を行使することができるのではないか，という問題である。

　最判平成 11 年 6 月 11 日（民集 53 巻 5 号 898 頁→*家族法百選〔第 7 版〕70 事件〔池田恒男〕，百選Ⅲ 69 事件〔佐藤岩昭〕*）は，「遺産分割協議は，相続の開始によって共同相続人の共有となった相続財産について，その全部又は一部を，各相続人の単独所有とし，又は新たな共有関係に移行させることによって，相続財産の帰属を確定させるものであり，その性質上，財産権を目的とする法律行為である」として，詐害行為取消権の対象となることを認めた。なお，その場合でもあくまで，詐害行為取消権の要件を満たさなくてはならないことは言うまでもない（詐害行為取消権の各要件については，債権総論の教科書を参照してほしい）。

⑷　遺産分割協議の取消しと解除

　遺産分割協議において，錯誤（民 95 条）や詐欺，強迫（民 96 条）があった場合には，民法総則の規定に従って，取消しが認められる。

　また，相続人が一定の行為をなすことを前提として，遺産分割がなされたが，当該相続人がそれを履行しないという場合には，それを理由とする解除ができるかが問題となる。たとえば，設例 1 において，Ｃが，Ｂと同居し，その面倒を見るという約束で，遺産のすべてを取得したが，その後，Ｃがその約束を果たさなかったという場合にＢやＤが遺産分割協議の無効を主張することができるのかという問題である。最判平成元年 2 月 9 日（民集 43 巻 2 号 1 頁→*百選Ⅲ 70 事件〔沖野眞已〕*）は，このような場合でも，「遺産分割はその性質上協議の成立とともに終了し，その後は右協議において右債務を負担した相続人とその債権を取得した相続人間の債権債務関係が残るだけと解すべきであり，しかも，このように解さなければ民法 909 条本文により遡及効を有する遺産の再分割を余儀なくされ，法的安定性が著しく害される」として，債務不履行を理由とする解除を否定した。

　他方で，最判平成 2 年 9 月 27 日（民集 44 巻 6 号 995 頁）は，合意解除の可能性については，「共同相続人の全員が，既に成立している遺産分割協議の全部又は一部を合意により解除した上，改めて遺産分割協議をすることは，法律上，当然には妨げられるものではな」いとして，これを肯定している。この場合，第三者の保護は，民法 909 条ただし書によって図ら

れることになる。

2 調停・審判による分割

(1) 調停と審判

遺産分割協議が調わなかった場合，相続人は，分割を家庭裁判所に求めることができる（民 907 条 2 項本文）。遺産分割は，審判事項であり（家事・別表第二十二），調停前置主義の適用はないが，通常は，家庭裁判所は，職権で調停を先行させているとされる（家事 274 条 1 項）。

(2) 審判における遺産分割の基準

それでは，家庭裁判所は，どのようなプロセスで，この遺産分割をなすのであろうか。

① **具体的相続分の確定**　審判分割において，分割の前提となるのは，具体的相続分である。したがって，審判の中では，誰が相続人かということとともに，具体的相続分をまず確定することが必要となる。

② **民法 906 条の示す基準**　また，遺産分割に際しては，民法 906 条が，「遺産の分割は，遺産に属する物又は権利の種類及び性質，各相続人の年齢，職業，心身の状態及び生活の状況その他一切の事情を考慮してこれをする」という基本的な基準を提示している。

もちろん，民法 906 条は，審判分割だけではなく，協議分割に際しても適用される規定である。しかし，協議分割においては，上記のとおり，相続人間での自由な協議と処分が認められている以上，同条は，一応の指針という程度以上の意味を持たない（当事者間の合意が成立した以上，民法 906 条の理念に反するからといって，その遺産分割協議が無効となるわけではない）。それに対して，審判分割では，同条は，規範的な拘束力を有する基準として機能する。

遺産に含まれる特定の不動産に居住している者がいたり，相続人の一部が土地を利用して農業を営んでいるというような場合，こうした不動産を特定の者に承継させるという形での分割をなす（それによって具体的相続分

512　**第Ⅲ部　相　続**

との関係で過不足が生じれば，金銭で調整する）ということは，この906条の規定に従って説明されることになる。

3 遺産の一部分割

ところで，遺産の一部についてのみ遺産分割をすることができるのかという問題がある。たとえば，遺産に複数の不動産，複数の預貯金などが含まれる場合に，その一部である不動産や預貯金についてのみ遺産分割をすることができるのかという問題である。

これについては，従来も，一部であることを理由として，こうした遺産分割協議が無効とされてきたわけではないだろう。もっとも，家庭裁判所における実務は，一部分割については消極的であったとされる。これはわからないではない。遺産分割審判では，特別受益や寄与分を考慮した具体的相続分を前提として遺産分割がなされるが，遺産の一部であるということが明確でありながら，遺産分割審判をするという場合，そこでの具体的相続分の扱いをどうするのか，さらに，遺産の一部についての遺産分割審判をした場合，その後の残りの財産についての遺産分割との関係がどのようになるのか（そこで具体的相続分をどのように扱うのか，最初の遺産分割において考慮された特別受益，寄与分との関係がどうなるのか等），あまり明確ではなく，かなり複雑な問題を生じさせる可能性があったからである。

しかし，相続法改正において，共同相続人は，被相続人が遺言で禁じた場合を除き，協議により，遺産の全部または一部の分割をすることができることとされた（改正民907条1項）。

この一部分割について，共同相続人間の協議が調わないときは，家庭裁判所の審判を求めることができる。ただし，遺産の一部を分割することにより他の共同相続人の利益を害するおそれがある場合には，これは認められない（改正民907条2項）。

こうした一部分割の規定が導入されたことについては，2つの意義が認められる。

第1に，一部分割の必要性に応じた対応としての意義である。上記のように遺産の一部分割については，実質的な問題があることは確かであるが（具体的に共同相続人に不利益が生じる可能性がある場合については，改正民法

907条2項ただし書によって対応することが考えられる），他方で，特に預貯金債権が遺産分割の対象となることを踏まえると，こうした遺産の一部分割が必要だと考えられたことによる（もっとも，この規定の対象となるのは，預貯金債権に限られない。特定の不動産に限っての一部分割といったものも考えられる）。

　なお，預貯金債権については別途説明するように→532頁以下，いわゆる仮払いの仕組みが導入され，各共同相続人は，一定の範囲で，遺産分割前であっても，預貯金債権を行使することができる。しかし，それはあくまで限定的なものであるのに対して，預貯金債権についてのみの遺産分割が成立すれば，それによって預貯金債権を取得した者は，確定的な形で権利行使が可能となるのである。

　第2に，上述の仮払いについての受け皿としての意味も有している。すなわち，仮払いの権利が行使された預貯金債権については，その権利を行使した共同相続人が遺産の一部の分割によりこれを取得したものとみなされるのである（改正民909条の2後段）。

4　遺産分割をなすべき時期

　ところで，上記のような遺産分割は，いつまでになされなければならないのだろうか。

　これについて，民法は，一般的な期間制限を設けていない。遺言において遺産分割の禁止がなされていない限り，相続人はいつでも分割を求めることができる（民907条1項。遺産分割を求めた後の流れについては，後述する）。したがって，上記のように何らかの必要性が生じた段階で，はじめて遺産分割をなすことも可能である（それまでの間に，個々の財産について取得時効が完成したり，持分権が処分されたことによって遺産分割の対象から外れることはある）。

　そのため，遺産分割がなされないまま時間が経過するということは少なくない。実際に，遺産分割の必要性を感じるのは，それまで住んでいた遺産たる不動産を処分しようと思ったときや，次の相続が開始したような場合かもしれない。これは，最初の相続からは，ずいぶん時間が経っている可能性がある。

Ⅲ　遺産分割の効力

　以上のとおり，遺産分割協議が成立したり，遺産分割審判がなされると，遺産についての最終的な帰属が決まるわけであるが，それは，具体的にどのような意味を持っているのであろうか。

> **設例3**　　死亡したAには，相続人として，子BCがいる。遺産には，3000万円相当の不動産甲があった。遺産分割によって，甲は，Bに帰属したが，遺産分割前に，Cは，甲についての2分の1の共有持分を第三者Dに譲渡していた。

1　遺産分割の効力 ── 宣言主義と移転主義

　遺産分割の効力について，民法909条は，「遺産の分割は，相続開始の時にさかのぼってその効力を生ずる。ただし，第三者の権利を害することはできない」と規定している。つまり，同条は，本文で分割の遡及効を規定するとともに，ただし書で，第三者の保護を図っているのである。

　もっとも，このような規定を全体としてどのように理解するのかについては，基本的な見解の対立があり，第三者との関係を具体的にどのように規律するのかという点でも違いをもたらしている。

　①　宣言主義による理解　　ひとつは，宣言主義と呼ばれる考え方で，遡及効が認められる以上，相続開始時から遺産分割に応じた財産の帰属があったのであり（**設例3** において，相続開始時から，甲はBのものだったことになる），遺産分割はこれを宣言したにすぎないと理解する。

　この考え方を前提とすると，Dは，甲について何ら権利を有していないCから，権利を取得したにすぎないことになる（無権利者からの譲受人は保護されない）。これでは，Dの利益が害されることになるので，そうした第三者の保護を図るのが，民法909条ただし書だと理解することになる。なお，同条ただし書は，あくまで遡及効からの第三者の保護を目的とするものだから，遺産分割前の第三者のみを対象とする。遺産分割後の第三者

第23講　遺産分割　515

の保護（甲をBが取得するという遺産分割がなされたことを知らずに，Cから共有持分を譲り受けたDの保護）は，同条ただし書ではなく，民法94条2項の類推適用など，別の法理によって図られる必要がある。

② **移転主義による理解**　他方，移転主義と呼ばれる考え方は，遺産分割を，共同相続人がそれぞれの共有持分を譲渡するものだと考える。設例3において，この考え方によれば，遺産分割までの間は，甲についてBCが共有していたのであり，遺産分割によって，Cの持分がBに移転され，Bの単独所有となったと理解する。

この考え方を前提とすると，Dの権利取得は，無権利者からのものではない。ただ，このCからDへの権利移転は，遺産分割によるCからBへの権利移転と抵触することになる。ここでは，DとBとの関係は，二重譲渡における譲受人どうしの関係だということになり，その優劣は，対抗問題として扱われることになる。この場合，第三者の登場が，遺産分割の前であるか，後であるかは，本質的な違いをもたらすものではない。

最判昭和46年1月26日（民集25巻1号90頁→*家族法百選〔第7版〕74事件〔大塚直〕，百選Ⅲ72事件〔作内良平〕*）は，分割後に現れた第三者との関係についての事案であるが，「遺産の分割は，相続開始の時にさかのぼってその効力を生ずるものではあるが，第三者に対する関係においては，相続人が相続によりいったん取得した権利につき分割時に新たな変更を生ずるのと実質上異ならないものであるから，不動産に対する相続人の共有持分の遺産分割による得喪変更については，民法177条の適用があり，分割により相続分と異なる権利を取得した相続人は，その旨の登記を経なければ，分割後に当該不動産につき権利を取得した第三者に対し，自己の権利の取得を対抗することができない」とした。本判決は，上記のとおり，分割後の第三者との関係に対する判断であるが，基本的に，その考え方の基礎にあるのは，遺産分割の移転主義的な理解だと言えるだろう。

2　共同相続人の担保責任

遺産分割の結果，取得した物や権利に瑕疵があった場合，あるいは，そもそも遺産ではなかったという場合，さらには，取得債権について全額の

弁済を受けることができなかったというような場合には，相続人間に実質的な不公平が生ずる。民法 911 条以下は，こうした不公平を是正する仕組みとして，相続人間の担保責任を規定している（ただし，被相続人が遺言で別段の意思を表示した場合には，これらは適用されない。民 914 条）。

① **物や権利の瑕疵**　まず，民法 911 条は，「各共同相続人は，他の共同相続人に対して，売主と同じく，その相続分に応じて担保の責任を負う」ことを規定する（売主の担保責任については，契約法の教科書を参照してほしい。ただし，民法 911 条の条文自体はずっと変わっていないが，肝心の売主の担保責任は，2018 年の債権法改正で大きな変更が生じている。それにより，ここでの解決についても影響が生じる。改正後の売主の担保責任については，改正民法 561 条以下参照）。

② **債務者の資力の担保**　また，民法 912 条 1 項は，「各共同相続人は，その相続分に応じ，他の共同相続人が遺産の分割によって受けた債権について，その分割の時における債務者の資力を担保する」と規定している（弁済期に至らない債権および停止条件付きの債権については，同条 2 項）。なお，金銭債権等の可分債権は，相続によって当然に分割承継され，遺産分割の対象たる遺産を構成しないという立場を前提とすれば，この規定は，その例外となる預金債権等の債権についてのみ妥当する規定だということになる。しかし，通常の金銭債権についても，遺産分割協議の対象とすることは可能であり，また，共同相続人全員の同意があれば遺産分割審判の対象とすることも可能だと考えられるので，そうした場合についても，この規定を用いることは可能だろう。

③ **共同相続人の無資力**　さらに，民法 913 条は，「担保の責任を負う共同相続人中に償還をする資力のない者があるときは，その償還することができない部分は，求償者及び他の資力のある者が，それぞれその相続分に応じて分担する。ただし，求償者に過失があるときは，他の共同相続人に対して分担を請求することができない」とする。

第24講　権利・義務の承継と第三者との関係

　被相続人の権利・義務を相続人が承継するというのが相続の基本的な枠組みであるが，それは同時に第三者との関係にも関わってくる。ここでは特に，相続人による権利・義務の承継と第三者との関係について，説明することにしよう。

Ⅰ　相続と登記をめぐる問題

　不動産が相続される場合，その不動産に関する権利が，第三者との関係でどのようになるのかという問題がある。「相続と登記」と呼ばれる一群の問題である。以下では，すでに説明してきた遺贈，遺産分割，相続放棄等の内容を踏まえて，そうした問題について考えてみることにしよう。ここでは不動産の対抗問題についての基本的な知識が必要となるが，それについては物権法の教科書を参照してほしい。

　なお，以下では，ごく基本的な内容を含めて，できるだけ問題の全体像が明らかになるような順番で説明をしていくことにしたい。

1　被相続人による贈与・遺贈

⑴　受贈者・受遺者と相続人との関係

　被相続人Ａが，自己所有不動産甲をＢに譲渡し，その移転登記や引渡しがなされないままＡが死亡して，子Ｃが単独相続したという場合，形の上では，Ａ→Ｂ（譲渡による所有権移転），Ａ→Ｃ（相続による所有権移転）という二重の所有権移転が生じているようにも見える。しかし，この場合，たとえ，ＡからＣへの相続を原因とする移転登記が先になされたとしても，Ｃは，Ｂの登記の欠缺を主張して，自己の権利が優先することを主張することはできない（なお，Ａ→Ｂの所有権移転の登記については，登記義務者であるＡまたはその包括承継人と登記権利者であるＢの共同申請が必要であるが，

518　第Ⅲ部　相　続

相続を原因とする登記については相続人が単独でなすことができる。これは共同相続の場合でも同様である）。相続によって「当事者」であるＡの地位を承継したＣ（包括承継人としてのＣ）は，民法 177 条の規定する「第三者」にはあたらず，対抗問題とはならないからである（この場合，$\boxed{A = C}$ → B というひとつの譲渡があるだけだと理解することができる）。したがって，ＢがＣに対して登記移転への協力を求めれば，Ａの法的地位を包括承継しているＣは，それを拒むことはできない。

　被相続人Ａが，甲をＢに遺贈し，ＣがＡを単独相続したという場合も，基本的な考え方は同じである。Ａの遺言により，甲がＢに遺贈された以上，Ｂは無権利者ではない。また，Ｂが甲についての相続登記をしたとしても，Ａの包括承継人であるＣは，その遺贈の効力について争うことができる第三者ではなく，遺贈義務者（民 987 条）として，遺贈の履行をしなければならない。

⑵　受贈者・受遺者と相続人から不動産を取得した者との関係

　それでは，被相続人ＡによってＢに贈与された不動産甲が，相続人Ｃによって第三者に譲渡されてしまった場合には，どうなるのだろうか。上記のケースであれば，Ｃから，さらにＤに譲渡されてしまった場合のＢとＤとの関係がどうなるのかという問題である。

　この場合には，$\boxed{A = C}$ → B と，$\boxed{A = C}$ → D という二重譲渡の関係になっていると理解することができる。したがって，原則として，ＢとＤとの間では，対抗要件の有無によって，その優劣が決まることになる。

　遺贈の場合についても，最判昭和 39 年 3 月 6 日（民集 18 巻 3 号 437 頁→ *百選Ⅲ 74 事件［山野目章夫］*）は，「遺贈は……意思表示によって物権変動の効果を生ずる点においては贈与と異なるところはない……。……遺贈の場合においても不動産の二重譲渡等における場合と同様，登記をもって物権変動の対抗要件とする」との判断を示し，この問題が，対抗問題として解決されるべきことを示している（なお，同判決は，遺贈とのみ述べており，特定遺贈と包括遺贈とを区別しておらず，上記の判断は，基本的には，包括遺贈についてもあてはまり，包括受遺者は，登記を備えないと対抗できないことになる）。

第 24 講　権利・義務の承継と第三者との関係

2 遺産分割前の法定相続分を超えた譲渡と他の相続人の権利

　以下では，遺言による相続分の指定がないという場合を前提に説明していく（こうした前提を置く理由については，後述する）。

　まず，遺産分割前であっても，各相続人は，遺産に含まれる目的物について，それぞれの法定相続分に応じた共有持分を有しているというのが，判例の考え方である→*500頁以下*。したがって，そうした共有持分を処分することは可能である。

　しかし，共同相続人の1人が，自己の法定相続分を超えて，目的不動産の権利を処分した場合，それによって権利を取得した者と，他の共同相続人との関係を考えてみよう。たとえば，以下のような場合である。

設例1　　　Aが死亡し，その子BCが不動産甲を含む遺産を共同相続した。Bは，Cに無断で，相続を原因として甲を自己の単独名義とする登記をなし，第三者Dに甲を譲渡し，移転登記がされた。

　念のために確認しておくと，こうした場面で，「Bは，Cに無断で，相続を原因として甲を自己の単独名義とする登記をな」すことが，当然にできるわけではない。ここでは，BC名義での遺産分割協議書やC名義での相続分皆無証明書→*384頁*【*事実上の相続放棄*】を偽造して，自らが単独承継したという外形を作り出して，相続登記をしたということが前提となっている。

　さて，こうした場合であっても，Bが譲渡した甲の権利のうち，法定相続分に相当するCの共有持分については，そもそもBは権利を有していなかったはずである。したがって，Dが甲の所有権全部についての登記を備えたとしても，Cの共有持分についての権利を取得することはできない，というのが判例の立場である（最判昭和38・2・22民集17巻1号235頁→*百選I 59事件〔占部洋之〕*）。つまり，この場合，無権利の法理（無権利者から権利を取得したとして登記されても，それによって権利取得が認められるわけではない）によって解決され，対抗問題は生じないことになる。

　もっとも，Bによる登記移転を知りながら，Cが放置していたというような場合には，民法94条2項を類推適用して，Dを保護するという可能

性は残されている。

3 法定相続分と異なる遺産分割と共有持分の処分

次に，遺産分割によって法定相続分とは異なる割合で財産の帰属が決まった場合について考えてみよう。この場合も，遺言による相続分の指定はないということを前提に説明していく。

もっとも，この問題の立て方については，ちょっと問題がないわけではない。すでに説明したように，遺産分割の前提となるのは法定相続分ではなく，そもそも具体的相続分である。したがって，具体的相続分に応じた遺産分割が，法定相続分とは異なるという場面は考えられるし，そうした具体的相続分に応じた遺産分割自体が不当だというわけではない。

しかし，他方で，特別受益や寄与分についての判断を経て決まる具体的相続分というのは，第三者からの可視性に乏しいものである。そのために，遺産分割の場面でも，法定相続分と異なる割合での遺産分割について，その異なる範囲についての扱いが問題となってきたのである。この点を確認したうえで，以下のような設例に即して考えてみることにしよう。

⑴ 遺産分割前の共有持分の処分と遺産分割

まず，遺産分割前に目的物についての共有持分が処分され，その後，その処分と抵触するような遺産分割がなされた場合について考えてみよう。

> **設例 2-1**　　Aが死亡し，その子 BC が不動産甲を含む遺産を共同相続した。Bは，自己の法定相続分に相当する甲の2分の1の共有持分をDに譲渡した。その後，Cが甲を取得するという遺産分割協議が成立した。

遺産分割前に自己の共有持分を譲渡するということは，それ自体としては可能である。したがって，ここでは，Bの自らの共有持分のDへの譲渡と，そのBの共有持分に相当する部分を含めてCが所有権を取得するという遺産分割が抵触することになる。この部分について，CとDは，どのような関係に立つのだろうか。

第24講　権利・義務の承継と第三者との関係　521

遺産分割については，すでに述べたように，宣言主義と移転主義が対立している→515頁以下。宣言主義を前提とすれば，Ｄは，原則として無権利者であるＢから甲の持分を取得したにすぎないが，民法909条ただし書によって，保護されるということになる。他方，移転主義によれば，Ｂの持分については，Ｄへの譲渡と遺産分割によるＣへの移転といういわば二重譲渡に相当する関係となる。したがって，対抗問題でいずれが優先するかが決定されることになる。

(2) 遺産分割後の共有持分の処分と遺産分割

他方，Ｂが自己の共有持分をＤに譲渡したのが遺産分割後であった場合には，どうなるのだろうか。具体的に問題となるのは，以下の設例のような場合である。

> 設例2-2　Ａが死亡し，その子ＢＣが不動産甲を含む遺産を共同相続し，Ｃが甲を取得するという遺産分割協議が成立した。その後，Ｂは，自己の法定相続分に相当する甲の2分の1の共有持分をＤに譲渡した。

この場合，民法909条ただし書によって，Ｄの保護を図ることはできない（同条ただし書は，同条本文による遡及効から第三者を保護するものである以上，そこでの第三者は遺産分割前の第三者に限られる）。

すでに説明したように→516頁，前掲最判昭和46年1月26日は，この問題が対抗問題として解決されるとしている。これに対して，遺産分割によってＢは甲について無権利者となったのであり，Ｄは，無権利者Ｂから持分を譲り受けたにすぎないという立場からは，Ｄの保護は，民法94条2項の類推適用によって図られることになるだろう。

4　相続分の指定等（特定財産承継遺言を含む）

以上，色々と書いてきたのは，実は，これから説明するための材料を提供するという意味もあった。相続法改正との関係でも重要な部分だと思うので，少し丁寧に説明することにしよう。

(1) 相続分の指定がある場合

まず，通常の相続分の指定がある場合について，以下のような設例で考えてみよう。

> 設例 3-1　Aが死亡し，その子ＢＣが相続人である。Aは，「全財産をＣに相続させる」という遺言を残していた。Bは，遺産の中に含まれる不動産甲について，法定相続分に応じた２分の１の共有持分について相続登記をし，それをＤに譲渡し，移転登記がされた。

　さて，この場合，10割の相続分指定によって全財産を承継し（遺留分をめぐる問題はさしあたり考えないことにしよう），当然甲を相続承継したはずのＣと，法定相続分を前提とすれば考えられるＢの２分の１の共有持分を取得したＤとの関係はどうなるのだろうか。

　２の説明の冒頭で，「遺言による相続分の指定はないという場合を前提に」と書いた。実は，さまざまな場面で「相続分」という言葉が使われるが，それが法定相続分だけを意味しているのか，指定相続分も含めて意味しているのかは，必ずしもはっきりしないことが少なくなかった（相続分の指定があった場合に，その指定相続分を前提として論じている場合には，指定相続分を含むことは明らかであるが，法定相続分しか問題となっていない場面で，それが指定相続分を含めて論じているのかは，それほど明確ではない）。

　判例は，指定相続分も含めて，相続分という言葉を使ってきたようであるが（もっとも，これについても，常にそれほど明確だったわけではない），仮に「相続分」が指定相続分を含むのだとすれば，２や３の説明は，相続分の指定がある場合にもあてはまることになる。したがって，設例1 でも，AがBにすべての財産を相続させるという遺言（Bの相続分を10割とする遺言）を残していれば，そもそもBは無権利者ではなかったということになるし，他方，Cにすべての財産を相続させるという遺言（Cの相続分を10割とする遺言）を残していれば，Bは完全な無権利者であり，Dは甲についての権利を取得する余地はまったくないということになる。

　同様に，設例3-1 の場合も，すべての財産が相続によってＣに承継されるのであり，Bには，そもそも２分の１の共有持分といったものはない

のだから，そのBから持分を取得したDも，無権利者から取得したものだとして保護されないということになる。1の遺贈の場合とは大きく異なることになるが，そこでは，遺贈等の被相続人の処分行為による取得（対抗要件を必要とする権利変動）と相続による承継取得（対抗要件を必要としない権利変動）とを峻別する理解があったと言えるだろう。

　もっとも，3で，具体的相続分について第三者からの可視性が乏しいと述べたのと同様に，遺言によって決まる指定相続分も，第三者からは十分には見えないものである（それに対して，法定相続分は，相続資格の欠如等や後述の相続放棄を除けば，相続人の身分や数から客観的に導かれる）。上記のように遺贈と相続分の指定を峻別することについては，その理論的な考え方としてはともかく，第三者の保護という観点からは，著しくバランスを欠くものだったと言える。

　こうした問題点を踏まえて，2018年の相続法改正では，この点について，従来の判例の考え方を変更する明文の規定が用意された。

　すなわち，新設された民法899条の2第1項は，「相続による権利の承継は，遺産の分割によるものかどうかにかかわらず，次条及び第901条の規定により算定した相続分〔法定相続分のこと〕を超える部分については，登記，登録その他の対抗要件を備えなければ，第三者に対抗することができない」と規定したのである（対象となる権利が債権である場合には，遺言の内容または遺産分割の内容を明らかにした債務者への通知が対抗要件となる。同条2項）。

　この改正は，従来の判例法理との関係では，相続による承継については対抗要件を必要としないというルールを変更し，法定相続分を超える部分については，あくまで対抗要件が必要となるとしたものである。したがって，ｾ設例3-1 においても，Cは，Dとの関係では，法定相続分を超える部分については対抗要件が必要であり，登記を取得したDに対抗できないということになる。

(2) 相続させる旨の遺言（特定財産承継遺言）

　もうひとつの問題が，相続させる旨の遺言があった場合の扱いである。

524　　第Ⅲ部　相　続

> 設例 3-2 Aが死亡し，その子 BC が相続人である。Aは，「不動産甲をC
> に相続させる」という遺言を残していた。Bは，法定相続分に応じ
> た甲の２分の１の共有持分について相続登記をし，それをDに譲渡
> し，移転登記がされた。

　判例は，すでに述べたように，相続させる旨の遺言は，分割方法の指定
であるとしたうえで→*494頁以下*，「『相続させる』趣旨の遺言による権利の移
転は，法定相続分又は指定相続分の相続の場合と本質において異なるとこ
ろはない。そして，法定相続分又は指定相続分の相続による不動産の権利
の取得については，登記なくしてその権利を第三者に対抗することができ
る……。したがって，本件において，被上告人は，本件遺言によって取得し
た不動産又は共有持分権を，登記なくして上告人らに対抗することができ
る」としていた（最判平成 14・6・10 家月 55 巻 1 号 77 頁→*百選Ⅲ 75 事件［水野謙］*）。

　これは，相続させる旨の遺言について，遺贈なのか，相続分の指定なの
かという問題が，単に手数料や登記手続の問題だけではなく，第三者との
関係でも大きな違いをもたらすということを意味するものであった。

　しかし，こうした平成 14 年判決については，その問題を指摘する見解
が多かった。なるほど，対抗要件を必要とする物権変動と対抗要件を必要
としない相続による承継とを峻別する立場からすれば，このような判例の
説明は当然のようにも思われる。しかし，①そうした扱いは，遺言の内
容を知らない第三者にとっては大きなリスクをもたらすものであるし，②
相続させる旨の遺言であれば，すでに言及したように，単独での登記申請
が可能であり，そのように容易な登記を懈怠した受益相続人を保護する必
要性は乏しい，さらには，③第三者との関係では，登記を具備すること
が必要とされる遺贈の場合とのバランスを欠く，といった問題点が指摘さ
れていた。

　上述の相続法改正によって導入された民法 899 条の 2 第 1 項の規律は，
こうした相続させる旨の遺言（特定財産承継遺言。民 1014 条 2 項）にも妥
当するものである。したがって，設例 3-2 についても，Cは，甲の自己
の法定相続分を超える部分については登記が必要であり，登記をしたDに

第 24 講　権利・義務の承継と第三者との関係　　525

は対抗できないということになる。

5 相続放棄と登記

相続放棄についても，第三者との関係が問題となる。以下のような設例で考えてみよう。

> **設例 4** Aが死亡した。相続人は，その子 BC である。Bは，相続放棄をし，それによって，Cが単独相続人となったが，遺産である不動産甲について，その相続登記はなされていない。Bの債権者Dは，BC が共同相続をしたとして，甲についてBの2分の1の共有持分についての相続登記をして，これを差し押さえた。

(1) 2つの見方

この場合，相続という観点からは，Bが相続放棄をし，さかのぼってBは相続人とならなかったものとされる以上（民939条），Cのみが相続人であり，甲の所有権は，Cのみが相続によって取得することになる。したがって，Dは，いわば無権利者について権利があるものと思って差し押さえたにすぎず，それに対して，Cは，登記がなくても，自己の権利をDに主張することができると考えられそうである。

もっとも，設例 4 を，さきほど検討した 設例 2-1 と対比してほしい。設例 2-1 では，本来2分の1の持分しかなかったCは，遺産分割によって残りの2分の1を取得して，単独所有者となったのであるが，その遺産分割によって得た部分は，登記がなくては第三者に対抗できないとされた。そうだとすると，設例 4 においても，同様に，Cは，本来2分の1の持分しか持たなかったが，Bの相続放棄によって残りの2分の1を取得したのだから，実質的には同じではないかとも考えられそうである。なるほど，民法939条は，「相続の放棄をした者は，その相続に関しては，初めから相続人とならなかったものとみなす」とは規定しているが，遺産分割についても，遡及効は規定されているのである（民909条）。

(2) 判例の立場と位置付け

この問題をどのように理解するのかという点については，上記のように

526　第Ⅲ部 相 続

基本的な視点の対立がありうるが，最判昭和 42 年 1 月 20 日（民集 21 巻 1 号 16 頁→*百選Ⅲ 73 事件［山本敬三］*）は，設例4 のような事案において，相続放棄をすると，「相続人は相続開始時に遡ぼって相続開始がなかったと同じ地位におかれることとなり，この効力は絶対的で，何人に対しても，登記等なくしてその効力を生ずると解すべきである」とし，設例4 におけるDによる登記は無効であり，それを前提とする差押えも無効だとした。

　それでは，このような相続放棄における判例の立場は，どのように説明されるのだろうか。この点について，民法 939 条の「初めから相続人とならなかったものとみなす」という文言だけで説明するのは，やはり十分ではないだろう。特に，上記(1)における後者のような見方（Cに焦点をあてれば，設例2-1 と異ならないという見方）に対して，遺産分割と相続放棄で何が異なるのかということを実質的に説明する必要がある。これについては，以下のような点が指摘されている。

　第 1 に，設例4 において，Cは登記がないとDに対抗できないとすると，結局，甲についてBの持分に相当する部分は，Bの責任財産として機能することになる（そこから，Bは，自己の債務を弁済することになる）。しかし，相続放棄をしている以上，Bは，Aの債務を承継するわけではなく，それを承継するのはCのみである。そうなると，BC間に不公平が生ずるという問題である。

　第 2 に，登記をなす可能性の有無である。設例2-1 の場合，遺産分割によって最終的な財産の帰属が確定するのだから，それを登記するのは当然だと考えられる。他方，相続放棄の場合で，設例4 とは異なるが，BC以外にも相続人Eがいるという場合，Bが相続放棄をしたとしても，甲を含む遺産について，遺産共有の状態は続く（CEの遺産共有）。その場合，Bの相続放棄によって他の相続人の持分が増えたとしても，最終的な財産の帰属のためには，なお遺産分割が必要である。その場合に，まず相続放棄についての登記を求めるのは酷ではないかという問題である（もっとも，設例4 の場合，Bの相続放棄によって遺産共有状態は解消されているのだから，それほど難しいことを求めているわけではないとも言える）。

　この点は，かなり議論が錯綜しているところであるが，議論状況については，上記の山本敬三教授の解説を参照されたい。

第 24 講　権利・義務の承継と第三者との関係　527

Ⅱ　金銭債権の共同相続

　金銭債権を含む可分債権の扱いは，共同相続をめぐる問題の中でもとりわけ重要だろう。以下に見ていくように，判例は，①可分債権は当然に分割承継されるという原則をとりつつ，②特定の債権は遺産分割の対象となり，単独では行使できないという例外を認めてきた。

　この原則，例外という枠組みは維持しつつも，例外が拡大されることによって，その実質的意味は変化してきているように思われる。現在は，遺産の中でも特に重要と思われる預貯金債権が，上記②の例外に位置付けられるようになったことで，さらにそれを前提として（例外の例外として），各共同相続人は，どのような範囲で，遺産分割前に預貯金債権を行使できるのかという問題が生じている。

1　可分債権についての基本原則

　金銭債権のような可分債権について，判例は，分割債権・債務の原則を規定する民法427条を前提として，「その相続分に応じて」，各相続人に当然に分割承継されるとしている（最判昭和29・4・8民集8巻4号819頁→*百選Ⅲ65事件〔宮本誠子〕*）。実に簡単な説明であるが，これは，実はかなり重要な意味を持っている。つまり，遺産分割を経るまでもなく，当然に分割承継されるということになるのだから，可分債権は，「遺産分割の対象となる遺産」を構成しないということになる（こう書くと，誤解する諸君が多いのだが，判例は，「可分債権は遺産ではない」と言っているわけではない。「遺産ではあるが，遺産分割というプロセスを経ないで，当然に分割承継される」というのが，ここで「遺産分割の対象となる遺産」を構成しないということの意味である→*504頁以下*）。

　ここでは，その意味を，以下のような設例で考えてみることにしよう。

> 設例 5-1　　Aは，Bに対する2000万円の貸金債権を有していた。Aが死亡し，その子CDが共同相続した。

　設例 5-1 の場合であれば，遺産分割手続を経るまでもなく，CDには，

528　第Ⅲ部　相　続

それぞれ1000万円の金銭債権が承継されるということになるのである。これは，実にわかりやすい。それでは，このように処理することに何か問題があるのだろうか。次のようなケースで考えてみよう。

> **設例 5-2** Aは，Bに対する2000万円の貸金債権と，2000万円相当の不動産甲を有していた。Aが死亡し，その子CDが共同相続した。

いかにもわかりやすい数字を使っているが，この場合，遺産分割という観点からは，合理的なひとつの分割方法は，C（D）が2000万円の債権を承継し，D（C）が不動産甲を承継するというものであろう。しかし，判例のように，可分債権たる金銭債権は，当然に分割承継されるということになると，このような遺産分割はできない。なぜなら，2000万円の債権は， **設例 5-1** と同様に，当然に，1000万円ずつ，CDに承継されることになり，不動産甲についてのみ，遺産分割をなすということになるからである。一見簡明な処理と見える金銭債権の分割承継が，かえって面倒な解決をもたらすということになりそうである。

他に財産がない場合であっても，次のような場面を想定すると，その妥当性がさらに問題となるだろう。

> **設例 5-3** Aは，Bに対する2000万円の貸金債権を有していた。Aが死亡し，その子CDが共同相続した。Cは，数年前に，事業のために，Aから，2000万円相当の不動産甲を贈与されていた。

これも，具体的相続分について詳しい説明を聞いてきた諸君にしてみると，非常に簡単なケースになりそうである。具体的相続分の計算としては，2000万円の甲の贈与を特別受益として持ち戻して，みなし相続財産を4000万円とし，それを法定相続分に応じて分けて，Cについては特別受益を控除し，最終的に，Cの具体的相続分はゼロ，Dの具体的相続分は2000万円ということになる。

しかし，具体的相続分が，遺産分割のための前提としての取り分を決めるものであるとすれば，可分債権が遺産分割の対象とならない以上，このような処理はできないということになる。その結果，特別受益を考慮して

第24講　権利・義務の承継と第三者との関係　　529

相続人間の公平を実現するということはできず，CとDがそれぞれ1000万円の貸金債権を承継することになる。

　実際，下級審裁判例では，遺産が金銭債権のみであるという場合に，分割対象となる遺産が存在しないとして，遺産分割の申立てを却下したものもある。しかしながら，相続人間で公平な相続を実現することに向けての争いがある場合に（ 設例5-3 で，Cの特別受益を考慮せよというDの主張は決して不合理なものではない），このように機械的に判断することは疑問だろう。相続人間の合意がある場合には遺産分割の対象とするとの見解もあるが（遺産分割協議であれば，金銭債権も含めて，その対象とすることは少なくないだろうし，こうした遺産分割を無効とする必要はない），以上のように，遺産分割の対象とする必要があるのは，むしろ相続人間の合意を得にくい場合であるという点にも注意が必要だろう（可分債権が主たる相続財産であれば，特別受益のある相続人にとっては，当然分割承継によった方が有利である。したがって，遺産分割の対象とすることには同意しないのが，経済的には合理的な行動である）。

2　当然分割承継の原則の例外 —— 預貯金債権についての特則

⑴　預貯金債権についての判例

　実際の遺産分割の場面で問題となる金銭債権の中心は，預貯金債権だろう。したがって，上記のような可分債権についての当然分割の原則が，預貯金債権にもそのままあてはまるのかどうかが問題となる。

　こうした預貯金債権等のうち，一定のタイプのものについては，当然分割の原則が適用されず，遺産分割の対象となるとする判例がすでにあった（一定の据置期間を定め，分割払戻しをしないとの条件で一定の金額を預ける定額郵便貯金債権についての最判平成22・10・8民集64巻7号1719頁。また，預貯金債権ではないが，投資信託における投資信託受益，個人向け国債について，最判平成26・2・25民集68巻2号173頁→*百選III 67事件 [田中亘]* は，相続分に応じて当然に分割承継されることを否定した。他に最判平成26・12・12判時2251号35頁）。これらにおいては，当該金銭債権あるいは金銭債権を含む権利者の法的地位に即して，分割債権の原則の適用範囲を限定するという方向が模索されてきたのである。

そうした中で，普通預金を含む預貯金債権についても，当然分割の原則が妥当するかが問題となったのが，最高裁の平成28年12月19日大法廷決定（民集70巻8号2121頁→*百選Ⅲ66事件［白石大］*）である。この事件で，原審は，本件で問題となった預貯金（普通預金債権，通常貯金債権および定期貯金債権）は，相続人全員の合意がない限り遺産分割の対象とならず，相続人が相続分に応じて当然に分割取得されるとした。上記の例外にあたらない以上，当然分割の原則が適用されるとしたのである。

　これに対して，最高裁では，大法廷に回付され，これらの預貯金債権についても，遺産分割の対象となる財産であることが認められた。この最高裁大法廷決定は，遺産分割にとって非常に大きな意味を有しているが，そのポイントは，以下のように整理することができるだろう。

　①　**可分債権の当然分割承継の原則の維持**　　この事件では，大法廷に回付されたことから，判例変更がなされることが予想されていた。しかし，問題は，どのレベルの判例変更となるかであった。考えられる一番大きな判例変更は，可分債権の当然分割承継の原則を示した昭和29年判決そのものを変更するというものである。しかし，平成28年決定は，こうした可分債権についての当然分割の原則自体は否定せず，あくまで普通預金債権を含む預貯金債権が，この原則の例外となると判断したのである。

　②　**例外として位置付けられる預貯金債権の説明**　　このような最高裁大法廷決定の判断では，預貯金債権がなぜ例外として位置付けられるのかについての説明が必要となる。同決定は，この点についてかなり詳細に論じているが，その中では，特に普通預金について，「預貯金は，預金者においても，確実かつ簡易に換価することができるという点で現金との差をそれほど意識させない財産である」とし（なお，現金は，遺産分割の対象となる遺産であり，当然に分割されるわけではない→*505頁*），「普通預金債権及び通常貯金債権は，いずれも，1個の債権として同一性を保持しながら，常にその残高が変動し得るものである。……預金者が死亡することにより，普通預金債権及び通常貯金債権は共同相続人全員に帰属するに至るところ，……上記各債権は，口座において管理されており，預貯金契約上の地位を準共有する共同相続人が全員で預貯金契約を解約しない限り，同一性を保

持しながら常にその残高が変動し得るものとして存在し，各共同相続人に
確定額の債権として分割されることはない」と，預貯金債権の性質を説明
している。

③　**預貯金債権に関する共同相続人の法的地位**　　なお，すでに上記の説
明の中にも示されている点であるが，同決定によれば，預貯金債権は，共
同相続人全員に帰属し，各共同相続人による個別の権利行使は認められな
いと考えられる。平成28年決定は，共同相続人間の争いに関するもので
あり，その点で，金融機関に対する権利行使を直接の問題とするものでは
なかったが，その後，最判平成29年4月6日（判時2337号34頁）は，ま
さしく共同相続人の1人が金融機関に対して法定相続分に応じた払戻しを
求めた訴訟において，「共同相続された普通預金債権……，共同相続され
た定期預金債権及び定期積金債権は，いずれも，相続開始と同時に当然に
相続分に応じて分割されることはない」と判示し，金融機関に対する相続
分に応じた権利行使を否定した。

　以上のように3つのポイントに整理される判例の立場であるが，特に，
③については，このままだと，遺産分割までは預貯金債権を行使するこ
とができないという新たな問題を生じさせることになった。

⑵　**預貯金債権についての権利行使 —— いわゆる仮払いについて**
　預貯金債権については，誰にどのように帰属するのかという問題（当然
に分割承継されるのかという問題）とともに，相続人はどのような権利を行
使することができるのかという問題がある。
　実は，普通預金であれば当然に分割承継されるというのが判例であった
時期においても，銀行実務において，当然に相続分に応じた預金の引出し
が認められていたわけではない。通常，銀行は，引出しや解約を求める相
続人に対して，相続に関する書類（誰が相続人かを明らかにする戸籍謄本等）
のほか，遺産分割協議書や，その者以外の相続分皆無証明書→*384頁【事実上
の相続放棄】*，などの提出を求めていた。
　それに対して，近年では，法定相続分に従った支払に応じる金融機関も
登場しており，この点では，銀行の対応について，さまざまな状況が生じ

532　**第Ⅲ部　相　続**

ていた。こうした最近の動きの背景には，①銀行が支払を拒んだ場合，
訴訟となり，それ自体にコストがかかる（銀行は支払う意図がないわけでは
ない。誰に支払うかが問題となっているだけだという点で，このコストの負担
感は大きい），さらに，②訴訟の結果，支払が命じられた場合には，法定
利率による遅延損害金が付加される，また，③（遺産分割の内容とは異なる
形で）相続人の1人に対して支払をした場合でも，銀行は，民法478条に
よる免責を主張することが可能である，といったことがあったようである。

　しかし，平成28年決定は，こうした銀行実務の動きについても，見直
しを迫ることになる。

　すなわち，同決定を前提とすれば，遺産分割協議書等の提出を求めると
いうことは，預貯金債権が遺産分割の対象となる遺産である以上，当然の
こととなるからである（遺産分割までの間については，全員での権利行使が
求められる）。これは，以前の一般的実務に戻るだけだとも言えるが，当
然分割承継の原則を判例が示しているにもかかわらず，銀行実務が例外的
な対応をしていたというのとは異なり，今後は，まさしく判例を踏まえて，
こうした対応が求められることになる。

　もっとも，このように遺産分割までは全員での権利行使が必要であると
いうことになると，葬儀費用や相続債務の支払，被相続人から扶養を受け
ていた相続人の当面の生活費など，遺産分割前に，早急に預貯金の払戻し
が必要な場合についても，それができないということになる。

　こうした問題を踏まえて，相続法改正では，新たに預貯金について，遺
産分割前に権利行使ができる範囲についての規定が置かれた。

　①　**金額についての一定の制限の範囲での権利行使**　　各共同相続人は，
相続開始時の預貯金債権額の3分の1に当該共同相続人の相続分を乗じた
額の範囲内で，単独で権利を行使することができる。ただし，標準的な当
面の必要生計費，平均的な葬式の費用の額その他の事情を勘案して預貯金
債権の債務者ごとに法務省令で定める額（平成30年法務省令第29号により
150万円）を限度とする（改正民909条の2前段）。

　②　**遺産の分割の審判事件を本案とする保全処分**　　家庭裁判所は，相続
財産に属する債務の弁済，相続人の生活費の支弁等，遺産に属する預貯金

債権について，申立てをした者または相手方が行使する必要があると認めるときは，その申立てにより，遺産に属する特定の預貯金債権の全部または一部をその者に仮に取得させることができる。ただし，他の共同相続人の利益を害するときは，この限りでない（家事200条）。

　上述のように，こうした権利行使については，2つのタイプの解決が用意されている。

　まず，①は，金額を制限したうえで権利行使を認めるものである。たとえば，被相続人Aが，甲銀行に600万円の預貯金債権（α預金債権）と1200万円の預貯金債権（β預金債権）を，乙銀行に600万円の預貯金債権（γ預金債権）を有していたとしよう。Aの子BCが相続人である。この場合，各債権について，その3分の1に，BCの相続分2分の1を乗じたものが，それぞれの権利行使の上限となる。α預金債権については各100万円，β預金債権については200万円となる（改正民909条の2本文）。しかし，さらに債務者（金融機関）ごとに法務省令で定められる金額（150万円）が上限とされるので（同条ただし書），BCが甲銀行に対して権利行使できるのは，各150万円の範囲に限定されることになる。他方，乙銀行にあるγ預金債権は，債務者が異なるので，α預金債権，β預金債権とは，合算の対象とならない。したがって，BCは，乙銀行に対しては，各100万円の範囲で，γ預金債権の行使をすることができる。

　なお，行使された預貯金債権については，それを行使した共同相続人が，遺産の一部分割により，これを取得したものとみなされる（改正民909条の2後段）。

　他方，②は，支出の目的等を踏まえてなされる家庭裁判所の判断による権利行使であり，形式的な金額での制限はあらかじめ規定されてはいない。

　なお，すでに説明した遺産の一部分割→*513頁以下*も，それが特定の預貯金債権についてのみなされるという場合，最終的なすべての遺産についての遺産分割前に，預貯金債権の権利行使を可能とする手段のひとつとして位置付けることができるだろう。①が金額的に，②が手続的に制限されたものであるのに対して，特定の預貯金債権についての遺産分割が成立す

れば，それを取得した相続人が，その全部を行使することが可能となるのである。

Ⅲ　債務の共同相続

1　判例の立場 —— 債務の分割承継の原則

債務も，一身専属的な債務ではない限り→*363頁*，相続の対象となる（民896条）。そして，判例は，このような債務についても，相続分に応じて，相続人が分割承継するという原則を示している。もっとも，誰がどのように債務を承継するかという点については，債権者も重大な利害を有している。したがって，この点からの検討も必要となる。

⑴　分割債務の妥当性をめぐる議論と債権者の保護

㋐　基本的な見解の対立

上記のように当然分割を認める判例の立場に対して，学説上は，異論も有力である。すなわち，これによって，共同相続人の中に無資力の者がいた場合，その者の弁済のリスクを債権者が負担することになってしまうという点や，債務の取立てが煩雑になるといった点が，問題として指摘されている。

これらの点については，なるほどそのような問題があることは確かであるが，他方で，共同相続人が不可分債務（連帯債務）として，その債務を負担するということになると，債権者にとっては，共同相続人のすべての固有財産も含めて，その債権の引当てとなり，逆に，相続という偶然の事情を通じて，債権者が有利な地位を得ることになってしまうのではないかという問題もありそうである。この点を考慮すると，分割承継を原則とする判例の立場には，一定の合理性があるように思われる。

㋑　財産分離 —— 債権者保護のための仕組み

相続によって，被相続人の債務は，相続人に承継される。これは，債権者にとって，大きな影響を与える可能性がある。これは，相続債権者（被

相続人の債権者）と相続人の債権者との関係で問題となり，以下のような
財産分離という仕組みが用意されている。

① **相続債権者のための財産分離（第一種財産分離）**　相続債権者にとっ
ては，相続により相続人の固有財産も引当てとなるといっても，相続人に
はほとんど財産がなく，債務ばかりがあるという場合には，遺産は，乾い
た砂に水がしみ込むように消えていってしまい，大変な負担を被ることに
なりかねない。こうした場合に相続債権者を保護するのが，第一種財産分
離である。

　民法941条1項は，「相続債権者又は受遺者は，相続開始の時から3箇
月以内に，相続人の財産の中から相続財産を分離することを家庭裁判所に
請求することができる。相続財産が相続人の固有財産と混合しない間は，
その期間の満了後も，同様とする」とし，このような請求に応じて，家庭
裁判所が財産分離を命じると，他の相続債権者や受遺者に対して，配当加
入の申出のための公告がなされる（同条2項）。

　そして，財産分離がなされると，「財産分離の請求をした者及び前条第
2項の規定により配当加入の申出をした者は，相続財産について，相続人
の債権者に先立って弁済を受ける」ことができる（民942条）。

　もっとも，民法941条1項は，どのような場合に財産分離が認められる
かについては言及していない。そのため，財産分離の申立てがあった場合
には，家庭裁判所は必ず財産分離を命じなければならないのかという問題
があった。これを肯定する見解もあったが，最決平成29年11月28日
（判時2359号10頁）は，上記の財産分離の趣旨を確認したうえで，「家庭
裁判所は，相続人がその固有財産について債務超過の状態にあり又はその
ような状態に陥るおそれがあることなどから，相続財産と相続人の固有財
産とが混合することによって相続債権者等がその債権の全部又は一部の弁
済を受けることが困難となるおそれがあると認められる場合に，民法941
条1項の規定に基づき，財産分離を命ずることができる」ものとした。

② **相続人の債権者のための財産分離（第二種財産分離）**　同様の問題は，
相続人の債権者との関係でも問題になる。相続人の財産に関する状況を前
提に信用を供与したのに，債務超過となっている被相続人を相続すること

536　第Ⅲ部　相　続

によって，相続人の債権者の利益が害される可能性がある。こうした場合に相続人の債権者のイニシアティブで認められるのが第二種財産分離である（民950条1項）。

(2) 連帯債務

他方，連帯債務については，どのように考えられるだろうか。以下のような設例で考えてみよう。

> **設例6** 　債権者Aに対して，BとCが1000万円の連帯債務を負担していた。Bが死亡し，その子DEが共同相続をした。

この場合，DとEは，どのように債務を負担するのであろうか。判例は，上記の分割承継の原則を維持して，DEが，その相続分に応じて，それぞれ500万円の債務を承継し，その範囲で，Cと連帯債務を負担するという立場をとっている（最判昭和34・6・19民集13巻6号757頁→*百選Ⅲ62事件*
[福田誠治]）。

この点についても，このように分割承継を前提とすると，連帯債務が本来有している担保力が弱められるという問題が指摘されている。ただ，ここでも，それではDEが，1000万円全額についてCとともに連帯債務を負担するということになると，過剰な利益を債権者であるAに与えることになってしまうのではないかという点が問題とされるのである。

2　債務の分割承継の前提となる「相続分に応じて」の意味

(1) 問題の所在

さて，上記のとおり，債務についても，債権と同様，相続分に応じた分割承継の原則が判例において採用されているのであるが，そこでの「相続分に応じて」とは，何を意味するのであろうか。

まず，具体的相続分を基準とするのが適当ではないということは言えるだろう。具体的相続分を基準とする見解もないわけではないが，具体的相続分というのは，それを通じて，本来の相続分に応じた積極財産の承継を実現しようとするものである。遺言がなく，法定相続分が1：1という2

第24講　権利・義務の承継と第三者との関係　537

人の共同相続人がいる場合，仮に，その具体的相続分が1：9や，0：10になったとしても，それによって，本来の1：1という法定相続分に対応する積極財産の承継を実現するものにすぎない（超過特別受益がある場合には，それは完全には実現できないが，そこでは10割の具体的相続分が認められても，まだ足りないということである）。したがって，こうした具体的相続分に応じて債務（消極財産）を承継させるということは，せっかく実現した本来の割合による財産の承継を覆してしまうことになる。

　他方，法定相続分と指定相続分の関係は，もう少し難しい。

　まず，相続分の指定がなされた以上，その指定相続分によって積極財産が承継される。したがって，そうした指定相続分によって債務も承継されるということには，十分な説得力もある。また，相続分の指定がある場合には，法定相続分はまったく意味を持たないという見方からは→*407頁【相続分の指定がある場合の法定相続分の位置付け】*，そもそも法定相続分を基準とする余地などないということになるかもしれない。

　もっとも，遺言による相続分の指定というのは，相続債権者からは，可視性に乏しいものである。そうした相続債権者の保護の観点からは，指定相続分を基準とするということでよいのかが問題となる。

> **コラム** *債務の承継と被相続人による相続分の指定*
>
> 　本文では，理論的には指定相続分によることが適切であり，相続債権者の保護という観点から，それでよいのかという問題があることを指摘した。もっとも，相続分の指定についても，理論的な問題がないわけではない。
>
> 　まず，債務者に債務を処分する権限はない。債権者が，自らの債権を譲渡したり，それを処分することができるというのとは異なり，債務の負担者が，その債務を，一方的に誰かに譲渡したりできるわけではない。その点で，被相続人が，「債務については，共同相続人の1人である○○に相続させる」という遺言を残しても，それは無効だと考えるべきである。遺言事項に含まれるか否かという問題以前に，債務者は，そんな処分をなすことができないからである。
>
> 　相続分の指定の場合，こうした問題がそれほど意識されているわけではないが，それは積極財産とセットになった相続分の指定だということが前提になっているからだろう。もっとも，被相続人の財産は大幅に債務超過であった，あるいは，積極財産はほとんどなく債務しか残っていないというような場合であれば，その相続分の指定は，実際上は，債務についての指定に近づいていくこ

538　第Ⅲ部　相　続

とになる。

　もちろん，こうした場合であれば，すべての相続人による相続放棄がなされるかもしれないし（その場合の法律関係については，400頁以下参照），また，債権者は債務者（被相続人）の責任財産を前提として信用を供与しているのだから，それでしかたがないということも言える。

　ただ，以下に説明していく内容を理解するうえでも，債務者が債務を処分することができるわけではないという基本的な前提は十分に意識しておくべきであると思われる。

(2)　最判平成 21 年 3 月 24 日

　相続分の指定がある場合の債務の承継について，最判平成 21 年 3 月 24日（民集 63 巻 3 号 427 頁→*百選Ⅲ 88 事件［白須真理子］*）は，共同相続人間の遺留分をめぐる事件において，「相続人のうちの 1 人に対して財産全部を相続させる旨の遺言により相続分の全部が当該相続人に指定された場合，……当該相続人に相続債務もすべて相続させる旨の意思が表示されたものと解すべきであり，これにより，相続人間においては，当該相続人が指定相続分の割合に応じて相続債務をすべて承継することになると解するのが相当である。……遺言による相続債務についての相続分の指定は，相続債務の債権者……の関与なくされたものであるから，相続債権者に対してはその効力が及ばない……が，相続債権者の方から相続債務についての相続分の指定の効力を承認し，各相続人に対し，指定相続分に応じた相続債務の履行を請求することは妨げられない」とした。

　なお，同判決は，上述のとおり，共同相続人間の遺留分をめぐる訴訟におけるものであるが，そこで問題となったことについて，簡単にしたケースで，補足的に説明しておこう。

> 設例 7　　Aが死亡し，子ＢＣが相続人である。Aには，5000 万円の積極財産と，Ｄに対する 5000 万円の債務があった。Aは，Ｃの相続分を 10 割とする遺言を残していた。ほかに，ＢＣの特別受益はない。

　問題となったのは，これによってＢに遺留分侵害が生じているかである。

　遺留分の計算については後述するが→*569 頁以下*，遺留分算定の基礎となる財産の価額（本件では贈与がないので，相続開始時の積極財産から債務を控

第 24 講　権利・義務の承継と第三者との関係　　539

除したもの。改正民1043条1項）は，ゼロである。したがって，BCの遺留分は，いずれもゼロである。

この指定相続分を前提とすれば，Bの承継する財産はゼロであり（積極財産も消極財産もない），他方，Cの承継する財産もゼロであり（積極財産5000万円－消極財産5000万円），遺留分侵害の問題は生じない。

これに対して，Bが債務については法定相続分に応じて承継するということを前提とすると，Bについては，マイナス2500万円が承継する財産となり，上記の遺留分（ゼロ）との関係で，2500万円の遺留分侵害が生じていることになる。

平成21年判決は，こうした問題において，上述のとおり，①共同相続人間では，指定相続分に応じて債務を承継する，②相続分の指定は，相続債権者には効力が及ばない（法定相続分による債務の履行を求めることができる），③相続債権者が相続分の指定の効力を承認した場合には，指定相続分に応じた相続債務の履行を求めることができる，という判断を示したのである。

もっとも，この判断によっても，実は，上述の問題は解消されているわけではない。判例によれば，②で，Bは，法定相続分に応じて，Dから2500万円についての請求を受ける可能性があるからである。これについては，相続債権者が相続分の指定を承認しない限り（③による解決），BC間で解決するしかないということになる（BがDの請求に応じて，2500万円を支払った場合，それをCに求償することになる）。

(3)　相続法改正によるルールの明確化

上述の平成21年判決は，共同相続人間の遺留分をめぐる問題についての判断であったが，相続法改正においては，これがより一般的な形で規定されることになった。すなわち，相続分の指定がなされた場合でも，相続債権者は，「各共同相続人に対し，第900条及び第901条の規定により算定した相続分〔法定相続分〕に応じてその権利を行使することができる。ただし，その債権者が共同相続人の1人に対してその指定された相続分に応じた債務の承継を承認したときは，この限りでない」（改正民902条の2）という規定が用意された。相続債権者の側から言えば，ここで示され

540　第Ⅲ部　相続

たことは，次のように整理される。

①　相続分の指定があった場合でも，相続債務の債権者は，法定相続分に応じて，共同相続人に対して権利を行使することができる。

②　債権者が指定相続分に応じた債務の承継を承認したときは，債権者は指定相続分に応じた権利を行使することができる（指定相続分を超える法定相続分の権利行使はできない）。

こうしたルールは，判例を明文化したものだと言えるが，それをどのように理解するかについては，2つの可能性があるように思われる。

第1の読み方は，あくまで指定相続分に応じて共同相続人が債務を承継するのであり，例外的に，債権者の保護を目的として，法定相続分に応じた権利行使が認められているにすぎないというものである。

第2の読み方は，むしろ，相続分の指定があっても，債務は原則として法定相続分で承継されるのであり，債権者の承認があった場合に限り，指定相続分に応じた債務の承継が認められるというものである。この場合，債権者の承認は，ちょうど免責的債務引受における債権者の承諾（民472条3項）と同じ性格のものとして位置付けられることになるだろう。

説明のしかたによって，ただちに具体的な結論が異なるわけではないが，ここには，「相続分」の意味を考えるひとつの手がかりがあるように思われる。

第 25 講　配偶者に関する特則

　相続法改正におけるポイントのひとつが被相続人の配偶者の保護に向けた制度や規定の新設であった。これらについて，まとめて確認をしておくことにしよう。

Ⅰ　配偶者居住権

1　配偶者居住権の概要と意義

(1)　配偶者居住権の概要

　配偶者居住権というのは，配偶者に，原則として終身の建物利用権を与えるものである。あくまで利用権であり，当該配偶者の死亡によって，その権利は消滅するが，それまでの間，配偶者にとっては利用が認められることになる。また，この利用権は，対抗要件を備えれば，第三者との関係でも対抗力を有する。

　こうした終身の利用権に対するニーズは，従来もあったと考えられ，それを過不足なく制度化したのが，この配偶者居住権だと評価することができるだろう。

　なお，この配偶者居住権は，「居住建物の全部について無償で使用及び収益する権利」（改正民 1028 条 1 項本文）とされるが，これはそのつどの利用について無償だということであり，配偶者居住権の取得自体は，（後述の特別受益としない旨の意思表示の推定の適用がない限り→*553 頁以下*）遺産分割において考慮される。すなわち，遺産分割の前提となる当該配偶者の具体的相続分が 2000 万円とされ，配偶者居住権が 1400 万円と評価されるのであれば，配偶者は，配偶者居住権以外には，600 万円の利益しか得られないことになる。

542　第Ⅲ部　相　続

(2) 配偶者居住権の意義 ── 後継ぎ遺贈との関係

配偶者居住権は，2018 年の相続法改正によって導入されたまったく新しい制度である。もっとも，そうした新しさだけに注目すると，配偶者居住権という仕組みが有している意味を十分に理解できないようにも思われる。

この配偶者居住権のようなものに対するニーズは，従来も存在し，このニーズに応えるための解決も工夫されてきたのである。すでに説明した後継ぎ遺贈には，そうした性格が認められるし，負担付遺贈も，そうした工夫のひとつである→*480 頁以下*。すなわち，後継ぎ遺贈においても，「不動産甲をＡに与える。Ａの死後は，甲をＢに与える」，あるいは，「……。Ａの死後，甲の所有権はＢに移転する」という遺言では，①甲の所有権は最終的にＢに帰属する，②Ａには甲についての終身の利用が認められる，という 2 つの意図を読み取ることが可能であるように思われる（Ａには所有権が認められるとしても，Ｂに移転するまでの間に限定されたものにすぎず，処分できないものだとすれば，結局，終身の使用・収益が認められているだけだという見方ができる。民 206 条参照）。また，「不動産甲をＢに与える。Ｂは，Ａが死亡するまで，Ａに甲の無償の利用を認めなければならない」という負担付遺贈は，より端的に，Ａに利用権を与えるものだということになる。

もっとも，後継ぎ遺贈については，すでに述べたように→*481 頁*，そもそも，そうしたＡからＢへの所有権の移転を被相続人が定めることができるのか，そうした内容の遺言が有効なのかという問題があった。また，上記の負担付遺贈については，Ｂが甲を第三者に譲渡してしまえば，もはやＡは当然には建物利用を継続することはできなくなる。

このような状況を踏まえると，新たに導入された配偶者居住権という仕組みは，こうした後継ぎ遺贈や負担付遺贈という形で工夫され，しかし，なお問題を残していたところに対応するものだと理解することができるだろう。

したがって，配偶者に利用権を認めるタイプの後継ぎ遺贈や負担付遺贈については，今後は，配偶者居住権によって対応することが可能となるし，実際，それによることが法律関係の明確性といった点でも望ましいと考え

第 25 講　配偶者に関する特則　　543

られる。

ただし，配偶者以外の者について利用権を認めるというタイプのものについては（従来の後継ぎ遺贈等においては，主として配偶者に利用権を与えることが企図されていたと考えられるが，それ以外の場面も考えられないわけではない），依然として，後継ぎ遺贈や負担付遺贈によって対応せざるをえないということになる。

なお，相続法改正においては，生存配偶者の保護が改正目的のひとつとして掲げられ，この配偶者居住権も，そうした目的に向けた改正として位置付けられている。しかし，後述のように，配偶者が望めば当然に配偶者居住権が認められるという構造にはなっておらず，その点では，配偶者保護という観点からは，その機能はあくまで限定的なものだと言える。

2　配偶者居住権の成立要件

配偶者居住権は，配偶者が，被相続人の財産に属した建物（被相続人が相続開始時に居住建物を配偶者以外の者と共有していた場合を除く）に相続開始の時に居住していた場合において，以下の各場合に，その居住建物の全部について認められる（改正民 1028 条 1 項。後述の配偶者短期居住権と異なり，建物の一部についての配偶者居住権は想定されていない）。

①　遺産の分割によって配偶者居住権を取得するものとされたとき（改正民 1028 条 1 項 1 号）
②　配偶者居住権が遺贈の目的とされたとき（同項 2 号）
③　被相続人と配偶者との間に，配偶者に配偶者居住権を取得させる旨の死因贈与契約があるとき（民 554 条）

また，以下の場合に，家庭裁判所は，配偶者居住権を配偶者が取得する旨の遺産分割審判をすることができる。

④　共同相続人間で配偶者居住権の取得について合意が成立しているとき（民 1029 条 1 号）
⑤　配偶者が配偶者居住権の取得を希望し，「居住建物の所有者の受け

544　第Ⅲ部　相　続

る不利益の程度を考慮してもなお配偶者の生活を維持するために特に必要があると認めるとき」（同条2号）

　こうした配偶者居住権の創設については，まず遺産分割におけるオプションを追加したという意義を認めることができるだろう。他方で，配偶者の保護という観点からは，その意義は，かなり限定的である。すなわち，配偶者居住権が成立する上記の5つの場面のうち，①と④では，共同相続人の合意が必要である。また，②③では，被相続人の意思によって配偶者居住権が成立する。そうだとすると，被相続人や他の共同相続人の意思に関わりなく，配偶者居住権が認められるのは，⑤だけである。しかも，そこでは，「居住建物の所有者の受ける不利益の程度を考慮してもなお配偶者の生活を維持するために特に必要があると認めるとき」という結構煩^{うるさ}い条件がついている。

　家庭裁判所の審判において，どのような判断がなされるのかは今後を待たなくてはならないが，少なくとも，「生存配偶者の保護を図る」という観点からは，この配偶者居住権の意義がかなり限定的なものであるということは，否定できないように思われる（ただし，後述するように→*553頁以下*，特別受益としない旨の意思表示の推定によって，配偶者の保護が強く図られる可能性はある）。

3　配偶者居住権の内容と効力

(1)　配偶者居住権の存続期間

　配偶者居住権の存続期間は，原則として，配偶者の終身の間とする（改正民1030条本文）。

　ただし，遺産分割協議，遺言，遺産分割審判において別段の定めがある場合には，それによる（同条ただし書）。

　なお，この存続期間の点に照らせば，配偶者居住権は，実質的には，比較的高齢の配偶者について多く利用されるという状況が考えられる。すなわち，終身の利用が認められる配偶者居住権についての価値は，配偶者の想定される余命を前提として計算されることになる。この期間が長ければ長いほど，他の共同相続人の同意も得にくくなると考えられるし，配偶者

第25講　配偶者に関する特則　545

にとっての負担も大きいものとなる（その価値の分が遺産分割において考慮
される。なお，配偶者居住権の価額をどのように計算するかは，それ自体，か
なり難しい問題となることが予想される）。

(2)　配偶者居住権の効力

(ア)　配偶者居住権の対抗力

　配偶者居住権は，これを登記したときは，居住建物について物権を取得
した者その他の第三者に対抗することができ，また妨害の停止等を求める
ことができる（改正民 1031 条 2 項，民 605 条・605 条の 4）。この登記を備
えるにあたって，居住建物の所有者は，配偶者に対し，配偶者居住権の設
定の登記を備えさせる義務を負う（改正民 1031 条 1 項）。

　賃貸借も対抗要件を備えた場合については，第三者に対抗する対抗力が
認められるが，特約がない場合には，賃借人から賃貸人に対して登記を備
えることを求めることはできないので，その点では，賃貸借よりも強い効
力が認められていると言える（ただし，不動産賃貸借では，借地借家法によ
る対抗要件の拡充が認められている）。

　すでに述べたように，負担付遺贈を使って配偶者の居住建物の利用を認
めるという場合，その建物が処分された場合に，その実効性を確保できな
いという問題があった。配偶者居住権では，建物の所有権を新たに取得し
た者に対しても配偶者居住権の対抗力を認めることで，そうした問題にも
対応することが可能となっている。

(イ)　配偶者による使用および収益

　配偶者は，従前の用法に従い，善良な管理者の注意をもって，居住建物
の使用および収益をしなければならない。ただし，従前居住の用に供して
いなかった部分について，これを居住の用に供することを妨げない（改正
民 1032 条 1 項）。

　配偶者居住権は，譲渡することができない（同条 2 項）。

　配偶者は，居住建物の所有者の承諾を得なければ，居住建物の改築もし
くは増築をし，または第三者に居住建物の使用もしくは収益をさせること
ができない（同条 3 項）。

546　　第Ⅲ部　相　続

(ウ) **居住建物の修繕等**

配偶者は，居住建物の使用および収益に必要な修繕をすることができる（改正民1033条1項）。

居住建物の修繕が必要である場合において，配偶者が相当の期間内に必要な修繕をしないときは，居住建物の所有者は，その修繕をすることができる（同条2項）。

居住建物が修繕を要するとき，または居住建物について権利を主張する者があるときは，配偶者は，居住建物の所有者に対し，遅滞なくその旨を通知しなければならない。ただし，居住建物の所有者がすでにこれを知っているときは，この限りでない（同条3項）。

(エ) **居住建物の費用の負担**

配偶者は，居住建物の通常の必要費を負担する（改正民1034条1項）。

配偶者が居住建物について通常の必要費以外の費用を支出したときは，居住建物の所有者は，民法196条の規定に従い，その償還をしなければならない。ただし，有益費については，裁判所は，居住建物の所有者の請求により，その償還について相当の期限を許与することができる（同条2項，民583条2項）。

(オ) **第三者による適法な居住建物の使用または収益**

配偶者が適法に第三者に居住建物の使用または収益をさせているときは，その第三者は，配偶者が居住建物の所有者に対して負っている債務の範囲を限度として，居住建物の所有者に対し，配偶者とその第三者との契約に基づく債務を直接履行する義務を負うが，居住建物の所有者は，配偶者に対してその権利を行使することもできる（改正民1036条，613条1項・2項）。

また，居住建物の所有者は，配偶者居住権を合意により消滅させたことをもってその第三者に対抗することができない。ただし，後述の4(1)③により義務違反を理由として配偶者居住権が消滅する場合は除く（改正民1036条・613条3項）。

第25講 配偶者に関する特則 547

4 配偶者居住権の消滅

(1) 配偶者居住権の消滅原因
配偶者居住権は，以下の場合に消滅する。

① **期間満了**　配偶者居住権について期間の定めがある場合は，その期間の満了によって消滅する（改正民1036条・597条1項）。

② **配偶者の死亡**　配偶者居住権について期間の定めがある場合において，その期間の満了前であっても，配偶者が死亡したときは，消滅する（改正民1036条・597条3項）。

③ **配偶者の義務違反**　配偶者が，居住建物の利用についての善管注意義務，居住建物の所有者の承諾を得ない増改築等の禁止に違反した場合，居住建物の所有者は，相当の期間を定めてその是正の催告をし，その期間内に是正がされないときは，居住建物の所有者は，当該配偶者に対する意思表示によって配偶者居住権を消滅させることができる（改正民1032条4項）。

④ **居住建物の滅失**　居住建物の全部が滅失その他の事由により使用および収益をすることができなくなった場合には，配偶者居住権は消滅する（改正民1036条・616条の2）。

(2) 配偶者居住権の終了に伴う義務
配偶者は，配偶者居住権が消滅したときは，居住建物の返還をしなければならない。ただし，配偶者が居住建物について共有持分を有する場合は，居住建物の所有者は，配偶者居住権が消滅したことを理由として居住建物の返還を求めることができない（改正民1035条1項）。

また，原状回復義務（民599条3項・621条），附属した物の収去義務（民599条1項），附属した物の収去権（同条2項）についての使用貸借，賃貸借の規定が準用される（改正民1035条2項）。

(3) 義務違反等に基づく損害賠償請求権等の消滅時効
善管注意義務，承諾を得ない増改築等の義務に違反する使用・収益によ

って生じた損害の賠償および配偶者が支出した費用の償還は，居住建物が返還された時から1年以内に請求しなければならない。この損害賠償の請求権については，居住建物が返還された時から1年を経過するまでの間は，時効は完成しない（改正民1036条・600条）。

　なお，以上の配偶者の義務については，配偶者が生存中に，配偶者居住権が消滅する場合についてはイメージが湧くとしても，原則とされる終身の場合，つまり配偶者が死亡したことによって配偶者居住権が消滅する場合についてはどうなるのだろうという疑問が生じるかもしれない。これについては，その配偶者の相続人が，その義務を相続によって承継することになる（もっとも，配偶者の相続人と居住建物の所有者が重なる場合も少なくないだろう）。

Ⅱ　配偶者短期居住権

1　配偶者短期居住権の概要と意義

(1)　配偶者短期居住権の概要

　配偶者短期居住権は，遺産分割成立時等までの比較的短期間について，配偶者の居住建物についての利用を認めるものである。

　すなわち，「居住建物について無償で使用する権利」とされるが，これについては，相対的に短期間のものであることが前提とされており，配偶者短期居住権を取得したことは，遺産分割における利益としては考慮されないという点でも，配偶者居住権とは異なるものである。

(2)　配偶者短期居住権の意義

　配偶者短期居住権は，上記のように，比較的短期間の居住建物の利用の確保を想定したものであり，配偶者を失ってから，一定期間について，居住権を確保したうえで，次のステップに移るまでの間について，生存配偶者の保護を図ろうとするものである。その点で，原則として終身の利用を認める配偶者居住権とは，その性質がかなり異なるものである。

　配偶者短期居住権も，それ自体は，相続法改正によって新たに導入され

第25講　配偶者に関する特則　　549

たものであるが，これに相当するような解決は，すでに存在していた。すなわち，判例は，使用貸借を使って，遺産分割までの無償の住居の利用権を認めてきたのである。

最判平成 8 年 12 月 17 日（民集 50 巻 10 号 2778 頁→*百選Ⅲ 71 事件［髙橋眞］*）は，「共同相続人の 1 人が相続開始前から被相続人の許諾を得て遺産である建物において被相続人と同居してきたときは，特段の事情のない限り，被相続人と右同居の相続人との間において，被相続人が死亡し相続が開始した後も，遺産分割により右建物の所有関係が最終的に確定するまでの間は，引き続き右同居の相続人にこれを無償で使用させる旨の合意があったものと推認されるのであって，被相続人が死亡した場合は，この時から少なくとも遺産分割終了までの間は，被相続人の地位を承継した他の相続人等が貸主となり，右同居の相続人を借主とする右建物の使用貸借契約関係が存続する」との判断を示した。したがって，遺産分割までの間については，使用貸借という権原に基づいて居住を続けることが可能であるし，使用貸借である以上，賃料相当額の支払も不要だということになる。

こうした使用貸借についての判例を踏まえつつ，相続法改正で導入された配偶者短期居住権については，よりきめ細やかな規律が用意されている。その点で，配偶者については，もはや使用貸借による解決は実質的には想定しにくいだろう。他方，配偶者以外の共同相続人については，なお使用貸借による解決が必要とされることになる。

2　配偶者短期居住権の成立要件

配偶者短期居住権は，配偶者が被相続人の財産に属した建物に相続開始の時に無償で居住していた場合に，その全部または（無償で使用していた）一部について当然に成立する。

この点で，遺産分割や遺言等によることが求められる配偶者居住権と異なり，その成立は容易に認められる。

3　配偶者短期居住権の内容と効力

(1)　配偶者短期居住権の存続期間
配偶者短期居住権は，居住建物を無償で使用する権利であるが，この存

続期間については，2つの場合に分けて規定されている。

　　①　**配偶者を含む共同相続人で遺産分割をすべき場合**　　居住建物について配偶者を含む共同相続人間で遺産の分割をすべきときは，遺産の分割により居住建物の帰属が確定した日または相続開始の時から6か月を経過する日のいずれか遅い日までの間（改正民1037条1項1号）

　　②　**①以外の場合**　　居住建物の所有権を取得した者（居住建物取得者）からの配偶者短期居住権の消滅の申入れ→*552頁*の日から6か月を経過する日までの間（同項2号）

　　上記の2つの存続期間についての規律は，一見したところ，少々わかりにくいかもしれない。

　　まず，①は，遺産分割までの使用貸借を認める判例を踏まえたものである。そのうえで，居住建物についての遺産分割が早期に成立した場合であっても，相続開始後6か月間については配偶者短期居住権を確保するという手当てをしている。

　　他方，②は，(ⅰ)居住建物が配偶者以外の者に遺贈された場合のほか，(ⅱ)居住建物が遺産分割の対象とされる場合であっても，配偶者が共同相続人ではない場合（相続放棄をした場合。欠格事由に該当しもしくは廃除によってその相続権を失ったときは，そもそも配偶者短期居住権は認められない。改正民1037条1項ただし書）を対象とするものである。

　　まず，(ⅰ)の場合，そもそも居住建物は遺産分割の対象ではないから，それについての遺産分割までの期間を考えることはできない。ここでは，居住建物取得者は，いつでも配偶者短期居住権の消滅の申入れをすることが可能であるが（改正民1037条3項），その消滅の申入れの時から6か月間が，退去についての猶予期間として規定されているのである。

　　また，(ⅱ)では，(ⅰ)とは異なり，居住建物は遺産分割の対象ではあるが，相続人ではない配偶者は，その遺産分割に関わらない。そのため，共同相続人が，意図的に，居住建物についてのみの遺産分割を成立させ，それによって配偶者の保護が十分に図られないという事態が生じることも考えられる。こうした点を踏まえて，(ⅰ)と同様に，居住建物取得者の消滅の申入

れから6か月間の猶予期間を設けたものである。

(2) 配偶者短期居住権の効力

(ア) 配偶者による使用等

配偶者は，従前の用法に従い，善良な管理者の注意をもって，居住建物の使用をしなければならない（改正民1038条1項）。

また，配偶者短期居住権は譲渡することはできず（改正民1041条・1032条2項），居住建物所有者の承諾を得なければ，第三者に居住建物の使用をさせることができない（改正民1038条2項）。

(イ) 居住建物の修繕等

居住建物の修繕と費用の負担については，配偶者居住権についての改正民法1033条，1034条が準用される（改正民1041条）。

4 配偶者短期居住権の消滅

(1) 配偶者短期居住権の消滅原因

上述のように，配偶者短期居住権については，比較的短期間を想定した存続期間の定めがあるが，これ以外にも，以下の場合に，配偶者短期居住権は消滅する。

① **配偶者短期居住権の消滅の申入れ**　配偶者が居住建物の遺産分割に加わらない場合については，居住建物の所有権を取得した者は，いつでも配偶者短期居住権の消滅の申入れをすることができる（改正民1037条3項）。ただし，この場合，その申入れから6か月が経過しないと配偶者居住権が消滅しないことについては，すでに述べたとおりである。

② **配偶者居住権の取得**　配偶者が居住建物について配偶者居住権を取得したときは，配偶者短期居住権は消滅する（改正民1039条）。

③ **配偶者の義務違反**　配偶者に善管注意義務違反，居住建物取得者の承諾を得ない第三者の使用の禁止の違反がある場合には，居住建物取得者は，配偶者に対する意思表示により，配偶者短期居住権を消滅させることができる（改正民1038条3項）。

552　第Ⅲ部　相　続

④ **配偶者の死亡** 配偶者居住権と同様である（改正民1041条・597条3項）。

⑤ **居住建物の滅失** 配偶者居住権と同様である（改正民1041条・616条の2）。

(2) **配偶者短期居住権の消滅に伴う配偶者の義務**

配偶者は，配偶者短期居住権が消滅したとき（配偶者居住権を取得したときを除く）は，居住建物の返還をしなければならない。ただし，配偶者が居住建物について共有持分を有する場合は，居住建物取得者は，配偶者短期居住権が消滅したことを理由として居住建物の返還を求めることができない（改正民1040条1項）。

その他，附属させた物の収去義務（民599条1項），収去権（同条2項），原状回復義務（民621条），損害賠償についての期間制限（同600条）について，使用貸借・賃貸借の規定が準用される（改正民1040条2項・1041条）。

Ⅲ 特別受益としない旨の意思表示（いわゆる持戻しの免除の意思表示）の推定

相続法改正で，新たに追加されたのが，特別受益としない旨の意思表示の推定規定である（なお，一般的には，「持戻しの免除の意思表示」と呼ばれるが，この点については，420頁【持戻しの二つの意味】参照）。

具体的な改正内容は，以下のとおりである。

まず，特別受益に関する903条に，「婚姻期間が20年以上の夫婦の一方である被相続人が，他の一方に対し，その居住の用に供する建物又はその敷地について遺贈又は贈与をしたときは，当該被相続人は，その遺贈又は贈与について第1項の規定を適用しない旨の意思を表示したものと推定する」という4項が追加された。

また，あまり目立たないが，配偶者居住権に関する改正民法1028条3項に，「第903条第4項の規定は，配偶者居住権の遺贈について準用する」という規定が置かれた。

第25講 配偶者に関する特則 **553**

あまりピンとこないという顔をしている読者諸君の顔が見えるような気がする。

しかし，この規定は，結構，大きな意味を持っている。ここでは，まず，その基本的な意味を確認しておくことにしよう。

特別受益としない旨の意思表示は，すでに説明したように→*419頁以下*，本来であれば，特別受益として具体的相続分の計算において考慮されるものを，特別受益としては扱わないという被相続人の遺言による意思表示である。贈与されたものについて，そうした意思表示がなされれば，特別受益についての持戻しは不要である（ここから，「持戻しの免除の意思表示」とも言われる）。また，遺贈の場合であれば，そもそも具体的相続分を計算するうえでの持戻しは不要であるが，遺産から遺贈によって流出するということがそのまま認められ（残された財産について具体的相続分が算定される），そうした利益を得たということを具体的相続分の計算において考慮することが不要となる。

結局，婚姻期間が 20 年以上の夫婦の一方である被相続人が，他の一方に，居住用の建物・敷地を遺贈または贈与した場合（改正民 903 条 4 項），配偶者居住権を遺贈した場合（改正民 1028 条 3 項・903 条 4 項），これらについては，特別受益としない旨の意思表示があったと推定するというのが，この規定の趣旨である。したがって，こうした要件を満たす居住用不動産の遺贈・贈与があった場合，これに異なる被相続人の意思表示がない限り，これらは特別受益としては扱われず，具体的相続分が計算されることになる（ただし，遺留分侵害が生じている場合には，遺留分侵害が生じた相続人の遺留分侵害額請求権が認められる）。

なお，他方配偶者に贈与されたのは婚姻成立後 15 年目であるが，贈与者が死亡したのは婚姻成立後 25 年目であったという場合はどうなるのだろうか。「婚姻期間が 20 年以上の夫婦の一方である被相続人が，……遺贈又は贈与をした」という文言からは，これは当然には対象とされないことになる。あくまで，遺贈または贈与に伴う意思表示の推定規定なのだという理解からは，そうした説明が自然であるように思われる。もっとも，これについては，婚姻成立後 20 年が経過した時点以降において，特段の意思表示がされなかった以上，この規定が類推適用されるのだといった説明

も，ひと工夫は必要であるが，ありえないわけではないだろう。結局は，意思表示の推定という法律構成を重視するのか，あるいは，相続開始時には婚姻後20年が経過しているということ（婚姻が長期にわたるものであること）を重視するのかといった点を踏まえ，この特別受益としない旨の意思表示の推定をどの程度積極的に利用するのかという実践的判断に左右されることになるものと思われる。

> **コラム** *特別受益としない旨の意思表示についての3つの気になる点*
>
> 　こうした特別受益としない旨の意思表示は，相続法改正に向けた検討作業の中では，後半に入って，やや唐突に出てきたものであるが，その背景には，途中までは有力な改正内容として検討されていた配偶者相続分の見直し（婚姻期間の長さなどに応じたより実質的な配偶者相続分の実現）が見送られたという事情があった。いわば，配偶者相続分の見直しを通じた配偶者の保護を図る施策に代わるものとして，登場したという位置付けになる。
>
> 　なるほど，特別受益としない旨の意思表示は，それを通じて具体的相続分に影響を与えるものであり，こうしたアプローチが工夫されたことについては，肯定的な見方もできるだろう。ただ，筆者は，以下のように，3つの点が気になっている。
>
> 　第1に，この効力が非常に強いということである。遺産で見るべき唯一のものが，当該居住用不動産であったという場合，これについて特別受益としない旨の意思表示を推定することは，他の相続人はほとんど得るものがないという事態を生じさせることにもなる。そこでは，遺留分の問題が残されるだけである。これは，相続分について実質的な観点から見直すという以上の強い効果をもたらしうるものだと言えそうである。
>
> 　第2に，しょせん，これは意思表示の推定であって，婚姻生活が50年，100年！　に及ぼうが，被相続人が，「そんな意思表示しないもん！」と言えば，ひっくり返すことができるものだという点である。配偶者の保護といっても，被相続人の意思によって左右されるものにすぎない。その点では，非常に弱いものだという見方もできる。
>
> 　第3に，実はこれが一番気になっているのだが，世の中のどれだけの人が，特別受益だとか，具体的相続分だとかを正確に理解しているのだろうか。ましてや，特別受益としない旨の意思表示（持戻しの免除の意思表示）というものについて，十分に認識しているのだろうか。中身を説明できないというより，そもそも存在すら知らないというのが普通なのではないだろうか（告白します。私も，学生時代，知りませんでした）。誰にも意識されていない，こんなに強

第25講　配偶者に関する特則　　555

くて，弱い制度が作られてしまっていいのかなぁ……と，ちょっとだけ気になる次第である。

　ちなみに，この最後の点は，「意思表示の推定」だという構成にどれだけこだわるのかという本文で触れた問題にも関わってくるだろう。

第 26 講 相続人の権利を守る仕組み
—— 相続回復請求権と遺留分制度

　以下では、相続人の権利を守る仕組みという観点から、相続回復請求権と遺留分制度を取り上げる（もっとも、前者については、「相続人の権利を実現する仕組み」と位置付けることができるか自体、後述のように問題となる）。

　このいずれも、多くの難しい問題を含んでおり、きちんと勉強しようとすれば、ある程度の分量を割いて取り扱うべきものである。しかし、ここでは、この2つについて、その基本的な仕組みや、制度の位置付けをめぐる問題を理解するという観点から、説明をしていくことにしよう。

I　相続回復請求権

1　相続回復請求権の基本的なイメージ

　まず、「相続回復請求権」について、漠然としたイメージをつかむとすると、同義反復的な説明にすぎないが、相続人が、その相続権を害されるような状況が生じているときに、それを回復する権利だということになる。具体的に相続人の相続権が侵害されている場面としては、以下のような状況が考えられる。

> 設例1　死亡したAには、相続人であるBCがいた。Cは、Bに対する殺人未遂で刑に服したことがあり、相続欠格であったが、それを隠して、遺産である不動産甲の2分の1の持分について、相続を原因とする移転登記を経由した。ほかには、相続権を有する者はいない。

　設例1では、そもそも相続権を有さないが一見相続人に見える者（表見相続人）であるCによって、Bの権利が侵害されている。このように、そもそも相続人ではない者が表見相続人として現れるという状況としては、

設例1 のような場合のほか，婚姻や縁組が無効であった場合や後順位の相続人が先順位の相続人の相続放棄を偽装した場合など，さまざまなケースが考えられる。こうした場面において，Bが，不動産甲について権利を回復することができるという結論自体は当然であり，相続回復請求権というのは，そうした場面で機能するものだと言える。

2 民法884条の規定する内容

ところで，「相続回復請求権」と当然のように呼んできたが，それはいったいどこに規定されているのだろうか。

一般には，民法884条が，こうした相続回復請求権についての規定として挙げられる。もっとも，同条をよく見てほしい。そこでは，見出しで「相続回復請求権」と規定されているものの，その中身はというと，「相続回復の請求権は，相続人又はその法定代理人が相続権を侵害された事実を知った時から5年間行使しないときは，時効によって消滅する。相続開始の時から20年を経過したときも，同様とする」となっているだけである。

上記の 設例1 において，BがCに対して，「何を」（権利の内容），「どのような要件で」（権利行使の要件）求めることができるのかについては，何も説明されていないのである。

そのために，相続回復請求権というのが，そもそもどのような権利なのかが問題となる（ちなみに，不法行為の場合であれば，民法724条が，その見出しにあるとおり，「不法行為による損害賠償請求権の消滅時効」を規定しているが，損害賠償請求権の要件や効果については，民法709条以下が規定している。この点では，期間制限しか規定していない民法884条に「相続回復請求権」という見出しを付すること自体がミスマッチだとも言える。まぁ，ほかにどこにも相続回復請求権を規定する条文がないのに，「相続回復請求権の消滅時効」という見出しをつけるわけにはいかなかったのだろうなぁ……とは思う）。

こうした相続回復請求権の理解については，独立権利説と集合権利説と呼ばれる考え方が対立している。

① **独立権利説**　まず，独立権利説は，相手方（表見相続人）の相続人たる地位を争い，自らの相続権に基づいて包括的に相手方に対して遺産の

558　第Ⅲ部 相 続

返還等を求めることができるのが，相続回復請求権だと考える。このような包括的な権利を認めることによって，真の相続人は，より容易に目的物の回復を求めることができるというのが，この相続回復請求権のメリットであるし（個々の財産を列挙する必要はなく，また，個々の目的物についての所有権の立証も必要ない），そこに相続人の権利保護の仕組みとしての独自性が見いだされることになる。

もっとも，独立権利説が挙げるこうしたメリットに対しては，遺産全部といったものを目的物として強制執行することはできないなど，それが実質的に機能するのかという点で，疑問視する見方が多い。

なお，このような相続回復請求権は，相続人の権利として独自に認められるものであるから，個々の財産についての物権的請求権等とは独立のものとして位置付けられることになる。メリットがあるかどうかはともかく，独立権利説を前提とすれば，それによって相続人が不利益を受けるわけではないということにはなる。

② **集合権利説**　他方，集合権利説によれば，相続回復請求権と呼ばれているものは，個々の財産に対する個別の請求権の集合にすぎない。 設例1 においては，Bが相続によって甲の単独所有者となっているのだから，Bは，こうした権利（所有権）に基づいて，Cに対して目的物の返還等を求めることができる。相続回復請求権というのは，こうした相続人が本来有している個々の権利の集合にすぎないと位置付けるのである。

もっとも，そうなると，民法884条は，いったい何を意味しているのかが問題となる。つまり，このような理解を前提とすれば，同条は，本来，相続人（所有者）が有している権利を制限することのみに向けた規定だということになってしまうからである。上記のとおり， 設例1 においては，Bの物権的請求権による回復が考えられるが，所有権自体は消滅時効にかからないから，こうした物権的請求権についても権利行使についての期間制限はない。それにもかかわらず，民法884条は，そうした権利に期間制限を付するものだということになる。

このように理解すると，民法884条は，「相続人のための相続回復請求権」の規定ではなく，「表見相続人のための相続人の権利行使の期間制限」の規定だということになる。

第26講　相続人の権利を守る仕組み　559

現在でも，相続回復請求権の議論は錯綜している。その中では，相続回復請求権とその期間制限に一定の積極的意義を見いだそうという試みもなされているが，全体的な流れとしては，こうした民法884条の意義に対しては懐疑的な見方が少なくない。こうした懐疑的な見方は，民法884条の適用範囲等をめぐる議論，特に，その適用をいかに制限するのかという観点からの議論につながっていく。

コラム　相続回復請求権の存在意義

　本文で述べたとおり，現在の民法884条を見ていると，こうした規定にどれだけの意義があるのか懐疑的にならざるをえないだろう。ただ，歴史的に見ると，わが国の民法における相続回復請求権は，ずっと「？」がつくようなものだったわけではない。

　まず，旧民法（ボワソナアド民法）の時代には，その消滅時効の期間は，現在よりもずっと長く，30年とされており，また，この期間については，占有者による取得時効や即時取得が排除されていた。これだと，真の相続人には，単なる所有権に基づく個別の権利以上の保護が与えられていることになり，相続回復請求権はまさしく相続人の権利保護のための仕組みだったということになる。

　次に，明治民法（第二次大戦後に改正される前の民法）においては，この期間制限が現在と同じ5年間に変更されるが，ここで相続回復請求権の規律の対象として想定されていたのは，主として家督相続人の法的地位（戸主権）だった。したがって，こうした包括的な権利義務によって構成される家督相続人の法的地位を早期に安定させるという観点から，期間制限の短期化が説明されていたのである。そこには，立法的な観点からは，一定の合理性を見いだすことができるだろう。

　さて，戦後，家督相続の規定は削除されたのだが，もっぱらこれを想定していた相続回復請求権の期間制限については，特段の検討がなされないまま残され，現在に至るのである（以上の歴史的な流れについては，副田隆重「民法884条（相続回復請求権）」広中俊雄＝星野英一編『民法典の百年Ⅳ』〔有斐閣，1998年〕163頁以下）。

　本文に述べたとおり，特に，集合権利説のように相続回復請求権を理解するのであれば，本来，（相手方の取得時効等によらない限り）期間制限にかからない物権的請求権が，なぜ相続の場合だけ期間制限に服するのかといった疑問は，こうした歴史的な変遷に照らしてみると，実にもっともな疑問だということになる。その点では，相続回復請求権をめぐる問題は，民法884条の削除や

限定に向けて進むのか，相続回復請求権をより適切で実質的なものとして構成していくという方向に進むのかはともかく，立法的課題のひとつだということは間違いないだろう。

民法 884 条について，以上のような認識を持った上で，以下では，こうした相続回復請求権の基本的性質とも関連すると思われるいくつかの問題を考えてみることにしよう。

3　共同相続人間の争いにおける相続回復請求権

(1)　問題の所在

まず，問題とされるのは，設例1 のような真正相続人 vs 表見相続人の争いだけではなく，共同相続人間の争いでも，相続回復請求権の規定，すなわち，民法 884 条の適用はあるのかという点である。具体的には，以下のような場面が考えられる。

> 設例2　　死亡したＡには，相続人である子 BC がいた。Ｃは，Ｂの相続分皆無証明書を偽造し，遺産である不動産甲の所有権を単独相続したことにして，その移転登記を経由した。
>
> 設例3　　死亡したＡには，子 BCD がいた。CD は，Ｂを除外して，遺産分割協議を行い，その結果，Ｃが遺産である不動産甲の所有権を単独相続することとなり，移転登記を経由した。

設例2 と 設例3 においては，いずれもＢの権利が侵害されているが，その侵害された権利に相当する財産を保持しているのは，いずれも共同相続人Ｃである（ちなみに，明らかに相続人であるＢを除いた遺産分割協議書を作成しても，それだけでは，通常，登記を経由することはできない。遺産分割協議書にＢの名前を加えたものを勝手に作成するか，設例2 と同様に，Ｂ名義の相続分皆無証明書を偽造することが必要となる）。

このような場合，Ｂは，自らの権利（相続分に応じた共有持分）に基づいて，登記の回復等を求めることができることは当然だろう（独立権利説か集合権利説かという問題はひとまずおく）。さて，これに対して，それを求められたＣの側では，民法 884 条を持ち出して，相続回復請求権の消滅時

第 26 講　相続人の権利を守る仕組み　561

効を主張することができるのだろうか。

これを認めると，どうも不当な結論になってしまいそうである。 設例2 においては，相続分皆無証明書の偽造によってなされた単独相続の有効性について，また， 設例3 においては，遺産分割協議の無効も争うことができないということになる。結局，少なくとも不動産甲に関する限り，Ｂの相続人たる地位は否定されるのである。 設例2 や 設例3 において，Ｂがそのような負担を甘受しなければならない根拠は見当たらないし，ましてや，（第三者の登場を考えない限り）Ｃ（やＤ）について一定の保護を図らなければならないような実質的理由も存在しない。

言うまでもなく，こうした問題の背景には，民法884条自体の正当性という問題が横たわっている。このように民法884条の意義に懐疑的な見方からは，共同相続人間の紛争には同条を適用しないという形で，その適用範囲を限定するという見解が主張されることになる（相続回復請求権が問題となるのは，実際には，主として共同相続人間の紛争である。したがって，これに民法884条を適用しないということになると，同条の役割は大幅に制限される）。

(2) 判例の立場

それでは，この問題について，判例はどのような立場をとっているのだろうか。最大判昭和53年12月20日（民集32巻9号1674頁→*百選Ⅲ 59 事件*〔*副田隆重*〕）は，この問題を扱ったものであるが，その中では，以下のような2つのポイントが示されている。

第1に，共同相続人間の争いに民法884条の適用があるかという点については，法改正時の議論等も踏まえた上で，「共同相続人のうちの1人又は数人が，相続財産のうち自己の本来の相続持分をこえる部分について，当該部分の表見相続人として当該部分の真正共同相続人の相続権を否定し，その部分もまた自己の相続持分であると主張してこれを占有管理し，真正共同相続人の相続権を侵害している場合につき，民法884条の規定の適用をとくに否定すべき理由はない」として，その適用を肯定した。

第2に，共同相続人が民法884条による期間制限を主張することができる表見相続人にあたるのかという点については，①「自ら相続人でないこ

562　第Ⅲ部 相 続

とを知りながら相続人であると称し，又はその者に相続権があると信ぜられるべき合理的な事由があるわけではないにもかかわらず自ら相続人であると称し，相続財産を占有管理することによりこれを侵害している者は，本来，相続回復請求制度が対象として考えている者にはあたらない……。……当該財産について，自己に相続権がないことを知りながら，又はその者に相続権があると信ぜられるべき合理的事由があるわけではないにもかかわらず，自ら相続人と称してこれを侵害している者は，自己の侵害行為を正当行為であるかのように糊塗するための口実として名を相続にかりているもの又はこれと同視されるべきものであるにすぎず，実質において一般の物権侵害者ないし不法行為者であって，いわば相続回復請求制度の埒外にある者にほかならず，その当然の帰結として相続回復請求権の消滅時効の援用を認められるべき者にはあたらない」として，②「共同相続人のうちの1人若しくは数人が，他に共同相続人がいること，ひいて相続財産のうちその1人若しくは数人の本来の持分をこえる部分が他の共同相続人の持分に属するものであることを知りながらその部分もまた自己の持分に属するものであると称し，又はその部分についてもその者に相続による持分があるものと信ぜられるべき合理的な事由……があるわけではないにもかかわらずその部分もまた自己の持分に属するものであると称し，これを占有管理している場合は，もともと相続回復請求制度の適用が予定されている場合にはあたらず，したがって，その1人又は数人は右のように相続権を侵害されている他の共同相続人からの侵害の排除の請求に対し相続回復請求権の時効を援用してこれを拒むことができるものではない」とした。その上で，「一般に各共同相続人は共同相続人の範囲を知っているのが通常であるから，共同相続人相互間における相続財産に関する争いが相続回復請求制度の対象となるのは，特殊な場合に限られる」とも述べている。

　以上のように，昭和53年判決は，共同相続人間の紛争に民法884条が適用されるかという問題に対しては，これを肯定し，当事者の観点からの紛争類型に対応した民法884条の適用制限には消極的な態度を示した（ただし，同判決の少数意見では，共同相続人間の紛争にはそもそも民法884条は適用されないという立場も示されていた）。

第26講　相続人の権利を守る仕組み　563

他方で，同判決は，民法884条の期間制限を主張することができる「表見相続人にあたるのか」というレベルにおいて，同条の適用を実質的に大幅に制限するという解決を示したのである。

ここで重要なのは，上述の①の判示は，別に共同相続人間の紛争に限定されるものではなく，民法884条の適用一般に関する説示であるという点である。①の傍点部分を裏返せば，結局，民法884条の期間制限を主張することができるのは，相続権が存在しないことについて善意であり，かつ，相続権があると信ずべき合理的な理由がある場合（相続権の不存在について善意無過失の場合。なお，善意無過失の基準時は，相続権侵害の開始時となる。最判平成11・7・19民集53巻6号1138頁）に限定されることになるが，このことは，共同相続人間の紛争である 設例2 や 設例3 だけではなく，相続人ではない者が当事者となっている 設例1 にも妥当するのである。

このような解決は，当事者に即した事件類型ごとに民法884条の適用を制限するという以上に，より広範にその適用を実質的に制限するものだという評価ができそうである（その意味で，民法884条は，これにより死文化したとも言われる）。

4　第三者との関係

なお，さきほどの説明の中で，ちらりと「第三者の登場を考えない限り」と書いたが，第三者が登場した場合には，どうなるのだろうか。たとえば，以上の各設例において，表見相続人が，目的物を第三者に譲渡してしまっているという場合にどのように扱われるかが問題となる。

この点について，判例は，「共同相続の場合において相続回復請求制度の問題として扱うかどうかを決する右のような悪意又は合理的事由の存否は，甲から相続財産を譲り受けた第三者がいるときであっても，甲について判断すべきであるから，相続財産である不動産について単独相続の登記を経由した甲が，甲の本来の相続持分を超える部分が他の共同相続人に属することを知っていたか，又は右部分を含めて甲が単独相続をしたと信ずるにつき合理的な事由がないために，他の共同相続人に対して相続回復請求権の消滅時効を援用することができない場合には，甲から右不動産を譲

り受けた第三者も右時効を援用することはできない」とする（最判平成 7・12・5家月48巻7号52頁）。

第三者の取引の安全よりも，真正相続人の権利の保護が優先するということになるが，こうした解決は，共同相続人の1人が，その法定相続分に応じた共有持分を超えて権利を移転した場合に，その超過した部分については無権利の法理で処理をするという解決→*520頁以下*とも整合的なものだと考えられるだろう。

5　表見相続人や第三者の取得時効等

以上のような真正相続人の側の権利行使の制限という観点とは別に，表見相続人や第三取得者は，取得時効の完成によって目的物の権利を取得することができるのだろうか。

相続回復請求権が物権法などとは別の独自の相続人の権利保護制度として位置付けられるのであれば，こうした取得時効を制限するということが考えられるが，いままで述べてきたように，相続回復請求権の独自性が疑問視され，その適用範囲もできるだけ限定するという状況の中では，むしろ物権法的な処理としての取得時効を排除する必要はないということになるだろう。

結局，こうやって見てくると，相続回復請求権として独自のものは，ほとんど何も残らないということになりそうである。

Ⅱ　遺留分制度

1　従来の遺留分制度と相続法改正

遺留分は，2018年の相続法改正で大きく変わった制度のひとつである。配偶者居住権や預貯金債権についてのいわゆる仮払いの仕組みなどと異なり，新規の制度が導入されたというわけではないが，その実質は大きく変化している。まず，その点について，概略を確認しておくことにしよう。なお，遺留分の意味（中身）については，のちほど説明するが，ここでは，贈与や遺贈等があった場合でも，相続人が相続から最小限得られる利益と

第26講　相続人の権利を守る仕組み　565

いう程度で理解しておくことにしよう。

(1) 遺留分侵害の場合の効果 —— 減殺請求権と遺留分侵害額請求権

まず，改正による最も大きな変更は，遺留分侵害があった場合の基本的な効果についてである。

改正前の遺留分においては，その侵害があった場合，遺留分権利者は，遺留分侵害をもたらした遺贈や贈与等の効果の否定（減殺）を求めることができた（減殺請求権。改正前民1031条）。そして，この減殺請求権が行使されると，当該法律行為の効果は否定され，当然に，目的物の所有権が遺留分権利者に復帰するといった効果（物権的効果）が生じるとされていた。

もっとも，こうした減殺請求権という構成は，一見わかりやすそうで，結構やっかいな法律関係を生じさせる。遺留分減殺請求権を行使し，ある目的物についての贈与や遺贈の効果が全面的に否定され，その所有権のすべてが遺留分権利者に帰属する，というのであれば問題はない。しかし，不動産の贈与や遺贈について，減殺請求権を行使した場合，贈与や遺贈の一部の効力が否定されるにすぎないということも少なくないだろう（減殺は，遺留分侵害の範囲でなされるにすぎない）。その場合，受贈者・受遺者と遺留分権利者との間では共有関係が生じることになる。この共有は望まれて生じたものではないから，今度は，その共有関係を解消することが求められるのである。

相続法改正では，遺留分侵害の効果を，遺留分権利者に遺留分侵害額請求権という債権を認めるものとした（改正民1046条）。したがって，贈与・遺贈自体の効力は否定されるわけではなく，単に，侵害額に応じた金銭債権が生じるにすぎない。減殺請求権という構成によって複雑な法律関係が生じるという事態は，これによって避けられることになる。

(2) 遺留分侵害の効果の変更に伴う全体の問題構造の変化

遺留分侵害の効果を減殺から金銭債権の付与に変更したということは，それだけではなく，遺留分という制度の問題構造にも影響を与えることになる。

すなわち，遺留分減殺請求権という構成では，何が減殺の対象とされる

行為なのかという点が問題となる。それを前提として，改正前は，減殺される行為の順番等について規定されていた。

他方，相続法改正によって侵害額に応じた債権が生じるというのであれば，減殺の対象とされる行為を定める必要はない。贈与や遺贈は，遺留分侵害額の有無や侵害額の算定においては意味を有するとしても，効果において問題とされるのは，誰が，遺留分侵害額請求権についての債務者になるのかという点である。こうした債務者について規定されることになったのである。

コラム *遺留分とは何か？*

本文では，遺留分について，「贈与や遺贈等があった場合でも，相続人が相続から最小限得られる利益」といった説明をした。ここで問題としたいのは，具体的な計算によって導かれる遺留分ではなく，そもそも遺留分とは何なのかという点である。遺留分は，「最低限の相続分」という言い方がなされることもあるが，それは，「贈与や遺贈等があった場合でも，相続人が相続から最小限得られる利益」だという説明と大差はないだろう。

相続回復請求権が，実は相続人の権利を制限するだけで，相続人のための権利として機能していないのではないかというのとは異なって→*559頁*，遺留分はまさしく相続人のために機能する仕組みであり，また，遺留分という制度がないと，それを実現することはできないものである。

もっとも，このような権利が，なぜ相続人に認められるのかということについては，それほどはっきりしているわけではない。

相続人の生活保障，潜在的持分の清算といった目的や機能があるともされるが，なぜ被相続人の財産による相続人の生活保障が正当化されるのかということは自明とは言えないし，また，潜在的持分の清算についても，現行の寄与分制度と整合的に位置付けることができるのかという点で問題がある（遺留分の計算においては特別受益は考慮されるが，寄与分に相当するものは計算に加えられない。改正民法1044条は，特別受益に関する民法904条を準用する一方で，寄与分に関する民法904条の2には言及していない。清算の問題だとすれば，遺留分の計算において，具体的相続分と同様に，寄与分を含めて考える余地もあるはずである）。

こうした点では，遺留分制度の中には，合理的な正当化が困難だという相続法の特殊性→*357頁*【*相続法の悩ましさ*】が凝縮されているようにも見える。

第26講 相続人の権利を守る仕組み 567

2 遺留分制度の意義と基本的な仕組み

ここではまず，遺留分制度の基本的な仕組みを確認しておくことにしよう。

① **遺留分権利者**　遺留分は最低限の相続分だとも説明されると書いたが，すべての相続人が遺留分を有するわけではない。遺留分権利者となるのは，兄弟姉妹以外の相続人，すなわち，配偶者，子（代襲者），直系尊属である（改正民1042条1項）。

② **遺留分の計算の基礎となる財産の価額**　まず，遺留分や遺留分侵害額の計算の前提となる財産の価額が計算される。すなわち，相続開始時の被相続人の財産の価額に，贈与した財産の価額を加え（遺贈は相続開始時の財産の中に含まれているので，ここでの加算の対象とはしない。特別受益の持戻しの場合と同様である→*418頁*。なお，どのような贈与が加算されるのかについては後述する），他方，債務を控除した額が，遺留分を算定するための財産の価額となる（改正民1043条1項）。

こうした計算は，具体的相続分の計算の前提となるみなし相続財産とも似ている。しかし，大きな違いもある。すなわち，(i)対象されるものには，相続人ではない者に贈与された財産も含まれるという点で，相続人に対する特別受益のみを対象とする具体的相続分の計算とは異なる（共同相続人間の公平を実現する具体的相続分とは異なる機能を有している）。また，(ii)前提となる財産の計算においては債務も考慮されるという点で，具体的相続分の計算と異なっている（具体的相続分の計算というのは，債務は相続分に応じて承継されるということを前提として，積極財産をいかに分配すると，実質的に相続分に応じた承継が実現できるかという観点からの作業である。したがって，積極財産にのみ焦点をあてるということが許されるし，また，合理的である→*537頁以下*。他方，遺留分は，法定相続人がいったいどれだけの実質的な利益を受けるべきなのかということを考え，その保護を図るものであるから，そこでは，債務も考慮に入れた実質的な利益が問題とされる）。さらに，すでに言及したように，(iii)相続人の寄与分は考慮されないという点でも，具体的相続分とは異なっている。

③　**遺留分の算定**　　この遺留分の計算の基礎となる財産に，一定の割合を乗じて，遺留分が計算される。

　まず，どのような者が相続人であるかによって，一定の割合が乗じられ，全体としての遺留分（総体的遺留分）が決まる。すなわち，(i)直系尊属のみが相続人である場合には 3 分の 1 が，(ii)それ以外の場合には 2 分の 1 が乗じられ，総体的遺留分が決まる（改正民 1042 条 1 項。(ii)には，配偶者のみが相続人の場合，子のみが相続人の場合，配偶者と子，配偶者と直系尊属のほか，配偶者と兄弟姉妹が共同相続人となる場合が含まれる。配偶者と兄弟姉妹が共同相続人となる場合，2 分の 1 を乗じて計算される総体的遺留分を前提として，配偶者の個別的遺留分が決まる。他方，遺留分権利者ではない兄弟姉妹には，当然であるが，遺留分は認められない)。

　次に，この総体的遺留分に，さらに各自の法定相続分を乗じて，それぞれの遺留分権利者の遺留分（個別的遺留分）が決まる（改正民 1042 条 2 項）。

④　**遺留分侵害の有無と遺留分侵害額の計算**　　さて，このようにして計算された個別的遺留分と各遺留分権利者が実際に承継する財産を対比して，遺留分侵害の有無が判断され，遺留分侵害額が計算される。

　すなわち，(i)遺贈，特別受益に当たる贈与によって得た財産（改正民 1046 条 2 項 1 号），(ii)具体的相続分に応じて取得した財産（同項 2 号）が，遺留分権利者の得た積極財産である。この財産の価額から，(iii)承継する債務額（同項 3 号）を控除したものが，遺留分権利者が実際に得るものだということになる。これと個別的遺留分が対比され，実際に得た財産が個別的遺留分を上回れば，遺留分侵害は生じていないし（遺留分を上回る利益を得ている），他方，個別的遺留分を下回れば，その分だけ，遺留分侵害が生じているということになる。

　改正民法 1046 条 2 項は，個別的遺留分（改正民 1042 条）から，(i)(ii)を控除し，(iii)を加算して，遺留分侵害額を算定するとしているが，これは以上の計算のプロセスを意味している。

3　遺留分と遺留分侵害額の計算

　すでにざっと説明したところではあるが，具体的な設例に即して，もう少し説明を加えながら，遺留分額と遺留分侵害額を実際に計算してみるこ

とにしよう。

> **設例4** 　死亡したＡには，相続人として，妻ＢとＢとの間に生まれた子Ｃ
> のほか，愛人であるＤとの間に生まれた子Ｅがいた。Ａは，Ｅが生
> まれた際に，今後の生活のためにという理由で，1000万円をＥに
> 贈与している。また，Ｄに5000万円相当の不動産甲を遺贈する旨
> の遺言を残していた。Ａの死亡時，甲以外には見るべき遺産は何も
> なく，2000万円の借金のみが残っていた。

　少々ドロドロとした事案であるが，ＡとＤの生前の関係がどうだったの
だろうかとか，家族の中ではどんなドラマがあったのだろうかということ
は考えないで，相続人であるＢＣＥ（特にＢＣ）は，どのようにしたらよい
のかだけを考えよう。もちろん，２人そろって相続放棄をしてしまうとい
うのも，ひとつの手かもしれない。積極財産が何もなくて，債務だけ残っ
ているというのは，通常は相続放棄をする最も典型的なパターンである。
もっとも，ＤやＥに（贈与によって）流出してしまった（あるいは遺贈によ
って流出する）財産に相当する利益を取り戻すことができるのであれば，
そうした解決もひとつの選択肢になりそうである。
　まずは，上述したプロセスに従って，遺留分侵害があるかを確かめてみ
ることにしよう。

(1)　遺留分算定の基礎となる財産の価額

　まず，遺留分算定の基礎となる財産の価額は，上述のように，相続開始
時の被相続人の財産に，贈与した財産の価額を加え，そこから債務を控除
したものである。
　設例4 の場合，相続開始時の遺産は，5000万円相当の甲だけである。
これに，Ｅに贈与された1000万円が加算され，さらに，2000万円の債務
が控除されることになる。したがって，4000万円が，遺留分算定の基礎
となる財産の価額だということになりそうである。
　もっとも，上述の基本的な枠組みの説明では省略したが，すべての贈与
が，この加算の対象とされるわけではない。

570　　第Ⅲ部　相　続

① **時間的な制限と例外**　まず，加算の対象となるのは，「相続開始前の1年間」になされた贈与に限定される（改正民1044条1項前段）。ただし，それ以前の贈与であっても，「当事者双方が遺留分権利者に損害を加えることを知って贈与をしたとき」は，それ以前の贈与であっても，加算の対象とされる（同項後段）。もっとも，このような予見可能性は一般的には乏しく，この対象とされるのは例外的な場合だと考えられている。

なお，これらの財産を評価する基準時は，相続開始時とされている（従前の遺留分減殺を前提とした議論においてであるが，減殺請求時や現実の弁償時を基準時とする見解も有力である）。

② **相続人の特別受益**　もっとも，相続人が「婚姻若しくは養子縁組のため又は生計の資本として受けた贈与」（特別受益に当たる贈与）については，相続開始前の10年間について，その価額が加算される（改正民1044条3項）。

相続法改正前の判例は，改正前民法1044条によって特別受益に関する民法903条が準用されていることを受けて，特別受益に該当する場合には，こうした期間制限の対象とはならないとしていた（最判昭和51・3・18民集30巻2号111頁。最判平成10・3・24民集52巻2号433頁→*百選Ⅲ94事件〔浦野由紀子〕*は，改正前民法1030条の要件を満たさない贈与であっても，遺留分算定の基礎となる財産に加えられるということを前提に，「右贈与が相続開始よりも相当以前にされたものであって，その後の時の経過に伴う社会経済事情や相続人など関係人の個人的事情の変化をも考慮するとき，減殺請求を認めることが右相続人に酷であるなどの特段の事情のない限り……遺留分減殺の対象となる」としていた）。それに対して，改正民法1044条3項は，相続開始前10年間という期間制限を設けたのである。

ところで，設例4は大変に不親切で（不親切なのは筆者である），Eが生まれたのがいつであったのかについて何も書いていない。上記②のルールを前提とすれば，Eの出生後，Aの死亡までに10年間が経過していないのであれば，Eに対する1000万円の贈与は加算の対象とされる。他方，すでに10年間が経過していたのだとすれば，加算の対象とはならないことになる。

もっとも，これでは話が先に進まないし，できるだけ遺留分の問題が生

じやすいケースで考えたほうがここでは参考になりそうだから，以下では，
Eが生まれてから 10 年間が経過していない，すなわち，遺留分算定の基
礎となる財産の価額に，Eへの贈与の 1000 万円が加算されるということ
で考えていくことにしよう。したがって，上述のとおり，4000 万円が，
遺留分算定の基礎となる財産だということになる（すでに 10 年間が経過し
ているという場合については，諸君の演習問題として残しておきます）。

> ### コラム 遺留分算定で加算される贈与の受贈者と
> ### 遺留分侵害額請求権の債務者
>
> 　本文で，相続人に対する特別受益については，これまでの判例が期間制限を
> 設けていなかったのに対して，改正で相続開始前 10 年間のものに限って加算
> されるということを説明した。遺留分の算定の基礎とされる財産に，どこまで
> の贈与が含まれるのかということは，具体的にどのような効果につながるのだ
> ろうか。この点を考えることは，今回の改正をより深く理解するうえでも，意
> 義があるように思われる。
>
> 　まず，従来の判例がそうであったように，特別受益に相当するのであれば，
> そんな期間制限をせずに考慮すべきだと考える諸君もいるかもしれない。実際，
> 具体的相続分の計算であれば，かなり以前のものであっても，それが特別受益
> と判断される以上，それを前提に具体的相続分が計算されるのである。それと
> 区別する必要はあるのだろうか。
>
> 　しかし，贈与を算定の基礎となる財産に加算するということによってもたら
> される効果は，具体的相続分と遺留分では，かなり異なっている。
>
> 　まず，具体的相続分の場合，共同相続人の 1 人に贈与があり，それが特別受
> 益とされるのであれば，その分，その者の具体的相続分は減る。すなわち，あ
> る者についての特別受益の認定は，そのまま具体的相続分の減少という形で，
> その者に跳ね返るのである。
>
> 　他方，遺留分の場合，遺留分の基礎となる財産について，誰に対する贈与を
> 加算するのかという問題と，そうした計算の結果生じた遺留分侵害について誰
> が責任を負担するのかという問題との間には，ずれが生じることがある。
>
> 　以下のような 2 つのケースで考えてみることにしよう。
>
> > **ケース 1** 　被相続人が死亡し，相続人は，配偶者 α と子 β である。被相
> > 続人には，相続開始時，3000 万円の財産があり，債務はなかった。被
> > 相続人は，死ぬ直前に，相続人ではない γ に 1000 万円を贈与していた。
>
> 　この **ケース 1** では，遺留分算定の基礎となる財産は 4000 万円であり

572　第Ⅲ部 相 続

（3000万円【*相続開始時の被相続人の財産*】＋1000万円【*γへの贈与*】），それを前提として計算される*α*と*β*の個別的遺留分は各1000万円である。なお，*α*と*β*の具体的相続分は，特別受益や寄与分を示す事情がないので，いずれも相続開始時の積極財産3000万円を法定相続分で乗じた1500万円となる。したがって，*γ*への1000万円の贈与があったとしても，それによって，相続人である*α*と*β*には遺留分侵害は生じていない。

それでは，次のケースではどうだろうか（単に計算のモデルとして示すので，少々リアリティがないが許してほしい）。

> **ケース2**　被相続人が死亡し，相続人は，配偶者*α*と子*β*である。被相続人には，相続開始時，3000万円の遺産があり，債務はなかった。被相続人は，死ぬ直前に，相続人ではない*γ*に1000万円を贈与していた。さらに，ずっと以前に，被相続人は，*β*に，事業資金として1億円を与えていた。

もちろん，**ケース1**と**ケース2**で異なるのは，「ずっと以前に，被相続人は，*β*に，事業資金として1億円を与えていた」という部分だけであり，この2つの設例で*γ*に関する事情については何も違いは存在していない。

この場合，*β*への贈与も加算すれば，遺留分算定の基礎となる財産は1億4000万円となる（3000万円【*相続開始時の被相続人の財産*】＋1000万円【*γへの贈与*】＋1億円【*βへの贈与*】）。したがって，*α*と*β*の個別的遺留分は，いずれも3500万円となる。また，*α*の具体的相続分は3000万円であり，*β*についてはゼロである（*β*には超過特別受益が生じているので，相続開始時の被相続人の財産のすべてが*α*に相続される）。したがって，*α*には，500万円の遺留分侵害が生じていることになる（*β*は，多額の贈与をすでに受けているので，遺留分侵害は生じていない）。

さて，**ケース2**において，*α*には，500万円の遺留分侵害額請求権が認められることになるが，この場合，*α*の遺留分侵害額請求権の債務者となるのは，*γ*である。後述のように→*576頁以下*，遺留分侵害額請求権の債務者となるのは，まず受遺者であり（改正民1047条1項1号），さらに受贈者については過去に遡っていくことになるからである（同項3号）。したがって，遺留分侵害額請求権の相手方は，*γ*であり，それでも足りない場合に，*β*が債務者となるのである。

つまり，*β*に対する高額の贈与は，これによって*α*の遺留分侵害を生じさせることになるが，それは*β*が遺留分侵害額請求権の債務者となるということを意味していないのである。**ケース1**と**ケース2**において，*γ*についての事情は何ら異なっていないのに，**ケース2**では，*β*に対する贈与があったがために，*γ*に対する遺留分侵害額請求権が成立するという状況が生じているので

第26講　相続人の権利を守る仕組み　573

ある。

　こうした点は見落としやすい部分であるが，βへの特別受益に相当する贈与を無制限に加算対象とするのか，一定の期間に限定するのかという問題は，実は，βではなく，ここで言えばγの利害に大きく関わっており，具体的相続分における持戻しとは，かなり性格が違うということがわかるだろう。

　相続法改正において，相続人への特別受益について期間制限が設けられたことについては，こうした観点からもある程度説明をすることができるだろう（ただし，加算の対象となる贈与の受贈者と遺留分侵害額請求権についての債務者にずれがあるという構造的な問題は解決されていない）。

　③　**負担付贈与等**　　なお，負担付贈与がなされた場合は，その目的の価額から負担の価額を控除した額を加算する（改正民 1045 条 1 項）。他方，贈与ではないとしても，不相当に安い価格での目的物の売却等，不相当な対価による有償行為については，当事者双方が遺留分権利者に損害を加えることを知ってしたものに限り，その対価を負担の価額とする負担付贈与とみなされ（同条 2 項），その結果，当該有償行為の相当な価額から対価を除した額が加算されることになる。

(2)　各自の遺留分

　上述のように，総体的遺留分は，誰が相続人であるかによって決まる。設例4 の場合，妻B，子 CE が相続人であるから，上記の 4000 万円に 2分の 1 を乗じた 2000 万円が総体的遺留分だということになる（改正民1042 条 1 項 2 号）。

　その上で，各自の法定相続分を乗じたものが，それぞれの個別的遺留分になる（改正民 1042 条 2 項）。

　すなわち，配偶者であるBについては，総体的遺留分の 2000 万円に 2分の 1 を乗じた 1000 万円が個別的遺留分であり，子である CE については，2000 万円に，それぞれ 4 分の 1 を乗じた 500 万円が個別的遺留分だということになる。

(3)　遺留分侵害の有無と遺留分侵害額

　さて，上述の個別的遺留分を前提に，改正民法 1046 条に即しながら，

574　**第Ⅲ部　相　続**

設例4 における BCE のそれぞれについての遺留分侵害の有無を考えることにしよう。

① **Bについての遺留分侵害の有無**　まず，Bの個別的遺留分は，上述のとおり，1000万円である。ここから，(i)遺贈や贈与の額，(ii)具体的相続分の額を控除するが， 設例4 では，Bに対する贈与や遺贈はないし，また，Dに遺贈された甲を除けば，積極財産は残っておらず，具体的相続分の対象となる財産は残っていない。他方，(iii)加算される債務については，2000万円の債務を原則として法定相続分に応じて承継することになる（改正民902条の2 →*540頁以下*）。つまり，1000万円の債務が加算されることになる。

この結果，Bについては，以下の計算式のように，2000万円の遺留分侵害が生じていることになる。

1000万円個別的遺留分 − 0円遺贈・贈与 − 0円具体的相続分 + 1000万円債務
= 2000万円遺留分侵害額

同じことを別の表現で説明するだけであるが，Bの個別的遺留分は1000万円であり，Bが実際に相続によって承継することになるのは1000万円の債務，すなわちマイナス1000万円だから，この両者の差が遺留分侵害額だということになる。

② **Cについての遺留分侵害の有無**　Cの個別的遺留分は500万円である。ここでも，加算の対象となる(i)遺贈や贈与，(ii)具体的相続分はない。他方，(iii)債務については，法定相続分に応じて，500万円を承継する。

したがって，以下の計算式のように，1000万円の遺留分侵害が生じていることになる。

500万円個別的遺留分 − 0円遺贈・贈与 − 0円具体的相続分 + 500万円債務
= 1000万円遺留分侵害額

③ **Eについての遺留分侵害の有無**　他方，Cと同様に個別的遺留分が500万円であるEであるが，ここでは，(i)1000万円の贈与がなされているので，それが加算される。(ii)はゼロである。他方，(iii)債務については，

第26講　相続人の権利を守る仕組み　575

Cと同様に，500万円を承継する。

この結果，以下の計算式のように，遺留分侵害は生じていないことになる。

500万円^{個別的遺留分}－1000万円^{遺贈・贈与}－0円^{具体的相続分}＋500万円^{債務}
＝0円^{遺留分侵害額}

すなわち，贈与による1000万円から債務として承継する500万円を控除した500万円が，Eが被相続人から得た実質的な利益である。この場合，Eの500万円の個別的遺留分とは差がないので，遺留分侵害は生じていないということになるのである。

4　遺留分侵害額請求権の債務者

すでに説明したように，相続法改正前の遺留分制度では，遺留分侵害が生じた場合には，遺留分権利者に減殺請求権が認められた。しかし，相続法改正により，遺留分侵害の効果は，侵害額請求権の付与に変更された。改正前は，何が減殺の対象となるかについて問題とされたのに対して，改正後は，この債務を誰が負担するのかが問題とされる。

(1)　債務を負担する順番と範囲

受遺者または受贈者は，次の①から③までの規律に従い，遺贈（特定財産承継遺言による財産の承継または相続分の指定による遺産の取得を含む）または贈与（遺留分を算定するための財産の価額に算入された贈与）の目的の価額（受遺者または受贈者が相続人である場合にあっては，当該価額から遺留分として当該相続人が受けるべき額を控除した額）を限度として，遺留分侵害額を負担する（改正民1047条1項）。

①　**受遺者と受贈者とがあるとき**　　受遺者が先に負担する（同項1号）。したがって， 設例4 の場合，不動産甲の受遺者であるDが，上述のBCについて生じた遺留分侵害について，遺留分侵害額請求権の債務者となる。

②　**受遺者が複数あるとき，または受贈者が複数ある場合においてその贈与が同時にされたものであるとき**　　受遺者または受贈者がその目的の価額の

576　　第Ⅲ部　相　続

割合に応じて負担する。ただし，遺言者がその遺言に別段の意思を表示したときは，その意思に従う（同項2号）。

③　**受贈者が複数あるとき（②の場合を除く）**　　後の贈与に係る受贈者から順次前の贈与に係る受贈者が負担する（同項3号）。

　なお，減殺請求権という構成では顕在化しにくかった問題として，受遺者・受贈者の無資力の問題がある。つまり，請求の相手方である受遺者・受贈者が無資力で，遺留分侵害額請求権が行使されたとしても，その履行ができない場合である。これについては，遺留分権利者の負担に帰すものとされ（改正民1047条4項），次の順位の受遺者・受贈者に請求できるわけではない。

> ［コラム］　*相続分の指定，特別利益としない旨の意思表示と遺留分*
>
> 　相続法改正前の規定では，遺留分減殺請求権に関する改正前民法1031条は遺贈と贈与についてのみ言及しており，相続分の指定（相続分の指定について規定する改正前民法902条1項ただし書は，「ただし，被相続人又は第三者は，遺留分に関する規定に違反することができない」と規定していた），特別受益としない旨の意思表示（改正前民法903条3項は，「その意思表示は，遺留分に関する規定に違反しない範囲内で，その効力を有する」と規定していた）については，別途規定されていた。なお，相続させる旨の遺言は，それ自体は分割方法の指定であり，当然に遺留分侵害をもたらすわけではない。しかし，それが相続分の指定を伴い，それによって遺留分侵害が生じる場合には，改正前民法902条1項ただし書の問題とされたわけである。もっとも，これらの規定については，「遺留分に関する規定に違反することができない」，「遺留分に関する規定に違反しない範囲内で」が何を意味するのかという点でも，不明確な部分を残していた。
>
> 　それに対して，改正民法1046条1項は，まず，「受遺者（特定財産承継遺言により財産を承継し又は相続分の指定を受けた相続人を含む。以下この章において同じ。）又は受贈者に対し」，遺留分侵害額請求権を有すると規定し，相続させる旨の遺言（特定財産承継遺言）による場合や，相続分の指定を受けた場合についても，遺留分減殺額請求権の対象となるということが明確に規定された。
>
> 　他方，改正前民法903条3項が規定していた特別受益としない旨の意思表示によって遺留分侵害が生じる場合については，どうなのだろうか。実は，これについては，一所懸命，改正後の条文を探してもらっても見つからないはずで

ある（信じない人は探してほしい）。実は，これは簡単で，そもそも特別受益
としない旨の意思表示については，この意思表示によって遺留分侵害が生じて
いるわけではなく，その前提となる遺贈や贈与があり，それによってすでに遺
留分侵害が生じているのである。したがって，遺贈や贈与を前提として遺留分
侵害額を計算し，それによって成立する遺留分侵害額請求権を，本文で示した
ルールに従って，受遺者，受贈者に対して行使することを認めれば足りるので
ある。

(2)　受遺者または受贈者の請求による金銭債務の支払に係る期限の許与

なお，遺留分侵害の効果を金銭債権の成立としたことは，法律関係を簡
明にするという点では大きなメリットを有するが，これは場合によっては，
受遺者や受贈者に対して，大きな負担を課することになるのではないかと
いう問題があった。

そうした点を踏まえて，裁判所は，受遺者または受贈者の請求により，
(1)によって負担する債務の全部または一部の支払につき，相当の期限を許
与することができるものとされた（改正民 1047 条 5 項）。

5　遺留分侵害額請求権の消滅時効

遺留分侵害額請求権は，①遺留分権利者が，相続の開始および遺留分
を侵害する贈与または遺贈があったことを知った時から 1 年間行使しない
とき，②相続開始の時から 10 年を経過したとき，時効により消滅する
（改正民 1048 条）。

相続法改正前の民法 1042 条では，①にあたる部分については，「相続
の開始及び減殺すべき贈与又は遺贈があったことを知った時から 1 年間」
と規定されていた。ここでは，単に，贈与や遺贈があったことを知るだけ
ではなく，減殺すべき贈与または遺贈を知ることが必要とされていた（最
判昭和 57・11・12 民集 36 巻 11 号 2193 頁は，「贈与の事実及びこれが減殺でき
るものであることを知った時」が起算点だとする）。遺産の全部が遺贈されて
いるような場合を除くと，こうした判断は必ずしも容易ではないだろう。
遺留分侵害の有無を知るためには，具体的相続分の計算等を経て正味の取
得財産額を計算することが必要となるからである。

これに対して，相続法改正による上記①の起算点について，どのように

理解するかは，文言上は解釈が分かれる可能性があるように思われる。こうした文言の変更は，単に減殺請求権から遺留分侵害額請求権に効果が変更されたことを受けたものにすぎず，実質的な変更を伴うものではないとすれば，前掲最判昭和57年11月12日は維持され，「贈与・遺贈の事実およびこれが遺留分を侵害するものであることを知った時」が起算点だということになる。他方，①の「遺留分を侵害する」は遺贈・贈与を特定する修飾語にすぎないとすれば，あくまで，そうした遺贈・贈与を知った時が起算点だということになる。

　なお，相続法改正前の遺留分では，遺留分減殺請求権の消滅時効が問題とされ，それによって物権変動が生じるため，そうした物権的請求権（返還請求権）の消滅時効も問題とされたが，改正後は，そうした問題は生じない。

6　遺留分の放棄

　相続の開始前における遺留分の放棄については，家庭裁判所の許可を受けたときに限り，その効力を生ずる（改正民1049条1項）。

　共同相続人の1人のした遺留分の放棄は，他の各共同相続人の遺留分に影響を及ぼさない（同条2項）。

特別講義
家族法と租税法

第1回　財産分与と租税をめぐる問題

第2回　遺産分割と租税をめぐる問題

ゲスト・佐藤英明　慶應義塾大学教授

特別講義 第1回 財産分与と租税をめぐる問題

I 今回の特別講義の趣旨と概要

▶窪田　これまで家族法の基本的な枠組みを勉強してきましたが，その最後に，「家族法と租税法」というテーマで，2回にわたって特別講義を行うことにしましょう。

　家族法上の問題の中には，税金についての扱いを十分に考慮しておくべき問題があります。この特別講義では，家族法と租税法というハイブリッドな視点から，いくつかの問題を取り上げて検討してみたいと考えています。

　具体的なテーマとして，第1回では，親族法の分野から離婚に際しての問題を取り上げ，第2回では，相続法の問題を扱います。

　ところで，こうした問題を扱おうとする場合，当然のことながら，租税法についての一定の基礎知識が前提となります。もっとも，租税法の説明を本格的にするということになると，この授業が「租税法を学ぶ」になってしまうので，ここでは，具体的な問題を検討する上で必要な範囲で，その概略的なところを確認するにとどめましょう。……などとエラそうなことを書きましたが，実は，私自身，租税法のことは，その基礎的，概略的なところを含めて，さっぱりわかっていません。

　当然のことながら，そんな私に，この特別講義はとうてい不可能なので，心優しい租税法のプロ，佐藤英明先生をお呼びして，基本的には佐藤先生に主たる部分を担当していただき，進めていくことにしましょう。

　なお，時間外の講義ですから，当然のことながら，佐藤先生も私もグラスを片手にしています。言うまでもないことですが，中に入っているのは，水ではありません。

II 財産分与と税金 —— 問題の提起

▶窪田　離婚に際しての財産的な問題としては，財産分与があります。財産分与は，親族法の説明の中でも触れたように，議論はあるものの，夫婦

間の財産関係の清算と離婚後の扶養を内容とするものであり，その金額も，そうした観点から決まるとされています。また，慰謝料は，当然には財産分与の中には含まれないが，財産分与の中で扱うことも可能だということについても説明しました→*127頁以下*。

さて，こうした財産分与の性質から見ると，いわば本来すでに成立している法律関係（いままでの財産関係の清算や，すでに存在している婚姻のいわば延長的な効果としての扶養）に基づいて給付がなされるというだけであり，たとえば，譲渡所得税がかかるような「譲渡」にはそもそも該当しないのではないかという気がします。

しかしながら，租税法上の扱いは必ずしもそうなってはおらず，分与者に譲渡所得税がかかる場合があるようです。

以下では，まず，財産分与に際してどのような税金がかかるのかということと，それがどのような観点からのものなのかといったあたりについて，佐藤先生の説明を聞いてみることにしましょう。

　　これから佐藤先生が説明してくれるところであるが，財産分与として不動産などを譲渡する場合，分与者に税金がかかるとされている。このような財産分与と譲渡所得税との関係については，以下のような問題が考えられる。

　　第1に，そもそも財産分与において分与者に税金がかかるということ自体が適当なのかという問題である。

　　第2に，分与者に税金がかかるということを知らなかったという場合，後からそこでの錯誤を理由として，財産分与の合意の無効を主張することができるのかという問題である。

　　最判平成元年9月14日判時1336号93頁→*百選I（第7版）24事件〔山下純司〕*では，夫Xが，妻Yと離婚するに際して，裸一貫から出直すことを決意して，自己の特有財産である不動産全部を財産分与としてYに譲渡する旨を合意した。この際，Xは，本件財産分与については，Yに課税されるものと考えていた。ところが，その後，Xには2億円余りの譲渡所得税が課税されることがわかった。そのため，Xは，債権法改正前の民法95条により，本件財産分与の合意は錯誤により無効だと主張し，本件不動産についての所有権移転登記の抹消登記手続を求めた。

　　原審が，本件錯誤は動機の錯誤にすぎないとして，Xの請求を退けたのに対して，最高裁は，「所得税法33条1項にいう『資産の譲渡』とは，有償無償を問わず資産を移転させる一切の行為をいうものであり，夫婦の一方の特有財産である資産を財産分与として他方に譲渡することが右

第1回　財産分与と租税をめぐる問題　583

『資産の譲渡』に当たり，譲渡所得を生ずるものであることは，当裁判所の判例……とするところであり，離婚に伴う財産分与として夫婦の一方がその特有財産である不動産を他方に譲渡した場合には，分与者に譲渡所得を生じたものとして課税されることとなる。したがって，前示事実関係からすると，本件財産分与契約の際，少なくともXにおいて右の点を誤解していたものというほかはないが，Xは，その際，財産分与を受けるYに課税されることを心配してこれを気遣う発言をしたというのであり，記録によれば，Yも，自己に課税されるものと理解していたことが窺われる。そうとすれば，Xにおいて，右財産分与に伴う課税の点を重視していたのみならず，他に特段の事情がない限り，自己に課税されないことを当然の前提とし，かつ，その旨を黙示的には表示していたものといわざるをえない。そして，前示のとおり，本件財産分与契約の目的物はXらが居住していた本件建物を含む本件不動産の全部であり，これに伴う課税も極めて高額にのぼるから，Xとすれば，前示の錯誤がなければ本件財産分与契約の意思表示をしなかったものと認める余地が十分にあるというべきである」として，錯誤無効の主張が認められる可能性を肯定し，原判決を破棄し，要素の錯誤の成否，Xの重大な過失の有無等について審理すべきものとして原審に差し戻した。

　民法の観点からは，確定判例に基づく法律状態について誤解していたような場合に錯誤無効が認められるのかという点が問題となり，それが上記の第2の問題である（本件の場合，動機の錯誤だということを前提として，そうした動機が表示されて契約内容になっているのかという問題のほか，双方が錯誤に陥っていたのだとすれば共通錯誤についても問題となる。こうした問題については，民法総則の教科書を参照されたい）。

　もっとも，前提とされている判例が，民法の財産分与という仕組みとの関係でそもそも当然に正当化されるものなのかということも問題となる。先ほど説明した財産分与の内容や性質からは，「譲渡」ではないと思っていたというXの気持ちもわかるような気がする。この点を考えてみようというのが，上記の第1の問題である。

　ところで，こうした判決に接すると，家族法の案件を扱っている法律家にとっても，租税法についての一定の知識は不可欠だということが痛感される。財産分与について相談を受けて，租税法上の扱いを知らないまま，平成元年判決のケースのような財産分与の合意を当事者が締結してしまったという場合，その助言をした法律家の専門家責任といったものも問題となりそうである。その点では，コワイなぁ……と思うと同時

584　　**特別講義　家族法と租税法**

に，「民法総則」（共通錯誤等），「債権総論」や「債権各論」（契約責任
や不法行為責任），それに「家族法」（財産分与）に関する総合問題のよ
い材料にもなりそうだと考えた次第である。

Ⅲ　財産分与にかかる税金

▶佐藤　読者の皆さんも漠然とは知っていると思いますが，日本では個人
が「所得」を得ると，「所得税」という税金がかかります。その根拠法は
所得税法です。所得税法では，最初に所得を 10 種類に分けて計算するこ
ととされており，財産分与に関係するのは「譲渡所得」という所得類型で
す。

　所得税法上，「譲渡所得とは，資産の譲渡……による所得をいう」（所税
33 条 1 項）と規定されていて，これだけだとまるで，誰かがモノを売って
儲けたらそれが譲渡所得だ，というように考えがちです。しかし，判例は，
譲渡所得を「資産の値上りによりその資産の所有者に帰属する増加益を所
得として，その資産が所有者の支配を離れて他に移転するのを機会に，こ
れを清算して課税する趣旨のもの」と考えています（参照，最判昭和 43・
10・31 訟月 14 巻 12 号 1442 頁，最判昭和 47・12・26 民集 26 巻 10 号 2083 頁）。
この判示の趣旨は，次のように理解できます。

　Aが，ある時に 40 万円で買った甲土地を 10 年後に 100 万円で売った例
で考えましょう。目には見えませんが，Aが甲を所有していた 10 年間に
甲は段々と値上がりしていて，その値上がり分は，実はAの所得です。し
かし，所有期間中はこれには課税されずに放置されてきたわけです。そし
て，Aが甲を売った時に，過去 10 年間の値上がり分が 60 万円（100 万円
− 40 万円）と決まるので，この時に 60 万円について「所得」としてAに
課税するというのが，「譲渡所得」という所得の考え方だ，ということに
なります。したがって，「譲渡所得」への課税というのは，基本的な考え
方のレベルでは，「何かを売って儲けた」ことへの課税ではなく，すでに
発生済みの「過去の所得」に譲渡時に課税するもの，ということになりま
す。端的に言えば，「資産を手放したこと（人）」への課税，というわけで
す。

　このような基本的な発想から，譲渡所得を発生させる「資産」や「譲
渡」も，非常に広く理解されています。他人に移転可能で値上がりする可
能性があるものはすべて「資産」ですし，それを手放す行為はすべて「譲
渡」にあたります。売買のほか，交換や現物出資，競売や強制収用なども
「譲渡」として扱われています。特に，この後の議論との関係では，代物

弁済（民482条）が譲渡にあたることを，記憶しておいてください。1000万円の債務を負っている債務者が，債権者の承諾を得て，代物弁済として，時価1000万円の不動産を債権者に引き渡した場合，この不動産を1000万円で譲渡したものとして，譲渡所得が発生します。ここまでの説明はよろしいですか？

▶窪田　今回の授業とはあまり関係なさそうですが，佐藤先生の挙げられた例で，代物弁済の目的物が時価500万円の不動産や1500万円の不動産だったりした場合でも，その不動産を引き渡すことによって生ずるのが，1000万円の債務の消滅ですから，1000万円の譲渡として譲渡所得が生ずるということで，よろしいですか？
　譲渡所得を判断する基準となるのが，対価に相当する部分なのか，それとも時価等，目的物自体の価値なのかという点が少し気になりましたから，質問させてください。

▶佐藤　譲渡所得の本質は，過去に発生してきた所得の清算ですが，それを現実に計算する基礎となる収入の金額は，資産を手放した人がそれによってどれだけの利益を得たかに着目しますので，原則としては，その人が受けた債務消滅益である1000万円の収入があったものとして課税されます。
　ただ，窪田先生が挙げられたような明らかな不等価取引は中級以上の所得税法に関わる問題で，実際にはそんなに単純ではありません。以下の議論では，移転される資産と消滅する債務は，常に等価であると考えることにしましょう。

▶窪田　はい，わかりました。中級以上の話は，またいつかにしましょう。おつまみも，どうぞ。

▶佐藤　ありがとうございます，いただきます。あぁ，これ美味しいですね。
　それでは，譲渡所得課税の一般論はこれくらいにして，財産分与時の課税についての話に進みましょう。
　現在の課税実務 —— 国税庁・国税局・税務署等のお役所でどのように課税されることになっているか —— においては，不動産などの資産を財産分与すると，分与した人が分与時の時価でその資産を譲渡したものとして譲渡所得が発生するという扱いになっています。その基礎になっている

のは，最判昭和 50 年 5 月 27 日（民集 29 巻 5 号 641 頁）です。そこで，この判決を紹介しましょう。

判決によれば，「財産分与の権利義務の内容は，当事者の協議，家庭裁判所の調停若しくは審判又は地方裁判所の判決をまって具体的に確定されるが，右権利義務そのものは，離婚の成立によって発生し，実体的権利義務として存在するに至〔る〕。そして分与義務者が不動産を与えるなどして分与が完了すると，「右財産分与の義務は消滅するが，この分与義務の消滅は，それ自体一つの経済的利益ということができる」とされています。

この判決の理解は，こういう例で説明することができそうです。まず，BがCと離婚するときに民法によってBが財産分与義務を負う。仮にその金額が 1000 万円だったとして，Bは現金で 1000 万円支払う代わりに，時価 1000 万円の乙土地をCに分与すれば，財産分与義務を消滅させることができる。ここでBがかつて乙を 600 万円で購入していれば，債務消滅益 1000 万円との差額の 400 万円分の譲渡所得がBに発生する，というわけです。前振りをしていたとおり，この判決の考え方は，いわば「財産分与債務」の，分与された不動産などによる「代物弁済」という構成なのです。

なお，この後，窪田先生との議論の中でも出てくると思いますが，租税法学においては，この判決は理論的に誤りであるとして，強く批判するのが通説的な考え方です。

ちなみに，もしBがCに現金 1000 万円を支払ったら，これは譲渡所得の問題にはなりません。現金は「値上がり」や「値下がり」を考えることができない，いわば価値の尺度そのものだから，「値上がり」を前提とする譲渡所得の「資産」にはあたらない，というのがその理由です。したがって，財産分与から譲渡所得が発生するといっても，それは，あくまでも現金以外の「資産」を分与した場合に限られます。

▶窪田　先ほど，課税実務は，財産分与時に「時価で」資産を譲渡したものとしていると説明がありましたね。仮にこの判決のように考えて不動産の財産分与から譲渡所得が発生するとしても，BとCの間で「乙土地を分与する」とだけ決めた場合に，どうして乙を時価で譲渡したことになるのでしょうか？

▶佐藤　それは，ある種の経験則みたいなものです。財産分与契約などにおいて分与すべき価額に触れていない場合でも，この判決によれば，財産分与によりBの得た利益は「財産分与債務」という債務の消滅益です。この債務が乙土地の分与によって「ちょうど」消滅したのなら，その債務の

価値は乙の価値と等しいはずです。乙の価値と言えば，一般的にはその時価ですから，結局，Ｂは乙を手放して乙の時価相当額の債務を免れるという利益を得ていることになり，通常は，時価による譲渡と考えられるわけです。

Ⅳ　財産分与にかかる税金についての個別的問題

1　財産分与の清算という側面

▶窪田　いまの説明を聞いて少しわかったような気もするのですが，やはり確認させてください。まず，清算という側面について言えば，AB間で，ＡはＢに対して未清算の債務を負担していたという場合，それについて清算したにすぎないのだとすれば，一般に，「譲渡」と呼ばれているものとはずいぶん違うような気がします。

もちろん，現金での財産分与には課税されないということでしたが，不動産の場合には，代物弁済という構成で課税されるということですよね。もっとも，現金がなくて，不動産だけしか見るべき財産がないという場合に，不動産を相手に渡すことで財産分与を実現するということは，そう珍しくないように思います。そうだとすると，両者で課税の扱いが異なって構わないのかという気もするのですが，この点は，租税法上は，どのように説明されるのでしょうか。

▶佐藤　あ，すみません。とりあえず租税法の判例の立場を説明するのに一所懸命で，民法の考え方との関係を何もお話ししませんでした。先ほど，窪田先生も，財産分与の内容として清算と扶養を挙げた上で，「慰謝料（損害賠償）」を財産分与の中で扱うことも可能だと説明されましたね。

実は，判例の説明のところで少し触れた租税法学の通説は，そのような民法学説に基づいて，判例を批判しています。

この考え方によると，まず，「夫婦共通財産の清算の意味で財産が分与された場合は，その実質は共有財産の分割」だとされます。他方で，共有物の分割は，資産の「譲渡」にはあたらず，分割からは譲渡所得は発生しないとするのが，租税法における一般的な考え方です。したがって，財産分与のうち，清算の意味を有する部分は「譲渡」ではなく，そこから譲渡所得は発生しない，という主張になるわけです（参照，金子宏「所得税とキャピタル・ゲイン」同『課税単位及び譲渡所得の研究〔所得課税の基礎理論中巻〕』〔有斐閣，1996年〕101頁）。

588　特別講義　家族法と租税法

この立場に立てば，判例は「財産分与は譲渡にあたるか」という問いをほったらかして「譲渡収入はいくらか」を検討していることになり，当然，批判の対象とされます。

2　財産分与の扶養の側面との関係

▶窪田　財産分与のもうひとつの側面としての扶養との関係についても確認しておきたいと思います。

婚姻関係にある夫婦間において，一方のみが現金収入を有するというような場合，その一方が他方に対して扶養のための給付をなすというのは，通常は，課税の対象となりませんよね。それとの関係で，判例のような扱いはどのように位置付けられるのでしょうか。

もっとも，この質問は，「そもそも財産分与に含まれる扶養っていったい何なんだ？」という民法学の領域でも議論がある点にも関わります。

▶佐藤　扶養と，この後で扱うことになる慰謝料（損害賠償）の問題は，これまで議論してきたのとは角度が違う問題です。これまではもっぱら財産分与を「した」人の税金について考えてきましたが，「扶養」と「損害賠償」について問題となるのは，第一次的には，財産分与を「受けた」人です。現金や資産を「受け取った」のに，所得税がかからないのはなぜか，ということですね。

この点，所得税法では「扶養義務者相互間において扶養義務を履行するため給付される金品」が非課税とされていますし（所税9条1項15号），贈与税については「扶養義務者相互間において生活費又は教育費に充てるためにした贈与により取得した財産のうち通常必要と認められるもの」（相税21条の3第1項2号）が非課税とされています。

しかし，これらはいずれも「扶養義務者相互間」についての規定ですから，扶養のためにする財産分与に直接適用されることはありません。そのため，厳密に考えれば，扶養のための財産分与を受けると，所得税（または贈与税）がかかるはずです。

ただ，どういう理屈かは明らかではありませんが，課税実務は，一般に，財産分与を「受けた」人には，所得税も贈与税も課税していません（参照，相続税法基本通達9-8）。

▶窪田　離婚後の扶養といったものを観念するかということ自体，大いに議論があるところですが，仮に財産分与の中に扶養としての側面を認めるとしても，あくまで離婚後については，扶養義務は認められていないので，

そうした財産分与の離婚後扶養という側面については，非課税の対象とならないということでよろしいですか？

▶佐藤　現行法の理解としては，そのとおりです。

▶窪田　それからもうひとつ質問があります。肝心の財産分与を「した」人のほうの扱いが，まだよくわかっていないので，その点について確認させてください。

▶佐藤　それは，本質的には，自分のお金を何に使ったかというだけの問題で，窪田先生がお金を払って自分でステーキを食べても，奥様にご馳走しても，ゼミの学生を集めて奢っても，所得税法に関しては特に違いはない，というのと同じです。
　現金の代わりに不動産などの資産を分与した場合，通説はこれを「離婚後の扶養のために財産が分与された場合は，資産が贈与されたものと解される」（参照，金子・前掲）としており，現行法では個人間の贈与は，贈与した人に所得税がかからない仕組みになっていますので，特に課税の問題は生じないのです。離婚後扶養については，扶養を受ける側に法律上の請求権がなく，したがって扶養を「する」側に債務が観念されませんから，代物弁済という構成にはならないわけですね。

▶窪田　扶養にあたる部分については，分与した側の人については，租税法上は贈与した場合と同様だということですね。この点は，民法上は議論もありそうですが，先ほどのように離婚後は扶養義務はないということを前提とすれば，そのようになるということは理解しました。
　ところで，扶養と清算でかなり違ってきそうですが，財産分与の中身をきれいに分けることができるのかという問題については，後ほど扱えればと思います。ところで，もう1本，開けましょうか？

▶佐藤　いいですね，どんどんいきましょう。

3　離婚慰謝料

▶窪田　それでは，最後に，慰謝料について確認をさせてください。不法行為に基づく損害賠償請求権については，所得税はかからないということだったかと思います。これは，賠償を受ける側の税金の扱いだと思いますが，賠償をする側の扱いについても確認させてください。

なお，慰謝料を含めて財産分与がなされ，そこで不動産が分与されるという場面を考えると，独立に損害賠償請求をした場合と，財産分与という枠組みの中で損害賠償も扱った場合とで異なる結果が生じないのか等も，少し気になります。このあたりについて，教えていただけますか。

▶佐藤　これは，判例の立場と扶養についての説明を合わせたような結果になります。まず，不動産等を損害賠償として分与した側は，それにより損害賠償債務が消滅しますので，代物弁済のような考え方で，その消滅する債務の金額を収入金額と考えて譲渡所得が発生します。

　損害賠償として分与を受けた側は，個人が受け取る損害賠償金を一般的に非課税とする規定（所税9条1項17号，所税令30条）がありますので，この適用により課税されません。

　この両者の扱いは，慰謝料が財産分与として支払われても，独立に損害賠償請求された場合でも，全く同じになります。

4　民法の規定と租税法の判例の理解

▶佐藤　ただ，いまお話ししてきたような説明は，あくまでも，「財産分与」が清算，扶養，損害賠償などに明確に分解できるということが前提となっているのですが，民法上，そのような理解が唯一のものと考えるべきなのでしょうか。

　私には，昭和50年の最高裁判決は，離婚によって，抽象的な財産分与の権利義務が，「一切の事情を考慮して」（民768条3項）内容が決定される「ひとつのもの（一個の法定債務）」として発生する，と考えているように思えます。このような理解は，民法上は成り立たないのでしょうか。すなわち，清算，扶養，損害賠償というような要素は，財産分与の総額を決定する要素ではあるが，具体的に「○円分が清算」「○円分が扶養」というような計算の結果として財産分与の総額が決まっているのではない，という理解です。

　そう考えれば，民法に基づいて発生した，いわば価値の総額として「○○円分の財産分与をすべし」という債務を不動産などの資産で，「代物弁済」することになるので，判例の立場は正しいということになるわけです。

▶窪田　その点は，財産分与をめぐる最もやっかいな問題のひとつだと思います。

　実は，先ほど扶養に関しての佐藤先生のご説明をうかがっていて，気になっていたのも，その点に関連します。

一般的な贈与税についての佐藤先生の説明はわかったのですが，財産分与については，清算と扶養の両方ともが内容として入ってきます。また，当事者間で財産分与の合意がなされる場合には，清算に相当する金額はいくらで，扶養にあたる部分がいくらだというようなことを明確にすることは，むしろ例外だろうと思います。

　そうだとすると，財産分与について，それが「譲渡」だということになって，その部分に譲渡所得税がかかるということになると，結局，「贈与した人に所得税がかかる」ということになりそうな気がしたからです。

　最終的に，ひとつの法定債権が成立し，総額についての代物弁済なのだというのは，現在の判例の租税法上の扱いについての説明としては成り立つのかもしれません。ただ，従来の理論が，財産分与の内容が清算や扶養であるといった理解を示し，それぞれの内容が譲渡所得税の扱いについて異なりうるのだとすると，それを一括して処理してしまうことは，本来必要ではない税金を課することになってしまうという見方もできるように思います。

▶佐藤　そうした問題意識は，租税法学の通説の前提でもあると思います。しかし，通説のように考えると，具体的な問題解決の場面でさまざまな困難が生じることが危惧されます。

　まず，必ずしも家庭裁判所などの公的な機関が関与しない離婚に伴う財産分与において，ひとつの財産分与の内容を清算，扶養，損害賠償にどのように切り分けるか —— それによって所得税法上の扱いが変わってくる —— という深刻な問題が生じます。当事者に任せれば，当然，実質とは別に，形式上は税金が一番安くなる組合せを選ぶはずですが，課税の公平の観点からそのような結果を常に認めるというわけにはいきません。他方で，密接な人間関係を基礎として密室で決定される事柄の「実質」を，税務調査などで明らかにすることには，非常な困難が伴います。

　また，ワンルームマンションPを特有財産（親からの贈与により取得）として所有していたDが，夫婦の住居として広いQ不動産を婚姻中に取得した後，配偶者Eと離婚する際に，両者の合意でPをEに財産分与する，というケースは普通にありそうですが，EがDの特有財産であるPに「潜在的持分」を持っていて，それが2人の間で「清算」の対象になるというのは，いかにも擬制がすぎるように思います。

　ちなみに，もし，EがQについて「潜在的持分」を有しており，それをDが所有するPと交換したと構成すると，こんどはEに譲渡所得が発生したとして課税される可能性が出てきてしまいます。

このような実務的な問題も考えると，財産分与義務を「ひとつの債務」と考え，それに関わる課税関係を現在の判例のように考えることには，十分な理由があるように思えてくるわけです。

　もっとも，このように考えると，理論上，財産分与時には分与をした人にも受けた人にも税金がかかるということになりますが，私もそのような結果まで正当だとは考えていません。あくまでも，こういう理解をベースに適切な立法論を展開すべきだ，というのが私の考え方です。ただし，今日は家族法の「特別講義」であって租税法の授業ではありませんから，これ以上この問題には立ち入らないことにしましょう。

　ただ，財産分与と譲渡所得課税の問題は，実は，「課税をするかどうか」の問題ではなく，「いつ，誰に課税するか」という問題だということは，最後にコメントしておきたいと思います。

▶窪田　何ですって？

▶佐藤　先ほど，私の「贈与をした人には課税されない」という説明に対して，窪田先生が，判例のように考えると「財産分与時に贈与をした人に課税されることにならないか」という問題提起をされました。

　実は，現行法でも，個人間の贈与は，贈与の時に，財産を手放した贈与者に課税をしないだけで，その後受贈者が贈与によって得た資産を譲渡した時に，贈与者の所有期間中に発生した譲渡所得にも合計して課税される仕組みになっています（参照，所税60条１項１号）。

　それと同じで，仮に，清算と離婚後扶養（贈与）の趣旨でBがCに時価1000万円の乙土地（Bの取得価額は600万円）を分与し，その趣旨どおりに課税関係を考えると，確かに財産分与の時にはBに対して課税されませんが，その後にCが乙を1300万円で売った時には，そこからBの取得価額を差し引いた700万円についてCが課税されないと理屈に合いません。これに対して，判例や課税実務の考え方では，財産分与時にBに400万円（1000万円−600万円）について，後の譲渡時にCに300万円（1300万円−1000万円）について，それぞれ課税されることになり，結局，合計で700万円に課税されることには変わりはないのです。

　財産分与と譲渡所得課税の問題は，この例で言えば700万円をどのようにBとCで分けるべきかという問いの答えを，どのような理屈で導くか，という問題だと，私は理解しています。

▶窪田　租税法の基本的な考え方といったものについて，少しわかったよ

第１回　財産分与と租税をめぐる問題　　593

うな気がします。

　その上で，まとめというわけではないのですが，この議論をめぐる問題の所在も見えてきたような気がします。

　ひとつの問題は，現在の財産分与という制度が，非常に不透明なものであるということにありそうです。財産分与が，清算と扶養を内容とするといっても，多くの場合には，比喩的な説明にとどまっていて，租税法上の議論に厳密に対応できるだけのものになっていないということのようにも思えます。

　さらに，この不透明さは，清算と扶養のそれぞれが不透明だというだけではなく，「財産分与は清算と扶養を基本的な内容とする」といった命題自体が，いったい何を意味しているのかという点にもありそうです。とりわけ，清算と扶養等の金額を積み上げたものが財産分与なのか，清算や扶養を考慮しつつひとつのものとして財産分与が観念されるのかということが，租税法上の扱いとの関係では重要な意味を持ってくるということについて，よく理解できました。

　もうひとつの問題は，財産分与額の決定の具体的なプロセスにもありそうです。これは，家事審判や離婚訴訟の中で家庭裁判所が判断するという場合と，当事者の合意でなされるという場合でかなり違いがありそうです。特に，当事者の合意だけで決めるという場合，仮に清算，扶養，さらには損害賠償のそれぞれについて，その属性に応じた租税法上の扱いを考えるとしても，それを実質的にどのように確保するのかという問題があるということですね。

　なお，離婚時の財産分与については，すでに実務の中ではある程度定着している2分の1ルール（婚姻後に得た財産を原則として2分の1ずつ分ける）を受けて立法的な対応をするという方向も考えられそうです。そうしたルールを作った場合，それが今回取り上げたような租税法上の扱いとどのような関係になるのかといったあたりについても，よく見守っていく必要がありそうです。

V　離婚後の子の養育費をめぐる問題

▶窪田　離婚に際しては，子の養育費について合意をする場合もあります。財産分与の場合にも将来の扶養という側面があるものの，それが何を意味するのかについて議論があることについては触れましたし，また，こうした財産分与と子の養育費との関係は必ずしも明確ではない点も残るように思われます。ただ，子の養育費については，将来にわたる扶養義務の履行

という性格がより端的に認められるということは言えると思います。離婚に際しての問題のひとつとして，子の養育費の扱いについても確認しておきたいと思います。

▶佐藤　わかりました。それでは，夫婦であるＡとＢが離婚し，Ｂが親権者または監護者となり，子Ｃを引き取り，Ａは，Ｃが成人するまで，Ｃの養育費として，毎月５万円を支払うということが合意されたという設例で考えてみましょう。

　この場合，養育費を受け取ったＣについては，財産分与と扶養を議論したときに紹介したのと同じ規定が適用されます。すなわち，この養育費は「扶養義務者相互間において扶養義務を履行するため給付される金品」（所税９条１項15号柱書後段）にあたり，所得税の非課税所得となります。また，Ｃの進学などで特にお金が要るときにＡが追加して入学金相当額を支払った場合などには，「扶養義務者相互間において生活費又は教育費に充てるためにした贈与により取得した財産のうち通常必要と認められるもの」（相税21条の３第２号）に該当して，贈与税についても非課税となります。窪田先生は「将来の扶養という性格がより端的に認められる」とおっしゃいましたが，おそらくそれは「養育費支払の合意」についての評価だと思います。租税法では，現実に養育費が支払われた時に，その時点での「扶養義務の履行」などと考えて課税関係が決定されます。

　他方，養育費を支払ったＡについては，離婚せずに子供を育てる場合の支出と同じで，所得税法上は「家事費」（所税45条１項１号参照）とされ，所得の計算において控除できません。

▶窪田　ちょっと待ってください。今のご説明だと養育費を受け取るのはＣだとされていますが，設例の場合であれば，子を引き取ったＢが養育費についての権利者，Ａが義務者という形で合意されることが多いように思います。

▶佐藤　ＡとＢとの間の法律関係として構成されるということですか？
　その場合，養育費について，設例ではＣは成人前ですから，実質的にＢがこれを管理しているはずですが，Ｂには養育費の分別管理義務などはないのですよね。

▶窪田　おっしゃるとおりです。通常の場合，養育費の支払の相手方はＣではなく，Ｂですし，子の養育のためにＡによって支払われたものだと

第１回　財産分与と租税をめぐる問題　595

しても，養育についての義務を負担しているＢのもとで一括して管理されることになると思います。

▶佐藤　そうだとすると，ＡがＢに支払う養育費について，ＢにもＣにも所得税がかからないとしたら，かなり実質的な評価がなされていることになりますね。

▶窪田　おっしゃるように，養育費がＣのためのものであることは明らかですが，養育費をめぐる法律関係の当事者が誰なのかについては，明確ではないところも残るように思われます。ただ，養育費の前提となる扶養請求権自体はＣのＡに対する権利ですし，その点では，あくまでＡとＣとの法律関係なのだという説明もできないわけではないように思います。実際，養育費については，子ども名義の通帳を作り，そこに入金するようにしている例もあるようです。その場合には，佐藤先生の先ほどの説明が，スムーズに当てはまることになります。

▶佐藤　なるほど，民法上も，ＡとＣとの間の法律関係として構成される余地があるということですね。そうであれば，設例の説明としては，先ほど述べた内容で問題ないと思います。ただ，Ｂの口座に振り込まれ，Ｂが分別管理もせずに丼勘定でＣの養育に充てている場合については，非常に厳格に，民法上の法律関係に忠実に課税関係が構成されている──実質的な所得の支配などが無視されている──ということになりますね。この点も，家族法における議論と租税法における議論をきちんとすり合わせる必要があるように思いました。
　ところで，養育費については，国税庁が，「扶養義務の履行として支払われる場合」や設例のように，「子が成人に達するまでなど一定の年齢等に限って支払われる場合」などには，ＡとＣとが「生計を一にする」親族にあたる，としている（https://www.nta.go.jp/law/shitsugi/shotoku/05/65.htm）という問題があります。

▶窪田　「生計を一にする」ってなんですか。

▶佐藤　「生計を一にする」というのは，所得税法上の概念で，平たく言えば「（経済的な観点からは）同じ一つの家族だ」というような意味です。判例上は，親族が「有無相扶けて日常生活の資を共通にしてい」る場合がこれにあたるとされています（最判昭和51・3・18判時812号50頁）。私は，

家族などが「財布を共有している関係」と説明することにしています。

　課税実務では，就学や療養などのために同居していない家族であっても，「常に生活費等の送金が行われている場合」には，生計を一にしているものとして扱っています（所得税基本通達2-47参照）。そこで，養育費が恒常的に支払われている場合には，この場合に該当し，ＡとＣとが「生計を一にする」とされるのです。

▶窪田　それで，ＡとＣが「生計を一にする」とされるとどうなるのですか。

▶佐藤　国税庁のサイトでは，ＡがＣを扶養親族としうる，すなわち，ＣについてＡが扶養控除の適用を受けることができるとされています。もちろん，一人の人間について複数の納税者が扶養控除の適用を受けられるとすると不合理ですから，もし，ＣについてＡが扶養控除を受けるなら，同居しているＢは扶養控除を受けられないことになります。ＡとＢの両方が要件を満たす場合に，どちらが扶養控除を受けるかという問題の解決方法は所得税法施行令に規定があります（所税令219条）。

　しかし，ＡとＣが「生計を一にする」とされることの効果は扶養控除に限られず，たとえばＣが地震や火災で被害を受けたときにＡがその損失額について雑損控除の適用を受けられるとか，Ｃに多額の医療費がかかったときにＡが医療費控除を受けられるとか，色々な規定に影響が及びます。また，生計を同一にする親族間での事業に関する支払は所得税法上無視されますから（所税56条参照），あまりない例かもしれませんが，Ａが経営する個人商店でＣがアルバイトをした場合には，Ｃはアルバイト代に対して課税されず，Ａは支払ったアルバイト代を必要経費に算入できない，という結果となります。

▶窪田　労働の対価として支払ってもお小遣いをあげたのと同じになってしまうわけですね。

▶佐藤　ただ，私自身は，Ｃに対する養育費はＢの収入と合わせて，同居しているＢとＣの生活全体を支える原資となっていると考えるべきで，ＡのＣに対する「生活費の送金」だけを取り出して議論すべきではないと考えており，国税庁の扱いには疑問を持っています。

　結局，養育費を送金しても所得の計算上は控除できないＡに扶養控除くらいは受けさせてあげよう，という同情的な立場に立った取扱いだと見

るべきなのかもしれません。

Ⅵ　授業の終わりに

▶窪田　さて，「授業の終わりに」を私のほうで引き取るというのは，結構汚いですね。必要なところだけ佐藤先生に説明させて，あとで，イタチの最後っ屁のように勝手なことを言って，片付けてしまうということもできるわけです。で，普段はそういう汚（えげつない）いことも私は平気でするんですが，佐藤先生には日頃から大変にお世話になっていることもあり，そういうことはしないことにしましょう。

　それに，この問題は，大変に難しく……。

▶佐藤　あ，そうだ！　窪田先生，最後に私の本の宣伝をしておいてもいいですか？

　以下は〔＊未承諾広告＊〕です。民法その他の法律を勉強していて，「租税法も面白いかも」と思った人は，『プレップ租税法〔第3版〕』（弘文堂，2015年）を，今日，いろいろとお話ししたような所得税の仕組みに興味を持った人は，『スタンダード所得税法〔第2版補正版〕』（弘文堂，2018年）を読んでみてください（ここでの説明の該当部分は，『スタンダード』だと89頁とCase2-14〔132頁〕です）。きっと，いままで知らなかった世界が広がると思います。

　ついでに今日のお話の参考文献として，「離婚と所得税」（『新基本法コンメンタール　親族〔第2版〕』〔日本評論社，2019年〕130頁）をご紹介しておきます。窪田先生がこの本の編者をしておられる関係で私が書かされた，もとい，書かせていただいた解説で，関連する文献もかなり細かく挙げています。

▶窪田　……というわけで，佐藤先生にご著書の宣伝もいただいたところで，今回の特別講義は終わりです。

　以上，酔っぱらいの「家族法と租税法」談義でした。じゃぁ，佐藤君，もう一軒，行こうかぁ。

598　　特別講義　家族法と租税法

特別講義 第2回 遺産分割と租税をめぐる問題

I 今回のテーマ

▶窪田　第1回に続いて，「家族法と租税法」というテーマでの特別講義です。

　前回は親族法の問題を取り上げましたから，今回は，相続法から問題を取り上げることにしましょう。相続と租税法というと，当然，すぐに相続税のことが頭に浮かぶのですが，佐藤先生からは，相続税についての基本的なご説明もいただきつつ，少し発展的な問題ということで，特に，遺産分割と租税法との関わりについて掘り下げて検討することができればと考えています。

　さて，もちろんですが，今回も，時間外の講義ですから，佐藤先生も私もグラスを片手にしています。中に入っているのは，水ではありません。

　　身近な税金問題というと，佐藤先生が租税法の重要性をアピールするときの宣伝文句のようであるが，ここでは，税金問題が一般に身近だとまで言うつもりはない。

　　むしろ，勝手な思い込みなのかもしれないが，自営業を営んでいると，毎年3月に確定申告で苦労するというのに比べると，いわゆるサラリーマンの生活の中では，もちろん給与明細を見て税金が高いなぁ……といったことを感じることはあっても，税金の徴収自体は，源泉徴収という形で処理されていて，具体的に税金がどうなるのかといったことを意識するということは必ずしも多くないようにも思う。

　　もっとも，そうした職業に関わりなく，税金のことを強く意識するという場面もあるだろう。その代表的な場面のひとつが，前回，取り上げた離婚の問題だし，さらに，もうひとつが，相続に際しての税金の扱いなのではないかと思う。

　　もちろん結婚した以上離婚する，ということはないし，身近というのもどうかと思うが，しかし，それほど別世界の話ではない。それに，人は必ず，いつかは死ぬ以上，相続人になるかどうかはともかく，ほぼ確

実に被相続人にはなりそうである。

　ほかにも身近な税金問題はあるのだろうが，まずは，2回の特別講義
で，身近な税金問題については，少しフォローができそうである。

　その点では，自分の問題としても，そして，法律家をめざしている諸
君であれば，別に租税関係を専門的に扱うつもりはなくても，きっと意
識せざるをえない問題として，これらについて考えておくことは不可欠
であるように思われる。

　……と，以上，租税法の勉強をまじめにしてこなかった民法研究者か
らの自戒を込めたコメントである。

Ⅱ　相続税の基本的な理解

▶窪田　今回のテーマは，遺産分割と租税ということなのですが，その前
提として，そもそも相続税というのは，いったいどんなものなのかという
ことを少し確認しておくほうがよいように思います。

　相続法の説明の中では，「相続させる旨の遺言」について，それが遺贈
なのか，遺産分割方法の指定なのかといった問題を扱いましたが→*491頁以
下*，当該遺言の性質をどのように理解するかが，税金との関係で何か意味
を持ってくるのかという点についても確認しておく必要がありそうです。

　ごく基本的で，初歩的な事柄だと思いますが，学生諸君だけではなく，
私も，本当のことを言うとあまりわかっていないので，佐藤先生に，「10
分間でわかる相続に関する租税法」というような形でお話をいただければ
と思います。

▶佐藤　はい。私有財産制の下では，ある人が死亡すると，その人の財産
は原則として他の人に引き継がれます。通常は親から子へ，というように
「富の世代間移転」が生じるわけです。もし，これを無制限に認めると，
裕福な階層は莫大な富を親から子へ，子から孫へと引き継いでいけること
になり，親から富の移転を受けない貧しい人々との間で「そもそも人生の
スタートラインが違う」というような格差を生み，このような格差があま
りに大きくなることは望ましくないという社会的判断がなされることにな
ります。そこで，非常に大きな財産が世代間で移転する際に税金をかけて，
大きな富がそのまま移転することを防ごうとすることが考えられます。こ
れが相続税の目的です。その意味で，社会的正義の実現が主たる目的であ
ると言ってもよいでしょう。

　相続税には，大きな遺産そのものに着目してその一部を税金として国が

取り上げる遺産税の類型と，遺産をもらった人がそれだけ豊かになったことに着目して遺産をもらった人に，取得した遺産の一部を税として納めてもらう遺産取得税の類型があります。ちなみに，どちらの類型の相続税の下でも，生前贈与によって相続時の課税を免れようとすることに対応して，相続税を補う機能を持つ贈与税が作られることが一般的です。

　日本の相続税・贈与税は，一応，後者の遺産取得税の系譜を引いていることになっています。これは言ってみれば，「相続所得」や「受贈所得」という所得類型を相続税，贈与税として所得税とは別立ての税にしたということですね。したがって，相続税や贈与税の対象となるものには所得税を課税しないという明文の規定が置かれています（所税 9 条 1 項 16 号）。

　なお，相続税と贈与税は密接に関わる税なので，両方をまとめて相続税法に規定が置かれています。贈与税法という法律はありませんから，注意が必要です。また，そもそも贈与税は相続税を補うために作られた税ですから，個人が個人から受けた贈与だけが贈与税の対象になります。個人が法人から贈与を受けた場合は所得税の問題であり，贈与税はかかりません（相税 21 条の 3 第 1 項 1 号）。これも間違えやすい点ですね。

　ところで，日本の相続税は遺産取得税だと先ほど言いましたが，現実の制度は結構複雑です。よかったら，ひとつ例を出していただいて，それに沿って説明したいと思います。

▶窪田　それでは，こういう例ではどうでしょうか。

> | 設例 1 | 　Ａが死亡して，配偶者Ｂと子 CD の 3 人が相続人となった。遺産分割協議がなされ，Ａの所有していた不動産甲はＢが，不動産乙はＣが相続し，Ｄは何も相続しなかった。

▶佐藤　ありがとうございます。この例だと，まず，甲・乙の不動産がいくらかということを評価する必要があります。しかし，相続税法には財産の価額は「取得の時における時価」による旨が規定されているだけです（相税 22 条）。そこで，課税実務は財産評価基本通達という通達をもとに全国一律に相続財産の評価を行っています。市街地の土地だと，主要な街路に面した土地の 1㎡ あたりの値段が「路線価」として公表されていて，それを基礎として評価が行われます。路線価は毎年公表され，国税庁のサイト（http://www.rosenka.nta.go.jp/）で簡単に見ることができますので，自宅の周辺の評価額などを一度見てみると面白いと思います。

▶窪田　自宅のあたりは１m²あたり4432万円かぁ……。

▶佐藤　どこを見てるんですか！　それは，銀座4丁目の交差点のところ
の評価額ですよ……。
　さて，設例1で甲が4億円，乙が2億4800万円と評価されたとしまし
ょう。Aに債務があればこの合計額の6億4800万円からその債務が控除
されますが（相税13条），ここでは債務はなかったものとします。次に，
遺産に係る基礎控除として，相続1件あたり3000万円と法定相続人1人
あたり600万円の控除があります（同15条1項）。ここでは法定相続人が
B，C，Dの3人ですから，合計で4800万円の控除が受けられます。し
たがって，課税対象となるのは6億円です。

▶窪田　3人って，Dは何も相続していませんよ。

▶佐藤　それでもいいんです。次に，この6億円をB，C，Dが民法の法
定相続分（民900条・901条）によって相続したものと仮定して税額を計算
します。つまり，Bが3億円，CとDが1億5000万円ずつ相続したと仮
定して税額を計算するわけです。

▶窪田　あのぉ，くどいようですが，Dは何も相続していませんよ。

▶佐藤　いいんです。黙って飲んでいてください。
　税率表（相税16条）を適用すると，Bの3億円については1億800万円，
CとDの1億5000万円については，それぞれ4300万円ずつの税額になり
ますから，合計で1億9400万円ですね。この1億9400万円を実際の相続
額であるB：4億円，C：2億4800万円，D：0円で比例配分するとそ
れぞれの相続人が納付すべき一応の税額が得られるわけです。心配してお
られたDは，ここのところで納付すべき税額が0円となるので，安心して
ください。あっ，安心しすぎて寝ないように！
　ところで，ここで「一応の税額」と言ったのは，その税額から各相続人
の個人的事情に応じた控除がなされるからです。たとえば，Cが未成年者
や障害者であれば，税額から一定の控除を受けられます（相税19条の3・
19条の4）。また，BはAの配偶者ですから，1億6000万円か法定相続分
の大きいほうの額に相当する額の相続財産にかかる税額の控除が受けられ
ます（同19条の2）。この例だと遺産の総額6億4800万円の2分の1に当
たる3億2400万円分に相当する部分の税額が控除されるというわけです。

▶窪田　ずいぶん，複雑な仕組みですね。ところで，ボクの今年の確定申告の件なんだけど……。

▶佐藤　お願いですから，黙って聞いていてください。

　相続税ももともとは（厳密に言うと昭和28年以降），現在の暦年課税の贈与税のように，各相続人が相続した財産の額から基礎控除を差し引いて，残額に累進税率表を適用するというシンプルなやり方でした。しかし，それだと相続人間で均等に相続財産を分割したときが，税額の合計額が最も少なくて済むので，均分相続を偽装する例 ── 実際は長男が全財産を相続しても相続税の申告書では兄弟姉妹が均分相続したことにする例 ── が多く生じたのです。しかし，前回の離婚時の財産分与についても同じことを言いましたが，密接な人間関係にある人たちが密室の中で決めたことの「実質」を税務調査で明らかにすることは非常に困難であり，結局，ごまかしがたまたま見つかった人だけが課税される，という困った事態になりました。他方，正直に相続税を納めようとすると，農家などを典型として，1人の相続人がまとめて財産を相続せざるをえないような場合には，負担が重すぎて相続税が払えない，ということも問題視されました。

　このような問題に対処するため，相続人間で実際にどのように遺産を分割しても「一応の税額」の合計額が一定となるような方式として，現行の法定相続分課税方式が昭和33年に導入されたのです。すでにおわかりのように，このやり方だと，遺産の総額と相続人の人数・構成が決まれば，納付すべき「一応の総税額」が決まります。

　ただし，少し注意が必要なのは，現実の遺産分割に左右されないのは相続人の個別事情に応じた税額の調整の前までの過程であり，とりわけ，現在では配偶者に対して大きな控除が用意されていますので，配偶者の取り分の大小で実際の納付税額は相当，変わってくるということです。父親が亡くなって子供たちが「争族」と化したときの，調整役の弁護士さんの殺し文句は，「ここはいったんお母様に相続していただけば税金が安くなります」だそうですね。

▶窪田　それって，実際上は，ものすごく重要な意味を持ちそうですね。

　ただ，当事者としては，被相続人の配偶者が高齢の場合，配偶者が大きな部分を相続して，その時点での相続税を安く上げても，結局，再度，その配偶者から子への相続があるということになると，そこであらためて相続税がかかるということを考えて，判断する必要性がありそうですね。

▶佐藤　おっしゃるとおりです。最近は，そういう第二次相続のときの相続税を見越して，被相続人の配偶者に遺産を集めない遺産分割方法が，節税のテクニックとして強調される傾向にあります。

　いずれにしても，相当複雑な制度ですし，昭和30年代といまとでは相続人の意識なども変化していますから，相続税の制度を根本的に見直そうという動きがあります。また，先ほどの「基礎控除」の額も，バブル期に相続1件あたり5000万円，法定相続人1人あたり1000万円という水準まで引き上げられましたが，その後のバブル経済の崩壊に伴う地価の下落などに対応して，さっきご説明した相続1件あたり3000万円，法定相続人1人あたり600万円という控除額に変更されたのです。この改正は平成25年にようやく行われ，平成27年1月1日から施行されています。今回の特別講義の冒頭のコラムで窪田先生が相続税はサラリーマンにも身近だと書いておられますが，死亡者数に対する課税がなされた件数の割合は平成15年以降は4％台の前半で推移していたので（参照，吉沢浩二郎編著『図説日本の税制〔平成30年度版〕』〔財経詳報社，2018年〕167頁），相続税に期待されている富の再分配などの役割をきちんと果たせているかということにも疑問が持たれていました。

▶窪田　えっ，たった4％だけなんですか？

▶佐藤　はい，統計上はそうなっています。ただし，これは全国民の死亡者数に対する課税事案の割合で，死亡者数には生後すぐに亡くなった赤ちゃんなども含みますから，一定の年齢以上の死亡者に限れば，もっと割合は上がるでしょう。ちなみに，さっきお話ししたように平成27年からは相続税の基礎控除がそれまでの6割に引き下げられた影響で，この数字は倍の8％まで上昇しています（同前）。

　このように，相続税の制度にもいろいろと問題はありますが，ただ，実際に立法で大きく制度を変えることができるかどうかは，まだわかりません。

　はぁはぁ，ここまでで10分ちょうどですね。ちょっと一杯飲ませてください。

▶窪田　どうぞ。ほかに，民法との関係で聞いておくべきことはありますか。

▶佐藤　あぁ，美味しい。

相続税に関しては，民法では「遺贈」とされないような，たとえば遺言による債務の免除（相税8条）や遺言信託の設定（同9条の2第1項）などが相続税法においては遺贈とみなされ，「みなし相続財産」として相続税の課税対象に取り込まれている，というような点とか，法定相続人の中に養子がいるときの基礎控除の計算の特則（同15条2項）とか，細かく言えば，かなりありますね。前者のパターンには，被相続人が自らを被保険者として保険料を負担していた生命（死亡）保険契約に基づいて相続人等が保険金を受け取る場合なども含まれていて（同3条1項1号・12条1項5号参照），ざっくり言えば，相続法における「相続財産」の範囲と，相続税法において「課税対象とすべき財産」の範囲がズレているのを補正するための規定です。

　後者は，相続税の仕組みのところでお話ししたように，「法定相続人」が増えると遺産にかかる基礎控除が増えますし，相続税の総額を計算する際には，多くの「法定相続人」で頭割りするほうが累進税率の適用上有利なため，被相続人が死亡直前に多人数の人と養子縁組をして相続税の負担を減らすテクニックが多く用いられたことに対する措置です。これに関しては，相続法ではなく親族法の問題かもしれませんが，「専ら相続税の節税のために養子縁組をする場合であっても，直ちに当該養子縁組について民法802条1号にいう『当事者間に縁組をする意思がないとき』に当たるとすることはできない」とした最高裁判決（最判平成29・1・31民集71巻1号48頁）が，租税法の世界では注目されています。

　逆に，民法で区別が議論されているとおっしゃっていた，ある遺言が遺産分割方法の指定か遺贈かという問題については，相続税法が相続と遺贈を同じ扱いにしているので（相税1条の3第1項柱書参照），この点の区別は，租税法ではあまり大きな問題にはなりません。

　これらの点も含め，もう少しだけくわしく相続税の概要を説明したものとして，『新基本法コンメンタール　相続』（日本評論社，2016年）269頁［佐藤英明］がありますので，興味のある人は参照してください。

　このほか，相続に関わる相続税以外の税金としては，不動産の所有権が相続や遺贈を機に移転しますので登録免許税が関係しますし，資産の移転ですから，第1回の特別講義で説明した譲渡所得課税の問題も生じます。相続時の譲渡所得課税の話は，時間があれば，後で少し触れましょう。

第2回　遺産分割と租税をめぐる問題　605

Ⅲ　遺産分割と租税

1　遺産分割前の租税法上の扱い

▶窪田　さて，それでは，遺産分割と租税 —— 特に相続税との関係で，いくつか個別の質問をさせてください。

相続法の説明の中でも触れましたが→514頁，遺産分割は，相続開始後何か月，何年以内にやらなくてはならないというようなものではなく，実際には，遺産分割がなされずに，不動産の登記等も，被相続人の名義のまま放っておかれているという場合も少なくありません。たとえば，次の 設例2 のような場合です。

> 設例2　　Aが死亡して，子 BC が相続人となった。遺産分割協議等はなされず，Aの所有していた不動産甲および不動産乙は，Aの登記名義のまま放置されていた。

まず，このような場合に，租税法上，どのように扱われるのかということについてお聞きしたいと思います。

さすがに，「遺産分割さえしなけりゃ，相続税はかからないも～ん」といった都合のよい制度にはなっていませんよね。

▶佐藤　その質問は，法科大学院の授業でもときどき出るのですが，もちろん，そう「都合のよい」ことにはなっていません。

相続税の申告書の申告期限は，相続開始があったことを知った日の翌日から 10 か月以内（相税 27 条 1 項）ですが，この日までに分割されていない遺産がある場合には，その遺産については，民法の法定相続分（寄与分を除く）に応じて分割したものとして課税することになっています（同 55条）。申告後に行った分割の結果が法定相続分と異なる場合には，修正申告や更正の請求などの税額を訂正する手続が用意されています（同 32 条1 項 1 号・30 条・31 条）。この手続に関しては，東京地判昭和 45 年 3 月 4日（行集 21 巻 3 号 423 頁）を参照してください。

少し話が横道に逸れますが，共同相続人間では相続によって得た利益の限度で相続税の連帯納付義務が規定されていることにも注意してください（相税 34 条 1 項）。しっかり者の姉・弟とだらしがない兄が共同相続するという事案で，姉と弟が不動産や事業用資産を相続し，兄が現預金を相続し

606　特別講義　家族法と租税法

た場合に，兄がさっさと相続財産を使い果たして自分の相続税を納付しないと，兄の分の相続税まで姉や弟が納付する義務を負うことになります。危ないと思ったら，税金を納付するまで現金を渡したりできない，ということですね。

▶窪田　それは，怖いですね。

▶佐藤　まったくです。平成24年改正で，申告期限から5年を経過する日までに連帯納付義務の履行を求められなければ，それ以降は連帯納付義務を負うことはないという改正がなされたのですが（相税34条1項ただし書1号），それまでは相続開始後十数年たった後でも連帯納付義務の履行を求められることがある，という制度の造りでしたから，なおさらでした。

2　遺産分割協議の無効等

▶窪田　ところで，遺産分割協議が取り消されたり，無効となる場合もあります。本書の中でも，遺産分割協議において錯誤（民95条）や詐欺，強迫（同96条）があった場合には，民法総則の規定に従って，取消しが認められるということ→511頁，それに，共同相続人の一部を欠いたままなされた遺産分割協議は無効だといったことを説明しました→508頁。

申告期限までに遺産分割協議が成立して，それに従って相続税が決定されたが，しかし，その後，当該遺産分割協議が取り消されたり，あるいは，無効であることが明らかになったという場合，租税法上は，どのように扱われるのでしょうか。

▶佐藤　いきなり難易度がアップしましたね。

租税法は，あくまでも私法上有効な遺産分割を前提として，それに相続税法の要件を適用するものですから，遺産分割協議が無効となればその分割を前提とした申告や納付はすべて効力がなくなるはずです。ですから，改めて行われた有効な遺産分割協議に基づいた遺産分割の内容を反映させるように，税額修正の手続をとる必要があります。通常は，先の申告内容では税額が過大になるときに用いる「更正の請求」（税通23条）という手続が問題となり，先行する協議の無効と新しい協議の成立を理由とする更正の請求が認められるべきだとも考えられます（参照，東京地判平成21・2・27判タ1355号123頁）。

他方，租税法の適用は民事法の実体に合致すべきだと言いつつも，いったん納税申告がなされた後は，そこで確定した税額の修正手続は限定され

ていて，それぞれの手続の要件を満たさなければなりません。それだけ，当初の申告の意味は重たいということですね（参照，最判昭和 39・10・22 民集 18 巻 8 号 1762 頁）。なので，実体が変更されても税額修正手続の要件を満たさないため，結局，税額が修正されないという場合も生じてしまうのです。このあたりが，なかなか一筋縄ではいかないところです。

たとえば，後発的理由による更正の請求（税通 23 条 2 項 1 号）の可否について，最高裁は，納税者自身が主導して通謀虚偽表示により遺産分割協議が成立した外形を作出し，これに基づいて相続税の申告を行った後に遺産分割協議の無効を確認する判決が確定した場合は，後発的理由による更正の請求の手続を認めるべき「やむを得ない理由」がないから，税額の修正を認めないとしています（最判平成 15・4・25 判時 1822 号 51 頁）。ただし，平成 23 年 12 月に行われた国税通則法の改正で，更正の請求ができる期間がそれまでの 1 年間から 5 年間に延ばされたことから，この判決の持つ意味が変化したとも考えられます。この点に興味がある人は，前回の最後にご紹介した『スタンダード所得税法〔第 2 版補正版〕』の「更正の請求の期間の延長と判例法理の動向」という項目（384 頁）を参照してください。

もうひとつ気をつけておくべきことは，いったん，有効な遺産分割協議が成立して相続税の申告をしたにもかかわらず，周辺地価の上昇などを理由として相続人間で再度，遺産分割協議をしようという，いわば「再分割」の合意がなされた場合です。この場合は，相続税の関係では先の分割で有効に遺産分割が行われていますので，「再分割」は相続人間の贈与として贈与税の対象となったり，資産の交換が譲渡にあたり譲渡所得として課税の対象となったりします。1 億円の贈与を受けるとざっと 5000 万円以上の贈与税がかかりますから，これもひとつ間違うと大変なことになりますね。裁判で争われるとしたら，事実認定が議論の大部分を占めるでしょうけれど。

▶窪田　本書の中では，共同相続人の 1 人が一定の行為をなす債務を負うことを前提に遺産分割協議がなされた場合であっても，当該債務を履行しないことを理由としては解除できないという判例がある一方（最判平成元・2・9 民集 43 巻 2 号 1 頁），合意解除は可能だとされていることを説明しました（最判平成 2・9・27 民集 44 巻 6 号 995 頁→511 頁以下）。このような合意解除がなされて，改めて遺産分割協議が成立したという場合には，いまご説明いただいたような再分割として考えればよいのかと思いますが，合意解除がなされただけで，新たな遺産分割協議は成立していないという

場合には，どうなるのでしょうか。「細かすぎるぞ！」と怒られそうです
が……。

▶佐藤　あまり自信はありませんが，先行する遺産分割協議の合意解除自
体が直ちに民法の法定相続分に応じた遺産分割の意味合いを持つような例
外的な場合を除いて，合意解除自体はその後の再分割協議の前提にすぎず，
後の再分割協議の結果に基づいて共同相続人間で贈与や交換（譲渡）の認
定がなされるのだと思います。

　これだと，再分割しないまま長期間が経過すると問題が生じそうですが，
そもそもいったん成立した遺産分割をわざわざ合意解除するというのは，
通常は，その後すぐに改めて分割し直すということを前提にしているもの
ではないでしょうか。

3　遺産の分割方法と譲渡所得課税

▶窪田　ところで，先ほどの 設例1 では，相続人Ｂが不動産甲を，相続
人Ｃが不動産乙を相続して，Ｄは何も相続しないということだったのです
が，実際には，不動産のように分割が困難なものが遺産の主たる部分を占
める場合，その不動産を取得する相続人が，他の相続人に金銭を支払うと
いった形で処理をすることも少なくないだろうと思います。いわゆる「代
償分割」ですが→509頁，この場合，税金はどのようになるのでしょうか。
　少し簡単にした次のような設例でご説明いただけますか。

> 設例 3-1　　Ａが死亡して，子ＢＣが相続人となった。遺産分割協議
> がなされ，Ａの所有していた不動産甲をＢが相続し，代わり
> にＢが8000万円をＣに支払うこととした。その直後，Ｂは
> 甲をＤに2億円で譲渡した。

▶佐藤　租税法においては，これも，かなり面倒な問題を引き起こします。
　たとえば，設例 3-1 のような場合だと，相続したＢとＣが共有の状態
で甲を売って，Ｂが1億2000万円，Ｃが8000万円を「相続」するという
遺産分割協議が成立したのか，それとも，これは代償分割であってＢは甲
全部をＡから相続し，Ｃはこの相続によって現金8000万円を得たという
ことになり，その後，Ｂが単独の所有権者として甲をＤに売ったのかで，
課税上の結果はかなり違ってきます。結局は事実認定の問題でしょうけれ
ど，実際には厄介ですよね。

第2回　遺産分割と租税をめぐる問題　609

▶窪田　なるほど，最後の「その直後，……」という点を踏まえると，実質的には，BC が共有財産たる甲を D に売却したとして理解するという見方もあるということですね。

　もっとも，ここではあまり問題を複雑にしないように，「その直後，……」の前までで，まずは代償分割がなされたということを前提にして，ご説明をうかがえればと思います。

▶佐藤　はい，わかりました。 設例 3-1 を素直に代償分割の事例だと考えた場合，最高裁は，この B のように，代償金を支払って相続財産を得た者は，あくまでもその財産を被相続人 A から直接，相続により取得したものであって，その一部について他の共同相続人 C から譲り受けたものではない，としています（最判平成 6・9・13 判時 1513 号 97 頁）。争われたのは， 設例 3-1 で B が C に支払った 8000 万円を，B が甲を譲渡するときに取得費に算入できるか，という点でした。

　最高裁が理由としているのは，「いったん遺産分割協議がされると遺産分割の効果は相続開始の時にさかのぼりその時点で遺産を取得したことになる」というものです。

　この根拠規定は民法 909 条ですね。法科大学院で教えていると，909 条の考え方は相続法では必ずしも一貫しているわけではないという立場からこの判決を批判する学生が時々いるのですが，この点はどのように考えればよろしいのでしょうか。

▶窪田　そうですね，民法 909 条は，非常に悩ましい規定なのです。なるほど，同条本文は，遡及効を規定していますから，遺産分割の効果についての宣言主義と移転主義の対立との関係では，宣言主義を採用した条文だということになります。その点では，C の持分に相当するものが B に移転したわけではなく，最初から，B が相続によって取得したという説明は可能です。

　ただ，学生諸君が気になるのもわかるような気がします。つまり，一方でそう言いながらも，同条ただし書は，「第三者の権利を害することはできない」としてかなり包括的に遡及効を制限していますし，また，最判昭和 46 年 1 月 26 日（民集 25 巻 1 号 90 頁）は，不動産に対する相続人の共有持分の遺産分割による得喪変更については登記が必要かという問題について，「相続人が相続によりいったん取得した権利につき分割時に新たな変更を生ずるのと実質上異ならない」として，登記が必要であるとしており，実質的に移転主義を採用しているのではないかという見方もあります。

学生諸君も，こうしたことを念頭に置いているのでしょう。このような民法909条ただし書や判例から，わが国の遺産分割においても実質的に移転主義がとられていると理解すると，判例は一貫しないということになるのかもしれません。

　ただ，条文自体から明らかなように，民法909条ただし書は，第三者との関係での遡及効の制限を規定するものですし，昭和46年判決も第三者（この事案では分割後に現れた第三者）との関係について判示したものです。

　その点では，設例3-1 のように，共同相続人間の関係について，判例が，民法909条本文の宣言主義を前提として説明したということは，当然に矛盾だとまでは言えないようにも思います。

　あまり十分な説明ではないかもしれませんが……。

▶佐藤　わかりました。対第三者ではなく共同相続人間の問題だというところが，ポイントになるわけですね（コースターの裏にメモメモ……）。

　さて，一般に課税実務は，遺産分割協議が終わるまでのことはすべて相続税の問題として扱って所得税の問題は発生しないとする傾向が見られます。複数の子供の間で不均等に遺産が分割された場合，いったんは法定相続分に応じて均等に相続された後で持分の譲渡が行われた，などとは構成しないということです。代償分割でも共同相続人の1人であるBが支払う代償金は，受け取った他の相続人Cにとっては相続財産となるとされています（参照，相続税法基本通達11の2-9）。このような課税実務は，法定相続分の法的性格というような家族法の観点からは，どのように考えられますか。

▶窪田　ご質問いただいた点は，遺産共有をめぐるかなり深刻な問題にも関連しそうです。

　学説上は，遺産共有を通常の共有とは区別して，個々の財産に対してではなく，遺産全体に対しての共有状態だと考える立場も有力です。これを合有と呼ぶかどうかはひとまずおくとして，このような理解を前提とすると，個々の共同相続人は，個別の財産について具体的な権利を有するわけではなく，その権利はなお潜在的なものにすぎないということになりそうです。その場合，遺産分割がなされてはじめて相続という法律関係が確定するのだという理解は比較的容易ですし，ご説明いただいたような課税実務を，この観点から説明することができるようにも思います。

　ただ，判例は，遺産共有についても，むしろ，通常の共有と同様に考えてさまざまな問題を解決しています。たとえば，遺産分割前に自己の持分

（法定相続分）を超えて不動産を処分したような場合，その持分を超える部分について無権利の法理で処理するといった扱いもそうですし，また，可分債権についても，原則として，遺産分割を待つまでもなく，当然に分割されるともしています→528頁以下。このように遺産共有の時点でも，それぞれの共同相続人が遺産について具体的な権利を有するというイメージを前提とすると，遺産分割においてなされているのは，そうした持分等の権利などの交換や移転だということになりそうです。その場合，租税法上の固有の議論や政策的な判断を度外視して考えれば，むしろ，自己の財産の処分として所得税の問題なのだという理解もありそうな気がします。

　この点は，先ほどご質問を受けた遺産分割の宣言主義と移転主義の問題とも関わってきそうですね。

▶佐藤　なるほど，さっきの問題はそういうところにもからむのですね。それでは，ついでに，設例3-2 も考えてみましょう。

> 設例3-2　　Aが死亡して，子BCが相続人となった。遺産分割協議がなされ，Aの所有していた不動産甲をBが相続し，代わりにBが自ら所有していた不動産乙をCに与えることとした。

　この例で租税法上何が問題になるかは，第1回の特別講義を読んだ皆さんには，すぐにわかると思います。このBは遺産分割協議によってCに対する債務を負い，その債務を消滅させる代わりに自分が所有する乙をCに渡していますから，財産分与のときと同じで，乙を手放したBに，譲渡所得が発生して所得税が課税されることになります。こういうところでも，相続と譲渡所得は関係します。

　ほかに，限定承認にかかる相続・包括遺贈についての特則もありますが，これは実際上ほとんど例がないと聞いていますので，この特別講義では説明を省略しましょう。

▶窪田　限定承認というのは，あるべき制度としては最も合理的ではないかという見解も有力ですが，実際には，その手続の煩雑さ等もあり，あまり使われていません。

　もちろん，今後状況が変わっていく可能性もないではありませんが，これが増えてきたら，また，一緒に飲む，もとい，特別講義をすることにしましょう。

▶佐藤　あ，Ｌ.Ｏ.だそうですよ。……すみません，ダブルでもう２杯ください。あっ，窪田さん，起きてください。

Ⅳ　遺留分侵害がある場合の法律関係

▶窪田　最後に，少し発展的な問題になるのかもしれませんが，遺留分侵害が生じた場合の租税法上の扱いについて，少しお話をうかがえればと思います。

　遺留分侵害がある場合の租税法上の問題については，以前の特別講義でも取り上げていたのですが（第３版までの特別講義参照），その後，第26講でも取り上げたように，遺留分侵害の効果が大きく変わりました。改正前ですと，遺留分権利者が「減殺請求権」を行使すると，遺留分侵害の範囲で遺贈や贈与の効果が否定され，当然に，財産の一部が遺留分権利者に帰属するとされていました。まさしく，財産移転の効果を否定する「減殺」だったわけです。それに対して，相続法改正により，遺留分侵害が生じた場合には，遺留分権利者に遺留分侵害額請求権という債権が生じ，それを受遺者等に行使することができるということになりました。つまり，遺贈や贈与の法律効果自体が否定されるわけではなく，あくまで，定められた順番で，遺留分侵害額請求権の債務者になるわけです。ごく簡単な例で，考えてみましょう。

> **設例４**　　Ａが死亡し子ＢＣが相続人である。Ａの遺産は，4000万円の不動産甲が唯一のものであり，債務はない。Ａは，「Ｃに甲を遺贈する」という遺言を残していた。ＢＣに特別受益はなく，他に遺留分算定に影響を与える事情はない。

　この場合，当然，Ｂの遺留分が侵害されています。相続法改正前であれば，Ｂが遺留分減殺請求権を行使すると，甲の所有権の４分の１について遺言の効力は否定され，その部分がＢに帰属することになります。他方，相続法改正により，Ｂは，Ｃに対して遺留分侵害額に相当する金銭の支払を請求することができるということになりました（民1046条）。

　民法の観点からは，こうした改正によって，複雑な法律関係が生じるのを避けることが可能となり，より単純な法律関係となったという点が強調されるわけです。ただ，遺贈の効果を否定するという基本的な枠組みが変更されたことは，租税法上は，何らかの影響があるようにも思われます。この点は，どうなのでしょうか。

第２回　遺産分割と租税をめぐる問題　　613

▶佐藤　旧法の下では，たとえば，遺留分減殺請求に対して価額弁償が行われたときの法律関係をどのように理解するか，というような問題が生じていました。考え方としては，①遺留分権利者は，減殺請求権の行使によって取得した権利を，弁償金を対価として受遺者に譲渡した（受遺者は目的物を遺留分権利者から取得した）と考える説と，②弁償金は遺留分が形を変えたものだから，遺留分権利者は弁償金を被相続人から相続によって取得した（受遺者は目的物を被相続人から取得した）と考える説が成り立ちうるところ，最高裁は最判平成4年11月16日（判時1441号66頁）で，②の立場を採用しました。この判決に，大堀裁判官の補足意見と味村裁判官の反対意見が付されていたことからもわかるように，これは大きな見解の対立のあった問題だったのです。

　これに対して，改正後の民法の下では，遺贈や贈与の効果に変更がありませんので，この問題自体がなくなってしまいました。遺留分減殺請求に価額弁償がなされた場合のこれまでの課税上の扱いから考えると，今後は遺留分侵害がある場合に遺留分権利者が権利行使して得た金銭債権については，原則として，その金額に相当する金銭債権を遺留分権利者が被相続人から取得したものとして相続税が課税され，受遺者等は，相続や遺贈によって取得した財産の価額からこの金銭債権相当額を控除した残額について相続税が課税されることになるものと思います。その意味で，相続法改正後は，遺留分侵害の場合はこれまでの代償分割で代償金が支払われる場合と同様の課税関係となるわけです。

　ただし，遺留分侵害の場合に支払われる金銭の額などについて当事者間で争いがある場合については，相続税額の修正が必要になる場合があるなど，租税法にも影響がありそうです。このあたりは，別の機会にゆっくり教えてください。

▶窪田　今回の遺留分の改正では，単に遺留分権利者に金銭債権が認められたというだけではなく，問題の捉え方自体が変わったと言えそうですね。
　あぁ，もう一杯。あぁ，もうダメですか……。
　この本の初版以来，版を改めるつど，佐藤先生とこうやって積み重ねてきたテーマのひとつの遺留分ですが，ひょっとすると，このあたりも見直しが必要なのかもしれません。

▶佐藤　そうですね。次回は配偶者居住権などの新しい問題にもチャレンジしましょうか。

▶窪田　さて，前回の特別講義でも，ついていくのが大変だったのですが，今回は，もっと大変でした。読者諸君の中には，「よくわからん」と思った方も少なからずおられると思いますが，実は，私もそうなので，あまり気を落とさずに，今後も研鑽を積むことにしましょう。

　エッ，私の研鑽ですか？　もちろん，わからないことがあったら，すぐに佐藤先生に連絡がとれるようにしておくことです。

V　授業の終わりに

▶窪田　あれっ，気が利いた店ですね。特別講義の終わりに合わせて，「蛍の光」が流れてきて，いい雰囲気です。エッ，もう閉店ですか？

　お店の人は，こっちをじっと見ていますが，何といっても，酔っぱらいの強み。最後に，佐藤君，酔っぱらいの一言，もとい，租税法学者の一言をどうぞ。

▶佐藤　ずいぶん前の「法学教室」にも書いたのですが〔239号〔2000年〕115頁〕，租税は経済取引の「空気抵抗」だと思います。高校で初歩の物理学を勉強するときには「空気抵抗は無視せよ」という条件になっていても，実際に車両や航空機を設計するときにはそれが重要な要素になるように，初歩の法律学を学ぶときには租税を無視できても，現実の経済取引において租税の負担を無視することはできません。そのため，空気抵抗に応じて車両の形が変わることがあるように，租税負担に応じて経済取引の内容が変わることすらあります。ですから，ある具体的な経済取引の内容を理解するには，租税負担の姿の理解が必要となることだってありうるわけです。

　たとえば，今後，読者の皆さんが財産分与について勉強していくときに，「分与者の手もとに相当な金額の現預金を残したまま不動産を分与する」という事案を見かけたら，これは分与者に所得税の納税資金を用意させる意図だろうな，というように理解することができるようになるでしょう。

　細かく網の目のように社会に張りめぐらされた租税は，いたるところで経済取引の形や内容に影響を与えていますので，租税法が専門でなくても，また法律家ではなく一般の社会人であっても，租税法に関する知識を蓄えておくのは，これからの社会生活上，非常に重要なことだと思います。そういう意味で，この2回の「特別講義」で，皆さんが租税法に少しでも興味を持ってくださると，大変嬉しく思います。それでは，また，いつか，どこかでお会いしましょう。

　では，本当に授業の最後に窪田先生からのご挨拶です。

……って，窪田さん，窪田さんったら，聞いてます？

▶窪田　あっ，あぁ……。佐藤君，まだ開いている店，知ってる？

【資料　平成 8 年改正要綱】

民法の一部を改正する法律案要綱

平成 8 年 2 月 26 日
法制審議会総会決定

第一　婚姻の成立
　一　婚姻適齢
　　　婚姻は，満十八歳にならなければ，これをすることができないものとする。
　二　再婚禁止期間
　　1　女は，前婚の解消又は取消しの日から起算して百日を経過した後でなければ，再婚をすることができないものとする。
　　2　女が前婚の解消又は取消しの日以後に出産したときは，その出産の日から，1 を適用しないものとする。
第二　婚姻の取消し
　一　再婚禁止期間違反の婚姻の取消し
　　　第一，二に違反した婚姻は，前婚の解消若しくは取消しの日から起算して百日を経過し，又は女が再婚後に懐胎したときは，その取消しを請求することができないものとする。
第三　夫婦の氏
　一　夫婦は，婚姻の際に定めるところに従い，夫若しくは妻の氏を称し，又は各自の婚姻前の氏を称するものとする。
　二　夫婦が各自の婚姻前の氏を称する旨の定めをするときは，夫婦は，婚姻の際に，夫又は妻の氏を子が称する氏として定めなければならないものとする。
第四　子の氏
　一　嫡出である子の氏
　　　嫡出である子は，父母の氏（子の出生前に父母が離婚したときは，離婚の際における父母の氏）又は父母が第三，二により子が称する氏として定めた父若しくは母の氏を称するものとする。
　二　養子の氏
　　1　養子は，養親の氏（氏を異にする夫婦が共に養子をするときは，養親が第三，二により子が称する氏として定めた氏）を称するものとする。
　　2　氏を異にする夫婦の一方が配偶者の嫡出である子を養子とするときは，養子は，1 にかかわらず，養親とその配偶者が第三，二により子が称する氏として定めた氏を称するものとする。
　　3　養子が婚姻によって氏を改めた者であるときは，婚姻の際に定めた氏

617

を称すべき間は，１，２を適用しないものとする。
　三　子の氏の変更
　　　１　子が父又は母と氏を異にする場合には，子は，家庭裁判所の許可を得
　　　　て，戸籍法の定めるところにより届け出ることによって，その父又は母
　　　　の氏を称することができるものとする。ただし，子の父母が氏を異にす
　　　　る夫婦であって子が未成年であるときは，父母の婚姻中は，特別の事情
　　　　があるときでなければ，これをすることができないものとする。
　　　２　父又は母が氏を改めたことにより子が父母と氏を異にする場合には，
　　　　子は，父母の婚姻中に限り，１にかかわらず，戸籍法の定めるところに
　　　　より届け出ることによって，その父母の氏又はその父若しくは母の氏を
　　　　称することができるものとする。
　　　３　子の出生後に婚姻をした父母が氏を異にする夫婦である場合において，
　　　　子が第三，二によって子が称する氏として定められた父又は母の氏と異
　　　　なる氏を称するときは，子は，父母の婚姻中に限り，１にかかわらず，
　　　　戸籍法の定めるところにより届け出ることによって，その父又は母の氏
　　　　を称することができるものとする。ただし，父母の婚姻後に子がその氏
　　　　を改めたときは，この限りでないものとする。
　　　４　子が十五歳未満であるときは，その法定代理人が，これに代わって，
　　　　１から３までの行為をすることができるものとする。
　　　５　１から４までによって氏を改めた未成年の子は，成年に達した時から
　　　　一年以内に戸籍法の定めるところにより届け出ることによって，従前の
　　　　氏に復することができるものとする。
第五　夫婦間の契約取消権
　第七百五十四条の規定は，削除するものとする。
第六　協議上の離婚
　一　子の監護に必要な事項の定め
　　　１　父母が協議上の離婚をするときは，子の監護をすべき者，父又は母と
　　　　子との面会及び交流，子の監護に要する費用の分担その他の監護につい
　　　　て必要な事項は，その協議でこれを定めるものとする。この場合におい
　　　　ては，子の利益を最も優先して考慮しなければならないものとする。
　　　２　１の協議が調わないとき，又は協議をすることができないときは，家
　　　　庭裁判所が，１の事項を定めるものとする。
　　　３　家庭裁判所は，必要があると認めるときは，１又は２による定めを変
　　　　更し，その他の監護について相当な処分を命ずることができるものとす
　　　　る。
　　　４　１から３までは，監護の範囲外では，父母の権利義務に変更を生ずる
　　　　ことがないものとする。
　二　離婚後の財産分与

1　協議上の離婚をした者の一方は，相手方に対して財産の分与を請求することができるものとする。

2　1による財産の分与について，当事者間に協議が調わないとき，又は協議をすることができないときは，当事者は，家庭裁判所に対して協議に代わる処分を請求することができるものとする。ただし，離婚の時から二年を経過したときは，この限りでないものとする。

3　2の場合には，家庭裁判所は，離婚後の当事者間の財産上の衡平を図るため，当事者双方がその協力によって取得し，又は維持した財産の額及びその取得又は維持についての各当事者の寄与の程度，婚姻の期間，婚姻中の生活水準，婚姻中の協力及び扶助の状況，各当事者の年齢，心身の状況，職業及び収入その他一切の事情を考慮し，分与させるべきかどうか並びに分与の額及び方法を定めるものとする。この場合において，当事者双方がその協力により財産を取得し，又は維持するについての各当事者の寄与の程度は，その異なることが明らかでないときは，相等しいものとする。

第七　裁判上の離婚

一　夫婦の一方は，次に掲げる場合に限り，離婚の訴えを提起することができるものとする。ただし，㋐又は㋑に掲げる場合については，婚姻関係が回復の見込みのない破綻に至っていないときは，この限りでないものとする。

　㋐　配偶者に不貞な行為があったとき。

　㋑　配偶者から悪意で遺棄されたとき。

　㋒　配偶者の生死が三年以上明らかでないとき。

　㋓　夫婦が五年以上継続して婚姻の本旨に反する別居をしているとき。

　㋔　㋒，㋓のほか，婚姻関係が破綻して回復の見込みがないとき。

二　裁判所は，一の場合であっても，離婚が配偶者又は子に著しい生活の困窮又は耐え難い苦痛をもたらすときは，離婚の請求を棄却することができるものとする。㋓又は㋔の場合において，離婚の請求をしている者が配偶者に対する協力及び扶助を著しく怠っていることによりその請求が信義に反すると認められるときも同様とするものとする。

三　第七百七十条第二項を準用する第八百十四条第二項（裁判上の離縁における裁量棄却条項）は，現行第七百七十条第二項の規定に沿って書き下ろすものとする。

第八　失踪宣告による婚姻の解消

一　夫婦の一方が失踪の宣告を受けた後他の一方が再婚をしたときは，再婚後にされた失踪の宣告の取消しは，失踪の宣告による前婚の解消の効力に影響を及ぼさないものとする。

二　一の場合には，前婚による姻族関係は，失踪の宣告の取消しによって終

了するものとする。ただし，失踪の宣告後その取消し前にされた第七百二
十八条第二項（姻族関係の終了）の意思表示の効力を妨げないものとする。
　三　第七百五十一条（生存配偶者の復氏等）の規定は，一の場合にも，適用
するものとする。
　四　第六，一及び二は一の場合について，第七百六十九条（祭具等の承継）
の規定は二本文の場合について準用するものとする。
第九　失踪宣告の取消しと親権
　一　父母の婚姻中にその一方が失踪の宣告を受けた後他の一方が再婚をした
場合において，再婚後に失踪の宣告が取り消されたときは，親権は，他の
一方がこれを行うものとする。
　二　子の利益のため必要があると認めるときは，家庭裁判所は，子の親族の
請求によって，親権者を他の一方に変更することができるものとする。
第十　相続の効力
　嫡出でない子の相続分は，嫡出である子の相続分と同等とするものとする。
第十一　戸籍法の改正
　民法の改正に伴い，戸籍法に所要の改正を加えるものとする。
第十二　経過措置
　一　婚姻適齢に関する経過措置
　　　改正法の施行の際満十六歳に達している女は，第一，一にかかわらず，
婚姻をすることができるものとする。
　二　夫婦の氏に関する経過措置
　　1　改正法の施行前に婚姻によって氏を改めた夫又は妻は，婚姻中に限り，
配偶者との合意に基づき，改正法の施行の日から一年以内に2により届
け出ることによって，婚姻前の氏に復することができるものとする。
　　2　1によって婚姻前の氏に復しようとする者は，改正後の戸籍法の規定
に従って，配偶者とともにその旨を届け出なければならないものとする。
　　3　1により夫又は妻が婚姻前の氏に復することとなったときは，改正後
の民法及び戸籍法の規定の適用については，婚姻の際夫婦が称する氏と
して定めた夫又は妻の氏を第三，二による子が称する氏として定めた氏
とみなすものとする。
　三　相続の効力に関する経過措置
　　　改正法の施行前に開始した相続に関しては，なお，改正前の民法の規定
を適用するものとする。
　四　その他本改正に伴う所要の経過措置を設けるものとする。

事 項 索 引

あ 行

悪魔ちゃん事件……………………29, 292
足入れ婚……………………………138
後継ぎ遺贈………………480, 481-, 543
家……………………………………11
家のための養子………………237, 238
育児放棄……………………………332
遺骨………………………………373
遺言………………………………354, 447-
　──の解釈………………………468
　──の確認………………………471
　──の検認………………………470-
　──の執行………………………471-
　──の対象………………………448
　──の撤回………………………453-
　──の方式………………………458
　──の要式性……………………354
　相続させる旨の──…491-, 494-, 524-
　特別方式の──…………………462
　普通方式の──…………………458
遺言事項……………………………354
遺言執行者…………………………472-, 508
　──の復任権……………………476
遺言書
　──の偽造………………………388
　──の破棄………………………388
　──の変造………………………390
遺言相続……………………………350
遺言能力……………………………450-
遺言の撤回…………………………453-
　──［遺言書等の破棄による撤回］……454
　──［遺言による撤回］…………453
　──［抵触行為による撤回］………454
　──［抵触する遺言による撤回］……453
　──の撤回………………………455
　──の方法………………………453

遺産確認の訴え……………………504
遺産共有……………………………500
遺産の一部分割……………………513-, 534
遺産分割……………………353, 499-, 599-
　──［移転主義］…………………515, 522
　──［宣言主義］…………………515, 522
　──の効力………………………515-
　──の対象とならない遺産………504
　──の対象となる遺産……………528
　──の方法………………507-, 509, 609-
　──前の遺産の処分………………505-
遺産分割協議………………354, 508-, 607-
　──の解除………………………511
　──の当事者……………………508
　──の取消し……………………511, 607
　──の無効………………………511, 607
遺産分割審判………………354, 512-
慰謝料………………………………123-
慰謝料請求権の相続………………363
遺贈………………………414, 478-, 487-
　──と死因贈与…………………485-
　──の規定の準用…………………486
　──の死因贈与への転換……………468
　──の放棄………………………488
　──の履行………………………474
遺贈義務者の引渡義務等……………489
遺族給付……………………………137
遺族厚生年金………………………152
遺体………………………………373
一身専属的な権利義務………………360
一夫一婦制の原則……………………35
いとこ養子…………………………248
犬神家の一族………………………497
遺留分………………………355, 539, 565-
　──の計算の基礎となる財産の価額……568
　──の放棄………………………579
　──を有する推定相続人……………395

寄与分と——……………………………435
公平型寄与分と——……………………436
清算型寄与分と——……………………437
相続分の指定と——……………………577
特別利益としない旨の意思表示と——
………………………………577
遺留分減殺請求権……………………………566
遺留分権利者……………………………………566
遺留分侵害……………………420,554,613-
遺留分侵害額……………………………569,574
遺留分侵害額請求権………………356,566
——の消滅時効……………………578
医療ネグレクト……………………………332
姻族……………………………………………42-
——関係の終了……………………114
AID……………………………156,165,215-
——についての夫の同意……………217
AIH……………………………………216,229
江藤新平……………………………………10
縁切寺……………………………………………90
縁組意思……………………………243-,245
——のない養子縁組……………………29
縁組能力……………………………………255-
縁氏続称……………………………………254
押印……………………………………………466
親子関係不存在確認訴訟………191,194,201
——［訴えの相手方］…………………193
——［期間制限］………………………192
——［訴訟を提起できる者］…………192
親子法制ルール（生殖補助医療）………214
親のための養子……………………………237
親の未成熟子に対する扶養義務………343-

か 行

外観説……………………………197,199,219
懐胎時期
——に関する証明書……………………40
——の推定………………………………168
回復の見込みがない強度の精神病
………………………………99,101,106

花押……………………………………………467
核家族…………………………………………5
拡大生来嫡出子……………………………188
苛酷条項……………………………………106
家事審判……………………………………47-
家事調停……………………………………47-
家庭破綻説……………………………197,199
家督相続……………………………………11
可分債権の共同相続……………………528-
借り腹　→ホストマザー
換価分割……………………………………509
監護者………………………………………129
監護者指定…………………………………331
間接強制
——［子の引渡し］……………………323
——［面会交流］………………………133
勘当………………………………………159
管理権喪失……………………………324,325
菊田医師事件………………………………272
旧民法典……………………………………10
狭義の代理母　→サロゲートマザー
協議分割……………………………………507
協議離縁……………………………………253
協議離婚……………………………89,90,91-
強制認知………………………………177,181-
きょうだい養子……………………………248
共同遺言の禁止……………………………451-
共同親権……………………………………128
共同相続
可分債権の——…………………………528-
金銭債権の——…………………………528-
債務の——………………………………535-
共同相続人の担保責任……………………516
共有財産…………………………………70,71
協力義務……………………………………59-,61
虚偽の出生届と認知………………………264
虚偽の出生届と養子縁組…………………264
虚偽の養子縁組……………………………29
居所指定権…………………………………293
寄与

相続人ではない者の──…………………441
特別の──………428,430,439,444
寄与分………………………353,412,427-
　　──と遺留分……………………435
　　──をめぐるトリレンマ…………435
近親婚の禁止………………………42-,283
　　──［近親の血族間の婚姻］…………44
　　──［養親子間等の婚姻］……………45
金銭債権の共同相続…………………528-
均分相続の原則……………………406
具体的相続分…………352,405,409,411-
　　──の権利性……………………412
　　──の算定………………………412
具体的相続分額……………………353
具体的相続分率……………………353
契印…………………………………465
形式的意思説………………20-,95,243
芸娼妓養子…………………………243
形成無効（認知）…………………180
形成無効説（婚姻）…………………49
契約自由の原則……………………228
血縁説………………197,198,199,219
血族…………………………………42-
　　直系──…………………………42
　　傍系──…………………………42
血族相続人………………………350,375
原状回復的アプローチ（子の引渡し）…322
限定承認……………………………381-
現物分割……………………………509
権利濫用の禁止……………………266
行為規制ルール（生殖補助医療）………214
合意に相当する審判…………47,201,202
後見…………………………………334
後見開始の審判……………………338
後見人
　　──と被後見人の間の縁組…………249
　　──の注意義務…………………295
公正証書遺言……………………453,460-
拘束の違法性………………………319
公平型寄与分……………………433,439

──と遺留分………………………436
効力発生要件（婚姻の届出）……………27
戸主…………………………………11
個人根保証契約……………………365
戸籍…………………………………12
戸籍感情………………………13,186
戸籍事務管掌者……………………28
　　──の権限………………………28
子との面会交流……………………130
子どもの権利条約…………………131
子の意思の把握……………………258
子の一時保護………………………329
子の行為を目的とする債務…………296
子の在宅保護………………………328
子のための養子……………………237
子の引渡し…………………………311-
　　──［原状回復的アプローチ］………322
　　──［総合衡量的アプローチ］………321
　　──の執行方法…………………322
個別的遺留分……………………569,574
婚姻
　　──と親子………………………163-
　　──についての父母の同意…………34
　　──の錯誤無効……………………52
　　──の届出………………16,17,27-
　　──の取消し………………17,45,46-
　　──の無効…………………17,45,49-
　　──を継続し難い重大な事由………99,102
　　嫡出性を与えるためになされた──…26
婚姻・縁組のための贈与…………………414
婚姻意思……………………16,19-,20,45
　　──の合致………………………19
　　──の存在時期…………………30
婚姻外のパートナー関係……………144
婚姻準正……………………………186
婚姻障害……………16,17,18,28,34-,45,150
婚姻適齢……………………………34-
婚姻の取消し…………………17,45,46-
　　──の効果………………………48
　　詐欺または強迫を理由とする──………46

婚姻費用‥‥‥‥‥‥‥‥‥‥‥‥‥73-	遺贈と――‥‥‥‥‥‥‥‥‥‥485-
婚姻費用の分担‥‥‥‥‥‥‥‥‥73-	試験養育‥‥‥‥‥‥‥‥‥‥‥‥280
――［過去の婚姻費用］‥‥‥‥‥75	死後懐胎子‥‥‥‥‥‥‥‥230,231
――［別居中の婚姻費用］‥‥‥‥74	自己契約の禁止‥‥‥‥‥‥‥‥‥297
婚姻費用分担義務‥‥‥‥‥‥‥‥113	自己決定‥‥‥‥‥‥‥‥‥‥‥227-
婚氏続称‥‥‥‥‥‥‥‥‥‥‥‥59	死後離縁‥‥‥‥‥‥‥‥‥‥‥‥253
婚約‥‥‥‥‥‥‥‥‥‥‥‥‥‥15	事実婚主義‥‥‥‥‥‥‥‥‥‥‥16

さ　行

	事実上の相続放棄‥‥‥‥‥384,411
祭具等の承継‥‥‥‥‥‥‥114,254	施設への入所措置‥‥‥‥‥328,329
債権・債務の相続‥‥‥‥‥‥‥363	実方との関係の断絶‥‥‥‥‥‥271
再婚禁止‥‥‥‥‥‥‥‥‥‥‥39-	実方との親族関係の終了‥‥‥‥283
再婚禁止期間（待婚期間）‥‥39-,169	実方の血族との関係‥‥‥‥‥‥251
財産管理権‥‥‥‥‥‥‥‥129,295-	実質的意思説‥‥‥‥‥20-,95,140,243
財産管理に関する親権者の注意義務‥‥295	実質的夫婦共有財産‥‥‥‥‥‥70
財産の維持または増加‥‥‥‥‥440	実親子‥‥‥‥‥‥‥‥‥158-,164-
財産分与‥‥‥‥‥‥‥‥114-,582-	失踪宣告‥‥‥‥‥‥‥‥‥‥‥374
――による清算‥‥‥‥‥‥‥118-	――後の再婚‥‥‥‥‥‥‥‥36-
――の類推適用‥‥‥‥‥‥‥141	――の取消し‥‥‥‥‥‥‥‥36-
将来の扶養としての――‥‥‥‥122	指定相続分‥‥‥353,405,407-,538
財産分離‥‥‥‥‥‥‥‥‥‥‥535	指定未成年後見人‥‥‥‥‥‥‥335
第一種――‥‥‥‥‥‥‥‥‥536	児童虐待‥‥‥‥‥‥‥‥‥‥327-
第二種――‥‥‥‥‥‥‥‥‥536	児童虐待防止法‥‥‥‥‥‥‥‥330
祭祀財産‥‥‥‥‥‥‥‥‥‥‥361	児童相談所‥‥‥‥‥‥‥‥‥‥328
祭祀承継者‥‥‥‥‥‥‥‥‥‥361	児童福祉法‥‥‥‥‥‥‥‥‥‥328
再代襲‥‥‥‥‥‥‥‥‥‥377,378	自筆証書遺言‥‥‥‥‥‥453,458-
再転相続‥‥‥‥‥‥‥‥‥‥‥385	――の保管制度‥‥‥‥‥‥‥459
――における熟慮期間‥‥‥‥‥385	死亡危急時遺言‥‥‥‥‥‥‥‥462
再転相続人‥‥‥‥‥‥‥‥‥‥385	死亡退職金‥‥‥‥‥‥‥‥‥‥370
――の相続放棄‥‥‥‥‥‥‥385	死亡による婚姻の解消‥‥‥‥‥133
裁判離縁‥‥‥‥‥‥‥‥‥‥‥253	借家における内縁配偶者の居住権‥‥‥142-
裁判離婚‥‥‥‥‥‥90,91-,93-,99-	受遺者‥‥‥‥‥‥‥‥‥‥‥‥487
債務の共同相続‥‥‥‥‥‥‥535-	集合権利説‥‥‥‥‥‥‥‥‥‥559
債務の分割承継の原則‥‥‥‥‥535	重婚的内縁‥‥‥‥‥‥‥‥‥‥151
裁量棄却‥‥‥‥‥‥99,101,105-	重婚の禁止‥‥‥‥‥‥‥‥‥‥35
里親委託‥‥‥‥‥‥‥‥‥328,329	熟慮期間‥‥‥‥‥‥‥‥‥‥379-
里親制度‥‥‥‥‥‥‥‥‥‥‥330	――の経過‥‥‥‥‥‥‥‥‥379
サロゲートマザー（狭義の代理母）‥‥221	再転相続における――‥‥‥‥‥385
300日問題‥‥‥‥‥‥‥169,188,204-	受贈財産の減失‥‥‥‥‥‥‥‥419
死因贈与‥‥‥‥‥‥‥‥‥‥‥485	準婚‥‥‥‥‥‥‥‥‥‥‥‥‥135
	準婚理論‥‥‥‥‥‥‥‥‥139,154

準正……………………………186-
消極的破綻主義…………………108-
情交関係のある相手方を養子とする縁組
　　（妾養子）……………………245
使用貸借…………………………550
将来の扶養としての財産分与……122
職業許可権………………………294
所得税……………………………585-
女婿………………………………242
信義則……………………………111
信義則条項………………………106
親権………………………………287-
　　――と後見……………………290
　　――に基づく子の引渡請求…312-
　　――の帰属……………………304
　　――の共同行使………303,307-
親権後見統一論…………………290
親権者………………………………97
　　――から非親権者に対する子の引渡請求
　　………………………………312-
　　――間の子の引渡し…………315
　　嫡出子の――…………………304
　　非嫡出子の――………………305
　　養子の――……………………305
　　離婚後の――…………………128
親権制限……………………311,324-
　　――の取消し…………………326
親権喪失………………………324,325
親権停止………………………324,325
人工授精…………………………216
人事訴訟…………………………47-
　　――の効果……………………105
身上監護権………………………293-
壬申戸籍……………………………13
人身保護法………………………317-
親族………………………………42-
親族間の扶養……………………341-
親等………………………………42-
審判
　　合意に相当する――…47,201,202

後見開始の――…………………338
　　調停に代わる――………………93
　　特別養子縁組成立の――……282
　　特別養子適格の確認の――…281
審判分割…………………………507
審判離婚……………………………92
信用保証…………………………364
推定されない嫡出子……………188-
　　――の法的地位………………191
推定相続人の廃除………351,386,394-
　　――の取消し…………………395
推定の及ばない子
　　………172,181,188,193-,200,201,203
推定を受けない嫡出子…………188
末川博………………………………21
裾分け遺贈……………………482,498
生活扶助義務……………………344
生活保持義務…………………74,344
生計の資本としての贈与………414
清算型寄与分…………433,434,440
　　――と遺留分…………………437
生殖補助医療………165,214-,232
　　――［親子法制ルール］………214
　　――［行為規制ルール］………214
性転換……………………………155
性同一性障害……………………155
成年擬制……………………………35
成年後見………………………337,338-
成年後見人………………………338
成年年齢の引下げ…………………34
成年被後見人の死亡……………339
生命保険金………………………370
生命保険と特別受益……………415
成立要件（婚姻の届出）…………27
節税を目的とする養子縁組……245
潜在的共有…………………………71
潜在的共有財産……………………70
選択的夫婦別姓…………………55-
選定未成年後見人………………335
占有（権）………………………371

事項索引　　625

総合衡量的アプローチ（子の引渡し）‥‥321
創設の届出‥‥‥‥‥‥‥‥‥‥‥‥‥17
相続
　——等を目的とする縁組‥‥‥‥‥244
　——と登記‥‥‥‥‥‥‥‥‥‥518-
　——の承認‥‥‥‥‥‥‥‥351,378
　——の放棄‥‥‥‥‥‥‥‥351,378
　慰謝料請求権の——‥‥‥‥‥‥363
　債権・債務の——‥‥‥‥‥‥‥363
　損害賠償請求権の——‥‥‥‥‥363
　他人物売買と——‥‥‥‥‥365,369-
　賃借権の——‥‥‥‥‥‥‥‥364
　物権の——‥‥‥‥‥‥‥‥‥362
　保証債務の——‥‥‥‥‥‥‥364
　無権代理と——‥‥‥‥‥‥‥365-
相続開始時の財産の価額‥‥‥‥‥417
相続回復請求権‥‥‥‥‥‥‥‥557-
相続欠格‥‥‥‥‥‥‥‥‥351,386-
相続欠格者‥‥‥‥‥‥‥‥‥‥488
相続財産
　——の隠匿‥‥‥‥‥‥‥‥‥380
　——の消費‥‥‥‥‥‥‥‥‥380
相続させる旨の遺言‥‥‥491-,494-,524-
相続税‥‥‥‥‥‥‥‥‥‥‥599-
相続人‥‥‥‥‥‥‥‥‥‥‥350
　——ではない親族の特別寄与料請求権
　‥‥‥‥‥‥‥‥‥‥‥‥‥444-
　——ではない者の寄与‥‥‥‥441
　——の処分権の制限‥‥‥‥‥474
　——の捜索‥‥‥‥‥‥‥‥401
　——の特別受益‥‥‥‥‥‥571
　——の取戻権‥‥‥‥‥‥‥503
　二重資格の——‥‥‥‥‥‥396-
相続分‥‥‥‥‥‥‥‥‥‥‥405-
　——の指定‥‥‥‥522,523-,539,540
　——の指定と遺留分‥‥‥‥‥577
　——の譲渡‥‥‥‥‥‥‥‥503
　代襲相続人の——‥‥‥‥‥378
　非嫡出子の——‥‥‥‥‥162,406
相続分皆無証明書‥‥‥‥‥384,411

相続放棄‥‥‥‥‥‥‥‥‥‥383-
　再転相続人の——‥‥‥‥‥385
　事実上の——‥‥‥‥‥‥384,411
総体的遺留分‥‥‥‥‥‥‥569,574
双方代理の禁止‥‥‥‥‥‥‥297
贈与
　婚姻・縁組のための——‥‥‥414
　生計の資本としての——‥‥‥414
訴訟上の和解による離婚‥‥‥‥93
損害賠償請求権の相続‥‥‥‥‥363
尊属‥‥‥‥‥‥‥‥‥‥‥‥42
尊属養子の禁止‥‥‥‥‥‥‥247

た　行

第一種財産分離‥‥‥‥‥‥‥536
待婚期間　→再婚禁止期間
第三者提供の精子による人工授精　→ AID
胎児‥‥‥‥‥‥‥‥‥‥‥‥508
代襲相続‥‥‥‥‥‥‥‥351,376-
代襲相続人‥‥‥‥‥‥‥377,378
　——の相続分‥‥‥‥‥‥‥378
代償分割‥‥‥‥‥‥‥‥‥‥509
代諾縁組‥‥‥‥‥‥‥‥255,256
第二種財産分離‥‥‥‥‥‥‥536
代理懐胎‥‥‥‥‥‥165,221-,225,227
　——に関する行為規制ルール‥‥226
　ホストマザー型の——‥‥‥222-
代理権の濫用‥‥‥‥‥‥‥302-
代理母‥‥‥‥‥‥‥‥‥‥221-
　狭義の——‥‥‥‥‥‥‥221
多数関係者の抗弁‥‥‥‥‥‥184
谷口知平‥‥‥‥‥‥‥‥‥‥21
他人物売買と相続‥‥‥‥‥365,369-
単純承認‥‥‥‥‥‥‥‥‥379-
単独親権‥‥‥‥‥‥‥‥‥128
地位併存説‥‥‥‥‥‥‥‥366
地位融合説‥‥‥‥‥‥‥‥366
嫡出子‥‥‥‥‥‥‥‥160-,170
　——の親権者‥‥‥‥‥‥304
　推定されない——‥‥‥‥‥188-

推定を受けない—————————————188
嫡出推定………39,40,156,168-,171,175,217
　　——の及ばない子………………………193-
嫡出性を与えるためになされた婚姻………26
嫡出否認…………………………40,170-,175
　　——の訴え………………………………194
懲戒権………………………………………294
超過特別受益………………………422-,431
調停…………………………………………201
　　——に代わる審判………………………93
調停前置主義………………47,48,92,182,201
調停分割……………………………………507
調停離婚……………………………………92
直接強制……………………………………323
直系姻族間の婚姻の禁止…………………114
直系血族……………………………………42
直系卑属養子………………………………248
賃金等根保証契約…………………………364
賃借権の相続………………………………364
追認拒絶権…………………………………369
追認権………………………………………368
追認による遡及効と第三者………………269
DNA 鑑定…………………………197,202,208
抵触行為による撤回………………………454
抵触する遺言による撤回…………………453
貞操義務……………………………………62-
　　——違反の効果…………………………63
適法な代諾を欠く縁組の追認……………268-
転縁組………………………………………251
同意権者（特別養子）……………………276
同意の撤回（特別養子）…………………281
同居義務…………………………………59,60
凍結精子……………………………………229-
　　——を用いてなされた人工授精………229
同氏親子同一戸籍の原則………………13,186
同時死亡の推定…………………………375,377
同時存在の原則……………………………374
同性婚………………………………………154
同性のパートナー関係……………………154-
当然分割承継の原則………………………530

当然無効（認知）…………………………180
当然無効説
　　——［婚姻］……………………………49
　　——［離婚］……………………………98
特定遺贈……………………………………478,492-
特定財産承継遺言………476,491-,522,524-
特別縁故者………………………400-,402,403
特別寄与者…………………………………444
特別寄与料…………………………403,444-
　　——の権利行使の期間制限……………445
　　——の負担者……………………………445
特別失踪……………………………………374
特別受益……………………………352,412,413-
　　——としない旨の意思表示………416,419-
　　——としない旨の意思表示の推定……553-
　　——の持戻し……413,417,418,423
　　生命保険と——…………………………415
　　相続人の——……………………………571
特別代理人…………………………………297
特別の寄与………………428,430,439,444
特別方式の遺言……………………………462
特別養子…………………………44,235,271-
　　——の効果………………………………283-
　　——の終了………………………………286
　　——の成立………………………………273-
特別養子縁組成立の審判…………………282
特別養子縁組成立の2段階手続…………280-
　　——［第1段階の手続］………………281
　　——［第2段階の手続］………………282
特別養子適格の確認の審判………………281
特別利益としない旨の意思表示と遺留分
　　………………………………………577
特有財産……………………………………70,71
独立権利説…………………………………558
届出意思説………………………………20,243
届出婚主義…………………………………17

な 行

内縁………………………………………135-
　　——関係の終了…………………………141

事項索引　　627

内縁保護·····················137
　——［婚姻予約によるアプローチ］····137
中川善之助·····················7,21
7040 問題·····················345
難船時遺言·····················462
二重資格の相続人·················396-
日常家事·····················76-,82
日常家事債務·····················75-
　——と表見代理·················78-
2 分の 1 ルール·················120-
任意認知·····················177-
認諾離婚·····················93
認知·················176,202,219
　——［認知される子の同意］·········178
　——［母の承諾］·················178
　——としての効力·················262
　——の効果·····················184-
　——の取消しの禁止·················179
　——の方法·····················178
　　虚偽の出生届と——·············264
　　母の——·····················166
認知者の死亡後における認知無効の訴え
　···························181
認知準正·····················186
認知請求権の放棄·················182
認知の訴え
　——［確認の訴え］·················183
　——［形成の訴え］·················183
　——の期間制限·················182
　——の法的性質·················182
認知能力·····················177
認知無効·····················180
ネグレクト　→育児放棄
年長養子の禁止·················247

は　行

ハーグ条約·····················322
ハーグ条約実施法·················322,324
パートナー関係·················144
　　婚姻外の——·················144

同性の——·····················154-
パートナー契約·················147
配偶者
　——による悪意の遺棄·············99,100
　——のある者との縁組·············249
　——の強度の精神病·············99,101,106
　——の 3 年以上の生死不明·······99,100
　——の不貞行為·················99,100
配偶者間人工授精　→ AIH
配偶者居住権·············481,483,542-
　——の消滅原因·················548
　——の成立要件·················544
　——の存続期間·················545
　——の対抗力·················546
配偶者相続·····················358
配偶者短期居住権·················549-
　——の消滅原因·················552
　——の消滅の申入れ·············552
　——の成立要件·················550
　——の存続期間·················550
破綻主義·····················101,102-
8050 問題·····················345
母の認知·····················166
半血の兄弟姉妹·················406
パンデクテン方式·················4
被相続人による宥恕·············392,395
卑属·····················42
非嫡出子·····················160-
　——の親権者·················305
　——の相続分·················162,406
否認権
　——の行使制限·················172
　——の消滅·····················172
否認権者·····················171-
　——の拡大·····················212
　——の範囲·····················173
否認の方法·····················172
非配偶者間人工授精　→ AID
秘密証書遺言·····················461-
　——から自筆証書遺言への転換·········463

628

表見相続人‥‥‥‥‥‥‥‥‥‥‥557
表見代理‥‥‥‥‥‥‥‥‥‥‥79,84
表見嫡出子‥‥‥‥‥‥‥‥‥‥‥193
夫婦間の協力扶助に関する処分‥‥‥316
夫婦間の契約の取消し‥‥‥‥‥‥61-
夫婦間の扶養義務‥‥‥‥‥‥‥‥343
夫婦共同縁組‥‥‥‥‥‥‥‥‥‥259
　　——の原則‥‥‥‥‥‥249,259
夫婦財産契約‥‥‥‥‥‥‥‥69,85-
　　——の対抗要件‥‥‥‥‥‥‥85
夫婦同氏原則‥‥‥‥‥‥‥‥54-,113
夫婦の氏‥‥‥‥‥‥‥‥‥‥‥‥54-
夫婦別産制‥‥‥‥‥‥‥‥‥‥‥70-
復氏‥‥‥‥‥‥‥‥‥‥‥58,59,254
複数の扶養義務者‥‥‥‥‥‥‥‥346
父子関係‥‥‥‥‥‥‥‥‥‥‥‥167-
不受理申出制度‥‥‥‥‥‥‥33,98
扶助義務‥‥‥‥‥‥‥‥‥‥59-,61
負担付遺贈‥‥‥‥‥‥‥‥482-,543
負担付死因贈与‥‥‥‥‥‥‥‥‥487
負担付贈与‥‥‥‥‥‥‥‥‥‥‥574
普通失踪‥‥‥‥‥‥‥‥‥‥‥‥374
普通方式の遺言‥‥‥‥‥‥‥‥‥458
普通養子‥‥‥‥‥‥‥‥‥234,242-
　　——の解消‥‥‥‥‥‥‥‥‥252-
　　——の効果‥‥‥‥‥‥‥‥‥250-
物権の相続‥‥‥‥‥‥‥‥‥‥‥362
不貞行為‥‥‥‥‥‥‥‥‥‥‥‥63
　　——の相手方の損害賠償責任‥‥64-
不貞の抗弁‥‥‥‥‥‥‥‥‥‥‥184
父母の同意‥‥‥‥‥‥‥‥‥‥‥276-
扶養
　　——の順序‥‥‥‥‥‥‥‥‥341
　　親族間の——‥‥‥‥‥‥‥‥341-
扶養義務
　　親の未成熟子に対する——‥‥‥343-
　　夫婦間の——‥‥‥‥‥‥‥‥343
扶養義務者‥‥‥‥‥‥‥‥‥‥‥341
　　複数の——‥‥‥‥‥‥‥‥‥346
扶養料‥‥‥‥‥‥‥‥‥‥‥‥‥346

過去の——‥‥‥‥‥‥‥‥‥‥346
分割債権・債務の原則‥‥‥‥‥‥528
分割方法の指定‥‥‥‥‥‥492-,507
踏んだり蹴ったり判決‥‥‥‥‥‥108
分娩者＝母ルール‥‥‥‥‥224-,226
兵隊養子‥‥‥‥‥‥‥‥‥‥‥‥243
妨害排除請求権‥‥‥‥‥‥‥‥‥312-
包括遺贈‥‥‥‥‥‥‥‥‥‥‥‥479
　　——と相続分の指定‥‥‥‥‥480
　　——の放棄‥‥‥‥‥‥‥‥‥489
包括受遺者‥‥‥‥‥‥‥‥479,508
包括承継‥‥‥‥‥‥‥‥‥‥‥‥360-
傍系血族‥‥‥‥‥‥‥‥‥‥‥‥42
報告的届出‥‥‥‥‥‥‥‥‥‥‥17
法定血族（関係）‥‥‥‥‥‥42,251
法定相続‥‥‥‥‥‥‥‥‥‥‥‥350
法定相続分‥‥‥‥‥‥352,405-,538
法定代理‥‥‥‥‥‥‥‥‥‥‥‥81
法定代理権‥‥‥‥‥‥‥‥295,296-
法定単純承認‥‥‥‥‥‥‥‥‥‥379
法定夫婦財産制‥‥‥‥‥‥‥‥‥69-
法律婚主義‥‥‥‥‥‥‥‥‥‥‥16
法律的定型説‥‥‥‥‥‥‥‥‥‥25-
保佐‥‥‥‥‥‥‥‥‥334,337,339-
保佐人‥‥‥‥‥‥‥‥‥‥‥‥‥340
母子関係‥‥‥‥‥‥‥‥‥‥‥‥165-
補充遺贈‥‥‥‥‥‥‥‥‥481,498
補助‥‥‥‥‥‥‥‥‥334,337,340-
保証債務の相続‥‥‥‥‥‥‥‥‥364
ホストマザー（借り腹）‥‥‥‥‥221
　　——型の代理懐胎‥‥‥‥‥‥222
穂積八束‥‥‥‥‥‥‥‥‥‥‥‥10
ボワソナアド民法典‥‥‥‥‥‥‥10
本籍‥‥‥‥‥‥‥‥‥‥‥‥‥‥13
本人確認‥‥‥‥‥‥‥‥‥‥‥‥97

ま 行

三行半‥‥‥‥‥‥‥‥‥‥‥‥‥90
未成熟子‥‥‥‥‥‥‥‥‥‥‥‥345
未成年後見‥‥‥‥‥‥‥‥290,334-

事項索引　629

——の開始……………………326, 335

未成年後見監督人………………………337

未成年後見人……………………………335

　　——の人数…………………………336

未成年普通養子………………………255-

未成年養子………………………………255

　　——［家庭裁判所の許可］………257-

未成年養子縁組…………………………245

箕作麟祥…………………………………239

みなし相続財産……………………413, 418

身分行為の独自性…………………………7

身分法………………………………………3

身元保証…………………………………364

民法 94 条 2 項の類推適用……………520

無権代理と相続………………………365-

無権代理人の責任………………………369

無権利の法理……………………………520

無効行為の転換……………………263, 264

無効な婚姻の追認…………………………50-

無効な認知届と養子縁組………………264

無戸籍児問題……………………………206

婿養子……………………………………242

娘婿………………………………………242

明治・大正戸籍……………………………13

明治民法……………………………………10

妾養子……………………………………246

持戻しの免除の意思表示…………416, 419-

　　——の推定………………………553-

や　行

結納…………………………………………15

有責主義……………………………101, 109

有責配偶者からの離婚請求……………108-

養育費………………………………129, 594-

養子

　　——となる者の年齢………………274-

　　——の親権者………………………305

　　家のための——………………237, 238

　　親のための——……………………237

　　子のための——……………………237

藁の上からの——…………………252, 261-

養子縁組

　　——としての読替え………………263

　　——の解消………………………259-

　　——の届出…………………………246

　　——の取消し………………………252

　　——の無効…………………………252

　　縁組意思のない——…………………29

　　虚偽の——……………………………29

　　虚偽の出生届と——………………264

　　後見人と被後見人の間の——……249

　　節税を目的とする——……………245

　　相続（等）を目的とする——……244

　　配偶者のある者との——…………249

　　無効な認知届と——………………264

養子制度…………………………………234-

　　——の目的…………………………236

養親

　　——となる者の要件………………275-

　　——の血族との関係………………250

　　——の年齢…………………………246

養親子………………………………158-, 234-

預貯金債権………………………………530-

　　——の仮払い………………………532-

ら　行

利益相反…………………………………339

利益相反行為……………………………337

　　——の禁止………………………297-

利益相反の有無の判断………………298-

　　——［外形説］……………………298

　　——［形式的判断説］……………298

　　——［実質説］……………………298

　　——［実質的判断説］……………298

離縁………………………………………252-

　　——の効果…………………………254

離縁原因…………………………………253

　　——［悪意の遺棄］………………253

　　——［縁組を継続し難い重大な事由］

　　　………………………………………253

——［3年以上の生死不明］…………253
離婚……………………………………88-
　　——の取消し………………………98
　　——の取消しの効果…………………99
　　——の無効…………………………98
　　訴訟上の和解による——…………93
離婚意思………………………………95
離婚慰謝料…………………123-,590
離婚給付…………………………123
離婚原因…………………………99-,102
　　——［婚姻を継続し難い重大な事由］
　　　……………………………99,102
　　——［配偶者による悪意の遺棄］…99,100
　　——［配偶者の強度の精神病］
　　　……………………………99,101,106
　　——［配偶者の3年以上の生死不明］
　　　……………………………99,100
　　——［配偶者の不貞行為］………99,100

離婚後の子の監護に関する処分…………316
離婚後の親権者………………………128
離婚後の面会交流……………………130
離婚訴訟における訴訟物………………104
離婚届……………………………95,96
リプロダクションの権利………………228
臨終婚……………………………26
連帯債務………………………………537
連綴……………………………………465

わ　行

和解離婚………………………………93
藁の上からの養子……………………252,261-
割印……………………………………465
利益相反の有無の判断
　　——［外形説］……………299,300,302
　　——［実質説］……………300,302

判 例 索 引

(審級別，年月日順)

〔大審院〕

大判明治 39・11・27 刑録 12・1288 ……… 243
大連判大正 4・1・26 民録 21・49 ……… 137
大判大正 4・7・3 民録 21・1176 ………… 466
大判大正 10・7・25 民録 27・1408 ……… 373
大判大正 11・3・27 民集 1・137 ………… 180
大判大正 11・7・29 民集 1・443 ………… 256
大判大正 11・9・2 民集 1・448 ………… 243
大判大正 12・11・29 民集 2・642 ……… 313
大判昭和 2・3・22 民集 6・106 ………… 366
大判昭和 2・5・30 新聞 2702・5 ……… 364
大決昭和 5・9・30 民集 9・926 ………… 60
大判昭和 6・7・10 民集 10・736 ……… 466
大判昭和 8・5・17 新聞 3561・13 ……… 364
大判昭和 11・5・13 民集 15・877 ……… 371
大連判昭和 15・1・23 民集 19・54

……………………………… 189,191

大判昭和 16・2・3 民集 20・70 ………… 95
大判昭和 17・5・20 民集 21・571 ……… 81
大判昭和 18・9・10 民集 22・948 ……… 364

〔最高裁判所〕

最判昭和 24・1・18 民集 3・1・10 ……… 317
最判昭和 27・2・19 民集 6・2・110

……………………………… 108-112

最判昭和 27・10・3 民集 6・9・753

……………………………… 268-270

最判昭和 29・4・8 民集 8・4・819 … 528,531
最判昭和 29・4・30 民集 8・4・861 …… 183
最判昭和 30・5・31 民集 9・6・793 …… 500
最判昭和 30・11・24 民集 9・12・1837 … 109
最判昭和 31・2・21 民集 10・2・124 …… 126
最判昭和 31・6・28 民集 10・6・754 …… 382
最判昭和 32・5・21 民集 11・5・732 …… 468
最判昭和 32・6・21 民集 11・6・1125 …… 184

最判昭和 33・3・6 民集 12・3・414 ……… 62
最判昭和 33・4・11 民集 12・5・789 …… 139
最判昭和 33・7・25 民集 12・12・1823 … 107
最判昭和 34・6・19 民集 13・6・757 …… 537
最判昭和 34・7・3 民集 13・7・905 …… 50
最判昭和 34・8・7 民集 13・10・1251 … 33
最判昭和 35・2・25 民集 14・2・279 …… 297
最判昭和 35・3・15 民集 14・3・430 …… 312
最判昭和 36・4・25 民集 15・4・891 …… 105
最判昭和 36・6・22 民集 15・6・1622 … 465
最大判昭和 36・9・6 民集 15・8・2047 … 70
最判昭和 37・4・10 民集 16・4・693 …… 182
最判昭和 37・4・20 民集 16・4・955 …… 367
最判昭和 37・4・27 民集 16・7・1247

……………………………… 166,224

最判昭和 37・5・18 民集 16・5・1073 … 372
最判昭和 37・11・9 民集 16・11・2270 … 364
最判昭和 37・12・25 民集 16・12・2455

……………………………… 143

最判昭和 38・2・22 民集 17・1・235 …… 520
最判昭和 38・6・4 家月 15・9・179 …… 100
最判昭和 38・9・5 民集 17・8・942 …… 15
最判昭和 38・9・17 民集 17・8・968 …… 313
最判昭和 38・11・28 民集 17・11・1469 … 95
最判昭和 39・3・6 民集 18・3・437 …… 519
最判昭和 39・9・4 民集 18・7・1394 …… 16
最判昭和 39・9・8 民集 18・7・1423

……………………………… 268,270

最判昭和 39・9・17 民集 18・7・1461 … 100
最判昭和 39・10・22 民集 18・8・1762 … 608
最判昭和 40・2・2 民集 19・1・1 ……… 371
最大決昭和 40・6・30 民集 19・4・1089 … 60
最大決昭和 40・6・30 民集 19・4・1114 … 75
最判昭和 41・2・15 民集 20・2・202 …… 191
最大決昭和 41・3・2 民集 20・3・360 … 504
最判昭和 42・1・20 民集 21・1・16 …… 527

最判昭和 42・2・2 民集 21・1・88………62
最判昭和 42・2・17 民集 21・1・133……75
最判昭和 42・4・28 民集 21・3・780……143
最大判昭和 42・11・1 民集 21・9・2249
　　……………………………………364
最判昭和 43・5・31 民集 22・5・1137…474
最判昭和 43・7・4 民集 22・7・1441……319
最判昭和 43・10・8 民集 22・10・2172…300
最判昭和 43・10・31 訟月 14・12・1442
　　……………………………………585
最判昭和 44・4・3 民集 23・4・709…31,32
最判昭和 44・5・29 民集 23・6・1064
　　………………………181,197,203,209
最判昭和 44・10・30 民集 23・10・1881
　　……………………………………372
最判昭和 44・10・31 民集 23・10・1894…26
最判昭和 44・11・27 民集 23・11・2290
　　……………………………………181
最判昭和 44・12・18 民集 23・12・2476
　　……………………………………77,81,82
最判昭和 45・4・21 判時 596・43………26,31
最判昭和 45・11・24 民集 24・12・1943
　　……………………………………107
最判昭和 46・1・26 民集 25・1・90
　　…………………………516,522,610
最判昭和 46・5・21 民集 25・3・408……110
最判昭和 46・7・23 民集 25・5・805……127
最判昭和 46・10・22 民集 25・7・985…246
最判昭和 46・11・16 民集 25・8・1182
　　……………………………490,491
最判昭和 46・11・30 民集 25・8・1437…372
最判昭和 47・3・17 民集 26・2・249……462
最判昭和 47・5・25 民集 26・4・805
　　……………………………486,487
最判昭和 47・7・25 民集 26・6・1263……50
最判昭和 47・12・26 民集 26・10・2083
　　……………………………………585
最判昭和 48・4・12 民集 27・3・500……259
最判昭和 48・6・29 民集 27・6・737……371
最判昭和 48・7・3 民集 27・7・751……369

最判昭和 48・11・15 民集 27・10・1323
　　……………………………………100
最判昭和 49・3・29 家月 26・8・47……167
最判昭和 49・7・22 家月 27・2・69……301
最大判昭和 49・9・4 民集 28・6・1169…369
最判昭和 49・12・24 民集 28・10・2152
　　……………………………………466
最判昭和 50・4・8 民集 29・4・401……263
最判昭和 50・5・27 民集 29・5・641……587
最判昭和 50・11・7 民集 29・10・1525…502
最判昭和 51・3・18 民集 30・2・111
　　……………………………418,571
最判昭和 51・3・18 判時 812・50………596
最判昭和 52・4・19 家月 29・10・132…466
最判昭和 52・11・21 家月 30・4・91……465
最判昭和 53・2・24 民集 32・1・98……302
最判昭和 53・2・24 民集 32・1・110
　　……………………………178,263
最判昭和 53・3・9 家月 31・3・79………98
最判昭和 53・7・13 判時 908・41………502
最判昭和 53・11・14 民集 32・8・1529…119
最大判昭和 53・12・20 民集 32・9・1674
　　……………………………562,563
最判昭和 54・3・30 民集 33・2・303
　　……………………………64,65,68
最判昭和 54・3・30 家月 31・7・54……178
最判昭和 54・11・2 判時 955・56………181
最判昭和 55・7・11 民集 34・4・628……117
最判昭和 55・11・27 民集 34・6・815…370
最判昭和 55・12・4 民集 34・7・835…460
最判昭和 56・4・3 民集 35・3・431
　　……………………………390-392
最判昭和 56・9・11 民集 35・6・1013…452
最判昭和 56・10・1 民集 35・7・1113…193
最判昭和 56・11・13 民集 35・8・1251…454
最判昭和 57・3・19 民集 36・3・432……182
最判昭和 57・3・26 判時 1041・66………95
最判昭和 57・4・30 民集 36・4・763……486
最判昭和 57・9・28 民集 36・8・1642……36
最判昭和 57・11・12 民集 36・11・2193

判例索引　　633

‥‥‥‥‥‥‥‥‥‥‥‥‥‥‥‥‥‥‥‥578,579

最判昭和 57・11・18 民集 36・11・2274

‥‥‥‥‥‥‥‥‥‥‥‥‥‥‥‥‥‥‥‥‥‥‥297

最判昭和 58・3・18 家月 36・3・143

‥‥‥‥‥‥‥‥‥‥‥‥‥‥‥‥‥‥‥‥468,482

最判昭和 58・4・14 民集 37・3・270‥‥‥151

最判昭和 58・12・19 民集 37・10・1532

‥‥‥‥‥‥‥‥‥‥‥‥‥‥‥‥‥‥‥‥‥‥‥117

最判昭和 59・3・29 家月 37・2・141‥‥‥320

最判昭和 59・4・27 民集 38・6・698

‥‥‥‥‥‥‥‥‥‥‥‥‥‥‥‥‥‥‥‥380,381

最判昭和 61・3・13 民集 40・2・389‥‥‥504

最判昭和 61・7・18 民集 40・5・991‥‥‥321

最判昭和 61・11・20 民集 40・7・1167‥‥489

最判昭和 62・3・3 家月 39・10・61‥‥‥370

最判昭和 62・4・23 民集 41・3・474‥‥‥475

最大判昭和 62・9・2 民集 41・6・1423

‥‥‥‥‥‥‥‥‥‥‥‥‥‥‥‥‥‥‥‥110-112

最判昭和 62・9・4 家月 40・1・161‥‥‥502

最判昭和 63・2・16 民集 42・2・27‥‥‥‥56

最判昭和 63・6・17 判タ 681・99‥‥‥‥273

最判昭和 63・6・21 家月 41・9・101‥‥‥385

最判昭和 63・7・1 判タ 723・201‥‥‥‥273

最判平成元・2・9 民集 43・2・1‥‥511,608

最判平成元・2・16 民集 43・2・45‥‥‥467

最判平成元・3・28 民集 43・3・167‥‥‥504

最判平成元・4・6 民集 43・4・193‥‥‥181

最判平成元・7・18 家月 41・10・128‥‥‥373

最判平成元・9・14 判時 1336・93‥‥‥‥583

最判平成元・11・10 民集 43・10・1085

‥‥‥‥‥‥‥‥‥‥‥‥‥‥‥‥‥‥‥‥‥‥‥167

最判平成元・11・24 民集 43・10・1220

‥‥‥‥‥‥‥‥‥‥‥‥‥‥‥‥‥‥‥‥‥‥‥403

最判平成 2・7・19 家月 43・4・33‥‥‥183

最判平成 2・9・27 民集 44・6・995

‥‥‥‥‥‥‥‥‥‥‥‥‥‥‥‥‥‥‥‥511,608

最判平成 3・4・19 民集 45・4・477

‥‥‥‥‥‥‥‥‥‥‥‥‥‥‥‥‥495,507,510

最判平成 4・4・10 家月 44・8・16‥‥‥505

最判平成 4・11・16 判時 1441・66‥‥‥‥614

最判平成 4・12・10 民集 46・9・2727‥‥‥303

最判平成 5・1・19 民集 47・1・1‥‥‥‥472

最判平成 5・1・21 民集 47・1・265‥‥‥368

最判平成 5・9・7 民集 47・7・4740‥‥‥371

最判平成 5・10・19 民集 47・8・5099‥‥‥319

最判平成 5・10・19 家月 46・4・27‥‥‥464

最判平成 6・2・8 家月 46・9・59‥‥‥‥112

最判平成 6・4・26 民集 48・3・992‥‥‥320

最判平成 6・6・24 家月 47・3・60‥‥‥467

最判平成 6・7・18 民集 48・5・1233‥‥‥371

最判平成 6・9・13 判時 1513・97‥‥‥‥610

最判平成 6・11・8 民集 48・7・1337‥‥‥318

最大決平成 7・7・5 民集 49・7・1789‥‥‥406

最判平成 7・12・5 家月 48・7・52‥‥‥565

最判平成 8・3・26 民集 50・4・993‥‥‥‥65

最判平成 8・11・12 民集 50・10・2591‥‥373

最判平成 8・12・17 民集 50・10・2778‥‥550

最判平成 9・1・28 民集 51・1・184

‥‥‥‥‥‥‥‥‥‥‥‥‥‥‥‥‥‥‥‥389-392

最判平成 9・9・12 民集 51・8・3887‥‥‥400

最判平成 9・11・13 民集 51・10・4144‥‥455

最判平成 10・2・13 民集 52・1・38‥‥‥383

最判平成 10・3・24 民集 52・2・433‥‥‥571

最判平成 10・8・31 家月 51・4・33‥‥‥196

最判平成 11・1・21 民集 53・1・128‥‥‥401

最判平成 11・6・11 民集 53・5・898‥‥‥511

最判平成 11・7・19 民集 53・6・1138‥‥‥564

最判平成 11・12・16 民集 53・9・1989‥‥496

最判平成 12・1・27 判時 1707・121‥‥‥406

最判平成 12・1・27 家月 52・7・78‥‥‥406

最判平成 12・2・24 民集 54・2・523‥‥‥412

最判平成 12・3・9 民集 54・3・1013‥‥‥117

最決平成 12・3・10 民集 54・3・1040

‥‥‥‥‥‥‥‥‥‥‥‥‥‥‥‥‥‥‥‥141,142

最判平成 12・3・14 家月 52・9・85

‥‥‥‥‥‥‥‥‥‥‥‥‥‥‥‥199,200,219

最決平成 12・5・1 民集 54・5・1607‥‥‥132

最決平成 12・9・7 家月 54・6・66‥‥‥509

最判平成 14・6・10 家月 55・1・77‥‥‥525

最判平成 15・3・28 家月 55・9・51‥‥‥406

最判平成 15・3・31 家月 55・9・53 ┈┈┈ 406

最判平成 15・4・25 判時 1822・51 ┈┈┈┈ 608

最判平成 16・10・14 判時 1884・40 ┈┈┈ 406

最決平成 16・10・29 民集 58・7・1979
┈┈┈┈┈┈┈┈┈┈┈┈┈┈┈ 371,416

最判平成 16・11・18 判時 1881・83 ┈┈┈ 147

最判平成 17・9・8 民集 59・7・1931 ┈┈┈ 505

最判平成 18・7・7 民集 60・6・2307
┈┈┈┈┈┈┈┈┈┈┈ 192,265,266

最判平成 18・9・4 民集 60・7・2563
┈┈┈┈┈┈┈┈┈┈┈ 230,231,233

最判平成 19・3・8 民集 61・2・518
┈┈┈┈┈┈┈┈┈┈┈┈┈┈┈ 152,153

最決平成 19・3・23 民集 61・2・619
┈┈┈┈┈┈┈ 222,223,225-227,233

最判平成 19・3・30 家月 59・7・120 ┈┈┈┈ 75

最判平成 21・3・24 民集 63・3・427
┈┈┈┈┈┈┈┈┈┈┈┈┈┈┈ 539,540

最判平成 22・10・8 民集 64・7・1719 ┈┈┈ 530

最判平成 23・2・22 民集 65・2・699 ┈┈┈┈ 469

最判平成 23・3・18 家月 63・9・58 ┈┈┈ 129

最決平成 24・1・26 家月 64・7・100 ┈┈┈ 408

最決平成 25・3・28 民集 67・3・864 ┈┈┈ 133

最大決平成 25・9・4 民集 67・6・1320
┈┈┈┈┈┈┈┈┈┈┈┈┈┈┈ 162,406

最判平成 25・9・26 民集 67・6・1384 ┈┈ 162

最判平成 25・11・29 民集 67・8・1736 ┈┈ 502

最判平成 25・12・10 民集 67・9・1847
┈┈┈┈┈┈┈┈┈┈┈┈┈┈┈ 156,219

最判平成 26・1・14 民集 68・1・1 ┈┈┈┈ 180

最判平成 26・2・14 民集 68・2・113 ┈┈┈ 504

最判平成 26・2・25 民集 68・2・173 ┈┈┈ 530

最判平成 26・3・28 裁時 1601・1 ┈┈┈┈ 180

最決平成 26・4・14 民集 68・4・279 ┈┈┈ 29

最判平成 26・7・17 民集 68・6・547
（札幌ケース）┈┈┈┈┈┈┈┈┈┈┈ 199

最判平成 26・7・17 判時 2235・21
（大阪ケース）┈┈┈┈┈┈┈┈┈┈┈ 199

最判平成 26・7・17 裁判所ウェブサイト
（高松ケース）┈┈┈┈┈┈┈┈┈┈┈ 172

最判平成 26・12・12 判時 2251・35 ┈┈┈ 530

最判平成 27・11・20 民集 69・7・2021 ┈┈ 455

最大判平成 27・12・16 民集 69・8・2427
┈┈┈┈┈┈┈┈┈┈┈┈┈┈┈┈┈ 39,55

最大判平成 27・12・16 民集 69・8・2586
┈┈┈┈┈┈┈┈┈┈┈┈┈┈┈┈┈ 55,56

最判平成 28・6・3 民集 70・5・1263 ┈┈┈ 467

最大決平成 28・12・19 民集 70・8・2121
┈┈┈┈┈┈┈┈┈┈┈┈┈┈┈ 531-533

最判平成 29・1・31 民集 71・1・48
┈┈┈┈┈┈┈┈┈┈┈┈┈ 245,248,605

最判平成 29・4・6 判時 2337・34 ┈┈┈┈ 532

最決平成 29・11・28 判時 2359・10 ┈┈┈ 536

最判平成 30・10・19 民集 72・5・900 ┈┈ 503

最判平成 31・2・19 民集 73・2・187 ┈┈ 65,66

〔高等裁判所〕

福岡高判昭和 43・6・3 民集 25・8・1205
┈┈┈┈┈┈┈┈┈┈┈┈┈┈┈┈┈┈┈ 491

仙台高決昭和 56・8・24 家月 35・2・145
┈┈┈┈┈┈┈┈┈┈┈┈┈┈┈┈┈┈┈ 346

札幌高判昭和 56・8・27 家月 34・5・63 ┈┈ 95

東京高決昭和 58・12・16 家月 37・3・69
┈┈┈┈┈┈┈┈┈┈┈┈┈┈┈┈┈┈┈ 74

東京高決昭和 61・9・10 判時 1210・56 ┈┈ 347

東京高判昭和 62・10・8 家月 40・3・45
┈┈┈┈┈┈┈┈┈┈┈┈┈┈┈┈ 362,373

東京高決平成元・12・28 家月 42・8・45
┈┈┈┈┈┈┈┈┈┈┈┈┈┈┈┈ 442,443

東京高決平成 3・12・24 判タ 794・215 ┈┈ 436

東京高決平成 4・12・11 判時 1448・130
┈┈┈┈┈┈┈┈┈┈┈┈┈┈┈┈┈┈┈ 395

東京高決平成 10・9・16 家月 51・3・165
┈┈┈┈┈┈┈┈┈┈┈┈┈┈┈┈┈┈┈ 218

東京高決平成 14・12・16 家月 55・6・112
┈┈┈┈┈┈┈┈┈┈┈┈┈┈┈┈┈┈┈ 277

東京高決平成 20・1・30 家月 60・8・59
┈┈┈┈┈┈┈┈┈┈┈┈┈┈┈┈┈┈┈ 331

東京高決平成 29・3・2 判時 2360・8 ┈┈┈ 121

〔地方裁判所・家庭裁判所〕

岡山地判昭和 35・3・7 判時 223・24……243

東京家審昭和 42・2・18 家月 19・9・76
……………………………………………… 172

神戸地判昭和 56・4・28 家月 34・9・93
……………………………………………… 347

新潟家審昭和 57・8・10 家月 35・10・79
……………………………………………… 257

東京家八王子支審平成 6・1・31 判時 1486・
56……………………………………………… 292

東京地判平成 21・2・27 判タ 1355・123
……………………………………………… 607

広島家呉支審平成 22・10・5 家月 63・5・62
……………………………………………… 394

東京家審平成 27・4・14 判時 2284・109
……………………………………………… 333

条 文 索 引

民　法

3 条の 2 ······································ 314, 450
4 条 ··· 314
5 条 ··· 314, 450
5 条 1 項 ··· 296
5 条 2 項 ··· 309
6 条 ··· 294
7 条 ································· 334, 338, 450
9 条 ··· 338, 450
11 条 ··· 340
13 条 ·· 340, 450
15 条 ··· 340
17 条 ··· 450
17 条 1 項 ······································ 341
25 条 ··· 508
28 条 ··· 508
30 条 ··· 36, 100
30 条 1 項 ······································ 374
31 条 ··· 36, 374
32 条 ··· 37
32 条 1 項 ·· 37
32 条の 2 ······································ 375
90 条 ··· 489
93 条 ··· 303
94 条 1 項 ·· 24
94 条 2 項 ····················· 516, 520, 522
95 条 ············· 52, 53, 456, 457, 511, 607
96 条 ········· 18, 46, 456, 457, 511, 607
104 条 ·· 477
105 条 ·· 477
107 条 ·· 303
108 条 1 項 ····································· 297
110 条 ······························· 79-84, 309
113 条 ·· 365
116 条 ······························· 51, 269, 270
117 条 ······································ 369, 370

117 条 1 項 ····································· 366
119 条 ·· 50
120 条 ·· 340
120 条 1 項 ····································· 309
121 条 ······································· 48, 456
122 条 ·· 340
123 条 ······································· 46, 457
177 条 ······································ 516, 519
185 条 ·· 372
187 条 1 項 ····································· 372
196 条 ·· 547
206 条 ·· 543
249 条 ························· 500, 501, 503
255 条 ······································ 403, 404
256 条 ·· 502
258 条 ·· 502
258 条 1 項 ····································· 501
412 条 3 項 ····································· 347
423 条 ··· 8, 117
424 条 ··· 8, 117
427 条 ······································ 371, 528
465 条の 2 第 1 項 ·························· 365
465 条の 4 第 1 項 3 号 ·················· 365
478 条 ·· 533
482 条 ·· 586
549 条 ·· 488
550 条 ·· 486
551 条 1 項 ····································· 490
554 条 ······································ 485, 544
583 条 2 項 ····································· 547
597 条 1 項 ····································· 548
597 条 3 項 ································ 548, 553
599 条 1 項 ································ 548, 553
599 条 2 項 ································ 548, 553
599 条 3 項 ····································· 548
600 条 ······································ 549, 553
602 条 ·· 379

637

605 条	546	737 条 1 項	34
605 条の 4	546	737 条 2 項	34,277
613 条 1 項	547	738 条	8,17
613 条 2 項	547	739 条	17,27,95,253
613 条 3 項	143,547	739 条 1 項	246
616 条の 2	548,553	739 条 2 項	27
621 条	548,553	740 条	17,18,28,29,46,151
644 条	295,473	741 条	17,27
645 条	473	742 条	17,49
646 条	473	742 条 1 号	20,26,52
647 条	473	742 条 2 号	27
648 条 1 項	474	743 条	18,46
650 条	473	744 条	18,34,46
651 条 1 項	474	744 条 1 項	35,36,41,42
653 条 1 号	360	744 条 2 項	36,46
654 条	473	745 条	18,46
655 条	473	745 条 1 項	35
702 条	442	745 条 2 項	35,51
709 条	59,64,65,67,123,126,558	746 条	18,41,46
711 条	445	747 条	18,46,99,252
712 条	314,315	748 条	18,99,252
713 条	125	748 条 1 項	48
714 条	160	748 条 2 項	49
724 条	558	748 条 3 項	49
725 条	42	749 条	18,48
725 条 3 号	114	750 条	54-57,63,113,242
727 条	42,242,250,253,377	751 条	54,361
728 条	45	751 条 1 項	58,133
728 条 1 項	114	752 条	54,59-61,310,316,343,345
728 条 2 項	133,361	753 条	35,307
730 条	114,342,343	754 条	54,61
731 条	17,34	755 条	69,85
732 条	17,35,37	756 条	69,85
733 条	17,39,40	757 条	69
734 条	17,42,44	758 条	69
734 条 1 項	44,152	758 条 1 項	85
734 条 2 項	44,284	759 条	69
735 条	17,42,44,45,114,284	760 条	61,69,73,343,344
736 条	17,42,45	761 条	69,76-81,82,87
737 条	17,256,327	762 条	69,70,73

762 条 1 項 ·············· 70, 118	784 条 ·············· 167, 184, 185
762 条 2 項 ·············· 70, 118	785 条 ·················· 179, 180
763 条 ···················· 91, 95	786 条 ·············· 166, 179, 180
764 条 ·················· 8, 95, 99	787 条 ······· 167, 177, 181, 182, 205, 230, 304
765 条 ······················ 29	789 条 ······················ 186
765 条 1 項 ·············· 97, 128	789 条 3 項 ·················· 187
766 条 ·················· 131, 331	790 条 ······················ 185
766 条 1 項 ·········· 129, 130, 316	790 条 1 項 ················ 56, 185
766 条 2 項 ·················· 129	790 条 2 項 ··············· 161, 185
767 条 1 項 ················ 59, 113	791 条 1 項 ·················· 185
767 条 2 項 ··············· 113, 254	791 条 2 項 ·················· 185
768 条 ········· 72, 73, 114, 116, 125, 141	791 条 3 項 ·················· 304
768 条 1 項 ·················· 114	792 条 ·············· 235, 246, 275
768 条 2 項 ··············· 114, 116	793 条 ·················· 235, 247
768 条 3 項 ······· 72, 115, 117, 118, 591	794 条 ······················ 249
769 条 ············· 114, 254, 361	795 条 ·············· 249, 259, 261
770 条 ············· 38, 91, 92, 99, 105	796 条 ······················ 249
770 条 1 項 ················ 99–111	797 条 ·············· 235, 256, 304
770 条 1 項 1 号 ················ 63	797 条 1 項 ·········· 255–268, 314, 315
770 条 1 項 2 号 ················ 60	797 条 2 項 ··············· 256, 257
770 条 1 項 3 号 ················ 40	798 条 ········· 235, 245, 248, 257, 264
770 条 1 項 5 号 ················ 53	799 条 ·················· 159, 246
770 条 2 項 ········· 101, 103, 105–107, 253	800 条 ·············· 29, 256, 267
771 条 ············· 59, 113, 114	802 条 1 号 ··············· 243, 245
772 条 ······ 39, 40, 156, 162, 165, 168–171, 176,	802 条 2 号 ·················· 246
181, 188–213, 217, 219, 227, 230, 265	804 条 ·············· 247, 252, 269
772 条 1 項 ··········· 168, 171, 224	805 条 ·················· 248, 252
772 条 2 項 ····· 40, 168, 188, 191, 204, 206, 208	806 条 ·············· 249, 252
773 条 ············· 41, 165, 169	806 条の 2 ··············· 249, 252
773 条 1 項 ················ 39, 169	806 条の 2 第 1 項 ·············· 250
774 条 ······· 171, 174, 175, 192, 198, 205	806 条の 2 第 2 項 ·············· 250
775 条 ······················ 172	806 条の 3 ··············· 252, 257
776 条 ······················ 198	807 条 ······················ 252
777 条 ·············· 172, 192, 195	808 条 ·················· 159, 252
779 条 ············· 161, 166, 174, 176, 177,	808 条 1 項 ·················· 252
190, 202, 204, 205, 219	809 条 ········· 161, 162, 234, 235, 250, 283, 399
781 条 1 項 ·················· 178	810 条 ······················ 250
781 条 2 項 ········· 178, 354, 448, 471, 472	811 条 1 項 ·················· 253
782 条 ·············· 167, 178	811 条 2 項 ··············· 260, 306
783 条 ······················ 179	811 条 3 項 ··············· 260, 306

811 条 4 項	260	825 条	308, 309
811 条 5 項	260	826 条	297, 298, 300, 301, 337, 339
811 条 6 項	253	827 条	295
811 条の 2	261	829 条	296
812 条	159, 253	830 条	296
813 条	29	833 条	307
814 条	286	834 条	236, 325, 328
814 条 1 項	253	834 条の 2	236, 325
814 条 2 項	253	835 条	236, 325
815 条	261	836 条	327
816 条 1 項	254	837 条 1 項	326
816 条 2 項	254	837 条 2 項	327
817 条	254	838 条 1 号	290, 306, 326, 335
817 条の 2	235, 274, 275, 278, 283	838 条 2 号	338
817 条の 3	275	839 条	354
817 条の 4	236, 276	839 条 1 項	335, 448
817 条の 5 第 1 項	274, 275	839 条 2 項	335
817 条の 5 第 2 項	274	840 条 1 項	335
817 条の 5 第 3 項	274, 314	840 条 3 項	336
817 条の 6	276-281	841 条	326, 335
817 条の 7	236, 237, 277-281	842 条	336
817 条の 8	236, 280	843 条 1 項	338
817 条の 9	44, 45, 236, 283, 284	843 条 4 項	338
817 条の 10	286	846 条	337
817 条の 11	286, 306	848 条	337, 448
818 条 1 項	254, 260, 287, 304, 305	849 条	337
818 条 2 項	250, 254, 305	853 条	337
818 条 3 項	128, 303, 304, 307	857 条	290, 336
819 条 1 項	97, 128, 260, 304	857 条の 2	336
819 条 2 項	128, 260, 304	858 条	339
819 条 3 項	304	859 条 1 項	337, 339
819 条 4 項	184, 305	859 条の 3	339
819 条 5 項	304, 310	860 条	301, 337, 339
819 条 6 項	305	860 条の 2	339
820 条	287, 289, 293, 294, 315, 344, 361	860 条の 3	339
821 条	289, 293, 294, 313, 315	861 条	339
822 条	293, 294	862 条	337, 339
823 条	293	863 条 1 項	337
823 条 1 項	289, 294	867 条 1 項	307
824 条	295-297, 303	869 条	295, 337

870 条	337	897 条 2 項	361
873 条	337	898 条	500
873 条の 2	339	899 条の 2	408
876 条	340	899 条の 2 第 1 項	476
876 条の 2 第 1 項	340	900 条	6,72,540,602
876 条の 6	340	900 条 1 号	122,406
876 条の 7 第 1 項	341	900 条 2 号	406
876 条の 9 第 1 項	341	900 条 3 号	398
877 条	342,343	900 条 4 号	162,406,407
877 条 1 項	341,343,344	901 条	378,407,540,602
877 条 2 項	114,341,343	901 条 1 項	122
878 条	341,346	902 条	354,355,422,448
879 条	342	902 条 1 項	407,408
880 条	342	902 条 2 項	407
881 条	342	902 条の 2	540,575
882 条	374	903 条	134,352,416,429,432,
884 条	387,558-564		434,503,553,571
886 条	488,508	903 条 1 項	413-422
886 条 1 項	376	903 条 2 項	423
886 条 2 項	376,508	903 条 3 項	420,421,448,449,577
886 条 3 項	376	903 条 4 項	553,554
887 条	351,375	904 条	419,567
887 条 1 項	242,250,376	904 条の 2	72,134,353,428,
887 条 2 項	122,187,377,378,400		430,431,441,567
887 条 3 項	122,378,400	904 条の 2 第 1 項	428
889 条	351,375	904 条の 2 第 3 項	430,432,434,435
889 条 1 項 1 号	251,376	905 条	503
889 条 1 項 2 号	376	906 条	353,501,512,513
889 条 2 項	377,378,400	906 条の 2	506
889 条の 2 第 1 項	524,525	907 条 1 項	354,507,513,514
890 条	54,72,351,375	907 条 2 項	354,507,512-514
891 条	351,386-394,395,488	908 条	354,355,448,492,507
892 条	351,394	909 条	505,511,515,522,526,534,610
893 条	351,354,395,448,471,472	909 条の 2	514,533,534
894 条	354	910 条	167,185,508,509
894 条 1 項	395	911 条	517
894 条 2 項	395,448,472	912 条	517
896 条	6,360,361,363	913 条	517
897 条	361,373	914 条	448,517
897 条 1 項	361,448,449	915 条	379

条文索引　641

915 条 1 項	………………… 380	972 条	………………… 461
916 条	………………… 385	973 条	………………… 451
920 条	………………… 379	974 条	………………… 460
921 条 1 号	………………… 379	975 条	……………… 451,452
921 条 2 号	……………… 379,489	976 条	………………… 462
921 条 3 号	……………… 380,381	976 条 4 項	………………… 471
922 条	………………… 381	976 条 5 項	………………… 471
923 条	………………… 382	977 条	………………… 463
924 条	………………… 382	978 条	………………… 463
927 条	………………… 382	979 条	………………… 462
929 条	……………… 382,401	979 条 3 項	………………… 471
931 条	……………… 382,383	979 条 4 項	………………… 471
938 条	……………… 383,411	985 条 1 項	……………… 450,453
939 条	………… 383,526,527	986 条	………………… 510
941 条	………………… 536	986 条	………………… 488
942 条	………………… 536	987 条	…………… 474,489,519
950 条 1 項	………………… 537	990 条	……… 354,400,479,489,508
951 条	………………… 401	992 条	………………… 488
952 条 2 項	………………… 401	994 条	……………… 479,488
955 条	……………… 401,402	994 条 1 項	………………… 481
956 条 1 項	………………… 402	995 条	………………… 479
957 条	………………… 401	996 条	………………… 488
958 条	………………… 402	997 条 1 項	………………… 488
958 条の 2	………………… 402	998 条	………………… 490
958 条の 3	……………… 402-404	999 条 1 項	………………… 490
959 条	……………… 400,403	1004 条 1 項	………………… 470
961 条	………… 8,314,450	1004 条 2 項	………………… 461
962 条	………………… 450	1005 条	………………… 470
963 条	………………… 451	1006 条 1 項	……………… 448,472
964 条	……………… 354,448,478	1007 条 1 項	………………… 472
965 条	……………… 394,395,488	1007 条 2 項	………………… 473
965 条 1 号	………………… 394	1008 条	………………… 472
968 条	………………… 465	1009 条	………………… 472
968 条 1 項	……………… 390,464,467	1010 条	………………… 472
968 条 2 項	……………… 458,464	1011 条	………………… 473
968 条 3 項	……………… 455,458	1012 条 1 項	……………… 473,496,508
969 条	………………… 460	1012 条 2 項	………………… 474
969 条の 2	………………… 460	1012 条 3 項	………………… 473
970 条	………………… 461	1013 条 1 項	……………… 474,475
971 条	……………… 355,463	1013 条 2 項	………………… 475

1013 条 3 項	············	475
1014 条 2 項	············	476, 492, 496, 525
1014 条 3 項	············	476
1014 条 4 項	············	476
1015 条	············	473
1016 条 1 項	············	476
1016 条 2 項	············	477
1018 条 1 項	············	473
1019 条	············	474
1020 条	············	473
1022 条	············	453, 456, 457, 486, 487
1023 条	············	487
1023 条 1 項	············	453, 456, 487
1023 条 2 項	············	454, 456
1024 条	············	454-456
1025 条	············	455-457
1027 条	············	482, 483
1028 条 1 項	············	542, 544
1028 条 3 項	············	553, 554
1029 条 1 号	············	544
1029 条 2 号	············	545
1030 条	············	545
1031 条	············	546
1032 条 1 項	············	546
1032 条 2 項	············	546, 552
1032 条 3 項	············	546
1032 条 4 項	············	548
1033 条	············	552, 547
1034 条	············	552
1034 条 1 項	············	547
1035 条	············	548
1036 条	············	547-549
1037 条 1 項	············	551
1037 条 3 項	············	551, 552
1038 条	············	552
1039 条	············	552
1040 条	············	553
1041 条	············	552, 553
1042 条	············	355
1042 条 1 項	············	568, 569

1042 条 1 項 2 号	············	574
1042 条 2 項	············	569, 574
1043 条	············	417
1043 条 1 項	············	356, 417, 540, 568
1044 条	············	567
1044 条 1 項	············	571
1044 条 3 項	············	571
1045 条	············	574
1046 条	············	566, 574, 613
1046 条 1 項	············	407, 577
1046 条 2 項	············	569
1047 条	············	436
1047 条 1 項	············	576
1047 条 1 項 1 号	············	573, 576
1047 条 1 項 2 号	············	577
1047 条 1 項 3 号	············	573, 577
1047 条 4 項	············	577
1047 条 5 項	············	578
1048 条	············	578
1049 条	············	579
1050 条	············	444, 445

改正前民法

95 条	············	583
465 条の 4 第 3 号	············	365
733 条	············	40
733 条 2 項	············	40
804 条	············	247
817 条の 5	············	236, 274
822 条	············	294
902 条 1 項	············	577
903 条 3 項	············	420, 577
998 条	············	490
1000 条	············	490
1015 条	············	473
1016 条 1 項	············	477
1030 条	············	571
1031 条	············	566, 577
1042 条	············	578

条文索引　643

1044 条⋯⋯⋯⋯⋯⋯⋯⋯⋯⋯⋯571

明治民法

732 条 1 項⋯⋯⋯⋯⋯⋯⋯⋯⋯5, 11
746 条⋯⋯⋯⋯⋯⋯⋯⋯⋯⋯⋯⋯⋯57
788 条 1 項⋯⋯⋯⋯⋯⋯⋯⋯⋯⋯⋯57
804 条 1 項⋯⋯⋯⋯⋯⋯⋯⋯⋯⋯⋯79
820 条⋯⋯⋯⋯⋯⋯⋯⋯⋯⋯⋯⋯⋯189

憲　法

13 条⋯⋯⋯⋯⋯⋯⋯⋯⋯⋯⋯⋯⋯⋯11
14 条⋯⋯⋯⋯⋯⋯⋯⋯⋯⋯⋯⋯⋯⋯11
14 条 1 項⋯⋯⋯⋯⋯⋯⋯⋯⋯39, 407
24 条⋯⋯⋯⋯⋯⋯⋯⋯⋯11, 89, 243
24 条 1 項⋯⋯⋯⋯⋯⋯⋯⋯⋯20, 154
24 条 2 項⋯⋯⋯⋯⋯⋯⋯⋯⋯⋯⋯39

人身保護法

1 条⋯⋯⋯⋯⋯⋯⋯⋯⋯⋯⋯⋯⋯317
2 条⋯⋯⋯⋯⋯⋯⋯⋯⋯⋯⋯⋯⋯318
5 条⋯⋯⋯⋯⋯⋯⋯⋯⋯⋯⋯⋯⋯318
6 条⋯⋯⋯⋯⋯⋯⋯⋯⋯⋯⋯⋯⋯318
15 条⋯⋯⋯⋯⋯⋯⋯⋯⋯⋯⋯⋯⋯318
18 条⋯⋯⋯⋯⋯⋯⋯⋯⋯⋯⋯⋯⋯318
26 条⋯⋯⋯⋯⋯⋯⋯⋯⋯⋯⋯⋯⋯318

人身保護規則

4 条⋯⋯⋯⋯⋯⋯⋯⋯⋯⋯⋯⋯⋯319
11 条⋯⋯⋯⋯⋯⋯⋯⋯⋯⋯⋯⋯⋯318

刑　法

184 条⋯⋯⋯⋯⋯⋯⋯⋯⋯⋯⋯⋯⋯35
199 条⋯⋯⋯⋯⋯⋯⋯⋯⋯⋯⋯⋯⋯59

借地借家法

36 条⋯⋯⋯⋯⋯⋯⋯⋯⋯⋯⋯⋯⋯142

戸籍法

3 条 3 項⋯⋯⋯⋯⋯⋯⋯⋯⋯⋯⋯⋯30
27 条の 2⋯⋯⋯⋯⋯⋯⋯⋯⋯⋯28, 29
27 条の 2 第 1 項⋯⋯⋯⋯⋯⋯33, 98
27 条の 2 第 2 項⋯⋯⋯⋯⋯⋯⋯⋯98
27 条の 2 第 3 項⋯⋯⋯⋯⋯⋯33, 98
27 条の 2 第 4 項⋯⋯⋯⋯⋯⋯⋯⋯33
27 条の 2 第 5 項⋯⋯⋯⋯⋯⋯⋯⋯33
27 条の 3⋯⋯⋯⋯⋯⋯⋯⋯⋯⋯⋯⋯30
37 条⋯⋯⋯⋯⋯⋯⋯⋯⋯⋯⋯⋯⋯⋯27
47 条⋯⋯⋯⋯⋯⋯⋯⋯⋯⋯⋯⋯⋯⋯31
49 条 2 項 1 号⋯⋯⋯⋯⋯⋯⋯⋯⋯162
64 条⋯⋯⋯⋯⋯⋯⋯⋯⋯⋯⋯471, 472
89 条⋯⋯⋯⋯⋯⋯⋯⋯⋯⋯⋯⋯⋯⋯36

性同一性障害の性別の取扱いの特例に関する法律

3 条⋯⋯⋯⋯⋯⋯⋯⋯⋯⋯⋯⋯⋯155
4 条 1 項⋯⋯⋯⋯⋯⋯⋯⋯⋯⋯⋯155

民事訴訟法

118 条⋯⋯⋯⋯⋯⋯⋯⋯⋯⋯223, 224

人事訴訟法

2 条⋯⋯⋯⋯⋯⋯⋯⋯⋯⋯⋯⋯⋯⋯48
2 条 1 号⋯⋯⋯⋯⋯⋯⋯⋯⋯⋯47, 50
2 条 2 号⋯⋯⋯⋯⋯⋯⋯⋯⋯⋯⋯192
2 条 3 号⋯⋯⋯⋯⋯⋯⋯⋯⋯⋯⋯250
12 条 3 項⋯⋯⋯⋯⋯⋯⋯⋯⋯181, 193
20 条⋯⋯⋯⋯⋯⋯⋯⋯⋯⋯⋯⋯⋯⋯48
24 条 1 項⋯⋯⋯⋯⋯⋯⋯⋯⋯⋯⋯48
25 条⋯⋯⋯⋯⋯⋯⋯⋯⋯⋯⋯⋯⋯105

32 条··115

32 条 1 項··75

37 条···93

41 条 1 項···171

42 条 1 項···230

家事事件手続法

65 条··258

105 条··333

152 条 2 項···258

161 条 3 項···258

164 条 2 項·································281-283

164 条 4 項···282

164 条 7 項···283

164 条 10 項·······································282

164 条 11 項·······································283

164 条の 2 第 1 項·····················281

164 条の 2 第 3 項·····················283

164 条の 2 第 5 項·····················281

164 条の 2 第 6 項·····················281

165 条 3 項···258

169 条··258

200 条··534

232 条··156

244 条··250

248 条 1 項··92

257 条 1 項··········47, 92, 182, 201

258 条··258

274 条 1 項·······························48, 512

277 条···47

277 条 1 項···························201, 202

279 条 2 項··93

282 条···47

284 条 1 項··93

286 条···93

289 条··130

290 条··130

民事執行法

151 条の 2 第 1 項 3 号···········130

172 条 1 項···323

174 条 2 項···323

175 条 5 項···323

労働基準法

58 条 1 項···296

厚生年金保険法

3 条 2 項···137

生活保護法

4 条 2 項···348

4 条 3 項···348

児童福祉法

6 条の 4··330

26 条 1 項···328

27 条··328

28 条··329

33 条 5 項···329

33 条の 2··329

33 条の 6 の 2 第 1 項················281

33 条の 7··329

33 条の 8 第 1 項·················326, 335

47 条 1 項···307

児童虐待の防止等に関する法律

5 条···330

6 条···330

9 条···330

10 条··330

11 条··330

条文索引　　645

12 条···················330
14 条 1 項···················294

ハーグ条約

13 条 1 項 b ···················322

ハーグ条約実施法

28 条 1 項 4 号···················322

児童の権利に関する条約 (子どもの権利条約)

9 条 3 項 ···················131
12 条···················258
18 条 1 項···················131

著者紹介

窪田　充見（くぼた　あつみ）

1960年　長野県に生まれる
1983年　京都大学法学部卒業
現　在　神戸大学大学院法学研究科教授

主　著

『過失相殺の法理』有斐閣，1994年
『ヨーロッパ不法行為法1・2』（クリスティアン・フォン・バール著／編訳）弘文堂，1998年
『不法行為法──民法を学ぶ』有斐閣，第2版，2018年

家族法──民法を学ぶ〔第4版〕
The Law of Family and Succession 4th. ed.

2011年 5 月30日	初　版第 1 刷発行
2013年 1 月10日	第 2 版第 1 刷発行
2017年 3 月20日	第 3 版第 1 刷発行
2019年12月15日	第 4 版第 1 刷発行
2023年 2 月15日	第 4 版第 6 刷発行

著　者　　窪　田　充　見
発行者　　江　草　貞　治
発行所　　株式会社　有　斐　閣
　　　　　郵便番号 101-0051
　　　　　東京都千代田区神田神保町2-17
　　　　　http://www.yuhikaku.co.jp/

印刷・精文堂印刷株式会社／製本・大口製本印刷株式会社
© 2019, Atsumi Kubota. Printed in Japan
落丁・乱丁本はお取替えいたします。
★定価はカバーに表示してあります。

ISBN 978-4-641-13818-6

JCOPY　本書の無断複写（コピー）は，著作権法上での例外を除き，禁じられています。複写される場合は，そのつど事前に，(一社)出版者著作権管理機構（電話03-5244-5088, FAX03-5244-5089, e-mail:info@jcopy.or.jp）の許諾を得てください。

本書のコピー，スキャン，デジタル化等の無断複製は著作権法上での例外を
除き禁じられています。本書を代行業者等の第三者に依頼してスキャンや
デジタル化することは，たとえ個人や家庭内での利用でも著作権法違反です。